KB188250

골방 기도

예수님처럼 살고 싶을 때 드리는 기도!

기도 그 이상의 기도

골방 기도

예수님처럼 살고 싶을 때 드리는 기도!

찍은날 : 2024. 12. 1
펴낸날 : 2024. 12. 12

지은이 : 정성학
펴낸이 : 정성학
펴낸곳 : 도서출판 십자가
편   집 : 참디자인, 강인구
교   정 : 현나희, 이현숙

등록번호 : 제652-2023-000002호
등록년월일 : 2023. 1. 11

주   소 : 제주도 서귀포시 표선면 중산간동로 5542번길 10
전   화 : 010-5602-2132
계   좌 : 농협 351-0924-1672-13
         예금주-도서출판 십자가

ⓒ 정성학 2024. Seoul, KOREA

값 49,500원

정성학 지음

기도 그 이상의 기도

골방 기도

예수님처럼 살고 싶을 때 드리는 기도!

도서출판
십자가

이 책을 사랑과 존경을 담아

_____

께 드립니다.

_____

_____

_____

_____

_____

_____

20   .   .   .

_____ 드림

골방 기도 이야기! (1)

서문에 대신하여!

이제 '땅의 기도' 두 번째 책이 세상에 나왔습니다. 첫 번째 책이 나오고 나서 반년만입니다. 제가 서둘렀다고 하기보다 주님께서 몰아가셨다는 편이 훨씬 맞습니다. 첫 번째 책을 내고 발송 작업이 끝난 때부터, 갑자기 예정에 없던 두 번째 책을 쓰기 시작해서 석 달 만입니다. 본디의 생각과는 전혀 다른 방향으로 진도가 나아갔습니다. 그때 제 기도는 "틈만 나면 기도하게 해주세요.", 또 "틈만 나면 운동하게 해주세요." 등 5개의 '틈만 나면 ~!' 시리즈로 기도하는 중이었습니다.

"틈만 나면 집회하게 해주세요.", "틈만 나면 정리하게 해주세요." 등의 기도였습니다. 그때의 기도 제목 중의 하나가 "틈만 나면 집필하게 해주세요!"였는데, 그렇게 기도하며 모든 예정된 출판, 배송, 집회, 강의가 막 끝나고 시간이 되어 기도문을 쓰려고 하는데, 이번에는 특별한 주제를 놓고 기도하는 콘셉트로 가고 싶었습니다. 땅의 기도 1집은 12개 파트로 나누어 여러 기도문을 실었기 때문에 다양한 기도는 드릴 수 있지만, 어떤 주제에 대한 집중적인 기도는 좀 아쉬웠기 때문입니다.

물론, 하나님께서 제게 주신 감동을 다 담지는 못했습니다. 그래도 주님께서 주신 것들을 모두 표현하려고 몸부림을 친 시간이었습니다. 고마운 것은 아주 짧은 시간 안에 기도문이 완성되었다는 것이 기쁨이자 기적입니다. 본디 이렇게 바로 2집을 낼 생각은 아니었는데, 어쩌면 저보다는 하나님께서 이런 기도가 급하셨던 것 같습니다. 그만큼 땅에서 주님의 뜻대로 살기 원하는 간절함을 갖고, 어찌해야 좋을지 모르는 이들이 많은 것 같습니다. 저도 이런 주님의 채근을 받았습니다.

기도문은 참 어렵습니다. 어려운 이유는 이 기도가 저의 기도이자 모든 이들의 기도가 되어야 하고, 이 땅에서 필요한 기도이자 성경에 근거를 둔 기도이어야 합니다. 누구에게는 절박한 기도이지만 어떤 이에게는 그런 간절함이 없을 수도 있고, 그 간절함의 내용이 저의 기도와 다를 수 있습니다. 그런데 '읽는 기도문'을 쓰면서 저는 성경을 많이 읽었는데 사실은 읽었다기보다 들었습니다. 그런데 좋았던 것은 그동안 읽은 성경이 '씨줄'이었다면 듣는 성경은 '날줄'이 되었습니다.

사실은 들으면서 이해하는 성경의 폭이 그렇게 넓으리라 는 것을 알고 있었던 것은 아닌데, 수없이 듣고 또 들으면서 성경 안에 들어있는 하나님 신비의 빛을 흠뻑 쬐고, 폭포수 같은 말씀의 샘을 실컷 마신 것 같습니다. 물론, 그래도 아직 깊은 말씀의 우물을 다 맛본 것은 아닙니다. 이제야 신령한 샘의 초입에 진입해 들어간 느낌입니다. 처음 성경을 듣게 된 것은 순전히 시간을 쪼개 쓰는 시간 관리 차원입니다. 매일 두 시간을 걷는 기도를 하다가 시간 때문에 시작한 것입니다.

걸으면서 기도하고 운전하면서 기도하는 이 방법은 제게 기도의 광맥을 발견하게 해준 신비한 경험이었습니다. 그러다가 기도하는 일과 성경을 듣는 일을 번갈아 하면서 아예 블루투스를 통해 편안하게 들으면서 순간순간 오는 감동을 적을 어떤 때는 온몸에 전율이 느껴질 만큼 충격이기도 했습니다. 아쉬운 것은 목회하는 동안에 이런 방법을 미리 알았으면 목회나 사역이 풍성해졌을 것이라는 마음에 아쉬움이 컸습니다. 그래도 남은 이들에게 선물할 수 있으니 다행입니다.

'기도'는 우리의 신앙생활, 그리고 우리의 삶에 빈익빈 부익부의 기준점이 됩니다. 순전히 개인적인 체험을 일반화시킬 수는 없지만, 기도가 풍성하고 기도가 부해지면 삶과 신앙의 풍요가 찾아오고, 반대로 기도 생활이 빈약해지면 삶에도 빈궁함이 찾아옵니다. 그건 물질적인 풍요가 아니라 삶을 구성하고 있는 여유, 긍정, 가치, 희망, 행복, 보람 같은 다양한 영역에서 확신과 용기가 넘치고, 다양한 삶의 내용이 윤택해진다는 것입니다. 그래서 기도는 인생을 변화시키는 능력입니다.

기도문을 쓰다 보니 목사의 병이 도져서 그랬는지, 성령님의 인도를 따라 정직하게 기도문을 썼는데도, 어느 순간에 말씀이 되기도 했습니다. 실제로 제가 기도문의 저장소로 쓰고 있는 페이스북에 기도문을 올려놓으면 가끔은 '귀한 은혜'를 받는다거나 '좋은 가르침'이라는 표현이 눈에 띄는데 이는 그 기도문이 주는 간절함에 대한 믿음이라기보다 기도문이 표현하는 기도의 내용을 마치 말씀처럼 받아들였기 때문인 것 같습니다. 그럼에도 불구하고 기도문은 책이 되어 나왔습니다.

다른 책과 달리 기도문이 어려운 건 중복되는 어휘나 문장, 동일한 기도의 반복을 피해야 하는 스스로 정해놓은 원칙을 지키려는 것 때문입니다. 단어나 어휘야 반복해서 나오겠지만 기도문의 내용이나, 문장, 큰 기도문의 흐름이 중복되면 안 되기 때문입니다. 이런 중복들이 저자의 눈에는 쉽게 발견하기 어렵다고 해도 독자들의 눈에는 띌 수 있습니다. 특히 여느 책처럼 며칠 만에 다 읽으시는 분들의 경우는 그럴 수 있습니다. 중복되는 문장을 피해 가는 일도 쉬운 일은 아닙니다.

그래도 기도문을 쓰는 적막강산 같은 외로운 서재에서 제게 숨통을 틔워 준 몇 분의 목사님들이 매일 기도문을 읽어주시고 '아멘'으로 화답해 주셨습니다. 물론 평신도분들도 계십니다. 이런 분 중에는 기도문을 다 읽지 않으셨을지라도 댓글의 단어 하나조차 기도의 감옥 안에서 저에게 큰 위로가 되었습니다. 이분들께 고마운 말씀을 드립니다. 그러나 어쩌면 이 일은 제가 일생을 지고 가야 할 운명처럼 느끼고 있습니다. 특히 기도의 주제는 다르지만 언제나 기도하며 가겠습니다.

저는 이제 이 기도문을 구입하는 이들이 매일 욕심내지 않고 한 편씩만 읽으면서 기도해도 그 삶에 획기적인 변화와 성장의 축복이 임하리라고 믿습니다. 특히 이 기도문은 아예 처음부터 주님의 뜻대로 살아보려는 분들을 위한 '목적 기도'였기에 그렇습니다. 그것은 은퇴 후에 제가 느끼는 주님에 대한 죄송함과 영적 갈증에 대한 돌파구를 찾으려 시도했던 것인 만큼, 영적 갈증과 영적 주림의 시대에 주님과 같이 살고 싶은 아름다운 열망을 가진 이들에게 좋은 책이 될 것입니다.

골방 기도 이야기! (2)

기도 개척자!

사람들이 "그 입의 말처럼 된다."는 말을 자주 합니다. "말이 씨가 된다."
는 말은, 어떤 사람이 무심코 내뱉은 말이 그의 운명을 바꾼다는 뜻으로
쓰이고, 이런 일은 비단 우리만이 아니라 신앙 세계 밖에 사는 사람들의
삶에서도 수없이 반복되고 있습니다. 특히 저는 이 말의 신비, 이 말의 위
력을 누구보다 많이 체험한 이들 중의 한 사람입니다. 이것은 보통 사람들
도 일상에서 무수히 경험하는 것이며, 이 경험이 신앙인들에게 유독 많은
것은 기도하는 백성들이기 때문입니다.

세상에서 세계 역사와 인류의 운명을 손에 쥐고 계신 전능하신 하나님! 인
간의 생사화복의 키를 잡으신 하나님! 그 하나님께 매일, 매 순간, 특정한
시간, 수시로, 어떤 소원을 두고, 혹은 모든 일상을 맡기며 기도하는 신앙
인의 운명이 얼마든지 바뀔 수 있음은, 전능하신 하나님께 입술을 열어 자
신의 미래에 대해 쉼 없이 기도했기 때문입니다. 적어도 인간의 생사여탈
권을 가지신 전능하신 하나님께 자신의 미래를 놓고 기도했다면 그 인생
이 바뀌는 것이 정상 아닙니까?

신앙생활 하는 이들이 기도가 제일 어렵다고들 합니다. 어렵다는 말은 기

도의 언어, 기도의 주제, 기도의 내용 등이 품격을 갖추어야 한다고 믿기 때문에 그렇습니다. 이 땅에 복음이 전파된 이후 130년 동안 우리는 정형화된 기도의 틀을 갖고 있습니다. 기도의 대상은 '아버지 하나님'이고, 기도의 내용은 '보혜사 성령님'께서 도우시는 것이고, 기도의 마지막 서명은 '아들 예수님'으로 인식하고 있었습니다. 모든 기도는 눈을 감고 드렸고 어쩔 수 없이 횡설수설하고 중언부언했습니다.

그런데 세월이 지났습니다, 성부 하나님께, 보혜사 성령님의 도우심으로, 성자 예수님의 이름으로 드리던 기도는 성부, 성자, 성령 하나님께서 모두 우리의 기도를 받으시고 응답하시는 동일하신 삼위일체 하나님이라는 신앙고백이 보편화되고, "다 같이 눈 감고 기도합시다."라는 말을 굳이 강요하지 않고도 기도하게 되었습니다. 거기에 얼마 전부터는, 물론 퍽 오래전부터 하는 이들도 있었지만, 개신교회에서도 기도문을 써서 드리는 '읽는 기도'가 교회에 시행되기 시작했습니다.

그리고 이제는, 최소한 '대표기도'에 관한 한 '읽는 기도'가 일반화되어가고 있습니다. 기도는 훨씬 세련되어졌고 문장과 단어들은 정제(精製)되고 절제(節制)되고 성별(聖別)된 언어로 바뀌기 시작했습니다. 이 과정에서는 부족한 종의 역할도 조금 있었다고 자부합니다. 그런데 아직 많은 이들이 간과하는 것 가운데 하나는, 왜 기도문을 그토록 시간을 투자하고 애써서 준비해야 하는가에 대해 필요를 느끼지 못하고 있다는 것입니다. 사실 그건 설명할 필요도 없이 당연한 일입니다.

세상에서 가장 강력하고 존귀하신 하나님 앞에 저희 개인의 운명과 교회의 미래, 이 조국과 인류의 구원을 위해 기도하는 기도의 언어, 또 말이 씨가 되고 말이 운명을 바꾸는 놀라운 일에 드려지는 고백을 준비도 하지 않고 드린다는 것은 어불성설입니다. 우리는 한 마디 기도의 언어를 정제하고, 할 수 있는 대로 절제하며 최소의 단어로 기도의 핵심을 구별해서 드려야 하는 것입니다. 그리고 그렇게 기도언어에 집중하는 이유는 그 기도가 허공을 치는 염불이 아니기 때문입니다.

이 기도는, 작게는 기도하는 개인의 미래 운명과 직결되는 언어이자, 기도하는 이웃, 교회, 나라, 민족의 미래 운명을 간섭하게 된다는 것입니다. 그렇기에 그가 구하는 모든 기도언어는 기도하는 자신뿐만 아니라, 그가 구하는 모든 대상의 운명을 바꾸어 놓는다는 것입니다. 그렇기에 기도언어는 신중하고 또 신중하게 성별하고 선택해야 한다는 것입니다. 지금 내 말이 내 운명을 결정하고 교회와 조국의 미래에 영향을 미친다면 함부로 사용할 수 없는 언어라는 엄숙한 생각입니다.

따라서 우리는 단순한 기도, 즉 가슴에 생각하는 바를 토해내는 호소가 아니라, 기대하는 미래의 밑그림을 그리고 그 일을 이루실 하나님께 정중하고 진실한 언어로 기도드려야 합니다. 따라서 저는 우리 모든 그리스도인의 더 나은 천국 백성의 삶을 위해서 기도하고, 더 아름다운 준(準) 천국인 교회의 완전을 위하여 기도하는 기도 개척자가 되고 싶었습니다. 그리고 수많은 상수와 변수에 대하여 하나님께서 간섭해 주시도록 구했습니다. 그것은 기도의 힘을 믿는 믿음의 고백입니다.

다시 앞으로 돌아가서, 사람의 말에 힘이 있고, 그 말속에 씨가 있다면 말 중의 말인 기도 속에는 무한 광대한 축복의 씨가 있으며, 전능하신 하나님 께 드린 기도언어에는 온 우주의 힘을 모아 드리는 간절한 기도에 못지않 게, 우주 창조의 언어로 주시는 창조주 하나님의 복이 임할 것입니다. 온 세계에서 가장 강력하신 하나님께 간절히 드린 저희의 기도는, 가장 무섭 고 놀라운 모습으로 세상을 바꾸어 주실 것입니다. 저는 지금 어떤 기도까 지 우리의 몫인가 기대하는 마음입니다.

저는 계속해서 개척 목회의 길을 갈 것입니다. 목사님들이 불편하지 않으 셔도 되는 것은, 여기서 '개척 목회'란 기도 개척자로 살겠다는 것입니다. 교회를 개척하여 세우고 그 사역에 삶을 갈아 넣는 진심으로 일하듯, 저는 기도를 개척하고 개발하여 그 기도를 드리는데 전심인 목사로 생애의 남 은 시간을 던질 생각입니다. 잘못하는 일이라는 생각이면 꾸짖으시고, 잘 한다는 생각이 드시거든 박수 대신 기도해 주십시오. 가장 힘든 것은 원로 가 오지랖을 편다는 비판이기 때문입니다.

골방 기도 이야기! (3)

기도 설계사!

그동안 몇 차례 제가 자신의 정체성(正體性) 이야기를 했습니다. 제가 기도와 관련된 '기도 시리즈'(전 7권)를 쓰고, '하늘의 기도'(상/하), '땅의 기도'를 썼습니다. 권수로 치면 '기도'에 대한 책을 열 권을 썼습니다. 그중에 세 권은 '기도문'에 대한 책입니다. 아니 '기도문'입니다. 이 기도문을 읽어보신 분들은 알겠지만, 누가 "당신은 무엇을 하는 사람이냐?"고 묻는다면 "저는 '기도 설계사'입니다."라고 대답할 것입니다. 그러면 "기도 설계사란 무엇을 하는 사람입니까?"라고 물을 것입니다.

그러면 저는 "기도를 설계하는 사람입니다."라는, 말도 안 되는 대답을 할 것입니다. 물론 곧바로 제 답을 이해할 수 있는 이는 저의 답을 전에 들은 이들 말고는 없을 것입니다. 모든 그리스도인이 "신앙생활에서 제일 중요한 게 무엇이라고 생각하느냐?"고 물으면 거의 "기도입니다."라고 대답하는데, "그러면 제일 어려운 것이 무엇이냐?"고 물으면 불행하게도 "기도하는 것이다."라고 말씀하고 있습니다. 특히 지금 쓰는 기도문은 '주님처럼 살고 싶은 이들이 드리는 기도'입니다.

'목회자'나 '평신도'나 할 것 없이 사람들은 "주님처럼 살고 싶어요!"라고 부르짖습니다. 참 아름다운 마음입니다. 너무나 예쁜 마음입니다. 하나님께서 이런 이들을 얼마나 사랑하시겠습니까? 그런데 불행하게도 주님의 사랑받는 자리에 많지 않습니다. 왜 그렇습니까? 주님처럼 살지 않기 때문입니다. 왜 그렇게 못 삽니까? 어떻게 사는 것이 주님처럼 사는 것인지 모르기 때문입니다. 이유는 그렇게 기도해 보지 못했기 때문입니다. 왜 못 했습니까? 누가 가르쳐주지 않았기 때문입니다.

이걸 가르치지 못한 것은 한국교회의 불행입니다. 주님처럼 살고자 몸부림하는 착한 교인들에게 "이렇게 사는 것이 주님의 뜻대로 사는 것이다."라며 구체적인 삶의 방식을 가르쳐주지 않은 한국교회 지도자의 죄는 큽니다. 그건 기도를 가르치는 것입니다. 제가 지금 쓰는 '골방 기도'는 "주님처럼 살고 싶은 이들이 드려야 하는 기도"를 주제로 드리는 저의 기도입니다. 물론 성령님께서 주신 대로 입술로 기도하고, 글로 드린 것입니다. 그것은 신비로운 방법을 통해 경험했습니다.

저는 기도를 많이 하는 사람도 아니고, 기도를 특별하게 하는 사람도 아닙니다. '마음 기도', '걷는 기도', '문장 기도' 이런 말들은 제가 기도할 때마다 늘 생각하는 것입니다. 이번 '땅의 기도'의 경우 100%는 아니지만 적어도 90%이상은 이 과정에서 얻어진 기도문입니다. 저는 지금도 매일 만 보 걷기를 합니다. 물론 못 할 때도 있지만, 꾸준히 하려고 애를 씁니다. 그러나 제가 더러 만 보를 못 걸을 때는 있지만 걷기만 한 적은 없습니다. 즉 걸으면서 하나 이상은 다른 일을 합니다.

그중에 제일 많이 하는 것이 성경을 듣는 것입니다. 1.5배속의 조금 빠른 속도로 듣습니다. 그런데 '듣는 성경'은 눈으로 읽는 성경과는 또 다른 강점이 있습니다. 그것은 성경의 내용을 통으로 이해할 수 있는 소위 통전적 성서 이해의 기회가 됩니다. 평면적 성경을 입체적으로 볼 수도 있습니다. 그건 배경음악이 있어서가 아니라, 읽는 성경에서 보지 못한 성경의 행간과 자간에 숨어있는 그림들을 보여줍니다. 그래서 성경이 저에게 하시려는 말씀을 듣게 됩니다. 그게 들립니다.

한 번 만 보를 걷고 오는 동안 복음서를 기준으로 두 권 정도를 듣습니다. 그리고 그 성경에서 우리가 기도해야 할 키워드를 대여섯 개에서 많을 때는 여남은 개 정도를 따로 메모합니다. 기도의 광맥을 발견하는 것입니다. 그건 따로 적어둡니다. 그건 또 하나의 새로운 기도 제목입니다. 이번 땅의 기도를 쓰는 동안 사복음서는 적어도 백 번은 더 들었을 것입니다. 그것은 제가 따로 성경을 읽거나 공부하는 시간을 낸 것이 아니라 만 보를 걸으면서 그 시간에 발견한 보석들입니다.

복음서에는 기자들의 개성과 성품이 다 드러납니다. 왜 하나님께서 네 명의 기자를 동원해서 성경을 기록하게 하셨는지 단박에 이해가 가는 독특한 구조나 구성, 그리고 특징들이 한눈에 들어오고 여태껏 아니 평생을 성경을 가지고 밥을 먹고 산 원로 목사가 이런 본문이 여기 있었다는 것 때문에 몸에 전율이 느껴질 때가 있습니다. 그리고 비록 주님 이후 사도들의 서신이지만 뒤에 나오는 역사서인 사도행전 외의 서신들에도 동일하신 하나님의 숨결이 그대로 느껴지는 것입니다.

그러다 보니 저절로 말씀을 붙잡고 기도하는 방법이 자연스레 익숙하게 되고 그건 전혀 의도치 않은 순기능이 되어 저에게 돌아오고, 다시 독자들에게까지 전이되는 것입니다. 그것은 제게는 값진 경험이었고 오묘한 일이었는데 처음의 의도는 '시간을 아끼자!'라는 단순한 생각으로 출발한 일이었는데 뜻밖의 소득을 안겨주었습니다. 우리는 흔히 "주님의 뜻대로 살자!"고 하지만, 이 '주님의 뜻'에 대한 모호함의 벽에 부딪힐 때가 많습니다. 그런데 그 모호함에서 벗어나게 합니다.

복음서를 수없이 듣고 사도행전을 비롯한 서신들을 계속해서 듣는 동안 하나님은 제게, 아직은 다 밝힐 수 없는 엄청난 복을 주셨고, 그것은 이제는 결코 놓칠 수 없는 행운이 되었습니다. 그리고 저는 지금 이 '걷는 기도', '문장 기도'를 앞으로의 기도의 주제로 삼고 싶습니다. 왜냐하면, 우리는 지금 너무 왜곡되고 오염된 기도 생활을 해 왔기 때문입니다. 기도가 왜곡되면 신앙이 왜곡되고, 신앙이 왜곡되면 삶이 왜곡되고, 왜곡된 삶은 결국 운명의 왜곡을 가져오기 때문입니다.

골방 기도 이야기! (4)

기도 쇄빙선!

기도에 목숨 걸고 사는 사람도 아니고, 기도를 생명처럼 소중하게 하지도 못하면서 매일마다 기도문을 하루 5편에서 10편을 씁니다. 이 '기도문'으로 기도를 드린다면 시간으로 치면 30분 정도 되는 분량이지만, 이걸 글로 쓰는 시간은 저같이 우둔한 원로 목사는 열 시간도 족히 걸립니다. 우스갯소리로 기도에 온몸을 혹사하는 것일 수 있습니다. 그것도 하루 이틀이 아니라 당장은 몇 달, 그리고 앞으로의 시간을 모두 치면 여러 해 긴 시간을 그렇게 살아갈 생각을 하고 있습니다.

제 앞가림의 기도도 잘못하는 기도의 어린아이 같은 제가 기도문을 쓴다는 것은 오만하므로 비칠 수 있는 무모한 도전입니다. 그러나 언제나 개척자들의 일관된 변명처럼 저 역시 시대가 저를 불렀거나, 왕이신 하나님께서 저에게 출정 명령을 내린 것입니다. 그리고 기독교 신앙공동체인 교회, 선교단체, 신학교 등 공동체들의 맨 앞에서 엔진을 가동하며, 촌스러운 검은 연기와 함께 두꺼운 얼음을 향해 달려가고 있습니다. 제가 끌고 가는 배 이름은 '기도의 쇄빙선(碎氷船)'입니다.

겨울에 얼어붙는 북녘의 항구는 고민이 많습니다. 겨울철 얼어붙은 항구를 배들이 뚫고 나갈 길이 없습니다. 이때 필요한 것은 겨울 바다를 항해할 크루즈 선도 아니고, 더 먼 바다에서 참치를 잡아 올 원양어선도 아닙니다. 또 여객선이나 연근해 어선, 작은 고기잡이배들은 얼어붙은 항구에서 숨을 죽여가면서 겨울을 보내다가 "쇄빙선이 뜬다!"라는 안내받으면 들뜬 마음으로 기지개를 켜며 새롭게 만날 승객들과 어군을 상상하며 기대에 부풀게 됩니다. 그 일을 쇄빙선이 합니다.

쇄빙선이 두껍게 얼어버린 얼음을 가르며 바다를 향해 앞으로 나아가면, 이제 얼어붙었던 겨울 항구는 활기가 넘칩니다. 시끄러워집니다. 드디어 항구의 멋을 느끼는 생기 있는 항구가 됩니다. 원양어선도 출항 채비를 하고, 연근해 어선들도 분주히 움직입니다. 엄두도 못 내던 작은 배들도 활기를 찾습니다. 마치 새봄을 맞은 듯합니다. 쇄빙선의 위력은 대단합니다. 대단한 장비도 특별한 시설도 없는 쇄빙선은 항구에 발이 묶인 많은 배의 가치를 일깨우는 엄청난 힘을 가지고 있습니다.

세상에 기도(祈禱)를 안 하는 그리스도인은 없습니다. 기도 없이 목회하는 목회자는 더욱 없습니다. 모든 종교에 이름은 달라도 기도의 형태가 없는 종교는 없습니다. 그러나 기독교인들 만큼 기도에 열심하거나 기도에 진심인 종교는 없습니다. 그렇게 기도에 특화된 기독교인들조차도 이처럼 모든 분야의 기도를 하는 이들은 많지 않습니다. 우선 이렇게 다양한 분야의 기도를 모두 감당한다면 하루 24시간을 계속 기도해도 부족하기 때문입니다. 그래서 제가 그 방법을 찾아냈습니다.

'하늘의 기도'에서는 1년 52주를 교회력에 따라 기도하는 목회 절기에 맞춘 송구영신 1월 첫날부터 마지막 송년 주일까지의 일반적인 목회기도입니다. 그리고 '땅의 기도'는 1. 나라와 민족을 위한 기도 39편, 2. 세계의 평화를 위하여 드리는 기도 5편, 3. 목회와 사역을 위하여 드리는 기도 32편, 4. 특별한 선교를 위하여 드리는 기도 16편, 5. 행복한 교회를 위하여 드리는 기도 41편, 6. 신앙의 절기를 위하여 드리는 기도 34편, 7. 절기와 계절을 위하여 드리는 기도 19편입니다.

또 8. 질병과 장애를 위하여 드리는 기도 40편, 9. 어려운 이웃을 위하여 드리는 기도 45편, 10. 다양한 직군(職群)을 위하여 드리는 기도 43편, 11. 가정의 행복을 위하여 드리는 기도 24편, 12. 자신의 영성을 위하여 드리는 기도 28편 등 12개 영역의 기도문 366편이 들어있습니다. 그리고 '부록'으로 1. 개인적 응답을 기억하여 드리는 기도 23편, 2. '땅의 기도'와 관련된 스무 개의 뒷이야기 20편 등 삶을 갈아 넣어 쓴 모두 389편의 기도와 20편의 이야기가 들어있습니다.

그리고 이번 '골방 기도'는 "예수님처럼 살고 싶은 이들이 드리는 기도!"라는 주제로 주님처럼 살고 싶은 갈망을 가진 이들이 어떻게 하면 그렇게 살 수 있는지를 제안하는 기도가 365편 실립니다. 주님처럼 살고 싶은 막연한 소망을 세세한 기도문으로 소개한 책이 아직은 없었습니다. 이 기도는 얼어붙은 기도의 항구에 길을 내는 쇄빙선이 되어 우리의 기도를 끌어내 줄 것입니다. 함께 기도하는 이들은 이구동성으로 하나님께서 우리 기도를 끌고 가신다고 고백할 것입니다.

그런 의미에서 '땅의 기도'는 이 땅의 모는 평신도나 신학생, 중직이나 목회자 모두에게 쇄빙선의 역할을 해줄 것입니다. 꿈꾸던 부동항(不凍港)을 만들지는 못해도 쇄빙선이 지나간 다음 신앙인 개개인의 영혼 위에 닻을 올리거나, 모든 교회의 엔진에 시동을 걸고 믿음의 바다를 향해 달려갈 수 있습니다. 그래서 무역선은 무역을, 원양어선은 고기를, 크루즈 선은 여행의 즐거움을 맛보게 해줄 것입니다. 쇄빙선은 대단하지 않지만, 이 배가 지나간 다음 일어날 일은 엄청난 일입니다.

저는 기도의 쇄빙선을 끌고 얼어붙은 항구를 떠나며, 이 뱃고동이 수평선 너머로 사라질 때 일어날 엄청난 일에 대한 기대를 감출 수가 없습니다. 그것은 하나님의 약속이 있는 계시이기 때문입니다. 저는 적어도 이 기도문을 하나님의 계시로부터 시작했고, 지금도 매일 깜짝깜짝 놀랄만한 계시 언어로 공급받기 때문입니다. 이는 신비주의가 아닙니다. 집필의 현장에서 제가 매일 경험하는 실증이요 역사입니다. 이제 그 마지막을 보기 위해 오늘도 굉음을 내며 이 항구를 떠납니다.

Contents
목차

■ 2. 영적 체험을 위한 기도! (30편) ■

■ 5. 교회 생활을 위한 기도! (30편) ■

■ 6. 기도 생활을 위한 기도! (30편) ■

■ 7. 삼위일체를 위한 기도! (30편) ■

■ 8. 중보 기도를 위한 기도! (30편) ■

■ 9. 예배-성령을 위한 기도! (30편) ■

■ 10. 전도-선교를 위한 기도 (30편) ■

■ 11. 사회생활을 위한 기도! (30편) ■

■ **12. 자신의 삶을 위한 기도! (35편)** ■

■ 부록 (1) – 신앙 절기를 위한 기도 (35편) ■

■ 부록 (2) - 본문별 기도문 목차 ■

이사 55:2 (263) 노년을 TV 앞에서 보내지 않게 하옵소서!
―
마태 2:14-15 (45) 어떤 고난도 뜻이 있음을 알게 하옵소서!
마태 3:8-9 (149) 족보와 혈통을 자랑하지 않게 하옵소서!
마태 3:15 (11) 하나님의 의를 이루도록 힘쓰게 하옵소서!
마태 3:16-17 (10) 성령님과 동행하며 살게 하옵소서!
마태 4:21-22 (106) 좋은 동역자를 만나게 하여 주옵소서!
마태 4:24-25 (32) 저들의 모든 문제를 해결하여 주옵소서!
마태 5:11-12 (215) 언제 어디서나 바보같이 살게 하옵소서!
마태 5:11-12 (12) 복음을 위한 고난이 행복임을 알게 하옵소서!
마태 5:13 (274) 저희의 기도가 삶이 되게 하옵소서!
마태 5:13-14 (70) 소금의 짠맛 하나를 내게 하옵소서!
마태 5:15-16 (86) 착한 행실로 세상의 빛이 되게 하옵소서!
마태 5:22 (216) 더욱 높은 곳에서 살 수 있게 하옵소서!
마태 5:23-24 (13) 이 땅의 형제자매와 먼저 화해하게 하옵소서!
마태 5:39-40 (14) 세상에서 바보처럼 살게 하옵소서!
마태 5:43-44 (103) 세상이 감당치 못할 큰 사랑을 하게 하옵소서!
마태 5:46-47 (217) 다른 이들보다 더 높은 곳에 살게 하옵소서!
마태 6:5 (63) 사람에게 보이는 기도를 하지 않게 하옵소서!
마태 6:7-8 (88) 고도로 정제된 언어로 기도하게 하옵소서!
마태 6:19 (130) 보물을 이 땅에 쌓아두지 않게 하옵소서!
마태 6:25 (87) 먹고 사는 문제로 걱정하지 않게 하옵소서!
마태 6:32-33 (280) 아름다운 근심을 하게 하옵소서!
마태 6:32-33 (266) 주여, 기도문을 열어 주옵소서!
마태 7:3-4 (105) 다른 사람을 판단하지 않게 하옵소서!
마태 7:13-14 (78) '좁은 길', '좁은 문'으로 가게 하옵소서!
마태 7:16-18 (133) 열매를 보고 사람에게 속지 않게 하옵소서!
마태 7:21 (35) 말로만 주님을 믿고 따르지 않게 하옵소서!
마태 7:22-23 (212) 사역보다 주님의 뜻이 중요함을 알게 하옵소서!
마태 7:24-25 (129) 말씀을 듣고 행하는 자가 되게 하옵소서!
마태 7:28-29 (16) 내가 할 수 있는 나의 것을 하게 하옵소서!
마태 8:2-3 (15) 외로운 이들에게 따뜻하게 다가서게 하옵소서!
마태 8:10 (111) 저희 믿음이 주님의 칭찬을 듣게 하옵소서!
마태 9:20-22 (218) 주님의 몸에 손을 대는 소원을 갖게 하옵소서!
마태 9:28-29 (219) 소원을 이루어 주실 때까지 좇게 하옵소서!
마태 10:1-2 (132) 필요한 능력을 주셨음을 믿게 하옵소서!
마태 10:24-25 (220) 주님의 길이 어떤 길인지 알게 하옵소서!
마태 10:29-31 (174) 머리털까지 세신 하나님을 알게 하옵소서!
마태 10:42 (31) 냉수 한 그릇도 상이 있음을 알게 하옵소서!
마태 11:28-30 (110) 무거운 짐을 지고 주님을 생각하게 하옵소서!
마태 12:6-8 (221) 주 예수님은 어떤 분이신지 알게 하옵소서!

마가 5:19-20 (319) 은혜받은 곳에 머물러 있지 않게 하옵소서!
마가 5:27-29 (316) 자신의 행동이 곧 믿음인 것을 알게 하옵소서!
마가 5:33-34 (101) 주님께서 저에게 손을 댄 경험을 주옵소서!
마가 5:35-36 (318) 사람보다 주님의 말씀을 귀히 여기게 하옵소서!
마가 6:4-5 (315) 믿음이 없으면 기적이 일어나지 않음을 알게 하옵소서!
마가 6:14-15 (23) 모든 일에 때가 있음을 알게 하옵소서!
마가 6:22-23 (126) 입을 열어 말하는 것을 조심하게 하옵소서!
마가 7:28-29 (317) 말하는 것이 곧 믿음인 것을 알게 하옵소서!
마가 9:2-3 (314) 모든 제자가 같은 제자가 아님을 알게 하옵소서!
마가 9:23-24 (121) '믿음'을 위하여 주님께 기도드리게 하옵소서!
마가 9:23-24 (360) 저희의 믿음이 차고 넘치게 하옵소서!
마가 9:28-29 (313) 기도가 귀신을 쫓아낼 수 있음을 알게 하옵소서!
마가 9:36-37 (20) 어린이들을 소중하게 생각하게 하옵소서!
마가 9:42-43 (58) 작은 자 하나 실족시키면 어떻게 되는지 알게 하옵소서!
마가 10:13-14 (312) 어린아이가 오는 것을 꾸짖지 않게 하옵소서!
마가 10:38-39 (85) 저희가 받을 잔과 세례를 알게 하옵소서!
마가 10:51-52 (226) 가장 절실한 하나의 소원을 품게 하옵소서!
마가 11:16-17 (120) '거룩성'이 훼손당할 때 '분노'하게 하옵소서!
마가 11:25 (268) 예수님처럼 모두 용서하게 하옵소서!
마가 12:16-17 (114) 가이사와 하나님께 바로 드리게 하옵소서!
마가 12:42-43 (21) 가난한 자의 신음을 기억하게 하옵소서!
마가 12:43-44 (5) 가난한 이들의 눈물을 기억하게 하옵소서!
마가 13:35-36 (116) 주님을 기다리며 항상 깨어있게 하옵소서!
마가 14:15-16 (228) 섬길 수 있는 일이 있는지 살피게 하옵소서!
마가 14:30-31 (311) 사람들은 누구나 똑같음을 알게 하옵소서!
마가 14:64-65 (46) 억울한 일을 당할 때 침묵하게 하옵소서!
마가 15:3-5 (4) 어떤 순간에도 초라한 변명을 하지 않게 하옵소서!
마가 15:21-22 (83) 십자가는 구원의 은혜임을 알게 하옵소서!
마가 16:9-10 (115) 주님의 사랑을 입는 자가 되게 하옵소서!
—
누가 1:15-16 (41) 정결하게 살게 하여 주옵소서!
누가 2:46-47 (2) 말씀 연구에 진심이게 하옵소서!
누가 3:12-14 (40) 각자의 자리에서 신앙생활 하게 하옵소서!
누가 4:1-2 (72) 성령의 충만함으로 시작하게 하옵소서!
누가 4:1-2 (33) 언제나 호사다마(好事多魔)를 준비하게 하옵소서!
누가 4:11-13 (91) 마귀는 주변에 늘 숨어 있음을 알게 하옵소서!
누가 4:28-30 (81) 우리에게 고난은 필수적임을 알게 하옵소서!
누가 5:2-3 (64) 저희 공동체에 큰 부흥이 일어나게 하옵소서!
누가 6:12-13 (62) 기도하고 일꾼을 세우게 하옵소서!
누가 6:25-26 (204) 모든 이들에게서 칭찬을 듣지 않게 하옵소서!
누가 7:9-10 (203) 오직 믿음이 주님께 칭찬을 받게 하옵소서!

누가 23:23-25 (90) 불의한 다수에 굴복하지 않게 하옵소서!
누가 23:52-54 (82) 마지막 순간이라도 헌신할 기회를 주옵소서!
누가 24:32-33 (60) 감동이 오거든 얼른 돌아서게 하옵소서!
누가 24:33-34 (299) 깨달음이 있었으면 바로 일어서게 하옵소서!
-
요한 2:10-11 (135) 하나님의 일은 초과학적임을 알게 하옵소서!
요한 3:29-30 (25) 다른 사람의 성공에 질투하지 않게 하옵소서!
요한 4:16-18 (27) 사람을 외모로 평가하지 않게 하옵소서!
요한 4:23-24 (102) 저희 삶의 0순위가 예배가 되게 하옵소서!
요한 4:23-24 (321) 하나님께서 찾으시는 예배를 드리게 하옵소서!
요한 4:39 (325) 기적과 능력으로 전도의 동력을 주옵소서!
요한 5:7-9상 (184) 아직은 끝이 아니라는 믿음을 갖게 하옵소서!
요한 5:24-25 (69) '설교'가 아니라 '말씀'을 듣게 하옵소서!
요한 5:25-26 (358) 하나님의 음성을 듣고 살아나게 하옵소서!
요한 6:7-9 (68) 사람의 계산은 무익한 줄 알게 하옵소서!
요한 6:7-9 (320) 인생의 생각은 늘 어리석음을 알게 하옵소서!
요한 6:9-10 (19) 작은 자의 헌신을 귀히 여기게 하옵소서!
요한 6:28-29 (185) 주님을 믿는 것이 하나님의 일임을 알게 하옵소서!
요한 8:7-9 (67) 저의 손에서 돌을 내려놓게 하옵소서!
요한 9:2-3 (71) 내 고난이 하나님의 일을 위한 것인지 보게 하옵소서!
요한 9:2-3 (183) 장애(障碍)가 하나님 영광을 드러내게 하옵소서!
요한 9:6-7 (57) 다양한 방법으로 고치심을 알게 하옵소서!
요한 11:5-7 (22) 때가 있음을 알고 서두르지 않게 하옵소서!
요한 11:14-15 (324) 내 삶이 전화위복의 증인이 되게 하옵소서!
요한 11:43-45 (74) 일상에 기적이 일어나게 하옵소서!
요한 12:27 (187) 괴로워도 끝까지 사명을 감당하게 하옵소서!
요한 13:1 (3) 삶의 마지막 순간까지 최선을 다하게 하옵소서!
요한 14:27 (89) 마음에 근심이나 두려워하지 않게 하옵소서!
요한 14:27 (292) 미래를 두려워하지 않게 하옵소서!
요한 15:1-2 (37) 믿음의 증거인 열매를 맺게 하옵소서!
요한 16:33 (286) 고난의 종식을 위하여 기도합니다.
요한 18:10-11 (323) 영의 일을 육으로 대하지 않게 하옵소서!
요한 19:29-30 (143) 죽음의 고통을 끝까지 견딜 수 있게 하옵소서!
-
사도 1:13-14 (322) 가족의 구원과 신앙의 일치가 되게 하옵소서!
사도 1:4-5 (95) 주님께서 약속한 곳에서 기다리게 하옵소서!
사도 2:2-3 (113) 성령님께서 성령 세례를 부어 주옵소서!
사도 3:6-7 (198) 사람을 살리는 예수님의 이름을 갖게 하옵소서!
사도 4:10-11 (80) 예수 그리스도 이름의 능력을 알게 하옵소서!
사도 4:19-20 (200) 세상을 두려워하지 않는 담력을 주옵소서!
사도 5:41-42 (199) 어디에 있든지 가르치고 전도하게 하옵소서!

고후 1:8-9 (173) 죽은 자를 살리시는 하나님만 의지하게 하옵소서!
고후 1:13-14 (142) 저희들이 서로의 자랑이 되게 하옵소서!
고후 2:15-16 (140) 우리가 주님의 향기인 것을 알게 하옵소서!
고후 3:2-3 (144) 우리가 주님의 편지인 것을 알게 하옵소서!
고후 5:1-2 (145) 영원한 하늘의 집을 덧입게 하옵소서!
고후 6:1-2 (146) 언제나 은혜받을 때임을 알게 하옵소서!
고후 6:9-10 (147) 복음의 사람으로 자긍심을 가지게 하옵소서!
고후 7:10 (207) 하나님의 뜻대로 하는 근심을 하게 하옵소서!
고후 7:10 (349) 하나님의 뜻대로 하는 근심을 하게 하옵소서!
고후 8:1-2 (328) 힘에 넘치도록 하나님께 드리며 살게 하옵소서!
고후 8:23-24 (148) 사람들에게 인정받는 사람이 되게 하옵소서!
고후 10:10-11 (327) 진실하고 강력한 속사람으로 이기게 하옵소서!
고후 12:9 (208) 거절(拒絶)의 응답을 수용하는 믿음을 주옵소서!
―
갈라 1:1 (175) 나를 누가 부르셨는지 생각하게 하옵소서!
갈라 1:6-7 (176) 이단들은 언제나 있었음을 알게 하옵소서!
갈라 1:16-17 (171) 영적인 일을 혈육과 의논하지 않게 하옵소서!
갈라 2:9 (177) 모든 이들은 각각 사명이 다름을 알게 하옵소서!
갈라 2:20 (178) 자신이 어떻게 살아야 하는지 알게 하옵소서!
갈라 6:3-4 (209) 되지 못하고 된 줄 아는 이가 없게 하옵소서!
갈라 6:6-7 (167) 가르치는 자와 좋은 것을 함께 하게 하옵소서!
갈라 6:8-9 (179) 포기하지 않으면 거두게 됨을 알게 하옵소서!
갈라 6:17-18 (180) 우리 몸에 예수님의 흔적을 갖게 하옵소서!
―
에베 1:18-19 (341) 믿음의 눈을 열어 보게 하여 주옵소서!
에베 2:12-13 (210) 이전에 저희의 모습을 돌아보게 하옵소서!
에베 3:8 (181) 지극히 작은 자보다 더 작은 자 되게 하옵소서!
에베 4:30 (257) 성령님을 근심시키지 않고 살게 하옵소서!
에베 5:16-18 (329) 술 취하지 않고 정신 차리고 살게 하옵소서!
에베 5:17-19 (164) 술 취하지 말고 성령으로 충만하게 하옵소서!
에베 6:11-12 (342) 하나님의 전신 갑주를 입게 하여 주옵소서!
에베 6:1-3 (361) 이 땅의 자녀들을 위하여 드리는 기도!
에베 6:5-6 (339) 성실한 회사원이나 직장인이 되게 하옵소서!
에베 6:9 (355) 사장들은 더 높은 사장을 기억하게 하옵소서!
에베 6:19-20 (337) 주님의 사자들을 위하여 기도하게 하옵소서!
―
빌립 1:7-8 (182) 주님의 심장으로 교회를 사랑하게 하옵소서!
빌립 1:12-13 (331) 언제나 전화위복의 계기를 만들게 하옵소서!
빌립 1:20-21 (332) 우리의 시민권이 하늘에 있음을 알게 하옵소서!
빌립 2:3-4 (343) 아름다운 신앙 공동체가 되게 하여 주옵소서!
빌립 2:21-22 (188) 자식이 아비에게 함같이 하게 하옵소서!

빌레 1:11-13 (353) 복음으로 변화된 인생이 되게 하여 주옵소서!
—
히브 3:6 (270) 소망의 끈을 놓지 않게 하시옵소서!
히브 3:15-16 (193) 말씀을 들을 때에 완고하지 않게 하옵소서!
히브 4:1-2 (194) 말씀을 들을 때 믿음으로 반응하게 하옵소서!
히브 6:4-6 (243) 신앙생활의 배신자가 되지 않게 하옵소서!
히브 6:4-6 (247) 신앙생활의 낙오자가 되지 않게 하옵소서!
히브 10:23-25 (195) 모이는 일에 항상 최선을 다하게 하옵소서!
히브 12:7-8 (348) 하나님의 징계를 받는 자 되게 하옵소서!
히브 12:16-17 (153) 기회가 항상 있는 것이 아님을 알게 하옵소서!
히브 13:5-6 (241) 돈이 없다고 버린 것이 아님을 알게 하옵소서!
히브 13:8 (364) 영원토록 동일하신 하나님! 고맙습니다.
—
야고 1:2-4 (196) 시험을 당하거든 기쁘게 여기게 하옵소서!
야고 2:3-4 (154) 외모로 사람들을 차별하지 않게 하옵소서!
야고 2:17-18 (155) 살아있는 믿음을 갖고 살게 하옵소서!
야고 3:2-3 (127) 말의 실수가 없는 사람이 되게 하옵소서!
야고 3:5-6 (156) 혀를 어거(馭車)하여 살리는 도구로 만들어 주옵소서!
야고 4:2-3 (242) 구하여도 얻지 못하는 자 되지 않게 하옵소서!
야고 4:7-8 (159) 마귀는 대적하고 하나님은 가까이하게 하옵소서!
야고 5:13 (283) 외로울 때 드리는 기도!
—
벧전 2:9 (158) 저희의 신분과 정체성을 바로 알게 하옵소서!
벧전 3:1-2 (362) 이 땅의 아내들을 위하여 드리는 기도!
벧전 3:7 (363) 이 땅의 남편들을 위하여 드리는 기도!
벧전 4:12-13 (197) 시험을 당할 때 즐거워하게 하옵소서!
벧전 5:5-6 (157) 하나님의 능하신 손아래서 겸손하게 하옵소서!
—
요일 1:8-9 (237) 우리는 언제나 죄인임을 고백하게 하옵소서!
요일 2:1-2 (230) 행여 죄를 범해도 두려워하지 않게 하옵소서!
요일 2:15-16 (239) 세상에 있는 것들을 사랑하지 않게 하옵소서!
요일 3:11-12 (232) 가인같이 미워하고 살인하지 않게 하옵소서!
요일 4:1-2 (256) 영이 하나님께 속했나 살펴보게 하옵소서!
요일 4:10 (213) 주님께서 먼저 사랑하신 것을 알게 하옵소서!
요일 5:4-5 (235) 믿음으로 세상을 이기는 자가 되게 하옵소서!
요일 5:14-15 (236) 그의 뜻 대로 구하면 들으심을 믿게 하옵소서!
요삼 1:10 (234) 악한 일로 역사에 남는 자 되지 않게 하옵소서!
유다 1:15 (265) 경건을 연습하게 하옵소서!

■ 절기 기도 본문 35 편 ■

- 출애 23:16−17 추수 감사절 기도!
  −추수할 것을 주셔서 감사합니다.
- 출애 34:21−22 맥추 감사절 기도!
  −첫 열매를 받아 주옵소서!
- 시편 71:18 교역자 은급 주일 기도!
  −백발이 될 때도 버리지 마옵소서!
- 요나 3:6 사순절 재의 수요일 기도회!
  −전심으로 참회(懺悔)하게 하옵소서!
- 마태 1:19−20 대림절 셋째 주일 기도!
  −주님을 사모하고, 사모하며 기다립니다.
- 마태 10:23 대림절 첫째 주일 기도!
  −주 예수님, 어서 오시옵소서!
- 마태 16:21 사순절 둘째 주일 기도!
  −주님을 생각하는 절기가 되게 하옵소서!
- 마태 19:13−14 어린이날 /어린이 주일 기도!
  −어린아이들을 용납하고 금하지 말라!
- 마태 19:13−14 어린이 여름 성경학교
  −어린이들에게 복을 주옵소서!
- 마태 25:19−20 송년 주일 기도!
  −하나님께 보고 드릴 게 있게 하옵소서!
- 마태 25:5−7 대림절 넷째 주일 기도!
  −보라 신랑이로다!
- 마태 26:37−38 사순절 넷째 주일 기도!
  −고난에 동참하는 계기가 되게 하옵소서!
- 마가 10:38 고난 주간 셋째 날(수요일) 기도!
  −너희가 나의 잔을 마실 수 있느냐?
- 마가 11:18 고난 주간 첫날 (월요일) 기도!
  −주님의 고난에 동참하게 하옵소서!
- 마가 11:33 고난 주간 둘째 날 (화요일)기도!
  −무슨 권위로 이런 일을 하나이까?
- 마가 16:6 부활의 날에 드리는 기도!
  −부활의 주님을 기다립니다.
- 누가 2:10−11 성탄절 기도!
  −큰 기쁨의 좋은 소식을 전하노라!
- 누가 9:23 사순절 다섯째 주일 기도!
  −주님과 함께 십자가를 생각하게 하옵소서!
- 요한 12:12−13 종려 주일 기도문!
  −주 예수님! 어서 오시옵소서!
- 요한 12:23−24 사순절 셋째 주일 기도!

−저희를 돌아보는 기회가 되게 하옵소서!
- 요한 13:1-2 고난 주간 넷째 날(목요일) 기도!
  −아들로 아버지를 영화롭게 하옵소서!
- 요한 13:14-15 스승의 날 / 스승의 주일 기도!
  −너희도 행하게 하려 본을 보였노라!
- 요한 19:29-30 고난 주간 다섯째 날 (금요일) 기도!
  −"엘리 엘리 라마 사박다니!"
- 요한 2:15-16 종교 개혁 기념 주일 기도!
  −교회를 새롭게 하여 주옵소서!
- 사도 2:1-3 성령강림절 기도
  −성령님이여! 지금 이곳에 오시옵소서!
- 사도 9:4-5 죤 웨슬리 회심 기념 주일 기도!
  −세계는 나의 교구(敎區)이다!
- 사도 10:4-5 평신도 주일 기도!
  −저희를 주님의 도구로 사용하여 주옵소서!
- 고후 5:17 송구영신 예배 주일 기도!
  −이전 것은 지나갔으니 보라 새것이 되었도다!
- 에베 6:1-3 어버이날 / 어버이 주일 기도!
  −보라, 네 어머니라!
- 살후 2:2 대림절 둘째 주일 기도!
  −주님을 갈망합니다.
- 딤후 2:22-23 청년 여름 수련회 기도!
  −청년들에게 꿈을 주옵소서!
- 딤후 3:16-17 학생 여름 수련회 기도!
  −인생의 미래가 열리게 하옵소서!
- 벧전 2:21 사순절 첫 번째 주일 기도!
  −고난받으신 주님을 따라가게 하옵소서!
- 벧전 3:18-19 고난 주간 다섯째 날 (토요일) 기도!
  −어둠의 땅에 선포하게 하옵소서!
- 요계 1:7 새해 첫 주일 (신년 주일) 기도!
  −한 해를 활짝 열어주옵소서!

골방기도 매일 기도표

1월

1일 한 영혼을 위해 최선을 다하게 하옵소서! (누가 8:27) (1)

2일 말씀 연구에 진심이게 하옵소서! (누가 2:46-47) (2)

3일 삶의 마지막 순간까지 최선을 다하게 하옵소서! (요한 13:1) (3)

4일 어떤 순간에도 초라한 변명을 하지 않게 하옵소서! (마가 15:3-5) (4)

5일 가난한 이들의 눈물을 기억하게 하옵소서! (마가 12:43-44) (5)

6일 불의한 권력과 야합하지 않게 하옵소서! (마태 23:13) (6)

7일 무슨 일이든 기도하고 나아가게 하옵소서! (누가 22:42-43) (7)

8일 절박한 이들을 외면하지 않게 하옵소서! (누가 18:40-42) (8)

9일 지금 할 수 있는 가장 작은 것을 하게 하옵소서! (누가 10:36-37) (9)

10일 성령님과 동행하며 살게 하옵소서! (마태 3:16-17) (10)

11일 하나님의 의를 이루도록 힘쓰게 하옵소서! (마태 3:15) (11)

12일 복음을 위한 고난이 행복임을 알게 하옵소서! (마태 5:11-12) (12)

13일 이 땅의 형제자매와 먼저 화해하게 하옵소서! (마태 5:23-24) (13)

14일 세상에서 바보처럼 살게 하옵소서! (마태 5:39-40) (14)

15일 외로운 이들에게 따뜻하게 다가서게 하옵소서! (마태 8:2-3) (15)

16일 내가 할 수 있는 나의 것을 하게 하옵소서! (마태 7:28-29) (16)

17일 우리의 조국을 바라보며 울게 하옵소서! (누가 19:43-44) (17)

18일 사람을 외모로 차별하지 않게 하옵소서! (누가 7:39) (18)

19일 작은 자의 헌신을 귀히 여기게 하옵소서! (요한 6:9-10) (19)

20일 어린이들을 소중하게 생각하게 하옵소서! (마가 9:36-37) (20)

21일 가난한 자의 신음을 기억하게 하옵소서! (마가 12:42-43) (21)

22일 때가 있음을 알고 서두르지 않게 하옵소서! (요한 11:5-7) (22)

23일 모든 일에 때가 있음을 알게 하옵소서! (마가 6:14-15) (23)

24일 교회의 타락에 분노하게 하옵소서! (마태 21:12-13) (24)

25일 다른 사람의 성공에 질투하지 않게 하옵소서! (요한 3:29-30) (25)

26일 누가 알아주지 않아도 의연하게 하옵소서! (누가 17:7-9) (26)

27일 사람을 외모로 평가하지 않게 하옵소서! (요한 4:16-18) (27)

28일 언제나 부활의 증인이 되게 하옵소서! (고전 15:12-13) (28)

29일 대적들은 늘 한 편인 것을 알게 하옵소서! (누가 23:11-12) (29)

30일 가슴을 열고 대화할 좋은 동지를 주옵소서! (마태 26:37-38) (30)

31일 냉수 한 그릇도 상이 있음을 알게 하옵소서! (마태 10:42) (31)

2월

3월

6월

1.
자기 관리를 위한 기도
(30편)

골방기도 / 자기 관리

경건한 삶을 위해 드리는 기도! (265)

경건을 연습하게 하옵소서!

"이는 뭇 사람을 심판하사 모든 경건하지 않은 자가 경건하지 않게 행한 모든 경건하지 않은 일과 또 경건하지 않은 죄인들이 주를 거슬러 한 모든 완악한 말로 말미암아 그들을 정죄하려 하심이라 하였느니라."

(유다 1:15)

하나님! 제가 세상에서 갖고 누리고 싶은 것이 많습니다. 부(富)도 명예도 기쁨도 친구도 많이 갖고 싶습니다. 할 수 있다면 세상에서 영향력을 가지는 모든 것을 넘치게 갖고 싶습니다. 세상의 필요를 나누어 줄 수 있는 영향력도 주옵소서! 그리하여 많은 이들을 즐거움에 참여할 수 있게 하옵소서! 기도, 언어, 재정, 은사, 능력도 넘치도록 부어주시옵소서!

그러나 무엇보다 경건한 삶을 주옵소서! 드러난 곳에서의 보이는 경건이 아니라, 하나님과 단둘이 있을 때 진실한 경건의 사람이 되게 하옵소서! 온갖 기도회에 부지런히 참석하는 경건이 아니라, 주님과 단둘이 대화하듯 하는 경건이게 하옵소서! 하늘을 움직일 것 같은 요란한 경건 말고, 어떤 절망적 상황도 기도로 이길 수 있는 믿음의 경건을 주시옵소서!

아무도 없는 한밤 중에도 하나님을 생각하고, 주변의 상황이나 환경, 분위기를 탓하면서 어쩔 수 없이 끌려갔다는 변명이 아니라, 어떤 무서운 위협이나 견디기 힘든 미혹에 흔들리지 않고, 세상이 다 건너도 건너지 않고, 아무도 건너지 못하는 강도 건널 수 있는 경건을 주옵소서! 설교 잘하고, 세련된 기도를 하기보다 경건으로 하나님 사랑을 입게 하시옵소서!

홀로 서재에 앉아서도 온 마음에 하나 가득 하나님을 모시게 하시고, 홀로 잠자리에 들고, 홀로 새벽에 일어나서도 먼저 하나님께 경배와 찬양을 드리게 하옵소서! "육체의 연단은 약간의 유익이 있으나 경건은 범사에 유익하니 금생과 내생에 약속이 있느니라." (딤전 4:8)고 하셨으니, 매일 운동을 하며 우리 몸을 담금질하듯 매일 경건을 훈련하게 하옵소서!

세상에는 경건한 척하고, 기도의 영성으로 충만한 척하면서도 경건하지도 않고, 기도하지도 않는 거짓 경건한 이들이 난무하고 있습니다. 이런 위선자들과 어울리지 말고, "경건의 모양은 있으나 경건의 능력은 부인하는 자들에게서 돌아서게." (딤후 3:5) 하옵소서! 이 시대의 '유대인'들과 '바리새인'들에게서 돌아서게 하시고, 주님이 기억하는 자 되게 하옵소서!

경건하게 사는 것은 어렵습니다. 사도 '바울'은 믿음의 아들 청년 '디모데'에게 "무릇 그리스도 예수 안에서 경건하게 살고자 하는 자는 박해를 받으리라."(딤후 3:12)고 하면서도 박해받는 그리스도인이 되라고, 경건한 존재로 살기를 원하셨고, 오늘 저희에게도 그렇게 살라고 명하십니다. 저희가 사람이 아니라, 하나님 앞에 은밀히 가꾸는 경건이 되게 하옵소서!

저희를 영원히 지켜보시는 예수님의 이름으로 기도합니다. 아멘!

골방기도 / 자기 관리

시한부 선고를 받았을 때 드리는 기도! (267)

하루 한 시간을 소중하게 살게 하옵소서!

"그 때에 히스기야가 병들어 죽게 되매 아모스의 아들 선지자 이사야가 그에게 나아와서 그에게 이르되 여호와의 말씀이 너는 집을 정리하라 네가 죽고 살지 못하리라 하셨나이다." (왕하 20:1)

하나님! 이 땅에는 원치 않는 불치의 병에 걸려 시한부 인생을 사는 이들이 많습니다. 처음에는 충격으로 낙심하고 절망하지만, 시간이 지나며 차분히 대처할 때에는 슬픔이나 아픔보다는 담담함이 더 큽니다. 영원한 하나님의 나라를 사모하지만, 세상을 떠나는 일은 섭섭하고 슬픈 일이기 때문입니다. 이런 절박한 상황을 만난 이들을 위하여 기도드립니다.

하나님께서 저희에게 허락하신 지구별 여행은, 어떤 이는 2박3일, 어떤 이는 일주일, 어떤 이는 한 달, 혹은 일 년 여행처럼, 허락하신 날들만큼 머물다 가게 됨을 압니다. 다만 세상의 여행은 일상의 여행처럼 기쁘고 즐거운 설렘과 기대만의 여행이 아니라, 사명과 책임을 가지고 악한 공중의 권세 잡은 이들과 영혼의 생명을 놓고 치열한 전투를 벌여야 합니다.

그 짧은 인생은 "우리의 연수가 칠십이요 강건하면 팔십이라도 그 연수의 자랑은 수고와 슬픔뿐이요, 신속히 가니 우리가 날아가나이다."(시편 90:10)

라는 고백처럼, 살아갈 미래는 영원처럼 길지만, 지나온 과거는 밤의 한 경점(更點)처럼 지나갑니다. 그 안에서 어떤 이는 조금 아쉽게, 어떤 이는 조금 길게 머물다 갈 뿐입니다. 귀한 시간을 잘 쓰게 하옵소서!

짧은 생애를 사는 동안 세상 전장(戰場)에서 싸우기 전에, 더러는 원치 않는 질병의 공격을 받고 약한 육체가 무너지는 슬픔을 맛보게 됩니다. 그러나 하나님! 수를 다하고 자연사하든, 불치의 병으로 일찍 세상을 떠나든, 한 번 와서 머물며 사명 감당하고 하나님께서 정하신 세월을 사는 동안 최선을 다하게 하시고, 주어진 삶의 시간에 진심을 다하게 하옵소서!

때로 근심 걱정 없이, 질병이나 장애 없이 건강하게 장수하는 이들이 하루를 덤덤히 산다면 정해진 짧은 시간을 살아야 하는 이들이 하루를 십 년처럼, 일 년을 백 년처럼 최선을 다해 살게 하옵소서! 더 이상의 여분도, 추가 시간도 주어지지 않는 것이 속상하지만 슬퍼하지 않고 매일의 삶에 진심이게 하옵소서! 허락하신 시간 동안 생명을 다해 살게 하옵소서!

하루를 살아도 1년처럼 쪼개서, 1년을 살아도 10년만큼 알차게, 생명의 날 수가 길고 짧음에 연연하지 않고 최고의 날, 최선의 하루를 살게 하옵소서! 예수님이 3년 공생애를 사시며 인류 구원의 대업을 이루셨으니, 살아 낸 삶의 길이가 아니라 삶의 내용을 보실 하나님 앞에 기도의 눈물과 사랑의 땀으로 세월을 드리고 하나님과 감격의 해후를 하게 하옵소서!

저희 삶의 길이를 정하신 예수님의 이름으로 기도합니다. 아멘!

골방기도 / 자기 관리

예수님처럼 살고 싶을 때 드리는 기도! (4)

어떤 순간에도 초라한 변명을 하지 않게 하옵소서!

"대제사장들이 여러 가지로 고발하는지라 빌라도가 또 물어 이르되 아무 대답도 없느냐 그들이 얼마나 많은 것으로 너를 고발하는가 보라 하되 예수께서 다시 아무 말씀으로도 대답하지 아니하시니 빌라도가 놀랍게 여기더라."

(마가 15:3-5)

사랑하는 하나님! 죄에 오염되고 죄에 굴복해버린 세상을 살다 보면, 날카로운 인간의 죄성과 부딪히며 순간순간 억울하고 답답한 일을 만날 때가 너무나 많습니다. 그때마다 인간의 방법으로 자신의 무죄함과 억울함을 증명해 보이고 싶고, 의롭게 살아온 자신을 드러내고, 불의하고 악한 대적들의 무도함을 만천하에 드러내 확인받고 싶을 때가 너무나 많습니다.

그런 유혹이 들 때마다 "이렇게 억울하고 분할 때 주님은 어떻게 하셨을까! 주님이라면 이때 어떻게 하셨을까?" 생각하고, 사람의 방법이 아니라 주님의 방법으로, 사람의 지혜가 아니라 하나님의 어리석음으로 대하게 하여 주옵소서! 하나님의 아들로 세상에 오신 예수님의 처신을 보며, 위기를 만난 예수님께서 어떻게 위기를 극복하셨는지 보게 하시옵소서!

어떤 힘든 일이 있을 때마다 자신의 의로움을 증명하고, 사람들에게 자신의 무죄함과 억울함을 보여주어야 속이 시원한 육체의 욕망대로 살지 않게 하옵소서! 주님께서는 거기서 놓임을 받을 수도 있고, 위기를 벗어날 수 있음에도 불구하고 일체의 침묵으로 응대하심을 봅니다. 그 주님을 믿고 따른다는 저희가 예수님과는 반대로 살지 않게 하시옵소서!

할 수 있는 대로 침묵하고, 할 수 있는 대로 담담하게 살게 하옵소서! 말하지 않아도 세월이 흐르면 잘잘못이나 옳고 그름은 드러날 것이고 진실은 밝혀질 터인데, 조급한 마음에 서둘러 확인하고 증명해서 상대를 굴복시킬 수는 있겠지만 그가 입은 상처를 치유할 수는 없습니다. 하나님께서 저희에게 '의로운 사람'이 되기보다 '침묵의 사람'이 되게 하옵소서!

불의한 세력 앞에는 의로움이 이기는 게 아니고, 정의가 승리하는 게 아니라, 침묵하며 기다린 인내의 사람이 이기는 것을 알게 하옵소서! 지금 자신의 의가 증명되고, 무죄가 확인되어도 악한 이들은 승복하는 것이 아니라 더욱 강퍅해질 뿐임을 알게 하옵소서! 예수님이 세상에서 '구주'로 존재하는 것은 웅변이나 이론으로 증명된 것이 아님을 알게 하시옵소서!

예수님께서 세상에 오셨을 때, 주님의 침묵을 보고 이상히 여긴 권력자들에게 스스로 대답하지 않으셨어도, 그분의 위상과 무죄함에 하나도 손상이 가지 않았음을 봅니다. 대답하셨다고 그들이 풀어주거나 풀어줄 수도 없었습니다. 주님께 용서를 구하지도 않았을 것입니다. 세상에서 가장 강력한 힘도, 가장 정의로운 판결도 침묵에서 오는 것임을 알게 하옵소서!

영원히 저희의 편이신 예수님의 이름으로 기도드립니다. 아멘!

골방기도 / 자기 관리

예수님처럼 살고 싶을 때 드리는 기도! (6)

불의한 권력과 야합하지 않게 하옵소서!

"화 있을 진저 외식하는 서기관들과 바리새인들이여 너희는 천국 문을 사람들 앞에서 닫고 너희도 들어가지 않고 들어가려 하는 자도 들어가지 못하게 하는 도다."

(마태 23:13)

하나님! 인생들이 세상을 살다 보면 언제나 힘 있는 이들 앞에서는 약하고, 힘없는 이들 앞에서는 강해지는 속된 모습을 가집니다. 세상의 권력자들 앞에서는 아부하거나 비굴한 표현이 우선하고, 힘없는 이들에게는 쉽게 명령하고 책망합니다. 그런데 주님은 힘없고 가난한 이들에게는 따뜻이 위로하셨고, 힘 있는 이들에게는 무섭게 책망하셨음을 보게 됩니다.

주님은 당시의 정치 권력, 종교의 권력자들을 향하여 무서운 책망을 하시고, 반대로 힘없고 가난한 이들에게는 위로의 말씀으로 용기를 북돋우셨습니다. 당시 정치와 종교의 쌍벽을 구성하던 '바리새인'과 '서기관'들을 향하여 '외식하는 자들'이라고 책망하시고, "당신들이야말로 천국 문을 닫고 당신도 못 들어가고 다른 이도 못 들어가게 한다."라고 책망했습니다.

"화 있을 진저 외식하는 서기관들과 바리새인들이여! 너희는 교인 한 사람을 얻기 위하여 바다와 육지를 두루 다니다가, 생기면 너희보다 배나 더 지옥 자식이 되게 하는 도다."(마태 23:15)고 했습니다. 이 말은 절대 권력을 가지고 있던 이들에게 치명적인 모욕이고, 예수님이 목숨을 걸고 던진 책망의 말씀이었습니다. 이는 정결한 삶이 주신 담력이었습니다.

주님은 그들을 책망하실 때 "화 있을진저 외식하는 서기관들과 바리새인들이여! 너희가 박하와 회향과 근채의 십일조는 드리되 율법의 더 중한 정의와 긍휼과 믿음은 버렸도다. 그러나 이것도 행하고 저것도 버리지 말아야 할지니라."(마태 23:23)고 하셨습니다. 바른 복음, 바른 신앙생활을 위하여 잡혀 처형당할 각오로 목숨을 걸고 설교하셨습니다.

"화 있을진저 외식하는 서기관들과 바리새인들이여 잔과 대접의 겉은 깨끗이 하되 그 안에는 탐욕과 방탕으로 가득하게 하는 도다."(마태 23:25)고 했습니다. 그러나 우리는 지금 신변의 위험, 사역의 위협을 당하지 않기 위해서, 교인들의 정치적 성향을 따라 하고 싶은 말도 못 하고, 해야 할 말도 안 하는 비겁한 야합을 하고 있습니다. 담대하게 하시옵소서!

오늘날 강단 사역자요, 한편으로는 왕들을 향하여도 책망하고 꾸중해야 할 예언자 된 이들이 '아합'왕 때의 '엘리야' 같은 선지자가 없음을 고백합니다. 우리가 때로는 비겁함 때문에, 더러는 두려움 때문에 숨어 지내고 있음을 고백합니다. 하나님! 저희가 잠잠하면 돌들이 소리칠 것을 알고, 저희 목숨보다 영혼을 지옥 불에 던지실 하나님을 두려워하게 하옵소서!

세상을 구원할 사명을 주신 예수님의 이름으로 기도드립니다. 아멘!

골방기도 / 자기 관리

예수님처럼 살고 싶을 때 드리는 기도! (14)

세상에서 바보처럼 살게 하옵소서!

"나는 너희에게 이르노니 악한 자를 대적하지 말라 누구든지 네 오른편 뺨을 치거
든 왼편도 돌려대며 또 너를 고발하여 속옷을 가지고자 하는 자에게 겉옷까지도
가지게 하며."   (마태 5:39-40)

하나님! 악하고 불의한 세상에서 하나님을 섬기는 일이 믿지 않는 이들에
게는 무한한 희생을 강요하는 대상이기도 하고, 각종 위협과 폭력에 자신
을 노출 시켜 세상에서 위협받게 될 때가 많습니다. 하나님의 자녀로 살아
간다는 일이 무한 희생이고, 무한 자기 출혈로 바보같이 살기를 강요당할
때 그들을 대하여 어떻게 처신해야 할지 마음이 어려운 때가 많습니다.

그러나 하나님! 고도의 윤리적 삶을 원하는 세상에 대하여 같은 수준의 반
응이 아니라, 한 차원 높은 윤리적 대응으로 비난하는 이들을 이기게 하옵
소서! 손해를 보지 않고, 피해당하지 않고 이해관계를 조정해서 손해 입는
일은 결코 하지 않으면 그들과 다를 것이 하나도 없습니다. 저희가 손해를
보고 피해를 입으며 사는 것이 복음의 삶이라고 믿습니다.

계산도 할 줄 모르는 바보, 손해가 나는 것도 모르는 바보, 그렇게 바보처
럼 살게 하옵소서! 그가 바보처럼 자기 삶을 희생하고 자기 이익을 포기하

고 자기의 주권을 내려놓고 손해를 입었을 때, 사람들은 안쓰러운 마음으로 침묵하고 동조하며 보고 있었습니다. 그러나 세월이 지난 다음 사람들은 그를 기억했습니다. 사람들은 그런 바보를 사랑해주었습니다.

오른뺨을 치면 양쪽 뺨을 다 때려도 시원치 않을 세상인데, 어떻게 왼뺨을 돌려대겠습니까? 속옷을 탐내는 것도 불쾌한데 어찌 겉옷까지 내주겠습니까? 어떻게 "너로 억지로 오 리를 가게 하거든 그 사람과 십 리를 동행하고, 구하는 자에게 주며 꾸고자 하는 자에게 거절하지 않고"(마태 5:41-42) 살 수 있습니까? 저희가 이렇게 바보로 살게 하시옵소서!

그런데 예수님께서 그렇게 사셨습니다. 자기를 동네 낭떠러지에 밀쳐 죽이려는 마을 사람들에게 얼굴 하나 안 붉히고 그곳을 비켜 가셨습니다. 그를 밀고하려는 제자의 멱살을 잡고 제자들 앞에 정신이 번쩍 나도록 배신을 공개한 게 아니라, 은밀히 "네 할 일을 하라!"고 하셨습니다. 자신을 잡으려고 온 대제사장의 종의 귀를 자른 '베드로'에게 말씀하셨습니다.

"너는 내가 내 아버지께 구하여 지금 열두 군단 더 되는 천사를 보내시게 할 수 없는 줄로 아느냐?"(마태 26:56) 그럼에도 주님은 당신의 힘을 쓰지 않으시고, 떨어진 '말고'의 귀를 도로 붙여 주셨습니다. 그리고 힘없는 사람처럼 이리저리 끌려다니며 재판받으시고, 마치 강도처럼 취급당하시고 못 박혀 돌아가셨는데 저희도 그렇게 살 수 있게 하옵소서!

저희가 바보 되기를 원하시는 예수님의 이름으로 기도드립니다. 아멘!

골방기도 / 자기 관리

예수님처럼 살고 싶을 때 드리는 기도! (26)

누가 알아주지 않아도 의연하게 하옵소서!

"너희 중 누구에게 밭을 갈거나 양을 치거나 하는 종이 있어 밭에서 돌아오면 그
더러 곧 와 앉아서 먹으라 말할 자가 있느냐 도리어 그더러 내 먹을 것을 준비하고
띠를 띠고 내가 먹고 마시는 동안에 수종들고 너는 그 후에 먹고 마시라 하지 않겠
느냐." (누가 17:7-9)

세상을 사는 사람에게 삶의 가치를 부여하는 것은 자신의 존재감이고, 이
걸 사람들이 인정해주고 알아주는 것이 인생이 누리는 기쁨입니다. 큰 사
람은 큰 대로, 훌륭한 사람은 훌륭한 대로 그 존재감을 인정하고, 그 앞에
서 칭송도 하고 존경할 때 비로소 행복감을 느끼는 것이 인생입니다. 그런
데 세상은 자기 기대만큼 누가 자기 자신을 알아주지 않습니다.

왕을 왕으로 알아주지 않고, 사장을 사장으로 알아주지 않을 때 경험하는
불쾌감이 너무 큽니다. 그러나 그런 경우를 당해도 조금도 동요되지 않고
마음에 상처받지 않고 의연하게 저희의 일을 감당하게 하옵소서! 극한 직
업에 해당하는 목회자와 부인의 역할을 묵묵히 할 때 아무도 이를 존귀하
게 여기지 아니하여도 내게 상 주실 주님만 바라보게 하옵소서!

교회의 서리 집사로 온갖 궂은일, 힘든 일을 해도, 누가 '고생했다.'라고 칭
찬 한마디 안 하고, '대단하다.'라고 격려하지 않아도 일한 것에 스스로 보

람을 느끼고 주님께서 나를 사용하셨음에 행복하게 하옵소서! 대기업 회장의 자녀들이 아무도 모르게 회사의 말단직원으로 일하고 있어도, 그가 자신의 정체성을 알고 있는 한 조금도 서럽고 속상할 일이 없습니다.

하나님을 아버지로 섬기는 저희가 스스로 교회 안팎에서 하나님 섬기는 일에 최선을 다하고 교회의 건강한 부흥을 위해 쓰임을 받는다면, 이보다 큰 영광이 없으리라 믿습니다. 아무도 그 존재에 대해 인정하는 이가 없고, 어떤 일을 하는지 알아주는 사람이 없어도, 나서서 공치사하는 속 좁은 인생이 아니라, 툭툭 털고 일어서는 인물이 되게 하옵소서!

하나님은 저희가 숨어서 짓는 모든 죄도 아시고, 아무도 모르는 곳에서 고생하는 것도 모두 지켜보시는 분이십니다. 불꽃 같은 눈으로 저희들의 일거수일투족을 보시며 상과 벌을 준비하실 터인데, 그 상 주실 하나님만 바라보게 하옵소서! 하나님은 저희가 숨어서 흘리는 땀, 남몰래 흘리는 눈물을 모두 보시고 곧 저희를 안으시고 갚아주심을 알게 하옵소서!

밤을 새워 기도하고, 금식하며 부르짖어도 뼈가 부서지게 일하고, 땀범벅이 되도록 봉사했어도, 저희에게 돌아오는 것은 사람들의 칭찬이 아니라 비난일 수 있습니다. 오히려 잘했느니, 잘못했느니 하는 비판이 있을 수 있습니다. 우리 자신에게 돌아올 것은 아무것도 없음을 알고 스스로 "나는 무익한 종이라!"는 겸손함을 갖게 하옵소서! (누가 17:10)

언젠가 상을 내려 주실 예수님의 이름으로 기도드립니다. 아멘!

골방기도 / 자기 관리

예수님처럼 살고 싶을 때 드리는 기도! (41)

정결하게 살게 하여 주옵소서!

"이는 그가 주 앞에 큰 자가 되며 포도주나 독한 술을 마시지 아니하며 모태로부터 성령의 충만함을 받아 이스라엘 자손을 주 곧 그들의 하나님께로 많이 돌아오게 하겠음이라."

(누가 1:15–16)

하나님께서 저희를 이 땅에 보내시고 여기서 태어나고 자라게 하시고, 또 성인이 되어 부모를 떠나 독립적 인격으로 살게 하시니 고맙습니다. 전능하신 하나님께서 저희를 때로는 유혹이나 미혹을 받고, 더러는 위협을 당하며 사는 동안, 어떻게 하든지 하나님의 성품을 잃어버리지 않도록 도와주시옵소서! 진실하고 정직한 토양에서 자라게 하시옵소서!

기왕에 성장하는 동안 성결하게 자라게 하옵소서! 더러운 시궁창에 함부로 드나들지 않게 하옵소서! 세상의 오물과 더러운 문화에 노출되어 저희의 영과 육이 만신창이가 되어 하나님 보시기에 합당치 못한 저희들 되지 않게 하시고, 정결한 한 송이 아름다운 꽃처럼 곱게 피어나게 하옵소서! 행여 아무렇게나 자란 잡초같이 거칠게 자라 버림받지 않게 하옵소서!

더러 세상에 함부로 뒹굴려, 몸과 마음이나 영혼이 더럽혀진 모습이 아니라, 그렇게 험한 세상에서도 정결한 모습을 잃지 않고 끝내 순결을 지키고 거룩함을 유지한 고운 꽃이 되게 하옵소서! 사람들이 오해하는 것처럼 허랑방탕하고 마구 살아도 하나님은 쓰시지만, 그래도 한 송이 곱고 아름답게 피어나 주님이 쓰시기에 합당한 정결한 영혼이 되게 하옵소서!

하나님은 더럽혀진 영혼이나, 사방에 굴러다니던 오염된 이들도 거듭나게 하고, 죄 사함의 은혜를 주시어 정결한 영혼으로 만들어 쓰시지만, 자기 자신을 깨끗이 지켜 하나님께서 보시기에 깨끗한 영혼을 더 기뻐하시는 줄 믿습니다. '요셉'처럼 자기를 지킨 영혼을 존귀하게 쓰시는 줄 믿사오니, 자기를 지켜 하나님께서 귀하게 쓰시는 그릇이 되게 하옵소서!

"큰 집에는 금 그릇과 은그릇뿐 아니라 나무 그릇과 질그릇도 있어 귀하게 쓰는 것도 있고 천하게 쓰는 것도 있나니, 그러므로 누구든지 이런 것에서 자기를 깨끗하게 하면 귀히 쓰는 그릇이 되어 거룩하고 주인의 쓰심에 합당하며 모든 선한 일에 준비함이 되리라."(딤후 2:20-22)라고 하셨으니, 큰 그릇이나 비싼 그릇 이전에 깨끗한 그릇이 되게 하시옵소서!

하나님께서 저희 영혼을 구별하여 거룩하게 하시되 "청년의 정욕을 피하고 주를 깨끗한 마음으로 부르는 자들과 함께 의와 믿음과 사랑과 화평을 따르라."(딤후 2:22)라고 하셨으니, 세례 '요한'처럼 '나실인'으로 깨끗하게 자기를 관리하여 하나님이 보실 때 흠과 티가 없는 존귀한 그릇이 되게 하옵소서! 언제 어디서나 품격 있고 정결한 영혼이 되게 하시옵소서!

정결한 처녀가 되기를 원하시는 예수님의 이름으로 기도드립니다. 아멘!

골방기도 / 자기 관리

예수님처럼 살고 싶을 때 드리는 기도! (90)

불의한 다수에 굴복하지 않게 하옵소서!

"그들이 큰 소리로 재촉하여 십자가에 못 박기를 구하니 그들의 소리가 이긴지라. 이에 빌라도가 그들이 구하는 대로 언도하고 그들이 요구하는 자 곧 민란과 살인 으로 말미암아 옥에 갇힌 자를 놓아주고 예수는 넘겨주어 그들의 뜻대로 하게 하 니라." (누가 23:23-25)

사랑의 하나님! 연약한 인생들이 세상을 살다보면 혼자만 정의롭게 살 수 없고 독야청청(獨也靑靑)하기가 어려울 때가 많습니다. 저희가 쓰는 속담에 도 '모난 돌 정 맞는다.'라는 말도 있고 '맑은 물에 고기 없다.'라는 말도 있 습니다. 모두 적당히, 부정도 하고 야합하면서 살라는 말로 쓰입니다. 비 열한 말입니다. 물론 저희는 당연히 그리스도인의 도리가 있습니다.

기본적으로 하나님의 법 앞에 순종하며 그 법은 목숨 바쳐 지켜야 합니다. 그리고 세상사는 사람들은 부모에 순종하는 것부터 이웃을 사랑하기까지 지켜야 할 법도도 있습니다. 그보다 성경의 법도 있고 우리의 관습도 있고 인간의 이성과 양심이 가르치는 법도 있습니다. 이런 것들은 신앙인이나 종교인 이전에 인간 누구나가 가지고 있는 현상으로 믿습니다.

그러나 하나님! 작금의 현실을 보면 온 국민이 뻔히 아는 부정, 불의, 비윤 리, 비상식 같은 엄청난 힘의 카르텔을 보면서 너무 슬픈 생각이 듭니다.

이제는 인간이기를 포기한 건지, 가족과 후손들에게, 동시대를 살아가는 이들에게 이제 어떻게 얼굴을 들고 살 수 있을 것인지 걱정하며, 이런 야합과 폭압이 일상화되고 상식화될까 두렵사오니 도와주옵소서!

'유대'의 총독으로 유대 전체를 통치하고 있던 '본디오 빌라도'는 그의 생애에 있어서 역사상 전무후무한 '하나님의 아들 구주 예수 그리스도의 사형판결'을 책임지는 자리에 있었습니다. 그것은 그의 운명이었지만 얼마든지 운명을 거부하고 저항할 수 있었습니다. 그럼에도 불구하고 불의한 적대자들에 의해 어떻든 예수님의 판결과 집행은 이루어졌을 것입니다.

그래도 후세와 역사는 '빌라도에 의해 돌아가신 주님'이라는 고백은 바뀌었을 것입니다. 오고 오는 역사에 영원히 수정할 수 없는 '빌라도'의 죄는 자기의 보좌를 지키기 위하여 거대한 악의 세력인 불의한 힘과 야합을 했다는 것입니다. 총독만이 가지고 있는 유대인 사형판결을 거부하고 황제에 의해 정작 본인지 숙청이나 사형을 당했더라면 어땠을까 생각합니다.

하나님! 자신은 예수님이 무죄하다는 확신으로, 대야의 물에 손을 씻으면서까지 사형판결을 내릴 때의 심정은 어떠했을까요? 이제 이 천년 후의 역사는 그를 가장 비겁하고 비열한 야합의 주인공이자 부끄러운 총독이 되었습니다. 이제는 정치뿐 아니라 세상이 금기 영역으로 두고 있던 교회마저 무너진 세상에서 저희를 온전한 신앙인으로 살도록 도와주옵소서!

진정한 의인은 외로움을 보이신 예수님의 이름으로 기도합니다. 아멘!

골방기도 / 자기 관리

하나님의 마음에 맞는 사람이 되게 하옵소서!

"폐하시고 다윗을 왕으로 세우시고 증언하여 이르시되 내가 이새의 아들 다윗을 만나니 내 마음에 맞는 사람이라. 내 뜻을 다 이루리라 하시더니 하나님이 약속하신 대로 이 사람의 후손에서 이스라엘을 위하여 구주를 세우셨으니 곧 예수라."

(사도 13:22-23)

사랑하시는 하나님! 세상에서 사람으로 살면서 사람의 마음도 서로 맞추기가 얼마나 힘든데 하나님의 마음에 맞는다는 게 얼마나 어렵겠습니까? 그런데 '다윗'은 하나님의 마음에 맞는 사람이 되었습니다. 도대체 '다윗'이 그렇게 하나님의 마음에 맞는 바람이 된 이유를 잘 모르겠는데 차분히 그 비밀을 깨닫게 하시어서 저희도 하나님 마음에 들게 하시옵소서!

하나님! 다윗은 초대 왕 '사울'의 뒤를 이은 '이스라엘'의 2대 왕이고, 사울의 딸 '미갈'과 결혼한 왕의 사위입니다. 일생 많은 전쟁을 했고, 자기 부하 '우리야'의 아내를 취하고, 이를 은폐하기 위해 그를 전선의 최전방에 보내 죽게 한 사람입니다. 그런데 사울이 40년 동안 왕으로 있으면서 하나님을 거역한 후, 다윗은 하나님 마음에 합한 사람이 되었습니다.

하나님은 본디 '가나안' 땅에 들어간 '이스라엘' 백성들을 사사들을 세워 통치하시고, 하나님께서 직접 이스라엘의 왕이 되시려고 하셨으나 백성들은 이를 거절하고 왕을 달라고 요구했고, 그때 가장 기골이 장대하여 어깨 하나는 더 크고, "내가 어떻게 왕이 되겠느냐?"고 행구 사이에 숨은 겸손한 '사울'을 왕으로 세워 40년을 치리하도록 하셨습니다. (삼상 9:2)

그렇게 겸손하던 사울이 왕이 되고 나서 동안 온갖 월권, 직권남용 등 하나님께서 싫어하시는 일만 골라 하면서 하나님께서 그를 폐하시고 '베들레헴', '이새'의 막내아들 '다윗'을 새 왕으로 기름 부어 세우셨습니다. 그는 '사울'과 달리 주의 종 선지자 '사무엘'을 귀하게 여기고 하나님이 기름을 부어 세운 사울을 한 번도 적이나 상관으로도 대하지 않았습니다.

그리하여 '하나님이 기름 부은 하나님의 사람'으로 대하며, 죽일 수 있는 기회를 외면하고 끝까지 왕으로 모셔, 결국은 하나님께서 '길보아' 전투에서 '사울'과 두 아들을 죽이실 때까지 왕으로 모셨습니다. 그 마음을 하나님은 존귀하게 보시고 그에게 '헤브론'에서 7년, '예루살렘'에서 33년 도합 40년을 왕으로 세워 그와 함께하시고 통일 왕국을 주셨습니다.

무엇이 하나님의 마음에 맞았는지, 무엇이 하나님의 마음에 그토록 합당했는지를 모두 확인할 수는 없지만, 저희의 마음에도 욕심이 생깁니다. 막내로 태어나 왕을 간택하는 행사에도 참석 못 했던 그는, 말없이 자기 양 치는 일에 최선을 다하다가 '골리앗'과의 전쟁에서 하나님의 이름이 모욕받는 것을 참지 못하고 나가 승리하는 이 열정을 배우게 하옵소서!

저희들의 영원하신 구세주 예수님의 이름으로 기도드립니다. 아멘!

골방기도 / 자기 관리

자신을 다른 이들과 비교하지 않게 하옵소서!

"요한의 제자들과 바리새인들이 금식하고 있는지라 사람들이 예수께 와서 말하되 요한의 제자들과 바리새인의 제자들은 금식하는데 어찌하여 당신의 제자들은 금식하지 아니하나이까." (마가 2:18)

세상에는 70억 넘는 사람들이 모두 각각 다른 모습으로 각양 하나님께 받은 은사와 재능을 가지고 삽니다. 하나님께서는 저희에게 '문과(文科)'와 '이과'의 재능만 아니라, 각기 다양한 실력과 기술, 특기를 가지고 살게 하셨습니다. 우리는 같은 은사(恩賜)를 가지고 같은 재능으로 섬기는 게 아니고, 다양한 은사로 다양한 방법으로 사는 것을 알게 하시옵소서!

뛰어난 운동신경을 가지고 '육상'이나 '구기' 종목의 유능한 선수로 평생을 사는 이도 있고, 그래서 공을 잘 차는 선수, 수영이나 스케이팅을 잘하는 선수가 있고, 문화 예술 분야에서 연기나 노래, 춤 같은 여러 분야에 탁월한 재능이 있는 이도 많습니다. 그밖에 다른 사람들은 각 분야에서 더러는 탁월한 기량을 가지고 사람들의 부러움을 사며 살기도 합니다.

어떤 이들은 스스로 뛰어난 사회인이 되고, 어떤 이들은 박탈감을 안고 살기도합니다. 모든 인생은 나름대로 하나님의 소중한 보배요, 창조의 목적대로 소중한 재능을 부여받아 살고 있을 뿐, 별 가치 없고 필요 없이 태어나는 사람은 없습니다. 어떤 때는 스스로 자괴감이나 상실감을 가지고 살지만 우리는 누구도 예외 됨 없이 하나님 앞에 모두가 소중합니다.

그럼에도 불구하고, 특출한 사람이 되지 못하면 주변에 있는 탁월한 사람과 자신을 비교하게 되고, 아울러 소외감과 박탈감에 빠지기도 합니다. 그러다 보면 상대방과 자신을 비교하게 되고, 그 결과 세상에 대하여 폐쇄적이고 단절된 삶을 살기도 합니다. 하나님께서 저희의 좁은 마음을 위로하여 주옵소서! 자신에게 주신 고귀한 사명을 생각하게 하시옵소서!

한 달란트 받은 사람은 다섯 달란트나 두 달란트 받은 사람과 자신을 비교하지 않고, 자신이 받은 한 달란트의 가치를 소중히 여기게 하옵소서! 새벽에 일하러 온 사람이나 3시나 6시에 일하러 포도원에 들어온 이들은, 9시나 11시에 들어온 사람들이 조금 일하고 한 데나리온을 받는 것에 대한 주인의 결정을 존중하고 억울한 입장에서 비교하지 않게 하옵소서!

어떤 사람은 채소만 먹고, 어떤 사람은 고기를 먹는 것에 대한 불만이 없게 하옵소서! 죄인들과 함께 먹는 것에도(마가 2:16) 관심하지 않게 하옵소서! "왜 요한의 제자들과 바리새인의 제자들은 금식하는데 당신의 제자들은 금식하지 않습니까?"(마가 2:18) 시비할 것 없습니다. 묵묵히 각자에게 주신 은사로, 각자 감당할 사명을 성실하게 감당하게 하옵소서!

저희를 차별 없이 사랑하시는 예수님의 이름으로 기도드립니다. 아멘!

1. 자기 관리를 위한 기도

골방기도 / 자기 관리

예수님처럼 살고 싶을 때 드리는 기도! (120)

'거룩성'이 훼손당할 때 '분노'하게 하옵소서!

"아무나 물건을 가지고 성전 안으로 지나다님을 허락하지 아니하시고 이에 가르쳐 이르시되 기록된바 내 집은 만민이 기도하는 집이라 칭함을 받으리라고 하지 아니하였느냐. 너희는 강도의 소굴을 만들었도다 하시매."

(마가 11:16-17)

사랑과 공의의 하나님! 저희가 이 땅에서 사랑하는 하나님은 거룩하신 하나님이자, 사랑이신 하나님이십니다. 뿐아니라 공의로우신 하나님이십니다. 따라서 하나님의 속성을 그대로 받고 창조된 저희 인생들, 그중에 하나님의 공의를 받고 태어난 저희는 이에 민감하게 반응하며 사랑과 긍휼만 아니라 공의의 마음으로 불의와 부정에 대해서 민감해야 합니다.

악과 불의 불법, 폭력, 부정이 장악하고 있는 세상은, 바른 것이 정의가 아니고 강한 것이 정의인 세상입니다. 그 행위가 얼마나 의로운 일인지 불의한 일인지에 의해 판단하는 것이 아니라, 얼마나 힘 있는 이들에 의해 행해지는지, 힘없는 이들이 행하는 일인지에 따라 구별되는 세상이 되었습니다. 힘없는 서민들은 이런 불합리한 세상을 보며 통곡할 뿐입니다.

세상을 뒤덮고 있는 엄청난 불의와 부패한 권력의 발호에도 누구도 저항하지 못하는 침묵의 세상은, 그야말로 부패한 세상이요 불의한 사회입니다. 죄와 불의를 인지하지 못해서도 아니고, 옳고 그름을 판단하지 못해서가 아니라, 어느 쪽이 힘이 있고 어느 쪽이 힘이 없는지를 예리하게 판단하여 힘없는 이들에게서 발을 빼고 힘 있는 이들에게 담그고 삽니다.

말로는 '중도'나 '중립'이라고 하지만, 이는 공정한 선택이 아니라 불의에는 침묵하고 항의하지 않으면서 박해당하는 의로운 이들을 응원하지도 않는 야비한 침묵자요, 더러운 악의 동조자입니다. 권력이 부패하고 사회 정의가 실종되어도, 채찍 한 번 들지 못한 채 자기 생존에만 급급해하는 양심들이 세상에 얼마나 많은지 모릅니다. 하나님! 기억하여 주옵소서!

예루살렘 성전이 종교 사기꾼과 장사꾼, 좋게 말하면 성직자와 기업가가 야합하여 피차의 유익을 추구하는 난장판이 되었을 때, 부정한 현상을 지적해야 할 종교인들은 부패 카르텔을 형성하고 있었고, 서민들은 난폭한 장사꾼들의 횡포에 속수무책이었습니다. 이 혼란을 목격하신 예수님은 그 오염되고 타락한 질서를 둘러 엎고 야합한 지도자들을 책망했습니다.

오늘 저희가 온갖 죄와 악으로 오염된 세상을 살면서, 그 불의를 향하여 자신의 안위를 위하여 입도 뻥끗 못 하는 침묵의 방조가나 방관자가 되어 자신의 안위만 생각하는 극단적 이기주의자가 아니라, 불법과 불의에 기생하여 악을 일삼는 이들에게 "너희는 만민의 기도하는 집을 강도의 소굴로 만들었도다."라며 책망하는 거룩한 분노가 폭발하게 하여 주옵소서!

거룩함의 훼손에 분노하시는 예수님의 이름으로 기도드립니다. 아멘!

골방기도 / 자기 관리

예수님처럼 살고 싶을 때 드리는 기도! (138)

모두 나와 같이 되기를 바라지 않게 하옵소서!

"나는 모든 사람이 나와 같기를 원하노라 그러나 각각 하나님께 받은 자기의 은사가 있으니 이 사람은 이러하고 저 사람은 저러하니라."

(고전 7:7)

사랑하시는 하나님! 세상에는 수십억의 사람들이 다양한 피부색과 다양한 인종, 언어, 종교, 국적을 가지고 모두 수천, 수만의 재능과 능력을 가지고 직업에 종사하며 자신의 책임을 감당하고 있습니다. 정치, 경제, 사회, 문화, 교육, 산업 등 전 분야에서 나름대로 자신의 능력과 기량을 다하여 종사하고 있습니다. 일하는 능력을 주시고 일터 주심이 고맙습니다.

그런데 그 사역과 은사와 재능의 범위가 너무 넓고 다양해서 저희는 크기나 깊이를 다 측량할 길이 없습니다. 그리고 모든 이는 자신이 하는 일이 가장 귀하고 영광스러우며 자신이 하는 일이 가장 소중하다는 생각 때문에 다른 이들의 신분과 하는 일을 폄훼하거나 무시하고, 자신의 우월성을 드러내기도 합니다. 모든 이들을 자신에게 맞추려는 생각도 합니다.

그러나 이 땅의 사람들은 구사하는 언어나 성격, 식성, 기호식품 그 밖의 모든 것이 다릅니다. 하나도 같은 것이 없습니다. 어리석은 인생들은 늘 자신의 성품이 가장 정직한 줄 알고, 자신의 인품이 가장 탁월하다고 믿고, 자신의 은사가 제일 존귀한 은사라고 생각합니다. 그리고 살아가는 동안 타인의 모든 것을 자신의 기준에 맞추어 일치시키려고 합니다.

생각하는 것도 자신에게 일치시키려고 하고, 말하는 것도 자신의 스타일로, 목회나 기도나 사역도 모두 자신의 모습에 일치를 시키려고 합니다. 자신의 기준을 일반화하려고 하고 자신의 견해를 모든 이들에게 객관화하여 이를 받아들이도록 강요합니다. 하나님께서 어리석고 미련한 저희 생각을 다스려 주옵소서! 모두 나처럼 되기를 강요하지 않게 하옵소서!

"은사는 여러 가지나 성령은 같고 직분은 여러 가지나 주는 같으며 또 사역은 여러 가지나 모든 것을 모든 사람 가운데서 이루시는 하나님은 같으니 각 사람에게 성령을 나타내심은 유익하게 하려 하심이라."(고전 12:4-7)라고 했습니다. 어떤 사람에겐 성령으로 지혜의 말씀을, 어떤 사람에게는 지식의 말씀을 주신다고 은사의 다양성을 말했습니다. (고전 12:8-9)

주님! "어머니의 태로부터 된 고자도 있고 사람이 만든 고자도 있고 천국을 위하여 스스로 된 고자도 있다."(마태 19:12)라고 하셨습니다. 사도 '바울'이 "다 사도가 되겠느냐? 다 선지자가 되겠느냐? 다 교사가 되겠느냐? 다 능력을 행하는 자가 되겠느냐?"(고전 12:29)고 하셨습니다. 다른 이들의 은사, 재능, 사역을 귀히 여기고 존중하는 이들이 되게 하옵소서!

여러 직분으로 섬기게 하신 예수님의 이름으로 기도드립니다. 아멘!

골방기도 / 자기 관리

예수님처럼 살고 싶을 때 드리는 기도! (140)

우리가 주님의 향기인 것을 알게 하옵소서!

"우리는 구원 받는 자들에게나 망하는 자들에게나 하나님 앞에서 그리스도의 향기니 이 사람에게는 사망으로부터 사망에 이르는 냄새요 저 사람에게는 생명으로부터 생명에 이르는 냄새라 누가 이 일을 감당하리요."

(고후 2:15-16)

하나님! 오늘 저희를 '그리스도의 향기'라고 명명해 주시니 무한 영광입니다. 이 땅에 주님의 이름으로 구원받은 많은 그리스도인이 있고, 그들이 모두 작은 예수님으로 자긍심을 가지고 살지만, 막상 저희가 가는 곳마다 주님의 향기를 품고 이름의 영광을 드러내지 못하고 있습니다. 용서하시고 이제부터 저희가 머무는 곳에 주님의 향기를 내게 하옵소서!

저희들이 주님의 이름으로 예배하는 곳마다 그곳에 주님의 임재와 향기가 드러나게 하시고, 그곳이 어디든지 하나님의 임재와 사랑이 느껴지는 거룩한 지성소가 되게 하옵소서! 이 땅에서 하나님의 자녀로 사는 동안 성령님의 은혜 안에 머물게 하시되, 척박한 땅 모래바람 부는 광야나 사막 같은 곳에 거칠게 사는 불쌍한 이들이 되지 않도록 복을 주옵소서!

저희가 머무는 곳이 외로움의 광야이거나 고독한 밤길이라도 주님의 사랑으로 충만하고 따뜻한 바람과 자연이 만나 사랑을 노래하는 생명의 숲길이 되어, 오직 주님을 예배하는 거룩한 예배와 찬양의 향기가 충만한 곳이 되게 하옵소서! 주님의 자녀라는 특권을 누리고 사는 저희가 썩어 악취 나는 곳이 아니라 가까이하고 싶은 향기가 피어나게 하옵소서!

죄인인 여자가 향유를 담은 옥합을 들고 와서 그 발에 올려 드리던 '베다니'의 식탁처럼, 온 집안에 아름다운 사랑의 향기가 풍기게 하여 주옵소서! 주님께서 이 향기 맞은편에서 풍기던 '시몬'이나 '유다'의 더러운 생각의 악취를 상쇄시킬 만큼 엄청난 그리스도의 향기가 나게 하옵소서! 지금 저희 손에 들려있는 모든 헌신의 제물이 향기로 가득하게 하시옵소서!

사도 '바울'이 '루스드라'에서 처음 만난 '디모데'는 어머니는 믿는 유대 여자요 아버지는 헬라인 이지만, '루스드라'와 '이고니온'에 있는 형제들에게 칭찬받는 자로(사도 16:1-2) 그리스도의 향기를 주변 지역에 흩날리던 청년이었고, 그는 스승을 도와 온 세상에 복음의 향기를 넘치게 하였는바, 저희도 지금 사는 인근 지역에 그리스도의 향기가 되게 하옵소서!

저희 몸에서, 혹은 저희가 모인 신앙공동체에서 그리스도의 향기가 나면 생명 얻은 그리스도인들이 모일 것이요, 악취가 나면 더러운 짐승의 사체(死體)를 먹으려는 늑대나 승냥이들이 모여드는 죽음의 공동묘지가 될 터인즉, 저희가 그리스도의 향기를 넘치도록 풍기는 신앙공동체가 되어, 저희들이 머무는 곳, 머물다 간 곳은 주님의 몸이 세워지게 하옵소서!

저희를 죄악에서 건지신 예수님의 이름으로 기도드립니다. 아멘!

골방기도 / 자기 관리

예수님처럼 살고 싶을 때 드리는 기도! (151)

저희 몸이 성령님의 전(殿)임을 알게 하옵소서!

"너희 몸은 너희가 하나님께로부터 받은바 너희 가운데 계신 성령의 전인 줄을 알지 못하느냐 너희는 너희 자신의 것이 아니라 값으로 산 것이 되었으니 그런즉 너희 몸으로 하나님께 영광을 돌리라." (고전 6:19-20)

사랑하는 하나님! 오늘 저희는 흙으로 지어지고 죄로 더러워졌다가 주님의 피로 씻기심을 입어 성령님의 거듭나게 하심으로 새로운 피조물이 된 다음, 성령님께서 저희 몸을 성전(聖殿) 삼고 내주하시는 '성령님의 전'이 되었습니다. 성령님이 거하시니 성전 된 저희가 성전을 어떻게 잘 관리하여 주님처럼 살게 될지 기도하며, 하나님의 뜻을 이루게 하옵소서!

우선 저희 몸이 질그릇으로 지어진 하나님의 피조물인데, 이 흙으로 지은 저희 몸에, 성령님이시며 주님께서 계심은 마치 질그릇에 보배를 가진 것 같으니 이제 저희 안에 계신 인생의 주인 되신 주님을 잘 모시게 하옵소서! 저희가 질그릇이든 금 그릇이든 은그릇이든 그릇의 소재보다 하나님께서 중요하게 보시는 것은 그릇이 얼마나 깨끗한 그릇인가입니다.

주님, 저희가 큰 그릇이나 작은 그릇처럼 그릇의 크기에 관심하지 말고, 내 안에 계신 주님께서 거하시기에 합당한 정결한 그릇이 되게 하여 주옵소서! 그리하여 주님께서 쓰시기에 합당한 그릇이 되고, 진실한 마음으로 하나님을 사랑하는 성품이 되게 하옵소서! 그리하여 주님께서 토하여 내치는 그릇이 아니라 주님의 사랑받는 그릇이 되게 하여 주옵소서!

주님께서 추하고 연약한 이 질그릇을 성전 삼고 오실 때 저희가 기쁨으로 환영하고 찬양 드리고, 제 안에 주님께서 머무시는 동안 행복하고 즐거움으로 저희와 소통하게 하시고, 하나님의 사랑에 흠뻑 젖어 사는 저희들 되게 하옵소서! 정결하게 거듭난 영혼에 더 흉악한 귀신 일곱이 들어와 거하여 전보다 더 악한 영혼이 되지 않게 하옵소서! (마태 12:45)

주님께서 저희를 사랑하시어 자녀로 삼으셨으니, 하나님 자녀의 품격을 갖추게 하시고, 주님께서 저희를 주님의 신부로 삼아 주셨으니 정결한 신부가 되게 하옵소서! 주님께서 저희를 하나님 나라의 백성이 되게 하셨으니 천국의 백성다운 권위와 품격으로 살게 하시옵소서! 저희 영혼이 시정 잡배의 모습으로 더럽혀진 채 거리에 뒹굴지 않게 지켜 주시옵소서!

사랑의 하나님! 이 땅에 있는 집들도 그 안에 누가 사느냐에 따라 겉모습은 물론 내부의 구조, 청결 상태 등 차별성이 있습니다. 하물며 전능하신 하나님의 성전으로 선택된 저희가 더러운 짐승들의 거처처럼 냄새나고 더러운 모습이 아니라 만왕의 왕으로 계신 주님이 좌정하시는 자리로 구별하여 주옵소서! 영원히 머물러 계시는 전이 되게 하옵소서!

저희를 성전 삼고 거하시는 예수님의 이름으로 기도드립니다. 아멘!

골방기도 / 자기 관리

예수님처럼 살고 싶을 때 드리는 기도! (156)

혀를 어거(馭車)하여 살리는 도구로 만들어 주옵소서!

"이와 같이 혀도 작은 지체로되 큰 것을 자랑하도다. 보라 얼마나 작은 불이 얼마나 많은 나무를 태우는가. 혀는 곧 불이요 불의의 세계라. 혀는 우리 지체 중에서 온몸을 더럽히고 삶의 수레바퀴를 불사르나니 그 사르는 것이 지옥 불에서 나느니라."

(야고 3:5-6)

사랑의 하나님! 이 땅에 살면서 저희의 지체 중에 제일 중요하고 위험한 '혀'를 위하여 구합니다. 사람이 말에 실수가 없는 사람은 온전한 사람입니다. (야고 3:2) 저희의 말에 실수가 없는 온전한 혀가 되게 하옵소서! 말은 내뱉으면 다시는 주워 담을 수 없는 엎질러진 물 같아서, 생각하고 또 생각하고 말하게 하옵소서! 말에 진심을 담아 말하게 하옵소서!

저희의 말은 다시 우리에게 돌아오지 않지만, 세상을 돌아다니며 무너지는 사람을 일으키기도 하고, 반대로 일어서려는 사람을 짓밟아 일어서지 못하게 하기도 합니다. 고마운 생명의 검이 되기도 하고, 무서운 살인 병기도 됩니다. 저희의 말이 어떤 이에게는 생약이 되기도 어떤 이에게는 독약이 됨을 알게 하옵소서! 말이 가진 양면성을 잊지 않게 하옵소서!

커다란 배에 있는 작은 키가 사공이 움직이는 대로 배의 방향을 결정하듯이, 오늘 저희가 움직이는 이 혀가 사람들의 개개인 운명의 방향을 결정하기도 하고, 그가 어느 자리에 있는 사람이냐에 따라서 그의 말 한마디가 사회를 요동치게도 하고 온 세상을 발칵 뒤집어 놓기도 합니다. 말 한마디로 한 나라를 쑥대밭으로 만들 수도 있음을 기억하게 하옵소서!

"여러 짐승과 새와 벌레와 바다의 생물은 사람이 길들일 수 있고 길들여 왔지만, 혀는 능히 길들일 사람이 없나니 쉬지 아니하는 악이요 죽이는 독이 가득한 것이라. 이것으로 우리가 아버지를 찬송하고 이것으로 하나님의 형상대로 지음을 받은 사람을 저주하나니 한 입에서 찬송과 저주가 나오니 이것이 마땅하지 아니하니라."(야고 3:7-10)라고 하셨습니다.

전능하신 하나님! 하나님께서 큰불같이 불사르고 불태울 준비를 하고 있는 저희의 혀를 재갈 먹여 말에 실수가 없게 하시고, 실수나 잘못이 있으면 얼른 사과하고 용서를 구하여, 자신의 말로 인해 문제가 생겼을 때는 책임을 지고 처신하게 하옵소서! 말이 그의 인품의 무게를 더할 수 있게 하옵소서! 말로 신앙의 진실함과 인격의 깊이를 가늠하게 하옵소서!

하나님! 저희의 지체지만 저희 뜻대로 통제되지 않는 혀를 길들여 주옵소서! 이목구비(耳目口鼻)처럼 드러나지 않은 지체지만, 숨어서 무서운 파괴력을 보이는 혀를 기억하여 저의 삶이 혀의 노예가 아니라, 저희가 혀를 다스리고 어거할 힘을 부어 주옵소서! 성령님께서 날마다 힘을 주시어 왜곡된 혀로 인해 말에 실수가 없는 사람으로 지켜 주시옵소서!

저희 입술의 열매를 바라시는 예수님의 이름으로 기도드립니다. 아멘!

골방기도 / 자기 관리

예수님처럼 살고 싶을 때 드리는 기도! (157)

하나님의 능하신 손아래서 겸손하게 하옵소서!

"젊은 자들아 이와 같이 장로들에게 순종하고 다 서로 겸손으로 허리를 동이라 하
나님은 교만한 자를 대적하시되 겸손한 자들에게는 은혜를 주시느니라. 그러므로
하나님의 능하신 손 아래에서 겸손하라 때가 되면 너희를 높이시리라."

(벧전 5:5-6)

오늘도 저희는 하나님의 종(僕)임을 고백합니다. 오늘도 무익한 종들임을
고백합니다. 오늘도 하나님 앞에 부족함이 많은 무지한 종들입니다. 오늘
저희가 부족한 인생임을 깨닫고 하나님 앞에서 낮아지게 하옵소서! 하나
님께서 '교만한 자를 물리치시고 겸손한 자에게 은혜를 주신다.'라는 말씀
을 신구약 성경에 무수히 주셨는데, 이제 말씀 앞에 세워 주옵소서!

하나님 앞에 드러낼 것도 힘 줄 것도 없고, 자랑할 것도 없는 부족한 인생
이기에 겸손하게 하시고, 하나님은 교만한 자를 물리치시기에 겸손하게
하옵소서! 하나님의 능하신 손아래 겸손하면 때가 되면 하나님께서 저희
를 높여주실 것이기 때문에 겸손하게 하옵소서! 상대보다 뒤에 서게 하시
고, 상대보다 더 생각하게 하시고, 상대보다 나중에 말하게 하옵소서!

사랑의 주님! 주님은 만왕의 왕이 되는 십자가의 길을 가시려고 마지막 '예
루살렘'에 들어가실 때, 겸손하여 나귀를 타셨다고 했고(마태 21:5) 사도 '바

울'은 "아무 일에든지 다툼이나 허영으로 하지 말고, 오직 겸손한 마음으로 각각 자기보다 남을 낫게 여기라."(빌립 2:3)고 했습니다. 나보다 남을 낫게 여기는 것은 겸손이고, 남을 낮게 여기는 것은 교만입니다.

그는 '밀레도'에서 '에베소' 장로들을 청하여 사역을 회고하며, 모든 겸손과 눈물이며 유대인의 간계로 말미암아 당한 시험을 참고 주를 섬긴 것을 추억했습니다. (사도 20:19) 겸손이 얼마나 중요한 덕목인지 사도 '베드로'도 "겸손하라!"고 했고(벧전 5:5), 사도 '야고보'는 "하나님이 교만한 자를 물리시고 겸손한 자에게 은혜를 주신다."(야고 4:6)라고 인용했습니다.

성경에 "교만하면 낮아지고, 마음이 겸손하면 영예를 얻으리라."(잠언 29:23)라고 했습니다. 처음 왕위에 오를 것을 요청받은 '기스'의 아들 '사울'이 자신은 왕이 될 자격이 없다며 짐 보따리 속에 숨었던 때의 겸손함을 허락하여 주옵소서! (삼상 10:22) 겸손한 자와 함께 마음을 낮추는 것이 교만한 자와 함께 탈취물건을 나누는 것보다 낫다."(잠언 16:19)라고 했습니다.

하나님께서 저희 인생들이 어떻게 살아야 할지 가르쳐 주셨으니, 교만한 자가 아니라 겸손한 자가 되게 하옵소서! 언제나 다른 사람들을 위한 배려, 다른 이들을 귀하게 생각하는 섬김, 다른 사람들을 높이고 자기는 낮추는 겸손의 과정에서 하나님께서 거절하고 외면하시는 교만한 사람이 아니라, 하나님께서 은혜를 주시고 높이실 겸손한 사람이 되게 하옵소서!

저희를 복 주기 원하시는 예수님의 이름으로 기도드립니다. 아멘!

골방기도 / 자기 관리

예수님처럼 살고 싶을 때 드리는 기도! (162)

깨끗하여 귀히 쓰는 그릇이 되게 하옵소서!

"큰 집에는 금 그릇과 은 그릇 뿐 아니라 나무 그릇과 질그릇도 있어 귀하게 쓰는
것도 있고 천하게 쓰는 것도 있나니 그러므로 누구든지 이런 것에서 자기를 깨끗
하게 하면 귀히 쓰는 그릇이 되어 거룩하고 주인의 쓰심에 합당하며 모든 선한 일
에 준비함이 되리라."   (딤후 2:20-21)

사랑하는 하나님! 오늘도 저희는 하나님의 선한 도구가 되어 귀한 곳에 아
름답게 쓰임 받기 원합니다. 기왕이면 하나님의 기억 속에 남아있는 사람,
하나님께서 쓰시기에 좋았던 사람, 하나님의 마음에 만족했던 사람으로
추억되게 하옵소서! 이 땅에 살면서 하나님께서 저희를 지으시고, 부르시
고, 쓰시기에 아쉬움이 남지 않는 아름다운 도구 되게 하여 주옵소서!

주님! 사람들은 모두들 그릇의 크기에 관심하고 있고, 그릇의 재질에 관심
하고 있습니다. '금 그릇'이냐, '은그릇'이냐에 관심하지만, 하나님은 '질그
릇' 같은 저희에게 보배로운 주님을 주셨음이 감동입니다. 또 '큰 그릇'이
냐 '작은 그릇'이냐 하면서 도토리 키 재기를 하고 있지만, 하나님은 저희
가 얼마나 크고 작으냐에 관심이 없으시고 '깨끗한 그릇'을 찾으십니다.

사랑하는 주님! 저희는 주님께서 보시기에 깨끗한 그릇이 되게 하옵소서!
언제 어디에서 무엇에 쓰든지 쓰시기에 합당한 깨끗한 그릇이 되어 주님

께서 보시기에 만족하시게 하옵소서! "또 너는 청년의 정욕을 피하고 주를 깨끗한 마음으로 부르는 자들과 함께 의와 믿음과 사랑과 화평을 따르라."(딤후 2:22)라고 하셨으니, 정결한 주의 자녀들이 되게 하옵소서!

청년 '요셉'이 중대한 유혹의 기로에 섰을 때 "이 집에는 나보다 큰 이가 없으며 주인이 아무것도 내게 금하지 아니하였어도 금한 것은 당신뿐이니, 당신은 그의 아내임이라. 그런즉 내가 어찌 이 큰 악을 행하여 하나님께 죄를 지으리이까?" (창세기 39:9) 거절하고, 처음에는 이 일로 모함을 받았으나 결국 그 일이 하나님의 기쁨을 이루어 드렸음을 봅니다.

저희가 모두 하나님의 '나실인'이 되게 하옵소서! 비로 광야에서 메뚜기와 야생 꿀을 먹으면서도 (마태 3:4) 올곧게 살아낸 세례자 '요한'처럼, 어린 시절부터 성소의 등을 지키며 신실하게 살아온(삼상 3:15) 선지자 '사무엘'처럼, 하나님의 이름이 모욕을 당하는 것을 차마 보지 못하고 달려가는 소년 '다윗'처럼 (삼상 17:45) 하나님의 눈에 합당하게 하옵소서!

하나님! 오늘도 저희가 험한 세상을 살면서 수없이 죄에 노출되고 악과 함께 싸워내야 합니다. 하나님은 늘 저희들의 방패가 되시고 피할 바위가 되셔서, 저희를 온전히 지켜 주옵소서! 무엇보다 거룩하신 하나님 앞에 저희의 영과 혼과 몸이(살전 5:23) 온전히 보전되어, 하나님 보시기에 합당한 저희가 되게 하옵소서! 맡겨주신 사명 감당할 수 있게 하옵소서!

저희의 온전함을 기뻐하시는 예수님의 이름으로 기도드립니다. 아멘!

골방기도 / 자기 관리

예수님처럼 살고 싶을 때 드리는 기도! (163)

외식 (外飾)하는 자가 되지 않게 하옵소서!

> "그러나 성령이 밝히 말씀하시기를 후일에 어떤 사람들이 믿음에서 떠나 미혹하는 영과 귀신의 가르침을 따르리라 하셨으니 자기 양심이 화인을 맞아서 외식함으로 거짓말하는 자들이라." (딤전 4:1–2)

진실하신 참 하나님 아버지! 하나님은 저희의 생각을 아시고, 저희들의 머리카락까지 세신 분이십니다. 저희의 앉고 서는 것과 눕고 일어섬을 아시고, 현재와 미래뿐만 아니라 생의 모든 주기의 일을 아십니다. 이 시간에 저희들의 모든 것을 아시는 전능하신 하나님 앞에, 자신의 진실한 모습을 감추고 겉 모습에 너무 집착하던 저희들을 이 시간 용서하여 주옵소서!

머릿속에는 들은 것이 없이 텅 비어있으면서 많이 들어있는 양, 아는 것도 없으면서 식자인 양 행세하고, 가진 것도 없으면서 허세를 부린 것도 용서하여 주옵소서! 죄를 끌어안고 살면서 회개한 것처럼, 성경도 읽지 않으면서 매일 읽는 것처럼, 기도도 안 하면서 기도 많이 하는 것처럼 자신과 이웃을 속이고 하나님을 속이며 살던 저희를 용서하여 주옵소서!

사랑의 하나님! 하루 30분도 기도를 못 하면서도 많이 하는 것처럼, 목소리를 굵게 하여 금속음을 내고, 그래서 사람들은 기도 많이 하는 사람인 줄 알지만, 하나님은 절대 속지 않으십니다. 정직하게 기도로 용서를 구하고 진실한 기도자로 살게 하옵소서! 하나님의 뜻을 알지도 못하면서 하나님과 깊이 교제하여 하나님의 깊은 뜻을 아는 것처럼 삽니다.

교회에 대한 애정도 없으면서 교회를 무척 사랑하는 것 같고, 감동도 없이 이웃사랑을 하면서 입술로만 이웃사랑을 고백하는 위선적 의인이 되지 않게 하옵소서! 거창한 것 아니고 작은 사랑이라도 실천하는 사람이 되게 하옵소서! 성결하게 살지 못하면서 성결한 삶을 사는 것처럼 위선적인 언행, 자세 등 사람을 기만하는 행위가 이제는 사라지게 하옵소서!

우리는 매일 자신을 속이고, 때로는 가족이나 이웃처럼 가까운 이들도 속입니다. 신앙생활 잘하는 것 같고, 기도 생활이나 구제도 보이는 것으로 위로받고 있음을 용서하옵소서! 오늘 하나님의 시간에 위로와 축복을 얻게 하옵소서! 썩고 사라질 겉모습을 치장하는 것이 아니요, 내면을 가꾸게 하옵소서! 잘사는 것처럼 보이려 하지 말고 제대로 살게 하옵소서!

먹고 마시면서도 안 먹고 안 마시는 것처럼 하지만 하나님은 아십니다. 이방인과 함께 식사하고도 안 한 것처럼 하지만 다 알게 됩니다. 위선과 외식은 하나님에 대한 믿음이 없어서 합니다. 사람들을 의식해서 나옵니다. 하나님을 두려워하는 마음보다 사람을 두려워해서 나옵니다. 저희가 이제는 사람을 의식하지 않게 하옵소서! 하나님만 두려워하게 하옵소서!

저희의 진실한 삶을 원하시는 예수님의 이름으로 기도드립니다. 아멘!

골방기도 / 자기 관리

예수님처럼 살고 싶을 때 드리는 기도! (168)

내가 죄인의 괴수인 것을 깨닫게 하옵소서!

"우리 주의 은혜가 그리스도 예수 안에 있는 믿음과 사랑과 함께 넘치도록 풍성하였도다. 미쁘다 모든 사람이 받을 만한 이 말이여 그리스도 예수께서 죄인을 구원하시려고 세상에 임하셨다 하였도다. 죄인 중에 내가 괴수니라."

(딤전 1:14-15)

사랑의 하나님! 우리가 전에 자신을 '나 같은 죄인'이라고 고백했습니다. 물론 죄인인 것은 인정하고 고백하지만, 사실 저희는 모두 그냥 보통 죄인이 아니고 죄인의 괴수요, 우두머리입니다. 그만큼 하나님 보실 때 온통 죄로 범벅이 되어있고, 구원의 여망이라고는 하나도 없는 참혹한 인생이었습니다. 그럼에도 불구하고, 하나님은 저희들을 살려주셨습니다.

처음에는 무슨 죄가 그렇게 많이 있을까 생각했지만, 시간이 지나고 하나님의 은혜가 깨달아지면서 하나님 앞에 지은 죄는 용서가 어려운 죄였습니다. 이제 하나님께서 저희를 기억하여 죄를 깊이 깨닫는 은혜를 주시고, 그 죄의 크기가 얼마나 큰지 알 수 있게 하시고, 저희를 용서하신 하나님의 사랑이 얼마나 '놀라운 은혜'인지 깨닫게 하시니 고맙습니다.

그런데 저희들이 그 엄청난 죄에서 용서받고 구원받고 직임을 받은 것은 저희가 알지 못하고 지은 죄이기 때문입니다. "내가 전에는 비방자요 박해자요 폭행자였으나 도리어 긍휼을 입은 것은 내가 믿지 아니할 때에 알지 못하고 행하였음이라." (딤전 1:13) 하나님의 은혜를 모르던 때는 남의 죄만 보였습니다. 그러나 은혜를 알고 나니 자신의 죄가 보입니다.

간음하던 현장에서 붙잡힌 여인을 끌고 예수님께 나아왔던 이들의 얼굴에는 분노가 가득했고, 저들의 손에는 여인에게 던질 돌이 들려있었지만, 주님께서 "너희 중에 죄 없는 자가 먼저 돌로 치라!"고 하시자, 그들이 말씀을 듣고 양심에 가책을 느껴 어른으로 시작하여 젊은이까지 하나씩 나가고 오직 예수와 그 가운데 서 있는 여자만 남았습니다. (요한 8:7-9)

하나님! 살기등등하던 사도 '바울'이 주님께서 그를 책망하시는 것을 듣는 순간 "주님 누구십니까?"하고 거꾸러졌고, '시몬'은 랍비로 생각하던 예수님의 말씀을 따라 그물을 던져 고기를 잡은 후에 예수님의 무릎 아래 엎드려 "주여 나를 떠나소서! 나는 죄인이로소이다."(누가 5:8)라고 고백했습니다. 자기 죄가 보이면 주님이 되고 인생은 다시 사는 것을 봅니다.

하나님의 복음이 가진 죄의 파괴력 앞에 저희의 무딘 심령이 모두 부서지게 하옵소서! 우리 눈이 죄의 실체를 보게 하옵소서! 그리하여 언제든지 하나님 앞에 자신이 무너지고 깨어지는 역사가 있기를 소망합니다. 하나님의 은혜는 죄가 덮이는 게 아니라 도리어 드러나 씻음 받는 것임을 알게 하옵소서! 무서운 죄의 실체와 죄인의 모습을 발견하게 하옵소서!

우리의 죄를 용서해 주시는 예수님의 이름으로 기도드립니다. 아멘!

골방기도 / 자기 관리

예수님처럼 살고 싶을 때 드리는 기도! (172)

사람들에게 자신을 드러내지 않게 하옵소서!

"곧 보내시며 엄히 경고하사 이르시되 삼가 아무에게 아무 말도 하지 말고 가서 네 몸을 제사장에게 보이고 네가 깨끗하게 되었으니 모세가 명한 것을 드려 그들에게 입증하라 하셨더라." (마가 1:43-44)

사랑의 하나님! 사람은 누구나 자기 자신을 드러내고 싶어 합니다. 특히 어떤 사람의 병은 고쳤거나 귀신을 쫓아내었거나 그에게 결정적인 은혜를 베풀었다면 당연히 이를 자랑하고 싶고 인증사진도 찍고 싶고, 이를 널리 홍보하고 싶어 합니다. 저도 인간의 속성을 가지고 있고, 어떤 맹인을 고치거나 귀신 들린 이를 고쳤다면 요란스럽게 홍보했을 겁니다.

그런데 하나님! 우리 주님은 그런 일이 비일비재 함에도 불구하고 전혀 이를 드러내시지 않고, 오히려 그에게 떠들지 말라고 하시는 것을 봅니다. 오늘 저희들이 사역하는 현장에 주님의 이름으로 행해지는 기적도 많지 않지만, 아주 작은 일 하나만 생겨도 침소봉대해서 엄청난 천지개벽을 한 것처럼 떠들고, 자기 홍보에 열 올리는 것을 볼 때 씁쓸합니다.

'가버나움'에서 나오실 때 두 맹인이 따라오면서 자기들의 눈을 고쳐 달라고 할 때, 예수님께서 그들의 눈을 만지시며 "너희 믿음대로 되라!"고 하시자 그들의 눈이 밝아졌습니다. 그때 주님은 "엄히 경고하시되 삼가 아무에게도 알리지 말라."고 하셨습니다. (마태 9:29-30) 물론 이들이 나가서 자신들에게 일어난 일을 사방에 말하는 바람에 소문은 났습니다.

한 나환자가 예수님께 와서 엎드려 말하기를 "주님이 원하시면 저를 깨끗하게 하실 수 있습니다."라고 하자, 주님은 손을 내밀어 그에게 대시며 "내가 원하노니 깨끗함을 받아라!"라고 하시니 나병이 그 사람에게서 떠나가고 깨끗하여졌을 때도 "아무에게 아무 말도 하지 말고, 가서 네 몸을 제사장에게 보이고 예물을 드리라!"(마가 1:40-45)라고 하셨습니다.

예수님께서 '거라사'에 가서 군대 귀신 들린 이에게서 귀신을 쫓아낸 다음에도, 그 청년이 얼마나 주님을 따라오고 싶었겠습니까? 그래도 그를 돌려보내며 "집에 가서 어떻게 하나님께서 너를 고쳐 주셨는지 전하라!"고 하며 돌려보내셨습니다. (마가 5:1-20) 지금 하나님의 기적도 희귀하지만, 너무 자신을 드러내지 않고 주님의 영광을 드러내게 하옵소서!

오늘 사람들이 주님의 영광을 가로채려고 합니다. 주님께서 능력을 베푸시고 기적을 행하게 하실 때 그것이 마치 자신의 능력인 양 자신의 치적인 양 생색내는 풍토에서 자유롭게 하옵소서! 성령님의 일 하심에 영광을 하나님께 돌릴지언정 모든 영광을 인생들이 가로채는 죄를 범치 않게 하옵소서! 기적을 감출 것까지는 없겠지만, 자랑하지 않게 하시옵소서!

저희에게 기적을 베푸시는 예수님의 이름으로 기도드립니다. 아멘!

골방기도 / 자기 관리

예수님처럼 살고 싶을 때 드리는 기도! (181)

지극히 작은 자보다 보다 더 작은 자 되게 하옵소서!

"모든 성도 중에 지극히 작은 자보다 더 작은 나에게 이 은혜를 주신 것은 측량할 수 없는 그리스도의 풍성함을 이방인에게 전하게 하시고."

(에베 3:8)

사랑하는 하나님! 사도 '바울'이 주님의 은혜를 깨닫고 난 다음 '빌립보교회'에 보낸 편지에서 "너희 안에 이 마음을 품으라 곧 그리스도 예수의 마음이라."(빌립 2:5)라고 말씀하시고, "그는 근본 하나님의 본체이시나 하나님과 동등 됨을 취할 것으로 여기지 아니하시고 오히려 자기를 비워 종의 형체를 가지어 사람들과 같이 되셨다." (빌립 2:6-7)는 것입니다.

그리고 "사람의 모양으로 나타나 자기를 낮추시고 죽기까지 복종하셨으니 곧 십자가에 죽으심이라."고 하여, 사랑과 겸손의 종국은 십자가에 돌아가심이라고 했습니다. 저희에게 그런 주님의 마음을 품으라고 하신 '바울' 사도는 당신을 주님 사랑을 받을 수 없는 '죄인의 괴수'라고 했습니다. '죄인의 우두머리'라는 뜻인데, 누가 시켜도 할 수 없는 심한 표현입니다.

히브리인 중의 히브리인이고, '베냐민' 지파 출신이고, '가말리엘'에게서 율법을 배운 대학자가, 거기서 끝난 게 아니라 '만삭되지 못하여 난 자'(고전

15:8)라고도 했으니 자신을 칠삭둥이 혹은 팔삭둥이라는 것입니다. 즉, 사람들이 보기에 한참 모자라고 어리석은 사람이라는 겁니다. 다른 사람이 그렇게 부른 게 아니고 자기가 스스로 그렇게 말한 것입니다.

더 나아가서 '모든 성도 중에 지극히 작은 자보다 더 작은 나' (에베 3:8) 라고도 했습니다. '지극히 작은 자'라고만 해도 대단한 겸양의 표현인데, '그보다도 더 작은 자'라는 것입니다. 이뿐 아니라 '우리가 지금까지 세상의 더러운 것과 만물의 찌꺼기같이 되었도다.'(고전 4:13)라고도 했습니다. 어쩌면 사람들이 알고 있는 자기 비하의 표현은 다 한 것 같습니다.

이렇게 자기 비하(卑下)의 극치에 달했던 바울 사도는, 그렇다고 그곳에 버려지지 않았습니다. 주님은 자기를 '괴인의 괴수'로 낮춘 그를 '위대한 사도'로 세워주었고, '가장 낮은 자보다 더 낮은 자'를 '가장 영광스러운 사도'의 자리에 세우셨습니다. '만물의 찌꺼기'같이 비참해진 그를 하나님은 '의의 면류관'(딤후 4:8)을 예비해 주셨다고 간증하고 있습니다.

사랑의 하나님! 저희가 이 땅에서 자신을 낮추고 겸비해지면 '한나'의 고백처럼 "가난한 자를 진토에서 일으키시며 빈궁한 자를 거름더미에서 올리사 귀족들과 함께 앉게 하시며, 영광의 자리를 차지하게." (삼상 2:8) 하실 것입니다. 하나님은 교만한 자를 물리치시고 겸손한 자에게 은혜를 주시는 분입니다. 낮은 곳이 영원한 처소가 아님을 알게 하시옵소서!

겸손하여 나귀를 타고 오신 예수님의 이름으로 기도드립니다. 아멘!

골방기도 / 자기 관리

예수님처럼 살고 싶을 때 드리는 기도! (192)

떠난 사람들을 사랑할 수 있게 하옵소서!

"내가 처음 변명할 때에 나와 함께 한 자가 하나도 없고 다 나를 버렸으나 그들에게 허물을 돌리지 않기를 원하노라. 주께서 내 곁에 서서 나에게 힘을 주심은 나로 말미암아 선포된 말씀이 온전히 전파되어 모든 이방인이 듣게 하려 하심이니 내가 사자의 입에서 건짐을 받았느니라." (딤후 4:16-17)

사랑의 하나님! '만난 사람은 반드시 헤어진다.'는 뜻으로 주로 불교에서 쓰는 '회자정리(會者定離)'는 인생사에서 당연한 귀결이지만, 때로는 많은 슬픔과 아픔을 남겨줍니다. 부모 형제 같은 혈육의 만남과 이별은 말할 것도 없고, 배우자, 친구, 이웃과 평생 만나고 헤어지는 일을 반복합니다. 특히 신앙생활 하는 이들은 하나의 만남과 이별을 추가합니다.

한 신앙공동체 안에서 교우, 혹은 성도라는 이름으로 만난 저희는 가족보다 더 자주, 매일 새벽, 매 주일, 주중(週中)에도 수시로 만나, 사랑하고 교제하다 이런저런 연유로 헤어집니다. 그중에는 목회자와 성도의 만남과 이별도 있습니다. 특히 가슴 아픈 만남은 목회를 위해 같이 일하다가 헤어지는 경우인데 이 경우는 아픔이 동반되는 경우가 많습니다.

사랑하는 하나님! 처음 교회를 시작할 때 담임목사와 부목사, 목사와 전도사, 때로는 창립 식구인 장로와 집사, 중직들과 10년, 20년, 30년을 때로는 사랑하고 때로는 다투며 함께 기도하고 함께 섬기다가 서로 잘되고 은혜로운 일로 헤어지는 일도 있지만 서로 의견의 불일치나 사소한 다툼이나 갈등이 원인이 되어 떠나게 되는 경우, 항상 큰 상처가 남습니다.

하나님께서 저희의 속 좁음을 아시고 용서하여 주옵소서! 떠난 이나 남은 이가 피차에 허물을 덮고, 서로의 부족에 용서를 구하게 하옵소서! 사도 '바울'에게도 처음 법정에 섰을 때 함께 그의 편에 있던 이들이 다 떠났다고 하면서, 그들에게 허물을 돌리지 않겠다고 했습니다. 사실 모두를 용납하고 용서할 수 있는 것은 아니지만 잊기 쉬운 것도 아닙니다.

특히 법정에서 변론할 때 자기편에서 함께 했던 이들이 떠나 많이 힘들었을 것입니다. 그러나 그들을 탓하지 않고 최선을 다했는데 덕분에 많은 이방인이 그의 변증 과정에 복음을 듣고, 그는 결국 사자의 입에서 건지심을 받았다고 간증합니다. 오늘도 저희도 어떤 이유로 사람들이 떠나간 뒤에 하나님께서 힘을 주사 사자의 입에서 건짐을 받게 하옵소서!

여전히 우리는 중요한 순간, 결정적 순간에 사람들이 떠날 수도 있습니다. 그들이 떠나므로 자신의 입지나 위상이 휘청거리리라 걱정했는데 하나님께서 도와주셔서 원만히 해결되기도 합니다. 반대자들 앞에서 자기를 변론할 때에 더 잘하여 그들의 거짓이나 모함도 이겨내고 사자의 입에서 건져 주옵소서! 그리고 궁극적인 승리를 얻을 수 있게 하옵소서!

저희를 영원히 버리지 않으시는 예수님의 이름으로 기도합니다. 아멘!

골방기도 / 자기 관리

예수님처럼 살고 싶을 때 드리는 기도! (205)

만물의 찌꺼기같이 됨을 감당하게 하옵소서!

"바로 이 시각까지 우리가 주리고 목마르며 헐벗고 매 맞으며 정처가 없고 또 수고하여 친히 손으로 일을 하며 모욕을 당한즉 축복하고 박해를 받은즉 참고 비방을 받은즉 권면하니 우리가 지금까지 세상의 더러운 것과 만물의 찌꺼기 같이 되었도다." (고전 4:11-13)

사랑하는 하나님! 그리스도인이 된다는 것이 영광스러운 일이요, 감격적인 일인 것은 분명합니다. 저희처럼 미천한 인생들에게 감히 하늘의 하나님 자녀가 되고 하나님 아버지의 유업을 이을 상속자가 되게 하시니 진실로 고맙습니다. 땅의 있는 것을 누리는 것만도 영광이요 축복인데, 다가오는 세상에 완성될 하늘의 복까지 보장해 주시니 무한 영광입니다.

사랑하는 하나님! 그럼에도 저희가 만나는 세상에서, 하나님의 영광스러움과 무관하게 때로는 고난의 길을 때로는 외로움의 길을 가야 합니다. 복음을 이해하지 못하고 하나님을 인정하지 못하는 어리석은 이들에게 믿음을 가진 이들은 늘 공격과 비난의 대상이 되고, 까닭 없이 증오하는 약자일 뿐입니다. 아무도 저희의 곁에서 도와줄 사람이 없습니다.

때로는 고아처럼, 홀로 사는 여인처럼, 자식 없는 노인처럼, 더러는 걸인처럼 노숙자처럼 취급당하며 살기도 하고, 때로는 흉악한 범죄자처럼 불량배처럼 미움을 받기도 합니다. 어떤 이에게는 외면당하고 어떤 이에게는 배척당하며, 어떤 이에게는 비난과 비판받으며 입을 열어 저항하지 않은 채 신음 소리 한 번 못 내고 살 때도 많사오니 기억하여 주옵소서!

복음을 전하는 것으로 핍박을 당하고, 복음을 살아간다고 불이익을 당하고, 심지어 복음대로 사는 것조차 그들에게는 적대시하는 대상이 되기도 합니다. 하나님께서 저희를 불쌍히 여겨 주옵소서! 이는 어제오늘의 일이 아닌 옛적부터 있던 일입니다. '아벨'이 믿음으로 제사한 일로 죽임을 당한 후에 '스데반'이 주님을 전한 일로 순교를 당하기까지 그랬습니다.

사도 '바울'이 생명의 복음을 전하는 일로 "이 시각까지 주리고 목마르며 헐벗고 매 맞으며 정처가 없고 또 수고하여 친히 손으로 일을 하며 모욕을 당한즉 축복하고 박해를 받은즉 참고 비방을 받은즉 권면하니 우리가 지금까지 세상의 더러운 것과 만물의 찌꺼기같이 되었도다." (고전 4:11-13)고 했습니다. 선을 행하며 의를 말해도 돌아온 것은 고난입니다.

'만물의 찌꺼기'같이 비참하고 더러운 존재로 여김을 당하여, 그 아픈 마음을 그가 세운 '고린도교회'에 전했습니다. "하나님이 사도인 우리를 죽이기로 작정된 자 같이 끄트머리에 두셨으매 우리는 세계 곧 천사와 사람에게 구경거리가 되었다." (고전 4:9)고 할 만큼 참혹한 자리입니다. 하물며 저희가 그런 인생을 살아도 끝까지 하나님을 사랑하게 하옵소서!

끝내 저희를 이기게 하실 예수님의 이름으로 기도드립니다. 아멘!

골방기도 / 자기 관리

예수님처럼 살고 싶을 때 드리는 기도! (206)

나조차 나의 것이 아님을 알게 하옵소서!

"너희 몸은 너희가 하나님께로부터 받은바 너희 가운데 계신 성령의 전인 줄을 알
지 못하느냐 너희는 너희 자신의 것이 아니라 값으로 산 것이 되었으니 그런즉 너
희 몸으로 하나님께 영광을 돌리라."   (고전 6:19-20)

사랑의 하나님! 고맙습니다. 때로는 무지하고 때로는 악하고 교만하여 스
스로 하나님처럼 되어 저희 인생을 마치 저의 것처럼 자만하며 살게 두시
고, 저희의 몸이 제 몸인 것처럼 자행자지(自行自止)함을 용서하여 주옵소
서! 아직도 저희의 머리가 우둔하고, 저희 생각이 진리에 미치지 못하여
사리를 분별하고 이치를 깨닫는 지혜가 없음을 인정합니다.

이제 저희의 몸이 저희 것이 아님을 고백합니다. 머리카락 하나도 저희 마
음대로 검게 하거나 희게 할 수 없고, 제 마음 하나 선하고 의로운 길로 가
지 못하고 바람 불고 파도치는 대로 흔들리고 기우는 것을 봅니다. 제가
'제 것'이라고 말하고 믿는 모든 것이 단 하나도 제 것이 아님을 인정하고
고백합니다. 제 것이 아니기에 마음대로 못 하고 끌려다닙니다.

제 것이라고 말하지만 제 오장육부 장기(臟器) 하나 제 마음대로 병들면 못
고치고 손상이 치명적이면 목숨을 잃습니다. 몸에 좋은 것을 그리 많이 복

용해도 죽음의 사자처럼 조용히 신체의 조직, 세포에 침투해 저희 생명을 앗아가기 직전까지 모르고 삽니다. 내 것이 아니기에 마음대로 못 하고, 내 것이 아니기에 드러난 이목구비마저 마음대로 어쩌지 못합니다.

더욱 중요한 것은 살아서 숨 쉬는 고깃덩어리 육체 말고, 저의 온전한 인격 지정의(知情意)조차 제 것이 아닙니다. 저는 땅에 와서 제게 주어진 한계 수명까지 살다가 흙으로 지으신 육체가 기력이 다하여 다시 흙으로 돌아갈 때까지도 제 마음대로 못 살지만, 제 영혼의 영원한 생명도 제 의지대로 할 수 없습니다. 하나님은 죽을 저의 생명을 사셨기 때문입니다.

저희는 지금부터 영원까지 십자가에서 죽으신 주님께서 죽음의 값을 지불하고 사신 주님의 몸입니다. '바울' 사도가 "이제는 내가 사는 것이 아니요 오직 내 안에 그리스도께서 사시는 것이라."고 고백한 대로 주님께서 당신의 피 값으로 사신 주님의 전이기에 소유권도 사용권도 주님께 있음을 인정합니다. 이제는 멋대로 쓰고 입고 먹고 마시지 않게 하옵소서!

사랑의 하나님! 이 땅에 호흡하며 사는 동안 생각하고 말하고 먹고 마시고 눕고 일어나는 모든 일이 저희의 주인이신 주님의 뜻대로 살게 하옵소서! 저희가 부르는 '주님'은 '주인님'이라는 뜻이오니, 그냥 '주님'이라는 모호한 호칭이 아니라 '주인님!'으로 정확히 부르게 하시고, 저를 사신 주인님의 뜻대로 살고 죽는 주님의 거룩한 지체가 되게 하시옵소서!

저희를 주님의 것으로 사신 예수님의 이름으로 기도드립니다. 아멘!

골방기도 / 자기 관리

예수님처럼 살고 싶을 때 드리는 기도! (209)

되지 못하고 된 줄 아는 이가 없게 하옵소서!

"만일 누가 아무것도 되지 못하고 된 줄로 생각하면 스스로 속임이라 각각 자기의 일을 살피라. 그리하면 자랑할 것이 자기에게는 있어도 남에게는 있지 아니하리니."

(갈라 6:3-4)

하나님! 사랑합니다. 이 시간에 아직 하나님 앞에 아무것도 아닌 철부지 어린아이처럼 천방지축 오만방자한 저희 마음을 다스려 주옵소서! 저희는 한 줌 흙이요, 흘러가는 구름이자 날리는 재나 먼지 같은 존재입니다. 그럼에도 여전히 생각의 오만함이나 무례함은 하늘을 찌르고 가슴에 바벨탑을 쌓으려는 충동이 언제나 꿈틀대고 있음을 용서해 주옵소서!

자녀나 본인 성적이 조금 잘 나오면 우쭐대며 천재의 두뇌를 가진 줄 착각하고, 사업이 조금만 잘 되면 자신이 경영의 귀재로 인사, 경영, 재정 등 수완이 탁월해서 무언가 이루어 낸 줄 오해하고 있습니다. 정치적으로 조금 성공하면 눈에 보이는 것이 없습니다. 하다못해 목회하는 이 중에도 조금 교회가 성장하면 자신의 목회 비결이 정석인 줄 알고 있습니다.

인생은 언제나 철부지입니다. 그래서 옛날 어른들은 "철나자 망령 난다."고 했습니다. 천방지축 아무것도 안 보이는 듯 살다가 조금 철이 들어 자

중할 줄 알고 침묵할 줄도 알 때쯤이면 이미 기력이 다하여 더는 힘을 쓸 수 없는 지경이 오는 것입니다. 부모의 은혜는 결혼하고 아이 낳고 시집, 장가 보내면서 아는 게 아니라 자신의 임종 때에 아는 것입니다.

심지어 하나님의 은혜로 신앙생활을 하는 이들조차도 조금 인정받으면 자신의 덕인 줄 알고, 조금 존귀해지면 자기의 기도 때문인 줄 압니다. 곡식의 알곡이 들어차서 가을 햇볕에 영글어 가면 저절로 고개를 숙이듯이 겸손과 온유와 배려는 기계를 다루는 이의 의지에 따라 완성되는 상품이 아니라, 인격이 표출해 내는 인품의 결과인 줄로 믿습니다.

"만일 누가 아무것도 되지 못하고 된 줄로 생각하면 스스로 속임이라. 각각 자기의 일을 살피라. 그리하면 자랑할 것이 자기에게는 있어도 남에게는 있지 아니하리니."(갈라 6:3-4)라고 했습니다. "선 줄로 생각하는 자는 넘어질까 조심하라!"(고전 10:12)고 했습니다. 우리는 영원하신 하나님 앞에는 백 년을 살아도 점 하나 찍을 수 없는 시간임을 알게 하옵소서!

여전히 요란한 저희를 용서하여 주옵소서! '아비멜렉'을 상징하는 '가시나무'가 나무들에게 "만일 너희가 참으로 내게 기름을 부어 왕으로 삼겠거든 와서 내 그늘에 피하라. 아니면 불이 나와서 레바논의 백향목을 사를 것이니라."(사사 9:15)던 오만을 버리게 하옵소서! "무엇을 아는 줄로 생각하면 아직도 알 것을 알지 못하는 것"(고전 8:2)을 알게 하옵소서!

저희의 영원한 스승이신 예수님의 이름으로 기도드립니다. 아멘!

골방기도 / 자기 관리

이전에 저희의 모습을 돌아보게 하옵소서!

"그 때에 너희는 그리스도 밖에 있었고 이스라엘 나라 밖의 사람이라 약속의 언약들에 대하여는 외인이요 세상에서 소망이 없고 하나님도 없는 자이더니 이제는 전에 멀리 있던 너희가 그리스도 예수 안에서 그리스도의 피로 가까워졌느니라."

(에베 2:12-13)

사랑의 하나님! 이 시간 철없는 어린아이 같은 저희의 믿음을 용서하옵소서! 저희가 하나님의 자녀이기 이전에 마귀의 자녀로 살던 비참한 때를 기억하게 하옵소서! 아버지의 뜻대로 행하지 못하고 마귀의 뜻을 따라 살던 때를 돌아보게 하시고, 빛의 자녀가 된 지금 어두움의 자녀로 있던 때를 기억하옵소서! 그곳에서 건져주신 하나님께 감사하게 하옵소서!

"그 때에 너희는 그리스도 밖에 있었고 이스라엘 나라 밖의 사람이라. 약속의 언약들에 대하여는 외인이요 세상에서 소망이 없고 하나님도 없는 자이더니, 이제는 전에 멀리 있던 너희가 그리스도 예수 안에서 그리스도의 피로 가까워졌느니라." (에베 2:12-13)는 말씀이 먼 나라 사람들 이야기로 생각하는 어리석음을 버리고 저희 이야기임을 알게 하옵소서!

저희들의 우둔함이 인식을 흐리게 하여 그리스도 밖에 있던 이들, 이스라엘 나라 밖의 사람들, 성경에 나오는 이방인들은 마치 '로마'나 '헬라' 사람들인 줄 착각하고 삽니다. '가나안' 사람들만 이방인이요 외인인 줄 압니다. 저희는 지금 예수님을 믿고 있으니 기원 1세기 예수님 시대의 이스라엘 사람으로 착각하고, 마치 애초부터 천국 백성이었던 것으로 압니다.

하나님! 불과 200년 전에만 해도, 저희는 이스라엘 나라 밖의 사람이요, 아브라함을 통해 언약하신 언약의 백성들이 아니라 그에 대비되는 외인이었고, 따라서 지금 아버지라고 부르는 하나님도, 지금 미래의 나라로 생각하는 소망의 나라도 없던 버려진 땅에 사는 저희였습니다. 이런 소망 없는 나라, 지도에서도 찾을 수 없는 동방의 한반도(韓半島)였습니다.

'에베소교회' 성도들만 아니라 대한민국의 모든 성도가 흑암과 무지의 나라, 빛도 생명도 모르고 원시인의 삶을 살던 저희에게 멀리 있던 이방인들을 위하여 십자가에 돌아가시고 그 피로 이방 세계의 백성들도 사랑의 다리로 연결된 것을 깨달은 선교사들에 의하여 복음이 전파되게 하시고 그들이 하나님 나라의 백성 되듯이 저희도 천국 백성이 되었습니다.

사랑의 하나님! 피의 복음 십자가를 전하려면 처음 주님께서 오셔서 십자가에서 돌아가시듯, 복음을 전하는 어떤 나라도 피 흘림이 없이 피의 복음이 들어간 곳이 없습니다. 이 땅에 복음을 전해주기 위해 피를 뿌린 선교사들을 기억하시고, 저희가 그 은혜를 기억할뿐더러 흑암에서 검진받은 사실을 깊이 고백하고 빛의 자녀로 살며 그 빛을 전하게 하시옵소서!

저희를 어둠에서 빛으로 옮기신 예수님의 이름으로 기도드립니다. 아멘!

골방기도 / 자기 관리

예수님처럼 살고 싶을 때 드리는 기도! (215)

언제 어디서나 바보같이 살게 하옵소서!

"나로 말미암아 너희를 욕하고 박해하고 거짓으로 너희를 거슬러 모든 악한 말을 할 때에는 너희에게 복이 있나니 기뻐하고 즐거워하라 하늘에서 너희의 상이 큼이라 너희 전에 있던 선지자들도 이같이 박해하였느니라."

(마태 5:11-12)

하나님! 이 땅에서 사는 이들 가운데 더러 '바보 아무개!'라는 난해한 별명을 듣고 사는 이들이 있습니다. 이 말의 본디 뜻은 '어리석게 바보처럼 산 사람'이란 말이지만, 좀 더 광의(廣義)로는 '주님처럼 살다 간 사람'이라는 영광스러운 호칭입니다. 왜 '바보 아무개'가 그렇게 영광스러운 신분의 상징으로 들리느냐 하면, 주님께서 그렇게 바보같이 사셨기 때문입니다.

세상에서 자기에게 악한 소리 하고 모함하고 욕하고 박해하고, 없는 말로 음해하고 비방하여 누명을 씌우면 아무런 저항도 없이 본인이 실제로 그런 사람처럼 어수룩하고 바보같이 살면서 아무런 불만이나 저항도 없이 있는 그걸 받아들이고 사는 것입니다. 절대 쉬운 일은 아닙니다. 그래도 그 일을 마치 당연한 일처럼 뒤집어쓰고 사는 것이 바보의 삶입니다.

어떤 사람이 저희들을 거짓으로 모함하고 음해하면 속에서 피가 끓어오르고 배알이 다 뒤틀리는데, 주님은 저희에게 "너희를 거짓으로 모함하여 악한 말을 할 때는 복이 있나니 기뻐하고 즐거워하라!"라는 것입니다. 하늘에서 우리의 상이 크다는 것입니다. 하나님! 이런 이들은 해가 지기 전에 벼락을 치시든, 귀신이 잡아가든 해야 하는데 멀쩡하게 살아있습니다.

그런데도 기뻐하고 있으면 분명 바보가 맞습니다. 그런데도 기뻐해야 하는 이유는 "하늘에서 너희의 상이 큼이라."라는 것이고 특히 "너희 전에 있던 선지자들도 이같이 박해하였느니라."(마태 5:12)는 것입니다. "지금 땅에서 받는 고난에 대해서 일희일비하지 마라. 하늘에서 너희의 상이 크단다." 이런 말씀인 줄 믿습니다. 그러므로 하늘의 바보가 되는 것입니다.

본디 하늘의 상을 바라며 이 땅에서 고난받기를 기뻐했던 이들은, 지금 받는 고난이 장차 나타날 영광과는 비교할 수 없다는 믿음으로 살았습니다. 주님! 저희가 억울하고 힘들어 주님 앞에 엎드릴 때마다, 장차 나타날 영광과 족히 비교할 수 없는 고통이 있습니다. 그러나 그때를 바라보며 히죽히죽 웃는 바보, 그리스도를 위한 바보가 되게 하옵소서!

그렇습니다, 주님! '스데반'은 그의 설교를 용납하지 않는 이들에 의해 돌에 맞아 죽었습니다. 어떤 이들은 조롱과 채찍질뿐 아니라 결박과 옥에 갇히는 시련도 받고, 돌로 치는 것과 톱으로 켜는 것, 칼로 죽임당하고, 양과 염소의 가죽을 입고 유리하여, 궁핍과 환난과 학대를 받았으니 광야와 산과 동굴과 토굴에 유리하지만 웃으면서 살게 하시옵소서!

우는 자가 복이 있다고 하신 예수님의 이름으로 기도드립니다. 아멘!

골방기도 / 자기 관리

예수님처럼 살고 싶을 때 드리는 기도! (237)

우리는 언제나 죄인임을 고백하게 하옵소서!

"만일 우리가 죄가 없다고 말하면 스스로 속이고 또 진리가 우리 속에 있지 아니할 것이요 만일 우리가 우리 죄를 자백하면 그는 미쁘시고 의로우사 우리 죄를 사하시며 우리를 모든 불의에서 깨끗하게 하실 것이요."

(요일 1:8–9)

사랑의 하나님! 하나님을 생각할 때 진심으로 고맙습니다. 저희의 아버지가 되어 주시고, 저희가 세상에서 하나님의 자녀가 될 수 없는 죄인임을 가르쳐 깨닫게 해주시고, 그 죄를 없애고 구원받는 일을 위하여 예수님을 보내주심이 고맙습니다. 그리고 저희가 언제나 입을 열면 스스로 죄인임을 고백하고 죄인임을 인정하며 겸손하게 해주심이 참 고맙습니다.

하나님! 저희는 죄의 유전을 받아 죄인으로 태어나서 죄 가운데 살다가 죄로 인하여 죽어야 하는데, 저희 죄를 없애시고 구원의 문을 열어주심이 말할 수 없는 은혜입니다. 주님은 저희에게 말씀하기를 "만일 우리가 우리 죄를 자백하면 그는 미쁘시고 의로우시어 우리 죄를 사하시며 우리를 모든 불의에서 깨끗하게 하실 것"(요일 1:9)을 약속하셨습니다.

예수님은 '죄'가 얼마나 무섭고 얼마나 참혹한 결과를 가져오며 엄청난 파괴력을 가지고 있는 줄 아시고 "죄를 짓는 자는 마귀에게 속하나니 마귀는 처음부터 범죄함이라. 하나님의 아들이 나타나신 것은 마귀의 일을 멸하려 하심이라."(요일 3:8)고 하셨습니다. 주님께서 세상에 오신 것은 마귀의 일을 멸하시는 것인데 이를 위해 하나님의 신분을 버리셨습니다.

하나님은, 당신께서 지으신 인생들을 죄에 오염시킨 마귀에게 '에덴' 동산에서 "내가 너로 여자와 원수가 되게 하고 네 후손도 여자의 후손과 원수가 되게 하리니, 여자의 후손은 '네 머리를 상하게' 할 것이요, 너는 그의 발꿈치를 상하게 할 것이니라."(창세 3:15) 하셨습니다. 주님께서 십자가에 달리실 때 상한 발꿈치로 부활 때 그 머리를 상하게 하셨습니다.

그러므로 주님은 인생들의 질병을 고치시거나 귀신을 쫓아 주시고 그를 치료하실 때, 그 전에 먼저 "네 죄 사함을 받았느니라."고 하셨습니다. "네 죄 사함을 받았느니라."(마태 9:2) "네 죄 사함을 받았느니라."(누가 7:48)라고 하셨고, "다시는 가서 죄를 범하지 말라"(요한 8:7)고 하셨고 "더 심한 것이 생기지 않게 다시 죄를 범하지 말라."(요한 5:14)고 하십니다.

주님은 "죄 사함을 얻게 하려고 많은 사람을 위하여 흘리는바 나의 피 곧 언약의 피니라." (마태 26:28) 고 하셨습니다. 죄 사함이 없는 치유나 예배는 의미가 없습니다. 저희는 매일 눈을 뜨면 하나님 앞에 죄인임을 고백하고, 은혜로 용서받았음을 고백하게 하옵소서! 우리가 범죄 하지 아니하였다고 하면 하나님을 거짓말하는 이로 만드는 것임을 알게 하옵소서!

저희의 죄를 사해 주신 예수님의 이름으로 기도드립니다. 아멘!

골방기도 / 자기 관리

예수님처럼 살고 싶을 때 드리는 기도! (251)

내게는 내 것이 하나도 없음을 알게 하옵소서!

"누가 너를 남달리 구별하였느냐 네게 있는 것 중에 받지 아니한 것이 무엇이냐 네가 받았은즉 어찌하여 받지 아니한 것 같이 자랑하느냐.

(고전 4:7)

사랑의 하나님! 오늘 우리가 이 땅에 살며 자신을 돌아볼 때 스스로 만족할만한 하나님께서 주신 은사, 재능들이 많습니다. 또 외모나 건강도 있습니다. 그러나 자존심을 지키며 자신에 대한 만족감으로 사는 동안 저희에게는 자신의 것이 하나도 없습니다. 하나님께서 주지 않으신 것이 하나도 없음을 고백합니다. 제 것인 줄 알고 살았음을 용서하옵소서!

하나님! 제가 가진 몸의 머리끝부터 발끝까지 제 것이 아닙니다. 머리카락의 숫자 하나도 제 마음대로 많게 하거나 적게 할 수 없습니다. 나이 들면 희어지는 머리카락이나 한 움큼씩 빠지는 숱을 스스로 조절할 수 있는 이가 아무도 없습니다. 키가 작아서 평생 스트레스를 받고 사는 이도, 너무커서 고민인 이도 마음대로 할 수 있는 이는 없습니다.

사지백체 오장육부 중에서 가장 중요한 장기들, 심장이나 간, 폐, 신장 등 우리 속에 들어있는 '장기' 중에 내 마음대로 조정할 수 있는 것이 하나도 없어서, 심장병이나 간암, 폐암, 신장암, 췌장암 등 어떤 질병도 스스로 고칠 수 없으니 내 안에 있지만 제 것이 아님을 압니다. 내 목숨이지만 수명(壽命)을 하나도 더 할 수도 없고 몇 달도 연장할 수 없습니다.

하나님! 저희의 교만을 용서해 주옵소서! 성악가로 살게 된 목소리, 설교자로 살게 된 성대, 언어 구사 단어나 문장을 구성하는 능력도 하나님께로 오지 않음이 없습니다. 듣지 못하고 말하지 못하는 이들이 많은데 좋은 청력을 주시고 혀를 굴려 말하게 하심이 은혜입니다. 걷지 못하여 보조 장치를 의지하고 사는 이들이 많은데 사지백체가 건강함이 은혜입니다.

더 도덕적이고 양심적이고 설교 준비에 최선을 다하는 이들이, 더 많이 기도하고 더 많이 말씀을 연구하고 더 열심히 심방을 해도 아직 개척 교회, 비전교회를 벗어나지 못하는 어려운 교회들이 수없이 많은데, 저희에게 주신 목회의 복, 건강한 교회에서 신앙생활 할 수 있는 신앙생활의 복도 하나님께서 주신 복입니다. 돌아보면 모두 하나님께서 주신 선물입니다.

사랑의 하나님! 이만큼 살아오면서 언제나 저희의 것인 줄 알고 마음대로 쓰던 시간, 재능, 건강이 모두 하나님이 주셨거나 잠시 위탁해 주셨던 것입니다. 결국은 주님께서 저희에게 주셨던 선물이었습니다. 하나님께서 지으신 몸에, 하나님께서 주신 은사, 하나님으로부터 받은 건강한 몸으로, 하나님의 사역을 감당하는 것을 깨닫고 감사하며 살게 하옵소서!

저희의 생명과 삶의 근원이신 예수님의 이름으로 기도드립니다. 아멘!

골방기도 / 자기 관리

예수님처럼 살고 싶을 때 드리는 기도! (336)

자기 관리와 처신에 최선을 다하게 하옵소서!

"늙은이를 꾸짖지 말고 권하되 아버지에게 하듯 하며 젊은이에게는 형제에게 하듯 하고 늙은 여자에게는 어머니에게 하듯 하며 젊은 여자에게는 온전히 깨끗함으로 자매에게 하듯 하라." (딤전 5:1-2)

사랑하는 하나님! 오늘 저희를 광야 같은 세상에 팽개쳐 버리지 않으시고, 따뜻하고 자상하게 저희가 지키고 감당해야 할 덕목과 계명들을, 기록된 말씀 안에 묻어두셔서 너무 고맙습니다. 우둔한 저희는 기도하다가 문득 기록된 말씀을 보게 하시고, 말씀을 보며 정신을 차리게 하옵소서! 정신을 차리고 말씀을 부여잡고 끝까지 그 길로 달리게 하옵소서!

사람이 세상을 사는 동안 가장 자신을 세상에 드러낼 수 있는 것이 처신(處身)인즉, 처신이 그의 인격이요 인품이며 사람 됨됨이라고 믿습니다. 이 됨됨이에 따라서 그의 평판이 알려질 것이고, 이 평판은 그를 어떠한 사람인지 한 번도 본 적이 없는 이들에게까지 그의 이미지가 굳어지게 되고, 굳어진 이미지에 따라 그런 사람으로 세상에 나타나는 것입니다.

특히 특수한 공동체 '교회'는 다양한 구성원을 가진 유일한 공동체입니다. 이 안에는 엄마 뱃속부터 따라 나온 태아(胎兒)부터, 영유아, 유년, 초등, 소년, 중고등, 대학, 청년들이 한 지붕 아래서 삽니다. 그 안에는 장년, 남, 여 선교회, 노년까지 출산에서 하나님 나라에 가는 전 연령 때의 사람들이 모여있고, 목회자는 모든 이들을 함께 섬기는 지도자입니다.

하나님! 이런 각 연령층의 구성원들, 거기에 출신 지역도 전국구이고, 학력도 천차만별이고 성격이나 식성이나 취향이 모두 다른 이들에게 특히 목회자는 사목적(司牧的) 관점에서 어떻게 해야 할지 가르쳐 주옵소서! 극한 직업에서 끝내 자기 관리를 잘하여 승리하게 하옵소서! 더러 나이 든 이들이 혹 실수가 있어도 꾸짖지 않되 부모에게 하듯 하게 하옵소서!

젊은이에게는 형제에게 하듯 하고, 나이 든 여자에게는 어머니에게 하듯, 젊은 여자에게는 온전히 깨끗함으로 자매에게 하듯 하라고 하십니다. 이 말씀이 오늘 저희에게 깨달음을 주시려고, 이 시대에 들려주시는 하나님의 음성처럼 들리게 하옵소서! 그 외에도 성경에는 경건을 지키며 바르게 처세해야 하는 일이 적혀 있습니다. 삶의 나침반이 되게 하옵소서!

하나님! 목회자를 '극한 직업'이라고 칭한 이유는 수많은 사람들 다양한 계층의 다양한 욕구에 어떻게 해야 하는지를 배워 그 모든 이들에게 맞춤 서비스가 되어야 하리라 믿습니다. 모두가 각자의 자리에서 예수님의 마음으로 일하게 하시고 주님의 처방을 따라 주님의 목회나 주님을 따르는 신앙생활을 통해 주님의 사랑받는 시대의 청지기들이 되게 하옵소서!

저희에게 깨달음을 주시는 예수님의 이름으로 기도드립니다. 아멘!

2.
영적 체험을 위한 기도
(30편)

골방기도 / 영적 체험

언제나 부활의 증인이 되게 하옵소서!

"그리스도께서 죽은 자 가운데서 다시 살아나셨다 전파되었거늘 너희 중에서 어떤 사람들은 어찌하여 죽은 자 가운데서 부활이 없다 하느냐 만일 죽은 자의 부활이 없으면 그리스도도 다시 살아나지 못하셨으리라."

(고전 15:12-13)

사랑하는 하나님! 저희에게 부활을 주시니 고맙습니다. 이 땅에서 소위 '종교'를 가지게 해주신 게 고맙거니와, 특히 그중에 죽음 이후에 다시 사는 '부활의 종교'를 믿게 하심이 큰 은혜입니다. 영원한 생명을 위하여 종교를 신봉할 때, 이 땅에 사는 동안 부귀영화를 누리고 건강 장수의 복을 누리는 한시적 복이 아니라 영원한 생명을 얻게 하시니 고맙습니다.

세상에 수많은 종교가 있어도 죽은 후에 다시 사는 부활의 소망은 없지만, 유일하게 기독교에 다시 사는 길이 있음이 고맙습니다. 죽은 자의 부활이 없다면 주님도 다시 사시지 못했을 것이요, 주님께서 다시 사는 것이 없으면 우리도 이 땅에서도 다시 사는 역사가 없을 터인즉, 부활은 기독교 최고의 영광이자 인류 최고의 소망이며 또 자랑입니다. (고전 15:13)

그러므로 부활의 예수님을 마음껏 전하게 하시고, 부활의 생명에 애착을 갖고 이 영광을 날마다 노래하게 하옵소서! 죽어도 다시 사는 부활이 있으니, 땅에서 호흡하는 동안이 삶의 전부가 아니요, 죽은 후에도 지속할 저희 영광이 얼마나 큰지 상상하게 하옵소서! 부활이 없다는 이들과 부활의 소망을 갖고 사는 이들의 삶이 다른 것을 알게 하옵소서!

저희들의 삶에서 부활의 첫 열매가 되신 주님, 그 첫 열매에 함께 맺힌 자가 되게 하옵소서! "내가 진실로, 진실로 너희에게 이르노니 한 알의 밀이 땅에 떨어져 죽지 아니하면 한 알 그대로 있고 죽으면 많은 열매를 맺느니라."(요한 12:24)라고 말씀하고 한 알의 밀알로 돌아가시고, 다시 사신 주님처럼 오늘 저희도 한 알의 밀알로 죽어 열매 맺게 하옵소서!

부활의 주님을 믿는 '부활 신앙'을 따라 죽음을 이기게 하옵소서! 죄를 이기게 하옵소서! 불의를 이기게 하옵소서! 죽음의 종교가 아니고 다시 사는 신앙이오니 이 땅에 집착하고 미련을 가지는 게 아니라, 영원한 소망을 갖게 하옵소서! 부활 신앙을 가졌사오니 순교의 영광을 취하여 승리하게 하옵소서! 죽지 아니함이 아니라 죽음 후의 영광을 알게 하옵소서!

땅에 사는 동안에도 죽음의 두려움이 아니라 부활의 영광을 사모하고 찬양하게 하옵소서! 주님이 우리를 위해 돌아가시고, 다시 사신 부활을 믿으며 사는 저희가, 가는 곳마다 만나는 사람마다 부활의 영광을 전하게 하옵소서! 부활은 영생이오니 부활 신앙을 가지고 영원한 삶을 살게 하옵소서! 부활의 신비를 믿음으로 고백하며 영원한 삶을 살게 하옵소서!

부활의 주인이신 예수 그리스도의 이름으로 기도드립니다. 아멘!

골방기도 / 영적 체험

예수님처럼 살고 싶을 때 드리는 기도! (42)

자신의 재능 안에서 일하게 하옵소서!

> "또 어떤 사람이 타국에 갈 때 그 종들을 불러 자기 소유를 맡김과 같으니 각각 그
> 재능대로 한 사람에게는 금 다섯 달란트를, 한 사람에게는 두 달란트를, 한 사람에
> 게는 한 달란트를 주고 떠났더니." (마태 25:14-15)

사랑하는 하나님! 주님께서 '희망'과 '절망'을 섞어 들려주신 '금의 비유'를
듣습니다. 분명히 하나님 나라의 결산에 대하여 들려주셨는데, 어찌 들으
면 희망과 꿈이 보이는데, 어찌 들으면 절망과 좌절감이 듭니다. 하나님!
이 비유를 통해 저희에게 들려주기 원하시는 진실한 교훈은 무엇인지 가
르쳐 주옵소서! 이런 것이리라는 짐작만으로 실패하지 않게 하옵소서!

타국에 갈 때 종들에게 소유를 맡기셨다고 하셨으니, 주인과 직접 관련이
있는 가까이 부름을 받은 세 사람으로 대표되는 이들에게 금을 나누어 주
는데 주인의 기준으로 공평하게 나누어 주심이 신비입니다. 세상에는 '공
평'을 빙자한 '불공평'이 있고, '불공평'한 것 같은 '공평'한 것이 있습니다.
하나님은 인생 모두에게 공평하게 주셨음이 고맙습니다.

하나님! 지금도 "각각 그 재능대로 한 사람에게는 금 다섯 달란트를, 한 사
람에게는 두 달란트를, 한 사람에게는 한 달란트를 주셨다."(마태 25:15)라

는 것이 감동입니다. 그들은 금을 가지고 '바로 가서 그것으로 장사하여' 다섯 달란트를 남기는 것을 볼 때 부끄럽습니다. 왜 저희는 그렇게 못했는지 부끄럽습니다. 주변에 다섯 달란트를 받은 이들이 많이 있습니다.

하나님! 아직도 하나님은 제 생명을 연장시켜 주셔서 일하게 하시니 금 다섯 달란트를 받은 이처럼 물불을 안 가리고, 시간도 안 가리고, 바로 가서 장사하게 하옵소서! 금보다 귀한 믿음 주셨으니 이 믿음 가지고 충성하게 하시고, 금보다 귀한 시간 주셨으니 이 시간도 주님 생각하여 일하게 하옵소서! 누구와 비교하지 않고 작다고 불평하지 않게 하옵소서!

하나님께서 종에게 주신 한 달란트는 온 세상을 살만한 엄청난 것이고, 하나님께서 맡기신 한 달란트는 저의 재능에 비하면 상상할 수 없이 많은 것입니다. 분에 넘치도록 주신 이 엄청난 금을 단 1분이라도 헛된데 쓰지 않고, 하나님께서 주신 이 시간을 1시간도 엉뚱한데 쓰지 않게 하옵소서! 주님이 부르실 때 두려움 없이 상을 받으러 달려가게 하옵소서!

사랑하는 하나님! 제게 주신 이 '한 달란트의 금', 이건 저에게는 금보다 소중한 '생명'이고, 금보다 소중한 '믿음'입니다. 금보다 소중한 '시간'입니다. 이걸 끌어안고 세상으로 나아가, 저에게 주어진 남은 시간에, 저에게 남은 마지막 생명을 다하여, 저에게 주신 믿음으로 주님의 기대를 이루어 드리게 하옵소서! 한 달란트의 금으로 남은 생을 불태우게 하옵소서!

저를 사랑하여 넘치도록 주신 예수님의 이름으로 기도드립니다. 아멘!

예수님처럼 살고 싶을 때 드리는 기도! (44)

지금 무엇을 해야 하는지 알게 하옵소서!

"그 후에 남은 처녀들이 와서 이르되 주여 주여 우리에게 열어 주소서 대답하여 이르되 진실로 너희에게 이르노니 내가 너희를 알지 못하노라 하였느니라 그런즉 깨어 있으라 너희는 그 날과 그 때를 알지 못하느니라."

(마태 25:11-13)

사랑의 하나님! 매일 열심히 산 것 같아도 지나고 나면 게을렀고, 부지런히 산다고 했어도 돌아보면 형편없이 살아온 날입니다. 하나님께서 이런 깨달음을 주시어 지금이라도 회개하게 하시고, 지금이라도 정신 차려 하나님 앞에 성실히 살게 하시고, 지금 깨어 영원히 유예된 것 같던 마지막 날 아침을 준비하게 하옵소서! 오늘 그 아침이 되게 하옵소서!

지금 이 시대를 사람들은 '마지막 시대'라고 합니다. 그런데 마지막 시대, '종말'은 어제오늘의 이야기가 아닙니다. 이미 구약에서, 그중에 오랜 책 창세기부터 '종말'을 들었습니다. 세례 '요한 때도 "회개하라 천국이 가까이 왔느니라."(마태 3:2)고 하셨고 예수님도 "회개하라 천국이 가까이 왔느니라."(마태 4:17)라고 하셨습니다. 이는 지금도 마찬가지입니다.

중세기를 거치고 종교 개혁을 거치고 이 땅에 복음이 들어오고 그때마다 개혁자들은 하나님 나라를 이야기했고, 한 세기 전에 선교사들도 한 세대

전의 전도자들도 회개를 촉구하며 하나님 나라와 구원을 전했습니다. 완악하고 패역한 우리가 무수히 들어온 주제요 면역이 된 주제였습니다. 하루가 천년 같고 천년이 하루 같은 마지막을 또 붙잡고 또 기도드립니다.

이제 저희 손에 들린 등(燈)을 바라보게 하옵소서! 주님을 맞이할 등을 준비하고 기다리는 시간은 어찌 보면 지루합니다. 언제 오실지도 모르는 신랑을 기다린다는 것은 힘든 일입니다. 그러나 그 신랑이 곧 나타날 일에 대하여 경각심을 가지고 깨어 있게 하옵소서! "신랑이로다!"라는 음성이 들릴 때 준비하기에는 이미 늦습니다. 그 이상 기회가 오지 않습니다.

저희의 손에 들고 있는 등에 기름은 충분한지 수시로 돌아보게 하옵소서! '때', '시간', '기회'를 놓치면 그건 두 번 다시 찾아오지 않습니다. 안타깝게도 신랑을 맞으러 나간 처녀들은 지금 신랑이 아주 더디게 올 것이라는 생각과 기름은 언제나 무한정 가득할 줄 믿고 있었습니다. 이런 황당하고 허구적인 믿음에서 바로 서서 위기의식을 가지게 하시옵소서!

놀랍게도 신랑과 함께 혼인 잔치에 들어간 신부들의 등보다, 못 들어간 신부들의 등에 기름이 더 많았습니다. 꺼져가는 등을 보고 기름 파는 집에서 가득 넣고 왔으나 문이 닫히는 걸 몰랐습니다. 그 문은 닫히면 열리지 않는데, 기름을 채운 신부들에게 들린 말은 "너희를 알지 못하노라!"(마태 25:12)였습니다. 저희가 이런 어리석은 신부 되지 않게 하옵소서!

이 땅에 다시 오실 신랑이신 예수님의 이름으로 기도드립니다. 아멘!

골방기도 / 영적 체험

잘 먹고 사는 자랑 하지 않게 하옵소서!

"아브라함이 이르되 얘 너는 살았을 때에 좋은 것을 받았고 나사로는 고난을 받았으니 이것을 기억하라. 이제 그는 여기서 위로를 받고 너는 괴로움을 받느니라."

(누가 16:25)

사랑의 하나님! 이 땅에 너무 빈부격차가 심합니다. 가진 이는 가진 부와 권력을 그 이상 쌓아놓을 곳도 없지만, 그래도 점점 더 가지려고 몸부림을 합니다. 가난한 사람은 하루하루, 한 달 한 달을 살아가는 것이 마치 피를 말리듯 삽니다. "어서 세상 끝이 왔으면 좋겠다.", "차라리 빨리 죽었으면 좋겠다."라는 이도 많고, 실제로 자살하는 이들도 많이 생겨납니다.

그런데 세상이야 그렇다 치고 교회 안에도 '빈익빈 부익부' 현상이 너무 심합니다. 부한 교회는 점점 더 부해지고, 결산을 속이고 부담금을 줄이고 세상의 범죄자들보다 더한 방법으로 도적질하고 있으며, 가난한 교회는 당장 자녀들의 학비, 예배당 월세도 해결 못 하는 참혹한 교회들이 수를 헤아릴 수 없습니다. 이들의 사연을 들으면 가슴이 먹먹합니다.

하나님! 청년들은 취직하기도 힘들고, 말은 취직이라지만 임시직으로 몇 푼 받으면서 젊음과 노동력을 착취당하고 있으며, 몇 년 고생하면 좋은 일이 있을 것이라는 희망조차 사라졌습니다. 미혼 청년 남녀들은 결혼할 엄두도 낼 수 없고, 어찌어찌 결혼해도 아이를 낳는 것은 상상도 못 할 상황입니다. 이런 비참한 젊은이들의 탄식과 한숨과 눈물을 봅니다.

매일 저희 주변에는. '악!' 소리도 못 내고 슬픔과 탄식이 뒤섞인 신음만 내고, 처음엔 소명으로 출발하여 사명의 길에 들어섰는데, 마치 매일 호화로운 잔치를 벌이는 탐욕스러운 부잣집 주인 대문 밖 처마 밑에서 헌데를 앓으며 주인의 집에서 버린 쓰레기 같은 부스러기를 주워 먹고 사는 거지처럼 되었습니다. 이런 비참한 미래 세대를 기억하여 주옵소서!

가장 정직하고 진실해야 할 기독교 안에서 백주에 행해지는 파렴치 몰염치한 도적질 앞에서 아무런 말도 못 하고, 보아도 못 본 척 알아도 모른 척 눈물을 흘리는 이들 중에 이 민족의 미래를 짊어지고 나갈 젊은 사역자들을 붙잡아 주옵소서! 저들의 눈앞에서 오만가지 혜택을 누리며 자신에게 주신 축복을 자랑하는 미련한 이들을 불쌍히 여겨 주옵소서!

집도 주고, 자동차도, 품위 유지비도 주고, 별별 예우를 다 받는다고 침이 마르도록 자랑하는 배부른 이들에게 "얘 너는 살았을 때 좋은 것을 받았고 아무개는 고난을 받았으니 이것을 기억하라. 이제 그는 여기서 위로받고 너는 괴로움을 받느니라." (누가 16:25)는 주님의 책망을 두려움으로 듣고, 힘들고 어려운 자리에 있는 이들은 위로받게 하시옵소서!

힘든 사역자들을 위로해 주실 예수님의 이름으로 기도드립니다. 아멘!

골방기도 / 영적 체험

내 고난이 하나님의 일을 위한 것인지 보게 하옵소서!

"제자들이 물어 이르되 랍비여 이 사람이 맹인으로 난 것이 누구의 죄로 인함이니이까 자기니이까 그의 부모니이까 예수께서 대답하시되 이 사람이나 그 부모의 죄로 인한 것이 아니라 그에게서 하나님이 하시는 일을 나타내고자 하심이라."

(요한 9:2-3)

사랑의 하나님! 세상에서 장애를 안고 산다는 것이 얼마나 힘들고 어려운지 잘 아시지요! 장애 중에 가장 힘겨운 장애는 '시각 장애'입니다. 더구나 이천 년 전의 장애인에 대한 편견도 많고, 글자 그대로 이들은 직업을 가질 수가 없어 오직 구걸해서 생계를 꾸려야 하는 시절의 시각 장애는 그야말로 절망스러운 신분입니다. 그런데 제자들이 이를 만났습니다.

당시 '맹인'들은 그 참혹한 생활 때문에, 어떤 이의 죄가 가져온 형벌이라고 생각했습니다. 제자들은 주님께 "랍비여 이 사람이 맹인으로 난 것이 누구의 죄입니까? 자신의 죄입니까? 부모입니까!" 그런데 주님께서는 뜻밖에 "이 사람이나 그 부모의 죄로 인한 것이 아니라, 그에게서 하나님이 하시는 일을 나타내고자 하심이라." (요한 9:2-33)는 것입니다.

그가 맹인으로 태어난 것은 하나님의 하실 일을 위해서라는 것입니다. 그리고 땅에 침을 뱉어 진흙을 이겨 그의 눈에 바르시고 "실로암 못에 가서 씻어라!" 하셨는데 그는 '실로암' 못에 가서 씻고 밝은 눈으로 왔습니다. (요한 9:1-7) '예루살렘'은 소동이 일어났습니다. 전에 걸인인 것을 보았던 사람들이 구걸하던 자냐 아니냐는 논쟁이 되었습니다. (요한 9:8)

이런저런 논란 끝에 그는 "예수라 하는 그 사람이 진흙을 이겨내 눈에 바르고 나더러 '실로암에 가서 씻어라!' 하기에 씻었더니 보게 되었다."(요한 9:11)라는 고백을 듣습니다. 오늘 저희가 몸에 일어난 치유와 변화의 간증을 이렇게 할 수 있게 하옵소서! 운명이 바뀌는 역사가 있게 하옵소서! 저희가 겪은 그간의 고통이 이런 역사의 배경이 되기를 소원합니다.

저희가 태어나면서부터 시각 장애가 있는 맹인으로 사는 수치와 고통의 세월이 하나님 하시는 일을 나타내시려는 장애라면 얼마나 좋겠습니까? 그래서 어느 날 눈을 번쩍 뜨고, 온몸이 벌떡 일어나는 기막힌 기적을 연출한다면 얼마나 감격이겠습니까? 이걸 보고도 하나님을 찬양하지 않을 이가 있습니까? 지금 겪는 힘겨운 고통이 그렇게 바뀌게 하옵소서!

하나님! 견디기 힘든 고난 속에 행여 하나님이 하시는 일을 나타내게 되는 것은 아닌지 살펴보게 하옵소서! 지금 겪는 아픔의 세월이 하나님의 살아계심을 보여주는 사건이 되게 하옵소서! 저희는 과거도 현재도 미래도 모릅니다. 저의 생애에 감추어진 하나님의 비밀도 잘 모릅니다. 그러나 아픈 역사의 맨 마지막에 마침내 하나님의 일하심을 보게 하옵소서!

저희에게 구원의 주님이신 예수님의 이름으로 기도드립니다. 아멘!

2. 영적 체험을 위한 기도

골방기도 / 영적 체험

예수님처럼 살고 싶을 때 드리는 기도! (81)

우리에게 고난은 필수적임을 알게 하옵소서!

"회당에 있는 자들이 이것을 듣고 다 크게 화가 나서 일어나 동네 밖으로 쫓아내어 그 동네가 건설된 산 낭떠러지까지 끌고 가서 밀쳐 떨어뜨리고자 하되 예수께서 그들 가운데로 지나서 가시니라. 예수께서 그들 가운데로 지나서 가시니라."

(누가 4:28-30)

모든 인생 중에 믿는 이들은 잘 먹고 잘 살고 근심 걱정 같은 정신적인 염려도 없고, 가난 질병 같은 육신적인 고통도 없고, 폭력이나 위협 같은 물리적인 위험도 없이, 평안하고 편안하고 안전한 꽃길 같은 레드 카펫만 밟는 길이 아니라, 더 힘들고 외롭고 거칠고 상하는 목마른 길이 있음을 알게 해주시니 고맙습니다. 사명이 있는 자는 특히 그렇습니다.

믿음의 조상 '아브라함'의 파란만장한 생애나, '이스라엘'의 근원인 '야곱'의 '험악한 세월'이나, 가장 예수님의 모형에 가까운 '요셉'의 고난은 우리에게 무언의 가르침을 줍니다. 따라서 하나님의 역사에서 주역으로 선택된 종들은 "내 길에 어떤 영광이 있을까!" 바라는 희망보다 "아, 하나님은 나를 어떻게 쓰실 것인지 두렵다."는 겸허함을 가져야 할 줄 믿습니다.

모세도 120년을 살면서 궁중생활 40년을 도망자로 마감했고, 처가살이 40년은 목동으로 마감했고, 광야 40년은 그야말로 숱한 어려움의 연속이었습니다. 역설적인 것은 그때 하나님께서 제일 가까이서 친구처럼, 역사상 가장 강력한 하나님의 능력을 보여준 이로 살았음에도 그의 개인적인 생애는 언제나 위협, 반역, 배신 등을 셀 수 없이 많이 겪었습니다.

신약의 '바울' 사도는 "나는 팔 일 만에 할례를 받고, 이스라엘 족속이요, 베냐민 지파요, 히브리인 중의 히브리인이요, 율법으로는 바리새인이요, 열심으로는 교회를 박해하고 율법의 의로는 흠이 없는 자라."(빌립 3:5-6)고 했습니다. 그런데 그가 받은 고난은 셀 수 없습니다. 그를 죽이기 전엔 먹지도 마시지도 않겠다고 맹세한 이들이 40명입니다. (사도 23:12-13)

예수님은 회당에서 말씀을 들은 사람들이 끌고 나가 동네가 건설된 낭떠러지에 떠밀어 죽이려고 했습니다. 안식일에 한 편 손 마른 사람을 고쳤다며 어떻게 죽일까 의논했습니다. (마가 3:1-6, 마태 12:9-14) 예수님께서 성전에서 장사하는 이들을 모두 몰아낸 다음에는 분노한 대제사장들과 서기관들이 주님을 어떻게 죽일까 하고 의논합니다. (마가 11:18)

'유월절'에 대제사장들 서기관들은 예수님을 죽일 궁리만 합니다. (누가 22:1-2) 끝내 대제사장과 백성의 장로들이 합의하여 주님을 결박해서 '빌라도'에게 넘깁니다. (마태 27:1-2) 예수님 죽일 증거를 찾다가 얻지 못하자(마가 14:55), 불의한 권력자는 증거를 조작하여 결국 주님을 죽이셨습니다. 지금 저희들이 주님의 바로 뒤에 서 있음을 알게 하옵소서!

외로운 광야에 함께 계신 예수님의 이름으로 기도드립니다. 아멘!

골방기도 / 영적 체험

십자가는 구원의 은혜임을 알게 하옵소서!

> "마침 알렉산더와 루포의 아버지인 구레네 사람 시몬이 시골로부터 와서 지나가는데 그들이 그를 억지로 같이 가게 하여 예수의 십자가를 지우고 예수를 끌고 골고다라 하는 곳(번역하면 해골의 곳)에 이르러." (마가 15:21-22)

사랑의 하나님! 예수님 돌아가심과 관련하여 역사상 가장 운 사납게 걸린 이를 꼽는다면 아마 '구레네'에서 올라온 '시몬'일 것입니다. 전 세계에 흩어져 살다가 명절에 한 번씩 '예루살렘'에 올라와 절기를 지키고 내려가는 일은 신앙적으로는 행복의 절정이요, 하나님과의 관계에서 책임의 완수였습니다. 그때의 감동과 추억으로 다음 절기까지 사는 것입니다.

그런데 이번 유월절 명절에는 예수님의 십자가 처형이 있었는데 이것은 유명한 정치 강도 '바라바' 대신 하나님의 아들이신 주님이 십자가에 못 박혀 돌아가시는 일이었습니다. 이미 재판은 속전속결로 이루어져 목요일 밤에 잡히신 예수님은 밤새 이어지는 불법, 탈법 심문에 이어 사형판결이 내려졌고, 이튿날 금요일 아침에 형장으로 끌려가시는 중입니다.

연약한 체구의 주님으로는 그 십자가를 형장의 언덕까지 지고 가실 체력도 안 되셨지요. 이걸 지고가시며 쓰러지셨다는 이야기도 들었습니다. 형장에서 형을 집행하기 전까지 안전수송을 책임진 군인들은 긴장했습니다. 그때 난감했던 병사의 눈에 건장한 아프리카 출신의 한 젊은이가 눈에 띄었습니다. 그는 그를 불러, 대신 주님의 십자가를 지게 했습니다.

예정에 없던, 어떤 계획에도 없던 일이 청천벽력처럼 찾아 왔을 때, 그는 별별 생각을 다 했을 겁니다. 그때 하나님께서 합력하여 선을 이루실 마음을 주셨는지 모릅니다. 그는 맡겨진 일, 즉 주님을 위한 고난을 대신 받는 믿음을 주셨을 터이고 성실하게 십자가를 지고 갔습니다. 어쩌면 고통이고, 어쩌면 치욕인 이 사건이 끝나고 주님의 처형은 끝이 났습니다.

그런데 하나님은 놀랄만한 선물을 주셨습니다. 까맣게 잊어버렸던 주님이 돌아가시던 유월절의 십자가 사건을 기억하던 이들의 눈과 귀와 입을 통해 그 '시몬'의 이야기들이 전해지기 시작했는데 '시몬'이 십자가를 진 이야기는 '골고다'에서 끝납니다. (마가 15:22) 이렇게 병사에 차출된 채 의미도 모르고 억지로 십자가를 지고 간 이름을 '바울' 사도가 언급합니다.

"마침 '알렉산더'와 '루포'의 아버지인 '구레네' 사람 '시몬'이 시골로부터 와서 지나가는데 그들이 그를 억지로 같이 가게 하여 예수의 십자가를 지우고 간"(마가 15:21-22)그 '시몬'이 "주 안에서 택하심을 입은 '루포'와 그의 어머니에게 문안하라 그의 어머니는 곧 내 어머니라."(로마 6:13)며 가족들이 등장합니다. 억지로 지고 간 십자가 축복을 알게 하옵소서!

수치를 영광으로 바꾸시는 예수님의 이름으로 기도드립니다. 아멘!

골방기도 / 영적 체험

저희가 받을 잔과 세례를 알게 하옵소서!

"예수께서 이르시되 너희는 너희가 구하는 것을 알지 못하는도다 내가 마시는 잔을 너희가 마실 수 있으며 내가 받는 세례를 너희가 받을 수 있느냐. 그들이 말하되 할 수 있나이다. 예수께서 이르시되 너희는 내가 마시는 잔을 마시며 내가 받는 세례를 받으려니와."
(마가 10:38-39)

특별한 목적을 가지고 예수님을 찾아왔던 두 명의 제자는 주님께서 그물을 깁던 어부를 제자로 부르신 '세베대'의 아들 '야고보'와 '요한'입니다. 그때 이들은 어머니와 함께 예수님을 찾아와서 당돌한 부탁을 드렸지요. "선생님이여 무엇이든지 우리가 구하는 바를 우리에게 하여 주시기를 원합니다.(마가 10:35) 즉, 꼭 들어주셔야 한다고 압박을 하는 듯 했습니다.

처음 이런 요청을 받으신 주님은 그때 "무엇이냐?"고 물으셨고, 이들은 "주의 영광 중에 우리를 하나는 주의 우편에, 하나는 좌편에 앉게 하여 주옵소서." (마가 10:36-37)하는 것입니다. 그때 주님은 "너희가 구하는 것을 알지 못하는구나. 너희는 내가 마시는 잔을 너희가 마실 수 있으며, 또 내가 받는 세례를 받을 수 있느냐?"(마가 10:38)고 물으십니다.

그들이 그 '잔'과 그 '세례'를 어떻게 이해했는지는 모르지만, 어쩌면 예수님의 '요단'강의 세례나 예수님 드시던 포도주를 생각한 것 같습니다. 그렇게 쉽게 대답할 수 있습니까? 주님은 "내가 마시는 잔을 마시며 내가 받는 세례를 받아도, 좌우편에 앉는 것은 내가 줄 것이 아니라 누구를 위해 준비되었든지 그들이 얻을 것이니라.(마가 10:39-40)고 답하십니다.

저희도 하나님의 나라에서, 좌우편은 아닐지라도 가까이에는 있고 싶고, 자주는 아니지만 만나 뵙는 빈도수가 높이 있고 싶고, 크게 칭찬은 아니라도 기억하신 바 되고 싶고, 제 삶의 모든 과정은 아니라도 중요한 사건들은 기억하시어 위로와 칭찬을 듣고 싶습니다. 이 요청을 들은 다른 열 명의 제자들도 화를 냈으니(마가 10:41) 인생들은 다 같은 것 같습니다.

하나님! 그러면 주님이 마시는 '잔'과 '세례'는 무엇인가요? 이 일 후에 주님께서 "너희 중에 누구든지 으뜸이 되려면 사람의 종이 되어야 하리라."(마가 10:44)고 하시면서 "인자가 온 것은 섬김을 받으려 함이 아니라 도리어 섬기려 하고, 자기 목숨을 많은 사람의 '대속물'로 주려 함이라."(마가 10:45)고 하셨습니다. 우리를 위한 죽음이 잔이요 세례가 아닌가요?

후에 겟세마네 동산에서 기도를 드릴 때 "아버지께는 모든 것이 가능하오니, 이 잔을 내게서 옮기시옵소서! 그러나 제 원대로 마시고 아버지의 원대로 하옵소서!" (마가 14:36)라고 기도하셨는데, 그때 내심 옮겨 주기 바라던 것이 죽음의 잔, 세례였고, 대속물로 죽음의 잔과 죽음의 세례를 받으신 줄 알고 저희도 주님을 위해 죽으려는 마음부터 갖게 하옵소서!

고난의 세례와 잔을 마신 예수님의 이름으로 기도드립니다. 아멘!

골방기도 / 영적 체험

예수님처럼 살고 싶을 때 드리는 기도! (91)

마귀는 주변에 늘 숨어 있음을 알게 하옵소서!

"또한 그들이 손으로 너를 받들어 네 발이 돌에 부딪치지 않게 하시리라 하였느니라. 예수께서 대답하여 이르시되 주 너의 하나님을 시험하지 말라 하였느니라. 마귀가 모든 시험을 다 한 후에 얼마 동안 떠나니라." (누가 4:11-13)

사랑의 하나님! 세상은 하나님의 나라이니 하나님께서 온 땅을 직접 통치하시고 여기에서 마귀는 꼼짝을 못하고 성도들은 자유롭게 경건 생활과 기도를 드리게 되면 얼마나 좋겠습니까? 그런데 마귀는 성령님의 전(殿)인 교회까지 침투해 들어와서 사람들을 하나님을 대적하는 마귀의 수족으로 만드는 것을 보며 슬프고 답답합니다. 주님께서 속히 오시옵소서!

마귀는 태초의 '에덴동산'에 '아담'과 '하와'를 침륜에 빠뜨린 존재이고, 그 마귀의 일을 멸하려고 오신 예수님 (요일 3:8)의 세례식장에서 성령 충만함을 입은 예수님을 광야에 가서 시험한 장본인입니다. 그런데 더 놀라운 일은 예수님을 시험에서 못 당한 마귀는 그때 자기 곳으로 사라진 게 아니라 잠시 동안 떠나 있었습니다. 그리고 후에 계속해서 등장합니다.

'가룟 유다'에게 예수님을 팔려는 생각을 넣은 것도(요한 13:2) 마귀요, 예수님이 십자가를 지고 돌아가시는 사실을 듣고는 안 된다고 그럴 수 없노라고 펄쩍 뛰게 한 것도 (마태 16:23) 마귀입니다. 예수님은 "저주받은 자들아! 나를 떠나 마귀와 그 사자들을 위하여 예비 된 영원한 불에 들어가라!" (마 25:41)고 영영한 불이 기다리고 있음을 말씀하셨습니다.

교회가 마귀를 피할 수 있는 안전지대가 아니고, 기도원이 마귀가 공략하지 못 하는 철옹성이 아닙니다. 마귀는 때로는 아주 그럴듯한 말로 우리를 미혹하기도 하고, 때로는 분노하는 마음으로 우리를 흥분시키기도 합니다. 때로는 정의의 사도같이 위장하여 접근할 때에 저희를 벗어나게 하옵소서! 마귀는 지금도 말씀을 듣는 중에나 기도하는 중에 역사합니다.

마귀는 하나님의 교회에 가라지를 덧뿌리는 악한 일도 하며 (마태 11:39), 자신의 사명이 끝나면 잠시 떠나서 다음 사명을 기다리고 있습니다. (누가 4:13) 하나님의 말씀을 듣고 이제 은혜만 생각하는 그 자리에서 말씀을 빼앗아 그들이 구원 얻지 못하게 하려 그의 심령을 길가와 같이 황폐하게 하는 일을 합니다. (누가 8:12) 마귀의 일은 무궁무진합니다.

예수님은 "내가 너희 열둘을 택하지 아니하였느냐! 그러나 너희 중의 한 사람은 마귀니라."고 하셨는데, 열두 명의 사도 중 한 사람도 마귀라고 했습니다. 마귀는 지금도 호시탐탐 저희의 약해진 틈, 기도가 사라진 틈, 믿음이 무너진 틈, 탐욕이 넘치는 틈을 나서 저희 영혼을 공략하고 있음을 기억하고 마귀와 맞서 싸워 승리하도록 저희를 붙잡아 주시옵소서!

마귀의 일을 멸하러 오신 예수님의 이름으로 기도드립니다. 아멘!

골방기도 / 영적 체험

예수님처럼 살고 싶을 때 드리는 기도! (100)

평생 잊을 수 없는 추억을 경험하게 주옵소서!

"기도하실 때에 용모가 변화되고 그 옷이 희어져 광채가 나더라. 문득 두 사람이 예수와 함께 말하니 이는 모세와 엘리야라 영광중에 나타나서 장차 예수께서 예루 살렘에서 별세하실 것을 말할새 베드로와 및 함께 있는 자들이 깊이 졸다가 온전 히 깨어나 예수의 영광과 및 함께 선 두 사람을 보더니." (누가 9:29-32)

하나님! 세상을 살다 보면 여러 가지 아프고 힘든 추억도 있고, 잊을 수 없을 만큼 슬픈 추억도 있습니다. 그러나 그중에 신앙생활에 큰 도전과 자극이 되는 아름다운 추억을 갖게 하옵소서! '베드로'와 '야고보'와 '요한'이 높은 산에 올라가서 기도하던 때의 체험은 영원히 잊을 수 없었을 터인데, 한평생 잊지 못할 그런 아름다운 추억을 저희에게 주시옵소서!

하나님! 그때 열두 명의 제자 중에 어떻게 세 명의 제자들만 '변화산'에 올라가게 되었는지 저희는 알 수 없습니다. 혹시 주님께서 정말 사랑하는 제자들이라 그들만 따로 데리고 가셨나요? 아니면, 다른 제자들에게 모두 올라가자는 제안을 했는데, 세 제자만 순종하고 올라갔나요? 어느 쪽이 맞든지 저희도 주님과의 동행에 참여하게 하여 주옵소서!

주님께서 제자들을 부르실 때 달려가서 주님 앞에 섰다면, 저희들도 주님께서 부르시면 언제든지 달려가서 그 앞에서 서므로 저희도 이런 기막힌 추억을 갖게 하옵소서! 하나님! 혹시, 다 같이 가자고 했더니 모두 핑계만 대로 주저앉았는데 이 세 제자만 기꺼이 따라왔다면 저희도 주님의 부르심을 받을 때 지체하지 말고 나아가 그 자리에 있게 하옵소서!

생애 단 한 번, 정말 평생 단 한 번 경험하는 아름다운 신앙체험을 하기 원하며, 그 한 번의 경험이 일생을 두고 유익하게 하시고, 한 번의 경험이 하나님의 살아계심을 경험하는 복된 시간이 되게 하옵소서! '바울'은 '다메섹'에서 단 한 번 "사울아, 사울아 네가 왜 나를 핍박하느냐?"는 음성을 들었습니다. 단 한 번의 경험은 평생 그를 지켜 주었습니다.

그 체험이 '베스도' 총독이나 '아그립바' 왕 앞에서 자신을 변증하는 힘이 되었습니다. '베드로'는 높은 산에서 주님을 경험한 다음 "우리는 그의 크신 위엄을 친히 본 자라. 지극히 큰 영광 중에서 이러한 소리가 그에게 나기를 '이는 내 사랑하는 아들이요 내 기뻐하는 자라' 하실 때 그가 하나님 아버지께 존귀와 영광을 받으셨다."고 전합니다. (벧후 1:16-17)

그는 "이 소리는 우리가 그와 함께 거룩한 산에 있을 때 하늘로부터 난 것을 들은 것이라"(벧후 1:18)고 했습니다. '다윗'은 그가 '골리앗'을 무찌를 때, 옛적을 회상하며, "그때 사자나 곰의 입에서도 나를 건지셨으니 나를 지키시리라."(삼상 17:36)했습니다. 얼마나 하나님을 믿었을지, 얼마나 하나님의 능력을 신뢰했을지 짐작이 됩니다. 그런 믿음을 주옵소서!

한 번의 기회를 선물하실 예수님의 이름으로 기도드립니다. 아멘!

2. 영적 체험을 위한 기도

골방기도 / 영적 체험

예수님처럼 살고 싶을 때 드리는 기도! (101)

주님께서 저에게 손을 댄 경험을 주옵소서!

"여자가 자기에게 이루어진 일을 알고 두려워하여 떨며 와서 그 앞에 엎드려 모든
사실을 여쭈니 예수께서 이르시되 딸아 네 믿음이 너를 구원하였으니 평안히 가라
네 병에서 놓여 건강할지어다."   (마가 5:33-34)

열두 해를 '혈루'로 고생하던 한 여인이 주님의 겉옷 가를 만진 다음 자신
의 질병이 치유되던 때를 생각하면, 지금 저희의 심장이 뜁니다. 12년을
별별 의사에게 온갖 시달림을 당하면서도 고침을 받지 못한 채 있고, 재산
은 치료비로 다 날려버린 그가 주님의 겉옷을 만지며 그토록 소원하던 12
년의 아픔에서 벗어날 때 그는 천하를 얻은 것 같았습니다.

나면서부터 맹인이던 사람이 멸시와 외면을 받고 어둠의 세월을 살던 어
느 날, 주님께서 그의 눈에 진흙을 발라주시면서 "실로암 못에 가서 씻어
라!"고 하셨을 때, 처음 그의 마음에는 분노와 함께 불쾌함이 가득했을지
도 모릅니다. 그런데 그가 그 자리에서 비탈진 '실로암' 자갈길을 미끄러지
고 자빠지며 내려가는 동안, 그동안 받아온 치욕을 생각했습니다.

맹인의 눈에 덕지덕지 붙은 진흙을 보는 사람들은 키득거렸을 것이고, 그
는 순간 주체하지 못할 만큼의 분노를 느꼈을 것입니다. 그러나 그는 자신

의 치욕을 '실로암'에서 씻고, 다시는 맹인이 아니라 밝은 눈으로 살 결심을 했습니다. 그리고 조롱과 멸시를 보내는 이들을 뒤로하고 그 길을 내려가 '실로암'에서 눈을 씻는 순간, 일생의 치욕이 말끔히 씻겼습니다.

'엠마오'로 돌아가던 '글로바'와 동행자, 무덤에서 다시 살아난 '나사로', 지붕 위에서 내려온 죽은 목숨 같은 자기를 살려주신 것을 경험한 '가버나움'의 중풍병자, 나면서부터 앞을 못 보던 두 맹인을 고쳐 주신 주님을 만난 이들은 모두 평생 한 번 밖에 못 본 기적 같은 하나님을 경험한 치유의 순간을 간직하고 있습니다. 이들에게 하나님은 실존의 증거였습니다.

인생들은 그때가 언제든 주님께서 그의 몸에 손을 한번 대시기만 하면 전혀 새로운 인생을 살게 됩니다. 주님의 손은 창조의 손이요, 초능력의 손이요, 치유와 회복의 손이요, 바로 하나님의 손이기 때문입니다. 그 몸의 어느 곳에 그 손이 한번 닿기만 해도, 그는 정수리부터 발끝까지 전신(全身), 전 인격이 새로워지기 때문입니다. 그런 경험이 있게 하옵소서!

이들의 체험과 간증은 자신에게는 감격의 추억이고, 삶의 동기였습니다. 그들이 경험한 주님의 손길은 기적과 치유의 손길이었습니다. 그들에게 주님의 손은 인생의 모두였습니다. 그 인생은 주님께서 한 번 그의 몸에 손을 대시거나 말씀하시거나 그들과 만남이 이루어지는 순간 영원한 행복이었습니다. 저희에게 그런 아름다운 치유의 추억을 주시옵소서!

저희에게 영원한 추억을 선물하실 예수님의 이름으로 기도합니다. 아멘!

골방기도 / 영적 체험

예수님처럼 살고 싶을 때 드리는 기도! (111)

저희 믿음이 주님의 칭찬을 듣게 하옵소서!

"예수께서 들으시고 놀랍게 여겨 따르는 자들에게 이르시되 내가 진실로 너희에게 이르노니 이스라엘 중 아무에게서도 이만한 믿음을 보지 못하였노라."

(마태 8:10)

사랑하는 하나님! 이 땅에 사는 자녀들이 모두 부모의 사랑을 받으며 사는 것이 소원이듯, 하나님의 자녀 된 저희는 늘 하나님의 사랑을 받는 꿈을 꿉니다. 그런데 하나님의 사랑을 받고 산다는 것이 너무 추상적이고 모호하여 이 시간 구체적으로 하나님을 기쁘게 해드리며 사랑받는 자녀가 되기를 간절히 소망합니다. 하나님께서 기도를 받아 주옵소서!

"믿음이 없이는 하나님을 기쁘시게 하지 못하나니 하나님께 나아가는 자는 반드시 그가 계신 것과 또한 그가 자기를 찾는 자들에게 상 주시는 이심을 믿어야 할지니라." (히브 11:6)고 하셨으니, 하나님을 기쁘게 하려면 믿음이 있어야 합니다. 세상에서 재물이나 인물이나 권력이 아니라 믿음으로 가는 하나님의 나라 백성인 저희가 믿음으로 칭찬 듣게 하옵소서!

온 우주의 창조자이시며 경영자이신 전능하신 하나님 앞에, 무엇으로 자랑하고 사랑받을 수 있겠습니까! 믿음이 없이는 하나님을 기쁘게 못한다고 했으니 믿음의 부자, 대단한 믿음, 큰 믿음으로 칭찬받는 저희가 되게 하옵소서! 주님께서 그 믿음을 칭찬하신 이들이 많지 않습니다. 저희들이 칭찬 듣는 믿음의 사람들이 되고 믿음에는 귀감이 되게 하여 주옵소서!

열두 해 혈루를 앓다가 주님의 옷자락을 만진 다음 고침을 입은 여인에게 "딸아 네 믿음이 너를 구원하였으니 평안히 가라."(마가 5:34)고 하시고, '가나안 여인'의 믿음을 보시고 "여자여 네 믿음이 크도다. 네 소원대로 되리라"고 하시니 그때부터 그의 딸이 나았다고 (마 15:28)했습니다. 이렇게 성경처럼 인정받고 칭찬 듣는 믿음의 사람이 되게 하옵소서!

'가버나움'에 하인의 중풍 병을 위해 주님 앞에 나왔던 백부장이 "내가 가서 고쳐 주리라!"고 하실 때 "주여 내 집에 들어오심을 나는 감당하지 못하겠사오니 다만 말씀으로만 하옵소서. 그러면 내 하인이 낫겠습니다." 고 하던 그에게 "내가 진실로 너희에게 이르노니 이스라엘 중 아무에게서도 이만한 믿음을 보지 못하였다." 고 하셨습니다. (마태 8:5-13)

저희의 믿음이 하나님이 감동하실만한 믿음이 되게 하옵소서! "진실로 너희에게 이르노니 만일 너희에게 믿음이 겨자씨 한 알 만큼만 있어도 이 산을 명하여 여기서 저기로 옮겨지라 하면 옮겨질 것이요 또 너희가 못 할 것이 없으리라." (마태 17:20)고 하셨는데, 저희의 믿음이 이처럼 하나님의 기적을 눈으로 볼 수 있는 겨자씨 같은 믿음이 되게 하옵소서!

저희의 믿음을 귀히 보시는 예수님의 이름으로 기도드립니다. 아멘!

골방기도 / 영적 체험

예수님처럼 살고 싶을 때 드리는 기도! (113)

성령님께서 성령 세례를 부어 주옵소서!

"홀연히 하늘로부터 급하고 강한 바람 같은 소리가 있어 그들이 앉은 온 집에 가득하며 마치 불의 혀처럼 갈라지는 것들이 그들에게 보여 각 사람 위에 하나씩 임하여 있더니"
(사도 2:2-3)

하나님! 저희를 하나님의 자녀로 삼으시고 복음 전도자로 세우심이 고맙습니다. 저희가 주님의 교회와 복음을 위하여 부르심을 입었으니 먼저 성령님의 충만을 주옵소서! 주님의 사명은 어느 자리에서도 성령님의 감동이 아니면 감당할 수 없으니, 성령님께서 저희를 강하게 붙잡아 주시어, 오직 성령님 충만으로 일 시키시는 주님을 직접 경험하게 하옵소서!

예수님께서도 하나님의 주신 메시아의 사명을 감당하실 때에, 먼저 성령님의 충만함을 경험하고 시험받으러 가셨습니다. 성령님의 무장 없이 길을 떠나는 건 무면허 운전자의 자동차 운전과 같습니다. 열두 제자를 비롯한 교회의 지도자들에게도 성령님의 충만을 주셨습니다. 성령님께서 저희들이 가는 길에 앞에서 이끄시고 곁에서 지켜 주시며 동행하여 주옵소서!

옛적 이스라엘 백성들이 출애굽하여 '가나안'을 향해 가는 길에, 낮에는 구름 기둥이 그들의 안전을 위한 내비게이션이 되어 안내하고, 밤에는 불기둥으로 그들을 현지인이나 광야 짐승들의 공격으로부터 안전하게 지키셨듯이, 저희 교회와 가는 저희 걸음에 구름 기둥 같은 성령님의 인도하심과 불기둥 같은 성령님 보호하심으로 주님의 공동체를 지켜 주옵소서!

하나님! 비록 저희가 가난하고 병들어도 주님의 일을 하는 것이 힘은 들지언정 어렵지 않으나, 성령님의 충만함이 없으면 사역 자체가 불가능하오니, 저희를 붙잡아 주옵소서! 마른 뼈처럼 앙상한 저희가 성령님의 임재하심과 운행하심으로 새로운 생명의 기운이 불처럼 일어나게 하옵소서! 성령님의 동행하심이 저희의 미래에 보증처럼 있게 하여 주옵소서!

성령님께서 말하게 하심으로 말하고, 성령님께서 기적을 행하심으로 병고침을 얻게 하시고, 성령님의 강력한 기름 부으심이 새로운 말씀의 능력으로 나타나게 하옵소서! 그리스도의 영이 없으면 그리스도인이 아니(로마 8:9)라고 했으니, 모두 성령님의 새 술에 취하게 하옵소서! 성령님의 계시로 기록된 성경을 풀어 전하는 곳에 성령님의 능력을 부으소서!

능력의 하나님! 저희 마음속에 하나님의 사랑이 충만하게 하시고, 교회가 움직일 때마다 문제가 많고 언제 어떤 문제가 폭발할지 모르는 긴장 속에서 하나님의 인도와 보호하심으로 지켜 주옵소서! 저희 모두 성령님의 세례를 받고, 거듭남의 은혜로 광야 길을 가는 동안 성령님을 사모하기만 해도 행복하게 하시고 대적들은 항상 긴장하여 도망치게 하시옵소서!

떠나시며 성령님을 보내신 예수님의 이름으로 기도드립니다. 아멘!

골방기도 / 영적 체험

주님의 사랑을 입는 자가 되게 하옵소서!

> "예수께서 안식 후 첫날 이른 아침에 살아나신 후 전에 일곱 귀신을 쫓아내어 주신
> 막달라 마리아에게 먼저 보이시니 마리아가 가서 예수와 함께 하던 사람들이 슬퍼
> 하며 울고 있는 중에 이 일을 알리매." (마가 16:9-10)

사랑하시는 하나님! 저희가 가끔 성경에 나오는 인물 중에 주님은 누구를 제일 사랑하실까 하는 생각을 합니다. 성경에는 '주님이 사랑하시는 제자'를 일컬을 때, 변명할 수 없는 이유로 한 사도를 짐작하는 힌트를 주셨지만, 열두 제자 외의 무리 중에는 누가 가장 주님의 사랑을 입었을까 하는 궁금증을 가질 수밖에 없고 저희도 그렇게 되기를 소원합니다.

저희가 어리석어 어떤 이를 특정할 수는 없을지라도 저희는 '막달라 마리아'를 주님께서 귀하게 보셨으리라 확신을 합니다. 주님께서 그 여인을 잘 아시지만, 그는 일곱 귀신이 들렸던 여인입니다. 신약에 나오는 예수님의 어머니 마리아, '글로바'의 아내 마리아, '베다니'의 마리아, '예루살렘'의 마리아, '로마'의 마리아와 함께 일곱 명의 마리아 중 한 사람입니다.

그런데 일곱 귀신이 들렸다가 주님께서 고쳐 주신 후, 그는 자신이 가진 재정을 가지고 다른 여인들과 함께 주님의 사역을 힘껏 도왔습니다. (누가

8:2-3) 더 놀라운 사실은 그 여인의 이름과 예수님 어머니 '마리아'와 동시에 등장하는 성경이 신약에 모두 열두 번 나오는데, 그 중에 열한 번이 이 '막달라 마리아'가 먼저 나오는 것이 심상치 않고 부럽기만 합니다.

놀라운 사실은, 예수님의 제자 열두 명이 '유다'는 스승을 밀고하고 스스로 목을 매어 죽고, '베드로'는 예수님을 부인하고 가책을 받아 심히 통곡하고 자취를 감춘 다음, 다른 모든 제자는 예수님께서 십자가에 돌아가실 때 행방이 묘연한데, 오직 사도 '요한' 만이 십자가를 지키고 있을 때, '막달라 마리아'가 십자가 아래 사도 '요한'과 함께 서 있었습니다.

그리고 '아리마대' 사람 '요셉'이 주님을 자기의 새 무덤에 장사지낼 때 갑작스런 처형과 장례로 제대로 장례를 치르지 못한 것이 마음에 걸린 '마리아'는 향품을 사서 두고 그 묘지를 확인했습니다. 그리고 안식 후 첫날 이른 새벽에 그 무덤에 갔다가 주님을 만나 놀란 나머지 잡으려 하자 주님께서 "손을 대지 말라!"고 하시는 '부활의 첫 증인'이 되었습니다.

사랑하는 주님! 저희도 주님께서 저희를 사랑하신 것이 너무 감격해서, 남은 생을 주님과 주님의 몸 된 교회를 위해 헌신하고, 주님의 교회가 힘들고 어려울 때마다 십자가 아래에서 주님의 아픔에 동참하며 교회를 지키다가, 부활의 주님을 처음으로 만나는 부활의 첫 증인이 되게 하옵소서! 사랑하는 제자들에게 대하셨던 것과 같은 은총을 입게 하옵소서!

우리를 여전히 사랑하시는 예수님의 이름으로 기도드립니다. 아멘!

골방기도 / 영적 체험

예수님처럼 살고 싶을 때 드리는 기도! (126)

입을 열어 말하는 것을 조심하게 하옵소서!

"헤로디아의 딸이 친히 들어와 춤을 추어 헤롯과 그와 함께 앉은 자들을 기쁘게 한
지라 왕이 그 소녀에게 이르되 무엇이든지 네가 원하는 것을 내게 구하라 내가 주
리라 하고 또 맹세하기를 무엇이든지 네가 내게 구하면 내 나라의 절반까지라도
주리라 하거늘"
(마가 6:22-23)

사랑의 하나님! 말씀으로 세상을 지으시고, 말씀이 육신이 되어 세상에 오
신 하나님! 오늘 저희에게 주신 가장 큰 복 중의 하나는 저희가 가진 생각
과 하고픈 말을 할 수 있는 것입니다. 더러 말 못 하는 이들을 만나 말 대신
수화로 의사 전달을 하시는 걸 보면, 입으로 하는 말을 손으로 해서 얼마
나 다양하고 정확한 표현을 할 수 있을까 안타깝습니다.

그러면서 모든 언어 구사와 표현의 자유로움을 저희만 누리는 데 대해 미
안함을 느끼고, 또 그렇게 자유롭게 쓸 수 있는 지체를 함부로 놀려 설화
(舌禍)를 만들거나 상처를 줄 때 죄스러움을 느낍니다. 하나님께서 인생들
에게 의사 표현과 소통을 위한 축복으로 말을 주신 하나님께 일생 고마움
으로 살게 하시고, 이 '말'을 좀 더 두려움으로 대하게 하시옵소서!

내 몸에 달린 입으로 하는 말이라고 함부로 장담하는 말을 했다가 큰 죄를
하나 더 추가한 '헤롯'왕처럼, 자기 신분에 안 맞는 경박한 말을 함으로 역

사의 죄인이 되는 일이 없게 하옵소서! 아무리 취하여 '흥에 겹고', '사랑스럽더라도', '무엇이든지', '나라의 절반'까지라도 하는, 범위를 벗어난 장담을 쏟아낸 다음에 주워 담을 길이 없어 낭패하지 않게 하옵소서!

예수님께서 예루살렘에 올라가 장로들과 대제사장들과 서기관들에게 많은 고난을 받고 죽임을 당하고 제삼 일에 살아나야 할 것을 말씀하실 때, 깊이 생각하지도 않고 "주여 그리 마옵소서! 이 일이 결코 주께 미치지 아니하리이다."고 말하여 '하나님의 일'과 '사람의 일'도 구별 못 한 경박하고 성급한 사람이 되지 않게 하옵소서! 말의 실수는 오래갑니다.

오병이어의 기적이 있을 때, 주님께서 "너희에게 떡이 몇 개나 있느냐?"고 하실 때 "여기 한 아이가 있어 보리 떡 다섯 개와 물고기 두 마리를 가지고 있나이다. 그러나 그것이 이 많은 사람에게 얼마나 되겠습니까?" (요한 6:9) 하면서 스스로 묻고 스스로 판단하는 불신과 교만의 판단도 저희에게는 없게 하옵소서! 언제나 주님께서 일하심을 믿게 하시옵소서!

"땅 판 것이 이게 전부냐?"고 물었을 때, "그렇다." 며 뻔히 아는 거짓말을 하므로 스스로 멸망의 길을 자초한 '아나니아'나 '삽비라'처럼 거짓말도 하지 않게 하옵소서! "'나사렛'에서 무슨 선한 것이 나겠느냐?"며 지역을 폄훼하는 말도 하지 않게 하시고, 개개인을 폄훼하는 말도 하지 않고, 말은 신앙인의 인격이므로 자중하고 조심하여 말하게 하시옵소서!

저희 말도 훗날에 심판하실 예수님의 이름으로 기도드립니다. 아멘!

골방기도 / 영적 체험

예수님처럼 살고 싶을 때 드리는 기도! (127)

말의 실수가 없는 사람이 되게 하옵소서!

"우리가 다 실수가 많으니 만일 말에 실수가 없는 자라면 곧 온전한 사람이라 능히 온 몸도 굴레 씌우리라 우리가 말들의 입에 재갈 물리는 것은 우리에게 순종하게 하려고 그 온 몸을 제어하는 이것이라." (야고 3:2-3)

하나님! 세상에서 저희가 내뱉는 모든 것이 '말'인 것은 틀림없지만 모든 말이 다 말이 아니라, 말 같은 말이라야 말이 되는 것을 믿습니다. 오늘 하루도 시작하면서 내뱉고 저녁 잠자리에 들면서 마지막 하는 말까지 얼마나 진실한 말이었는지, 말의 가치를 지닌 말이요 말의 품격을 갖춘 말인지 돌아보게 하시고, 말 때문에 스스로 상처받지 않게 하옵소서!

사람이 말하는 것을 들으면 그의 인품이 어떠하며, 그의 생각이 어떠한지, 그의 사상이 어떠한지를 안다고 했는데, 하나님께서 저희가 하나님의 자녀로 신분에 맞는 품격 있는 말을 하고 있는지 돌아보게 하시고, 말의 품위도 없고, 말이 '말'이 아니라 '소리'에 불과한 천박함이 있다면, 하나님께서 저의 입술과 혀를 수술하여 고쳐 바른 입술이 되게 하옵소서!

"오늘이나 내일이나 우리가 어떤 도시에 가서 거기서 일 년을 머물며 장사하여 이익을 보리라"(야고 4:13)고 자신의 미래 계획을 말하는 것까지 저희가 할 수 있는 범위를 벗어난 것을 알게 하여 주옵소서! 이유는 오늘과 내일 일을 저희가 모르기 때문입니다. 우리의 생명은 잠깐 보이다 없어지는 안개라 (야고 4:14) 오늘 어떤 일이 있을지 모르기 때문입니다.

저희는 늘 "주님의 뜻이면 우리가 살기도 하고 이것이나 저것을 하리라."(야고 5:15)는 겸손함으로 나아가게 하옵소서! 행여, 말이 저희의 오만이나 자만이 드러나지 않도록 경건과 절제를 갖추게 하옵소서! 저희의 말이 상대방을 위축시키거나 이웃의 마음에 상처를 주지는 않았는지 살펴, 어떻게든 이웃과 상대를 위로하고 말로 용기를 북돋아 주게 하옵소서!

사람들이 '달변'이라며 칭찬하지 않고, 오히려 한마디 말에도 무게와 품위가 있어 신뢰와 존경을 받게 하옵소서! "말이 많으면 허물을 면하기 어려우나 그 입술을 제어하는 자는 지혜가 있느니라." (잠언 10:19)고 하셨으니, 많은 말을 하는 것을 오히려 수치로 알고 절제하고 어거하게 하옵소서! 자기 입에 재갈을 물려 꼭 하고픈 말과 말이 덕이 되게 하옵소서!

스스로 말을 어거함으로 자신을 다스리되 "누구든지 스스로 경건하다 생각하며 자기 혀를 재갈 물리지 아니하고 자기 마음을 속이면 이 사람의 경건은 헛것이라."(야고 1:26)고 했으니 말로서 자신을 돌아보게 하옵소서! "야훼여! 내 혀의 말을 알지 못하시는 것이 하나도 없으십니다." (시편 139:4)는 대로 저희 말이 이후에 하나님의 심판을 받음도 알게 하옵소서!

저희의 말한 대로 갚아주실 예수님의 이름으로 기도드립니다. 아멘!

골방기도 / 영적 체험

예수님처럼 살고 싶을 때 드리는 기도! (128)

덕(德)을 위하여 자유를 자제하게 하옵소서!

"베드로가 이르되 타인에게니이다 예수께서 이르시되 그렇다면 아들들은 세를 면하리라. 그러나 우리가 그들이 실족하지 않게 하기 위하여 네가 바다에 가서 낚시를 던져 먼저 오르는 고기를 가져 입을 열면 돈 한 세겔을 얻을 것이니 가져다가 나와 너를 위하여 주라 하시니라."

(마태 17:26-27)

하나님! 살면서 만나는 많은 일 가운데는, 정말 주님께서 어떤 것을 원하실까 궁금할 때가 많습니다. 하나님께서 저희에게 사랑과 긍휼을 베푸시어 세상에서 빛도 되고 소금도 되어 살게 하셨지만, 때로는 불법은 아니라도 덕이 안 될 때도 있어, 저희의 선택과 판단에 혼선이 올 때도 있습니다. 주님께서 지혜와 판단력을 주시어 주님의 뜻을 이루게 하옵소서!

특히 우리나라에서 신앙생활 하는 이들은, 초창기 선교사님들께서 복음을 들고 들어와 보니, 농경사회를 주축으로 하던 사회의 폐습 중에 가정과 마을들을 피폐하게 만드는 술, 노름, 축첩 등을 책망하고, 그와 함께 금기시 했던 흡연 문제는 지금까지도 저희에게 고스란히 이어져서 건강한 가정과 사회를 만드는 중요한 요인으로 공헌하고 있음을 봅니다.

그러나 시대가 바뀌고 문화와 인식의 변화에 따라, 특히 주초(酒草)문제는 기성세대와 신세대 간에, 혹은 보수적 신앙생활을 하는 이들과 비교적 진보적인 색채가 강한 교회에서 신앙생활을 하는 이들 간의 간극이 좀처럼 좁혀지지 않습니다. 다행히도 흡연 문제는 워낙 건강에 치명적인 위험이 있어, 신앙이나 종교 이전에 자연히 사회적 합의가 이루어졌습니다.

그러나 하나님! 비록 자신은 음주나 흡연 문제에 신앙적인 거리낌이나 건강에 대한 염려 하나도 없을지라도, 그 모습이 경건 생활에 덕이 안 되기에, 그 자체를 죄악시하지 않더라도 이를 금하는 이들도 있습니다. 신앙인의 모습에 경건 성도 손상되고 타인의 건강에도 해를 끼치기에 삼가는 이들이 많습니다. 이런 아름다운 이들이 세상에 많게 하옵소서!

다른 이유가 아니라도, 주변 사람들에게 덕이 되기 위해 애를 쓰는 이들도 많이 있습니다. 성경에도 '베드로'가 이방인들과 식사를 하다가, '야고보'에게서 유대인들이 오자, 안 먹은 척할 때 '바울'이 "당신이 유대인으로서 이방인을 따르고 유대인답게 살지 않으면서 어찌 억지로 이방인을 유대인답게 살게 하려느냐?"(갈라 2:14)고 책망한 적도 있습니다.

사도 '바울'이 '루스드라'에서 '디모데'를 처음 제자로 삼을 때, 아버지가 헬라인이라 유대인들에게 걸림이 될까 싶어 할례를 행한 뒤에 데리고 갑니다.(사도 16:3) 그는 우상에게 바친 고기를 먹는 것이 거리낌이 없었지만, 그걸 보고 믿음이 약한 이들이 시험에 들까봐 영원히 고기를 먹지 않겠다.(고전 8:13)고 합니다. 이런 사도들의 지혜를 배우게 하옵소서!

덕이 중요함을 알게 하신 예수님의 이름으로 기도드립니다. 아멘!

골방기도 / 영적 체험

영원한 하늘의 집을 덧입게 하옵소서!

"만일 땅에 있는 우리의 장막 집이 무너지면 하나님께서 지으신 집 곧 손으로 지은 것이 아니요 하늘에 있는 영원한 집이 우리에게 있는 줄 아느니라. 참으로 우리가 여기 있어 탄식하며 하늘로부터 오는 우리 처소로 덧입기를 간절히 사모하노라."

(고후 5:1-2)

사랑의 하나님! 저희가 이 땅에서 밤의 한 경점(更點)처럼 지나가는 육신의 생명이 끝나고, 세상에 남은 가족이나 지인들의 울음소리를 듣고 떠난 다음, 이렇게 천하보다 귀중한 생명의 결국 거기에서 멈추고, 그 이상 아무런 미래도 소망도 없다면 저희 인생이 얼마나 허망합니까? 평생을 살면서 그 몸에 투자한 시간과 돈이 얼마인데 끝이라면 억울합니다.

태어나서 생명유지를 위해 탯줄을 자른 후, 생명의 위협이 느껴져 잘못된 오장육부의 수술이나 시술을 하고, 사고를 당하여 골절이나 기타 손상을 입은 육체를 고치기 위한 수술을 하고, 몸에 선천, 후천적인 장애가 생겨 불가피하게 칼을 대는 경우 말고도 머리끝부터 발끝까지 육신의 아름다움을 위해 수술칼을 댄 경우가 얼마나 많은지 알 수도 없습니다.

탈모로 인해 모발을 이식하는 불가피한 상황이나, 눈썹이 눈을 찌르는 바람에 염증을 예방하기 위하여 눈 수술을 하거나, 외모에 치명적 손상이 있어 사회활동이 어려운 경우가 있지만 사실은 더 예뻐 보이고 더 젊어 보이기 위해 눈, 코, 입, 귀는 말할 것도 없고 턱이며 이마며 칼을 안 대는 곳이 없을 만큼 수없이 많은 수술을 통해 육신을 가꿉니다.

노화를 지연시키는 의약품이나 화장품, 주름을 약하게 하거나 제거하는 수술, 화장품, 미용용품, 그 밖에 보통 사람들은 꿈도 꾸지 못하는 인체의 부위마다 젊음과 아름다움을 위하여 평생을 고민하며 가꿔온 몸인데, 세월을 거스를 수 없어 노화가 일어나 늦추려 해도 멈추지 못하는 육체의 장막인 몸은 늙고 병들어 죽습니다. 숨진 직후부터 그 몸은 썩습니다.

호흡이 멎고 피가 멈추면 그때부터 우리의 장막은 썩기 시작합니다. 태아는 자라다 신생아로 세상에 태어나고, 신생아는 영유아, 유소년, 청소년기를 거쳐 자라다가, 나이 스무 살이 되면 세포가 늙기 시작해서 청년, 청장년, 장년, 노년을 지나며 더 늙어 가고, 코로 숨 쉬는 호흡이 멎으면 그 때부터는 썩습니다. 그러면 예쁜 것도 썩고 젊은 것도 썩습니다.

주님! 이런 절망의 때에 저희들에게 새로운 생의 문이 열려 새 영혼의 집에 저희가 머물 터인데 저희 영혼의 생명을 감싸는 새로운 집, 낡거나 쇠하지 않고 멈춰 섬도 다함도 없는 그 집에 살기를 소원합니다. 더 젊고 아름다운 것을 초월하는, 시집도 가지 아니하고 장가가지 않은, 꾸미고 가꿀 필요도 없는 영원한 처소를 사모하며 희망을 품게 하옵소서!

저희 영원한 처소를 준비하실 예수님의 이름으로 기도드립니다. 아멘!

골방기도 / 영적 체험

예수님처럼 살고 싶을 때 드리는 기도! (171)

영적인 일을 혈육과 의논하지 않게 하옵소서!

"그의 아들을 이방에 전하기 위하여 그를 내 속에 나타내시기를 기뻐하셨을 때에 내가 곧 혈육과 의논하지 아니하고 또 나보다 먼저 사도 된 자들을 만나려고 예루살렘으로 가지 아니하고 아라비아로 갔다가 다시 다메섹으로 돌아갔노라."

(갈라 1:16-17)

저희를 하나님의 사람으로 부르신 다음, 오늘 저의 처신을 위해 기도합니다. 목사인 제가 처음 목회 현장에 갈 때, 제일 먼저 부모들이나 형제들, 동기들, 선후배를 찾아갔을 것 같습니다. 주님! 특히 저에게는 이렇다 할 선후배가 별로 없어 처신하기 굉장히 어려웠습니다. 어려운 시절에 '바울'의 행적이 저에게 큰 충격이 됩니다. 계시를 주시니 고맙습니다.

성령님께서 그를 이방의 사도로 부르시고 그 삶에 하나님의 능력과 계시가 임할 때, 그에게는 갈 곳이 많았습니다. 갑작스러운 신분의 변화와 새로운 사명의 길을 떠나는 급변화의 시기에 가족들 누구와도 의논하지 않았습니다. 사실 그 이후에 저희는 사도 '바울'의 가정사, 개인사를 거의 알 수가 없습니다. 이유는 그들이 바울에게 소환되지 않았기 때문입니다.

그의 갑작스러운 개종, 혹은 변화의 과정은 많은 궁금증이 있었고 유대인의 편에서는 완전한 배신행위이기 때문에 그를 죽이기 전에는 아무것도 안 먹겠다는 사람도 40명이나 되었으니, 그에게는 자신을 변절자로 모는 유대인이 제일 두려운 상대였고, 갑자기 그들에게 살해될지 모르는 위험 속에 있었으며 제일 무서운 이들이었지만 그들에게 숨지 않았습니다.

그보다 먼저 사도 된 '베드로'를 비롯한 제자 중에 '야고보'는 참수당하고 '유다'는 자살했으나, 나머지 제자들은 있었는데 사도는 그들과의 대화가 필요한 입장이었습니다. 다른 제자들은 3년을 주님을 따라다니며 말씀을 듣고 기적을 지켜본 직계 제자임에 반해, 바울은 예수님을 한 번도 뵌 적도 없고 한 번도 말씀을 들어본 적이 없는 완전 외인이었습니다.

그러니까 초기에는 그들과 사전에 상견례도 하고, 옛날의 관계를 떨고 용서도 구하고, 또 자기를 사도로 인정하지 않는 그들에게 전입신고라도 해야 했습니다. 그런데 '사울'은 지금 사역에 절대 필요한 인간관계 등 모든 상황을 무시하고 인간의 도움을 구하는 일을 다 포기하고 '아라비아'로 갔다가 다시 '다메섹'으로 돌아갔습니다. 그것은 굉장히 중요합니다.

저희가 '바울'이 '아라비아'에서 어떤 행적을 가졌는지 그곳에 머물면서 어떤 신령한 체험을 했는지는 알 수 없지만, 분명한 건 그곳에서 세상의 영향력 있는 사람들을 만나지 않고 그 사역의 미래에 함께하실 하나님과 깊은 사귐을 가졌음은 분명합니다. 오늘 저희에게도 같은 상황이 생긴다면 이처럼 사람이 아니라 하나님을 뵙는 저희가 되게 하옵소서!

저희를 불러 훈련 시키시는 예수님의 이름으로 기도드립니다. 아멘!

골방기도 / 영적 체험

우리 몸에 예수님의 흔적을 갖게 하옵소서!

"이 후로는 누구든지 나를 괴롭게 하지 말라 내가 내 몸에 예수의 흔적을 지니고 있노라. 형제들아 우리 주 예수 그리스도의 은혜가 너희 심령에 있을지어다. 아멘."

(갈라 6:17-18)

사랑의 하나님! 오늘 저희들이 하나님에 대한 사랑을 추억합니다. 저희 모두에게 하나님에 대한 뜨거운 사랑이 있게 하옵소서! 특별히 저희 몸에 주님에 대한 뜨거운 사랑의 증표가 있게 하옵소서! 사도 '바울'이 "내게는 예수님의 '흔적'이 있다."고 했는데, 그 흔적이 무엇인지 구체적으로 알 수는 없으나 저희에게도 잊을 수 없는 주님의 흔적이 있게 하옵소서!

하나님! 옛적에 '야곱'이 '밧단아람'에서 돌아오는 길의 '얍복'강에서 하나님께서 그의 환도 뼈를 치시므로 환도 뼈가 부러져 다리를 절었던 것처럼, 하나님께 한 대 맞은 사랑의 채찍 자국이라도 있게 하여 주옵소서! 사도 '바울'은 "매도 수없이 맞고 여러 번 죽을 뻔하였으니, 유대인에게 사십에서 하나 감한 매를 다섯 번 맞았다."고 합니다. (고후 11:23-24)

거기다가 "세 번 태장으로 맞고, 한 번 돌로 맞고, 세 번 파선하고 일주야를 깊은 바다에서 지냈다." (고후 11:25)고 했으니, 이때 골절이나 어떤 부상을 입거나 기타 등등 상처가 있는지 모르겠습니다. 저희는 알 수 없는 상처를 사도는 '그리스도의 흔적'이라고 영광스럽게 표현했는지 모릅니다. 저희도 주님 때문에 입은 상처들을 소중히 생각하게 하옵소서!

주님을 섬기고 예배하러 다니며 겪었던 아픈 상처가 흔적으로 남아있는 이도 있습니다. 성전 건축 과정에서 실제로 부상을 당한 흔적들이 믿음을 유지하는 좋은 추억이 된 이들도 있을 수 있습니다. 하나님! 오늘 저희 몸 구석구석 여기저기 주님의 일로 입은 상처들이 흔적으로 남아있을 터인데, 이를 소중히 간직하되 자랑이 아니라 추억이 되게 하옵소서!

예수님께서 저희를 위해 십자가에 돌아가시면서 양손과 발, 그리고 머리의 가시관까지, 수많은 몸의 채찍 자국이 모두 사랑의 흔적인 줄 믿습니다. 이 흔적들처럼 오늘도 저희의 몸에 혹은 가슴에 주님 때문에 얻은 흔적들을 생각하며 믿음을 다잡고 충성하며 살아갈 각오하는 저희들이 되게 하옵소서! 주님을 믿으면서 주님을 인하여, 사랑으로 얻은 흔적을 주옵소서!

하나님! 이 땅의 성도들이 사랑을 고백하며 드렸던 진실한 사랑이 주님의 가슴속에 아름다운 흔적들이 있을 터인데, 저희도 주님께서 잊지 못할 아름다운 사랑의 추억을 남겨 드리는 종이 되게 하옵소서! 주님의 가슴이 뭉클하고, 주님의 눈에 눈물이 맺힐 흔적을 드리게 하옵소서! 주님께서 저희를 생각하면 잊을 수 없는 흔적을 드린 누군가 되게 하옵소서!

사랑으로 십자가를 지고 가신 예수님의 이름으로 기도드립니다. 아멘!

2. 영적 체험을 위한 기도

골방기도 / 영적 체험

예수님처럼 살고 싶을 때 드리는 기도! (196)

시험을 당하거든 기쁘게 여기게 하옵소서!

"내 형제들아 너희가 여러 가지 시험을 당하거든 온전히 기쁘게 여기라. 이는 너희 믿음의 시련이 인내를 만들어 내는 줄 너희가 앎이라 인내를 온전히 이루라 이는 너희로 온전하고 구비하여 조금도 부족함이 없게 하려 함이라." (야고 1:2-4)

사랑하는 하나님! 아무리 믿음이 좋고 신앙의 경륜이 있어도 시험이 찾아오면 누구나 힘듭니다. 대개의 시험은 사람의 신앙 수준에 따라오기에, 아무리 다른 사람이 생각할 때는 아무것도 아닌 시험 같아도, 막상 시험을 만난 당사자는 힘들고 버겁습니다. 시험받으실 때 모두 승리 하신 주님께서 저희의 시험에 승리하도록 힘과 지혜를 넉넉히 주옵소서!

하나님! 시험은 늘 모든 과정을 마칠 때 만나는 것인 줄 믿습니다. 그러므로 시험이 올 때마다 한 과정을 마치고 한 단계 상승했다는 자긍심을 가지고 승리하게 하옵소서! 넘치는 주님의 배려로 순간순간 자주 시험을 맞이하여 끊임없는 진전과 향상이 있게 하옵소서! 오늘도 또 하나의 시험이 있으면 또 한 단계 새로운 발전을 믿고 기대하게 하여 주옵소서!

하나님께서 저희에게 시험을 주실 때마다 믿음의 진보를 허락하심을 고맙게 생각하고, 그 한 번의 시험이 믿음의 시련이 인내를 만들어 내는 걸 알게 하옵소서! 시험이 있을 때마다 하나님은 저의 약한 부분은 강하게 하시고, 한 번 시험을 통과할 때마다 부족한 부분은 채워주시니 고맙습니다. 다양한 시험을 통해 다양한 승리를 경험할 기회를 주옵소서!

시험을 통과하고 나서 모두 위대한 인물이 되었습니다. '아브라함'이 '모리아'의 시험을 통과하고 "네가 네 아들 네 독자까지도 내게 아끼지 아니하였으니, 내가 이제야 네가 하나님을 경외하는 줄을 아노라." (창세 22:12)는 인증을 받았습니다. '욥'은 "내가 주께 대하여 귀로 듣기만 하였사오나 이제는 눈으로 주를 뵈옵나이다." (욥기 42:5)며 결과를 고백했습니다.

'다니엘'은 자신의 목숨과 신분을 위협하는 시험을 겪을 때 승리해서 영원히 빛나는 이름이 되었습니다. (다니 6:24) '요셉'은 숱한 시험을 이기고 승리한 신앙인의 표본입니다. (창세 39:9) 하나님! 이 시대에 하나님께서 우리에게 주시는 크고 작은 시험들을 믿음의 인내로 통과하여 하나님께 최후의 승리를 인정받는 하나님의 사람이 되게 하여 주옵소서!

사랑의 하나님! 저희에게 시험을 주실 때, 시험의 횟수만큼 부요해지고, 시험의 강도만큼 강해지고, 시험의 크기만큼 존귀하게 하옵소서! 시험을 통과함으로 부족함이 사라지고, 시험을 이김으로 믿음도 존귀해지게 하옵소서! 일생 수많은 종류의 시험을 만나도 그때마다 좋아지는 복이 넘치기를 원합니다. 지금의 시험도 아름다운 시험인 줄 알게 하옵소서!

저희를 시험에서 이기게 하신 예수님의 이름으로 기도합니다. 아멘!

골방기도 / 영적 체험

시험을 당할 때에 즐거워하게 하옵소서!

> "사랑하는 자들아 너희를 연단하려고 오는 불 시험을 이상한 일 당하는 것 같이 이상히 여기지 말고 오히려 너희가 그리스도의 고난에 참여하는 것으로 즐거워하라 이는 그의 영광을 나타내실 때에 너희로 즐거워하고 기뻐하게 하려 함이라."
>
> (벧전 4:12-13)

사랑의 하나님! 저희는 '시험'이라면 위축되고, 피하거나 거부하는데 '야고보' 사도는 "내 형제들아 너희가 여러 가지 시험을 당하거든 온전히 기쁘게 여기라. 이는 너희 믿음의 시련이 인내를 만들어내는 줄 너희가 앎이라. 인내를 온전히 이루라. 이는 너희로 온전하고 구비하여 조금도 부족함이 없게 하려 함이라."(야고 1:2-4)며 시험을 환영하라고 하십니다.

또 사도 '베드로'는 "너희를 연단하려고 오는 불 시험을 이상한 일 당하는 것 같이 이상히 여기지 말고, 오히려 너희가 그리스도의 고난에 참여하는 것으로 즐거워하라. 이는 그의 영광을 나타내실 때 너희로 즐거워하고 기뻐하게 하려 함이라."(벧전 4:12-13)고 하시는데, 훨씬 진일보한 시험관입니다. 시험을 당할 때 이를 즐거움으로 맞이하게 하옵소서!

"너희가 그리스도의 이름으로 치욕을 당하면 복 있는 자로다. 영광의 하나님 영이 너희 위에 계심이라. (벧전 4:14)고 했습니다. "하나님의 뜻대로 고난을 받는 자들은 또한 선을 행하는 가운데에 그 영혼을 미쁘신 창조주께 의탁할지어다." (벧전 4:19)고 했습니다. "너희는 믿음 안에 있는지 너희 자신을 시험하고 너희 자신을 확증하라." (고후 13:5) 했습니다.

사랑하는 하나님! 저희가 시험을 당할 때 "감당할 시험 밖에는 너희가 당한 것이 없나니 오직 하나님은 미쁘시어 너희가 감당하지 못할 시험 당함을 허락하지 아니하시고 시험당할 즈음에 또한 피할 길을 내사 너희로 능히 감당하게 하시느니라." (고전 10:13)고 했으니 능히 감당하게 하옵소서! 시험 때는 하나님께서 저희 안에 바짝 서 계심을 알게 하옵소서!

사랑하시는 하나님! 시험은 아무에게나 하는 것이 아니라, 반드시 쓸모 있고 필요한 이들에게 하시는 특별한 은총입니다. 따라서 저희들에게 시험이 왔을 때는 하나님께 선택된 즐거움으로 임하게 하시고, 최선을 다하여 하나님의 검증에 합격할 수 있게 하옵소서! 시험에서 통과하지 못하면 그 이상은 희망이 없다고 생각하고 큰 기쁨으로 맞이하게 하옵소서!

저희가 사는 세상은 하루하루가 전쟁터와 같습니다. 자신의 삶을 지탱하기 위한 전쟁, 영적 생명을 유지하기 위한 전쟁, 이웃과 사회와 더불어 치루는 전쟁 등 수많은 전쟁의 소용돌이에서 그 틈을 비집고 찾아와 저희의 안전을 시험하는 마귀의 시험과 하나님이 우리를 재보시는 시험, 자신이 스스로 점검해보는 시험 등에서 모두 영광의 승리를 얻게 하옵소서!

모든 시험을 이기고 승리하신 예수님의 이름으로 기도드립니다. 아멘!

골방기도 / 영적 체험

예수님처럼 살고 싶을 때 드리는 기도! (211)

우리가 버릴 것과 취할 것을 알게 하옵소서!

> "그러나 무엇이든지 내게 유익하던 것을 내가 그리스도를 위하여 다 해로 여길뿐
> 더러 또한 모든 것을 해로 여김은 내 주 그리스도 예수를 아는 지식이 가장 고상하
> 기 때문이라 내가 그를 위하여 모든 것을 잃어버리고 배설물로 여김은 그리스도를
> 얻고"
>
> (빌립 3:7-8)

하나님! 저희를 흑암의 나라에서 건지셔서 빛의 나라로 옮겨 주시고 마귀
의 자녀에서 하나님의 자녀가 되게 해 주심이 고맙습니다. 저희들의 신분
이 수직상승을 넘어 완전히 다른 신분이 되고 캄캄한 흑암에서 빛의 자녀
가 되었으니 이제 달라진 신분과 위상에 걸맞게 저희의 삶에도 새로운 변
화가 있게 하옵소서! 버릴 것은 과감히 버리고 출발하게 하옵소서!

저희들이 버려진 자식처럼 '어둠의 자식'으로 살다가 이제 천국 황실의 왕
자와 공주의 신분인 '황족'이 되었으니, 이에 맞는 모습으로 안팎으로 거
듭나는 저희가 되게 하옵소서! 이제는 우리가 사는 것이 그리스도요, 삶의
동력이 성령님이시요, 제 삶의 목적이 하나님의 영광이오니 그런 모습으
로 살게 하옵소서! 이제껏 소중하던 것을 버릴 수 있게 하옵소서!

이제껏 유익한 것으로 생각하고 있던 모든 것들이 해로 생각되면 버리게
하시고, 지금껏 보물처럼 소중히 생각하던 것들도 무익한 것으로 판단되

면 이제 세상에서 가장 고상한 지식은 그리스도를 아는 지식이요, 저희에게 가장 존귀한 이는 예수 그리스도시니, 그리스도를 알고 주님께 가까이 가게 하는데 방해되는 것들은 배설물로 생각하는 지혜를 주옵소서!

이제껏 유익하던 것들을 그리스도를 위하여 해로 여겨 버리면 남는 건 보배로우신 예수님과 단둘이라, 그 안에서 아무 장애 없이 행복하게 사는 저희가 되게 하옵소서! 모든 것을 버린 청정구역에서 주님을 뵙고, 주님은 모든 것을 버린 정결한 심령 안에서 저희를 만나게 하옵소서! 예수님을 모를 때 가치 있게 생각하던 것을 배설물로 알게 하옵소서!

하나님! 이 땅에서 영원한 죽음의 길을 가야 할 저희가 그리스도와 그 부활의 권능과 고난에 참여함을 알고자 하여 어떻게 해서든지 죽은 자 가운데서 부활에 이르려 하게 하시고, 매일매일 이미 얻었다 함도 아니요 온전히 이루었다 함도 아니라 오직 내가 그리스도 예수께 잡힌 바 된 것을 잡으려고 달려가는(빌립 3:11~12) 아름다운 믿음을 갖게 하옵소서!

우리는 여전히 세상과 연결된 오만가지 끈을 놓지 못한 채 한 발은 천국에 딛고 한 발은 세상을 디딘 채 삽니다. 한 손으로 주님을 붙잡은 다음, 다른 한 손으로는 세속의 끈을 붙잡고 있습니다. 믿음과 의심의 양다리를 걸친 채 현재와 미래 사이에 몸이 찢어질 듯한 고통을 안고 사는 저희에게 세상의 것들을 오줌똥처럼 배설물처럼 버리게 하여 주옵소서!

저희 정결한 삶을 원하시는 예수님의 이름으로 기도드립니다. 아멘!

골방기도 / 영적 체험

예수님처럼 살고 싶을 때 드리는 기도! (214)

딱 한 번이면 족한 것이 있음을 알게 하옵소서!

"사울이 길을 가다가 다메섹에 가까이 이르더니 홀연히 하늘로부터 빛이 그를 둘러 비추는지라 땅에 엎드러져 들으매 소리가 있어 이르시되 사울아, 사울아 네가 어찌하여 나를 박해하느냐." (사도 9:3-4)

사랑하는 하나님! 사람이 평생을 살면서 딱 한 번의 경험으로 운명이 바뀌는 경험이 있습니다. 두 번도 할 필요 없고, 단 한 번만으로 자신의 운명에 천지개벽의 세상에서 살 수 있는, 평생 딱 한 번이면 족한 체험이 있습니다. 매일 밤 눕고 일어나는 일, 가족이나 지인들을 만나는 일, 성경 읽고 기도하는 일상적인 일 말고 초월적 사건을 경험하는 것입니다.

믿음의 조상 '아브라함'은 어느 날 하나님께서 그에게 나타나셔서 느닷없이 "너는 너의 고향과 친척과 아버지의 집을 떠나 내가 네게 보여 줄 땅으로 가라. 내가 너로 큰 민족을 이루고 네게 복을 주어 네 이름을 창대하게 하리니 너는 복이 될지라."(창세 12:1-2)고 하셨습니다. 그야말로 청천벽력 같은 말씀이요, 저항하고, 변명할 수 있는 상황도 아니었습니다.

이렇게 하나님의 만남 이후 "이에 '아브람'이 여호와의 말씀을 따라갔고 롯도 그와 함께 갔으며 '아브람'이 '하란'을 떠날 때에 칠십오 세였더라."로 그의 평생을 위대한 '믿음의 조상'으로의 출발은 시작되었습니다. 그리고 마침내 22장에서 백 세에 낳은 아들 '이삭'을 제단에 바치는 사건으로 일약 역사의 전면에 등장합니다. 더는 떠날 이유도 필요도 없었습니다.

'스데반'에게 돌을 던져 순교의 제물로 삼던 현장에서 옷을 지키며 역사의 전면에 알려진 박해자 '사울'이 박해를 피해 도망친 그리스도인들이 숨어 있던 다메섹의 회당에 갈 공문을 받아 위협과 살기가 등등하여 올라가던 처음, 정오쯤 되어 갑자기 그에게 하늘에서 빛과 함께 "사울아, 사울아 네가 왜 나를 핍박하느냐?"는 주님의 음성이 들려 왔습니다.

그는 그곳에서 들었던 음성에 충격을 받고, 그 강렬한 빛에 쬐어 눈이 멀어 한 발짝도 움직이지 못하는 신세가 되었습니다. 그 사건 이후, 후에 '바울' 사도가 된 이 청년 '사울'의 운명은 180도 바뀌었습니다. 그의 삶이 변화, 혹은 개선된 게 아니라 완전히 다른 사람으로 새로운 출발을 하게 되었습니다. 이 사건은 설명이 필요 없는 체험이 되었습니다.

능력의 하나님! 오늘 저희가 이런 단 한 번의 사건을 경험하지 못해서 평생을 물인지 불인지도 모르고 삽니다. 내 사명이 무엇인지, 누가 나를 불렀는지도 모르고 삽니다. 그런 내가 쓰러져 죽는 경험이 없었기에 작은 위험에도 굴복하고 조그만 유혹에도 무너집니다. 조그만 협박이나 위협에도 도망칩니다. 주님께서 저를 부르시던 그 순간을 기억하게 하옵소서!

저희를 찾아오셔서 불러주신 예수님의 이름으로 기도드립니다. 아멘!

골방기도 / 영적 체험

주님의 몸에 손을 대는 소원을 갖게 하옵소서!

> "열두 해 동안이나 혈루증으로 앓는 여자가 예수의 뒤로 와서 그 겉옷 가를 만지니 이는 제 마음에 그 겉옷만 만져도 구원을 받겠다 함이라. 예수께서 돌이켜 그를 보시며 이르시되 딸아 안심하라. 네 믿음이 너를 구원하였다 하시니 여자가 그 즉시 구원을 받으니라"
>
> (마태 9:20-22)

예수님의 사역 중에 상당 부분은 병든 자를 치료해 주시는 일이었습니다. 그런데 그 많은 질병 혹은 장애를 치유해주신 날은 거의 안식일이었고, 치유 받은 이들의 대부분은 자신의 치유에 대한 갈망과 치유에 대한 믿음이 있었습니다. 그 믿음의 대부분은 "내가 주님을 만나면!", "주님께서 손을 대 주시면", "주님께서 오셔서 만져주시면" 낫겠다는 것입니다.

그 가운데 성경에는 치유의 희망이 사라진 중병에서 고침을 받은 이들이 있는데 아주 특별한 소원과 이를 실천한 행동들이 기적을 만들어 주었습니다. 한 여인이, 여인의 치명적 질병인 '혈루'로 고생했습니다. 열두 해를 앓았으니 이제 가볼 만한 의원을 전부 다녔고, 해보고 싶은 민간요법도 다 해보았습니다. 그러는 동안 몸은 점점 수척해지고 돈은 바닥났습니다.

그러던 바로 그때 그에게 예수님에 대한 소문이 들렸고, 그는 소문을 듣는 순간 "내가 예수님의 몸에 손을 한 번만 대면 나을 것 같다."는 믿음이 생졌고, 그러다가는 자신의 질병이 부정한 병이라 사람들 앞에 나갈 수 없음과, 더구나 '메시아'이신 예수님께 나아가 몸을 만진다는 것은 여인의 병을 낫기는커녕 돌에 맞아 죽을 것이라는 두려움이 들었습니다.

여인의 간절한 마음과 믿음은 "내가 예수님의 옷에만 손을 대어도 낫겠다."는 믿음이 되었고, 여인은 그 일을 시행하게 됩니다. 그는 제자들과 함께 회당장 '야이로'의 딸을 살려주려고 가시는 바쁘신 걸음의 예수님 뒤로 와서 예수님의 겉옷 가를 만졌습니다. 그리고 순간 여인의 혈루 근원은 말랐고, 주님은 몸에서 능력이 나갔기에 이 사실을 알고 계셨습니다.

제자들이 반문한 대로, 그날 예수님의 옷에 손이 닿은 사람은 많았습니다. 지금처럼 승용차로 이동하는 것도 아니고 도보로 이동하는 이들이 앞서고 뒤서기를 하면서, 죽어가는 딸의 응급상황을 들은 예수님의 행렬에 손이 닿은 사람이 한둘이겠습니까? 그러나 무의식중에 손이 닿은 이는 많았어도 의식적으로 손을 댄 사람은 혈루증 여인 하나밖에 없었습니다.

오늘 주님 앞에 나오는 이들이 "주님의 옷에 손을 대어도 나을 것 같다."는 믿음으로 오는 이들이 많게 하옵소서! 어떤 이는 강단을 주님의 옷이라고 믿고 손을 대고, 어떤 이는 성경에 손을 대고, 어떤 이는 하늘의 하나님을 생각하며 두 손을 들고 기도할 때 기도를 들으시고 간절한 소원에 응답하옵소서! 하나님은 어제나 오늘이나 동일하신 줄 믿습니다.

저희 소원을 듣고 치료하시는 예수님의 이름으로 기도드립니다. 아멘!

2. 영적 체험을 위한 기도

골방기도 / 영적 체험

소원을 이루어 주실 때까지 좇게 하옵소서!

"예수께서 집에 들어가시매 맹인들이 그에게 나아오거늘 예수께서 이르시되 내가
능히 이 일 할 줄을 믿느냐 대답하되 주여 그러하오이다 하니 이에 예수께서 그들
의 눈을 만지시며 이르시되 너희 믿음대로 되라 하시니."　　　　(마태 9:28-29)

하나님! 땅에 사는 저희가 답답한 경우를 당할 때가 많습니다. 물질세계를
살아가는데 절대적으로 필요한 돈 때문에 삶이 가로막혀 힘든 이도 있고,
흙으로 지어진 육체의 약함 때문에 공격당하는 질병의 수난에 꼼짝을 못
하는 아픔도 있고, 사회구성원이 된 인생들과의 관계가 무너져서 힘든 이
들도 많습니다. 그 밖에 짐작을 못 한 고난도 있을 것입니다.

그중에 특히 육신의 질병, 질병보다 장애가 있는 이들의 삶이란 예수님 당
시에는 처절했고, 그 중에도 앞을 못 보는 맹인의 경우는 더 답답했습니
다. 예수님께서도 '벳새다'의 맹인, '여리고'의 맹인, '예루살렘'의 맹인 등
여러 맹인들을 고쳐 주신 것은 의미 있는 일입니다. '가버나움'을 떠날 때
따라왔던 두 사람의 맹인도 주님의 기적을 경험한 주인공입니다.

그들이 처음 주님을 따라나서면서 "다윗의 자손이여 우리를 불쌍히 여기
소서!"했습니다. 응답이 없으신 예수님은 한 집에 들어가셨는데 거기까지

찾아온 맹인들에게 예수님은 "내가 능히 이 일 할 줄을 믿느냐?"고 물으셨고, 그들은 "주여, 그렇습니다."고 하자 주님은 그들의 눈을 만지시며 "너희 믿음대로 되라!"(마태 9:27-30) 하시자 그 눈들이 밝아졌습니다.

'여리고'의 맹인 '바디매오'는 예수님께서 지나가시는 것을 알고 "주여 우리를 불쌍히 여기소서! 다윗의 자손이여!"하고 부르짖었고 사람들은 그를 잠잠하라고 꾸짖었으나 그는 더욱 소리를 질러 "주여 우리를 불쌍히 여기소서! 다윗의 자손이여!" 했습니다. 드디어 예수님께서 그를 불러 "너희에게 무엇을 하여 주기를 원하느냐?"(마태 20:29-32)고 물으셨습니다.

늘 주님의 기적이 일어나기 전에 던지신 주님의 질문입니다. "주여 우리의 눈 뜨기를 원하나이다." 하자 그들의 눈을 만지시니 곧 보게 되었습니다. (마태 20:34) 사랑의 하나님! 우리 주님을 향하여 소원을 품고 기도할 때에 소리를 지르고 따라가지만, 주님께서 침묵하시거나 반응이 없을 때는 상심하거나 포기하거나 의욕의 상실을 겪고 주저앉거나 돌아갑니다.

주님께서 저희의 소원을 아시고 응답하실 곳으로 갈 수 있는 출발의 용기와 계속할 수 있는 믿음과 견디는 끈기를 주옵소서! 중간에 방해하는 이들이 있으면 더욱 소리를 높이게 하옵소서! 맨 마지막 주님의 응답이 있을 때까지 포기하지 않게 하옵소서! 진정한 믿음은 기다림인 것을 알게 하시고, 낙심하지 아니하면 때가 이르매 거둘 것을 믿게 하옵소서!

저희의 마지막 응답이신 예수님의 이름으로 기도드립니다. 아멘!

골방기도 / 영적 체험

예수님처럼 살고 싶을 때 드리는 기도! (220)

주님의 길이 어떤 길인지 알게 하옵소서!

"제자가 그 선생보다, 또는 종이 그 상전보다 높지 못하나니 제자가 그 선생 같고 종이 그 상전 같으면 족하도다 집 주인을 바알세불이라 하였거든 하물며 그 집 사람들이랴."

(마태 10:24-25)

사랑의 하나님! 저희들이 주님의 소명(召命), 혹은 주님의 뜻을 따라 복음을 위하여 주님의 길을 간다고 하지만, 어떤 면에서는 주님의 길이 어떤 길인지, 혹은 주님의 주시려는 사명은 무엇인지 혼란스러울 때가 많습니다. 이 시간에 저희 마음 가운데 하나님의 지혜와 평강을 주시어, 주님의 길을 따라가는 동안에 낙심하고 좌절할 일을 만나지 않게 하옵소서!

저희가 지금 가는 길은 주님께서 앞서 가신 바로 그 길입니다. 주님께서는 고난을 받으시고, 대신 저희는 꽃길이나 비단길을 가는 것이 아니라, 주님도 가시밭길을 걸으셨으니 저희도 가시밭길을 갈 것이고, 주님께서 시기와 질투로 고통을 받으셨으니 저희도 그 길을 갈 것입니다. 주님이 잡히시고, 재판 받으시고 처형당하셨으니 저희도 그 길을 갈 것입니다.

예수님께서 바리새인과 서기관 같은 종교, 정치적 지도자들로부터 숱한 오해와 위협을 받으셨으니 저희도 같은 오해를 받고 말할 수 없는 위협이

나 겁박을 당할 것입니다. 주님께서 사두개파 사람들의 시기를 받으셨으니 오늘 저희도 동일한 함정 위를 걸어야 하고, 주님께서 제자에게 배신을 당하셨으니 저희도 그와 같이 배신의 아픔을 겪게 될 것입니다.

예수님이 귀신의 왕 '바알세불'을 입었다고 했으니, 사람들은 저희에게도 같은 오해와 비난을 할 것이고, 주님께서 하루도 마음 편히 복음을 전하지 못하시고 언제나 대적들의 공격에 시달리듯이 오늘 우리가 가는 걸음도 여전히 고난과 고통에 시달리는 걸음입니다. 예수님께서 박해를 받으시며 끝까지 참으셨으니 저희도 박해를 당할 때 견디게 하옵소서!

예수님이 헤롯의 칼날을 피해 죽음의 위기를 넘기듯이 저희도 수많은 죽음의 위기를 하나님의 은혜로 넘기게 하옵소서! 자신을 동네가 건설된 낭떠러지에 밀쳐 죽이려는 마을 사람들을 피해 나오듯, 섬기던 교회에서 죽음의 위기를 겪을 수 있고 '유다'에게 밀고를 당했던 것처럼 배신당할 수도 있습니다. 한 치도 어김없이 주님의 길이 저희 앞에 있습니다.

예수님을 향하여 '세리와 죄인의 친구'라는 모함, '먹기를 탐하고 포도주를 즐기는 자'라는 비난, '성전을 사흘 안에 짓겠다는 이', '가이사에게 세를 바치지 못하게 한 이', '율법을 파괴하러 온 이' 등의 많은 오해가 있었듯이 저희에게 오해가 있을 것이고, 주님이 십자가에 돌아가셨듯이 저희도 결국 죽임을 당할 것입니다. 그 길이 저희의 길임을 알게 하옵소서!

저희 앞에 본을 보여주신 예수님의 이름으로 기도드립니다. 아멘!

2. 영적 체험을 위한 기도

골방기도 / 영적 체험

예수님처럼 살고 싶을 때 드리는 기도! (347)

박해를 받을 만큼 경건하게 살게 하옵소서!

"박해를 받음과 고난과 또한 안디옥과 이고니온과 루스드라에서 당한 일과 어떠한 박해를 받은 것을 네가 과연 보고 알았거니와 주께서 이 모든 것 가운데서 나를 건지셨느니라. 무릇 그리스도 예수 안에서 경건하게 살고자 하는 자는 박해를 받으리라." (딤후 3:11-12)

하나님, 사랑합니다. 이 사랑의 고백을 드리면서 부끄럽기도 하고 두렵습니다. 제가 하나님에 대한 사랑이 특별해서 주변에 있는 이들이 시샘할 정도가 되는지, 아니면 주님에 대한 과도한 사랑으로 인해 적에게 순교 당할 정도는 되는지 모두 자신이 없습니다. 예수님처럼 살기 원하는 삶이란 결국 예수님처럼 죽임당하는 길인데 거기 이르지 못하고 삽니다.

저희는 세상에 살면서 적당히 신앙고백하고, 적당히 사랑하고, 적당히 헌신하고, 적당히 타협하고 삽니다. 따로 쳐져서 가는 건 아니지만, 그렇다고 유별난 열정도 없고, 유별난 헌신도 없이 하루하루 삽니다. 적당히 현상유지를 하면서 '정 맞을 만큼 모나지 않고', '미움받을 만큼 쳐지지도 않은', 그러나 가끔은 타협도 하고, 가끔은 야합도 하며 삽니다.

다들 헌신자가 되고 싶다면서 뛰어난 헌신도 없고, 다들 순교자가 되고 싶다지만 순교할 만큼 전투적이지도 않고, 적당히 거리를 유지하며 삽니다.

믿는 자리에 서 있어도 큰 손해가 없으면 믿는 줄에 서 있다가, 안 믿는다고 책잡힐 게 없으면 또 안 믿는 줄에 섭니다. 그렇게 냉탕과 온탕을 오가며 적당주의로 살다보니 본인이 신앙인인지 아닌지도 모릅니다.

주일이면 습관적으로 성경찬송을 들고 교회에 가는 걸 보면 신앙인인 것 같기도 한데, 무슨 일이 있으면 망설임도 가책도 없이 그곳에 가며 교회에 빠지는 것을 보면 아닌 것도 같습니다. 신앙인이 맞기는 맞는데 진실한 신앙인은 아닙니다. 본인이 잘 모를 정도이니 주변 사람도 그의 정체성에 고개를 갸우뚱합니다. 이런 이들은 박해를 당할 일이 없습니다.

왜 우리가 사도 '바울'을 그렇게 예를 들어 이야기하고 존경하고 추앙합니까? 그는 주님의 부르심을 받은 때부터 남다르게 받았지만, 이전에 유대교에 있을 때도 특별하게 믿었습니다. 그런데 '다메섹'의 경험 이후 그는 '군계일학' 같은 전도자가 되었습니다. 그러니까 대적하는 이들에게는 표적이 되는 것입니다. 탁월하다 보니 적의 눈에 쉽게 띄는 것입니다.

그리고나서 그가 깨달은 진리를 그는 믿음의 아들인 '디모데'에게 보냈는데, "무릇 그리스도 예수 안에서 경건하게 살고자 하는 자는 박해를 받으리라."(딤후 3:11-12)는 것입니다. 하나님! 저희가 이 땅에서 생명을 살려주신 주님을 위해 사는데, 적당하게 사는 비겁한 신앙인이 되지 않게 하옵소서! 날 위해 돌아가신 주님을 위해 죽을 만큼이라도 살게 하옵소서!

죽도록 충성하기 원하시는 예수님의 이름으로 기도드립니다. 아멘!

골방기도 / 영적 체험

하나님의 징계를 받는 자 되게 하옵소서!

> "너희가 참음은 징계를 받기 위함이라 하나님이 아들과 같이 너희를 대우하시나
> 니 어찌 아버지가 징계하지 않는 아들이 있으리요 징계는 다 받는 것이거늘 너희
> 에게 없으면 사생자요 친아들이 아니니라."   (히브 12:7-8)

하나님을 사랑합니다. 사랑하는 만큼보다 더 신뢰합니다. 또 신뢰하는 만큼 순종합니다. 그런데 하나님! 사랑하는 하나님께서 때리는 것은 싫습니다. 또 두렵습니다. 그래도 하나님께 감사하는 것은, 저를 타인으로 생각하지 않으시고 친자녀로 생각하신다는 것입니다. 그걸 생각하면 목이 멥니다. 하나님께서 채찍을 대실만큼 믿으시는 자녀라는 게 행복합니다.

하나님! 그동안 "어떻게 하면 주님처럼 살 것인가?"에 대해 생각도 많이 하고, 그렇게 살아보려고 결심도 많이 하고, 주님을 따라 한다며 금식도 해보고, 고행도 흉내 내 보았지만, 아무것도 아니었고, 그때마다 오히려 하나님 앞에 가증스러운 제 민낯만 보였습니다. 부끄럽고 죄송합니다. 이제라도 저의 모습을 하나님 앞에서 적나라하게 드러내게 하시옵소서!

하나님께서 그동안 제가 조금만 흐트러지면 채찍을 대시고, 조금만 잘못하면 또 회초리를 때려, 한 시도 맘 편할 날이 없이 "또 하나님께서 손을 대

시면 어떻게 하지? 또 때리시면 어떻게 하지?"하며 불안했는데, 그래도 저를 방치하시지 않고 끝까지 추적하셔서 계속 감시하고 계시니 고맙습니다. 이제는 아들 됨을 확인하시는 증거로 알고 편히 맞겠습니다.

'유다'가 예수님을 팔려고 할 때 그냥 두시고 화인 맞은 양심을 버려두신 것을 봅니다. 왜 주님은 '유다'에게 정신이 번쩍 나도록 야단을 치시든 회 초리를 대시든 하지 않으셨을까 생각하니, 이미 포기한 인생이라 차라리 태어나지 않았으면 좋을 뻔하였다는 안타까운 말씀만 하신 것이 이해가 됩니다. 제가 무슨 짓을 하든 버려두지 않으신 것이 참 고맙습니다.

질투하시는 하나님께서 당신의 종들이 이상한 짓을 할 때, 격노하지 않으시면 이는 하나님의 사람이 아닙니다. 저를 사랑하시기에 저의 아주 작은 마음, 작은 눈빛에도 여지없이 눈치를 채고 달려오셔서 회초리를 대시는 것이 하나님의 마음인 줄 믿습니다. 이제부터 더욱 사랑의 사정권에 들어와서 조금도 한눈팔지 않고 주님 손안에서만 살게 하여 주옵소서!

이제 하나님의 징계하심을 가볍게 여기지 말며, 꾸지람을 받을 때도 낙심하지 않게 하옵소서! 분명히 "주께서 그 사랑하시는 자를 징계하시고, 그가 받아들이시는 아들마다 채찍질하심이라. 하나님이 징계를 통해서 아들과 같이 대우하시나니, 징계는 다 받는 것이거늘 너희에게 없으면 사생자요 친아들이 아니라."(히브 12:6-8)고 하심을 기억하게 하옵소서!

우리를 때로 채찍질하시는 예수님의 이름으로 기도드립니다. 아멘!

골방기도 / 영적 체험

기회가 영원히 머물지 않음을 알게 하옵소서!

> "이르되 그렇지 아니하니이다 아버지 아브라함이여 만일 죽은 자에게서 그들에게
> 가는 자가 있으면 회개하리이다. 이르되 모세와 선지자들에게 듣지 아니하면 비록
> 죽은 자 가운데서 살아나는 자가 있을지라도 권함을 받지 아니하리라 하였다 하시
> 니라."
> (누가 16:30-31)

사랑의 하나님 아버지! 언제나 기도하다 보면 말씀을 주시고, 말씀을 읽다 보면 기도 제목을 주시니 고맙습니다. 우리는 여전히 기도하되 영혼의 구원을 위하여 시급히 기도하게 하옵소서. 지금도 우리가 기도하는 어떤 사람에게 복음을 전해야 할 때 지체하지 않게 하시고, 특히 '주님처럼 살고자 하는 이들'은, 주님은 틈만 나면 전도하신 것을 알게 하옵소서!

매일 다양한 의상을 갈아입으며 호화로이 연회를 즐기던 부자가 있었습니다. 당시에 매일 연회를 치를 정도면 얼마나 부자였을까 생각해 봅니다. 물론 집 앞의 거지 '나사로'는 헌데투성이로 대문 앞에서 부자의 상에서 먹다 남은 부스러기를 기다리고 있었습니다. 거지 '나사로'는 헌데가 심하여, 개들이 와서 헌데를 핥고 있었는데 두 사람은 결국 죽었습니다.

거지가 죽어 천사들에게 받들려 '아브라함'의 품에 들어가고, 부자도 죽어 장사 되어 음부의 고통 중에 눈을 들어 멀리 '아브라함'과 그의 품에 있는

'나사로'를 보고 "아버지 아브라함이여 나를 긍휼히 여겨 '나사로'를 보내어 그 손가락 끝에 물을 찍어 내 혀를 서늘하게 하소서. 내가 이 불꽃 가운데 서 괴로워하나이다."고 했습니다. 그러나 그게 안 되었습니다

'아브라함'이 "얘 너는 살았을 때 좋은 것을 받았고 나사로는 고난을 받았 으니, 이것을 기억하라. 이제 그는 여기서 위로를 받고 너는 괴로움을 받 느니라. 이뿐 아니라 너희와 우리 사이에 큰 구렁텅이가 있어 서로 건너갈 수가 없단다." 그런데 부자는 '형제애'가 있었습니다. "그러면 '나사로'를 아버지 집에 보내 형제 다섯에게 고통받는 이곳에 오지 않게 하소서!"

그때 '아브라함'이 "그들에게 '모세'와 선지자들이 있으니 그들에게 들어 라.", "그렇지 않습니다. 만일 죽은 자에게서 그들에게 가는 자가 있으면 회개할 겁니다.", "'모세'와 선지자들에게 듣지 아니하면, 비록 죽은 자 가 운데서 살아나는 자가 있을지라도 권함을 받지 않으리라." 고 하십니다. 그렇습니다. 복음을 듣지 않으면 죽은 자가 살아서 전해도 안 믿습니다.

오늘 복음이 이 땅에 편만할 때 복음을 들을 기회가 있는 이들은 복음을 믿 게 하옵소서! 기회는 왔을 때 잡는 것이지, 기다려주지 않습니다. 또 저희 가 복음을 전해야 하는 이들에게는 핑계하고 미루지 말고, 바로 전하게 하 옵소서! 그에게 내가 찾아가 권면하고 전하여 기회를 놓치고 통곡하는 이 들이 없게 하옵소서! 구원의 기회를 놓치지 않게 하옵소서!

영혼 구원을 위해 애타시는 예수님의 이름으로 기도드립니다. 아멘!

3.
신앙생활을 위한 기도
(30편)

골방기도 / 신앙생활

예수님처럼 살고 싶을 때 드리는 기도! (19)

작은 자의 헌신을 귀히 여기게 하옵소서!

"여기 한 아이가 있어 보리떡 다섯 개와 물고기 두 마리를 가지고 있나이다 그러나 그것이 이 많은 사람에게 얼마나 되겠사옵나이까 예수께서 이르시되 이 사람들로 앉게 하라 하시니 그 곳에 잔디가 많은지라 사람들이 앉으니 수가 오천 명쯤 되더라."

(요한 6:9–10)

하나님! 예수님 당시에 예수님을 비난하고 배척하는 이들도 많이 있었지만 반대로 예수님을 지극히 사랑하고 섬긴 이들도 있습니다. 그런데 예수님은 그 무명 성도들이 주님을 기억하여 헌신한 작은 사랑을 기억하고, 그들의 결심을 귀히 여긴 것을 봅니다. 세상은 행한 사랑과 정성의 크기보다 행위자의 존재나 크기에 더 관심하는 것을 회개하며 기도합니다.

하나님! 장정만 오천 명이 모였으니 최소 만 명에서 이만명은 모였을 '벳새다' 광야에, 이름을 알 수 없는 한 소년이 '보리떡 다섯 개와 물고기 두 마리'를 사도 '안드레'의 손을 통해 드렸습니다. 짐작하기는 이 소년은 집에서 나올 때 먹으라고 부모가 싸 준 한두 끼의 도시락이었을 터인데, 그걸 그 많은 무리를 위해 드릴 때 그 손이 얼마나 부끄러웠겠습니까?

오죽하면 그걸 전달한 '안드레'조차도 "여기 한 아이가 있어 보리떡 다섯 개와 물고기 두 마리를 가지고 있으나, 그것이 이 많은 사람에게 무슨 도움이 되겠습니까?"(요한 6:9)하고 물었을 정도입니다. 떡과 생선을 바친 아이나 전달한 제자나 누구도 "이것만 있으면 예수님께서 기적을 행하셔서 이들을 다 배불리 먹이실 것이다."는 생각을 한 사람은 없었습니다.

그런데 그 말린 생선 몇 마리와 굳은 빵 몇 개를 받아든 예수님은 떡과 생선을 마치 한 트럭만큼이나 엄청난 것으로 받으시어, 제자들에게 "이 사람들로 앉게 하라!" 하시고, 사람들이 이들을 오십 명, 백 명씩 앉히자 축사하신 다음 떼어 제자들에게 주시고, 그렇게 하여 장정만 오천 명 되는(요한 6:10) 엄청난 무리를 배불리 먹이는 장관을 연출하셨습니다.

이미 마을 안팎에서 '죄인'으로 알려져서 사람 들이 그를 인간으로 안 보고 수군거리며 배척하는 한 여인이, 초대하지도 않은 예수님의 오찬자리에 나타나 예수님께 향유를 붓고 그 머리털로 예수님의 발을 씻길 때에 모든 사람들이 아연실색했습니다. 심지어 이를 지켜본 초청자 바리새인 '시몬'은 이를 예수님의 '메시아'성을 의심하는 증거로 삼고 의심했습니다.

하지만 예수님은 비록 그가 천한 여인이고, 이미 완전히 버려진 여인일지라도 그 행위를 기억하여 칭찬하실 뿐 아니라, 이를 자신을 향한 사랑으로 칭찬하고 보내셨습니다. 또한, 모든 마을 사람들이 여인의 연약한 어깨에 올려놓은 '죄인'이라는 무거운 형벌의 바윗돌을 그에게서 내려 주며 "네 죄가 사해졌다."고 선언하셨습니다. 이런 주님을 본받게 하시옵소서!

작은 자의 사랑을 받으시는 예수님의 이름으로 기도드립니다. 아멘!

예수님처럼 살고 싶을 때 드리는 기도! (31)

냉수 한 그릇도 상이 있음을 알게 하옵소서!

"또 누구든지 제자의 이름으로 이 작은 자 중 하나에게 냉수 한 그릇이라도 주는 자는 내가 진실로 너희에게 이르노니 그 사람이 결단코 상을 잃지 아니하리라 하시니라." (마태 10:42)

사랑의 하나님! 하나님은 어떻게 해서든 저희에게 은혜와 복을 주시려는 마음이 숨겨 있으신 줄 믿습니다. 하나님께서는 언제나 저희의 죄는 "주홍 같을지라도 눈과 같이 희어질 것이요, 진홍같이 붉을지라도 양털같이 희게 되리라."(이사 1:18)고 크게 약속하신 분이시며, 반대로 인생의 모든 죄는 흰 눈처럼 양털처럼 정결하게 해 주신다고 하셨습니다.

저희들의 연약함으로 짓는 모든 죄를 무한 '용납'하신 것이 아니라, '용서' 하신 하나님의 사랑을 기억합니다. 하나님은 인생들이 지은 죄에 대해서는, 살인자에게도 "오늘 네가 나와 함께 낙원에 있으리라."고 하셨고, (누가 23:43) 간음하던 현장에서 끌려온 여인에게 "나도 너를 정죄하지 아니하노니 가서 다시는 죄를 범치 말라!"(요한 8:11)고 용서하여 주셨습니다.

하나님을 떠나 허랑방탕하며 살아온 인생에게 "제일 좋은 옷을 내어다 입히고 손에 가락지를 끼우고 발에 신을 신기라." (누가 15:22)고 말씀하시며 "내 아들은 죽었다가 다시 살아났고, 내가 잃었다 다시 얻었노라."(누가 15:24)는 감격적 선언을 하셨습니다. 우리에게 상을 주실 때는 정반대로 아주 작은 것조차 상을 주시는 자상하고 좋으신 하나님이십니다.

주님께서는 "누구든지 제자의 이름으로 이 작은 자 중 하나에 냉수 한 그릇이라도 주는 자는, 내가 진실로 너희에게 이르노니 그 사람이 결단코 상을 잃지 아니하리라." (마태 10:42)는 약속을 기억합니다. 죄를 용서하시는 데는 우주적인 용서를 하시고, 상을 주실 때는 냉수 한 그릇을 주어 목을 축이게 한 것도 상을 주시는 고마우신 하나님을 찬양합니다.

저희가 저지르는 죄와 불의를 찾아서 눈을 부릅뜨고 계시는 하나님이 아니라, 저희의 죄는 가려 주시고, (시편 32:1) 작은 시상 거리라도 있는지 찾아내시는 하나님께 감사하게 하옵소서! 사랑하시어 구원하시는 복 주시고, 상을 주시기 위하여 친히 아버지가 되어 주심이 감동입니다. 하나님의 사랑받는 자녀로 평생 사랑의 하나님 곁에서 행복하게 살게 하옵소서!

하나님은 우리의 죄를 끝까지 추적하시어 기어이 벌하시는 경찰이나 검사 같은 끈질긴 수사관이 아니라, 어떻게든 허물을 사하시고 죄를 가리어 저희에게 무죄 판단을 해 주시려고 하시는 분이십니다. 그리고 아주 깨알 같은 선행이라도 찾아서 기억하셨다가, 기어이 상을 주시는 참 좋으신 하나님! 그 하나님의 사랑에 감격하여 오늘도 찬양하게 하시옵소서!

사랑으로 범벅되신 예수님의 이름으로 기도드립니다. 아멘!

골방기도 / 신앙생활

예수님처럼 살고 싶을 때 드리는 기도! (37)

믿음의 증거인 열매를 맺게 하옵소서!

"나는 참포도나무요 내 아버지는 농부라 무릇 내게 붙어 있어 열매를 맺지 아니하는 가지는 아버지께서 그것을 제거해 버리시고 무릇 열매를 맺는 가지는 더 열매를 맺게 하려 하여 그것을 깨끗하게 하시느니라."

(요한 15:1-2)

하나님의 은혜와 사랑이 너무 큽니다. 오늘 저희에게 믿음의 증거들이 많이 나타나기를 소원합니다. 특히 성령님은 저희를 거듭나게 하시므로 하나님의 자녀인 그리스도인이 되게 해 주셨습니다. "누구든지 그리스도의 영이 없으면 그리스도의 사람이 아니라."(로마 8:9)고 했으니, 저희 속에 성령님께서 중생의 은혜로 주신 새 생명을 소중히 간직하게 하옵소서!

성령님께서 저희 속에 내주하시고 끊임없이 공급하시는 능력에 따라 맺게 하시는 열매들을 사모합니다. 제 영의 깊은 곳에서 성령님의 진액이 만들어내는 열매야말로 소중하고 이 열매는 제 속에 성령님이 지금도 생명을 공급하시는 증거인 줄 믿습니다. 인간의 이성이나 지성으로 살지 않고, 느낌이나 경험으로 살지 않고, 성령님의 능력으로 살게 하옵소서!

저희 속에 사망의 냄새, 죄의 흔적이 묻어있는 죄와 사망의 열매만 주렁주렁 열리지 않고 생명의 열매, 경건의 열매, 성결의 열매와 거룩함에 이르는 열매가 맺히게 하옵소서! (로마 6:22) 저희 속에 성령님의 거룩함을 공급 받고, 성령님의 감동을 받아 감출 수 없이 나타난 열매는 '사랑'과 '희락'과 '화평'과 '오래 참음'과 '자비'와 '양선'과 '충성'입니다. (갈라 5:22)

저희 속에 성령님이 함께 거하는 이는 어쩔 수 없이 사랑에 취해 살게 되는 줄 믿습니다. 사랑에 취하면 미움이 발붙일 자리가 없으며, 속에서 기쁨이 샘솟으면 이를 주체할 수가 없습니다. 성령님께서 싹틔우고 자라게 하여, 그 줄기에서 맺어진 화평의 열매는 누구와도 충돌하거나 불협화음이 생길 수가 없습니다. 이것은 성령님이 주시는 하나님의 신비입니다.

성령님이 맺게 해주신 오래 참음은 사람의 인내와 끈기가 감당하지 못하는 무서운 힘을 가진 불가사의한 힘이며, 부드러움과 선함과 충성은 친절과 선행과 신실함으로도 읽는바, 성령님께서 인간에게 맺게 하시는 하나님의 성품이십니다. 온유, 절제도 이것을 금하는 힘은 없습니다. (갈라 5:23) 우리 모두 지금 어느 곳에 세워 두어도 부드럽고 진실해야 합니다.

하나님 아버지! 성령님의 열매는 우리가 하나님의 자녀가 되었다는 표식이요, 예수님의 인품을 닮았다는 식별이요, 성령님 내주의 증거입니다. 주님 말씀에 "내가 너희에게 이르노니 하나님의 나라를 너희는 빼앗기고 그 나라의 열매 맺는 백성이 받으리라." (마태 21:43)고 하셨으니 종교적이고 율법적인 이들이 빼앗긴 하나님의 나라가 다가오리라 믿습니다.

열매 맺기를 바라시는 예수님의 이름으로 기도드립니다. 아멘!

골방기도 / 신앙생활

예수님처럼 살고 싶을 때 드리는 기도! (39)

백배를 수확하는 옥토가 되게 하옵소서!

"더러는 가시떨기 속에 떨어지매 가시가 함께 자라서 기운을 막았고 더러는 좋은
땅에 떨어지매 나서 백 배의 결실을 하였느니라 이 말씀을 하시고 외치시되 들을
귀 있는 자는 들을지어다."   (누가 8:7–8)

하나님의 변함없는 사랑이 늘 고맙습니다. 이 땅에서 하나님 사랑을 입고,
하나님의 밭으로 택함을 입고, 하나님의 자녀가 되어 열매를 맺게 하시니
고맙습니다. 하나님께서 저희의 마음 밭을 일구어 토양을 조성하시고, 그
안에서 열매를 맺게 하심이 큰 은혜인 줄 압니다. 존재하는 다양한 밭 중
에 기왕이면 좋은 밭이 되어 백배의 결실이 맺히게 하옵소서!

분명히 '주인'은 한 사람이고 '씨'도 같았습니다. 다만 씨가 떨어진 밭에서
수확이 차이가 났으니, 길가와 같은 밭이나 돌밭이나 혹은 가시떨기밭 같
이 거칠고 소득이 없는 밭이 아니라, 옥토로 이루어진 밭이 되게 하옵소
서! 하나님의 말씀인 복음이, 저희 밭에 떨어질 때 여러 좋지 않은 밭을 기
억하시고 길가와 같이 단단한 밭이 되지 않게 기경하여 주옵소서!

그 밭은 길가처럼 무수한 사람들이 짓밟고 지나간 굳은 밭입니다. 그런데
이 밭이 사람이라면 별별 사람들이 다 밟고 지나간 닳고 닳은 밭입니다.

신선함도 순수함도 없이 굳을 대로 굳어진 밭입니다. 거기는 말씀이 떨어져 잠시 버틸 여유도, 씨가 뿌리를 내리는데 필요한 한 움큼의 토양도 습기도 없습니다. 말씀의 농사를 하기에는 퍽 부적절한 밭입니다.

묵은 밭을 기경(起耕)할 수 있는 용기를 주옵소서! 개혁의 의지를 가지고 땅을 갈아엎고, 새로운 문명과 새 희망을 일구게 하여 주옵소서! 하나님의 말씀이 아직 그 밭에 이르지 못하는 이들이 있습니다. 마음이 열리지 않거나, 강퍅함이 풀리지 않았기 때문에, 곡식의 씨앗이 떨어져도 발아할 여백이 없습니다. 그 여백에 복음의 씨알이 떨어질 여백을 주옵소서!

돌밭과 가시밭도 일구어야 합니다. 저희에게 육중한 바위가 덮여 있어, 씨가 떨어질 여백이 없는 채, 씨 뿌림을 받았는데 세상의 염려와 재리의 유혹에 막혀 빈 밭으로 있지 않게 하옵소서! 하나님! 마음이 잘 가꾸어진 밭이 되게 하옵소서! 언제 어느 때 어떤 씨앗이 떨어져도 뿌리를 잘 내릴 수 있게 하옵소서! 저희 영혼의 밭은 기름진 옥토 되게 하옵소서!

하나님! 밭은 곡식이 심긴 다음에 가치가 드러납니다. 저희의 마음 밭은 거칠고 굳은 길가와 같은 밭이 되지 않게 하옵소서! 길가 같은 밭이나 돌밭처럼 완악하고 배타적인 밭이 되지 않게 하옵소서! 누구라도 탐내고 어떤 사람이 무슨 농사를 짓더라도 희망의 씨를 뿌릴 수 있는 옥토가 되게 하옵소서! 그리하여 백배의 수확을 내는 밭이 되게 하옵소서!

영원한 옥토를 만들어 주실 예수님의 이름으로 기도드립니다. 아멘!

골방기도 / 신앙생활

예수님처럼 살고 싶을 때 드리는 기도! (40)

각자의 자리에서 신앙생활 하게 하옵소서!

"세리들도 세례를 받고자 하여 와서 이르되 선생이여 우리는 무엇을 하리이까 하매 이르되 부과된 것 외에는 거두지 말라 하고 군인들도 물어 이르되 우리는 무엇을 하리이까 하매 이르되 사람에게서 강탈하지 말며 거짓으로 고발하지 말고 받는 급료를 족한 줄로 알라 하니라." (누가 3:12-14)

사랑하는 하나님! 이제 저희가 단 하나의 성경을 가지고 다양한 사람들이 어떻게 신앙생활을 할지 생각하며 하나님께 지혜를 구합니다. 각각 다른 신분, 지위, 직책, 나이, 성별에 따라 각자에게 감동과 지혜를 주시고 저희가 모두 각각 자신의 신앙 경험과 체험의 경중(輕重)을 따라 하나님께서 원하시는 신앙생활의 기쁨을 드리는 저희가 되게 하옵소서!

세례 '요한'이 '광야에 외치는 자의 소리'나 '주님의 길을 닦는 선발대'로 오셨을 때도, 많은 무리가 '요한'에게 자신들의 생활에 대한 적절한 자문을 구했고, 또 예수님께서 오셨을 때도 그들은 주님께 나아와 어떻게 살아야 하는지 처방을 구했습니다. 이천년이 지난 지금은 그때보다 많은 이들이 더 다양한 직업을 가지고 각각의 자리에서 일하고 있습니다.

하나님께서 이 시간 기도하는 저희에게 지혜의 말씀을 들려주시고 어떻게 하면 각자의 자리에서 하나님의 말씀을 듣고 해석하여 자신에게 적용할 수 있는지 돌아보게 하시고, 저희의 눈을 밝히 열어주옵소서! 우둔한 저희에게 지혜를 주시어 비둘기처럼 순결하고 뱀처럼 지혜로운 (마태 10:16) 거룩한 도성 하나님의 나라와 세상 나라를 살게 하옵소서!

성직자, 목회자, 사역자 등으로 불리는 특별한 직무를 수행하는 이들은 그 지위에 맞는 고도의 도덕성과 영성(靈性)을 유지하여 바라보는 이들에게 귀감이 되며, 공동체의 지도자로 세움을 입어, 공동체를 섬겨야 하는 지도자들에게는 자신의 거취와 삶의 모습이 얼마나 많은 이들에게 영향을 미치는지 생각하고 근신하여 자신을 돌아보는 시간이 되게 하옵소서!

아직 세상에 젖은 자신의 모습이 '신앙공동체'에 적응해 가기 부담스러운 이들이나, 공동체의 규칙과 율례를 미처 따라가기가 낯설고 힘겨운 이들은 조급하게 서두르지 말며 차근차근 하나님 나라의 관습에 적응하며 그 백성들에게 요구되는 품격을 배워 누리게 하옵소서! 버릴 것은 무엇이고, 취할 것은 무엇이며 지킬 것은 무엇인가 하나씩 배우게 하옵소서!

"오직 너 하나님의 사람아! 이것들을 피하고 의와 경건과 믿음과 사랑과 인내와 온유를 따르며 믿음의 선한 싸움을 싸우라! 영생을 취하라! 이를 위하여 네가 부르심을 받았고 많은 증인 앞에서 선한 증언을 하였도다." (딤전 6:11~12)고 했습니다. '세리'나 '군인'들이나 지켜야 할 말씀의 근간은 같으나 세부적인 것을 처방해 주듯이 저희에게도 처방해 주옵소서!

저희를 천국 시민 되게 하신 예수님의 이름으로 기도드립니다. 아멘!

골방기도 / 신앙생활

예수님처럼 살고 싶을 때 드리는 기도! (49)

기름 부으신 종들을 두려워하게 하옵소서!

"내 아버지여 보소서 내 손에 있는 왕의 옷자락을 보소서 내가 왕을 죽이지 아니하고 겉옷 자락만 베었은즉 내 손에 악이나 죄과가 없는 줄을 오늘 아실지니이다. 왕은 내 생명을 찾아 해하려 하시나 나는 왕에게 범죄한 일이 없나이다."

(삼상 24:11)

하나님께서 교회를 세우신 이후 교회는 지난 세월 동안 교회 공동체에 들어와서 신앙생활을 지도하는 사도 된 이들과 이들로부터 신앙생활의 지도를 받으며 사는 성도들이 있습니다. 교우들, 성도들 혹은 평신도들로 불리는 다수의 회중은 같은 하나님의 교회 구성원임에도 불구하고 하나님이 세우셔서 오랜 세월 교회를 섬긴 사역자들을 잘 섬겨왔습니다.

그런데 어느 날부터 사역자들이 복음과 섬김을 위한 소명을 따라 세우신 사명자라는 생각을 버리고, 자기도취와 자만에 빠져 교회 공동체 위에 군림하는 현상들이 생기고, 지체인 성도들을 종 다루듯 하는 오만함이 생기자 성도들로부터 외면당하고, 그리하여 그동안 암암리에 행해지던 덕스럽지 못한 모습들이 수면 위로 올라와 비판의 대상이 되었습니다.

그래도 평신도 교우들은 하나님께서 특별히 기름 부은 종이라는 존경심으로 함부로 비판하고 일을 자제해 왔으나 너무 잦은 비리나 일반화되어가는 부조리한 현상들 때문에 더이상 견디지 못하고 폭발하여, 한 세기 동안 보지 못한 목회자와 평신도들의 갈등구조, 대립 구도가 노골화되었습니다. 목회자들은 권위와 전통으로 평신도들은 현실과 수로 맞섰습니다.

하나님! 그럼에도 불구하고 옛적 '다윗'의 시대에 사울 왕의 패역에 대해 끝까지 방어적 자세로 임한 다윗의 관계는 선한 마음으로 '사울'에게 기회를 주었습니다. 다윗은 수없이 많은 기회를 주었으나 이를 수용하지 아니하고 끝까지 눈엣가시처럼 보이던 다윗을 죽이기 위해 일생동안 군 지휘권, 국가 경영권 등을 동원하여 '다윗' 죽이기로 일관했습니다.

'다윗'은 '사울'을 죽일 수 있는 여러 번의 기회가 있었습니다. 그가 '엔게디' 굴에 숨어 있을 때도 마침 그 굴속으로 들어온 사울을 본 부하들이 "하나님이 주신 기회입니다."며 죽이기를 구했으나, 다윗은 그의 겉옷 자락만 베었고 (삼상24:4) 후에는 겉옷 자락을 벤 것도 마음에 찔려, 앞으로는 하나님의 기름 부은 자를 해하지 못하도록 합니다. (삼상 24:5-7)

그러나 하나님은 두 사람의 마음을 모두 보시고, 처음 사랑과 겸손을 버리고 교만하여 선지자 사무엘을 무시하고 하나님을 거역한 '사울'과 두 아들을 '길보아' 전투에서 죽이시고, '다윗'은 이스라엘의 가장 위대한 왕으로 40년을 보좌에 있게 하셨습니다. 저희 마음에 내가 누구를 정죄하겠다는 마음이 들 때에 하나님의 손에 의탁하는 종들이 되게 하시옵소서!

저희의 마음을 살피시는 예수님의 이름으로 기도드립니다. 아멘!

골방기도 / 신앙생활

예수님처럼 살고 싶을 때 드리는 기도! (60)

감동이 오거든 얼른 돌아서게 하옵소서!

"그들이 서로 말하되 길에서 우리에게 말씀하시고 우리에게 성경을 풀어 주실 때에 우리 속에서 마음이 뜨겁지 아니하더냐 하고 곧 그 때로 일어나 예루살렘에 돌아가 보니 열한 제자 및 그들과 함께 한 자들이 모여 있어"   (누가 24:32-33)

저희를 기다리고 참으시는 전능하신 하나님의 사랑이 고맙습니다. 아버지를 멀리 떠나 허랑방탕하던 때에 작은아들을 기다리느라 보낸 세월이 길기만 했고, 그 긴 세월을 기다리시고 비로소 아들에 대한 사랑을 확인시키신 하나님! 오늘날 저희가 하나님 말씀을 들을 때에 바로 은혜의 중심으로 들어가지 못해도 저희가 결단할 때까지 기다려주심이 고맙습니다.

예수님께서 부활하신 부활의 날 저녁에 '예루살렘'에서 '엠마오'로 내려가던 '글로바'와 동행자를 봅니다. 그들은 그동안 예수님을 유대 민족의 메시아로 생각하고 따랐습니다. '로마'의 압제에서 건져 줄 정치적 메시아로 따랐는데 그 예수님께서 십자가에서 허망하게 돌아가시자 상심이 되어 고향으로 돌아가고 있었습니다. 그 길에 예수님께서 합류하셨습니다.

이들과 귀향길을 가시면서 인내의 시간을 가지신 예수님은 부활의 소식을 믿지 못하고 상심한 그들에게 "미련하고 선지자들의 모든 말을 마음에 더디 믿는 자들이여!" 책망하시며 "그리스도가 이런 고난을 받고 자기의 영광에 들어가야 할 것이 아니냐?"며 '모세'와 모든 선지자의 글부터 성경에 쓴 자기에 관한 것을 자세히 설명해 주십니다. (누가 24:13-27)

그때 성령님께서 말씀 듣는 두 사람의 마음에 감동을 주셨지만, 그들은 무시하고 '엠마오'까지 와서, 예수님께서 떡을 떼어 주시는 순간 그 손의 못 자국을 보고 예수님이신 줄 깨닫고, 그 길로 일어서서 '예루살렘'으로 돌아갑니다. 예루살렘으로 돌아온 그들은, 부활의 처음 목격자 된 제자들과 길에서 자신들의 경험을 말하며 부활을 전합니다. (누가 24:13-35)

오늘 저희가 주님의 음성을 듣거나 환상이나 계시를 보거든, 저희는 그 자리에서 지체하지 말고 부활의 주님, 계시의 주님 앞으로 나아가게 하옵소서! 하나님의 계시 음성이 들려 저희의 마음을 두드리실 때 마음을 강퍅하게 하여 지체하지 말고 '아멘'하고 주님께로 나아가게 하옵소서! (히브 3:7-8) 지금 일어나 말씀하시는 하나님께 바로 나아가게 하옵소서!

주님이 부르실 때는 모든 것을 버려두고 일어나 '곧' 따르게 하옵소서! 주님께서 찾으시면 급히 일어나 '바로' 나아가게 하옵소서! 주님께서 감동 주시면 지체하지 말고 '즉시로' 주님의 은혜 대열에 합류하게 하옵소서! 특히 마음에 감동이 오면, 감동이 있을 때 돌아서게 하옵소서! 감동에 민감하게 하옵소서! 시간을 다투어 은혜의 자리로 나아가게 하옵소서!

지금도 저희를 기다리시는 예수님의 이름으로 기도드립니다. 아멘!

3. 신앙생활을 위한 기도

골방기도 / 신앙생활

예수님처럼 살고 싶을 때 드리는 기도! (68)

사람의 계산은 무익한 줄 알게 하옵소서!

"빌립이 대답하되 각 사람으로 조금씩 받게 할지라도 이백 데나리온의 떡이 부족
하리이다. 제자 중 하나 곧 시몬 베드로의 형제 안드레가 예수께 여짜오되 여기 한
아이가 있어 보리떡 다섯 개와 물고기 두 마리를 가지고 있나이다. 그러나 그것이
이 많은 사람에게 얼마나 되겠사옵나이까."
(요한 6:7-9)

성경의 마태, 마가, 누가, 요한 네 복음서에 모두 실려 있는 유일한 기적인
'오병이어(五餠二魚)의 기적'을 보면서 한편으로 신기하고, 한편으로는 힘이
나기도 합니다. 그러나 언제나 그렇듯이 하나님의 기적 이면(裏面)에는 도
저히 이루어질 수 없을 것 같은 인간의 한계나 불가능의 상황들이 너무 많
이 자리하고 있었고, 부정적 시각들이 늘 존재했었습니다.

이때 예수님은 장정(壯丁)만 오천 명이 넘는 무리를 보면서, 걱정하는 제자
들에게 "우리가 어디서 떡을 사서 이들을 먹이겠느냐?" (요한 6:5) 물으셨지
만, "너희가 먹을 것을 주라!"(마태 14:16)고 직접 해결하도록 요청하셨습니
다. 그러나 주님은 계획이 있으셨습니다. '빌립'이 "이들을 조금씩 먹이려
고 해도 이백 데나리온 어치의 떡이 부족할 것입니다."고 대답합니다.

그의 생각으로는 어차피 불가능한 일을 말씀드렸습니다. 마침 '안드레'의
곁에는 한 소년이 자기 도시락을 가지고 있었는데 "주님! 여기 한 아이가

있어 보리 떡 다섯 개와 물고기 두 마리를 가지고 있습니다만, 그것이 이 많은 이들에게 무슨 도움이 되겠습니까!"(요한 6:9)고 여쭙니다. 모두 믿음의 말은 아니었지만, 주님은 그들을 책망하지 않으셨습니다.

누구라도 그 상황에는 그런 대답밖에 할 수 없기에 "이 사람들로 앉게 하라!"고 하시고, 장정만 오천 명이나 되는 무리는 '벳새다'의 잔디 위에 오십 명씩 백 명씩 떼를 지어 앉는 장관을 연출했습니다. (마가 6:40) 떡과 생선을 들고 축사하신 주님께서는 제자들에게 나누어 주셨고, 떡을 받은 제자들은 광주리에 가득 담아 앉은 무리들에게 나눠 주었습니다.

그곳에 모인 여자들과 아이들 외에 장정만 오천 명의 무리들은, 조금씩 받아서 시장기만 면한 게 아니라 '저희의 원대로' (요한 6:11) 배가 부르도록 실컷 먹고 맨 마지막에 들고 갔던 제자들의 광주리는 원하는 이들이 없어서 열두 명의 제자들은 그대로 가지고 돌아왔습니다. 하나님의 기적은 그렇게 제자들의 염려와 의구심, 불안을 떨치고 차고 넘쳤습니다.

오늘도 우리는 하나님을 섬기며 사는 동안 순간순간 기적 같은 사건들을 경험합니다. 모두 저희가 생각하고 계산하고 기도하지만, 주님의 생각에는 언제나 턱없이 부족합니다. 인생들의 생각은 하나님의 계획에는 항상 미치지 않음을 확인할 뿐입니다. 하나님은 저희 인생들과는 비교할 수 없이 크십니다. 생각도 크시고 능력도 크시기에 지금도 저희의 왕이십니다.

참 생명의 떡이신 예수 그리스도의 이름으로 기도드립니다. 아멘!

골방기도 / 신앙생활

예수님처럼 살고 싶을 때 드리는 기도! (70)

소금의 짠맛 하나를 내게 하옵소서!

"너희는 세상의 소금이니 소금이 만일 그 맛을 잃으면 무엇으로 짜게 하리요 후에는 아무 쓸데 없어 다만 밖에 버려져 사람에게 밟힐 뿐이니라. 너희는 세상의 빛이라 산 위에 있는 동네가 숨겨지지 못할 것이요." (마태 5:13-14)

하나님! 저희에게 "너희는 세상의 소금이라!"고 말씀해 주셔서 고맙습니다. 큰 보석이 되는 것이 아니고, 대단히 가치 있는 존재가 아니라 '소금'이라고 하시니 그것이 고맙습니다. '소금'이야 누구나 할 수 있는 것처럼, 세상의 소금이 되게 하옵소서! 소금의 역할은 짠맛 하나면 되니, 세상에서 잡다한 맛이 아니라 마음껏 짠맛을 내는 소금이 되게 하옵소서!

하나님! 소금은 혼자서는 아무런 존재 가치가 없는 것입니다. 소금 혼자 있는데, 그 쓴 소금을 누가 필요로 하겠습니까? 어떤 음식에든지 들어가서 음식의 맛을 내주는 소금처럼, 오늘 저희가 사는 세상을 살맛이 나게 하옵소서! 의미도 가치도 모르고 살던 저희가 주님을 만나 비로소 인생의 맛을 알고, 삶의 보람을 경험하며 살아가게 하여 주시옵소서!

저희는 우둔합니다. 여러 가지 맛을 내면서 살아갈 수는 없습니다. 단맛도 낼 줄 모르고, 신맛도 낼 줄 모르지만, 짠맛 하나로 존재감을 나타낼 수 있는 시대의 소금이 되고, 오늘의 소금이 될 수 있게 하옵소서! 저희 신앙인들은 어떤 사람과 만나도 그의 삶을 맛 나게 해주고, 어떤 상황에 가서도 그 상황을 반전시킬 수 있는 그런 저희가 되게 하옵소서!

하나님! 간절히 기도드립니다. 저희 각자에게 고유한 은사와 재능을 부어주시고 세상에 들어가 그 맛을 내게 하셨으니, 이는 하나님의 축복이요, 선물인 줄 믿습니다. 세상에서 저마다 주신 특별한 맛을 가지고 살만한 세상을 만들 수 있도록 도와주옵소서! 저희가 할 수 있는 사명은 음식의 맛을 내는 것입니다. 존귀한 사명을 잘 감당하게 하옵소서!

하나님! 저희 각 사람은 누구나 감당해야 할 책임이 있고, 모든 공동체는 공동체대로 책임이 있습니다. 특히 그리스도인들은 세상 모두에게 소금의 책임을 주셨습니다. 어디에 가든지 이 책임을 잘 감당하게 하옵소서! 저희가 들어가면 어떤 음식이든 맛을 내게 되는 보배로운 존재입니다. 그런 보배로운 신분을 소중히 여겨 버림받지 않고 존귀하게 하옵소서!

소금은 짠맛이 생명이고, 이 짠맛을 유지한 채 모든 음식에 들어가서 짠맛이 없어 음식의 가치를 모르게 된 것들을 짠맛 하나를 제공하므로 맛난 음식을 만드는 일을 감당하게 하옵소서! 그 짠맛을 잃어버려 맛을 내지 못한다면 밖에 버려져 밟힐 뿐이라고 했습니다. 영원히 이 짠맛의 정체성을 잃지 않고 소중히 여김을 받는 소금이 되게 하옵소서!

저희를 세상의 소금 되게 하신 예수님의 이름으로 기도합니다. 아멘!

골방기도 / 신앙생활

예수님처럼 살고 싶을 때 드리는 기도! (78)

'좁은 길', '좁은 문'으로 가게 하옵소서!

"좁은 문으로 들어가라 멸망으로 인도하는 문은 크고 그 길이 넓어 그리로 들어가는 자가 많고 생명으로 인도하는 문은 좁고 길이 협착하여 찾는 자가 적음이라."

(마태 7:13-14)

하나님께서 저희에게 늘 '좁은 문', '좁은 길'을 말씀하셨습니다. 좁은 문으로 들어가게 하시고, 좁은 문으로 가는 좁고 길이 협착한 길로 가게 하옵소서! 누구나 넓은 문으로 가고 싶습니다. 누구나 영광스러운 큰 문으로 들어가고 싶습니다. 사람들이 떼 지어 가는 넓은 길로 가고 싶습니다. 그러나 주님께서 말씀하신 문은 '좁은 문'이고 그 길은 '좁은 길'입니다.

사랑의 하나님! 생각만 해도 넓은 문에는 기쁨이 넘칩니다. 거기는 온갖 축하의 꽃다발에 기쁨과 영광의 팡파르에 환호하는 이들이 줄을 잇고 있습니다. 수많은 이들이 열광하고, 많은 추종자가 있고, 영광을 돌리는 이들이 있습니다. 모두가 동경하고 함께 가기를 원하는 사람들의 길입니다. 전폭적인 지지와 많은 이들이 감동하고 많은 영광이 함께 합니다.

하나님! 세상에서 많은 사람이 지지하는 큰 세력이라고, 하나님조차 지지하는 것은 아닙니다. 많은 사람이 거기에서 함성을 지른다고 하나님께서 그들을 추인하는 것은 아닙니다. 그 문이 크고 길이 넓다고 천국으로 가는 문도 아닙니다. 비록 문이 초라할 수도 있고, 찾는 이가 적을 수도 있습니다. 그러나 진리의 문이 되고, 그 길이 진리의 길일 수 있습니다.

비록 '좁은 문'이요, 미래는 불투명한 문일지라도 주님께서 문이신 곳이 있습니다. 주님께서 저희를 두 팔 벌리고 환영하는 곳이 있습니다. 이 땅에 교회들이 적어 작은 교단이 된 곳이 있습니다. 사람들이 찾지 않아 개척 교회로 남은 곳이 있습니다. 그들을 기억하여 주옵소서! 숫자의 초라함 때문에 주눅이 들어있는 교회들이 이 말씀에 위로받게 하옵소서!

교회가 크고 건물이 화려해서가 아니라, 그 안에 모인 구성원들이 얼마나 진리에 굳게 서 있는가 하는 것이 진리의 기둥과 터가 되는 것입니다. 크고 아름다운 예배당에 성도들이 많이 모여도 하나님 영광을 가리는 곳이 있고, 작고 초라하여 아무도 거들떠보지 않지만, 하나님께서 받으시고, 하나님께서 기뻐하시는 교회도 있습니다. 그런 교회가 되게 하옵소서!

지금 세상에는 외로움 속에서 거대한 공룡과 맞서 싸우는 힘없고 가난한 교회들, 크지는 않지만 반듯하게 자라서 교회의 본질 회복을 이루려고 몸부림하는 교회들이 있습니다. 비록 지켜보는 이들은 안타깝고 같은 성도들의 시각에서도 의구심을 갖더라도, 주님의 복음이 왜곡되지 않고, 진리의 틀에 반듯하게 서 있다면 주님께서 오른손으로 붙잡아 주옵소서!

좁은 문에서 저희를 맞으실 예수님의 이름으로 기도드립니다. 아멘!

3. 신앙생활을 위한 기도

골방기도 / 신앙생활

예수님처럼 살고 싶을 때 드리는 기도! (79)

'가라지'는 어디에나 있음을 알게 하옵소서!

> "주인이 이르되 가만 두라 가라지를 뽑다가 곡식까지 뽑을까 염려하노라 둘 다 추수 때까지 함께 자라게 두라 추수 때에 내가 추수꾼들에게 말하기를 가라지는 먼저 거두어 불사르게 단으로 묶고 곡식은 모아 내 곳간에 넣으라 하리라."
>
> (마태 13:29-30)

사랑의 하나님! 농사하는 이들의 가장 큰 고민은 곡식을 뿌린 밭에 싹이 나서 같이 자라고 있는 '가라지'입니다. 이들은 겉모양이나 생김새도 곡식과 비슷하게 생겼고, 더 속상한 것은 곡식의 성장 속도보다 가라지의 성장 속도가 빠르다는 것입니다. 가라지는 특성상 곡식의 옆에 붙어서 곡식으로 가는 모든 거름을 뺏어 먹고, 곡식의 생장을 방해하는 것입니다.

어느 농부가 자신의 곡식 밭에 가라지를 뿌리겠습니까? 가라지는 절대로 농부가 뿌린 씨가 아닙니다. 그 밭에 숨어 있거나 곡식을 뿌릴 때 같이 따라와 거기서 함께 발아하고 잎이 나고 자라는 것입니다. 초기 발아 과정은 농부가 파악하기 힘들어 그냥 두기도 하고, 발견하지만 아직 어려서 곡식에 피해를 줄까 두려워 차일피일 미루다가 시간이 지납니다.

가라지의 강력한 우월성은 성장과 발육이 워낙 강력하고 무서워서 곡식들이 가라지의 발육과 성장을 따라가기 어렵다는 것이고, 설령 가라지를 제거할 뜻을 가지고 있다가도 이걸 뽑다가는 곁에 함께 있는 곡식조차 뿌리부터 줄기까지 상해서 큰 피해가 나기 때문에 웬만해선 가라지의 몸에 손을 대지 않은 채로 가을걷이 할 때까지 그냥 두고 있는 것입니다.

그런데 하나님 신앙공동체 '하나님 나라'인 교회에도 이처럼 가라지가 있다고 하셨습니다. 그럼 '영적인 가라지'는 누구의 소행입니까? 물론 농부이신 주님이 그 씨를 뿌렸을 리는 만무합니다. 그렇다고 밭을 돌보도록 명받은 목회자가 가라지를 심었겠습니까? 그건 분명히 원수 마귀가 그렇게 했습니다. 원수 마귀는 예수님 세례받은 직후부터 등장했기 때문입니다.

그리고 지금도 복음이 증거되는 곳에는 늘 이런 가라지를 덧뿌리고 갑니다. 유사복음, 이단, 세속주의, 인본주의 등 교회를 병들게 하고 무너지게 하는 많은 가라지를 덧뿌려 곡식들이 먹어야 할 영양분을 가로채고, 농부된 이들의 근심이 되게 합니다. 그러나 그들의 운명은 정해져 있음을 알게 하옵소서! 추수 때까지만 한시적으로 두는 시한부 생명입니다.

이들이 있으므로 목회자는 더욱 기도하고, 이들 때문에 성도들은 경각심을 가지고, 이들 때문에 하나님의 은혜를 사모하게 합니다. 그들이 교회 안에 침투하여 교회를 병들게 하고, 이들이 교회에 심긴 곡식들을 위협하고 밭에 곡식이 섭취할 영양분을 탈취해가는 역기능도 있지만, 이들 때문에 교회의 건강성을 지키는 순기능도 있음을 기억하게 하옵소서!

영원하신 천국의 농부이신 예수님의 이름으로 기도드립니다. 아멘!

골방기도 / 신앙생활

예수님처럼 살고 싶을 때 드리는 기도! (86)

착한 행실로 세상의 빛이 되게 하옵소서!

"사람이 등불을 켜서 말 아래에 두지 아니하고 등경 위에 두나니 이러므로 집 안 모든 사람에게 비치느니라. 이같이 너희 빛이 사람 앞에 비치게 하여 그들로 너희 착한 행실을 보고 하늘에 계신 너희 아버지께 영광을 돌리게 하라."

(마태 5:15-16)

하나님께서 저희에게 '세상의 빛'이 되라고 하시니 이 영광스러운 직임을 맡기실 만큼 저희 삶이나 품격이 온전해서가 아니라, 그렇지 못한 채로 캄캄한 어둠 속에서 어둠의 사람들과 뒤섞여 사는 것이 안쓰러워서 하신 말씀인 줄 믿습니다. 하나님! 오늘 저희에게 세상의 빛이라고 하시고 등불을 켜서 덮어두지 않고 등경 위에 둔다고 하셨습니다. (마태 5:14-15)

오늘 저희가 세상의 빛이 되도록 도와주세요. 우주의 중심에 거대한 태양을 지으시고, 그 태양의 에너지를 통해서 온 우주에 생명체가 살게 하시고, 이 땅에 사는 저희나 동식물을 포함하여 모든 생명체가 호흡하며 살게 하시니 고맙습니다. 하루 볕만 더 들어도 과일의 맛과 향이 다르고, 하루만 해가 더 나도 곡식의 열매가 다르게 하심이 은혜입니다.

그런데 저희에게 그런 영광스러운 주님의 거대한 빛을 누리며 살게 하실 뿐 아니라, 태양이 되라거나 달이 되라고 하지 않으시고 '세상의 빛'이 되라고 하시니 고맙습니다. 저희는 어두운 세상의 빛이 되고, 참담한 세상의 빛이 되어 모든 사람을 하나님의 자녀가 되게 하라고 하십니다. 그 일이 하나님께 영광을 돌리는 빛 된 자의 사명이라고 하셨습니다.

고맙게도 그 빛은 저희가 행하는 '착한 행실'입니다. 온 세상이 하나님 없이 캄캄하고, 죄가 가득하여 캄캄하고, 불의가 득세하여 캄캄할 때, 이 어둠을 비치는 믿는 이들의 착한 행실에서 뿜어져 나오는 한 줄기 빛이 세상을 밝히 비추어 사람들이 하나님께 영광을 돌리게 하라는 것입니다. 이런 가슴 벅찬 사명을 주셔서 저희가 얼마나 영광스러운지 모릅니다.

죄에 죽어있던 저희를 예수님의 보혈로 살려주시고, 성령님께서 힘과 지혜를 공급하셔서 빛난 인생을 살게 하시고, 성령님의 도우심으로 항상 풍성한 열매를 맺으며, 성령님의 은사를 통해 많은 이들이 행복해하고 즐거워하는 세상이 되고, 저희의 착한 행실 때문에 우울하고 침침하고 어두웠던 사람들에게 생기와 활기가 넘치는 세상이 되었으면 합니다.

세상은 악하지만, 그들은 믿는 사람들을 계속해서 비난하며, 희생을 요구하고 사랑 없음을 비판합니다. 그것은 검은 옷 입은 이들 앞에 주님의 피로 희게 씻음 받은 성도들의 행실에는 조그만 티 하나도 거대한 흠처럼 보이기 때문이라고 믿습니다. 오늘 그럼에도 불구하고, 세상이 저희를 보고 하나님께 영광을 돌릴 만큼의 착한 행실로 빛이 되게 하옵소서!

세상의 빛이 되라고 하시는 예수님의 이름으로 기도드립니다. 아멘!

골방기도 / 신앙생활

먹고 사는 문제로 걱정하지 않게 하옵소서!

"그러므로 내가 너희에게 이르노니 목숨을 위하여 무엇을 먹을까 무엇을 마실까 몸을 위하여 무엇을 입을까 염려하지 말라. 목숨이 음식보다 중하지 아니하며 몸이 의복보다 중하지 아니하냐." (마태 6:25)

사랑의 하나님! 이 땅에 태어나는 사람들은 모든 이들이 늘 근심과 걱정을 안고 삽니다. 직장이 없으면 직장이 없어서 걱정, 직장을 다니면 직장 안에서의 인사, 승진, 봉급 때문에 걱정, 사업이 망한 이는 망해서 걱정, 사업을 하는 이는 자금 때문에 어렵고, 불황 때문에 어렵고, 사람 때문에 어려워 걱정입니다. 남녀, 직업이나 신분의 차이도 없이 같습니다.

그런데 근심과 걱정 염려 같은 것은 인생의 근원적인 필요인 '의식주'로부터 시작됩니다. 오늘은 무엇을 먹을까 하는 한 끼니 걱정에서 시작된 염려는 무엇을 먹어도 만족에 이르지 않고, 아무리 잘 먹어도 행복할 수가 없습니다. 더 고급음식, 다양한 요리, 더 좋은 식당, 이건 죽기 전엔 끝나지 않는 근심과 염려입니다. 먹고 사는 문제는 영원한 기도제목입니다.

하나님! 이처럼 생존의 문제가 인생들의 원초적인 기도라면 그 다음에는 무엇을 입을까 어떤 집에서 살까 하는 것입니다. 처음 무화과나무 잎으로 치마를 만들어 입던 에덴동산에 비하면 지금은 말할 수 없는 발전을 이루어 왔지만, 이제는 부끄러움을 가리는 기본적인 옷의 용도가 전혀 달리 죄를 짓는 육체의 아름다움을 드러내야 하는 용도가 되었습니다.

'옷'은 거기서 끝나지 않고 머리끝 모자부터 발끝 신발까지, 그 사이 손목에 차는 시계, 반지, 팔찌부터 시작해서 그를 가꾸는 데 필요한 액세서리 일체가 근심의 근원이 되고, 화장품에서 손에 들고 다니는 가방에 이르기까지 지금은 '상품'에서 '명품'까지 인생들의 삶의 목표가 되었습니다. 또 걸어서 살던 시절이 불과 한 세기 전인데 지금은 자동차의 전쟁입니다.

하나님! 그래서 지금은 먹고 마시는 소박한 염려가 아니고, 하루에 한 끼를 먹을 수 있을까 두 끼를 먹을 수 있을까 사는 절박한 염려가 아니라, 얼마나 비싼 요리를 얼마나 고급 음식점에서 먹느냐는 탐욕적인 염려로 발전했습니다. 무엇을 입는 문제는 이제는 추위와 더위, 벗은 부끄러움을 차단하는 옷이 아니라 신분과 부(富)를 상징하는 근거가 되었습니다.

하나님! 이런 암울한 시대에 주님의 육성이 듣고 싶습니다. 이 육성을 들려주고 싶습니다. 지금 오셔서 탐욕적 욕망을 잠재우고 온갖 부정과 비리의 도화선이며 온상이 된 이 먹고 마시고 입는 문제에 관심과 염려를 버리고 탐욕과 더러운 사치를 버리게 하옵소서! 이천 년 전에 주신 말씀이 이 시대에 이렇게 적용되는지 저희가 회개하게 하시옵소서!

저희를 입히고 먹여주시는 예수님의 이름으로 기도드립니다. 아멘!

골방기도 / 신앙생활

예수님처럼 살고 싶을 때 드리는 기도! (95)

주님께서 약속한 곳에서 기다리게 하옵소서!

> "사도와 함께 모이사 그들에게 분부하여 이르시되 예루살렘을 떠나지 말고 내게서 들은 바 아버지께서 약속하신 것을 기다리라. 요한은 물로 세례를 베풀었으나 너희는 몇 날이 못 되어 성령으로 세례를 받으리라 하셨느니라."
>
> (사도행전 1:4-5)

사랑의 하나님! 하나님은 언제나 저희에게 아름다운 약속을 주시고, 그 약속을 이루시기 위하여 늘 많은 사랑과 관심을 베풀어주심이 고맙습니다. 하나님은 '약속하는 하나님'이요, '약속을 이루시는 하나님'이십니다. 믿기지 않는 약속을 주시고, 주실 것 같지 않은 때 주셨습니다. 오랜 세월 하나님은 그렇게 일하셨고, 앞으로도 그렇게 일하실 것을 믿습니다.

주님께서 승천하시기 전에 제자들에게 의미심장한 당부와 약속을 주셨는데, 그것은 바로 당신의 죽음과 부활 이후에 혼란이 오고 문제들이 생겨도 예수님의 제자들은 결코 '예루살렘'을 떠나지 말 것을 당부하셨습니다. 그러면서 그곳에 남아있는 이들에게 아버지의 약속하신 성령님의 강림이 몇 날 며칠이 못 되어 곧 있을 것이라는 놀라운 약속을 하셨습니다.

이 약속의 말씀을 들은 제자들은 누구 하나 흩어질 생각을 안 하고 모두 '예루살렘'에 모였습니다. 다른 곳으로 흩어지지 않고 한자리에 모였습니다. "요한은 물로 세례를 베풀었으나 너희는 몇 날이 못 되어 성령으로 세례를 받으리라!"는 약속을 믿고 모인 곳은 '마가 요한'의 어머니 '마리아'의 집이었습니다. 그곳은 그들이 모여 항상 기도하는 기도처소입니다.

이때는 배신자 '유다'를 제외하고 '베드로', '요한', '야고보', '안드레', 빌립', '도마', '바돌로매', '마태', '알패오'의 아들 '야고보', 셀롯인 '시몬', '야고보'의 아들 '유다'가 다 모여있었고, 여자들과 예수의 어머니 '마리아'와 예수의 아우들과 더불어 마음을 같이하여 오직 기도에 힘썼습니다. (사도 1:13-14) 온 교회 공동체가 '마리아'의 집에 함께 모여 기도했습니다.

지금도 주님은 우리에게 저희가 머물러야 할 장소를 지정해 주십니다. 그때 핑계하지 말고, '아멘'하며 순종함으로 하나님께 영광을 돌리게 하옵소서! 하나님의 약속은 신실하고, 하나님의 약속은 반드시 성취됩니다. 또한 그 뜻이 분명히 있으니 하나님께서 지켜 주옵소서! 만약 이들이 그곳을 떠나 사방으로 흩어졌으면 구심점도 사라지고 교회는 무너졌을 것입니다.

하나님은 약속하신 대로 몇 날이 못 되는 열흘 만인 '오순절'에 성령님의 폭발적인 역사를 이루시고, 이 땅에 유형의 교회를 선물하셨습니다. 하나님의 경륜을 따라 세계 사람들이 모여 기도하던 다락에 성령님의 폭발이 일어나, 그 기세를 업고 이 땅에 복음 천국이 이루어지는 것을 감사하며, 오늘 저희들의 처소에도 하나님 약속의 성취가 이루어지게 하옵소서!

저희의 처음 보혜사이신 예수님의 이름으로 기도드립니다. 아멘!

골방기도 / 신앙생활

예수님처럼 살고 싶을 때 드리는 기도! (96)

모든 밭이 같지 않음을 알게 하옵소서!

"또 어떤 이는 가시떨기에 뿌려진 자니 이들은 말씀을 듣기는 하되 세상의 염려와 재물의 유혹과 기타 욕심이 들어와 말씀을 막아 결실하지 못하게 되는 자요."

(마가 4:18-19)

사랑의 하나님! 예수님의 '선상 설교'의 백미로 꼽히는 '씨 뿌리는 비유'는 '씨 뿌림을 받은 밭의 비유'로 이해합니다. 수많은 청중을 앞에 두고 배에 오르신 예수님은 씨 뿌리는 자가 밭에서 씨를 뿌리는 이야기를 하셨습니다. 영농사회에서 누구나 이해할 것 같은데 제자들도 다 이해하지 못했습니다. 그러나 제자 청중들을 위하여 비유를 설명해 주셨습니다.

이 씨 뿌리는 비유의 핵심은 씨도, 씨를 뿌리는 사람도 아니라, 씨 뿌림을 받은 밭입니다. 처음에 등장하는 '길가와 같은 밭'은 "악한 자가 와서 그 마음에 뿌려진 것을 빼앗은 사람"입니다. 또 '돌밭에 뿌려졌다.'는 것은 "말씀을 듣고 즉시 기쁨으로 받지만, 속에 뿌리가 없어 잠시 견디다가, 말씀으로 말미암아 환난이나 박해가 일어날 때는 곧 넘어지는 자"입니다.

"가시떨기에 뿌려졌다는 것은 말씀을 들으나 세상의 염려와 재물의 유혹에 말씀이 막혀 결실하지 못하는 자"라고 하셨습니다. 분명히 말씀을 받

있습니다. 잘 자랐습니다. 그러다 어느 순간에 세상의 염려가 찾아 왔습니다. 그 염려에 무너졌습니다. 또 재물의 유혹도 찾아 왔습니다. 견디기 어려운 미혹입니다. 이것들이 잘 자라던 영혼의 밭을 온통 덮어 버렸습니다.

마지막 '좋은 땅에 뿌려졌다.'는 것은 "말씀을 듣고 깨닫는 자니, 결실하여 어떤 것은 백 배, 어떤 것은 육십 배, 어떤 것은 삼십 배가 되었다."고 했습니다. 가장 이상적인 밭의 형태입니다. 모두가 이런 밭을 꿈꾸고 있습니다. 오늘 저희의 밭이 이처럼 말씀이 뿌려졌을 때 많은 결실이 되는 좋은 밭이 되게 하여 주옵소서! 저희 밭에 이런 복이 임하게 하옵소서!

하나님! 복음이 저희에게 들어온 다음, 복음의 능력과 그 가치를 몰라 대적하는 황무지 같은 저희들이 되지 않게 하옵소서! 또 복음의 씨가 저희의 마음속에 들어와 세상의 염려와 재물의 유혹 하나를 이기지 못하는 나약한 존재가 되지 않게 하옵소서! 저희 심령의 밭이 부끄러운 밭, 실패한 밭이 아니라, 백배의 수확을 내는 영광스러운 밭이 되게 하시옵소서!

아무리 초라하고 척박한 땅이라도 하나님의 말씀인 복음이 떨어지면 가슴에 잘 품고 뜨거운 눈물로 키워, 어떤 일이 있어도 백배의 수확을 낼 수 있는 좋은 밭이 되게 하옵소서! 저희가 씨 뿌리는 농부이신 주님의 기쁨이 되기 원합니다. 저희의 뿌림을 입은 씨에게 최적화된 좋은 밭이 되게 하옵소서! 저희가 섬기는 교회가 사랑받는 교회가 되게 하옵소서!

씨 뿌리는 천국의 농부이신 예수님의 이름으로 기도드립니다. 아멘!

3. 신앙생활을 위한 기도

골방기도 / 신앙생활

천국에서 큰 자가 되게 하여 주옵소서!

> "이르시되 진실로 너희에게 이르노니 너희가 돌이켜 어린 아이들과 같이 되지 아니하면 결단코 천국에 들어가지 못하리라 그러므로 누구든지 이 어린 아이와 같이 자기를 낮추는 사람이 천국에서 큰 자니라." (마태 18:3-4)

하나님! 이 시간 간절히 기도드립니다. 세상에서는 아이들보다 어른들이 힘이 있고, 가난한 이들보다는 부자들의 힘이 있고, 낮고 천한 이들보다는 높고 귀한 신분의 사람들이 우대받습니다. '초신자'보다 중직들의 목소리가 더 큽니다. 그러나 하나님의 나라에서는 어린아이처럼 자기를 낮추는 자가 더 큰 자라고 하셨으니, 저희 모두 낮은 자가 되게 하옵소서!

제자들의 관심도 늘 천국에서는 누가 큰 자가 되고, 누가 주님의 좌우편에 앉을 것인가 관심사였고, 은연중에 혹은 노골적으로 모두 주님의 좌우편에 앉고 싶어 하고, 실제로 그 자리를 요구했던 제자들도 있었습니다. 주님의 제자들이 매일 주님의 가르침을 들으면서도 그들도 인간이라 여전히 높은 자리, 섬김받는 자리, 영광스러운 자리에 앉고 싶었습니다.

기왕에 주님의 부르심을 받아 자녀가 되고, 제자가 되고, 종이 되었는데 하나님의 나라에서 존귀함을 받는 종이 되게 하옵소서! 그러나 철저하게 하나님께서 정해주신 원칙에 따라, 하나님의 기준에 따라 하나님의 사랑받는 천국에서 큰 자가 되게 하여 주옵소서! 감동적인 것은 천국에서는 세상의 명예와 권세가 연장되고 지위가 참작되지 않는다는 것입니다.

세상에서 부자나 재벌로 살지 못했어도, 세상이나 교회 안에서 권력을 잡고 살아보지 못했어도, 하나님의 나라에서는 존귀한 자리에 있게 하옵소서! 땅에 살면서 높은 자리에 앉혀 주지 않으심이 고맙습니다. 더 많이 죄짓지 않게 하시고, 더 많은 복음에 장애가 되지 않게 하심이 고맙습니다. 그러나 어린 아이처럼 자신을 낮추고, 작은 모습으로 살게 하옵소서!

주님은 '예루살렘'에 입성하실 때 나귀를 타고 가신 것을 "겸손하여 나귀, 곧 멍에 메는 짐승의 새끼를 탔다."(마태 21:5)고 예언하셨는데, 만왕의 왕이신 예수님께서도 빌린 나귀를 타고 가셨는데 저희는 세상에서 더 올라가고 싶고, 더 누리고 싶고, 더 소유하고 싶어 발버둥을 칩니다. 세상에서 가장 낮은 자리에 있다가 주님의 나라에서 큰 자가 되게 하옵소서!

하나님! 밤의 한 경점(更點)같은 세상에서 잠시 크고 작은 것이 무슨 의미가 있으며, 높고 낮은 것이 무슨 대수입니까? 그러나 영원한 하나님의 나라에서 영원하신 하나님의 사랑과 칭찬을 듣게 하옵소서! 땅에서 불 타버릴 것들에 대한 욕심과 무너져 내릴 교만의 탑에서 내려오게 하옵소서! 그리하여 영원히 주님의 사랑과 칭찬과 높임을 받게 하여 주옵소서!

겸손한 자를 귀히 여기시는 예수님의 이름으로 기도드립니다. 아멘!

3. 신앙생활을 위한 기도

골방기도 / 신앙생활

예수님처럼 살고 싶을 때 드리는 기도! (110)

무거운 짐을 지고 주님을 생각하게 하옵소서!

"수고하고 무거운 짐 진 자들아 다 내게로 오라 내가 너희를 쉬게 하리라 나는 마음이 온유하고 겸손하니 나의 멍에를 메고 내게 배우라 그리하면 너희 마음이 쉼을 얻으리니 이는 내 멍에는 쉽고 내 짐은 가벼움이라 하시니라."

(마태 11:28-30)

사랑의 하나님! 저희는 늘 이 땅에서 스스로 감당할 그 이상의 짐을 감당하고 삽니다. 그래서 때로는 힘겨운 세상과 싸움에서 지쳐 쓰러지기도 하고, 그 짐을 감당 못 해 노예가 되기도 합니다. 하나님께서 저희를 긍휼히 여기시어 무거운 짐을 지고 쓰러질 때 위로와 안식을 주심이 고맙습니다. 특히 수고하고 무거운 짐 진 자들을 초청해주시니 고맙습니다.

주님은 '죄인'이란 신분의 짐을 벗지 못하고 삶의 현장에서 쫓기는 이에게 "나도 너를 정죄하지 아니하니 가서 다시는 죄를 범치 말라!"고 위로하여 보내셨습니다. 예수님의 뒤로 그 발 곁에 서서 울며 눈물로 그 발을 적시고 자기 머리털로 닦고 그 발에 입 맞추고 향유를 붓던 죄인인 여자에게 "네 죄 사함을 받았느니라." (누가 7:38-48)고 선언하셨습니다.

예수님께서 세리장 '삭개오'의 집에 들어가셨을 때, 많은 이들이 "저가 죄인의 집에 유하러 들어갔다."며 수군거릴 때 "오늘 구원이 이 집에 이르렀으니, 이 사람도 아브라함의 자손임이로다."고 하시고, "인자가 온 것은 잃어버린 자를 찾아 구원하려 함이라."(누가 19:7-10)고 변호해 주셨습니다. 그때 그 곁에 서 있던 '삭개오'가 얼마나 감격했을까 생각해 봅니다.

'가버나움'에 '레위'가 세관에 앉아있는 것을 보시고 그를 불러 제자 삼으셨을 때, 그가 감격하여 많은 세리와 죄인들을 초대하고 예수님과 제자들도 함께 앉았을 때 바리새인의 서기관들이 예수님께서 그들과 함께 잡수시는 것을 보고, 제자들에게 "어찌하여 세리 및 죄인들과 함께 먹는가?" 시비를 했습니다. (마가 2:13-16) 식사하던 이들의 마음이 생각됩니다.

그때 주님은 그들에게 "건강한 자에게는 의사가 쓸 데가 없고 병든 자에게라야 쓸 데 있느니라. 나는 의인을 부르러 온 것이 아니요, 죄인을 부르러 왔노라."(마가 2:17)고 하셨는데, 그때 불편하고 불안한 식사를 하던 이들이 얼마나 마음에 큰 위로를 받았을까 생각합니다. 오늘 우리를 이처럼 자신을 옥죄는 무거운 짐들을 만날 때 주님께 피하게 하옵소서!

살다 보면 신분의 짐에 짓눌릴 때도 있고, 가난의 짐에 눌려 사람 구실을 못할 때도 있습니다. 더러는 죄의 병에서 노예가 되어있기도 하고, 질병이 평생을 짓누를 때도 있으며 무섭고 힘든 장애가 인생을 짓눌러 힘겹게 할 때가 있습니다. 감당하기 어려운 짐들을 끌어안고 세상에서 방황하거나 좌절하지 않고, 저희를 품어주시는 주님께 나아가게 하옵소서!

힘겨운 저희를 편히 쉬게 하실 예수님의 이름으로 기도드립니다. 아멘!

골방기도 / 신앙생활

예수님처럼 살고 싶을 때 드리는 기도! (130)

보물을 이 땅에 쌓아두지 않게 하옵소서!

"너희를 위하여 보물을 땅에 쌓아두지 말라 거기는 좀과 동록이 해하며 도둑이 구멍을 뚫고 도둑질하느니라." (마태 6:19)

사랑의 하나님! 인생들의 미련하고 어리석음을 아시는 하나님! 땅에 사는 저희들이 얼마나 욕심이 많은지 아시는 하나님, 오죽하면 하나님과 재물을 겸하여 섬길 수 없다고 하신 하나님! 이 땅에서 먹을 것과 입을 것이 있은즉 족한 줄로 알라고 하신 하나님! 저희가 땅에서 그토록 가지려고 하는 물질에 대하여 저희의 가슴과 두 손에서 내려놓게 하옵소서!

인간의 죄의 근원은 바로 먹는 것이었고, 먹는 물질에서 시작해 오늘까지 물질의 시험과 미혹을 비켜 간 사람은 거의 없습니다. 하나님의 선지자 '엘리사'를 섬기던 종 '게하시'도 이 탐욕의 사슬에서 벗어나지 못하고 '나아만' 장군에게 거짓말로 재물을 취했고, 제사장으로 있던 '홉니'와 '비느하스'도 결국은 제물에 대한 탐욕으로 전장에서 한 날 목숨을 잃었습니다.

오죽하면 밤새 기도하고 부르신 열두 명의 제자 중 한 사람이었던 '가룟' 사람 '유다'도 은 삼십에 눈이 어두워 스승이신 예수님을 팔아넘겼습니다. 상당한 경건 생활을 하던 '아나니아'와 '삽비라'는 땅을 판 돈 얼마를 감추고 거의 동시에 죽었습니다. 물질에 대한 탐욕은 신분의 귀천을 떠나 극복하기 어려운 시험의 올무입니다. 그만큼 돈의 힘은 무섭습니다.

사랑의 하나님! 이 땅에 살다가 하나님께로 갈 무렵, 사람들은 모두 재물에 대한 애착 때문에 물질의 끈을 놓지 못합니다. 그래서 은행에 맡기고, 부동산이나 주식에 투자하기도 하고, 자녀들에게 증여나 유산으로 상속하기도 합니다. 그러나 영원히 재물을 지켜줄 곳은 없습니다. 모든 세상은 좀과 동록이 상하게 합니다. 재물의 안전한 곳간은 하늘밖에는 없습니다.

그래서 주님은 "오직 너희를 위하여 보물을 하늘에 쌓아두라. 거기는 좀이나 동록이 해하지 못하며 도둑이 구멍을 뚫지도 못하고 도둑질도 못하느니라. 네 보물 있는 곳에는 네 마음도 있느니라." (마태 6:20–21)고 하셨습니다. '하늘'은 하나님의 처소요, 하나님의 통치 영역이 미치는 곳입니다. 거기에 쌓으라는 것입니다. 그곳이 최고 안전지대라는 것입니다.

하늘은 '스위스'은행보다 안전한 은행이고, '비트코인'보다도 완전한 보상이 이루어지는 곳입니다. 거기는 파산의 위험도 없고, 부도의 위험도, 가치 하락의 위험도 없습니다. 화재나 전쟁, 재난에 유실되거나 파괴될 염려도 없습니다. 저희가 그런 하늘에 재물을 쌓아두고 "재물이 있는 곳에 마음이 있다."고 했으니 하나님의 나라를 마음으로 소망하게 하옵소서!

저희의 영원한 보장이신 예수님의 이름으로 기도드립니다. 아멘!

골방기도 / 신앙생활

받은 사랑을 온전히 갚는 자 되게 하옵소서!

> "또한 악귀를 쫓아내심과 병 고침을 받은 어떤 여자들 곧 일곱 귀신이 나간 자 막 달라인이라 하는 마리아와 헤롯의 청지기 구사의 아내 요안나와 수산나와 다른 여 러 여자가 함께 하여 자기들의 소유로 그들을 섬기더라." (누가 8:2-3)

사랑의 하나님! 세상에는 돈 많은 사람도, 똑똑한 사람도 혼자 살 수 없습니다. 그리고 서로 돕고 도움을 받으며 삽니다. 이때 은혜를 입은 사람들은 늘 고마운 마음을 갖고 삽니다. 나를 가르쳐준 선생님, 병원에서 나를 살려주신 의사 선생님들께 그런 마음을 갖고 살듯이, 그리스도 안에 있는 이들은 은혜를 끼친 이들에게 고마운 마음을 갖게 하옵소서!

하나님! 저희가 특별한 하나님의 은혜를 입고 사는 동안, 특별히 은혜를 알도록 수고하는 사역자들의 수고를 잊지 않게 하옵소서! 예수님은 제자들에게 전도를 빈손으로 나가라고 하셨는데 일곱 귀신이 들렸다가 주님께서 고쳐 주신 '막달라'의 '마리아'는 자기를 고쳐 주신 주님을 위해 주변의 여러 여인들과 함께 주님의 캠프를 위해 최선을 다해 섬겼습니다.

'가버나움'에 살던 '시몬'의 장모는 열병을 앓고 있을 때 주님께서 병에서 고쳐 주시자 그때부터 제자들 일행의 뒷바라지를 했습니다. (마가 1:30-31)

'베다니'에 살고 있던 한 여인은 주님께 죄 용서를 받고 자신에게 있는 향유를 주님을 위해 부어드렸습니다. (누가 7:38) 주님의 사랑을 받았던 '나사로'의 가족들은 예수님 오가시는 길에 쉬어가게 해드렸습니다.

'사마리아'와 '갈릴리' 사이에서 만났던 나병 환자 중의 한 사람이었던 '사마리아'인 나환자는 제사장에게 자신의 나병이 완치된 것을 확인하러 가는 길에, 자신의 나병이 나았음을 보고, 가던 길을 돌아와서 병 나은 것을 감사드렸습니다. (누가 17:11-19) 저희가 이 땅에서 받은 수많은 영적 은혜를 끼친 이들에게 세상의 재물로라도 감사를 표하게 하옵소서!

'바울' 사도는 '고린도교회'에 "우리가 너희에게 신령한 것을 뿌렸은즉 너희의 육적인 것을 거두기로 과하다 하겠느냐?"면서 "다른 이들도 너희에게 이런 권리를 가졌거든 하물며 우리일까 보냐?"고 하면서도 "우리가 이 권리를 쓰지 않고 범사에 참는 것은, 그리스도의 복음에 장애가 없게 하려 함이다."고 했습니다. (고전 9:11-12) 아름다운 사도의 마음입니다.

그가 '빌립보'에 복음을 전한 다음 그 교회는 일생동안 그의 옥바라지를 했습니다. '안디옥교회'는 복음을 전해준 '예루살렘'에 흉년이 들었을 때에 '사울'과 '바나바'를 통해 부조를 보내기도 했습니다. (사도 11:29-30) 오늘 저희들이 이 땅에 복음을 듣고 구원받은 다음, 그 복음을 전해준 사도들과 교회들에 대하여 늘 빚진 마음으로 최선을 다해 섬기게 하옵소서!

사랑으로 모든 것을 주신 예수님의 이름으로 기도드립니다. 아멘!

3. 신앙생활을 위한 기도

골방기도 / 신앙생활

예수님처럼 살고 싶을 때 드리는 기도! (155)

살아있는 믿음을 갖고 살게 하옵소서!

"이와 같이 행함이 없는 믿음은 그 자체가 죽은 것이라. 어떤 사람은 말하기를 너는 믿음이 있고 나는 행함이 있으니 행함이 없는 네 믿음을 내게 보이라 나는 행함으로 내 믿음을 네게 보이리라 하리라." (야고 2:17-18)

사랑의 하나님! 고맙습니다. 오늘 저희에게 '믿음의 사람'이라고 인정하시고, 하나님의 자녀가 되었다는 확증을 심어주시니 고맙습니다. 그런데 세상에서는 믿음에 대한 오해가 너무나 많습니다. 믿음의 사람이라는 자부심이 있음에도, 실상은 믿음의 사람이 아닌 이들이 부지기수이고, 자신을 믿음의 사람으로 알고 있지만 믿음 없는 사람들이 태반입니다.

하나님! 믿음은 '바라는 것들의 실상'이라고 했습니다. '보이지 않는 것들의 증거'라고 했습니다. 그러나 믿음의 명사적 의미만 가지고는 저희에게 아무런 역사(役事)가 일어나지 않습니다. 그 '믿음의 정의'를 믿는 이가 동사의 현재 진행형으로 바꾸기 위해, 필요한 동력은 바로 행함입니다. 말씀을 듣는 자가 신자가 아니고 행하는 이가 신자인 이유입니다.

그러나 하나님! 말씀을 듣고 믿는 것 같은 유아적 신앙에서 믿음이 행함의 옷을 입고 서지 않으면 믿음은 아무런 능력이 없는 죽은 믿음입니다. 믿음이 있다고 하는데 행함이 없이 모든 기능이 마비되고 동력이 전달되지 않는 믿음은 죽은 믿음인데, 저희가 그런 비참한 자리에 있습니다. 일어서야 할 때 일어서지 못하고 반응해야 할 때 반응하지 못합니다.

하나님! 용서해 주옵소서! 가난한 이들의 신음이 사방에서 들리는데 저희는 일부러 귀를 막고 있습니다. 병든 이들의 절규가 들리는데 이를 외면하고 있습니다. 당장은 저희가 피곤한 경우를 당하지 않고, 당장은 나의 일이 아니라 애써 외면하고 침묵한 그곳에, 주님의 분노가 있음을 알고 있습니다. 여전히 반응하지 못하는 시신(屍身) 같은 죽은 믿음입니다.

하나님! 눈을 감고 외면한 이들 중 어느 곳에 주님께서 외면당하시고, 귀를 막고 외면한 울부짖음 가운데 주님의 탄식 소리가 섞여 있음을 듣습니다. 가난하고 소외된 이들의 울부짖음, 힘없고 가난한 이들의 한숨 소리를 귀찮아 뿌리친 후에, 언젠가 저희가 주님의 도우심을 구하고 울부짖을 때 주님께서 슬픈 얼굴로 저희를 떠나시는 것을 알게 하옵소서!

저희는 지금 요란한 세상에서 살고 있습니다. 신앙의 연륜을 자랑하고, 교회의 규모를 자랑하고, 가진 직분을 자랑합니다. 성공한 재물을 자랑하고, 받은 은사로 섬기는 일을 자랑합니다. 그러나 정작 주님께서 보고싶어 하시는 작은 믿음의 모습은 보이지 않고 있습니다. 그 이상은 교회가 세상의 책망을 받지 않도록 살아있는 믿음을 위하여 기도하게 하옵소서!

죽은 믿음을 알게 해 주신 예수님의 이름으로 기도드립니다. 아멘!

골방기도 / 신앙생활

예수님처럼 살고 싶을 때 드리는 기도! (217)

다른 이들보다 더 높은 곳에 살게 하옵소서!

"너희가 너희를 사랑하는 자를 사랑하면 무슨 상이 있으리요. 세리도 이같이 아니하느냐 또 너희가 너희 형제에게만 문안하면 남보다 더하는 것이 무엇이냐 이방인들도 이같이 아니하느냐." (마태 5:46-47)

하나님께서 자녀로 삼으시고 주님을 섬기는 저희에게 한 차원 높은 '도덕률'을 제시하여, 저희가 자긍심을 갖고 신앙생활 할 수 있도록 해 주심이 참으로 고맙습니다. 저급한 종교처럼 신앙생활의 수준도 낮고, 기준도 없고, 규율도 엉성하여 사방에 허점이 많은 열등 종교가 아니라, 빈틈없이 깔끔하고 정확한 고등종교로서의 품위를 유지하게 하심이 고맙습니다.

주님께서 오셔서 더 높은 기준을 제시하고 더 완벽한 방법을 제시할 때 "내가 율법이나 선지자를 폐하러 온 줄로 생각하지 말라. 폐하러 온 것이 아니요 완전하게 하려 함이라."(마태 5:20)고 하셨습니다. 그러면서 "너희에게 이르노니 너희 의가 서기관과 바리새인보다 더 낫지 못하면 결코 천국에 들어가지 못하리라."(마태 5:20)고 수준 높은 의를 구하십니다.

심지어 "만일 네 오른 눈이 너로 실족하게 하거든 빼어 내버리라. 네 백체 중 하나가 없어지고 온 몸이 지옥에 던져지지 않는 것이 유익하며, 또 만일 네 오른손이 너로 실족하게 하거든 찍어 내버리라. 네 백체 중 하나가 없어지고 온몸이 지옥에 던져지지 않는 것이 유익하니라.”(마태 5:29~30)고 하셨습니다. 거기 있던 누구도 상상하지 못한 기준이었습니다.

“네 이웃을 사랑하고 네 원수를 미워하라 하였다는 것을 들었으나, 나는 너희에게 이르노니 너희 원수를 사랑하며 너희를 박해하는 자를 위하여 기도하라. 이같이 한즉 하늘에 계신 너희 아버지의 아들이 되리니 이는 하나님이 해를 악인과 선인에게 비추시며 비를 의로운 자와 불의한 자에게 내려 주심이라.”(마태 5:43~45)며 ‘원수를 사랑하라!’고 하셨습니다.

결정적으로 “너희가 너희를 사랑하는 자를 사랑하면 무슨 상이 있으리요. 세리도 이같이 아니하느냐!”(마태 5:46) “너희가 너희 형제에게만 문안하면 남보다 더하는 것이 무엇이냐. 이방인들도 이같이 아니하느냐. 그러므로 하늘에 계신 너희 아버지의 온전하심과 같이 너희도 온전하라.”(마태 5:47~48)고 하심으로 그리스도인 윤리의 최고 가치를 선언하셨습니다.

그렇습니다. 하나님! 저희는 원수를 사랑해야 하는 그리스도인입니다. 형제끼리, 사랑하는 이들끼리, 마음에 드는 이들끼리 사랑하고 품는 것은 이방인들도 하는 것입니다. 사랑하는 자를 사랑하는 것은 세리들도 하는 것이고, 이방인도 형제에게는 문안하는데 그래서야 그리스도인의 도덕적 우월성을 보일 수 있습니까? 우월한 그리스도인을 보여주게 하옵소서!

원수 사랑의 인류애를 보이신 예수님의 이름으로 기도드립니다. 아멘!

골방기도 / 신앙생활

주님의 경고를 무시하지 않게 하옵소서!

"예수께서 이르시되 내가 진실로 네게 이르노니 오늘 밤 닭 울기 전에 네가 세 번
나를 부인하리라 베드로가 이르되 내가 주와 함께 죽을지언정 주를 부인하지 않겠
나이다 하고 모든 제자도 그와 같이 말하니라." (마태 26:34-35)

하나님! 땅에 사는 저희가 기왕이면 하나님의 복을 받고 싶습니다. 기왕이
면 이 땅에 살면서 하늘의 복, 하나님의 복을 받고 살게 하옵소서! 하나님
께서 가르치고 계시하는 복된 길을 걸으므로 복 있는 인생을 살게 하시되,
하나님의 책망과 심판은 비켜 가게 하옵소서! 또 저희가 비켜 가야 하는
심판과 책망의 길에서는 언제나 경고를 보내 비켜 가게 하옵소서!

하나님은 저희에게도 "이렇게 하면 복을 받는다."고 가르쳐 주시고, 때로
는 하나님 앞에서 비켜 가야 할 심판의 길을 가르쳐 주시어 비켜 가게 하십
니다. 하나님께서 보내는 경고의 점멸등을 보며, 안전하고 행복한 미래를
준비하게 하시고, 하나님께서 주신 직진, 좌회전, 정지 신호를 잘 지키므
로 저희가 가는 '하나님의 사람'의 걸음을 선히 인도하여 주시옵소서!

주님의 제자였던 '베드로'가 "나와 함께 깨어 있으라!"고 경고했음에도 말
씀을 깨닫지 못했습니다. "네가 오늘 밤 닭이 두 번 울기 전에 세 번 나를

부인하리라!" 미리 경고하셨습니다. 그런데도 그 경고에 대한 경각심을 하나도 갖지 않고 자신이 예수님을 부인하게 될 상황에 하나도 주의를 기울이지 않았습니다. 누구든 예언의 말씀에 귀를 기울이면 삽니다.

경고의 음성은 '가룟 유다'에게도 여러 번 들렸습니다. 그는 스승이던 예수님을 밀고할 마음을 먹고 기회를 엿보고 있었는데 자주 경고가 들렸습니다. "내가 너희 열둘을 택하지 아니하였느냐? 그러나 너희 중의 한 사람은 마귀니라."(요한 6:70)고 하셨습니다. 찔끔했겠지요. "이 향유를 팔아 가난한 자들에게 주지 않느냐?"(요한 12:5)할 때도 마찬가지입니다.

'모압' 왕 '십볼'의 아들 '발락'이 '브올'의 아들 '발람'에게 "한 민족이 지면에 덮여서 우리보다 강하니 와서 나를 위하여 이 백성을 저주하라. 내가 그들을 이 땅에서 몰아내리라. 그대가 복을 비는 자는 복을 받고 저주하는 자는 저주를 받을 줄 내가 안다."며 복채를 가지고 '발락'의 말을 전하자 "야훼의 응답을 듣고 대답하리라!" (민수 22:2-11)고 대답합니다.

하나님께서 '발람'에게 "함께 가지 말라."고 하셨고 안 가지만, '모압'이 더 높은 고관들을 많이 보내며 "그대를 높여 존귀하게 하고 그대가 원하는 것은 무엇이든 주리라."고 하자 여러 번 사양하다 결국은 갑니다. 여러 번 경고를 무시하고 결국 나귀의 책망을 받고, 타는 짐승만도 못한 선지자가 되었습니다. 저희는 그렇게 되지 않게 하옵소서! (민수 22:12-42)

경고를 잘 지키기 원하시는 예수님의 이름으로 기도드립니다. 아멘!

3. 신앙생활을 위한 기도

골방기도 / 신앙생활

예수님처럼 살고 싶을 때 드리는 기도! (247)

신앙생활의 낙오자가 되지 않게 하옵소서!

"한 번 빛을 받고 하늘의 은사를 맛보고 성령에 참여한바 되고 하나님의 선한 말씀과 내세의 능력을 맛보고도 타락한 자들은 다시 새롭게 하여 회개하게 할 수 없나니 이는 그들이 하나님의 아들을 다시 십자가에 못 박아 드러내 놓고 욕되게 함이라."

(히브 6:4-6)

사랑하는 하나님! 저희가 이 땅에서 엄청나게 많은 하나님의 은혜를 입고 삽니다. 특별히 하나님의 말할 수 없는 은사를 경험하고, 가히 이르지 못할 신령한 경험을 합니다. 이는 순전히 하나님의 은혜요, 축복의 증거인 줄 믿습니다. '모세'가 '시내' 산에서 경험했고 '베드로'가 높은 산에서 경험했고, '바울'이 셋째 하늘을 경험한 것 같은 신령한 경험을 합니다.

그런데 신령하고 신비한 체험을 하는 이들은 많은데, 이 체험을 유지하며 하나님의 은혜를 곱씹어 신앙의 유익을 얻는 사람들은 많지 않습니다. 하나님께서 저희에게 신령한 것을 체험하려는 갈망을 주시고, 은혜를 유지하며 믿음을 지켜가려는 끈기를 허락하여 주옵소서! 체험이나 간증 자랑하기보다 그 때 주신 은혜를 소중히 간직하여 유익을 얻게 하옵소서!

'한 번 빛을 받고 하늘의 은사를 맛보고 성령에 참여한바 되고 하나님의 선한 말씀과 내세의 능력을 맛보고도 타락한 자들'에 대하여 경고하시기를

'다시 새롭게 하여 회개하게 할 수 없다.'고 하셨으니 '이는 그들이 하나님의 아들을 다시 십자가에 못 박아 드러내 놓고 욕되게 함이라.'(히브 6:4-6)고 하셨습니다. 이 무서운 말씀을 가슴에 새기게 하시옵소서!

하나님의 말할 수 없는 은혜를 경험하고, 그 신령한 세계를 체험했을 때, 하나님의 살아계심과 베푸신 은혜의 크고 놀라움 때문에 잠을 못 자고 설레던 저희가, 시간이 흐르면서 감동이 식고 뜨거운 추억이 빛바래가고 있습니다. 냉랭해진 저희의 마음 한가운데에 '다시 새롭게 하여 회개할 수 없다.'는 하나님 경고의 말씀이 화살처럼 박히게 하옵소서!

신앙생활을 시작하면서 아직 깨닫지 못하고, 철이 없어 어린아이처럼 말씀에 대한 이해도 부족하고 깨달음이 적을 수는 있지만, 차츰 시간이 흐르고 신앙의 연륜이 쌓일수록 점점 빛에 나아가고 성장하고 성숙해가는 모습을 보일망정, 더 철없는 어린아이나 광기 어린 이단아처럼 살지 않게 저희를 붙잡아 주시어 은총의 빛에서 조금도 벗어나지 않게 하옵소서!

그리하여 "땅이 그 위에 자주 내리는 비를 흡수하여 밭가는 자들이 쓰기에 합당한 채소를 내면 하나님께 복을 받고, 만일 가시와 엉겅퀴를 내면 버림을 당하고 저주함에 가까워 그 마지막은 불사름이 되리라."(히브 6:7-8)고 하셨으니, 매일 저희의 믿음이 건강하게 성장하여 열매를 맺게 하옵소서! 그 곡식들이 익어 하나님을 기쁘게 하는 믿음이 되게 하옵소서!

저희 영혼의 성숙을 원하시는 예수님의 이름으로 기도드립니다. 아멘!

골방기도 / 신앙생활

예수님처럼 살고 싶을 때 드리는 기도! (296)

건강한 영성을 위해 지속적인 신앙생활을 하게 하옵소서!

"가서 보니 그 집이 청소되고 수리되었거늘 이에 가서 저보다 더 악한 귀신 일곱을
데리고 들어가서 거하니 그 사람의 나중 형편이 전보다 더 심하게 되느니라."

(누가 11:25-26)

사랑의 하나님! 저희 같은 죄인을 사랑으로 받으시고, 무서운 죄를 용서하
시고 하나님의 자녀로 삼아 주시니 고맙습니다. 저희가 몸과 마음으로 지
었던 많은 죄를 입술의 고백만으로 진정성을 믿어 용서하시고, 상상도 못
할 하나님의 백성이 되게 하셨으니 고맙습니다. 죄를 용서하시며 영혼의
내면에 가득하던 죄의 흔적들을 모두 씻어 주시니 고맙습니다.

그동안 더럽고 추한 귀신의 지배를 받으며 살던 저의 영혼에, 지배하던 악
한 귀신은 차마 거하지 못하고 쫓겨 간 것을 믿습니다. 이제는 더러운 귀
신의 조정을 받지 않고, 귀신의 미혹을 받아 다시 죄를 짓고 죄의 노예가
되어 죄에게 끌려다니지 않게 하심은 큰 감동입니다. 하나님께서 이제는
죄를 멀리하여 거룩하게 살도록 해 주심이 크신 은혜입니다.

그런데 하나님! 인간의 심성이 악하여 토했던 것을 다시 삼키고, 다시 옛
적 죄의 미혹하는 손길에 신앙을 뒷걸음질할 때가 많습니다. 미련한 저희

의 심성을 일깨워 주시고, 이제 토하였던 죄의 오물을 다시는 삼키지 않게 하옵소서! 신앙생활을 하다가 교우들과의 관계, 목회자와 관계가 불편할 때가 있고, 성도 중에 보기 싫고 미운 이들이 사방에 있습니다.

그래서 교회를 떠나거나, 다른 교회에 나가서 신앙생활 하는 안타까운 일들도 있습니다. 하나님께서 저희를 불쌍히 여기시어 시험에 드는 일이든, 관계가 불편한 목사님이나 장로님이 있든, 교회를 떠나거나 복음에서 떠나지 않게 하여 주옵소서! 복음의 길에서 벗어나고 공동체를 떠나는 순간, 저희 영혼은 그대로 다시 악한 귀신의 무서운 이빨에 노출됩니다.

성경대로 주님의 이름과 주님의 권세에 놀라, 저희의 영혼에 거처를 정하던 귀신들이 쫓겨나 사방을 떠돌다 옛집이 그리워 다시 찾아오니, 온갖 더러운 죄와 귀신의 자취들이 깨끗이 청소되어 있으니 자기보다 더 강한 귀신 일곱을 데리고 들어옵니다. 그러면 회개 이전의 상태보다 더 악해진다고 했습니다. 더 무서운 귀신이 함께 왔기 때문이라고 했습니다.

하나님! 예수님을 믿다가 어떤 연유로든 중간에 그만두고 세상으로 돌아간 이들의 심령은 예전보다 악한 이유가 있습니다. 믿다가 그만둔 이, 시험든 이, 복음과 멀어진 이들을 보면 교회에 대하여 더 비판적이고, 복음에 대하여 더 부정적입니다. 더 악한 귀신 일곱을 데리고 들어와 영적 상태가 난폭하고 무례하지 않도록 저희를 믿음에 잘 정착시켜 주옵소서!

믿음의 주요 온전케 하시는 예수님의 이름으로 기도드립니다. 아멘!

골방기도 / 신앙생활

먼저 된 자가 나중 될 수 있음을 알게 하옵소서!

"사람들이 동서남북으로부터 와서 하나님의 나라 잔치에 참여하리니 보라 나중 된 자로서 먼저 될 자도 있고 먼저 된 자로서 나중 될 자도 있느니라 하시더라."

(누가 13:29-30)

하나님! 세상에는 하나님을 사랑하는 이들이 많습니다. 주님을 따르는 제 자들도 많습니다. 그 숫자만큼이나 다양한 방법으로 하나님을 섬기고 있 습니다. 그리고 그렇게 하나님을 사랑하고 섬기는 이들 중에는 모두 나름 대로 하나님께 최선을 다한다는 생각을 하고 있고, 자신이 가장 하나님을 잘 섬긴다고 생각하고, 아울러 하나님의 칭찬을 기대하고 있습니다.

그런데 인생들을 향하신 하나님의 평가와 판단은 온전히 하나님의 절대 주권에 속해 있고, 우리는 각자의 확신이나 자신의 소원대로 상을 받는 게 아니라, 하나님의 기준으로 하나님의 판단에 따라 하나님께 칭찬을 받게 될 것입니다. 인생들은 자신에 대한 착각 때문에 자만하여, 자신을 충성스 러운 제자로 생각하고 있지만 그렇지 않은 경우도 뜻밖에 많습니다.

어떤 사람은 목회를 수십 년 했기에, 혹은 교회의 중직으로 오랫동안 섬겼 기에, 혹은 예배당을 지었거나 선교를 많이 했기 때문에 하나님께서 기억하실 줄 알고 있습니다. 그러나 하나님은 사람의 눈에 드러난 결과나 실적을 가지고 저희를 평가하는 게 아닙니다. 예수님의 제자로 따라 다녔음에도 차라리 태어나지 않았으면 좋을 뻔하였던 제자도 있었습니다.

반면에, 부잣집 처마 밑에서 주인의 상에서 나오는 부스러기를 얻어먹으며 산 사람인데 '아브라함'의 품에 들어간 사람도 있습니다. 세상의 눈으로 바라보면 그는 저주받은 사람입니다. 반대로 '자색 옷과 고운 베옷을 입고 날마다 호화롭게 즐기던'(누가 16:19) 부자는 유력한 저명인사입니다. 사람들은 그를 하나님의 복 받은 사람인 줄로 알고 있었습니다.

그런데 정작 짧은 인생이 끝나 모두 세상을 떠나 본 무대에 올랐을 때, 그렇게 유명한 부자의 대문 앞에 버려진 채, 그의 상에서 떨어지는 것으로 배불리려 하고, 개들은 와서 그의 헌데를 핥던 거지 '나사로'는 '아브라함'의 품에 들어갑니다. 인생역전이 되었습니다. 나중 된 자는 먼저 되고 먼저 된 자가 나중 되는 것만으로는 설명이 어려운 일입니다.

예수님께서는 자기 길을 간 부자의 말씀을 하시며 "그러나 먼저 된 자로서 나중 되고 나중 된 자로서 먼저 될 자가 많으니라." (마태 19:30)고 하셨습니다. 퇴근 한 시간 전에 와서 일한 포도원 품꾼들의 경우도 "이와 같이 나중 된 자로서 먼저 되고 먼저 된 자로서 나중 되리라."(마태 20:16)고 하셨습니다. 지금 뒤에 있지만, 먼저 되는 은혜를 허락하옵소서!

저희를 사랑하여 앞세워 주실 예수님의 이름으로 기도드립니다. 아멘!

골방기도 / 신앙생활

예수님처럼 살고 싶을 때 드리는 기도! (306)

오늘 주님께서 부르시면 끝인 줄 알게 하옵소서!

"하나님은 이르시되 어리석은 자여 오늘 밤에 네 영혼을 도로 찾으리니 그러면 네
준비한 것이 누구의 것이 되겠느냐 하셨으니 자기를 위하여 재물을 쌓아 두고 하
나님께 대하여 부요하지 못한 자가 이와 같으니라."

(누가 12:20-21)

저희를 사랑하시는 하나님! 인생들은 늘 땅에 있는 것에 제일 관심하고, 땅
의 일에 제일 열심하고 땅에 많이 쌓아두려고 합니다. 말로는 '썩어질 물
질', '불타 버릴 것'을 이야기하면서 그렇게 '썩어질 물질'을 제일 사랑하고
'불타 버릴 것'에 제일 집착합니다. 자신에게 돌아온 재물에 불만이 있던 한
사람이 예수님을 찾아와 억울한 분배를 바로잡아 달라고 부탁했습니다.

그때 예수님은 한 부자를 소개하셨습니다. 한 부자가 큰 풍년이 들자, 소
출이 풍성했습니다. 그는 심중에 "곡식 쌓아 둘 곳이 없으니 어쩌지?" 하
다가 "내가 내 곳간을 헐고 더 크게 짓고 모든 곡식과 물건을 거기 쌓아 두
리라. 그리고 영혼에게 내 영혼아 여러 해 쓸 물건을 많이 쌓아두었으니
평안히 쉬고 먹고 마시고 즐거워하자!" (누가 12:16-19)고 했습니다.

세상 사람들이 일반적으로 하는 생각입니다. 소출이 많으니. 창고가 작아
서 창고를 크게 짓고, 창고에 가득 쌓은 재물이 이제는 고생하지 않아도

되니 평안히 먹고 마시자는 생각을 할 수 있습니다. 그런데 그가 생각하지 못한 것이 있습니다. 풍성한 수확을 주신 하나님께 드릴 고마운 마음, 양식 없어 주리는 이들을 위한 긍휼의 마음을 가지지 못했습니다.

그보다 더 중요한 사실은 그날이라도 그 영혼을 주님께서 데리고 가시면 쌓은 것은 누구의 것이 되겠느냐는 것입니다. 그건 모두 남의 것이 되는 것입니다. 그러면서 "자기를 위하여 재물을 쌓아두고, 하나님께 대하여 부요하지 못한 자가 이와 같으니라."고 하셨습니다." (누가 12:16-21) 저희들이 열심히 쌓으려고 모으려고 하지만 생명을 거두어가시면 끝입니다.

우리가 꿈꾸고 계획을 세우고 추진하고 실행하던 땅의 모든 것들은 우리의 생명이 있을 때만 의미가 있는 것입니다. 풍성한 소출도 하나님께서 주셨으니 우리 것이 아니요, 목숨도 하나님께서 주셨으니 우리의 것이 아니기 때문입니다. 그러므로 우리는 우리 자신을 위하여 쌓는 일에만 아니라, 우리의 근본이신 하나님을 위하여 부요한 자가 되게 하여 주옵소서!

저희가 하나님의 시간표를 볼 수 있는 지혜를 주옵소서! 오늘 살아있어 산 것이 아니고, 오늘 밤에라도 부르시면 생명은 물론 꿈도 계획도 부와 명성도 아무것도 아님을 깨닫는 지혜를 주옵소서! 천년만년, 심지어 영원히 살 것 같은 오만과 착각 속에 하나님을 잊어버리고 사는 불쌍한 인생이 아니라 생명의 주되신 하나님을 섬기는 저희들이 되게 하옵소서!

저희의 영원한 생명의 주되신 예수님의 이름으로 기도합니다. 아멘!

골방기도 / 신앙생활

주님을 사랑하는 삶을 우선하게 하옵소서!

"무릇 내게 오는 자가 자기 부모와 처자와 형제와 자매와 더욱이 자기 목숨까지 미워하지 아니하면 능히 내 제자가 되지 못하고 누구든지 자기 십자가를 지고 나를 따르지 않는 자도 능히 내 제자가 되지 못하리라."

(누가 14:26-27)

하나님 아버지! 이 땅에서 하나님을 사랑하고 섬긴다는 것이 어떤 일인지, 또 하나님의 사랑은 어떻게 고백하는 건지 미련한 저희들을 깨우쳐 주옵소서! 모두들 하나님을 사랑한다고 하지만 사랑의 강도(强度)나 방법이 천태만상인바 주님께서 가르쳐주신 사랑의 진정성과 사랑의 기술을 배우게 하옵소서! 스스로 하나님 사랑의 허구에서 벗어나게 하옵소서!

하나님께 나오는 이가, 특정한 종교처럼 속세의 연을 끊고 출가하여, 세상과는 일체를 끊고 사는 것도 아니고, 그리스도인들은 세상의 모든 관계를 그냥 두고, 세상에 살면서 세상에서 전해지는 일상의 모든 위협은 물론, 겁박도 견뎌야 하고, 세상이 던지는 미혹, 유혹도 온몸으로 부대끼며 살아야 하는 삶입니다. 어떻게 살아야 할지 지혜를 부어주옵소서!

주님께서 말씀하시기를 "무릇 내게 오는 자가 자기 부모와 처자와 형제와 자매와 더욱이 자기 목숨까지 미워하지 아니하면 능히 내 제자가 되지 못하고 누구든지 자기 십자가를 지고 나를 따르지 않는 자도 능히 내 제자가 되지 못하리라." (누가 14:26-27)고 하셨는데, 이 냉엄한 주님의 말씀을 좇아가며 주님을 사랑하는 일은 어떠한 일인지 가르쳐 주옵소서!

어떻게 주님을 따르는 일로 부모, 처자, 형제, 자매의 모든 인연을 다 끊고 살겠습니까? 또 자신의 목숨조차 미워하지 않으면 합당치 않다고 말씀하셨는데 온 가족들, 심지어 자신의 목숨까지 미워해야 주님의 제자가 된다면 어떻게 살아야 하겠습니까? 하나님! 저희가 "누구든지 자기 십자가를 지고 나를 따르지 않는 자도 제자가 되지 못한다."고 하셨습니다.

저희가 모두 주님의 자녀가 되고, 주님의 제자가 되기에 합당한 종들이 되게 하옵소서! 아직도 주님을 사랑하는 제자의 신분에서 주님보다 우선하는 것이 있다면 지워 주옵소서! 아직도 부모나 처자나 형제자매의 일이 제자 된 저희의 마음을 빼앗아가고 있다면, 저희가 과감히 떨치고 주님을 사랑하는 일에 최선을 다하게 필요한 지혜와 능력을 주옵소서!

사랑하는 하나님! 오늘 저희가 주님의 진정한 제자가 되기 위하여 이 '제자도'에 최선을 다하게 하옵소서! 여전히 충성스러운 제자인 줄 알고 있지만, 실상은 가족 사랑, 배우자 사랑, 자식이나 부모 사랑에 비하면 미치지 못하는 작은 사랑이라면 주님 앞에 부끄러움이 없는 뜨거운 사랑의 마음을 드리게 하여, 하나님의 요구에 합당한 종들이 되게 하여 주옵소서!

저희를 불러 제자 삼으신 예수님의 이름으로 기도드립니다. 아멘!

골방기도 / 신앙생활

예수님처럼 살고 싶을 때 드리는 기도! (308)

언제나 '이 또한 지나갈 것'을 알게 하옵소서!

"하늘로부터 소리가 나기를 너는 내 사랑하는 아들이라 내가 너를 기뻐하노라 성령이 곧 예수를 광야로 몰아내신지라. 광야에서 사십 일을 계시면서 사탄에게 시험을 받으시며 들짐승과 함께 계시니 천사들이 수종들더라."

(마가 1:11-13)

사랑하는 하나님! '마태'나 '마가', '누가'의 순서로 볼 때 예수님의 사역 초기 기록은 아주 숨 가쁘게 이어집니다. 그도 그럴 것이 예수님의 행적을 기록할 목적으로 쓰인 복음서에서 주님의 공생애(公生涯) 초에 있는 '세례'나 '시험'의 내용을 길게 써야할 이유가 없기 때문일 것입니다. 아주 짧은 이야기 안에 모두 묶여 있는 초기 일정을 보며 은혜를 받습니다.

어쩌면 주님은 그때만 아니라 일생을 두고 언제나 그렇게 바쁘셨습니다. 이른 새벽 오히려 미명에 나가서 기도 하시면서(마가 1:35) 시작된 하루의 일과는, 다시 저녁에 산에 올라가서 기도하면서(마태 14:23) 마무리하신 주님은 식사할 겨를도 없으시고 (마가 3:20) 주무실 시간도 없으셔서 호수를 건너는 배의 고물에서(마가 4:38) 주무시며 생애를 사셨습니다.

그렇게 정신없이 지나는 하루하루를 보내신 주님은 세례를 받으시면서 시작된 공생애나 십자가 죽으심과 부활, 승천으로 이어지는 기간의 3년에 여느 랍비들이 수천 년 동안 이루고 싶었던 일보다 크고 놀라운 일을 이루셨습니다. 그처럼 촌음을 아껴가며 사신 주님은, 3년의 공생애 사역 기간에 오직 구원 사명에 취해서 시간의 흐름도 인식하지 못하셨습니다.

예수님께서 '요단'강에서 세례를 받으실 때는 생애 중에 최고의 날이었습니다. 예수님은 하늘에서 성령님이 비둘기처럼 임하심으로 그가 성자 하나님이라는 사실이 입증되고, 아울러 "이는 내 사랑하는 이들이요 내 기뻐하는 자!"라는 아버지의 보증과 선언을 들으신 주님은 왕으로 세상에 소개되고 등장하십니다. 그러나 이는 곧 지나가고 뒤이어 시험이 왔습니다.

성령님은 예수님을 광야로 이끌고 가서 마귀에게 시험을 받게 하십니다. 고통을 자극하는 시험도 있었고, 마음을 흔들어 하나님 아들에 대한 신분을 시험하는 시험도 있었으나 하나님의 아들로 '메시아'로 오신 예수님은 흔들림 없이 시험을 이기고 성령 충만함으로 사역 현장으로 돌아오셨습니다. '세례 요한'이 잡혀 들어가고 임무는 예수님께로 이양되었습니다.

시험이 끝난 예수님은 다시 천사들이 수종 (마태 4:11)들고 예수님의 험난한 인류 구원의 일정은 시작되었습니다. 사람들은 영광스러운 일이 펼쳐지면 거기 안주하고 싶고, 고난과 시험이 오면 얼른 그곳을 빠져나가고 싶습니다. 그러나 영광의 시간도 쉬 지나고 고난의 시간도 쉬 지납니다. 그런 시간을 만날 때마다 이 또한 지나감을 알게 하여 주옵소서!

인생의 미래를 열어 가시는 예수님의 이름으로 기도드립니다. 아멘!

골방기도 / 신앙생활

예수님처럼 살고 싶을 때 드리는 기도! (310)

믿는 이들이 오해를 받음도 알게 하옵소서!

> "예루살렘에서 내려온 서기관들은 그가 바알세불이 지폈다 하며 또 귀신의 왕을
> 힘입어 귀신을 쫓아낸다 하니 예수께서 그들을 불러다가 비유로 말씀하시되 사탄
> 이 어찌 사탄을 쫓아낼 수 있느냐." (마가 3:22-23)

사랑하는 하나님! 저희는 하나님이 아니라 사람의 생각도 알 수 없고, 그의 인성이나 성격도 알 수 없습니다. 이는 모든 인생이 겪는 같은 현상이라, 주님께서 오셔서 인간을 입으시고 일하시던 이천 년 전에도 마찬가지였습니다. 사람들은 어느 날 '복음'으로 혜성처럼 나타나 복음을 전하시던 예수님에 대해 각기 나름대로 여러 가지 견해를 갖고 있었습니다.

"그들이 말하기를 더러운 귀신이 들렸다 함이러라."(마가 3:30)하는 말씀을 제일 많이 들었는데, 심지어 어머니랑 동생들도 큰아들이자 동생들에게는 형인 예수님께서 귀신이 들렸거나 미쳤거나 했으리라 의심을 하고 있었습니다. 어머니 '마리아'는 옛적의 큰 은혜의 추억이 가슴에 자리하고 있었지만, 세월이 많이 흐르니 그것도 점점 희미해졌습니다.

"예수의 친족들이 듣고 그를 붙들러 나오니 이는 그가 미쳤다 함일러라. 예루살렘에서 내려온 서기관들은 그가 '바알세불'이 지폈다 하며 또 귀신

의 왕을 힘입어 귀신을 쫓아낸다 하니."(마가 3:21-22) 친족들은 미친것 같다고 하고, 서기관들은 귀신을 쫓아내는 걸 보니 '귀신의 왕'이 그 속에 있는 것 같다고 했습니다. 대개 사람들도 같은 생각이었습니다.

거기다 바리새인들과 서기관들에게 변론하기 위하여 "무엇이든지 밖에서 사람에게로 들어가는 것은 능히 사람을 더럽게 하지 못한다." (마태 15:15)고 하시던 예수님께서, 먹고 마시는데 자유로웠고, 주변에 늘 세리와 죄인들이 많이 있는 것을 본 사람들은 예수님께 "먹기를 탐하고 포도주를 즐기는 사람이요, 세리와 죄인의 친구로다."(마태 11:19)고 평했습니다.

그뿐 아니라 예수님을 "'가이사'에게 세를 내지 말라고 한 이"(누가 23:2), "46년 걸려 지은 성전을 헐고 사흘 만에 다시 짓는다고 한 이"(마태 26:61)등 그들의 짐작대로, 혹은 들은 말을 왜곡하고 교묘히 변형시켜 놓았습니다. 지금도 이런 함정이나 올무들은 주변에 널려있습니다. 그러므로 예수님을 이단이라고 한 이들이 우리도 그렇게 부르는 것입니다.

하나님! 오늘도 저희는 거친 세상의 한 가운데 던져진 채 별별 누명도 쓰고, 억울한 비난도 받고, 오해도 듣습니다. 그런데 이건 어제오늘의 이야기가 아니라 예수님 시절부터 있던 일이고, 이후 '바울' 사도를 비롯한 많은 이들이 그렇게 겪었던 일입니다. 두려워하지 말고 담대히 나가 복음의 사람으로, 복음을 살고, 마침내 승리의 영광을 누리게 하옵소서!

많은 오해와 비난을 받으신 예수님의 이름으로 기도드립니다. 아멘!

골방기도 / 신앙생활

사람보다 주님의 말씀을 귀히 여기게 하옵소서!

"아직 예수께서 말씀하실 때에 회당장의 집에서 사람들이 와서 회당장에게 이르되 당신의 딸이 죽었나이다 어찌하여 선생을 더 괴롭게 하나이까 예수께서 그 하는 말을 곁에서 들으시고 회당장에게 이르시되 두려워하지 말고 믿기만 하라 하시고."
(마가 5:35-36)

사랑하는 하나님! 오늘 세상을 살다 보면 저희 마음을 결정하고 행동하기 전에 너무 많은 말을 듣습니다. 때로는 상반되는 주장도 하고, 비판의 입장도 개진하고, 아예 완전히 부정하는 말도 합니다. 그 어느 것을 듣고 행동하느냐는 인생의 성공과 실패를 결정짓기도 합니다. 하나님께서 저희에게 귀를 성별하여 필요한 때에 올바른 말을 들을 수 있게 하옵소서!

특히 중요한 일을 만날 때, 생사를 결정하는 일, 사업의 성공과 실패가 판가름 날 중요한 순간에 어떤 말을 듣고 어느 방향으로 가느냐가 미래에 되돌릴 수 없는 변수가 됩니다. 특히 어느 때든지 주님의 말씀에 우선으로 귀를 기울이는 저희가 되어 일생 후회하지 않는 바른 선택이 되게 하옵소서! 언제나 하나님의 말씀에 귀를 기울이게 하시옵소서!

주님은 이 세상에 오셔서 인생들의 문제를 해결해 주시는 중에 질병을 고치시고 여러 개인, 사회적인 문제를 치유하시고 죄의 사슬, 가책 중에서 벗어나게 하시고, 불행한 미래를 예방하기도 하셨습니다. 특히 인생에서 가장 극복하기 어려운 것이 죽음의 문제인데 세 번이나 죽은 자를 살리시어 캄캄한 가정에 새로운 희망의 불씨를 살려 주셨음이 고맙습니다.

회당장 '야이로'의 열두 살 난 딸이 죽었습니다. 저희는 우둔하여 딸이 왜 죽었는지 모르지만, 아직 피어보지 못한 열두 살 먹은 외동딸을 잃은 회당장은 하늘이 무너지는 것 같았습니다. 그래서 주님께 매달립니다. 처음 주님께 왔을 때만 해도 숨이 붙어 있었는데 중간에 사람들이 와서 "당신의 딸이 이미 죽었으니, 선생을 더 괴롭게 마시라!"고 부탁합니다.

이 절망스러운 상황에서, 주님은 회당장에게 "두려워하지 말고 믿기만 하라."고 하십니다. 믿을 수 없는 상황을 회당장은 믿었고, '베드로'와 '야고보'와 '요한'을 데리고 그 집에 갔는데, 벌써 곡하는 무리와 떠드는 소리로 시끄럽습니다. 주님은 그들에게 "너희가 어찌하여 떠들며 우느냐? 아이가 죽은 것이 아니라 잔다."고 말도 안 되는 말씀을 계속하십니다.

사람들의 비웃음을 뒤로하신 예수님은 그에게 "달리다굼!" 즉 "내가 네게 말하노니 소녀야 일어나라!"고 하셨습니다. 이런 과정에 회당장은 믿을 수 없는 예수님의 모든 말씀을 믿었습니다. 사람들의 염려하는 소리, 통곡하는 소리, 비웃는 소리를 들으면서 시끄럽고 당황스러운 순간에 주님의 말씀에만 귀를 기울였습니다. 저희에게 이런 믿음을 주옵소서!

항상 믿음의 순종을 요구하시는 예수님의 이름으로 기도합니다. 아멘!

4.
사역-헌신을 위한 기도
(30편)

골방기도 / 사역-헌신

예수님처럼 살고 싶을 때 드리는 기도! (3)

삶의 마지막 순간까지 최선을 다하게 하옵소서!

"유월절 전에 예수께서 자기가 세상을 떠나 아버지께로 돌아가실 때가 이른 줄 아시고 세상에 있는 자기 사람들을 사랑하시되 끝까지 사랑하시니라."

(요한 13:1)

하나님께서 저희 인생들을 사랑하셔서 어떻게든 예수님을 따라 살 마음을 주심이 고맙고 놀랍습니다. 오늘도 예수님처럼, 예수님 닮은 삶을 살게 하옵소서! 주님처럼 세상 마지막 날까지 최선을 다해 살게 하옵소서! 주신 생애의 단 하루도 낭비하지 않게 하옵소서! 죽음이 저희 육체와 영혼을 갈라놓는 순간까지 게으르지 않고 힘을 다하여 살아가게 하옵소서!

이 땅에서 가장 아름다운 덕목이 '사랑'인데, 주님은 유월절 전에 자기가 세상을 떠나 아버지께로 가실 때가 이른 줄 아시고, "세상에 있는 자기 사람들을 사랑하시되 끝까지 사랑하셨다."고 했으니 마지막까지 사랑하게 하옵소서! 하나님 사랑은 늘 짝사랑이었으니, 세상이 그를 사랑하지 않아도 세상을 끝까지 사랑하신 것처럼 저희도 끝까지 사랑하게 하옵소서!

당신 자신을 밀고하고, 그 일로 인해 자신이 십자가에서 처형당하실 것을 아시고도, '베드로'를 비롯한 열두 제자의 발을 모두 씻기시고, 특히 '유다'

에게 떡 한 조각을 주시며 "네가 할 일을 속히 하라!"고 (요한 13:26-27) 하신 주님, 이 일이 말처럼 쉽게 할 수 있는 일이 아니옵니다. 저희가 마지막까지 제자들을 사랑하고, 맡겨주신 성도들을 사랑하게 하옵소서!

하나님께서 인생에 주신 세상에서의 시간을 예수님은 하루도 헛되이 쓰지 않으시고 마지막 순간까지 값지게 쓰심을 봅니다. 생애의 마지막 순간까지, 최선을 다하셨습니다. 주일에 당신이 죽으셔야 하는 땅 '예루살렘'에 올라오시고 월요일에는 '예루살렘' 성전을 정결하게 하시며 마지막 목요일 밤에 잡히시기까지 매일 하루하루 최선을 다한 삶을 사셨습니다.

잡히시던 날 밤에도 마지막 만찬을 드시고 따로 사랑하는 제자들을 데리고 '감람'산에 올라가 하나님 앞에서 처절한 기도를 드리고, 그곳에서 하나님의 뜻을 확인하신 것을 봅니다. 예수님은 마지막 순간까지 하나님의 뜻을 여쭙고 그 뜻을 따라 잡히고, 뜻을 따라 죽음을 맞으셨습니다. 주님을 닮고자 하는 저희가 주님처럼 최후까지 알뜰히 살게 하시옵소서!

하나님께서 허락하신 육체의 생명이 어림잡아 33년을 살아가는 동안 하루도 낭비하지 않으시고 어린 시절부터 공생애 전까지 부모님을 섬기며 일하시고, 그 일 이후 공생애 마지막 날까지 빈틈없이 살고 삶의 마지막 순간까지 삶의 불꽃을 태우셨습니다. 하나님께서 주신 삶의 한 자락도 헛되이 쓰지 않고 철저하게 하나님께 드린 모습을 본받게 하시옵소서!

삶의 매 순간을 함께하실 예수님의 이름으로 기도드립니다. 아멘!

골방기도 / 사역·헌신

예수님처럼 살고 싶을 때 드리는 기도! (55)

현장에서 만난 이가 동역자임을 알게 하옵소서!

"갈릴리 해변으로 지나가시다가 시몬과 그 형제 안드레가 바다에 그물 던지는 것을 보시니 그들은 어부라 예수께서 이르시되 나를 따라오라 내가 너희로 사람을 낚는 어부가 되게 하리라 하시니 곧 그물을 버려 두고 따르니라." (마가 1:16-18)

하나님! 저희가 이 땅에서 하나님의 사역을 하며 가장 관심하는 것이 있습니다. 어차피 하나님의 일을 혼자서 할 수 있는 일이 아니기에 '동역자'를 구합니다. 늘 '좋은 동역자'를 만나게 하옵소서! 믿음과 성령님으로 충만한 하나님의 사람들을 만나게 하여 주옵소서! 그러나 늘 주님처럼, 주님의 방법을 배우게 하시어 최상의 동역자를 만나게 하여 주옵소서!

예수님은 사역 초기에 '갈릴리' 호수를 지나시다가 '요한'의 아들들인 '시몬'과 '안드레'를 부르시고, 또 얼마쯤 가시다가 '세배대'의 아들들 '야고보'와 '요한'을 부르셨습니다. 복음을 전하실 예수님 사역의 동역자로 이제까지 호수에서 고기잡이하던 어부 형제들을 부르셨습니다. 이해가 어려운 것은 다른 이들은 몰라도 제자를 뽑을 때 삼 분의 일은 어부들입니다.

예수님의 제자들이 모두 전직(前職)이 알려진 건 아니지만 삼 분의 일이 어부였고, '마태'가 세리였던 것 외에 나머지 일곱 명의 지난날 직업은 알 길이 없습니다. 그것도 두 가문에서 선발된 네 명의 제자는 형제들이었습니다. 또 '시몬'과 '안드레'와 '빌립'은 같은 동네 '벳새다' 사람이었습니다. 두 가문에서 네 명의 형제를 불렀다는 의혹을 받을 수 있었습니다.

예수님은 이후 거의 모두를 '갈릴리' 출신들로 뽑았고, 결국 그들 제자들의 별명은 '갈릴리 사람들/갈릴리 사단'이었습니다. 한 지역에서, 두 가정의 형제 어부들 네 명과 '가버나움'의 세리 '마태', 그리고 나머지 일곱 명의 제자들은 과거의 전력조차 공개할 것이 없는, 공개된 신분 어부나 세리만도 못한 이들이 아닌가 하는 의구심이 들만큼 알려진 바가 없습니다.

그러나 하나님은 그곳에서 세워가는 하나님 나라의 가장 큰 기둥을 현장에서 생업인 어업에 종사하는 어부들로 부르셨습니다. 학벌 보고, 출신이나 가문을 보고, 뽑았으면 하나도 주님의 제자가 될 사람이 없었습니다. 그럼에도 불구하고 하나님은 이런 갈릴리 촌사람들을 세워 제자로 삼으시고 훈련과 교육과 시범을 통해 모두 신비로운 사도들로 양성하셨습니다.

오늘 저희가 일하는 이곳에서 함께 일할 동역자를 찾을 때 이런저런 자격과 조건을 열거하다 말고, 예수님이 제자를 뽑으시고 그들을 조련하여 사도 삼으신 것을 보면, 지금 우리 주변에는 사람이 차고 넘칩니다. 저의 가장 좋은 동역자는 지금 제 사역지 안에 있는 전혀 다른, 바로 그 사람인 것을 알고 잘 훈련하여 함께 하나님 나라를 세워가게 하옵소서!

저희를 불러 사도로 삼으신 예수님의 이름으로 기도드립니다. 아멘!

골방기도 / 사역·헌신

예수님처럼 살고 싶을 때 드리는 기도! (62)

기도하고 일꾼을 세우게 하옵소서!

"이 때에 예수께서 기도하시러 산으로 가사 밤이 새도록 하나님께 기도하시고 밝으매 그 제자들을 부르사 그 중에서 열둘을 택하여 사도라 칭하셨으니."

(누가 6:12-13)

전능하신 하나님! 하나님의 교회가 세워지고 교회가 운영되기 위해서 언제나 사람이 필요합니다. 주님께서도 처음 세상에 오셨을 때 혼자서 하신게 아니라 제자들을 뽑아서 함께 사역의 짐을 맡기고 동역자로 수고하며 이들을 제자로, 사도로 부르셨습니다. 그리고 그들의 헌신과 수고, 순교로 하나님의 교회는 오늘까지 장족의 진전을 가져온 줄로 믿습니다.

언제든 사람은 절대적으로 필요하고 중요한 역할을 감당하는 만큼 제자들을 뽑을 때 신중하게 하옵소서! 너무 성급하게 하여 기도하지 못하고, 준비되지 못하고, 하나님의 뜻이 무엇인지 헤아리지 못한 채 조급하게 하지 않게 하시고, 급하더라도 돌아가게 하시고, 시급한 필요가 생기더라도 성급함이 일을 그르치지 않게 하옵소서! 기도 많이 하고 뽑게 하옵소서!

하나님의 일을 위해 세운 일꾼이 '일꾼'이 아니라 '말썽꾼'이 되기도 하고, '디딤돌' 아니라, '거침돌'이 되기도 합니다. 그렇게 주님께서 밤을 새워 기도하시고 세운 제자 중에도 스승을 파는 자, 부인하는 자, 도망가는 자가 생겼습니다. 하나님의 뜻을 이루는 도구라지만, 저희가 더 준비하고 더 기도하고 하나님의 사람을 분별하여 바로 세우게 하여 주옵소서!

하나님의 백성 '이스라엘'은 시집가고 장가가는 길에서 배우자를 정할 때 기도하고 정했으며(창 24:12), 국가 간에 전쟁할 때도 이들을 쳐야 할지 말아야 할지를 하나님께 여쭈어 계시를 받았습니다. (삼상 23:2) 하나님은 언제나 옳습니다. 하나님의 지시가 있는 곳에 하나님의 인도가 있습니다. 저희의 소견대로 살지 말고 하나님의 뜻대로 살게 하옵소서!

하나님을 사랑하는 믿음이 있다면 하나님 뜻을 알아보고, 그러기 위해서 기도 외에 길이 없음을 알고 날마다 기도를 통해 하나님의 뜻을 분별하는 저희가 되게 하옵소서! '하나님의 교회'의 지도자를 세우는 일은 다가올 영원한 하나님 나라를 위한 중요한 일입니다. 지혜를 구하게 하옵소서! 예수님도 밤새 기도하고 제자들을 세웠다면 저희야 오죽하겠습니까?

사람 하나를 잘못 세우면 끼치는 폐해가 큽니다. 특히 교회의 지도자 한 사람이 기도 없이 밀실인사나 정실인사 부실인사로 진행될 경우 그 피해는 고스란히 신앙공동체인 교회가 안고 가야 하는바, 지금 기도하고 하나님의 감동을 따라 하나님의 사람을 세워 하나님의 나라가 든든히 세워지게 하옵소서! 인사는 만사요, 기도가 인사의 열쇠임을 알게 하옵소서!

저희의 길을 선히 인도하실 예수님의 이름으로 기도드립니다. 아멘!

골방기도 / 사역·헌신

예수님처럼 살고 싶을 때 드리는 기도! (64)

저희 공동체에 큰 부흥이 일어나게 하옵소서!

"호숫가에 배 두 척이 있는 것을 보시니 어부들은 배에서 나와서 그물을 씻는지라 예수께서 한 배에 오르시니 그 배는 시몬의 배라 육지에서 조금 떼기를 청하시고 앉으사 배에서 무리를 가르치시더니." (누가 5:2-3)

하나님! 저희가 섬기는 교회에 하나님의 부흥이 일어나게 하옵소서! 은혜롭게 넘치는 말씀으로 온 지역에 소문이 나서 동서남북 원근각처에서 하나님의 사람들이 구름처럼 벌떼처럼 몰려오게 하시고, 앉을 자리 없이 인산인해를 이루어 마치 '갈릴리' 호숫가에 몰려든 무리처럼 입추(立錐)의 여지가 없어, 몰려든 무리를 바라보는 것이 은혜가 되게 하옵소서!

피차 밟힐 만큼 되고, '가버나움'에 무리가 몰려, 늦게 도착한 이들은 지붕으로 올라가듯이, 집회 장소를 벗어난 곳에 미처 못 들어온 무리들이 몰려오는 진풍경이 일어나게 하옵소서! 예수님께서는 배를 띄워 놓고 호수 위에서 설교하시고, 무리는 호숫가 해변에서 말씀을 들었듯이, 목사님들이 내려와 강단을 밖으로 옮겨 예배 인도할 만큼 되게 하옵소서!

그곳에 모인 수많은 무리가 각기 은혜에 대한 갈급함으로 모여들게 하시고, 모두 말씀에 집중하게 하옵소서! 말씀과 은혜에 대한 갈증이 있어, 말씀을 듣는 순간순간 쏟아지는 은혜와 사랑에 감동하게 하옵소서! 선지자 '사무엘'의 때에 '미스바'에 모였던 이들처럼 이곳에 모인 이들이 선지자들 앞에서 회개하고 자복하며 하나님 앞에 자신을 드리게 하시옵소서!

그날 말씀을 들은 이들 중에, 자신의 배를 드리고 말씀을 들었던 '시몬'과 '안드레'가 큰 은혜를 받고 말씀의 감동에 푹 빠져 주님께서 "깊은 데로 가서 그물을 내려 고기를 잡아라!"(누가 5:4)고 하시자, '시몬'이 "선생님! 저희가 밤새도록 수고했으나 잡은 것이 없지만 말씀에 의지하여 그물을 내리겠습니다."(누가 5:5)고 그물을 던지듯 순종의 역사도 주옵소서!

그물을 던져 고기를 잡은 것이 심히 많아 그물이 찢어지듯, 말씀을 듣고 순종하는 이들의 일상에도 하나님의 축복이 임하게 되고, 뿐만 아니라 '시몬 베드로는' 이런 사실에 그의 죄성(罪性)이 드러나며 예수님의 무릎 아래 엎드려 "주여 나를 떠나소서! 나는 죄인이로소이다."(누가 5:8) 하듯, 모든 이들이 자신의 죄를 자복하며 회개하는 역사가 있게 하옵소서!

그곳에 있던 제자들이 "배들을 육지에 대고 모든 것을 버려두고 예수를 따르니라."(누가 5:11)고 했는데, 이제 부흥이 단순히 사람들만 모이는 양적 부흥의 시대가 아니라, 참회와 회개, 변화와 순종으로, 진실한 제자들이 되는 참 부흥의 역사가 있게 하옵소서! 부흥이 모래성 같은 허구가 아니라 회개와 결단과 헌신과 변화가 있는 참 부흥이 되게 하옵소서!

오늘도 교회 부흥을 원하시는 예수님의 이름으로 기도합니다. 아멘!

골방기도 / 사역-헌신

예수님처럼 살고 싶을 때 드리는 기도! (65)

오후 5시에 온 품꾼처럼 일하게 하옵소서!

"네 것이나 가지고 가라 나중 온 이 사람에게 너와 같이 주는 것이 내 뜻이니라 내 것을 가지고 내 뜻대로 할 것이 아니냐 내가 선하므로 네가 악하게 보느냐 이와 같 이 나중 된 자로서 먼저 되고 먼저 된 자로서 나중 되리라"

(마태 20:14-16)

사랑하는 하나님! 저희에게 믿음을 주시고, 믿음을 가진 이들이 주님 앞에 충성하기를 원하시는 하나님! 저희가 주님의 사랑받는 종이 되어, 하나님 앞에 충성된 종들이 되게 하옵소서! "천국은 마치 포도원에 들여보내려고 이른 아침에 나간 집 주인과 같다."(마태 20:1)고 하셨는데, 저희가 주인의 마음에 들어 칭찬을 듣는 충성스러운 종들이 되게 하옵소서!

하루 한 '데나리온'을 품삯으로 정하고 이른 아침부터 포도원에 들어간 종들이 있습니다. 새벽 6시에도 들어가고 오전 9시에도 들어갔습니다. 정오에 들어온 이들도 있고, 오후 3시에 들어와서 일하는 이도 있습니다. 이른 새벽부터 일하던 품꾼의 마음에는 그들에게 시기하는 마음도 들었을 것입니다. 급기야 종료 한 시간 전인 5시에 들어온 이도 있습니다.

그런데 일이 끝나기 한 시간 전까지 누구도 자기를 불러다 품꾼으로 써주는 사람이 없어 놀고 있던 그는 하루의 일과가 거의 끝나갈 무렵 자기를 불

골방 기도

러준 주인께 고마운 마음으로 부지런히 포도원 일을 했습니다. 아무리 해도 온 종일 수고한 일꾼들에 비하면 따라갈 길이 없다고 생각한 마지막 품꾼은 숨쉴 틈도 없이 일했습니다. 드디어 하루가 지나갔습니다.

그는 주인이 베푸신 은혜로 한 시간 일하고 미리 약속한 하루치 품삯 한 데나리온을 받았습니다. 그게 은혜였습니다. 그러나 그는 그런 은혜의 삶을 받기 전에 이미 은혜를 입었습니다. 그는 자신이 누릴 수 없는 복을 누리면서 고마운 마음이 가득한 얼굴로 포도원에서 해야 할 일을 상상하고 있었습니다. 은혜로 받을 한 데나리온은 주인의 선물이었습니다.

그는 불평할 일 없이, 주어진 일에 자신의 시간을 충성했습니다. 꾀를 부리거나 농땡이를 칠 겨를도 없었습니다. 온종일 일을 마치고 나니 주인은 약속한 대로 한 데나리온을 주었습니다. 백 데나리온만큼이나 귀했습니다. "네 것이나 가지고 가라. 이 사람에게 너와 같이 주는 것이 내 뜻이니라."(마태 20:14)며 불평하는 품꾼에게 하는 주인의 말을 들었습니다.

"내 것을 가지고 내 뜻대로 할 것이 아니냐. 내가 선하므로 네가 악하게 보느냐."(마태 20:15)고 하십니다. 그렇습니다. 포도원 주인은 하나님이십니다. 은혜주실 만한 이에게 은혜를 주시는 것은 하나님의 뜻입니다. "이와 같이 나중 된 자로서 먼저 되고 먼저 된 자로서 나중 되리라."(마태 20:16)는 주님의 말씀이 이 시간 저희를 향한 축복으로 들리게 하옵소서!

지금도 은혜를 베푸시는 예수님의 이름으로 기도드립니다. 아멘!

골방기도 / 사역·헌신

예수님처럼 살고 싶을 때 드리는 기도! (66)

백배의 결실을 맺는 밭이 되게 하옵소서!

> "더러는 가시떨기 속에 떨어지매 가시가 함께 자라서 기운을 막았고 더러는 좋은 땅에 떨어지매 나서 백배의 결실을 하였느니라. 이 말씀을 하시고 외치시되 들을 귀 있는 자는 들을지어다."
>
> (누가 8:7-8)

하나님께서 성경을 통해 들려주신 말씀은 사건이든, 기적이든, 비유는 모두 은혜입니다. 저희가 이 '씨 뿌리는 비유'를 들을 때마다 즐거움으로 듣는 이유는, 비유에 나오는 길가와 같은 밭이나, 돌밭이나, 가시떨기 밭 같은 굳고 딱딱하고 변하는 밭이 아니라 '좋은 밭'이 되고 싶고, 그런 희망을 품고 말씀을 듣기 때문입니다. 저희가 좋은 밭 되게 하옵소서!

하나님! '마태'의 복음서에는 좋은 밭에 떨어진 씨가 백배, 육십 배, 삼십 배로, '마가'의 복음서에는 삼십 배, 육십 배, 백 배로 나오는데, '누가'의 복음서에는 백배의 결실을 하였다고 하여, 저희는 '누가'의 복음서를 좋아합니다. 저희 영혼의 밭에서는 '최소한 삼십 배'가 아니라 '백배의 결실'을 맺게 하옵소서! 앞에 나온 세 종류의 밭이 아니기를 소망합니다.

"악한 자가 와서 뿌려진 것을 빼앗는 길 가"(마태 13:19)도 말고, "말씀을 듣고 즉시 기쁨으로 받되, 그 속에 뿌리가 없어 잠시 견디다가 말씀으로 말미암아 환난이나 박해가 일어날 때는 넘어지는 돌밭"(마태 13:20–21)도 아니고, "말씀을 들으나 세상의 염려와 재물의 유혹에 말씀이 막혀 결실하지 못하는 가시떨기 밭"(마태 13:22)도 되지 않게 하옵소서!

다만 좋은 땅이 되어 백배의 결실을 하는 밭이 되게 하옵소서! 하나님께서 뿌린 말씀은 '기록된 말씀'이든 '선포된 말씀'이든, 저희의 영혼에 잘 박힌 화살처럼, 든든히 박힌 못처럼 박혀 의심의 바람이나 박해의 위협에도, 이런저런 풍파와 여러 종류의 시험, 다양한 상처에도 굳게 자리를 지켜 확실히 발아하고 잎을 피우고 꽃을 피워 열매 맺게 하옵소서!

그리하여 결실의 계절에 나무의 가지마다 열매가 주렁주렁 열리게 하옵소서! 좋은 나무가 나쁜 열매를 맺을 수 없고, 못된 나무가 아름다운 열매를 맺을 수 없으니, "아름다운 열매를 맺지 아니하는 나무마다 찍혀 불에 던져지느니라. 이러므로 그들의 열매로 그들을 알리라." (마태 7:19–20)고 하셨습니다. 좋은 밭에 백배나 좋은 열매를 수확하게 하시옵소서!

사랑의 하나님! 기왕에 저희를 천국의 밭으로 부르셨는데 돌멩이나 굴러다니고 먼지만 이는 황폐한 밭, 그래서 '승냥이'의 놀이터가 되지 않게 하시고, 뿐만아니라 엉겅퀴, 잡초, 가시넝쿨, 가라지 같은 쓸모없는 것들만 가득 차 있는 밭이 되지 않게 하옵소서! 좋은 곡식들로 온갖 천국의 열매, 성령님의 열매를 백배나 수확하는 기름진 밭이 되게 하옵소서!

우리로 열매 맺게 하시는 예수님의 이름으로 기도드립니다. 아멘!

골방기도 / 사역-헌신

예수님처럼 살고 싶을 때 드리는 기도! (82)

마지막 순간이라도 헌신할 기회를 주옵소서!

"그가 빌라도에게 가서 예수의 시체를 달라 하여 이를 내려 세마포로 싸고 아직 사람을 장사한 일이 없는 바위에 판 무덤에 넣어 두니 이 날은 준비일이요 안식일이 거의 되었더라." (누가 23:52-54)

사랑하는 하나님! 주님을 사랑하는 이들에게는 사랑을 고백하고 헌신할 기회가 반드시 온다고 믿습니다. 이미 주님에 대한 고백의 기회가 사라졌고, 사랑을 전할 방법이 모두 없어진 뒤에 공회 의원으로 선하고 의로운 '요셉'이라 하는 유대 '아리마대' 사람이 (그들의 결의와 행사에 찬성하지 아니한 자라) 담대히 총독 '빌라도'를 찾아갑니다. (누가 23:50-51)

하나님 아시지요? 주님께서 돌아가시던 마지막 순간에 대신 십자가를 지고 간 '구레네' 사람 '시몬', (마가 15:21) 십자가 위에서 주님을 바라보며 용서를 구하던 저희는 이름 모르는 한편 강도(누가 23:42), 주님이 죽으시는 것을 보며 가슴을 쓸어내리며 "이는 진실로 하나님의 아들이었다."고 한 백부장(마태 27:54), 전에 밤에 왔던 '니고데모'(요한 19:39)입니다.

그중에 유대 '아리마대' 사람 부자 '요셉'은 '마태'나 '마가', '누가'와 요한의 마음에 감동을 주시어 복음서에 모두 그의 행적을 기록하여 저희가 '아리마대 사람 요셉'을 알게 해 주었습니다. "저물었을 때 '아리마대' 부자 '요셉'이라 하는 사람이 왔으니 그도 예수의 제자라."(마태 27:57)고 소개한 요셉을 복음서에는 다투어 그 마지막 모습을 알려주십니다.

"아리마대 사람 요셉이 와서 당돌히 빌라도에게 들어가 예수의 시체를 달라고 했고, 그는 존경받는 공회원이요 하나님의 나라를 기다리는 자라.(마가 15:43)고 했습니다. "아리마대 사람 요셉은 예수의 제자나 유대인이 두려워 숨기더니 빌라도에게 예수의 시체를 가져가기를 구하매 빌라도가 허락하여 예수의 시체를 가져가니라."(요한 19:38)고 전해줍니다.

"공회 의원으로 선하고 의로운 요셉이라는 사람이 있으니 (그들의 결의와 행사에 찬성하지 아니한 자라) 유대인의 동네 아리마대 사람이요 하나님 나라를 기다리는 자라. 빌라도에게 가서 예수의 시체를 달라 하여 이를 내려 세마포로 싸고 사람을 장사한 일이 없는 바위에 판 무덤에 넣어 두니 이날은 준비일이요 안식일이 거의 되었다." (누가 23:50~53)고 합니다.

하나님! 그동안 주님을 사랑했지만, 사랑의 고백도 못했을 안타까운 이들에게 아직도 기회가 있음을 보여주시니 고맙습니다. 모든 기회가 지나간 게 아니라 아직도 기회 한 번은 있음을 알게 하옵소서! 돌아가신 다음에도 기회가 있고 지금도 기회가 있음을 알게 하옵소서! 여전히 이 땅에 신음하는 주님의 교회들에게 저희가 할 일이 있음을 알게 하옵소서!

우리가 영원히 사랑할 주 예수님의 이름으로 기도드립니다. 아멘!

골방기도 / 사역-헌신

대적들이 항상 시비하는 것을 알게 하옵소서!

"예수께서 다시 회당에 들어가시니 한쪽 손 마른 사람이 거기 있는지라. 사람들이 예수를 고발하려 하여 안식일에 그 사람을 고치시는가 주시하고 있거늘 예수께서 손 마른 사람에게 이르시되 한 가운데에 일어서라 하시고."

(마가 3:1-3)

사랑의 하나님! 세상을 살다 보면 하나님을 믿는 믿음을 가지고 산다는 것 때문에, 비신자들이나 불신자들로부터 오해를 받기도 하고, 또 아무것도 아닌 일들이 저희가 신앙생활을 하기에 다툼이 되기도 합니다. 때로는 분하기도 하고, 더러 억울하기도 하지만 답답하기만 할 뿐, 하소연할 곳은 주님밖에 없습니다. 힘없는 저희를 불쌍히 여겨 주옵소서!

그런데 주님은 저희와는 비교도 할 수 없을 만큼 많은 시비와 훼방을 받으셨습니다. 그때나 지금이나 복음의 사람들에게는 이처럼 시비하고 비난하는 이들도 많고, 일마다 비방하는 일도 생기면서 하나님의 사랑과 배려를 간구합니다. 하나님께서 믿음이 약한 저희가 쓰러지지 않도록 붙잡아 주옵소서! 위기의 시대에 담력을 가지고 끝내 승리하게 하옵소서!

예수님께서 하신 일이 말씀을 전하고 가르치신 일과 귀신을 쫓아내신 일과 질병이나 장애를 고쳐 주신 일입니다. 그중에 가장 사람들의 관심을 많이 끈 것이 질병이나 장애를 고쳐 주신 일인데, 신기하게도 이런 치유와 회복의 역사는 거의 안식일에 하셨습니다. 왜 그러셨는지 저희도 정확하게는 모르지만, 이 일은 예수님의 대적들에게 굉장한 시비거리였습니다.

예수님께서 안식일에 회당에 들어가실 때 병자가 있으면 대적들의 관심은 안식일에 병을 고치시느냐는 것입니다. (마가 3:1-2) 안식일에 18년 동안 귀신들려 꼬부라져 조금도 펴지 못하는 한 여자를 안수하여 고쳐 주시니, 회당장이 분해서 "일할 날이 엿새가 있으니 그동안에 와서 고침을 받을 것이요 안식일에는 하지 말 것이니라."고 합니다. (누가 13:10-14)

'베데스다' 연못가에 누워있던 38년 된 병자를 고쳐 주신 날도 안식일이었는데, 유대인들이 그에게 "안식일인데 자리를 들고 가는 것이 옳지 않다."(요한 5:10)고 합니다. '예루살렘'에서 나면서부터 못 보는 맹인을 '실로암'에 가서 씻고 고쳤을 때도 시비했습니다. 지금도 이런 현상은 똑같습니다. 사람들은 얼마나 선하고 아름다운지보다 다른 데 관심이 있습니다.

얼마나 귀한 일인가 보다는 그 일을 하는데 얼마나 공동체의 제도와 관습을 따랐는지에 대한 판단과 적용에 더 관심이 있었습니다. 내 편에서 하면 옳고, 상대가 하면 다 불법인 '이현령비현령(耳懸鈴鼻懸鈴)'의 판단과 제재가 있었습니다. 주님이 가시는 길에는 언제나 시비와 시기, 질투, 모함들이 끊이지 않았습니다. 저희도 그와 같은 어려움을 이기게 하옵소서!

저희의 영원한 푯대가 되신 예수님의 이름으로 기도드립니다. 아멘!

4. 사역-헌신을 위한 기도

골방기도 / 사역-헌신

예수님처럼 살고 싶을 때 드리는 기도! (105)

다른 사람을 판단하지 않게 하옵소서!

> "어찌하여 형제의 눈 속에 있는 티는 보고 네 눈 속에 있는 들보는 깨닫지 못하느
> 냐. 보라 네 눈 속에 들보가 있는데 어찌하여 형제에게 말하기를 나로 네 눈 속에
> 있는 티를 빼게 하라 하겠느냐." (마태 7:3-4)

사랑의 하나님! 오늘도 저희는 저도 모르는 순간에 모여 앉으면 남의 말부
터 하기 시작합니다. 어쩌면 저희가 짓는 죄 중에서 가장 큰 죄는 남의 말
을 하고, 남을 판단하고, 남을 정죄하는 일이 아닌가 싶습니다. 우선 그 입
에 오르내리는 대상은 지금은 자리에 없는 사람이요, 저희의 비난을 받아
도 변명도 부인도 항변도 할 수 없는 우리 형제요 자매입니다.

이런 무력한 이들을 저희들의 날카로운 이로 마구 씹고 짓이겨 놓는 것은
가증스러운 일입니다. 그는 하나님의 피조물이요, 하나님께서 보기에 사
랑스러울 만큼 당신의 형상과 모양을 따라 지음을 받은 하나님의 자녀들
인데, 하나님께서 당신의 외아들 예수님을 이 땅에 보내시고, 대신 죽게
하신 눈에 넣어도 아프지 않은 소중한 하나님의 자녀들이라는 것입니다.

다만, 지금 저희의 눈앞에 안 보이고, 자리에 없다는 이유로 마구잡이로
판단하고 내 마음대로 평가하여 내가 형량을 정하여 '죽일 놈', '살릴 놈' 하

는 것이 얼마나 무도하고 오만방자한 일인지 모릅니다. 어떻게 저희가 주인이신 하나님의 자녀들을 그렇게 평가하고 판단할 수 있습니까? 이런 오만한 심판자의 자리에서 심판받기 전에 속히 내려오게 하옵소서!

그가 어떤 잘못이나 실수가 있거든, 혹시 죄로 보이는 행위가 있거든 그를 찾아가서 권하라고 하셨습니다. 말을 들으면 세상의 누구도 그의 부끄러운 죄를 모른 채 그를 구원한 것이고, 그렇게 해서 듣지 않거든 가까운 한두 사람이 함께 다시 가서 권면하라고 하셨습니다. 그래서 들으면 그를 얻은 것이라고 했습니다. (마태 18:15~17) 저희는 반대로 합니다.

아직 확인도 되지 않은 소문에 의하여, 아직 본인이 시인(是認)도 하지 않은, 시인 이전에 인지하지도 못한 소문을 가지고 마치 사실에 근거하여 재판장이 판결 내리듯 '죽일 놈'으로 선고하는 무례를 범하고 있습니다. "입법자와 재판관은 오직 한 분이시니 능히 구원하기도 하시며 멸하기도 하시느니라. 네가 누구기에 이웃을 판단하느냐?"(야고 4:12)고 합니다.

주님은 "누가 너를 재판관으로 삼았느냐?"고 하시며 "비판을 받지 않으려거든 비판하지 말라. 너희의 비판으로 너희가 비판을 받을 것이요, 너희가 헤아림으로 너희가 헤아림을 받을 것이니라." (마태 7:1~2)고 하십니다. 저희 눈은 형제의 눈 속에 있는 티끌은 보고 자신의 눈 속의 들보는 보지 못하는 어리석음을 용서하시고 저희 눈의 들보를 빼게 하옵소서!

언제나 저희를 살피시는 예수님의 이름으로 기도드립니다. 아멘!

골방기도 / 사역-헌신

예수님처럼 살고 싶을 때 드리는 기도! (106)

좋은 동역자를 만나게 하여 주시옵소서!

"거기서 더 가시다가 다른 두 형제 곧 세베대의 아들 야고보와 그의 형제 요한이
그의 아버지 세베대와 함께 배에서 그물 깁는 것을 보시고 부르시니 그들이 곧 배
와 아버지를 버려두고 예수를 따르니라." (마태 4:21-22)

하나님! 이 땅에서 주님의 일을 하기 원하는 주님의 사람들, 특히 주님의
방법으로 일하기 원하는 이들은 어떻든 시작부터 과정까지, 원칙부터 방
법까지 주님의 방식대로 하게 하여 주옵소서! 예수님께서 어떻게 누구와
사역을 시작하셨는지 꼼꼼히 살펴보고, 처음부터 배워가게 하옵소서! 먼
저 저희의 생각대로 하지 말고, 주님의 방법으로 하도록 도와주옵소서!

주님은 '갈릴리' 호수에서 고기 잡던 어부들을 중심으로 주님이 일하실 갈
릴리 지역의 크고 작은 마을이나 호숫가에서 주님이 만나는 이들을 부르
셨습니다. 사람들은 주님의 교회 공동체를 세우려고 하면, 제일 먼저 그럴
듯한 공간 건물과 또 제대로 된 스텝들을 생각하지만, 주님의 당신의 머리
둘 곳도 없이 작은 텐트나 컨테이너 하나 없이 시작하셨습니다.

함께 일할 부목사님이나 전도사님은 커녕 집사님도 한 사람 없이 출발하
셨습니다. 그리고 전도하러 나가셔서 거기서 만나는 사람들을 한 사람씩

부르셨습니다. 오늘은 제자를 부르는 날로 정하고 제자들을 부르신 것이 아니라, 함께 다니면서 가르치고 훈련 시킨 다음, 훈련을 마친 날 이들 중에 열두 명을 제자로 세우셨습니다. 처음엔 아무도 없었습니다.

처음부터 신대원 졸업자 몇 명을 전도사로 세우고, 재정이 있는 몇 사람을 집사로 세운 것이 아니라, 예수님께서 길을 가시다 만난 사람을 불렀을 때, 핑계하고 자기 길을 떠난 이들은 두고(누가 9:57-62), 소명을 깨닫고 주님은 따라나선 이들을 데리고 다니며, 기도시키고 훈련을 시키고, 현장을 보고 배우게 하여 후에 그들이 제자가 되고 사도가 되었습니다.

제자들이 모두 '갈릴리' 출신의 서민들이다 보니, 갈릴리의 문화와 정서에 누구보다 밝고, 지인들이 많이 있어 그들이 또한 예수님의 제자의 일원이 되고, 청중이 되고, 후에는 이들이 주님을 돕는 재정 후원자들이 되기도 하며(누가 8:1-3) 예수님을 따르는 신앙공동체가 되었습니다. 주님의 교회는 점점 자라는 것이지, 처음부터 크게 출발하는 것은 아닙니다.

지금도 저희를 불러 하나님 나라를 일구어 가시는 하나님! 오늘 저희를 불쌍히 여기시어, 이런 주님의 마음, 이런 주님의 방법을 따라가게 하시고, 이런 주님의 후예로 주님의 나라를 세워가게 하시되, 언제나 보내심을 받은 그곳에 말씀 들을 청중도, 병 고칠 대상도, 사역자를 도울 제자도 있는 것을 알게 하셔서, 주님의 좋은 복음의 후예들이 되게 하옵소서!

저희에게 모범이 되시는 예수님의 이름으로 기도드립니다. 아멘!

4. 사역-헌신을 위한 기도

골방기도 / 사역·헌신

예수님처럼 살고 싶을 때 드리는 기도! (112)

은혜 받은 사람들을 돌려보내게 하옵소서!

"예수께서 배에 오르실 때에 귀신 들렸던 사람이 함께 있기를 간구하였으나 허락하지 아니하시고 그에게 이르시되 집으로 돌아가 주께서 네게 어떻게 큰일을 행하사 너를 불쌍히 여기신 것을 네 가족에게 알리라 하시니." (마가 5:18-19)

사랑의 하나님! 세상에서 '사회생활'이나 '신앙생활'을 하면서 어떻게 하는 것이 예수님처럼 사는 것인가 혼란스러울 때, 주님께서 세상에 계실 때 사신 삶의 모습을 보며 교훈을 얻습니다. 저희는 누구에게 은혜를 끼치거나 감동을 준 다음에는 늘 이걸 자랑하고 떠벌리는 일을 했습니다. 이뿐 아니라, 은혜 입은 그 사람을 늘 곁에 두고 다니기를 좋아했습니다.

그런데 주님께서는 저희와 정반대로 사람들에게 알리고 선전하는 일보다는 침묵하기를 원하셨고, 은혜받고 나서 주님을 따라다니기보다 집이나 마을로 돌아가게 하셨습니다. 이것이 사역의 자세요, 믿음의 본질이라고 믿습니다. 은혜를 끼치면 평생 다른 데도 못가고 옆에 붙어 있게 하고, 은혜받고 자신을 떠나면 배신자처럼 여기는 슬픈 현실을 봅니다.

예수님께서 '거라사' 지역에 가셔서 귀신 들려 집에서 못 살고 공동묘지에서 소리를 지르며 옷도 입지 않고 벌거벗고 살던 사람을 만나십니다. 사실

'가버나움'에서 그 한 사람을 고쳐 주시려고 풍랑 이는 호수를 가로질러 건너가셨습니다. 그는 주님께서 그 안에 있던 강력한 '군대 귀신'을 쫓아 주시고 옷을 입고 멀쩡해졌습니다. 그 인생의 천지개벽 사건입니다.

그에게 들렸던 귀신이 '거라사' 언덕에서 풀을 먹던 돼지 이천여 마리에게 들어가자 그들이 모두 호수로 뛰어들어가 몰사할 정도의 강력한 귀신에게서 자유 함을 얻은 그는 이제 새사람이 되었습니다. 그를 고치신 일이 끝나자 예수님 다시 돌아오시려고 배에 오르실 때, 그 사람도 여전히 주님을 따라가고 싶어 나옵니다. 그러나 주님은 허락하지 않으십니다.

그 때 그에게 하신 말씀은 "집으로 돌아가 주께서 네게 어떻게 큰 일을 행하셔서 너를 불쌍히 여기신 것을 네 가족에게 알리라!"(마가 5:18-19)는 것입니다. 이런 기적 같은 일이 저희에게 일어났다면, 저희는 그 사람을 항상 데리고 다니며, 언제 어떻게 고침을 받은 사람이라고 자랑하고 싶어합니다. 그런 이들을 가정이나 교회로 돌려보내게 하옵소서!

교회에서 은혜를 받으면 무조건 신학교에 보내고, 기도원에서 은혜를 받고는 집에도 안 가고 거기 머물러 사는 길이 보은하는 것은 아닙니다. 막상 은혜를 끼친 이들은 은혜를 주님께서 주셨음에도 자기가 준 줄 압니다. "그가 가서 예수께서 자기에게 어떻게 큰일 행하셨는지를 '데가볼리'에 전파했다."(마가 5:20)고 하듯이 우리가 사람을 돌려보내게 하옵소서!

저희를 구원하여 세상에 보내신 예수님의 이름으로 기도드립니다. 아멘!

골방기도 / 사역-헌신

예수님처럼 살고 싶을 때 드리는 기도! (116)

주님을 기다리며 항상 깨어있게 하옵소서!

> "그러므로 깨어 있으라 집 주인이 언제 올는지 혹 저물 때일는지, 밤중일는지, 닭 울 때일는지, 새벽일는지 너희가 알지 못함이라. 그가 홀연히 와서 너희가 자는 것을 보지 않도록 하라." (마가 13:35-36)

사랑의 하나님! 신앙생활의 바른 자세가 무엇일까 생각하며 주님의 가르치심을 보면 언제나 '깨어있으라!'는 말씀을 생각합니다. '깨어 있다.'는 말은 늘 긴장, 경건, 기도, 준비, 사모, 경계, 근신 등과 맞물려 좋은 의미로 저희를 각성시켜 주고 있는 말씀입니다. 특히 주님께서 마지막에 "깨어 있으라!"고 하셨는데, 혼란스러운 마지막 때에 깨어 있게 하옵소서!

'깨어 있다.'는 말은 '긴장하고 있다.'는 것이라, 주님께서 언제 오실지 "집 주인이 언제 올는지, 혹 저물 때일는지, 밤중일는지, 닭 울 때일는지, 새벽일는지 너희가 알지 못함이라."(마가 13:35)고 하셨습니다. 우리는 '주인'을 기다리는 '종'들인 바, 주인이 오실 정확한 시간을 모르기에, 언제 오셔도 부끄러움을 당하지 않도록 긴장하고 깨어 있게 하시옵소서!

"깨어 있으라!"고 해서 평생 잠도 안 자고 사는 것이 아니라 늘 기도에 깨어 있으라는, 즉, 기도하며 깨어 있으라는 말씀입니다. "기도를 계속하고 기도에 감사함으로 깨어 있으라."(골로 4:2)고 하신 것을 보면, 기도의 잠을 잘 때 홀연히 주님께서 오셔서 저희가 자는 것을 보지 않으시도록 하옵소서! (마가 13:36) 깨어 있는 자가 칭찬을 받을 줄로 믿습니다.

"주인이 와서 깨어 있는 것을 보면 그 종들은 복이 있으리라."(누가 12:37)고 하셨으니 오늘, 지금, 이 밤, 이 새벽에라도 주님께서 오실 수 있다는 믿음과 경계심으로 늘 기도로 깨어 있다가 도적같이 오실 주님을 뵈옵게 하옵소서! '겟세마네'에서 자던 '베드로'에게 "너희가 나와 함께 한 시간도 이렇게 깨어 있을 수 없더냐?"(마태 26:40)고 책망하셨습니다.

긴장하지 못하고, 기도하지 못하고, 피곤을 이기지 못하고 잠을 자다가 결국은 주님을 부인하고 마는 실패를 경험한 '베드로'를 보게 하옵소서! 신랑이 더디 올 줄 알고 기름도 준비하지 못한 채 잠을 자다 "진실로 너희에게 이르노니 내가 너희를 알지 못하노라."(마태 25:12)는 답을 듣는 미련한 처녀들 되지 않게 하옵소서! 저희에게 통곡할 일이 없게 하옵소서!

오늘 주님의 오심이 점점 가까이 오시듯이, 혹은 가까이 오셔야 할 것 같은 종말적 징후들이 계속되는 때 깨어 있는 일은 특정한 이들에게 제한적으로 사용되는 말씀이 아니라. "깨어 있으라! 내가 너희에게 하는 이 말은 모든 사람에게 하는 말이니라."(마가 13:37) 고 하셨으니, 저희 모두에게 적용될 말씀인 줄 알고 신앙생활의 허리끈을 조이게 하옵소서!

지금도 깨어 있으라 하시는 예수님의 이름으로 기도드립니다. 아멘!

4. 사역-헌신을 위한 기도

골방기도 / 사역-헌신

예수님처럼 살고 싶을 때 드리는 기도! (118)

언제나 마지막 기회인 줄 알고 살게 하옵소서!

"베드로가 부인하여 이르되 이 여자여 내가 그를 알지 못하노라 하더라. 조금 후에
다른 사람이 보고 이르되 너도 그 도당이라 하거늘 베드로가 이르되 이 사람아 나
는 아니로라 하더라."   (누가 22:57-58)

사랑의 하나님! 어떤 사람에게도 삶의 기회들이 주어집니다. 회개하고 정
신 차리고 바른길을 갈 수 있는 길도 찾아옵니다. 이 기회를 활용하여 인
생의 기막힌 변곡점으로 삼을 수도 있고, "다시 그런 기회가 오겠지!"하면
서 흘려버렸다가 영원히 절호의 기회를 맞지 못한 채 무너져 내린 이들도
있습니다. 저희에게 기회를 놓치지 않는 지혜를 주옵소서!

'베드로'는 "오늘밤 닭 울기 전에 네가 세 번 나를 부인하리라."(마태 26:34)
는 경고의 말씀을 듣고 기도하러 갔을 때, "시험에 들지 않게 깨어 기도하
라. 마음에는 원이로되 육신이 약하도다."(마태 26:41)는 책망을 두 번이나
듣고 다시 잠을 자다가, "이제는 자고 쉬라 보라 때가 가까이 왔으니 인자
가 죄인의 손에 팔리느니라."(마태 26:45)는 말씀을 들었습니다.

모든 기회가 지나간 다음, 주님께서는 "일어나라, 함께 가자! 보라 나를 파
는 자가 가까이 왔느니라." (마태 26:46)고 하셨고, 결국 '베드로'는 시험을 이

길 수 있는 최고의 기회인 기도의 기회를 모두 놓쳐버렸습니다. 정작 그가 주님을 부인하게 된 때는 무리가 예수님을 잡아서 대제사장의 집으로 들어갈 때 멀찍이 '베드로'가 따라가고 있을 참담한 때였습니다.

따라가던 '베드로'가 겉옷이 없이 차가운 밤 날씨에 불을 쬐고 있을 때, 한 여종이 불빛을 향하여 앉은 '베드로'를 보고 "이 사람도 그와 함께 있었다." 고 지목하여 고발합니다. 그러자 베드로는 "여자여 내가 그를 알지 못하노라!"고 부인하는데, 잠시 후에 다른 사람이 베드로를 보고 "너도 그 도당이라"고 합니다. 베드로는 "이 사람아 나는 아니라."고 부인합니다.

한 시간쯤 후에 또 한 사람이 "이는 갈릴리 사람이니 참으로 그와 함께 있었다."고 장담하자, "나는 네 하는 말을 알지 못하겠다."고 하며 닭이 울었습니다. 그때 "너도 진실로 그 당이라 네 말소리가 너를 표명한다."고 합니다. 그 때 주님과 '베드로'의 시선이 서로 마주쳤습니다. 회개의 기회가 지나가자 베드로는 그제야 말씀을 생각하며 밖에 나가 심히 통곡합니다.

그는 "나는 그를 알지 못한다."(마태 26:74)며 저주하고 맹세했습니다. "너도 진실로 그 당이라 네 말소리가 말한다."고 추궁하는 회개의 기회도 언젠가는 끝납니다. '아나니아'와 '삽비라'는 "이게 다냐?"고 물을 때 고백했으면 살 수 있었습니다. 복음을 들을 기회도 마지막이 옵니다. '가룟유다'처럼 "네 일을 행하라!"는 회개의 기회를 무시하지 않게 하옵소서!

항상 회개의 기회를 주시는 예수님의 이름으로 기도드립니다. 아멘!

골방기도 / 사역·헌신

예수님처럼 살고 싶을 때 드리는 기도! (123)

자기 십자가를 지는 일을 감당하게 하옵소서!

> "이에 예수께서 제자들에게 이르시되 누구든지 나를 따라오려거든 자기를 부인하고 자기 십자가를 지고 나를 따를 것이니라. 누구든지 제 목숨을 구원하고자 하면 잃을 것이요 누구든지 나를 위하여 제 목숨을 잃으면 찾으리라."
>
> (마태 16:24-25)

사랑의 하나님! 고맙습니다. 하나님께서 저희에게 맡기신 '제자'의 사명은 실로 영광스럽고, 실로 감당하기 버거운 것입니다. 주님께서 "나를 따라오려거든 자기를 부인하고 자기 십자가를 지고 따르라!"(마태 16:24)고 하셨는데, 저희에게 맡기신 십자가는 어떤 것인지 알기를 소원합니다. 주님께서 지신 십자가를 생각하며 저희 십자가를 바로 보게 하옵소서!

하나님! 주님께서 저희에게 지기 원하시는 십자가는 주님의 십자가와 같은 십자가인 줄 믿습니다. 주님께서 쓰신 것과 같은 가시관, 영광의 면류관 대신에 가시관을 쓰신 주님의 고통만큼이나 저희를 아프게 하는 조롱의 가시관입니다. 벗어버릴 수 없는 신앙인의 상징인 면류관을 쓰고 십자가를 지는 것입니다. 그리스도인의 숙명 같은 가시관을 쓰게 하옵소서!

예수님을 향해 '유대인의 왕'이라고 조롱하듯이 "하나님이 너희 아버지라며! 기도해 봐! 다 들어 주실걸!" 하며 수없이 들리는 조롱을 들으며 침묵하고 견디는 것이 얼마나 외롭고 힘든지 하나님은 아십니다. 저희도 이 십자가를 묵묵히 지게 하옵소서! 침 뱉고 가슴을 치며, "누가 쳤나 메시아께서 맞춰 보라!"고 조롱합니다. 이런 조롱들을 견디며 이기는 것입니다.

저희가 생각하는 것처럼 '배우자'나 '자식'이나 '부모 형제'가 십자가가 아니라, 주님께서 저희에게 지워 주신 십자가는 주님처럼 평생을 지고가야 하는 십자가이기에, 주님께서 지고 가신 것과 같은 십자가인 줄 믿습니다. 주님처럼 저희가 지고 가는 십자가, 견딜 수 없어 통곡하지만, 주님께서 맡겨주셨기에 어쩔 수 없이 지고 가야 하는 숙명의 십자가입니다.

주님께서 지신 십자가는 거역하실 수 없는 주님의 운명이고, 이 십자가는 주님도 버거워도 결코 비켜 갈 수 없는 잔이었으며 세례였습니다. 저희가 지고 가야 할 십자가를 바라볼 때 하나님께서도 차마 어쩔 수 없이 외면하는 운명인 걸 알고, 주님께서 감당하신 십자가, 십자가는 저희가 주님 때문에 겪어야 하는 수치와 모욕과 형벌을 일컫는 다른 이름입니다.

저희에게 맡겨진 주님의 십자가는, 우리 구주이신 예수님께서 지고 가신 같은 십자가인 줄 알고, 지금도 주님 앞에 최선을 다하게 하옵소서! 주님 때문에 함께 지고, 주님이 받으신 고난과 수모, 조롱을 당해야 하는 것이 주님의 십자가인데, 이 십자가를 지고 가게 하옵소서! 주님께서 명하신 십자가는 저희 앞에 놓인 운명임을 알고 묵묵히 걸어가게 하옵소서!

영원하신 저희의 왕이신 예수님의 이름으로 기도드립니다. 아멘!

골방기도 / 사역-헌신

예수님처럼 살고 싶을 때 드리는 기도! (124)

힘이 없고 억울할 때 통곡하게 하옵소서!

"히스기야가 사자의 손에서 편지를 받아보고 여호와의 성전에 올라가서 히스기야
가 그 편지를 여호와 앞에 펴 놓고 그 앞에서 히스기야가 기도하여 이르되 그룹들
위에 계신 이스라엘의 하나님 여호와여 주는 천하 만국에 홀로 하나님이시라 주께
서 천지를 만드셨나이다." (왕하 19:14-15)

하나님! 세상을 살다 보면 억울하고 분하여 잠을 못 이루고, 힘이 없어 아
무런 방법이 없을 때 고민할 때가 있습니다. 친구나 지인이나 혈육을 찾지
않고 하나님 앞에 엎드려 기도하게 하옵소서! 혼란스러운 사회를 바라보
며, 무너지는 국가적 위기 앞에 질식할 것 같고, 옛적 일제의 침략을 받은
것 같을 때, 민족의 참담한 모습을 하나님께서 기억하여 주시옵소서!

지금 절망하고 분노하는 저희 마음을 기억하여 하나님께서 민족의 미래를
지켜 주옵소서! 어제나 오늘이나 국가적 위기가 있을 때 하나님의 사람들
은 전능하신 하나님 앞에 무릎을 꿇었습니다. 베옷을 입었습니다. 옷을 찢
고 재에 앉았습니다. 오직 하나님 앞에서 죄인이었고 하나님께 도우심을
구했습니다. 오늘 저희도 민족의 위기 앞에 가슴을 찢게 하옵소서!

'히스기야' 때 '이스라엘'은 민족적 위기를 만납니다. '아람'왕 '산헤립'이 공
격해 왔고, 왕은 '산헤립'이 보낸 협박문을 펼쳐 놓고 기도합니다. 저희도

지금 국가적인 위기의 자리에서 나라와 민족을 위해 하나님 앞에 엎드려 통곡하게 하옵소서! 백성들이 삶의 의욕을 잃고, 중요한 일이 있을 때마다 하나님만 의지하고 하나님께만 구하는 저희가 되게 하옵소서!

언제나 개인이든 국가든 위기 앞에 서면 우방(友邦)을 찾아갑니다. 때로는 '아람'을 찾아가고 때로는 '애굽'을 찾아갑니다. 그러나 우방이 우리를 돕는 게 아니라 하나님이 도우십니다. 위기를 맞아 지인을 찾아가고, 친구를 찾아가고, 혈육을 찾아가도 소용없기에 오직 하나님을 찾게 하옵소서! 사람들이 하나님을 조롱하는 말에 신앙적인 분노가 있게 하옵소서!

'히스기야'는 왕을 기롱하고 하나님을 폄훼하는 '산헤립'의 편지를 성전 바닥에 펼쳐 놓고 "이스라엘의 하나님 야훼여 주는 천하만국에 홀로 하나님이시라. 주께서 천지를 만드셨나이다. 야훼여! 귀를 기울여 들으소서! 야훼여! 눈을 떠서 보옵소서! '산헤립'이 살아 계신 하나님을 비방하러 보낸 말을 들으소서!" 하고 고합니다. 하나님 앞에 고하게 하옵소서!

"우리 하나님 야훼여! 원하건대 이제 우리를 그의 손에서 구원하옵소서! 그리하시면 천하만국이 주 야훼만이 홀로 하나님이신 줄 알리이다."는 간절한 소원을 들으신 하나님! '야곱'이 '얍복'강에서 하나님의 옷자락을 붙잡고 마지막까지 절규하던 기도를 들으신 하나님! 오늘 저희의 기도가 풍전 등화 같은 조국의 위기에서 생사를 가르는 기도가 되게 하옵소서!

저희의 기도에 응답하시는 예수님의 이름으로 기도드립니다. 아멘!

4. 사역-헌신을 위한 기도

골방기도 / 사역-헌신

필요한 능력을 주셨음을 믿게 하옵소서!

"예수께서 그의 열두 제자를 부르사 더러운 귀신을 쫓아내며 모든 병과 모든 약한 것을 고치는 권능을 주시니라. 열두 사도의 이름은 이러하니 베드로라 하는 시몬을 비롯하여 그의 형제 안드레와 세베대의 아들 야고보와 그의 형제 요한,"

(마태 10:1-2)

하나님께서 인생을 지으실 때 '사지백체'를 주시고, '오장육부'를 주시어 세상을 살도록 복을 주셨습니다. 두 발로 걸으며, 두 손으로 일하며, 입으로 먹고 말하고, 눈으로 보고, 귀로 듣게 해 주셨습니다. 하나님께서 저희를 세상에 보내실 때 옛 어른들은 신앙이 없으셨음에도 "사람은 다 저 먹을 것 가지고 태어난다."고 하심이 창조주에 대한 고백이었습니다.

주님께서 제자들을 파송하실 때에도 "여행을 위하여 지팡이 외에는 양식이나 배낭이나 전대의 돈이나 아무것도 가지지 말며, 신만 신고 두 벌 옷도 입지 말라."(마가 6:8-9)고 하셨습니다. 그리고 훗날에 "내가 너희를 전대와 배낭과 신발도 없이 보내었을 때 부족한 것이 있더냐?"고(누가 22:35) 물으실 때에 제자들은 입을 모아 "전혀 없었다."고 대답했습니다.

그렇게 하나님은 저희가 가는 길에 늘 필요한 것들을 준비시켜 주시되, 먹을 것을 주시고, 필요한 사람을 준비시켜 주시고, 물질이든, 능력이든 책임져 주셨습니다. 먹을 것이 없으면 기적을 행하셔서 떡과 생선을 만들어 주셨고, 포도주를 만들어 주셨습니다. 주님은 저희에게 '생명의 떡'이 되실 뿐만 아니라, 매일의 필요한 양식을 현장에서 제공해 주셨습니다.

이뿐 아니라 은혜받은 이들을 통해서 제자를 수발들고 먹을 것을 제공하게 하시고(누가 8:1-3, 마가 1:30-31) 가는 곳마다 필요한 요소에 사람들을 통해 먹을 것을 공급해 주셨습니다. 하나님은 사람들의 마음을 감동해 땅을 팔고 재산을 봉헌해서 공동체가 쓸 것을 준비시켜 주셨습니다. (사도 4:36-37, 빌립 2:25, 4:16) 항상 그렇게 공급해 주셨습니다.

또 제자들을 파송하실 때는 '더러운 귀신을 제어하는 권능'과, 귀신을 쫓아내고 약한 것을 고치는 능력을 주셨습니다. (마태 10:1) 70인의 제자들을 보내실 때도 "뱀과 전갈을 밟으며 원수의 모든 능력을 제어할 권능을 주었으니, 해칠 자가 결코 없으리라."(누가 10:19)고 하셨습니다. 선교보고를 할 때 귀신이 항복하고 사탄이 떨어지는 것도 보셨다고 했습니다.

오늘 우리가 이 땅에 보내심을 받아, 평범한 일상을 살든지, 특별히 복음 증거의 사명 받은 이들에게는 하나님께서 그들에게 필요한 각각의 은사와 능력으로 무장하여 보내신 줄 믿습니다. 모든 염려를 버리고 주님께서 무장시켜 주신 능력과 권세가 어떤 것인지 살펴, 주님께서 주신 권세와 능력을 믿음으로 활용하여 승리하는 저희가 되게 하여 주옵소서!

저희의 권세와 능력이 되신 예수님의 이름으로 기도드립니다. 아멘!

골방기도 / 사역-헌신

예수님처럼 살고 싶을 때 드리는 기도! (141)

사역의 길은 고난의 길임을 알게 하옵소서!

"형제들아 우리가 아시아에서 당한 환난을 너희가 모르기를 원하지 아니하노니 힘에 겹도록 심한 고난을 당하여 살 소망까지 끊어지고 우리는 우리 자신이 사형 선고를 받은 줄 알았으니 이는 우리로 자기를 의지하지 말고 오직 죽은 자를 다시 살리시는 하나님만 의지하게 하심이라." (고후 1:8-9)

사랑의 주님! 저희를 위하여 이 땅에 오셨다가 온갖 수욕(羞辱)을 당하시고 끝내는 십자가에 돌아가신 것을 기억합니다. 살아계셔서 사역하실 때는 오해와 편견, 시기와 질투, 모함과 비방을 받으시어 가는 곳마다 기적과 병 고침을 주시고 귀신을 쫓아내셨지만 돌아온 것은 늘 비난과 시기였습니다. 사역 초기부터 죽을 뻔하신 고비들도 수없이 많으셨습니다.

주님의 사역이 십자가를 향해 치닫기 시작할 때는 노골적인 위협과 지명 수배를 받기도 하시고(요한 11:57), 제자의 배신과 밀고(마태 26:48), 그리고 기도하는 장소까지 쫓아와 주님을 체포하고 철야 심문을 하고, 십자가를 지러 가십니다. 채찍에 맞으시고 뺨과 가슴을 맞으시고 희롱당하셨습니다. 끝내 십자가에 달리실 때는 온몸이 만신창이가 되셨습니다.

인류 구원을 위한 십자가 사역의 길만 아니라, 주님의 생애와 삶을 통해 이루신 구원역사를 전하는 전도의 사역자들에게도 이에 버금가는 중요한 고난이 각 과정마다 기다리고 있음을 봅니다. '바울' 사도만 해도 '다메섹', '빌립보', '데살로니가', '베뢰아' 등 그는 사방에 욱여쌈을 당하고, 사방에서 생명을 옥죄어 오는 위험과 위협이 멈추어 본 적이 없습니다.

하나님! 그가 '고린도교회'에 보낸 두 번째 편지에서 여러 차례 그가 당한 고난을 간증할 때에 "우리가 아시아에서 당한 환난을 너희가 모르기를 원치 않노니, 힘에 겹도록 심한 고난을 당하여 살 소망까지 끊어지고 우리는 우리 자신이 사형선고를 받은 줄 알았다."(고후 1:8)고 했습니다. 그는 뒤에 더 깊은 고난의 여정을 소개하는데 저희 가슴이 먹먹합니다.

"옥에 갇히기도 더 많이, 매도 수없이 맞고, 여러 번 죽을 뻔하고, 유대인들에게 사십에서 하나 감한 매를 다섯 번, 세 번 태장으로, 한 번 돌로, 세번 파선에, 일 주야를 깊은 바다에서 지냈으며, 여러 번 강의 위험, 강도의 위험, 동족의 위험, 이방인의 위험, 시내의 위험, 광야의 위험, 바다의 위험, 거짓 형제 중의 위험을 당했다."(고후 11:23-26)고 했습니다.

이뿐 아니라 "수고하며 애쓰고 여러 번 자지 못하고 주리며 목마르고 여러 번 굶고 춥고 헐벗었다."고 했습니다. 이런 파란만장하고 굴곡진 삶이 전도자의 길에서 만난 것입니다. 그러나 "그가 이같이 큰 사망에서 우리를 건지셨고 또 건지실 것이며 이후에도 건지시기를 그에게 바란다."(고후 1:10)는 것이 그의 신앙고백인데 저희도 배우게 하옵소서!

환난 중에 만날 도움이신 예수님의 이름으로 기도드립니다. 아멘!

4. 사역-헌신을 위한 기도

골방기도 / 사역·헌신

예수님처럼 살고 싶을 때 드리는 기도! (142)

저희들이 서로의 자랑이 되게 하옵소서!

> "오직 너희가 읽고 아는 것 외에 우리가 다른 것을 쓰지 아니하노니 너희가 완전히
> 알기를 내가 바라는 것은 너희가 우리를 부분적으로 알았으나 우리 주 예수의 날
> 에는 너희가 우리의 자랑이 되고 우리가 너희의 자랑이 되는 것이라."
>
> (고후 1:13-14)

하나님! 고맙습니다. 너무 감격합니다. 세상에서 제일 고마운 것은 하나님
의 직접 선물인 예수님을 그리스도로 보내주시고, 구원의 여망이 없는 저
희에게 구원의 문을 열어주시고, 마귀의 자녀가 되었던 저희에게 하나님
의 자녀가 되는 길을 열어주심입니다. 원수의 자리에서 하나님을 '아빠,
아버지!'라고 부를 수 있도록 천국 가문의 문을 열어주심이 고맙습니다.

더 고마운 것은 그렇게 제한된 시간, 한 세대에만 인간을 입고 오셔서 돌
아가시고 구원의 문만 열어놓고 가신 것이 아니라, 오고 오는 세대의 이
땅 인생들이 수천, 수만의 주님의 몸을 '교회'라는 이름으로 세워주신 것입
니다. 저희는 한 분 주님께서 남기신 '주님의 몸'인 교회의 수를 다 헤아릴
수도 없습니다. 그건 누구도 계수가 불가능한 엄청난 숫자입니다.

그런데 하나님! 더 큰 은혜는 그 안에 하나님의 구원역사를 계속 설명하고
소개할 사명을 주셔서 사역자들을 세워주심이 큰 은혜요, 만일 이들을 세

워주시지 않았으면 우리는 지금 '선포된 하나님의 말씀'을 들을 기회를 얻지 못했을 것이고, '기록된 하나님 말씀'인 성경만 있었다면 구원에 이르는 이들은 지금의 천분의 일에도 이르지 못했을 것입니다.

이뿐 아니라 저희를 하나님의 자녀로 부르신 하나님은 교회 공동체의 문을 여시고 저희를 구원받은 하나님의 자녀로 받아 주셨습니다. 그 안에서 매시간 선포되는 하나님의 말씀을 통해서 구원의 기쁨을 누리면서 성령님과 동행하는 충만한 생활을 계속할 수 있게 하시니 참 고맙습니다. 그렇게 해서 목회자와 성도들이 하나 되는 공동체를 이루었습니다.

따라서 교회의 큰 영광은, 깊은 영적인 목양의 훈련을 받은 사명자가 목회자로 있다는 것이고, 다른 영광은 그 안에 하나님의 가족 된 자녀들이 신앙 생활하는 예배공동체로 있다는 것입니다. 목회자에게는 성도들이 기쁨이요 자랑이고, 성도들에게는 자신의 목자가 기쁨이요 자랑입니다. 따라서 이 두 그룹은 서로 사랑과 존경으로 섬기고 사랑하며 사는 것입니다.

오늘 우리의 교회를 섬기고 있는 목회자는 성도들에게 있어서 최고의 영광이고 기쁨입니다. 그 목회자에게 있어서 성도는 영원한 영광과 기쁨입니다. 그런 목자의 꼴을 먹음이 영광이고, 그런 양들이 자기의 꼴을 먹고 자라는 것이 기쁨이자 영광입니다. 따라서 피차에 판단하는 것이 아니라 서로 존중히 여기고 사랑하고 신뢰하며 영광으로 알고 살게 하옵소서!

저희의 영원한 목자이신 예수님의 이름으로 기도 드립니다. 아멘!

골방기도 / 사역·헌신

예수님처럼 살고 싶을 때 드리는 기도! (143)

죽음의 고통을 끝까지 견딜 수 있게 하옵소서!

"거기 신 포도주가 가득히 담긴 그릇이 있는지라 사람들이 신 포도주를 적신 해면을 우슬초에 매어 예수의 입에 대니 예수께서 신 포도주를 받으신 후에 이르시되 다 이루었다 하시고 머리를 숙이니 영혼이 떠나가시니라."

(요한 19:29-30)

하나님! 위대한 일은 한가로이 유희(遊戲)하듯 해서 이루어지는 것이 아님을 압니다. 아무 희생 없이 시간이 지나면 저절로 이루어지는 게 아니라 오랜 세월 피와 땀과 눈물로 이루어지는 것임을 압니다. 주님께서 세상에 오셔서 저희를 위하여 대속의 죽음으로 돌아가시고 장사 지내고 부활의 영광을 얻기까지 보낸 시간이 세상의 시간으로 33년쯤이십니다.

그 세월을 우주에서 최고의 '금수저'로 볼만한 하나님의 아들이신데, 호적 때문에 오신 부모들이 여관 하나도 구하지 못해서 마구간에서 출생하실 만큼 가난한 '흙수저'의 집에 태어나시고 온갖 오해와 편견 속에서 자라 삼십 세가 되어 세례를 받으며 공생애를 시작하시고 3년 어간은 고난의 길을 걸으며 십자가에 돌아가시기까지 주님의 길은 아픔이셨습니다.

그 3년의 공생애 중에 다른 이가 3천 년이 걸려도 이루지 못하실 인류 구원의 여정을 성공적으로 마치시기까지 주님은 완전한 인간을 입으시고,

인간이 느끼는 감정들인 희로애락을 다 아시고, 인간이 누구나 가는 길인 생로병사의 과정 중에 십자가에서 돌아가셨습니다. 그 과정은 얼마쯤 하는 단기훈련이나 특수 훈련이 아니라 장구한 영적 훈련입니다.

힘들다고 포기할 수 없고, 분노하여 내려올 수도 없는 고난의 끝에서 이루신 구원의 완성이십니다. 마찬가지로 오늘 주님을 따라가는 저희도 긴 고난의 마지막까지 주님과 함께 걸어가야 하는 인고(忍苦)의 길이자, 보통 사람은 갈 수 없는 죽음의 길입니다. 여느 사람들이 생각하는 대로 죽음에 이르는 길을 주님은 직접 돌아가셨는데, 저희도 죽음을 요구합니다.

사람들이 지옥 길로 가는 심정으로 훈련한다고 하지만, 실제 예수님은 안식의 날에 지옥에도 가셨습니다. (벧전 3:19) 그렇게 힘한 길을 달려 일구어 낸 마귀와의 싸움에서 KO승을 하신 예수님은 부활의 영광을 얻으셨습니다. 그리고 오늘 저희가 그 영광의 기쁨을 함께 누리기 원하십니다. 저희도 이 무서운 영적 전쟁에서 최후의 승자가 되게 하여 주옵소서!

주님께서 저희에게 "세상에서는 너희가 환난을 당하나 담대하라! 내가 세상을 이기었노라."고 하셨는데 최후의 승리를 얻은 다음 대장 되시는 우리 주님 앞에 최후의 승리를 보고할 수 있게 하시고, 이 전쟁은 저희의 힘으로 이기는 것이 아니라 우리에게 이김을 주시는 주님의 능력으로 승리할 수 있음을 믿고 끝날 까지 주님만 바라보고 승리하게 하옵소서!

저희에게 영원한 승리를 주실 예수님의 이름으로 기도합니다. 아멘!

골방기도 / 사역-헌신

예수님처럼 살고 싶을 때 드리는 기도! (144)

우리가 주님의 편지인 것을 알게 하옵소서!

"너희는 우리의 편지라. 우리 마음에 썼고 뭇 사람이 알고 읽는 바라. 너희는 우리
로 말미암아 나타난 그리스도의 편지니 이는 먹으로 쓴 것이 아니요 오직 살아 계
신 하나님의 영으로 쓴 것이며 또 돌 판에 쓴 것이 아니요 오직 육의 마음 판에 쓴
것이라."   (고후 3:2–3)

하나님! 고맙습니다. 저희에게 구주 예수님의 피로 죄 씻음을 얻을 뿐만
아니라, 그렇게 예수님의 이름으로 구원받은 것을 영원히 가슴에 간직하
게 살라고 '그리스도인'으로 불리게 하심이 고맙습니다. 우리의 이름 뒤에
는 늘 '그리스도인'이라는 이름이 같이 따라 다니게 하심이 고맙습니다. 성
숙한 그리스도인이 되라는 격려와 증거의 의미로 직분도 주셨습니다.

저희는 오늘 그 이름으로 세상에 나갈 때 주님께서 저희를 천거하시는 추
천장과 보증서를 써 주셨습니다. '보증서'는 목사로, 장로로, 권사나 집사
로 직분을 이름 뒤에 붙여 주셨습니다. 그 직분은 세상에 대한 주님의 추
천서요, 교회의 보증서입니다. 따라서 저희는 세상에서 그 이름으로 성실
하게 살아서 부끄럽지 않은 인생을 살도록 영적인 능력을 주옵소서!

하나님! 오늘도 저희가 세상을 살면서 넉넉하고 풍성한 믿음의 사람으로
살게 하옵소서! 교단의 목사는 교단의 추천서를 지닌 성직자로, 교회의 직

분자는 교회가 보증하는 임원으로, 교회와 교단의 얼굴, 나아가서 예수 그리스도의 이름을 세상에 드러내는 것이라 믿습니다. 저희를 세상에 보내며 주님께서 보증한다는 편지를 주어 보내셨음을 알게 하옵소서!

'추천서'나 '보증서'를 받은 이가 어떤 자리에서 일을 잘못하면 추천한 이의 이름과 얼굴을 부끄럽게 하듯이, 저희가 그리스도인의 삶을 제대로 살지 못하면 우리를 천거하여 보내신 예수님을 수치스럽게 하는 것인 줄 알고, 저희 정체성에 맞는 진실한 그리스도인이 되게 하옵소서! 세상에서 가장 존귀한 분의 편지를 받고, 가장 천박하게 살지 않게 하시옵소서!

저희들이 주님의 제자로 세상에 나가서 형편없는 삶을 산다면, 그동안 저희를 가르치신 영광의 주님의 이름은 부끄럽게 될 것이고, 저희가 하나님의 자녀로 세상에 보내심을 받아 패륜아처럼 살아간다면 아버지 하나님의 이름이 수치를 당할 것입니다. 이 존귀한 신분의 옷을 입고 세상에 보내심을 입었으니 이름에 맞게 매일의 일상을 존귀하게 살게 하옵소서!

저희의 이름에 붙어 있는 주님의 소속 증명서, 저희의 입에 붙어 있는 주님의 추천서, 우리의 얼굴에 붙어 있는 주님의 추천서! 이 모든 추천서와 보증서와 증명서 등 핑계할 수 없는 편지들을 온몸에 붙이고, 전혀 어울리지 않는 사람으로 살지 않도록 저희의 언행 심사와 일거수일투족을 지키시고, 그 이름이 자랑스럽고 영광스러운 삶을 살게 하옵소서!

저희 배후에 영광이 되시는 예수님의 이름으로 기도드립니다. 아멘!

4. 사역-헌신을 위한 기도

골방기도 / 사역-헌신

예수님처럼 살고 싶을 때 드리는 기도! (165)

충성하는 하나님의 일꾼이 되게 하옵소서!

"사람이 마땅히 우리를 그리스도의 일꾼이요 하나님의 비밀을 맡은 자로 여길지
어다 그리고 맡은 자들에게 구할 것은 충성이니라."

(고전 4:1-2)

사랑의 하나님! 이 세상에서 주인을 섬기는 종이나, 임금을 섬기는 백성들
에게 가장 필요한 것은 충성인 줄 알고 그렇게 배웠습니다. 또 그렇게 믿
고 있습니다. 하나님께서 저희를 사랑하여 오늘 그리스도의 일꾼 된 저희
에게 하나님께 충성하는 종들이 되게 하옵소서! 부족한 종들이 하나님의
특별한 은혜, 말로 할 수 없는 큰 은총을 입었으니 말입니다.

우리는 사도 '바울'이 사랑하는 아들 '디모데'에게 실토하듯 "나를 능하게
하신 그리스도 예수 우리 주께 내가 감사함은 나를 충성되이 여겨 내게 직
분을 맡기심이니, 내가 전에는 비방자요 박해자요 폭행자였으나 도리어
긍휼을 입은 것은 내가 믿지 아니할 때 알지 못하고 행하였음이라."(딤전
1:12-13)고 할 수 있듯이 저희도 같은 고백을 드립니다.

다른 이들과 달리 하나님의 사람들은 모두 하나님의 비밀을 맡은 자들입
니다. 이 세상에서 국가의 중요한 정보는 그 정보를 다룰 수 있는 '비밀 취

급인가자'에 의해 제한적으로 공유되고 있습니다. 그런데 하물며 하나님의 나라 천국의 비밀을 맡겨주었으니, 얼마나 영광스러운 일인지 모릅니다. 이때 저희가 할 일은 하나님의 비밀을 지키는 충성임을 믿습니다.

하나님! 저희가 '그리스도의 일꾼'이라는 엄청난 영광을 누리고, '하나님의 비밀을 맡은' 막중한 자리에 있습니다. 맡은 일도 귀하고 주어진 신분도 귀하고 책임도 막중합니다. 하나님의 사랑으로 모든 정체성에 맞는 정직한 자리에서 충성하게 하옵소서! 믿음으로 충성하게 하옵소서! 진실함으로 충성하게 하옵소서! 하나님을 향한 사랑으로 충성하게 하옵소서!

"또한 '모세'는 장래에 말할 것을 증언하기 위하여 하나님의 온 집에서 종으로서 신실하였고, 그리스도는 하나님의 집을 맡은 아들로서 그와 같이 하셨으니, 우리가 소망의 확신과 자랑을 끝까지 굳게 잡고 있으면 우리는 그의 집이라." (히브 3:5-6)고 했습니다. 이같이 이 땅에서 그리스도의 일꾼으로 하나님의 비밀을 맡은 자로 충성하며 살게 하시옵소서!

하나님의 교회에서 그리스도의 일꾼 된 저희들이, 하나님의 비밀을 맡은 저희들이 오직 충성스럽게 하여 주옵소서! "충성되고 지혜 있는 종이 되어 주인에게 그 집 사람들을 맡아 때를 따라 양식을 나눠 줄 자가 누구냐! 주인이 올 때에 종이 이렇게 하는 것을 보면 그 종이 복이 있으리로다."(마태 24:24-25)고 하셨으니 그처럼 진실하게 살게 하시옵소서!

저희에게 충성을 기대하시는 예수님의 이름으로 기도합니다. 아멘!

골방기도 / 사역-헌신

예수님처럼 살고 싶을 때 드리는 기도! (167)

가르치는 자와 좋은 것을 함께 하게 하옵소서!

> "가르침을 받는 자는 말씀을 가르치는 자와 모든 좋은 것을 함께 하라. 스스로 속이지 말라. 하나님은 업신여김을 받지 아니하시나니 사람이 무엇으로 심든지 그대로 거두리라."
>
> (갈라 6:6–7)

하나님! 하나님께서 저희에게 인간의 도리에 대하여 말씀하셨습니다. 인생은 하나님을 영원의 아버지로 섬기며 그 말씀에 순종하고 하나님을 사랑하라고 하셨습니다. 하나님 사랑합니다. 자신을 낳아준 부모님을 공경하고 순종하라고 하셨습니다. 신앙인들에게는 "말씀을 가르치는 자와 모든 좋은 것을 함께 하라!"고 하셨습니다. 제자가 행할 마땅한 도리입니다.

자식들은 언제나 부모에게 좋은 것을 공궤할 책임과 의무가 있고, 제자들은 언제나 스승들과 좋은 것을 함께할 책임과 도리가 있습니다. 이는 말씀을 준행하는 이들이 누리는 축복의 분깃도 함께 약속된 것입니다. 오늘 저희들이 매일 하나님의 말씀을 먹으며, 양식을 주는 이들을 기억하게 하옵소서! 성도는 목회자를 아이들은 선생님을 기억하게 하옵소서!

"하나님의 말씀을 너희에게 일러 주고 너희를 인도하던 자들을 생각하며 그들의 행실의 결말을 주의하여 보고 그들의 믿음을 본 받으라."(히브 13:7)

고 하셨으니 저희를 인도하던 이들을 기억하게 하옵소서! "너희를 인도하는 자들에게 순종하고 복종하라. 그들은 너희 영혼을 위하여 경성하기를 자신들이 청산할 자인 것같이 하느니라."(히브 13:17)고 했습니다.

하나님께서는 성경에서 "그들로 하여금 즐거움으로 이것을 하게 하고, 근심으로 하게 하지 말라. 그렇지 않으면 너희에게 유익이 없느니라."고 하셨는데, 그들이 기쁨으로 주님의 일을 하도록 돕게 하옵소서! 주의 종들이 섭섭하므로 혹은 억지로 하지 않게 하옵소서! 마음이 상하여 힘겹게 일하는 게 아니라, 행복한 마음과 즐거운 마음으로 일하게 하옵소서!

사랑하는 하나님! 이 땅에서 교회를 섬기며 목양하는 주의 종들은 자기 자신을 위하여 기도할 틈도 없습니다. 매일 제단에 엎드리면 나라와 민족을 위하여 기도하고, 교회를 위하여 기도를 시작하면 장로들을 비롯한 일꾼들, 성도들을 위해 기도하다 보면 병들어 누워있는 가정을 비롯한 사업이나 직장에 실패한 가정들이 눈에 밟혀 다른 기도를 못 합니다.

자신을 위한 기도조차 할 틈이 없는 주의 종들을 위하여 기도로 돕게 하시고, 기도를 성도들이 대신 지고 가게 하시옵소서! 그러나 기도 뿐 아니라 그동안에 그를 통해 공급받은 말씀의 은혜에 대해 저희가 할 수 있는 일은 좋은 것을 함께 하는 일입니다. 이것은 가장 아름다운 일이자 가장 큰 위로입니다. 그렇게 할 때 주님께서 저들을 위로하여 주시옵소서!

저희를 유익하게 하시려는 예수님의 이름으로 기도드립니다. 아멘!

골방기도 / 사역·헌신

예수님처럼 살고 싶을 때 드리는 기도! (176)

이단들은 언제나 있었음을 알게 하옵소서!

"그리스도의 은혜로 너희를 부르신 이를 이같이 속히 떠나 다른 복음을 따르는 것을 내가 이상하게 여기노라. 다른 복음은 없나니 다만 어떤 사람들이 너희를 교란하여 그리스도의 복음을 변하게 하려 함이라."
(갈라 1:6-7)

사랑의 하나님! 고맙습니다. 이 땅에 교회를 세우시고 저희를 그 구성원으로 부르시고, 교회의 일원이 되게 하시니 고맙습니다. 주님께서 우리를 위하여 돌아가심으로 저희의 죽음을 막으시고, 저희를 위하여 다시 사시는 부활의 영광을 보이시고, 저희도 주님과 함께 죽고 함께 살아 하나님의 자녀가 되게 하신 영광스러운 복음은 인류에게 주신 축복입니다.

그런데 하나님께서 세우신 신앙공동체인 '교회' 안에는 교회가 세워지는 순간부터 늘 이단들이 존재했고, 이들은 늘 빠른 속도로 증가되었습니다. 주인이 곡식의 씨를 파종하자마자 가라지를 덧뿌리는 바람에 나서 자라는 것이 그 모습입니다. 이런 이단의 발호는 언제나 탐욕과 불순종입니다. '에덴'동산부터 지금까지 이단들은 이 생각에 기생해 왔습니다.

하나님께서 저희를 사랑하여 진리의 말씀 안에 거하게 하시고, 또한 교회 안에 독버섯처럼 자라는 다른 복음, 다른 예수, 다른 영의 이단에 미혹되는 이들이 없게 하여 주옵소서! 언제나 복음과 교회 주변에는 이렇게 하나님의 백성들을 미혹하고, 여기에 매달려 기생하는 이단은 때를 가리지 않고 자라고 있습니다. 하나님께서 모든 이단을 막아주옵소서!

분명히 성경은 "우리나 혹은 하늘로부터 온 천사라도 우리가 너희에게 전한 복음 외에 다른 복음을 전하면 저주를 받을지어다."고 강한 어조로 말씀하시고, 다시 반복해서 "우리가 전에 말하였거니와 내가 지금 다시 말하노니 만일 누구든지 너희가 받은 것 외에 다른 복음을 전하면 저주를 받을지어다."(갈라 1:8-9)신 말씀을 기억하고 이단을 물리치게 하옵소서!

이상하게 사람들은 거짓 복음, 다른 복음에 민감하게 반응합니다. 주의 종들이 그렇게 목이 터지도록 외치는 진리의 말씀에는 귀를 막고 있다가, 어디서 가만히 들어온 다른 복음에는 마음을 활짝 열어 반응하는 것을 보면 안타깝습니다. 지금도 교회를 병들게 하고 성도들의 심령에 상처를 주고 교회를 허무는 모든 이단이 교회를 떠나게 하여 주시옵소서!

복음을 전하는 사람들이, 이처럼 사람들이 좋아하고 몰려가는 거짓 복음을 전했으면 힘도 안 들고 비난도 안 들었겠지만, 교회를 세우고 복음을 지키려는 열정을 가지고 사람들의 비위를 맞추는 것이 아니라 하나님을 기쁘게 하는 복음을 전하고 있으니, 사자들을 축복하여 주옵소서! 그들이 낙심하지 않고 주님이 오실 때까지 교회와 복음을 지키게 하옵소서!

곡식 때문에 가라지를 두시는 예수님의 이름으로 기도드립니다. 아멘!

골방기도 / 사역-헌신

예수님처럼 살고 싶을 때 드리는 기도! (177)

모든 이들은 각각 사명이 다름을 알게 하옵소서!

> "또 기둥 같이 여기는 야고보와 게바와 요한도 내게 주신 은혜를 알므로 나와 바나바에게 친교의 악수를 하였으니 우리는 이방인에게로, 그들은 할례자에게로 가게 하려 함이라."
>
> (갈라 2:9)

하나님께서 저희를 사랑하셔서 하나님의 자녀가 되게 하시고, 어떤 이는 평신도 지도자로, 또 어떤 이는 목회자나 선교사로 혹은 기관사역자로 세우심이 고맙습니다. 또 주님의 몸이신 교회 안에는 '담임목사'나 '부목사', '선교 목사', '교육 목사', '행정 목사', '협동 목사'를 세우시고 '전도사'도 세우셨습니다. 또 특수한 기관의 '기관 목회자'도 세우셨습니다.

어떤 이는 '어린이 사역'의 탁월한 은사를 주시어 그 일을 감당하게 하시고, 어떤 이는 '청년사역', 어떤 이는 '군인 사역', '장애인 사역', '노인사역'의 은사(恩賜)를 주셨습니다. 병원이나 교도소, 학교 같은 곳에서 일하는 이들도 있습니다. 해외의 오지에서 선교사로 일생을 바치는 이들도 있습니다. 사역의 종류는 수십 수백 가지로 모두 주님이 세워서 일하십니다.

하나님께서 초기 기독교 신앙공동체의 사역자를 세우실 때, 사도 '베드로'는 유대인들을 위한 복음의 사도로 세우시고, 사도 '바울'은 이방인들에게 복음을 전하는 사역자로 피차 이해했습니다. 이방인에게는 구원의 여망이 없다던 초기 기독교인들에게 이방인 선교는 상당한 의식의 변화입니다. '베드로'는 베드로대로 '바울'은 바울대로 유용하게 쓰였습니다.

지금도 마찬가지로 '어린이' 전도사역에 평생 몸담아 일하는 이는 어린이 사역에 특화된 분들입니다. 평생을 해외의 여러 나라에 복음을 전하는 이들은 이제 국내 선교에는 어색해서 사역을 못 할 정도로 외국문화와 외국문화에 대한 선교에 특화되어 있습니다. 이들을 모두 각기 자신의 자리에서 최선을 다하여 하나님의 경륜을 따라 사명을 감당하고 있습니다.

어느 일이 귀하고 덜 귀함이 없이, 모두 주님의 복음을 섬기는 이들인바 피차 사랑과 존경으로 신뢰와 배려로 서로를 섬기는 이들이 되게 하옵소서! 개체교회를 담임하는 이들만 귀하고, 군부대나 학교에 있는 군목이나 교목, 혹은 군 선교 목회자는 덜 귀한 게 아닙니다. 장년 사역은 귀하고 어린이나 노인 장애인 사역은 덜 귀한 것이 아니라 모두 귀합니다.

유대인들에게는 사도 '베드로'를 보내시고, 이방인에게는 사도 '바울'을 보내신 하나님은, 지금도 각각 은사와 재능대로 어떤 이에게는 어린이, 어떤 이에게는 청소년, 혹은 청년을 맡기시고, 어떤 이에게는 장년이나 노인 사역을, 혹은 호스피스 사역을 맡기셨습니다. 어떤 이들은 교도소나 특수 시설에 보내십니다. 서로 존경하고 애정으로 함께 일하게 하옵소서!

은사대로 보내 일하게 하시는 예수님의 이름으로 기도합니다. 아멘!

골방기도 / 사역-헌신

예수님처럼 살고 싶을 때 드리는 기도! (178)

자신이 어떻게 살아야 하는지 알게 하옵소서!

"내가 그리스도와 함께 십자가에 못 박혔나니 그런즉 이제는 내가 사는 것이 아니요 오직 내 안에 그리스도께서 사시는 것이라 이제 내가 육체 가운데 사는 것은 나를 사랑하사 나를 위하여 자기 자신을 버리신 하나님의 아들을 믿는 믿음 안에서 사는 것이라." (갈라 2:20)

사랑의 하나님! 그리스도인으로 살아가는 일이 단순하고 쉬운 일이 아님을 압니다. 우리는 매일 죽고, 매일 다시 태어나고, 매일 주님과 함께 십자가에 못 박히고, 매일 다시 사는 일입니다. 주님을 덧입고 살고, 그리스도로 옷 입고 살고, 내가 사는 것이 아니라 내 안에 그리스도가 사는 것으로 삽니다. 이 엄청난 주제들을 행복하게 소화할 수 있게 하옵소서!

사랑의 주님! 이제 십자가 앞에 나아온 저희들은 그리스도와 함께 십자가에 못 박힌 이들입니다. 주님을 믿고, 주님께 신앙고백을 하는 순간, 주님의 십자가에는 저희가 함께 못 박힌 것입니다. 주님과 함께 못 박혔으니, 주님과 함께 십자가에서 죽은 것이고, 십자가에 못 박혔으니 저희의 손과 발 심장에 못이 박힌 저희는 주님과 함께 십자가에서 죽습니다.

주님과 함께 못 박혔으니 이제는 숨도 못 쉬고, 살아있다는 증거도 없습니다. 죽는 시늉이 아니라 완전히 죽었다고 할 수 있습니다. 이렇게 주님과 함께 죽은 목숨이 현실로는 살아있는데, 이 살아있는 내 안에는 그리스도가 살아있는 것이니 그리스도처럼 살게 하시고, 그리스도께서 살아있게 하옵소서! 수난의 십자가에서 죽고 영광의 부활로 살게 하옵소서!

이제 주님 앞에 사는 것은 나를 사랑하사 나를 위하여 자기 자신을 버리신 하나님의 아들을 믿는 '믿음 안에' 사는 것입니다. 주님께서 사랑으로 나를 위해 돌아가셨으니, 나를 위해 돌아가신 주님을 생각하며 그 주님에 대한 믿음으로 살게 하옵소서! 믿음은 모든 이들의 것이 아니니, 주님과 함께 십자가에 못 박혀 죽은 예수님에 대한 믿음으로 살게 하옵소서!

오늘까지 저희가 십자가를 가볍게 생각했습니다. 주님의 십자가를 바라보는 순간, 십자가는 주님이 돌아가신 십자가가 아니라 저와 함께 돌아가신 십자가가 되게 하옵소서! 주님께서 그곳에서 십자가를 지시는 사랑으로 나를 사랑하셨으니, 저는 주님에 대한 믿음으로 살아서 그 은혜를 갚는, 저희가 되게 하옵소서! 언제나 주님을 믿는 믿음으로 승리하게 하옵소서!

그동안 십자가에서 돌아가신 주님을 추상적으로 생각했습니다. 이제 십자가를 볼 때마다 나를 사랑하여 온몸의 진액을 쏟으며 살을 찢는 고통을 끌어안고 돌아가신 주님의 십자가, 몸이 찢겨나가는 아픔으로 우리를 살려주신 사랑의 십자가에서 주님을 감사함으로 믿는 믿음으로 사는 저희가 되게 하옵소서! 피차에 함께 지는 사랑의 십자가 되게 하옵소서!

사랑의 십자가에서 만나주신 예수님의 이름으로 기도드립니다. 아멘!

골방기도 / 사역-헌신

예수님처럼 살고 싶을 때 드리는 기도! (179)

포기하지 않으면 거두게 됨을 알게 하옵소서!

"자기의 육체를 위하여 심는 자는 육체로부터 썩어질 것을 거두고 성령을 위하여 심는 자는 성령으로부터 영생을 거두리라 우리가 선을 행하되 낙심하지 말지니 포기하지 아니하면 때가 이르매 거두리라." (갈라 6:8-9)

사랑하는 하나님! 저희들이 익히 아는 속담에 "콩 심은데 콩 나고, 팥 심은데 팥 난다."는 말이 있습니다. 그건 비단 이 민족과 문화뿐만 아니라 성경의 가르침이고 온 인류가 살아오면서 체득한 경험입니다. 그러므로 모두 좋은 씨앗을 심게 하옵소서! 좋을 씨앗을 많이 심어서 좋은 곡식을 많이 거두고, 많은 이들에게 좋은 영향력을 미치게 하옵소서!

더러는 조금 뿌리고 많은 결실을 바라거나, 나쁜 씨앗을 뿌리고 좋은 것을 거두려는 이들이 있습니다. 그러나 신앙과 양심을 가지고 선한 결과를 가져오게 하시고, 또 무슨 일을 하다가 쉬이 결과가 나오지 않아 낙심하지 않게 마시고 낙심하지 않으면 때가 이르매 거두는 은혜를 알게 하옵소서! 조급하지 않고 서두르지 않으며 행복하게 기다리게 하옵소서!

언제나 육체를 위하여 심지 말고 성령을 위하여 심게 하시고, 현재를 위하여 심지 말고 미래를 위하여 심으며, 땅에 심지 않고 하늘에 심게 하옵소서! 그리고 결과가 쉽게 나오지 않더라도 참아 기다리게 하시고, 때가 이르면 반드시 거두게 될 그날을 기대하게 하옵소서! 반드시 좋은 결과가 있게 하옵소서! 며칠 만에 승부를 내려고 서두르지 않게 하옵소서!

믿음을 가진 이들이 쉽게 포기하지 않게 하시고, 때가 되어 거두는 영광의 시간을 볼 수 있게 하옵소서! 주님께서 저희에게 보여주신 언약과 그 결과들이 저희의 미래에 나타나게 하옵소서! 사람의 변화를 추구하던 일이 더딜지라도 기다리게 하옵소서! 믿음의 성장을 바라며 기도할 때 천천히 기다리게 하옵소서! 교회의 부흥이 더디어도 기다리게 하옵소서!

하나님! 저희는 언제나 무엇이든 속히 얻으려고 합니다. 씨를 뿌리고 돌아서서 바로 낫을 들고 추수하려는 조급함이 있습니다. 단기 과정을 좋아하고 속성 과정도 좋아합니다. 때를 기다려 숙성시키고 제대로 된 결과물을 보기 전에 조급한 마음과 서두르는 마음에 일을 그르치기도 합니다. 조금 더 인내심을 가지고 조금 더 지켜보면서 때를 기다리게 하옵소서!

특히 교회의 일은 일년생 곡식을 기르거나 과일나무를 기르는 것이 아닙니다. 가금류나 축산업을 하는 게 압니다. 백년대계를 바라보며 사람을 키우는 곳입니다. 조금 더 인격적인 기다림을 갖게 하옵소서! 조금 성숙한 인내를 갖게 하옵소서! 마침내 언젠가는 씨를 뿌리고 가꾸고 기다리는 저희에게 풍성한 결과를 안겨줄 것을 믿고 포기하지 않게 하옵소서!

우주의 창조자요 경영자이신 예수님의 이름으로 기도드립니다. 아멘!

골방기도 / 사역-헌신

예수님처럼 살고 싶을 때 드리는 기도! (184)

아직은 끝이 아니라는 믿음을 갖게 하옵소서!

"병자가 대답하되 주여 물이 움직일 때에 나를 못에 넣어 주는 사람이 없어 내가 가는 동안에 다른 사람이 먼저 내려가나이다. 예수께서 이르시되 일어나 네 자리를 들고 걸어가라 하시니 그 사람이 곧 나아서 자리를 들고 걸어가니라."

(요한 5:7-9상)

하나님! 우리의 힘들고 어려운 형편을 아시는 전능하신 하나님! 하나님을 사랑합니다. 그동안 저의 아프고 어려운 상황을 함께 아파하시고 안쓰러워하신 하나님! 그동안 제가 무너진 제 인생의 자락을 붙잡고 가슴으로 울며 기도하던 모든 기도를 들으신 하나님 고맙습니다. 이제 오늘 저 자신을 하나님께 올리며 언제나 그렇듯이 마지막 드리는 기도처럼 드립니다.

하나님! 모든 인생은 누구나 어려움을 온몸에 갖고 태어납니다. 아니면 태어나서라도 얻게 됩니다. 그 어려움은 하나님께서 모든 인생들에게 거친 파도를 헤쳐 역경을 헤엄쳐 기어이 승리하도록 달아 준 날개의 이름이라고 믿습니다. 하나님! 질병 때문에 목이 가라앉도록 울며 기도하는 이들이 있습니다. 온몸에 있는 중증장애 때문에 슬픈 이들도 있습니다.

그러나 온몸을 주관하고 있는 그들의 장애라도, 평생 천형(天刑)처럼 안고 살아가는 난치병이라도 좋습니다. 그들의 증상이 점점 심하고, 나이 들수록 점점 이겨가기 어렵게 심해지더라도 저들의 믿음은 무너지지 않게 하옵소서! 장애의 정도가 어린 시절보다 심해지고, 질병의 상태가 나이 들면서 점점 악화되어도 믿음만큼은 흔들리지 않게 하시옵소서!

주님! 그 몸 전체에 퍼져있는 악성 질병의 무게가 점점 심하게 그를 짓누르고, 장애의 고통과 이로 인한 편견이 그에게 점점 무게를 더해 와서 그의 운명이 주저앉을 정도가 되어도 하나님께서 그에게 주신 믿음은 무너지지 않게 하시고, 그에게 주신 희망의 불꽃은 꺼지지 않게 하옵소서! 비록 일생동안 응답이 없어도 희망의 불을 끄지 않게 하시옵소서!

누구든지 연못이 출렁인 후에 먼저 들어가는 사람은 나음을 입는다는 '베데스다' 연못가에, 자기 몸을 가누지도 못하는 병자가 누워 38년을 기다렸습니다. "물이 움직인다!"는 소리가 들리면, 여기저기 누워있는 병자 중에 스스로 몸을 움직일 수 있거나 치유를 바라는 가족들이 있는 사람이 먼저 물에 들에 들어가는 안타까운 장면을 40년 가까이 보았습니다.

그의 질병이 앞으로도 치유 받을 가능성이 없는 것은, 그는 스스로 물에 들어갈 수 없기 때문입니다. 그렇게, 기다려도 의미가 없고 시도해도 소용이 없는 중증장애를 안고 38년을 기다린 어느 날, 그는 주님을 만나 물에 들어가지 않고도 치유 받는 기적을 경험합니다. 하나님! 저희에게 포기하지 않는 믿음을 주옵소서! 기적의 날을 기다립니다. 들어주옵소서!

언제나 기적을 선물해 주실 예수님의 이름으로 기도드립니다. 아멘!

골방기도 / 사역·헌신

예수님처럼 살고 싶을 때 드리는 기도! (185)

주님을 믿는 것이 하나님의 일임을 알게 하옵소서!

"그들이 묻되 우리가 어떻게 하여야 하나님의 일을 하오리이까. 예수께서 대답하여 이르시되 하나님께서 보내신 이를 믿는 것이 하나님의 일이니라 하시니."

(요한 6:28-29)

주님을 사랑합니다. 주님을 믿습니다. 하나님을 사랑합니다. 하나님을 믿습니다. 저희에게 오셔서 당신을 계시하시고 믿음을 선물하시니 고맙습니다. 그 사랑이 너무 크고 놀라워 어떻게 하면 은혜에 보답할 것인가를 생각합니다. 어떻게 하면 주님 뜻대로 살 것인가! 어떻게 하면 하나님의 사랑을 입을까? 어떻게 하면 사랑받을까 노심초사하는 저희를 봅니다.

인생은 누구나 어떻든 하나님을 기쁘게 해드리고 싶고, 하나님의 뜻을 행하고 싶고, 하나님의 마음에 드는 인생이 되고 싶습니다. 예수님의 제자들도 마찬가지였습니다. 주님께서 "썩을 양식을 위하여 일하지 말고 영생하도록 있는 양식을 위하여 하라. 이 양식은 인자가 너희에게 주리니 인자는 아버지 하나님께서 인 치신 자니라." (요한 6:27)고 하셨습니다.

제자들이 묻습니다. "우리가 어떻게 하여야 하나님의 일을 하오리이까?" 지금도 저희는 "주님을 제일 기쁘게 하는 것이 무엇입니까?" 하고 묻습니다. 어느 순간에는 내 몸을 세계의 오지(奧地)에 다니면서 복음을 전하는 일에 불태우고 싶습니다. 어떤 때는 모든 재산을 팔아 하나님의 나라에 선교를 위해 드리고 싶습니다. 위기의 때마다 드는 생각들입니다.

하나님은 세계와 만물이 당신의 것이니, 차라리 하루 종일 아니면 며칠 동안 하나님께 기도의 제물이 되고 싶습니다. 그러나 그렇게 기도를 올린들 하나님께 좋아지는 것이 무엇이겠습니까? 억만금을 드려도 하나님께는 있는 것이요. 온 우주와 거기 충만한 것이 하나님 것이니. 우리가 드리는 것이 믿음의 고백은 되겠지만 하나님께는 아무것도 아닙니다.

그때 주님께서 "하나님께서 보내신 이를 믿는 것이 하나님의 일이니라"(요한 6:29)고 하셨습니다. 이처럼 아름답고 이처럼 시원한 대답이 어디 있습니까? 하나님의 보내신 자, 즉 예수님을 믿는 것이 하나님의 일입니다. '정답'이요 '명답'입니다. 더 이상도 이하도 아닙니다. 땅에서 우리가 할 일은 예수님을 잘 믿는 일입니다. 나머지는 하나님께서 하십니다.

하나님! 하나님은 역사의 주관자이십니다. 창조주이십니다. 그리고 언젠가 시간을 닫으실 우주의 주인이십니다. 하나님의 역사와 창조의 화룡점정(畫龍點睛)은 예수님입니다. 그 예수님이 당신이십니다. 예수님을 믿는 것이 인생의 미래입니다. 그러므로 예수님을 잘 믿는 것처럼 주님의 마음을 시원하게 하는 일 외에는 어떤 최고의 일도 없음을 알게 하옵소서!

우리의 구주로 세상에 오신 예수님의 이름으로 기도합니다. 아멘!

골방기도 / 사역-헌신

예수님처럼 살고 싶을 때 드리는 기도! (186)

분주한 일보다 발치에서 말씀을 듣게 하옵소서!

> "그에게 마리아라 하는 동생이 있어 주의 발치에 앉아 그의 말씀을 듣더니 마르다
> 는 준비하는 일이 많아 마음이 분주한지라 예수께 나아가 이르되 주여 내 동생이
> 나 혼자 일하게 두는 것을 생각하지 아니하시나이까 그를 명하사 나를 도와주라
> 하소서." (누가 10:39–40)

사랑의 하나님! 오늘 저희는 지금부터 영원히 주님 곁에서 주님의 사랑을 먹고 자라야 할 하나님의 자녀들입니다. 하나님의 자녀는 아버지이신 하나님의 뜻을 분별하고 그 뜻대로 살아가는 것이 저희들의 일입니다. 그런데 어떻게 하는 것이 주님을 기쁘게 해드리는 일인지 알 길은 없습니다. 왜냐하면, 주님께서 교과서처럼 정리해 주지 않으셨기 때문입니다.

사랑하는 하나님! 성경에서 주님은 열두 제자 중에도 사랑하는 제자가 있었고, 무리 중에서도 사랑하는 이들이 있었습니다. 제자 중에도 명시되지는 않았어도 사도 '요한'을 사랑한 것으로 짐작되고 있으며 '사랑하시는 제자'라는 표현 뒤에는 어쩔 수 없이 요한을 지목하게 되는 장면들이 있습니다. 그리고 여러 정황이 예수님의 사랑받는 제자일 것입니다.

"예수께 사람을 보내어 이르되 주여 보시옵소서! 사랑하시는 자가 병들었나이다."(요한 11:3), "곧 그가 사랑하시는 자가 예수의 품에 의지하여 누웠

는지라.”(요한 13:23), “시몬 베드로와 예수께서 사랑하시던 그 다른 제자에게 달려가서”(요한 20:2)를 보면 그렇습니다. 그래서 십자가 아래에도 혼자 남아 주님을 지키고 있고, 혼자 자연사했는지도 모릅니다.

그런데 사랑하는 이가 있었습니다. “예수께서 본래 ‘마르다’와 그 동생과 ‘나사로’를 사랑하시더니.”(요한 11:1) ‘예루살렘’ 올라가시는 길에 늘 그의 집에 들려 쉬고 식사하고 주무셨습니다. 그러던 어느 날 식사하러 가셨는데 당연히 언니 ‘마르다’는 집에 오신 예수님과 제자들을 맞아 준비를 위해 분주히 움직였습니다. 수십 명의 접대는 쉬운 일이 아닙니다.

사랑하는 친구 ‘나사로’의 집에 들어가서 앉으셨는데 즐거움으로 일해야 할 언니 ‘마르다’는 힘이 들어, 주님께 동생 ‘마리아’에게 도와주도록 부탁했고, 아랑곳하지 않는 ‘마리아’는 계속 예수님 발치에 앉아 말씀을 듣고 있습니다. 주님은 한 걸음 나아가서, 오히려 마리아의 편을 들고 그를 옹호 혹은 칭찬한 것을 봅니다. 주님의 마음을 헤아려 볼 수 있습니다

주님은 “마르다야! 네가 많은 일로 염려하고 근심하나 몇 가지만 하든지 혹은 한 가지만이라도 족하다. 마리아는 이 좋은 편을 택하였으니 빼앗기지 아니하리라!”고 하십니다. 물론 독자들에게 이후의 일은 그 이상 정보를 제공하지 않지만, 주님은 음식 준비하느라 지친 ‘마르다’보다 말씀에 빠져든 ‘마리아’를 더 사랑하고 기뻐하신 것을 알게 하시옵소서!

주님의 말씀 듣기 원하시는 예수님의 이름으로 기도드립니다. 아멘!

골방기도 / 사역·헌신

예수님처럼 살고 싶을 때 드리는 기도! (187)

괴로워도 끝까지 사명을 감당하게 하옵소서!

> "지금 내 마음이 괴로우니 무슨 말을 하리요. 아버지여 나를 구원하여 이 때를 면하게 하여 주옵소서. 그러나 내가 이를 위하여 이 때에 왔나이다."
>
> (요한 12:27)

하나님! 이 시간 원치 않는 십자가 처형을 앞두고 상황을 미리 알고 계신 주님의 마음을 묵상합니다. 십자가의 길은 하나님께는 유일한 길입니다. 십자가의 길을 통해서 인생들이 하나님께로 가는 구원의 법은, 길 잃은 인생들에 대한 하나님의 새로운 길이자 나무 위에 달려 저주를 받으심으로 인류의 운명에 드리운 저주의 그림자를 풀어주시는 길입니다.

그런데 그 길은 결코 쉬운 길은 아니었습니다. 그동안 가까운 사람들로부터 받은 불신, 의심, 비난, 야유 등은 그렇다 하더라도, 앞으로 '헤롯'이나 '빌라도' 총독 같은 이들에게 가서 수모를 당하며 심문받는 일, 그리고 제자 '유다'에게 밀고 되는 일, 또 제자들이 다 자기를 버리고 떠나는 일 등, 앞으로 그의 마음을 후벼 파는 일들이 얼마나 많이 있는지 모릅니다.

더구나 도저히 능력으로 안 되는 일이어서 어쩔 수 없이 당하는 치욕스러운 죽음이 아니라, 열두 군단도 더 되는 하늘의 군대를 동원하여 골고다

언덕을 초토화시킬 수 있는 힘도 있고, 말씀 한마디로 모든 상황을 종료할 수 있는 권세도 있습니다. 그걸 없는 척하며 그 길을 간다는 것이 여간 힘들고 아픈 일이 아닙니다. 실제 예수님은 이 일로 많이 괴로워하십니다.

제자들에게도 "내가 고민하여 죽게 되었다."고 토로하기도 하고, 실제 하나님께 이 잔을 옮겨달라는 기도를 세 차례나 합니다. 안 가도 되는데, 죽을 지경의 길을 간다는 것은 힘든 일이었습니다. 오늘 우리가 가는 길이 이와 같습니다. 직장생활이 더럽고 치사해서 때려치우고 다른 일을 하고 싶습니다. 무슨 먹고 살길이 없어서 하는 일이 아니기도 합니다.

목회나 선교는 특히 더 그렇습니다. 다른 일을 했으면 그 비위 상하는 비아냥도 안 듣고, 악의적인 소문이나 모함을 안 듣고 무시당하지 않고, 지금 받는 급료보다 최소 몇 배는 받을 수 있는 경우들이 얼마나 많은지 모릅니다. 대학원을 졸업하고 개척 교회 담임자가 되면 일 년간 받는 사례비가 대기업에 취직해서 받는 한 달 월급도 안 되는 경우가 많습니다.

그래서 "지금 내 마음이 괴로우니 무슨 말을 하리요! 아버지여 나를 구원하여 이때를 면하게 하여 주옵소서!" 할 때가 수없이 많지만 "그러나 내가 이를 위하여 이때 왔나이다."하고 주저앉습니다. 그렇습니다. 어떤 조건, 상황보다 사명은 우선합니다. 힘들 때도 서러울 때도 "이때를 위하여 왔나이다."하고 참고, 사명자의 길을 가는 저희가 되게 하옵소서!

저희를 사명자로 불러주신 예수님의 이름으로 기도드립니다. 아멘!

5.
교회 생활을 위한 기도
(30편)

골방기도 / 교회 생활

예수님처럼 살고 싶을 때 드리는 기도! (278)

주님의 교회를 지켜 주옵소서!

> "또 내가 네게 이르노니 너는 베드로라 내가 이 반석 위에 내 교회를 세우리니 음
> 부의 권세가 이기지 못하리라."
>
> (마태 16:18)

하나님께서 세상에서 가장 사랑하시는 것은 주님의 교회입니다. 당신의 사랑하는 아들 예수님의 피로 세우신 주님의 몸이요, 주님의 머리인데 하나님께서 이 교회를 복 주시고 지켜 주옵소서! 분명히 "내 교회를 세우리라."고 하신 다음 "음부의 권세가 이기지 못하리라!"고 하셨는데, 음부의 권세들이 너무 교회 공동체를 흔들어대며 무차별 공격하고 있습니다.

교회를 이간질하고 음해하고, 비난하는 것도 모자라 교회와 주의 사도들을 교단과 세상의 법정에 고소, 고발하고 한두 번도 아니고 반복해서 다양한 죄를 씌워 목회자를 고통스럽게 하고 교회를 혼란에 빠뜨려, 목회자가 지쳐 스스로 목회를 포기하게 만드는 집요함을 갖고 있습니다. 상처받은 교회는 풍비박산이 되고, 주님의 몸은 갈기갈기 찢기고 있습니다.

하나님께서 살아계신다면 교회를 허무는 이들을 허무시고 교회를 멸절시키려는 자들의 궤계를 멸절시키시고 복음의 진리와 구원받은 영혼들을 지켜 주옵소서! 교회를 끌어안고 통곡하며 기도하는 순수한 성도들의 눈물

을 기억하시고, 이 땅에 주님의 평안과 안정이 교회에 가득하게 하시옵소서! 하나님! 두려움에 신음하는 성도들을 위로하여 주시옵소서!

이런 와중에서 갈피를 잡지 못하여, 다투는 이들의 진영에 가담하여 피차 비난하던 이들을 사랑하여 하나님의 은혜로 강건하게 하시고, 서로에게 마음으로 혹은 말로 주었던 상처들을 싸매주며 위로와 화해하게 하시고, 다시는 악한 세력들이 틈을 탈 기회를 주지 않고, 주의 은혜와 사랑으로 함께하시기 원합니다. 교회를 영원한 반석 위에 곧게 세워 주옵소서!

아울러 교회의 작은 구성원이자, 독립된 하나의 교회인 성도들은 호시탐탐 교회를 무너뜨릴 생각에 혈안이 되어있는 대적의 세력에 공격의 빌미를 주지 않도록 하시고, 기도하고 또 기도하여 대적이 틈을 못 타도록 깨어있게 하옵소서! 한시라도 방심하면 가차 없이 공격해오는 교회를 파괴하려는 불의한 세력의 위협 앞에 무너지지 않게 붙잡아 주시옵소서!

전능하신 하나님! 하나님의 도성은 태초의 에덴동산과 '아담'과 '하와' 때부터 무참히 공격받아왔습니다. 대적들은 온갖 감언이설, 거짓, 위협, 미혹으로 하나님 자녀들의 행복을 파괴하고 하나님의 교회를 사단의 소굴로 바꾸려고 부단히 노력해 왔습니다. 그런 대적의 위협과 미혹에 무너지지 않고 의연히 대처할 수 있는 신앙의 담력과 영적 결기를 주시옵소서!

저희 대장 되시는 예수 그리스도의 이름으로 기도드립니다. 아멘!

5. 교회 생활을 위한 기도

골방기도 / 교회 생활

예수님처럼 모두 용서하게 하옵소서!

"서서 기도할 때에 아무에게나 혐의가 있거든 용서하라 그리하여야 하늘에 계신 너희 아버지께서도 너희 허물을 사하여 주시리라 하시니라."

(마가 11:25)

사랑의 하나님! 그리고 용서의 하나님! 이 땅에 오셔서 저희를 사랑하심을 용서로 입증해 주셨음이 고맙습니다. 비유로 들려주시기를 아버지의 재산을 상속받아 먼 나라로 가서 허랑방탕하여 다 허비하고 거지가 되어 돌아왔을 때, 둘째 아들의 하소연과 고백을 들으시고 "새 옷을 입히고, 가락지를 끼워주고, 새 신발을 신겨주라!"고 하심으로 용서하심을 봅니다.

용서받을 만한 구석이 하나도 없고, 회개의 진정성도 없이, 당장 굶주린 배나 채우고자 하는 욕심의 발로였음에도 불구하고, 아버지는 회개를 진심인 것으로 받으시고, 설령 회개가 없을지라도 용서하시려는 적극적인 접근을 하셨습니다. 그것은 둘째 아들에게 제일 필요한 것이 아버지의 용서이기 때문이요, 용서가 그를 자유롭게 해줄 수 있기 때문이었습니다.

저희가 이 땅에서 만나는 이들은 모두 저희의 용서가 필요합니다. 이는 "너희가 누구의 죄를 사하면 나도 너희의 죄를 사해줄 것!"이라는 말씀을 하셨기에, 용서하는 것이 저희가 용서받는 길임을 믿습니다. 그러므로 십자가를 지신 예수님께서 제일 먼저 "아버지! 저들을 용서해 주옵소서!"기도한 것처럼 저희도 미련하고 알지 못하는 이들을 용서하게 하옵소서!

어떤 이들이 형식적이고 반복적인 회개와 범죄를 끊임없이 계속할지라도, 그것조차 받아 주고 용서하게 하옵소서! 하나님 두려워하는 것이 보이지 않고, 죄를 겁내지도 않는 것을 보고도 용서하여 하나님의 명령을 준행하게 하옵소서! 사랑은 용서가 증명하는 것이고, 용서가 사랑의 완성인 것을 알게 하여 주옵소서! 저희가 용서의 대명사가 되게 하옵소서!

"하루에 일곱 번이라도 네게 죄를 짓고 일곱 번 네게 돌아와 내가 회개하노라 하거든 너는 용서하라!"(누가 17:4)고 하셨으니, 용서가 저희의 삶이 되게 하시고, 용서로 사랑을 완성하게 하옵소서! 하나님의 법이 용서요, 예수님의 명령이 용서요, 저희가 그리스도인 된 증거가 용서인 줄 알고. 용서가 절박하게 필요한 이들에게 용서함으로 사랑하게 하옵소서!

도저히 용서할 수 없는, 용납할 수 없는 사람일지라도 하나님의 명령보다 우선하지 않음을 알고, 주님의 지고한 명령 앞에 '아멘!'으로 순종하게 하옵소서! 저희가 하나님의 용서로 구원받은 하나님 자녀가 되었듯이, 저희의 용서가 저들을 구원하는 능력이 되게 하옵소서! 세상에서 마지막으로 제일 넘기 힘든 용서의 언덕을 넘어 저희 구원도 완성되게 하옵소서!

저희를 용서해 주신 예수님의 이름으로 기도드립니다. 아멘!

골방기도 / 교회 생활

예수님처럼 살고 싶을 때 드리는 기도! (294)

다른 사람의 말에 관심하지 않게 하옵소서!

"또한 사람들이 하는 모든 말에 네 마음을 두지 말라 그리하면 네 종이 너를 저주하는 것을 듣지 아니하리라. 너도 가끔 사람을 저주하였다는 것을 네 마음도 알고 있느니라."
(전도 7:21-22)

사랑의 하나님! 오늘 이 땅에서 저희를 힘들게 하고, 지치게 하는 것은 우리의 형제이자 자녀 된 이들입니다. 그들이 종을 위해 기도하며 따뜻한 말로 위로하고 격려하고 보약 같은 말을 하는 게 아니라, 근거 없이 비난하고 비방과 험담하는 것을 들을 때 많이 마음이 아픕니다. 그때 상심하지 않고 오히려 담대하게 그들의 수군거림을 멀리하게 하옵소서!

하나님께서 저희에게 귀를 양쪽에 두 개나 주신 것은, 뒤에서 무슨 소리를 하든 외면하라고 하신 뜻이 아닐까 생각하게 하시고, 뒤에서 남의 말 하는 이들을 무시하게 하옵소서! 사람들은 보이지 않는 곳에서는 심지어 배우자나 자식, 제자들조차도 흉이나 허물을 말하는 것을 기억하여, 수군대는 이들을 무시하게 하옵소서! 똑같이 반응하지 않게 하옵소서!

남의 말에 신경을 쓰다 보면 부인이나 남편이 친구들 만나 자신을 흉보는 것도 신경 쓰이고, 부모들이 지인들 만나 자식을 흉보는 것도 귀에 들어오

312

골방 기도

고, 별별 것들이 다 신경이 쓰여 정작 앞에서 들어야 할 말을 못 듣습니다. 이렇게 뒤에서 하는 말에 관심하지 않게 하옵소서! 시장 언어에 "개는 짖어도 열차는 간다."고 하였는데 그런 초월이 있게 하옵소서!

'다윗'은 원수가 "그가 언제나 죽고 그 이름이 없어질까?"(시편 41:5)하고 "악한 병이 그에게 들었으니 이제 눕고 다시 일어나지 못하리라."(시편 41:8)며 저주한다고 했습니다. 가까운 '절친'도 대적하고 배신했다고 했습니다.(시편 41:9) 하물며 저희 같은 사람들에게 얼마나 많은 이들이 비난하고 욕하고 흉을 보겠습니까? 그런 행위에 반응하지 않게 하옵소서!

성경에 "남들이 하는 말에 마음 쓰지 마라. 자칫하다가는, 네 종이 너를 욕하는 것까지 듣게 된다."(전도 7:21/표준)고 하였으니, 다른 이들의 반응에 민감하여 들어서는 안 되는 말을 듣지 않게 하옵소서! 당장 앞에서 들리는 말씀과 경고를 못 듣고, 뒤에서 들리는 말에 집착하지 않게 하옵소서! 영혼을 무너지고 상하게 하는 비방을 잊고 편히 살게 하옵소서!

바리새인과 서기관들이 예수님께 "죄인을 영접하고 같이 음식을 먹는다."고 비난했고, (누가 15:2) 세리장 '삭개오'의 집을 방문했다고 비방했습니다. (누가19:7) 저희도 다른 이를 향하여 무의식중에 한마디씩 뱉은 것이 많습니다. 재미나 추측으로, 혹 싫어서 했던 남의 말을 멈추게 하옵소서! 어떤 경우에도 남의 말 하지 않는 신실한 그리스도인이 되게 하옵소서!

저희의 언행을 보시는 예수님의 이름으로 기도드립니다. 아멘!

골방기도 / 교회 생활

예수님처럼 살고 싶을 때 드리는 기도! (29)

대적들은 늘 한 편인 것을 알게 하옵소서!

"헤롯이 그 군인들과 함께 예수를 업신여기며 희롱하고 빛난 옷을 입혀 빌라도에게 도로 보내니 헤롯과 빌라도가 전에는 원수였으나 당일에 서로 친구가 되니라."

(누가 23:11-12)

하나님! 농사하는 밭에 나가보면 언제나 곡식보다 가라지나 잡초가 더 잘 큽니다. 곡식이 잘 자라도록 거름을 주면 그걸 곁에 있는 잡초들이 먼저 흡수해서 무성하게 자라는 것을 봅니다. 또, 김을 매다 실수로 호미 끝에 곡식이 상처를 입으면 곡식은 곧 시들시들해서 말라버리나, 잡초들은 뿌리를 다 뽑아내도 소나기 한줄기만 나오면 도로 살아납니다.

곡식뿐만 아니라, 영의 세계에도 신앙인들은 한 번 상처를 받으면 그 길로 주저앉아 다시 일어서기 힘들지만, 이단(異端)들은 다시 일어서서 다른 이단이 되는 것을 봅니다. 믿지 않는 이들이나 대적들은 원수가 되었다가도 '화해주(和解酒)' 한 잔이면 다시 끈끈한 친구가 되는데, 그리스도인들은 툭하면 갈라서고, 한 번 갈라서면 아예 원수가 되고 맙니다.

예수님을 붙잡아 십자가에 처형할 때에도 빌라도가 주님을 심문할 때 말을 안 하자, 그가 '갈릴리' 사람인 줄 알고, 마침 '예루살렘'에 와 있던 분봉 왕 '헤롯'에게 보내고, '헤롯'에게 호송된 예수님이 여전히 대답이 없자, 대제사장들과 서기관들은 계속 재촉합니다. 헤롯이 군인들과 예수님을 희롱하다가 빛난 옷을 입혀 다시 빌라도에게 보냅니다. (누가 23:8-12)

이렇게 '헤롯'과 '빌라도'가 예수님을 심문하는 과정에, 예수님을 보내고 받고 서로 심문하면서 이들이 전에는 원수였으나 당일에 서로 친구가 되었습니다. (누가 23:12) 복음을 대적하는 이들은 언제나 자신들의 이익을 위하여 이합집산(離合集散)하면서 공동의 적인 예수님, 혹은 기독교를 대적합니다. 밭의 잡초가 잘 자라듯 기독교 이단들은 더 발호합니다.

하나님! '빌라도'가 '유대'를 통치하는 '로마'의 총독이요, '헤롯'은 유대 전 지역을 나누어 통치하는 분봉(分封) 왕입니다. 지역을 네 개로 나누어 다스리는 지방 영주(領主)이니 여러 정치적 관할권, 세금 징수 및 관리 등 불편한 일로 상호 불편한 원수처럼 지내왔습니다. 그러다 주적(主敵)인 예수님과 대항하면서 언제든 예수님을 대적하는 일에 힘을 모았습니다.

교회 안에서 진리와 비 진리가 대척점에 설 때, 진리는 예수님의 복음 하나이지만, 이 진리를 대적하는 사단의 하수인 된 비 진리는 혼합종교, 기독교이단, 거짓 선지자, 거짓 신자 등 수많은 집단이 하나가 되어 공격합니다. 그들이 열개, 스무 개 그룹이 떼를 지어 대항해도, 대장 되신 예수님을 모시고 대적들의 특성을 살펴 승리하는 저희가 되게 하옵소서!

우리의 영원한 구주이신 예수님의 이름으로 기도드립니다. 아멘!

골방기도 / 교회 생활

예수님처럼 살고 싶을 때 드리는 기도! (30)

가슴을 열고 대화할 좋은 동지를 주옵소서!

"베드로와 세베대의 두 아들을 데리고 가실새 고민하고 슬퍼하사 이에 말씀하시
되 내 마음이 매우 고민하여 죽게 되었으니 너희는 여기 머물러 나와 함께 깨어있
으라 하시고." (마태 26:37-38)

사랑하는 하나님! 세상은 언제나 저희의 온몸을 옥죄어, 한 번도 고민하지
않고 슬퍼하지 않으며 몸과 마음이 쉼을 얻으면서 일할 수 없도록 합니다.
끊임없는 억압, 눈물이 저희를 기다리고 있습니다. 그래서 하나님께 이런
아픔을 아뢰려 기도합니다. 그러나, 그럴지라도 저희의 이런 답답하고 슬
픈 마음을 나누고 피차에 위로받을 수 있는 동지들을 주옵소서!

예수님께서 자신의 운명이 다해 감을 느끼고 가장 사랑하는 세 제자 '베드
로', '야고보', '요한'을 데리고 '예루살렘'에 오실 때면 늘 기도 하시던 '겟세
마네' 동산에 올라가십니다. 그때 주님의 심정은 정말 고민하여 죽을 지경
이었습니다. 그래서 하나님께 도움을 구하지만, 다른 한 편에서는 함께 기
도해줄 동지들이 필요했습니다. 저희도 기도의 동지들을 주옵소서!

'모세'가 '르비딤'에서 기도할 때 두 팔을 잡아주던 '아론'과 '훌'을 붙여주신
하나님! '엘리야'와 '엘리사'가 사제지간이지만 서로 위로하고 힘을 얻듯이

좋은 '멘토'와 '멘티'를 만나게 하옵소서! '바울' 사도가 감옥에서 만난 전과 자였지만 그를 생각할 때에 '형제' 같은 동역자, 자신에게 심복 같은 사람을 만나 행복한 것을 봅니다. 저희에게도 그런 동지들을 주옵소서!

예수님께서 밤새 기도드리고 뽑은 열두 명의 제자들은 모두 탁월한 인물들이었습니다. 그러나 열두 명 중에는 배신자도 있었고, 의심자도 있었고, 믿음이 적은 사람도 있었습니다. 그중에 '요한'의 아들 '시몬 베드로'와 '세배대'의 두 아들 '야고보'와 '요한'은 주님께서 신뢰하며 함께 사역하고 서로를 위하여 기도하고 의지하던 생명같이 소중한 삼총사였습니다.

이들은 주님의 제자로 부르심을 받은 이후에, 회당장 '야이로'의 딸을 살리는 현장에, 다른 제자들이 제지를 당할 때 이들 세 제자는 2층에 올라와서 '야이로'의 딸을 살리는 현장의 목격자가 되었습니다. 또 기도하러 가시는 예수님을 따라 높은 산에도 함께 올라가 예수님의 변화하는 신비한 순간을 체험하기도 했습니다. 그만큼 세 제자는 끈끈한 사이였습니다.

마지막으로 겟세마네 동산에 세 제자를 데리고 기도하러 가시던 예수님은 그때 제자들에게 "마음이 매우 고민하여 죽게 되었다."는 심정을 털어놓았습니다. "내 마음이 심히 괴로워 죽을 지경이다. 여기서 깨어있어 기도하라!"는 그의 고충을 이야기하며 함께 기도할 것을 요청했는데, 저희도 주님과 이런 사이가 되고, 이런 신앙의 동지들이 많게 하시옵소서!

저희를 생명같이 사랑하시는 예수님의 이름으로 기도드립니다. 아멘!

골방기도 / 교회 생활

예수님처럼 살고 싶을 때 드리는 기도! (34)

예수님도 배척당하셨음을 알게 하옵소서!

> "집에 들어가시니 무리가 다시 모이므로 식사할 겨를도 없는지라 예수의 친족들
> 이 듣고 그를 붙들러 나오니 이는 그가 미쳤다 함일러라 예루살렘에서 내려온 서
> 기관들은 그가 바알세불이 지폈다 하며 또 귀신의 왕을 힘입어 귀신을 쫓아낸다
> 하니." (마가 3:20-22)

하나님 아버지! 저희가 이 땅에서 제일 견디기 힘든 것이 사람들로부터 배
척을 당하는 것입니다. 연예인 같은 인기인들이 사람들의 외면을 받고 스
크린이나 TV에 나오지 못하거나, 정치인들이 대중들의 기억 속에서 지워
져 더이상 인지도(認知度)나 지지도(支持度)가 안 나오는 경우입니다. 목회자
는 교인들이 교회를 떠나고 집회 인원이 줄면 힘이 빠집니다.

특히 목회자에 대한 교인들의 반응이 차갑고, 거부당하는 것 같고 외면당
하는 것 같을 때 의욕도 용기도 사라집니다. 교회의 성장은 더디고, 성도
들의 믿음도 자라지 않습니다. 저희는 그럴 때마다 길을 잘못 든 것 같기
도 합니다. 그런데 주님께서 세상에 계실 때도 보면 말씀을 전하실 때 예
수님을 치려고도 했습니다. 제자들도 말씀을 잘 이해하지 못했습니다.

설교자 '스데반'은 "예수님이 우리의 구주시라!"는 말씀을 전하고 돌에 맞
아 죽었습니다. 주님께서 공생애 3년 동안 많을 때는 수천, 수만 명씩 따라

다니던 무리가, 주님께서 십자가에 돌아가실 때는 거의 없었습니다. 열두 명의 제자 중 하나는 배신하여 주님을 팔고 목매 죽었고, 한 사람은 주님을 처음 본다고 부인했고, 한 사람은 부활을 믿지 못했습니다.

예수님이 기적을 행하고 능력을 행할 때마다 반대자들은 율법을 파괴하는 '이단아'라고 했고, 예수님께서 기적을 베푸시면 율법을 범했다고 했습니다. 한 번도 마음 편히 따뜻한 식사를 하신 적이 없습니다. 세리 '마태'의 집에서 식사하실 때는 "죄인들과 같이 먹는다."고 비난했고, 세리장 '삭개오'의 집에 가셨을 때는 "죄인의 집에 들어갔다."고 비난했습니다.

예루살렘에서 내려온 서기관들은 그가 "바알세불이 지폈다."며 또 "귀신의 왕을 힘입어 귀신을 쫓아낸다."(마가 3:22)고 했습니다. 오죽하면 "인자는 와서 먹고 마시매 너희 말이 '보라 먹기를 탐하고 포도주를 즐기는 사람이요 세리와 죄인의 친구로다.'"고 한다(누가 7:34)고 했습니다. 예수님에 대한 유대인 사회의 음해, 오해, 편견은 말할 수 없이 많았습니다.

그에 비하면 저희에게 있는 오해나 소문은 아무 것도 아닙니다. 그런데도 억울하고 분하다고 소송하고 고소 고발하고 난리를 피웁니다. 주님처럼 산다는 게 생각처럼 쉽지도 않지만, 그렇게 말처럼 어려운 일도 아닙니다. 주님께서 위로하시고 힘을 주셔서 늘 주님 닮은 하루하루를 살아내게 하옵소서! 성령님께서 저희에게 삶의 용기와 인내와 위로를 주옵소서!

저희를 지키시는 예수님의 존귀하신 이름으로 기도드립니다. 아멘!

골방기도 / 교회 생활

어떤 고난도 뜻이 있음을 알게 하옵소서!

"요셉이 일어나서 밤에 아기와 그의 어머니를 데리고 애굽으로 떠나가 헤롯이 죽기까지 거기 있었으니 이는 주께서 선지자를 통하여 말씀하신 바 애굽으로부터 내 아들을 불렀다 함을 이루려 하심이라." (마태 2:14-15)

하나님! 사람이 살면서 알지 못하는 고난을 경험할 때가 많습니다. 저희가 무슨 악을 행하고 불의를 행한 것도 아닌데 알 수 없는 이유로 깊은 고난을 경험할 때에, 저희의 마음에 하나님의 경륜에 대한 믿음을 가지게 하옵소서! 모든 고난에는 반드시 하나님의 계획이 있음을 알고, 고난의 의미가 무엇인지, 미래에 일어날 하나님의 계획을 생각하게 하옵소서!

예수님께서는 태어나 얼마 되지 않은 어린 나이에, 아직 자신의 의지나 의사결정을 감당할 수 없었을 때, 먼 이국땅 '애굽'으로 자신의 목숨을 지키기 위한 피난을 가게 되셨습니다. 그것이 어떤 연유인지도 모르고, 그 일이 성경의 어떤 예언을 이루신 말씀인 줄도 모른 채 피난 생활을 겪습니다. 그래도 그것이 그 미래 사역의 중요한 의미를 품고 있었습니다.

하나님! 오늘 지금 저희가 본인의 의지와 상관없이, 자신이 지은 죄와 상관없이 진행된 고난이 있을 수 있음을 알고, 그런 일로 비관하거나 절망하지 않게 하옵소서! 비켜 갈 수 없을 때는 미리 상황들을 맞닥뜨려 이겨 나가게 하옵소서! 겪는 고난은 언제나 저희에게 유용한 보배 같은 고난이 될 것과 그 고난이 저희 장래를 준비하는 것임을 알게 하옵소서!

저희에게 일어날 일을 미리 알고 계시는 분은 전능하신 하나님밖에 없는 줄 믿사오니, 하나님께서 저희의 영원한 미래를 간섭하시어 빛나는 희망을 갖게 하옵소서! 애굽으로 피난 가셨다가 애굽에서 불러내신 주님의 생애가, 결국은 저희에게 죄의 구속자로 알려지듯이, 저희가 당하는 깊은 고난 속에 저희를 통해 이루실 하나님의 계획을 볼 수 있게 하옵소서!

한 생애를 사는 동안, 때로는 저희가 짐작하는 기대 섞인 희망도 있고, 때로는 돌파해갈 길도 안 보이는 절망적인 상황도 있지만. 그래도 하나님의 앞에 길이 있음을 알게 하옵소서! 하나님의 예정하심과 준비하심에는 악한 것도, 불의한 것도 없다는 믿음으로 살게 하옵소서! 하나님께서 어떤 미래를 펼치시더라도 옛적의 경험을 통해 적응하게 하시옵소서!

인생은 끊임없는 고난의 연속입니다. 이 속에서 미리 맞은 고난의 백신을 통해 극복의 비결을 배우게 하시고, 저희 삶의 갈피마다 숨어있는 하나님의 경륜을 헤아려가는 지혜를 허락하여 주옵소서! 원인 규명도 안 되는 불가사의하고 난해한 고난 속에도 하나님의 눈으로 보면 풀리지 않을 고난의 비밀은 없는 것을 깨닫고 인생의 퍼즐을 완성할 수 있게 하옵소서!

장애물 경기를 준비해 주신 예수님의 이름으로 기도드립니다. 아멘!

골방기도 / 교회 생활

예수님처럼 살고 싶을 때 드리는 기도! (46)

억울한 일을 당할 때 침묵하게 하옵소서!

"그 신성 모독 하는 말을 너희가 들었도다. 너희는 어떻게 생각하느냐 하니 그들이 다 예수를 사형에 해당한 자로 정죄하고 어떤 사람은 그에게 침을 뱉으며 그의 얼굴을 가리고 주먹으로 치며 이르되 선지자 노릇을 하라 하고 하인들은 손바닥으로 치더라." (마가 14:64-65)

하나님! 이 땅에 저희의 구주로 오셔서 십자가를 지신 주님을 보내시고, 십자가를 친히 담당하게 하시고, 십자가를 지시기 전의 땀을 피처럼 쏟는 기도를 외면하시고, 십자가 위에서의 처절한 절규도 외면하시어, 온 땅에 어두움이 임하시던 것도 기억합니다. 그리고 마침내 영혼을 아버지의 손에 부탁하는 기도를 들으실 때(누가 23:46)의 마음도 봅니다.

그러나 하나님! 아버지의 마음과 우리 주 예수님의 마음을 동시에 아프게 하고, 이를 바라보는 저희의 마음에도 울분이 솟아 감당하기 어려운 아픔은 예수님께서 유대인들과 군인들의 조롱과 폭력과 야유를 받으심입니다. 그런데 주님은 그 힘든 일을 말없이 침묵으로 감당해 오신 것을 봅니다. 주님을 따르는 저희에게도 이처럼 같은 고난이 기다립니다.

주님께서 저희에게 가르쳐주신 삶의 가장 큰 교훈은 묵묵히 침묵하며 인내하신 모습입니다. 누가 뭐라고 해도 침묵이 우선이었으며, 어떤 굴욕적인 일을 만나도 마땅히 당할 일을 당하신 것처럼 침묵하며 인내하셨습니다. 이리저리 끌려다니며 조롱과 심문을 받으실 때도 침묵하셨고, 예수님께 가해지는 여러 위해(危害)를 당하면서도 여전히 말씀이 없으셨습니다.

죄수처럼 사슬에 몸이 묶여 끌려 다니면서도 침묵하셨고, 주님께 침을 뱉는 모욕적인 일을 겪으면서도 침묵하셨고, 그의 얼굴을 가리고 주먹으로 치며 "네가 선지자라면 누가 때렸나 맞추어보라!"고 할 때도 침묵하셨고, 하인들이 손바닥으로 예수님을 칠 때도 침묵하셨습니다. 저희 주님께서 그렇게 온갖 수모를 당했으니 우리가 견뎌야 할 것도 이 같은 수모입니다.

사랑의 하나님! 교회를 섬기다 뜻하지 않게 당하는 수모와 고통을 만날 때가 있습니다. 특히 요즘처럼 한국 교회의 지도자인 목회자들이 굴욕적인 일을 겪으며 수모를 당하는 때가 일찍이 없었습니다. 이는, 목회자 자신의 죄와 불의, 실수와 잘못이 많이 있음도 고백합니다. 그러나 무고히 고난받는 억울한 하나님의 사자들을 하나님께서 기억하여 주옵소서!

어차피 가야 하는 길이라면 사명자의 길에 놓인 수많은 고난, 모함 등 주님께서 걸어가신 그 길을 묵묵히 견디게 하시고, 그것이 십자가의 길이고, 사명자의 길인 것을 알게 하옵소서! 오늘 하나님께서 맡기신 길에서 만나는 고난들은 주님께 받은 선물이요, 이 길이 십자가의 길임을 알아서 준비하신 '은총의 선물'이라는 믿음으로 끝까지 완주하게 하옵소서!

저희 앞에 고난의 길을 가신 예수님의 이름으로 기도드립니다. 아멘!

5. 교회 생활을 위한 기도

골방기도 / 교회 생활

가까운 이에게 배신당할 때 드리는 기도!

"예수를 파는 자가 그들에게 군호를 짜 이르되 내가 입맞추는 자가 그이니 그를 잡
으라 한지라. 곧 예수께 나아와 랍비여 안녕하시옵니까 하고 입을 맞추니 예수께
서 이르시되 친구여 네가 무엇을 하려고 왔는지 행하라 하신대 이에 그들이 나아
와 예수께 손을 대어 잡는지라."   (마태 26:48-50)

위대한 용서와 사랑의 하나님! 오늘 세상을 살다가 저희를 가장 슬프게 하
는 일은 외로움이나 쓸쓸함이 아니라, 가장 가까이에 있는 친한 이들로부
터의 견디기 어려운 배신의 아픔입니다. 목회자의 경우, 불신자의 가정에
서 불신의 아이콘으로 살고 있던 이를 본인과 가족들로부터 온갖 모욕을
받고 거절을 당하면서 예배당에 전도해 오던 때가 있었습니다.

갈 때마다 문전박대를 당하고, 온갖 수모를 당하면서도 포기하지 않고 끝
까지 그를 찾아 권면하고 우여곡절 끝에 예배당에 나오게 되고, 하나님께
서 그를 불쌍히 여기시어, 나오던 날부터 성령님의 역사하심을 경험하게
하고, 예배와 성경공부를 하고 성경에 눈을 뜨게 하시던 때도 생각합니다.
시간이 지나 집사도 되고 안수 집사나 권사 등 직분도 받습니다.

그러면서 좋은 일꾼 될 재목으로 보여 '장로' 천거를 하고, 교인들을 설득
하며 목회자와 함께 일하도록 해 주기를 제안하여 투표하여 장로가 되었

습니다. 어쩌면 투표를 위해 본인보다 더 많이 기도하고 더 많이 신경 써서 장로 안수를 하고 온 교회와 함께 축하연을 하고 교회의 일꾼이 되고 교회 경영의 중요한 자리에서 얼마 동안 성실히 교회를 섬겼습니다.

목회자와 성도들의 신임을 받고 교회를 섬기면서 교회 안팎의 지도자가 되고 성도들로부터 신망과 존경을 받으면서 차츰 그의 영혼에 가득하던 순수함과 순결이 사라지고 어느새 자신의 의사 대로 교회 경영을 획책하고, 섬기는 자리에서 군림하는 자세가 되고 초심은 변심으로 대체되면서 여기저기에서 "예전과 다르다."는 말을 듣는 부정적인 변화가 보입니다.

그러면서 서서히 '섬김'의 자리가 '누림'의 자리로 바뀌고, 침묵하며 순종하던 모습이 불순종과 시비의 대명사가 됩니다. 조용하던 목소리가 커지고, 기도의 목소리는 사라지고 회의에서 가장 목소리가 큰 이가 되고, 교회 안에서 무한 영향력을 행사하는 이가 되었습니다. 급기야는 담임자의 실수를 적어 연판장도 돌리고 담임자를 축출하는 일에도 앞장섭니다.

그러나 하나님! 그들을 불쌍히 여겨 침묵하며 견디게 하옵소서! 그 자리에서 끌려 내려올지라도, 고소 고발 제소 변론 같은 세상 사람들의 길로 가지 않게 하시되 신뢰의 끈은 놓더라도 사랑의 끈은 놓지 않게 하옵소서! 저희 앞에 가신 주님께서 본을 보이셨으니, 그 길을 따라가게 하시되 재판에서 이긴 자가 아니라 배신당해 쫓겨 가는 자가 되게 하옵소서!

저희 앞에서 모범을 보이신 예수님의 이름으로 기도합니다. 아멘!

골방기도 / 교회 생활

예수님처럼 살고 싶을 때 드리는 기도! (56)

주님께서 타신 배도 풍랑을 만남을 알게 하옵소서!

> "행선할 때에 예수께서 잠이 드셨더니 마침 광풍이 호수로 내리치매 배에 물이 가
> 득하게 되어 위태한지라 제자들이 나아와 깨워 이르되 주여, 주여 우리가 죽겠나
> 이다. 한대 예수께서 잠을 깨사 바람과 물결을 꾸짖으시니 이에 그쳐 잔잔하여지
> 더라." (누가 8:23-24)

사랑하시는 하나님! 예수님과 제자들이 함께 '배를 타고 바다 건너편 '가다
라' 지방으로 가시던 '갈릴리' 호수 위에서 있었던 일입니다. "호수 저편으
로 건너가자!"(누가 8:22)고 하신 주님의 말씀을 듣고 '거라사' 땅을 향해서
노를 저어가는 제자들은 별생각이 없었고, 늘 사역에 지쳐 피곤한 주님은
배 고물에 누웠다 잠이 드셨습니다. 자주 있는 장면이었습니다.

그런데 그때 그 '갈릴리' 호수에 풍랑이 몰아쳤습니다. '갈릴리' 호수의 지
형을 볼 때 툭하면 강풍이 내리달아 호수를 휘감아 돌풍을 일으키기에 딱
좋은 지형과 지세를 하고 있어서 여느 때처럼 예정에 없던 풍랑을 만나 제
자들이 모두 고통을 겪고 있을 때입니다. 대수롭지 않게 생각하던 제자들
이 물결이 거세지고, 날씨가 심상치 않은 것을 보고 불안했습니다.

바람은 점점 거칠어지고, 풍랑을 맞은 물결은 배를 치고 안으로 들어오는
데, 처음에는 가볍게 보고 있던 제자들도 점점 두려운 마음이 들어 서로를

쳐다보고 걱정을 합니다. 그때, 팔자 좋게 배 아래에서 주무시는 예수님을 바라본 제자들은 편하게 주무시는 예수님을 향하여 불평과 불만을 토합니다. "선생님! 우리가 죽게 되었습니다."며 불평을 시작합니다.

다급해진 제자들의 불평과 점점 심하게 흔들리는 배 위에서 피곤하여 잠이 드셨던 주님께서 일어나셨습니다. 그리고 바람을 "잔잔하라!"고 꾸짖으셨고, 피조물인 바람은 잔잔해졌고, 풍랑이 잔잔해지자. 사경을 헤매던 배 위는 조용해졌습니다. 그때 예수님께서는 갑자기 두려움으로 조용해진 제자들을 향해 "믿음이 없는 자들아, 왜 두려워하느냐!"며 책망하십니다.

하나님! 그렇습니다. 그 배에 하나님의 아들이신 주님이 타고 계셨음에도 풍랑이 배를 흔들었습니다. 주님께서 책망하심으로 풍랑은 잔잔해지고 안전한 항해는 이어졌지만, 예수님이 타고 계신 배에도 풍랑은 일었고, 예수님은 풍랑을 잔잔하게 하셨습니다. 오늘도 하나님의 교회는 무풍지대가 아니라 '격랑 지대'입니다. '평안지대'이긴 하나 '편안지대'는 아닙니다.

아예 바람조차 잠잠한 밋밋한 호수가 아니라, 격랑이 일어나는 무서운 바다 위에 있는 오늘의 교회를 향해, 주님은 풍랑을 잔잔하게 하시고 바다를 고요하게 하실 것입니다. 전능하신 하나님! 교회들이 '이 풍랑 때문에 더 빨리 가는' 교회가 되게 하옵소서! 교회를 침몰시킬 것 같은 크고 작은 풍랑에서 교회를 지키시고, 하나님은 살아계심을 보게 하옵소서!

큰 풍랑을 잔잔하게 하신 예수님의 이름으로 기도드립니다. 아멘!

골방기도 / 교회 생활

작은 자 하나를 실족시키면 어떻게 되는지 알게 하옵소서!

> "또 누구든지 나를 믿는 이 작은 자들 중 하나라도 실족하게 하면 차라리 연자맷돌이 그 목에 매여 바다에 던져지는 것이 나으리라 만일 네 손이 너를 범죄하게 하거든 찍어버리라 장애인으로 영생에 들어가는 것이 두 손을 가지고 지옥 곧 꺼지지 않는 불에 들어가는 것보다 나으니라." (마가 9:42-43)

사랑의 하나님! 독생자 예수님을 세상에 보내셔서, 세상에서 천히 여김을 받고, 업신여김을 당하고, 작게 여김을 받는 이들이 얼마나 소중한 존재인지 가르쳐 주심이 고맙습니다. 천한 신분의 세리, 창녀, 군인 같은 이들을 친구로 대하시고, 장애인 병든 이들을 불쌍히 여기사 고쳐주시고, 가난하여 삶이 곤궁한 자들을 긍휼한 마음으로 고쳐주시니 고맙습니다.

특히, 그중에 사람들의 숫자에도 들지 않던 어린이들을 귀하게 보시고 "어린이들 내게 오는 것을 금하지 말라. 천국이 이런 자의 것이니라."(마태 19:14)고 높여주심이 고맙습니다. 제자들이 쫓아버리려는 어린아이들을 안고 안수하여 보내시고(마가 10:16) 이들을 소중히 여겨 그들의 가치가 천국에서 얼마나 큰지를 저희에게 직접 보여주셔서 고맙습니다.

"또 누구든지 나를 믿는 이 작은 자 중 하나라도 실족하게 하면 차라리 연자 맷돌이 그 목에 매여 바다에 던져지는 것이 나으리라." (마가 9:42)는 무서운 경고의 말씀을 해주시니 고맙습니다. 어린아이가 주님께로 가까이 접근하는 것도 막고, 안수받기 위하여 데리고 오는 것도 차단하던 제자들에게 보이신 주님의 마음이 저희에게 잘 느껴지게 하시옵소서!

뿐만 아니라 "이 어린아이와 같이 자기를 낮추는 사람이 천국에서 큰 자니라."(마태 18:4)고 하셨습니다. 세상 사람들은 늘 힘없는 자 보다 권력자의 편에, 가난한 자 보다 부자의 편에 서기를 원합니다. 아이들보다는 어른들 편에 서기 원합니다. 그러나 주님은 늘 건강한 자보다 병든 자에게, 부자 보다는 가난한 자에게 그리고 아이들에게 사랑을 주셨습니다.

목회자와 사역자들, 소그룹 인도자나 교사들이 어린아이 하나를 소중히 여기는 마음을 주옵소서! 사회에서, 심지어 교회 안에서조차 소자들 즉 어린아이, 가난한 이들, 병든 이들, 장애가 있는 이들, 천한 신분의 사람들이 모두 소외되고 배척당하는 시대에 저희에게 가르침을 주신 주님을 따라 한 소자에게 냉수 한 그릇이라도 베푸는 배려의 마음을 주옵소서!

힘 있는 이들, 대단히 사회적으로 비중 있는 이들, 저명한 신분으로 이름 있는 이들에 대해서는 민감하게 반응하면서, 정작 교회의 돌봄과 사람이 필요한 이들인 어린이나 병든 자, 갇힌 자, 주리고 헐벗은 자에 대해 무관심하지 않게 하옵소서! 전혀 마음도 주지 않는 작은 자 하나에 대한 무관심이 저희 미래 운명을 파멸로 이끄는 것을 깨닫게 하시옵소서!

어린이들을 소중히 여기시는 예수님의 이름으로 기도합니다. 아멘!

골방기도 / 교회 생활

예수님처럼 살고 싶을 때 드리는 기도! (61)

하나님의 나라는 성장하는 것을 알게 하옵소서!

"또 비유를 들어 이르시되 천국은 마치 사람이 자기 밭에 갖다 심은 겨자씨 한 알 같으니 이는 모든 씨보다 작은 것이로되 자란 후에는 풀보다 커서 나무가 되매 공중의 새들이 와서 그 가지에 깃들이느니라." (마태 13:31-32)

사랑하는 하나님! 오늘도 하나님의 나라를 꿈꾸며 사모함으로 나아가는 모든 자녀에게 비록 더딘 것 같아도 더디지 않고, 기어이 이루시는 하나님을 알게 하시니 고맙습니다. 하나님의 나라는 마치 겨자씨 한 알 같다고 하신 것처럼, 어떤 가능성도 안 보이는 작은 겨자 한 알처럼 보잘것없어도, 그래도 하나님의 사랑과 능력이 함께 하시는 줄 믿습니다.

"천국은 마치 사람이 자기 밭에 갖다 심은 겨자씨 한 알 같으니 이는 모든 씨보다 작은 것이로되 자란 후에는 풀보다 커서 나무가 되매 공중의 새들이 와서 그 가지에 깃들인다."고 하셨습니다. 비록 처음에는 깨알만큼 작은 겨자씨 한 알에 어떤 희망을 품을 수 없지만, 그러나 그 속에 하나님의 창조 능력이 있어 다른 풀보다 큰 나무가 될 줄 믿습니다.

아무도 관심하지 않았던 겨자씨에게 싹이 나고 잎이 피어서 한 그루의 겨자 나무가 되기까지, 숱한 가슴 졸임과 낙심과 절망이 반복되어도, 생명의 주님께서 그곳에 함께 하시므로 잘 자라서 마침내 모든 나물보다 커서 새들이 깃들일 지경이 되었을 때 그 감격이 어떠함을 알게 하옵소서! 하나님은 저희의 희망이요, 꿈이오니 오늘 현실을 극복하게 하옵소서!

하나님의 나라는 하나님의 나라요, 하나님 통치의 나라요, 하나님께서 영원한 왕으로 계실 땅이오니 영원히 실망을 주지 않으시고, 기대와 희망을 포기하고 결과가 폄하될 때도 부지런히 성장하게 하옵소서! 지금도 이 땅에 흩어져 있는 소망 없는 하나님의 나라들을 붙잡아 주옵소서! 지금도 어느 곳에선가 조용히 자라고 있을 겨자 나무를 기억해 주옵소서!

"하나님의 나라를 어떻게 비교하며 무슨 비유로 나타낼까. 겨자씨 한 알과 같으니, 땅에 심길 때는 땅의 모든 씨보다 작은 것이로되, 심긴 후에는 자라서 모든 풀보다 커지며 큰 가지를 내나니 공중의 새들이 그 그늘에 깃들일 만큼 되느니라."(마가 4:30-32)고 하셨습니다. 사람이 보는 것과 하나님께서 일하시는 것의 차이가 이렇게 큰 것을 알게 하옵소서!

하나님의 나라는 신비한 나라입니다. 기적의 나라입니다. 하나님의 나라는 누가 가꾸지 않아도 하나님께서 가꾸시고, 하나님의 나라는 소멸할 위기에서도 소멸하지 않고 잠식 위기에서도 잠식되지 않습니다. "천국은 마치 여자가 가루 세 말 속에 갖다 넣어 전부 부풀게 한 누룩과 같으니라."(마태 13:33)고 하신 것처럼 거대하게 부푼 나라를 보게 하옵소서!

하나님 나라의 영원한 주인이신 예수님의 이름으로 기도드립니다. 아멘!

골방기도 / 교회 생활

예수님처럼 살고 싶을 때 드리는 기도! (93)

모두에게 지지받는 것이 아님을 알게 하옵소서!

"그 중의 어떤 사람 곧 경건한 헬라인의 큰 무리와 적지 않은 귀부인도 권함을 받고 바울과 실라를 따르나 그러나 유대인들은 시기하여 저자의 어떤 불량한 사람들을 데리고 떼를 지어 성을 소동하게 하여 야손의 집에 침입하여 그들을 백성에게 끌어내려고 찾았으나." (사도 17:4-5)

하나님! 정치인은 누구나 모든 백성이 자기를 지지해 주기를 바라고 있습니다. 어떤 그룹의 책임자는 모든 회원이 자기를 전폭적으로 따라주기를 원합니다. 마찬가지로 목회하는 이들은 모든 성도가 자신을 지지하고 설교와 가르침에 순복하고 비전을 공유하며 한 방향으로 나아가기를 원하고 있으며, 이 일이 여의치 않으면 상심하거나 위축되기도 합니다.

그러나 역사상 가장 위대한 복음 전도자이자 선교사였고 교회 개척자였던 사도 '바울'이 선교하던 현장에 보면, 거기에도 복음을 따르는 이도 있고 반대하는 이들이 있었습니다. 멀리 가지 않고 독자적인 선교의 처음 출발지였던 '빌립보'에는 그를 평생을 신앙의 멘토로 삼고, 사역을 후원했던 '빌립보교회'의 신실한 기도의 사람 자주 장사 '루디아'가 있었습니다.

그러나 반대로, 거기 있는 귀신들린 여종을 고쳐주었다는 이유로 실컷 때려서 실신시킨 다음 감옥에 집어넣은 이들도 있었습니다. 같은 도시 안에서, 같은 시기에, 같은 사람에 대한 각기 다른 평판과 대우입니다. 고난받은 그곳을 떠나 '데살로니가'에 갔을 때도 상황은 마찬가지였습니다. 세 안식일을 같은 회당에서 설교했는데 반응은 두 갈래로 나뉘었습니다.

말씀을 들은 사람 중에는 경건한 헬라인의 큰 무리와 적지 않은 귀부인도 권함을 받고 '바울'과 '실라'를 따라, 복음에 복종하고 사도의 가르침을 받았습니다. 그러나 반대로 유대인들은 이를 시기하여 시장의 불량한 사람들을 데리고 떼를 지어 성을 소동하게 하고, 사도들이 묵고 있는 '야손'의 집에 침입하여 그들을 끌어내려고 시도합니다. (사도 17:4-7)

위험을 느낀 제자들이 이들을 '베뢰아'로 피신시켰는데, '데살로니가'에 있는 유대인들은 바울이 거기서도 하나님의 말씀을 전하는 줄을 알고 '베뢰아'에 원정을 가서 소동하게 했습니다. (사도 17:13) 오늘 생명의 진액을 쏟아 하나님의 말씀을 전하는 동안, 모든 이들이 복음 안에 믿고 순종하고 변화되는 것은 아닙니다. 주님도 그렇게 반응하지 않았습니까?

어떤 사람들은 '하나님의 아들'이라고 믿고, 어떤 사람들은 '귀신'이 들렸다고, 그것도 귀신의 왕 '바알세불'이 주님께 임했다고 했습니다. (마가 3:22) 지금 예수님께서 이 땅에 오셔서 설교하고 목회를 하셔도 여전하실 터인바, 목회 중에 겪는 분열과 아픔, 자신에 대한 호불호에 연연하지 않도록 붙잡아 주옵소서! 사역자들이 오직 주님만 바라보게 하옵소서!

바라보아야 할 푯대이신 예수님의 이름으로 기도드립니다. 아멘!

골방기도 / 교회 생활

열매를 보고 사람에게 속지 않게 하옵소서!

> "그들의 열매로 그들을 알지니 가시나무에서 포도를, 또는 엉겅퀴에서 무화과를 따겠느냐. 이와 같이 좋은 나무마다 아름다운 열매를 맺고 못된 나무가 나쁜 열매를 맺나니 좋은 나무가 나쁜 열매를 맺을 수 없고 못된 나무가 아름다운 열매를 맺을 수 없느니라."
> (마태 7:16-18)

사랑의 하나님! 오늘 저희를 사랑하시어 이 땅에서 아름다운 열매를 맺게 하시고, 그 열매를 보시고 때로는 마음에 섭섭하기도 하시고 행복하기도 하실 하나님을 생각합니다. 저희에게 아름다운 열매를 맺게 하옵소서! 열매가 저희의 근본과 정체성을 알려주는 중요한 기준인 줄 믿사오니, 열매를 맺되 풍성하게 좋은 열매 맺는 자녀들이 되게 하시옵소서!

세상에는 언제나 빛과 어두움이 있고, 선과 악이 있으며 양과 염소도 있고 알곡과 쭉정이도 있습니다. 또 가시나무와 포도, 무화과와 엉겅퀴도 있습니다. 하나님! 그런데 이 나무를 바로 알아볼 방법은 그 열매를 보면 안다고 하셨습니다. 그렇습니다. 오늘 저희가 밭에서 농부의 수고를 먹고 거름을 먹으면서 쭉정이 되지 않고 알곡이 되게 하시옵소서!

특히 예나 지금이나 참과 거짓, 알곡과 쭉정이, 참 목자와 거짓 목자, 양과 이리를 구별하는 가장 좋은 방법은 열매를 보고 판단하는 것입니다. 특히 이리의 탈을 쓰고 양의 생명을 노략질하려는 거짓 목자, 광명의 천사를 가장하고 성도들을 미혹하는 이단의 정체는 언제나 열매들을 보며 분간할 수 있습니다. 이들의 위장술에 미혹, 현혹되지 않게 하시옵소서!

먼저 그들의 입술의 열매로 그들을 알게 하옵소서! '에덴' 동산에 와서 '아담'과 '하와'에게 죄를 짓게 만든 마귀는 그 입술에 하나님을 불신하고 말씀을 불신하는 말을 하여, "먹어도 죽지 않고, 하나님같이 되리라."는 거짓말을 하여 하나님에 대한 '불신'과 '불순종'을 유도했습니다. 오늘 교회 안에 입술의 열매가 거짓과 '악독'이 있는지 분별하게 하시옵소서!

분명히 하나님의 자녀인 성도로 살아가는데 그 행실의 열매가 신앙적이지 않고 불신앙의 행동이 그를 드러냅니다. 늘 입술에 악이 있고, 얼굴에 외식이 있는 삯꾼 목자나 위선 된 거짓 선생, 가만히 들어온 이단, 포도원을 허는 여우, 밭에 위장한 채 자라고 있는 가라지를 조심하게 하옵소서! 미혹되거나 유혹에 넘어져서 영혼의 생명을 잃지 않게 하옵소서!

하나님! 저희가 열매를 보며 거짓 목자, 거짓 예언자, 거짓 사도, 거짓 성도를 구별하여 영혼을 파멸로 이끄는 이들에게 속지 않게 하시되, 저희도 아름다운 열매를 맺어 그리스도인임을 세상에 알리게 하옵소서! 마귀의 열매, 어두움의 열매가 아니라 성령님의 열매와 빛의 열매를 맺게 하옵소서! 그래서 진실한 주님의 열매를 맺는 성도들이 되게 하옵소서!

아름다운 열매를 원하시는 예수님의 이름으로 기도드립니다. 아멘!

골방기도 / 교회 생활

예수님처럼 살고 싶을 때 드리는 기도! (154)

외모로 사람들을 차별하지 않게 하옵소서!

"너희가 아름다운 옷을 입은 자를 눈여겨보고 말하되 여기 좋은 자리에 앉으소서
하고 또 가난한 자에게 말하되 너는 거기 서 있든지 내 발등상 아래에 앉으라 하면
너희끼리 서로 차별하며 악한 생각으로 판단하는 자가 되는 것이 아니냐."

(야고 2:3-4)

사랑의 하나님! 고맙습니다. 이 땅의 인생들은 그가 태어날 때 갖고 난 피
부나 외모나 머리카락의 색으로 차별받을 인생이 아니라, 모두 공평한 예
우와 대접을 받도록 지으심을 입은 하나님의 자녀들입니다. 그럼에도 인
생들은 겉모습에 의해 차별받고 어떤 이는 귀히, 어떤 이는 천히 여김을
받습니다. 똑같은 사람인데 소유나 신분에 의해 차별받고 삽니다.

돈이 많고 신분이 귀한 이들은 어디서나 귀한 사람으로 대접을 받고, 가
난하여 남루한 차림으로 살다 보면 보이는 외모에 의해 천박한 사람이 되
어 정당한 권리조차 누리지 못하는 불평등의 세상에서 살고 있습니다. 외
모가 아름답고 멋지게 생긴 사람은 모든 이들의 주목을 받고 있고, 그렇지
못한 이들은 부모의 못난 유전인자를 받은 이유만으로 차별받습니다.

어디서나 외모가 출중하고 언변이 뛰어나고 매너가 탁월한 사람, 가문과
배경이 좋고 풍채나 걸친 옷이나 장신구가 화려하면 외모로 평가받는 시

대에 살고 있습니다. 인물이 잘나고 재물을 많이 가지고 있는 이들은 어디서나 목이 곧고 오만하고 거만하며, 못나고 가진 것이 없는 이들은 외모의 초라함이나 소유의 빈약함 때문에 태어나면서부터 차별받습니다.

그러나 사랑하는 하나님! 이런 일이 불신 세계나 교회 밖에서 일어나는 일로, 천박한 자본주의 체제에서 경험하는 불합리가 아니라, 가장 신성하고 경건한 세상의 모범이 되는 준(準) 하나님 나라인 교회에서도 일어나고 있다는 것입니다. 세상과는 확연히 다를 하나님의 교회, 믿지 않는 이들과의 구별을 보여야 할 교회에 이런 차별이 버젓이 행해지고 있습니다.

예수님께서는 세리와 죄인의 친구로 세상에 오셨는데, 교회는 의로운 이를 찾고 있고, 주님은 가난한 자들과 병든 이들 곁에서 아이들과 여인들을 친구로 삼으셨는데, 교회와 교회의 지도자들은 여전히 세상의 권력자들과 부자들과 영향력 있는 교인들의 친구가 되고 싶어 하며 이를 자랑합니다. 소외된 채 울고 있는 힘없고 가난한 이들은 관심도 없습니다.

고달픈 세상에서 상심이 되어 위로받고 용기를 얻기 원하는 힘없는 이들은 자신들이 기대하고 찾아온 마지막 보루인 교회에서 무관심과 냉대를 견디지 못하고 쓰러져 있습니다. 하나님! 저희가 세상이 정한 부의 기준, 아름다움의 기준에 못 미치는 불쌍한 영혼들을 긍휼히 여기며 이들에게 주님의 따뜻한 말씀을 전해 주는 마지막 메신저가 되게 하옵소서!

세리와 죄인들의 친구이신 예수님의 이름으로 기도드립니다. 아멘!

골방기도 / 교회 생활

예수님처럼 살고 싶을 때 드리는 기도! (161)

교회 안에서 분열하지 않게 하옵소서!

"내 형제들아 글로에의 집 편으로 너희에 대한 말이 내게 들리니 곧 너희 가운데 분쟁이 있다는 것이라. 내가 이것을 말하거니와 너희가 각각 이르되 나는 바울에게, 나는 아볼로에게, 나는 게바에게, 나는 그리스도에게 속한 자라 한다는 것이니." (고전 1:11-12)

하나님께서 제일 싫어하시는 건 분열(分裂)입니다. '에베소교회'에 보낸 편지에 "몸이 하나요 성령도 한 분이시니, 이와 같이 너희가 부르심의 한 소망 안에서 부르심을 받았느니라. 주도 한 분이시오, 믿음도 하나요, 세례도 하나요, 하나님도 한 분이시니 곧 만유의 아버지시라. 만유 위에 계시고 만유를 통일하시고 만유 가운데 계시도다."(에베 4:4-7)했습니다.

하나인 공동체, 하나인 교회, 하나인 몸이 '바울파', '베드로파', '아볼로파', '그리스도파'로 나뉘어 있다면 교회 성도들이 얼마나 아플 것이며, 특히 '주님의 몸', 교회의 머리인 주님이 얼마나 힘들겠습니까? '바울'사도는 "그리스도께서 어찌 나뉘었느냐, '바울'이 너희를 위하여 십자가에 못 박혔으며 너희가 바울의 이름으로 세례를 받았느냐? 고 합니다. (고전1:13)

사람이 모인 공동체에는 언제나 생각을 달리하는 사람들이 모여 서로를 주장하려 하며 패가 나뉩니다. 첫 번째 선교여행을 떠났던 '바나바'와 '바울'은 첫 선교지를 다녀와서 함께 갔던 수종자 '마가'의 일로 크게 다투고 갈라서서, 이후에 '바나바'와 '마가'는 '구브로'로 떠나고, '바울'과 '실라'는 '길리기아'로 가는 일이 생겼으니 선교사도 싸웁니다. (사도 15:39~41)

사람 사는 공동체에는 늘 분열이 있습니다. 늘 '여야'가 있고 '진보'와 '보수'가 있습니다. '이스라엘'의 초대 왕 '사울'과 2대 '다윗' 이후 '솔로몬'까지 유지하던 통일 왕국은 '솔로몬'의 아들 '르호보암' 때에 '여로보암'을 추종하는 북 왕국이 탄생하는데 남북 왕국이 '이스라엘'과 '유다'로 나뉩니다. 그리고 이 형제의 나라 '유다'와 '이스라엘'은 계속 전쟁을 합니다.

'바울'이 '마케도니아'에서 개척하여 세운 '빌립보교회'는 모범적인 교회였습니다. 그런데 오랜 후에 바울이 감옥에 갇힌 다음 들린 소식에 이 교회는 두 파로 나뉘었는데 그 분열의 배후에 '유오디아'와 '순두게'라는 이들이 다투고 있었고 '유오디아'를 지지하는 파와 '순두게'를 지지하는 모임을 향해 바울은 "자기보다 남을 낫게 여기라!"며 하나가 되라고 합니다.

세상에서 제일 쉬운 일은 분열되는 것입니다. 분열은 조금만 틈이 있으면 갈라집니다. 그러나 세상에서 제일 힘든 일은 봉합하는 일입니다. 웬만한 노력으로 봉합이 안 되고, 겉으로는 하나가 된 것처럼 보여도, 실상 내면에는 앙금의 골이 남아있어 언제나 분열할 수 있습니다. 하나님! 저희 교회는 분열의 아픔이 없고 통일과 일치의 기쁨만 있게 하옵소서!

저희가 하나 되기 원하시는 예수님의 이름으로 기도드립니다. 아멘!

5. 교회 생활을 위한 기도

골방기도 / 교회 생활

사랑과 눈물을 드린 경험이 있게 하옵소서!

"그 동네에 죄를 지은 한 여자가 있어 예수께서 바리새인의 집에 앉아 계심을 알고 향유 담은 옥합을 가지고 와서 예수의 뒤로 그 발 곁에 서서 울며 눈물로 그 발을 적시고 자기 머리털로 닦고 그발에 입 맞추고 향유를 부으니."

(누가 7:37-38)

사랑의 하나님! 하나님께서 이 땅에 오셔서 저희에게 온몸을 내어주시고 사랑하신 것이 참 고맙습니다. 주님께서 세상에 오셔서 당신의 몸을 버리시고 우리를 사랑해 주셨는데, 인생들은 늘 주님을 비방, 비난하는 대적자들이 우글거리고 있었습니다. 그중에 주님의 마음을 시원하게 하고 감동을 선사한 이들도 있는바, 이 시간에 이런 이를 기억합니다.

믿음으로 주님을 감동시킨 이들도 있고, 예물로 감동시킨 이도 있습니다. 저희도 이 땅에서 늘 그렇게는 못 산다고 해도 일 년에 한 번, 아니면 십 년에 한 번이라고 그런 뜨거운 헌신과 눈물이 한 번쯤이라도 있기를 소원합니다. 저희를 불쌍히 여기시고 사랑하셔서 생애 단 한 번이라도 생명을 드리는 듯이 뜨거운 헌신을 할 수 있는 추억을 주옵소서!

한 바리새인이 예수님을 식사에 초대했습니다. 이 사실을 안 그 마을에 사는 죄인인 한 여자가 바리새인의 집에 앉아 계시는 주님께 향유 담은 옥합을 가지고 예수님의 뒤로 그 발 곁에 서서 울며 눈물로 그 발을 적시고 자기 머리털로 닦고 그 발에 입 맞추고 향유를 부었습니다. 이것은 충격적인 사건이었습니다. 죄인 여인의 신분과 여인의 행동 때문입니다.

특히 그를 초대한 '시몬'이란 바리새인은 그것을 보고 마음이 상하여 속으로 "이 사람이 선지자라면 자기를 만지는 이 여자가 죄인인 줄 알았을 터인데 그냥 앉아있나?" 하는 불쾌한 마음을 가지고 있었는데, 이 사실을 아신 주님께서 그를 꾸짖으시고 그의 위선을 책망하셨습니다. 자리에 앉았던 모든 이들이 여인의 헌신과 예수님의 반응에 감동 받은 사건입니다.

"이 여자를 보라! 내가 네 집에 들어올 때 너는 내게 발 씻을 물도 주지 아니하였으되 여자는 눈물로 내 발을 적시고 머리털로 닦았으며, 너는 내게 입 맞추지 아니하였으되 그는 내가 들어올 때부터 내 발에 입 맞추기를 그치지 아니하였으며, 너는 내 머리에 감람유도 붓지 아니하였으되 그는 향유를 내 발에 부었느니라. 그는 죄 사함의 은혜를 입었느니라."

그리고 여자에게 "네 죄 사함을 받았느니라."고 하셨습니다. 아직도 어수선한 식탁에 어쩔 줄 모르고 서 있는 여인에게 예수님은 "네 믿음이 너를 구원하였으니 평안히 가라."고 그를 보냅니다. 눈물, 콧물, 향유가 범벅된 식탁을 떠나는 여인은 창공을 나는 자유로운 영혼이 되어 돌아갔습니다. 저희에게도 이런 감동적 헌신이 일생에 한 번쯤 있게 하옵소서!

저희 헌신과 사랑을 받으시는 예수님의 이름으로 기도드립니다. 아멘!

골방기도 / 교회 생활

오직 믿음이 주님께 칭찬을 받게 하옵소서!

"예수께서 들으시고 그를 놀랍게 여겨 돌이키사 따르는 무리에게 이르시되 내가 너희에게 이르노니 이스라엘 중에서도 이만한 믿음은 만나보지 못하였노라 하시더라. 보내었던 사람들이 집으로 돌아가 보매 종이 이미 나아 있었더라."

(누가 7:9-10)

사랑하시는 하나님! "믿음은 바라는 것들의 실상이요 보이지 않는 것들의 증거니 선진들이 이로써 증거를 얻었느니라. (히브 11:1-2)고 하신 다음 곧 이어서 "믿음이 없이는 하나님을 기쁘시게 하지 못하나니 하나님께 나아 가는 자는 반드시 그가 계신 것과 또한 그가 자기를 찾는 자들에게 상 주시는 이심을 믿어야 할지니라." (히브 11:6)는 말씀을 믿습니다.

정말 하나님을 향한 저희의 믿음이 하나님을 기쁘게 해드리는 믿음이 되게 하옵소서! 저희에게 학문, 열정, 지식, 재정, 재능들이 다 부족해도 믿음 하나는 주님께 칭찬받을 만큼 되게 하옵소서! 저희 인생들이 온 우주의 창조자이신 하나님을 무엇으로 기쁘게 해드리겠습니까? 믿음으로 하나님을 기쁘게 해드리는 믿음의 장부요, 믿음의 부자가 되게 하옵소서!

한 백부장이 사랑하는 종이 병들어 죽게 되었을 때 예수님의 소문을 듣고 유대인의 장로 몇 사람을 보내어 오셔서 그 종을 구해 주시기를 부탁하니다. 이방인이라 직접 못 오고 장로들을 통해 부탁합니다. 그동안 유대민족을 사랑하고 또 병력을 동원해서 회당도 지어준 친 유대 백부장이기 때문입니다. 예수님은 백부장의 종을 고쳐주기 위해 가고 계셨습니다.

그때 백부장이 친구들을 보내어 "주여 수고하시지 마옵소서! 내 집에 들어오심을 나는 감당하지 못하겠나이다. 내가 주께 나아가기도 감당하지 못할 줄을 알았나이다. 말씀만 하여 내 하인을 낫게 하소서! 나도 남의 수하에 든 사람이요. 내 아래에도 병사가 있으니 이 더러 가라 하면 가고 저더러 오라 하면 오고 내 종더러 이것을 하라 하면 하나이다."고 합니다.

자신이 이방의 백부장이라 감히 못 오고 유대인 장로들을 보냈는데 집에까지 오시면 감당할 수 없습니다. 그냥 여기서 말씀하시면 될 것입니다. 말씀만 해도 종이 나을 것입니다. 말씀을 들으신 예수님은 놀라 "내가 너희에게 이르노니 이스라엘 중에서도 이만한 믿음은 만나보지 못하였다."고 하셨고 심부름 왔던 종들이 돌아가 종의 병이 나은 것을 보았습니다.

사랑의 하나님! 오늘 저희가 믿음이 있다고 하지만 손을 얹어 안수해 주기를 구하고, 힘껏 눌러주기를 원하고, 큰 소리로 기도해주기를 원하고, 길게 기도해주기를 원하는 그런 유아기적 믿음입니다. 이곳에서 말씀하시면 저쪽에서 고침 받음을 믿고, 시공을 초월한 하나님의 말씀이 능력임을 믿는 믿음으로 주님을 감동하시게 하는 저희가 되게 하옵소서!

말씀이 치료의 능력이신 예수님의 이름으로 기도드립니다. 아멘!

예수님처럼 살고 싶을 때 드리는 기도! (204)

모든 이들에게서 칭찬을 듣지 않게 하옵소서!

"화 있을진저 너희 지금 배부른 자여 너희는 주리리로다 화 있을진저 너희 지금 웃는 자여 너희가 애통하며 울리로다. 모든 사람이 너희를 칭찬하면 화가 있도다. 그들의 조상들이 거짓 선지자들에게 이와 같이 하였느니라."

(누가 6:25-26)

사랑의 하나님! 저희가 만나는 사람들에게 바른말을 하게 하옵소서! 말의 내용만 아니라, 말의 방향, 말의 성격이 전부 바르게 하옵소서! 잘못하는 이들에게는 잘못한다고 책망도 하고, 잘하는 이들에게는 잘 한다고 격려하고 칭찬도 하게 하옵소서! 모두 잘한다고 칭찬하여 원수 맺을 일은 없겠지만, 그의 미래를 망가뜨릴 수도 있음을 기억하게 하여 주옵소서!

이것도 좋고 저것도 좋은 사람이 되지 않게 하옵소서! 의를 행하는 것은 분명히 옳고, 불의를 행하는 것은 그르다고 말하게 하옵소서! 둘 다 잘한다고 함으로 의와 불의의 가치가 혼돈되어 세상이 무너지지 않게 하옵소서! 바른 말로 인해 입지가 어려워지거나 출세하는 일이 막힐까 아부와 아첨의 말로 입신양명을 꾀하는 비겁한 사람이 되지 않게 하옵소서!

대통령이 잘못하고 나라가 잘못하고 있는데도 그를 책망하고 꾸짖으며 정신 차리도록 해야 할 자리에 있는 이들이 침묵하므로 더욱 포악한 무법천지에 이르게 하지 않도록 저희들의 입을 바르게 하옵소서! 폭군은 더욱 포악해지고 어리석은 군주는 더욱 어리석어 결국 나라가 무너지는 데 일조하지 않게 하옵소서! 시대를 지키는 건 바로 자신임을 알게 하옵소서!

'헤롯'이 악을 행하고 불의를 저지를 때, 그것을 악이라고 말하여 자신의 목숨을 잃은 세례자 '요한'은 이천년이 지나도 그 이름이 빛바래지 않음을 봅니다. 불의에 대한 침묵은 금이 아니라 악이요, 죄에 대한 방임은 자비가 아니라 가증한 줄 알게 하옵소서! 정의로운 이에게도 선한 사람이 되고, 불의한 자에게도 존경받는 이중인격자 되지 않게 하옵소서!

뱃속 편한 중립이 되지 말고 악이나, 죄, 불의와 폭력의 편에게는 찌르는 가시가 되고 불편한 동반자가 되게 하옵소서! 점잖은 선비가 되어 싫은 소리 안 하고, 죄를 비난하지도 불의를 지적하지도 않는 것이 얼마나 위선이요 비겁한 것인 줄 알고, 입을 열어 불의하고 무법하고 폭력적인 이들로부터 비난을 받게 하시고, 하나님께 옳다고 인정을 받게 하옵소서!

사랑하는 하나님! 나라가 이 지경이 되어도 아무도 이를 위해 공개적인 기도회도 한 번 못하고, 성명서 하나도 내지 못하고 권력에 야합하여 불의와 한 패가 되어있는 이들에게 다시는 '나라와 민족을 위한 기도회' 현수막을 내걸고 정치인 지지나 하는 마귀의 앞잡이 노릇을 하지 못하게 하옵소서! 눈물로 기도하는 종들의 기도를 들으시고 응답해 주옵소서!

의의 왕이요 평강의 왕이신 예수님의 이름으로 기도드립니다. 아멘!

골방기도 / 교회 생활

예수님처럼 살고 싶을 때 드리는 기도! (224)

사람의 달콤한 말에 미혹되지 않게 하옵소서!

"예수께서 돌이키시며 베드로에게 이르시되 사탄아 내 뒤로 물러가라 너는 나를
넘어지게 하는 자로다. 네가 하나님의 일을 생각하지 아니하고 도리어 사람의 일
을 생각하는도다 하시고." (마태 16:23)

사랑하는 하나님! 세상에서 사람의 거짓된 말에 미혹되지 않게 하옵소서!
저희의 귀에 들리는 말 중에 듣기 좋은 말, 유익한 말을 구별하는 지혜를
주시고, 들어야 할 말과 무시해야 할 말, 거절해야 할 말을 기억하게 하옵
소서! 말을 잘못하여 저지르는 실수보다 잘못 들어 실패하는 것이 너무 많
으니 하나님께서 저에게 구별의 영과 선택의 지혜를 주옵소서!

듣기에 거북하고 불편해도 저희의 미래를 위하여 혹은 저희의 성공이나
유익을 위해 진심으로 던지는 충언(忠言)과 직언(直言)과 고언(苦言)을 듣게
하시고, 감언(甘言)과 교언(巧言)에 대한 분별력을 허락하여 넘어지지 않게
하옵소서! 저희에게 들려오는 무수한 말 중에 하나님의 뜻이 들어있는 말
인지 사탄의 궤계가 있는 말인지 명확하게 구별하게 하옵소서!

주님께서 '예루살렘'에서 당할 수난을 처음 말씀하시던 '가이사랴 빌립보'
에서 장차 '예루살렘'에 올라가 장로들과 대제사장들과 서기관들에게 고난

을 받고 죽임을 당하고 제삼 일에 살아나야 할 것을 말씀하실 때, 충격을 받은 베드로가 "주여 그리 마옵소서! 이런 일은 결코 주께 미치지 아니 하리이다."고 했습니다. 주님을 사랑하는 마음에 드린 진심이었습니다.

사랑하는 마음에 주님께 닥칠 고난과 슬픔에 대한 제자의 말을 들으신 주님은 "고맙다. 이런 위기가 오거든 잘 지켜 주기 바란다."거나, 다른 제자들에게도 "너희도 힘을 모아 위기를 극복해 보자!"는 말씀 대신 "사탄아 내 뒤로 물러가라. 너는 나를 넘어지게 하는 자로다. 네가 하나님의 일을 생각하지 않고 도리어 사람의 일을 생각하는 도다."고 책망하셨습니다.

바리새인들이 주님을 말의 올무에 걸리게 하려고 제자들을 '헤롯' 당원들과 주님께 보내 "선생님! 당신은 참되시고 진리로 하나님의 도를 가르치시며, 아무도 꺼리는 일이 없으시니 이는 사람을 외모로 보지 아니하심입니다."고 아부할 때도 냉정하셨습니다. 그리고 그들에게 정곡을 찌르며 세금에 대한 질문을 시원하게(마태 22:15–22) 매듭지어 돌려주셨습니다.

'바울'과 '바나바'가 '루스드라'에서 나면서부터 못 걷는 사람을 "네 발로 바로 일어서라!"고 하여 그가 걷자, 무리가 이들을 '신들의 형상을 입은 이'라 하여 '바나바'는 '제우스'로 '바울'은 '헤르메스'로 부를 때에 사도들이 "우리도 여러분과 같은 성정을 가진 사람이라."며 겨우 말려 제사하지 못하게 했습니다. (사도 14:8–18) 아첨의 말에 무너지지 않게 하옵소서!

저희를 말의 올무에서 지키신 예수님의 이름으로 기도드립니다. 아멘!

골방기도 / 교회 생활

예수님처럼 살고 싶을 때 드리는 기도! (225)

완벽한 자에게 허점이 있음을 알게 하옵소서!

"그 청년이 이르되 이 모든 것을 내가 지키었사온대 아직도 무엇이 부족하니이까
예수께서 이르시되 네가 온전하고자 할진대 가서 네 소유를 팔아 가난한 자들에게
주라 그리하면 하늘에서 보화가 네게 있으리라. 그리고 와서 나를 따르라 하시니."

(마태 19:20-21)

사랑하는 하나님! 세상에는 신앙생활 잘하는 이들이 참 많습니다. 저희 같
은 사람은 따라가지도 못할뿐더러 꿈도 꾸지 못하는 이들이 참 많습니다.
주일에 예배하는 일부터 평생을 새벽기도 한 번도 안 빠졌다는 이까지, 선
물 받은 것도 십일조를 떼는 이들부터 엄두도 못 낼 만큼 진심인 이들이 많
습니다. 성경을 백번 읽으신 이도, 열 번 필사하신 이도 있습니다.

우리가 범접하기 어려운 정성과 열심 있는 신앙생활 하는 이들이 주님의
시대에도 있었습니다. 어떤 사람이 주님께 와서 "선생님! 내가 무슨 선한
일을 하여야 영생을 얻겠습니까?" 묻습니다. 주님은 "네가 생명에 들어가
려면 계명들을 지키라." 고 하셨고, 그는 다시 "어느 계명입니까?"하고 물
었습니다. 예수님은 살인, 간음, 도둑질, 거짓말하지 말라고 하셨습니다.

그는 "이 모든 것을 내가 지키었는데, 아직도 무엇이 부족합니까?"고 물었
고, 예수님께서 "네가 온전 하고자 할진대 가서 네 소유를 팔아 가난한 자

들에게 주라. 그리하면 하늘에서 보화가 네게 있으리라. 그리고 와서 나를 따르라."고 하시니 "그 청년이 재물이 많으므로 말씀을 듣고 근심하며 갔다."(마태 19:16-22)고 했습니다. 참으로 안타깝고 답답한 일입니다.

주님! 주님은 "그를 보시고 사랑하사"(마가 10:21)라고 하셨습니다. 이 사람의 이야기가 공관복음 세 권에 다 들어있는데, 그는 청년(마태 19:20)이었고 관리(누가 18:18)였으며 부자였습니다. 한 시대에 청년 관리로 성공하기도 힘들고 젊은 나이에 부자가 되었다는 것도 대단한데, 거기다 어려서부터 모든 계명을 어김이 없이 잘 지킨 모범적인 신앙인입니다.

그는 성공한 신앙인인 동시에 사회적으로도 두각을 나타낸 청년 관리였습니다. 또 계명을 어려서부터 그렇게 잘 지켰고, 또 주님께서도 사랑하셨다고 했는데, 왜 청년 관리에게 주님은 그토록 차갑게 말씀하셨는지 모르겠습니다. 그가 뉘우치고 돌아왔다는 기록도 없는 것을 보면, 이 사건 이후로 영원히 주님께서 멀어진 것입니까? 속이 상하고 마음이 아픕니다.

그러나 주님께서 저희에게 가르쳐주신 것은 물질에 마음을 빼앗기고 나면 하나님 나라에서 영원히 멀어질 수 있음을 보여주셨습니다. 이런 진심을 가르쳐주심이 고맙고, 저희의 기준에 의해 백 가지를 다 잘 했어도 하나님의 원하시는 단 한 가지로 주님을 기쁘게 해드리는 저희가 되게 하여 주옵소서! 저희가 장담하지 않고 주님께서 인정하게 하옵소서!

저희에게 한 가지를 원하시는 예수님의 이름으로 기도드립니다. 아멘!

골방기도 / 교회 생활

예수님처럼 살고 싶을 때 드리는 기도! (250)

음식으로 형제자매를 잃지 않게 하옵소서!

> "어떤 사람은 모든 것을 먹을 만한 믿음이 있고 믿음이 연약한 자는 채소만 먹느니라. 먹는 자는 먹지 않는 자를 업신여기지 말고 먹지 않는 자는 먹는 자를 비판하지 말라 이는 하나님이 그를 받으셨음이라." (로마 14:2-3)

사랑의 하나님! 이 땅에서 신앙생활을 하는 이들이, 가장 구별되는 것 하나가 음식입니다. 신앙하는 종교의 규율이나 관습에 따라 음식에 대한 호불호나 금기시하는 정도가 달라서 쉽게 어느 종교인지, 혹은 얼마나 깊이 신앙생활에 몰두하고 있는지 알 수 있습니다. 그리고 음식에 대한 규례들은 어느 정도 그의 신앙훈련에 유익을 주는 것도 사실입니다.

우리나라에서 많은 이들이 믿는 기독교에서는 전통적으로 술, 담배가 마치 기독교인의 상징처럼 되던 때도 있었으나 요즘은 성직자 외에는 많이 자유롭게 되었습니다. 그래도 이를 먹는 사람들도 특별한 경우에만 먹고, 설령 먹더라도 가볍게 하는 것도 종교 생활의 순기능이라고 봅니다. 그러나 퍽 좋은 제도라도, 그보다 더 귀한 것은 그 사람의 생명입니다.

예수님 당시 유대교 문화에도 역시 금기시되어있던 음식도 있고, 음식도 그렇지만 취식(取食)하는 습관과 절차도 있었습니다. 예수님 이후 사도들이 복음을 전할 무렵의 기독교인들에게는 특히 우상에게 절한 음식은 철저히 배격했고, 당시의 모든 육류는 사실상 제물로 바친 후에 시장에 나왔기에 육류 섭취는 우상의 제물을 먹는 것이나 거의 한가지였습니다.

그래도 다행인 것은 우상에게 제물로 드린 것인 줄 모르고 먹은 것에 대해서는 용납하는 문화였기에, 의도적으로 묻지 않고 먹었습니다. 그러나 신앙이 깊어지고 성경을 이해하고 의미를 아는 이들은 우상에게 절한 음식인지 아닌지는 전혀 문제가 되지도 않았고, 그런 일로 인해 스스로 가책도 받지 않았습니다. 사도 '바울'은 음식에 대해서 자유로웠습니다.

'바울' 뿐 아니라 믿음이 있는 이들은 이미 바친 제물이 무슨 상관이냐며 얼마든지 먹었습니다. 그러나 이를 지켜보는 믿음이 약한 이들은 지도자인 그들이 우상에게 바친 제물을 먹는 걸 보면 시험에 들어 믿음이 무너질 것입니다. 그래서 사도는 "나는 고기 먹는 일에 가책이 없지만 보는 이들이 상처를 받는다면 평생 고기를 안 먹겠다."고 했습니다. (고전 8:13)

세상사는 이들의 신앙은 천차만별입니다. 어떤 사람은 금기 식품도 버릴게 없다는 말씀을 따라 다 먹을 수 있지만, 반대로 믿음이 연약한 사람들이 그걸 보면 마음에 상처를 받고, 영혼을 침륜에 빠지게 할 수 있기에, 자신의 믿음과 관계없이 다른 사람의 믿음을 위하여 절제할 수 있게 하옵소서! 주님께서 살린 영혼을 내가 죽게 할 수 없음을 알게 하옵소서!

저희를 살리기 위해 돌아가신 예수님의 이름으로 기도드립니다. 아멘!

골방기도 / 교회 생활

나보다 다른 이들의 유익을 구하게 하옵소서!

"모든 것이 가하나 모든 것이 유익한 것은 아니요 모든 것이 가하나 모든 것이 덕을 세우는 것은 아니니 누구든지 자기의 유익을 구하지 말고 남의 유익을 구하라."

(고전 10:23-24)

사랑의 하나님! 고맙습니다. 저희가 이 땅에 사는 동안 하나님의 말씀을 따라 사는 일들을 상세하게 하나님의 말씀으로 가르쳐 주시어 무지함으로 실족하지 않게 하시고, 교만하여 넘어지지 않게 하시니 고맙습니다. 하나님은 저희에게 기록된 말씀을 통해 바른길을 가게 하시고, 또 선포되는 말씀을 통해 저희의 방향을 교정하게 안내해 주시니 고맙습니다.

그러나 이 땅을 사는 동안 조금 먼저 깨닫고, 먼저 믿음을 가졌다면 그 일이 오히려 저희 자신보다 함께 가는 다른 이들을 붙잡고 세워 주며, 그들이 무지하여 넘어지거나 오해하여 잘못된 인생을 살지 않도록 붙잡아 주게 하옵소서! 특별히 먼저 믿고 일찍 깨달은 저희가 아직도 여리고 어린 이들에 대한 따뜻한 배려로 하나님께 나아가도록 하옵소서!

특히 믿음 생활 중에 많이 만나는 먹고 마시는 일이 더러는 신앙생활의 안내자 역할도 하지만, 깨닫지 못하는 이들에게 더러는 거치는 돌이나 넘어지게 하는 도구가 될 수 있습니다. 저희는 문제없이 갈만한 길이라도 그들에게는 난해한 길임을 알고, 할 수 있는 대로 초 신자 눈높이에서, 혹은 처음 길을 떠난 초행길에 안내자로 자상히 안내하게 하옵소서!

아무리 율례나 관습에 어긋난 일이 아니라도 처음 가는 이들에게는 조심스러울 수도 있고, 나는 양심에 거리낌이 없이 마음 놓고 행할지라도 처음 믿는 이들에게는 그 일 자체가 시험거리이자 올무가 될 수 있음을 알게 하옵소서! 할 수 있는 대로 내 믿음대로 가지 말고 아직도 믿음이 연약한 사람들을 배려하여 다른 이들의 유익을 위해 조심하게 하시옵소서!

내가 할 수 있고 내가 거리낌이 없다고 자유롭게 하지 말고, 모든 것이 가하나 다 유익한 것이 아님을 깨닫게 하옵소서! 내 믿음에 맞추지 말고 상대방의 믿음에 맞추어 사는 배려와 지혜가 있게 하옵소서! 먼저 믿은 저희가 조금만 배려하고 조금만 생각하면 영혼 하나를 얻을 수 있음을 알게 하옵소서! 특히 생활에서 먹고 마시는 일에 세심하게 하옵소서!

먹든지 마시든지 다 하나님의 영광을 위하여 하게 하되, 자신은 먹을 만한 믿음이 있을지라도 다른 이에게 걸림이 되면 절제함으로 형제를 실족시키지 않게 하옵소서! 믿는 사람에게나 믿지 않는 사람에게 거치는 사람이 아니라, 모든 이들을 배려하는 마음을 주옵소서! 자신의 유익을 구하지 아니하고 다른 사람의 유익을 구하여 그들이 구원받게 하옵소서!

저희의 생명의 주가 되시는 예수님의 이름으로 기도합니다. 아멘!

골방기도 / 교회 생활

우리의 이웃이 누구인지 알게 하옵소서!

> "네 생각에는 이 세 사람 중에 누가 강도 만난 자의 이웃이 되겠느냐 이르되 자비를 베푼 자니이다 예수께서 이르시되 가서 너도 이와 같이 하라 하시니라."
>
> (누가 10:36-37)

사랑의 하나님! 기독교 신앙을 이야기할 때면 사람들은 한결같이 하는 말이 '사랑의 종교'라고 합니다. "그럼 그 사랑은 어떤 사랑이냐?"고 물으면 '하나님 사랑'과 '이웃 사랑'이라고 말합니다. 그런데 '하나님 사랑'은 예수님 사랑이라든가 보이지 않는 하나님에 대한 사랑이니 추상적이고 모호하게 답할 수 있는데, '이웃 사랑'은 아주 쉬운데도 답을 못합니다.

가난한 사람, 병든 사람, 고아, 걸인, 노숙자 등 대답이 다양합니다. 예수님께서 어떤 율법사의 질문에서 시작된 대화에서 '이웃'에 대한 정의를 내려주셨습니다. "어떻게 하면 영생을 얻겠느냐?"는 질문에 "너의 목숨과 힘과 뜻을 다하여 네 하나님을 사랑하고, 네 이웃을 네 몸과 같이 사랑하라!"고 대답하신 주님께 "누가 이웃이냐?"는 반문에 대한 답변이었습니다.

예수님은 그때 한 비유를 들려주셨지요! 어떤 사람이 '예루살렘'에서 '여리고'로 내려가는 길에 강도를 만나 거의 죽게 되었습니다. 응급 상황을 만난 것입니다. 그때 마침 한 제사장이 그리로 내려가다 그를 보고 피하여 가고, 이와 같이 한 레위인도 그 곳에 이르러 그를 보고 피하여 가는데, 그런데 어떤 여행하는 사마리아인이 그를 만납니다. (누가 10:31–33)

신분으로 치면 이 사람은 앞의 두 사람과는 하늘과 땅만큼 차이나는 천민이었고, 유대인은 특별히 긴급한 일 외에는 이들과 상종도 안 하는 신분입니다. 그런데 그가 죽어가는 이를 보고 불쌍히 여겨 다가가서 기름과 포도주를 상처에 붓고 싸매고 자기 짐승에 태워 주막으로 데리고 가서 돌보아 주고, 이튿날 주인에게 그를 부탁하고 떠납니다. (누가 10:33–35)

물론 데나리온 둘을 주며, 앞으로 추가 비용을 부담하겠다는 약속도 합니다. 그때 주님께서 물으십니다. "네 생각에는 셋 중에 누가 강도 만난 자의 이웃이냐?" (누가 10:36) 그는 당연히 "자비를 베푼 자입니다."고 대답했고, 주님은 "너도 가서 이와 같이 하라."고 하십니다. (누가 10:37) 맞습니다. 우리의 이웃은 지금 우리 곁에서 고통을 받고 있는 사람입니다.

'이웃'은 간단합니다. 멀리 있는 사람이 아닌 가까이 있는 사람, 손 내밀면 닿는 곳에 있는 사람, 지금 당장 긴급히 도움이 필요한 사람, 지금 내가 가진 기름과 포도주로 생명을 살릴 수 있는 사람이 이웃입니다. 이는 아무나 도울 수 없는 게 아니라, 누구라도 도울 수 있는 사람, 많은 것이 아니라 마음이 있으면 도울 수 있는 이가 '이웃'임을 알게 하옵소서!

이웃에 대한 사랑을 가르쳐주신 예수님의 이름으로 기도합니다. 아멘!

예수님처럼 살고 싶을 때 드리는 기도! (312)

어린아이가 오는 것을 꾸짖지 않게 하옵소서!

"사람들이 예수께서 만져 주심을 바라고 어린 아이들을 데리고 오매 제자들이 꾸
짖거늘 예수께서 보시고 노하시어 이르시되 어린 아이들이 내게 오는 것을 용납하
고 금하지 말라 하나님의 나라가 이런 자의 것이니라."

(마가 10:13-14)

어린이를 사랑하고 소중히 여기신 하나님! 그때나 지금이나 사람들은 어
린이들보다 어른들을 중시합니다. 어린이는 별 도움이 안 되는 쓸모없는
존재로 인식하던 제자들도 큰 차이가 없었습니다. 그런데 예수님은 어린
이를 우주의 보배로 생각하고, 세상에서 가장 소중한 보석처럼 대해 주셨
습니다. 왜일까요? 모두 주님의 자녀이고 천국의 씨앗이기 때문입니다.

부모들이 자기의 소중한 자녀들을 데리고 주님께 나아와 존귀하신 주님의
손으로 만져 주시기를 원했습니다. 이 땅의 모든 부모에게 가장 소중한 존
재는 자녀들이고, 그 부모들의 가장 큰 희망은 자녀들입니다. 부모의 소원
은 자신은 병들어도 자식은 건강하기 원하고, 자기는 잘못되어도 자식은
잘 되기를 바라는 것입니다. 그래서 예수님께 데리고 왔습니다.

그런데 제자들의 생각은 달랐습니다. 어린아이가 어른들의 공동체 안에
참여한다는 것에 거부감이 있었습니다. 당연히 그들을 꾸짖었고 어른들이

있는 곳에 아이들을 데리고 온 부모들도 책망했습니다. 요즘도 더러 보는 장면입니다. 그때 예수님께서 미래 천국의 씨앗인 어린아이들을 위해 제자들을 막으셨습니다. 그리고 그들이 깜짝 놀랄 말씀을 하셨습니다.

"아이들이 내게 오는 것을 금하지 말라. 하나님의 나라가 이런 자의 것이니라."(마가 10:13-14)는 것입니다. 그렇습니다. 이건 부모님의 마음이 아니면 할 수 없는 말씀입니다. 오늘 교회에 오면 모든 게 어른들 중심으로 되어 있습니다. 건물 구조, 시설 배치, 프로그램 운영, 인사, 정책에 늘 어른이 우선순위에 있습니다. 그리고 어린이는 뒤에 자리합니다.

왜냐하면, 내 자식이 아니기 때문입니다. 집에서는 우선권이 아이들에게 있습니다. 음식도 아이들 위주, TV 채널 선택권도 아이들 위주, 영화도 아이들 위주, 쇼핑도 아이들 위주, 외식도, 휴가도 모두 아이들 위주입니다. 제일 좋은 것, 제일 맛있는 것은 먼저 아이들 몫입니다. 내 자녀이기 때문입니다. 주님! 교회 안에 모든 아이가 내 자녀가 되게 하옵소서!

예수님은 아이들을 사랑하셨습니다. 제자들이 천국에서 누가 크냐고 여쭐 때도 한 어린아이를 불러 가운데 세우시고 "너희가 돌이켜 어린아이들과 같이 되지 아니하면 결단코 천국에 들어가지 못하리라."(마태 18:3)고 하셨습니다. 주님은 그 어린아이들을 안고 그들 위에 안수하시고 축복하셨습니다. (마가 10:16) 귀한 모범을 저희 어른들이 배우게 하옵소서!

어린아이들을 제일 사랑하신 예수님의 이름으로 기도드립니다. 아멘!

골방기도 / 교회 생활

예수님처럼 살고 싶을 때 드리는 기도! (314)

모든 제자가 같은 제자가 아님을 알게 하옵소서!

"엿새 후에 예수께서 베드로와 야고보와 요한을 데리시고 따로 높은 산에 올라가셨더니 그들 앞에서 변형되사 그 옷이 광채가 나며 세상에서 빨래하는 자가 그렇게 희게 할 수 없을 만큼 매우 희어졌더라." (마가 9:2-3)

사랑하시는 하나님! 예수님께서 열두 명의 제자를 뽑으셨습니다. 모두 '갈릴리' 출신이고 그중에 네 명은 어부였고 한 명은 세리였습니다. 그런데 이 제자들이 똑같이 예수님의 제자 명단에는 있지만 그들의 사역의 크기가 각각 달라서, 어떤 제자는 성경에 우뚝 선 이름이 되기도 하고 '기둥같이 여기는 '게바', '야고보', '요한'같은 이'(갈라 2:9)도 있습니다.

그런가 하면 이름은 있는데 그들이 무엇을 하던 사람인지, 주님의 캠프에서 어떤 일을 했었는지, 혹은 교회사에 어떤 자취를 남겼는지 알 수 없는 이들도 있습니다. 기왕에 뽑힌 제자 중에는 배신자도 있고 순교자도 많습니다. 하나님! 제자 중에는 성경의 저자들도 있고 전도자로 산 사람들도 있습니다. 같은 제자들인데 왜 그런 차이가 나는지 의아합니다.

사람들이 제자들을 나누어 볼 때, 1그룹, 2그룹, 3그룹으로도 나누고 1-4 그룹으로 나누기도 합니다. 그런데 이런 인간적인 분류보다 보통 사람들이 생각하고 바라보는, 역할과 사역이 군계일학처럼 빛나는 제자들은 저희의 눈에도 무언가 다른 면이 있습니다. 특별하신 부르심, 부르심에 반응하는 결단, 생전의 사역에서 주님의 일에 참여하던 모습을 봅니다.

사랑의 하나님! 저희에게 작은 소원이 있습니다. 기왕에 교회가 부르심을 입었으니 빛나는 교회가 되게 하옵소서! 큰 교회, 유명한 교회가 아니라 주님께 사랑받고 칭찬 듣는 건강한 교회가 되게 하옵소서! 기왕에 사역자로 부르심을 입었으면 요긴하게 쓰임 받는 사역자가 되게 하옵소서! 유명한 목사가 아니라 참 목자로 신실한 주의 종이 되게 하옵소서!

그러기 위하여 부름을 받은 저희가 해야 할 일은 무엇인지 깨닫게 하시고, 그때 귀히 쓰임 받는 종들의 행적을 면밀하게 살펴보게 하옵소서! 크게 쓰임 받은 종들은 부름을 받던 순간에 배와 그물을 품꾼들과 함께 모두 버려두고 주님을 따랐습니다. 그리고 그 길로 묵묵히 같은 길을 걸어갔습니다. 주님께서 가자고 하신 곳 어디라도 함께 했습니다.

주님께서 말씀하시면 곧 반응하고, 주님께서 질문하시면 곧 답을 했습니다. 주님께서 움직이시는 동안 동선에 함께했고, 주님께서 방문하시고 기적을 행하시는 모든 곳에 그들의 이름이 보였습니다. 다른 제자들이 하지 못한 신비한 체험도 하고, 다른 제자들이 참여하지 못한 기도에도 참여했습니다. 저희도 이렇게 특별하게 사는 특별한 제자가 되게 하옵소서!

저희를 특별하게 부르신 예수님의 이름으로 기도드립니다. 아멘!

5. 교회 생활을 위한 기도

골방기도 / 교회 생활

예수님처럼 살고 싶을 때 드리는 기도! (319)

은혜 받은 곳에 머물러 있지 않게 하옵소서!

"허락하지 아니하시고 그에게 이르시되 집으로 돌아가 주께서 네게 어떻게 큰 일을 행하사 너를 불쌍히 여기신 것을 네 가족에게 알리라 하시니 그가 가서 예수께서 자기에게 어떻게 큰 일 행하셨는지를 데가볼리에 전파하니 모든 사람이 놀랍게 여기더라."

(마가 5:19-20)

사랑의 하나님! 좋으신 하나님, 때로는 차갑게 느껴지는 하나님! 저희가 어떻게 신앙생활을 해야 잘 하는지 많이 궁금합니다. 어떻게 사는 것이 예수님처럼 사는 것인지도 애매할 때가 있습니다. 도와주옵소서! 하나님의 은혜를 입고, 죽음에서 구원받은 저희가 머물러야 하는 자리가 어디인지 가르쳐 주옵소서! 저희 느낌이 아니라 말씀으로 가르쳐 주옵소서!

군대 귀신이 들려 옷도 입지 않고 쇠사슬도 다 끊어버려 아무런 족쇄도 없이 공동묘지에서 악을 쓰며 살고 있던 사람이 있었습니다. 그의 인생은 측은했으며 삶의 의미도 모른 채 꿈도 희망도 없는 캄캄한 인생이었습니다. 그에게는 앞으로 나아지려니 하는 기대도, 좋은 일이 생기리라는 바람도 없었습니다. 그저 하루하루 공동묘지를 거처 삼아 살고 있었습니다.

그런데 풍랑을 헤쳐 달려와 오직 이 사람을 고쳐주시려는 주님의 열정에 그동안 그를 지배하던 군대 귀신은 들판에서 풀을 뜯어 먹던 이천 마리의 돼지 떼에게 들어가 몰사한 것으로 완전 치유가 이루어졌습니다. 얼마나 기뻤을지 상상을 해 봅니다. 평생 주님을 따라다니며 주님을 뒷바라지해 드려도 자신이 받은 복을 생각하면 부족하다고 느낄 것입니다.

그는 자신을 고쳐주고 떠나려 배에 오르시는 주님께 함께 가기를 간구하였습니다. 그런데 주님은 이를 단칼에 거절하시고 "집으로 돌아가서 주께서 네게 어떻게 큰일을 행하여 너를 불쌍히 여기신 것을 네 가족에게 알리라."고 합니다. 물론 그는 집으로 돌아가서 주님께서 자기에게 어떻게 큰일 행하셨는지를 '데가볼리'에 전파하였고 모든 사람이 놀랐습니다.

주님은 여기서만 아니라 병을 고쳐주시고 기적을 행하실 때마다 그랬습니다. '가버나움'에서 따라나서 눈을 뜬 두 사람의 맹인들에게도 주님은 엄히 경고하시기를 "삼가 아무에게도 알리지 말라."(마태 9:30)고 하셨으나, 그들이 나가서 예수님의 소문을 온 땅에 퍼뜨렸습니다. 우리는 "그 사람 내가 고쳤다."고 소문내고 늘 곁에 두고 자랑하고 싶은데 말입니다.

산에서 설교하고 내려오시던 예수님께 고침받은 나환자에게도 "아무에게도 이르지 말고, 다만 가서 제사장에게 네 몸을 보이고 '모세'가 명한 예물을 드려 그들에게 입증하라." (마태 8:4)고 하십니다. 우리가 기도하든 안수를 하든 어떤 이가 나음을 입으면, 곁에 머물게 하지 말고 얼른 집이나 교회로 돌려보내 하나님께서 행하신 기적을 전하게 하옵소서!

저희를 고쳐 집으로 보내신 예수님의 이름으로 기도드립니다. 아멘!

5. 교회 생활을 위한 기도

골방기도 / 교회 생활

힘에 넘치도록 하나님께 드리며 살게 하옵소서!

"형제들아 하나님께서 마케도니아 교회들에게 주신 은혜를 우리가 너희에게 알리
노니 환난의 많은 시련 가운데서 그들의 넘치는 기쁨과 극심한 가난이 그들의 풍
성한 연보를 넘치도록 하게 하였느니라." (고후 8:1-2)

사랑의 하나님! 저희를 사랑하여 당신의 생명을 주시고 오늘까지 함께하
셨음이 고맙습니다. 그 고마운 마음으로 살고 있음에도 늘 아쉽습니다. 그
러나 교회 공동체에서 하나님께 무언가를 드리는 길을 마련하고 매 예배
때 저희의 정성을 바칩니다. 그래도 늘 무언가 더 드리려는 사랑의 고백을
마음에 품고 있는데 작지만 진실로 드리는 사랑을 받으시옵소서!

하나님께서 저희에게 받기 원하시는 게 무엇일까 생각합니다. 하나님은
온 우주에서 제일 부자이십니다. '부자들이 더 무서운 것'처럼, 그래서 더
많이 가지려고 하실까? 그렇지는 않으시지요? 그럼 우리가 조금 넉넉하게
사는 꼴을 못 보실까요? 그것도 아니시지요? 하나님은 세상에서 저희가
드린 재물은 한 푼도 안 가지고 가시고 모두 저희가 쓰게 하시지요.

흔히 세상에서는 "마음만 받겠다."는 말을 하면서도 넙죽 받습니다만 하나
님은 모든 재물을 교회의 재물관리를 하는 재무부, 재정부에 모두 주시고

저희의 마음만 받고 가십니다. 그리고 우리는 그 재물을 가지고 하나님의 집을 짓는다고 하지만 이 땅이 하나님의 발등상인데 그 작은 성전에 어찌 하나님께서 거하실 곳이 있겠습니까? 다시 인간들이 다 씁니다.

하나님은 인생들의 목숨 하나도 직접 받지 않으십니다. 그저 저희가 드리는 눈물과 땀과 희생과 헌신을 보시고 저희를 받으신 듯 기뻐하시고, 받으신 그걸 다시 온전한 건강으로 기쁨과 감사와 행복으로 저희에게 돌려주십니다. 그래서 주님께 드리고 기쁘고 감사한 일들을 맞이합니다. 언제나 이익이 나는 것은 인생들입니다. 되레 인생들이 수지맞습니다.

신기하게도 경제적 위기가 오면 더운 감사가 넘치고, 사회적 위기, 군사적 위기가 올 때마다 믿음의 사람들은 더 깊은 감사로 하나님께 나아갑니다. '마케도니아' 교회에 주신 은혜를 소개했듯이 "환난의 많은 시련 가운데서 그들의 넘치는 기쁨과 극심한 가난이 그들의 연보를 넘치도록 풍성하게"(고후 8:1-2) 하였다고 했습니다. 동일한 은혜를 주시옵소서!

하나님! 저희가 어렵고 힘들면 힘든 대로, 가난하면 가난한 대로 하나님께 드리게 하시고 경제가 힘들면 더욱 경제로, 몸이 힘들면 더욱 몸으로 모두를 주님께 드릴 수 있음은 "할 마음만 있으면 있는 대로 받으실 터이요, 없는 것은 받지 아니하시리라."(고후 8:12)고 하신 때문입니다. 하나님께 마음껏 삶을, 감사의 찬양과 기도를 드리며 마음껏 울게 하옵소서!

저희보다 저희를 더 잘 아시는 예수님의 이름으로 기도드립니다. 아멘!

5. 교회 생활을 위한 기도

골방기도 / 교회 생활

예수님처럼 살고 싶을 때 드리는 기도! (330)

우리의 소문이 각처에 퍼져나가게 하옵소서!

"주의 말씀이 너희에게로부터 마케도니아와 아가야에만 들릴 뿐 아니라 하나님을 향하는 너희 믿음의 소문이 각처에 퍼졌으므로 우리는 아무 말도 할 것이 없노라."

(살전 1:8)

하나님, 사랑하는 하나님! 간절히 기도합니다. 이 땅에서 저희의 신앙생활이 아름답게 하시고 이 소문들이 원근각처에 꽃향기처럼 퍼져나가게 하여 주옵소서! 저희의 믿음이 모든 이들의 귀감이 될 만큼, 주님께 칭찬받은 '서머나교회'나 '빌라델비아 교회'같이 되어, 많은 이들에게 선한 영향력을 행사할 수 있게 하옵소서. 모든 교회의 모델이 되게 하옵소서!

사랑의 하나님! 저희가 섬기는 교회가 기도나 성경공부만 하는 게 아니라, 그 안에서 하나님을 사랑하되 두려움과 경외함으로 섬기는 경건이며, 모이는 이들끼리도 서로 배려하고 양보하는 예의범절이며, 이질적인 느낌이 들 만한 믿지 않는 이들에 대한 태도며, 다른 종교인들에 대한 존중에 대하여 많은 이들에게 감동을 주는 아름다운 교회가 되게 하옵소서!

저희가 섬기는 교회 안에서 행하는 모든 신앙, 종교적인 행위가 우리만의 이기적인 모임이 아니라, 모이는 이들에 대한 상호 존중, 모르는 이들에 대한 배려, 이웃이나 불신자에 대한 예절 등 모든 면에서 비난받고 흠 잡힐 구석을 하나도 남기지 않고, 이상하고 극성스러운 열심집단이나 종교집단이 아닌, 사람들이 흠모할만한 거룩한 공동체가 되게 하옵소서!

사도 '바울'이 '빌립보'에서 당한 고난 때문에, 피신하여 가서 세운 '데살로니가교회'는 처음에는 사도들을 지지하는 이들과 반대하는 이들이 나뉘었고, 후에 사도들이 '베뢰아'로 피해왔는데 특히 극성스러운 유대인들은 그곳까지 쫓아와서 위협을 가했습니다. 그랬는데 지금은 얼마나 교회가 안정되고 평안한지 깜짝 놀랄 정도로 신앙적, 영적인 진전이 있었습니다.

사도는 그들에게 "너희의 믿음의 역사와 사랑의 수고와 우리 주 예수 그리스도에 대한 소망의 인내를 우리 하나님 아버지 앞에서 끊임없이 기억함이니"(살전 1:3)라고 했습니다. 예수님에 대한 믿음과 사랑의 수고, 그리고 소망으로 인내하는 모습은 믿음으로 자신을 담금질하고, 사랑으로 많은 수고를 하고, 천국을 사모하며 인내하는 것이 한눈에 보입니다.

사랑의 하나님! 오늘 저희 믿음의 순수함이, 또, 경건의 순도가 이후에 오는 이들에게 잘 전달되게 하옵소서! 신앙공동체를 이루고 있는 교회의 모습이 두고두고 지방이나 노회나 연회에 대를 이어 아름다운 이야기가 전설처럼 전달되게 하옵소서! 한 시절 반짝하고 지나가는 유행이 아니라 역사를 이어 계승되고 발전되는 감동적인 교회가 되게 하시옵소서!

저희를 사랑하여 지켜 주실 예수님의 이름으로 기도드립니다. 아멘!

골방기도 / 교회 생활

예수님처럼 살고 싶을 때 드리는 기도! (333)

연약한 이들의 기댈 언덕이 되게 하옵소서!

"또 형제들아 너희를 권면하노니 게으른 자들을 권계하며 마음이 약한 자들을 격려하고 힘이 없는 자들을 붙들어 주며 모든 사람에게 오래 참으라."

(살전 5:14)

사랑의 하나님! 저희가 주님처럼 살려면 어떻게 기도해야 하는지 고민하게 하심이 은혜입니다. 어떻게 하는 것이 주님을 닮는 것인지, 어떻게 사는 것이 주님을 기쁘게 해드리는 일인지 알고, 어떻게 사는 것이 하나님의 뜻이고, 주님의 기쁨이라는 성경의 근거와 믿음의 확신을 품게 하옵소서! 주님 때문에 제가 행복하듯, 저 때문에 주님도 기쁘시게 하옵소서!

예수님은 오셔서 높은 관리나 권력자, 부자나 종교지도자들과 교류하고 친분을 이용하여 자신의 영향력을 증대하고, 그들을 축복하고 품위 있게 복음을 전하신 게 아니고 가난한 자, 병든 자, 귀신의 노예가 된 자, 세리, 창기 같은 이들이 항상 주위에 많이 있었기에 자연스럽게 빈민과 천민들이 예수님의 가까운 친구가 되었으며 그들의 아픔을 함께하셨습니다.

실제 바리새인이나 서기관들은 예수님을 비난하며 "먹기를 탐하고 포도주를 즐기는 사람이요, 세리와 죄인의 친구로다."(마태 11:19)고 했습니다. 높은 자리에 있는 이들, 권력의 자리에 앉은 이들, 돈 많은 부자들은 예수님이 없어도 세상을 살아가는데 불편이 없었습니다. 그러나 당시 예수님께서 가까이 하신 이들은 주님이 없으면 하루도 살 수 없는 이들입니다.

예수님은 세리 '마태'를 제자로 삼으시고, 세리장 '삭개오'의 집에 들어가 "이 사람도 '아브라함'의 자손이로다."(누가 19:9)고 선언하셨습니다. 죄인인 한 여자가 향유를 부을 때 "네 죄가 사해졌으니 평안히 가라."(누가 7:50)고 하셨고, 간음하다 현장에서 잡혀 온 여인에게 "나도 너를 정죄하지 아니하니 가서 다시는 죄를 범하지 말라."(요한 8:11)고 위로하셨습니다.

두 렙돈을 넣는 '혼자 사는 여인'이 그날 제일 헌금을 많이 했다고 격려하셨으며, 병을 고치려고 12년을 헤매느라 가진 돈을 모두 탕진한 외로운 여인의 병을 순간에 고쳐주십니다. 그리고 온갖 질병에 시달리는 이들을 고쳐주시고, 장애 있는 이들의 장애를 고쳐주시고, 그들의 친구와 후원자가 되셨습니다. 그들은 한 번 주님을 만나, 영원한 친구가 되었습니다.

'바울'이 '데살로니가교회'에 편지를 보내서서 "마음이 약한 자들을 격려하고, 힘이 없는 자들을 붙들어 주며, 모든 사람에게 오래 참으라."(살전 5:14)고 하셨습니다. 우리 주변에는 마음 약한 자들이 얼마나 많고, 힘이 없는 이들은 또 얼마나 많은지 모릅니다. 오늘 우리가 그들에게 다가가 버팀목이 되고, 위로자가 되어 현존하는 작은 예수님이 되게 하옵소서!

영원하신 위로자가 되시는 예수님의 이름으로 기도드립니다. 아멘!

5. 교회 생활을 위한 기도

6.
기도 생활을 위한 기도
(30편)

골방기도 / 기도 생활

저희의 기도가 삶이 되게 하옵소서!

"너희는 세상의 소금이니 소금이 만일 그 맛을 잃으면 무엇으로 짜게 하리요 후에 는 아무 쓸 데 없어 다만 밖에 버려져 사람에게 밟힐 뿐이니라."

(마태 5:13)

세상에는 훌륭한 이들이 많습니다. 기도 많이 하는 종들이 많습니다. 종들이 기도 많이 하게 하옵소서! 하루 대부분을 기도하면서 하나님 곁에 있게 하옵소서! 매일 기도로 하나님과 소통하고, 기도로 하나님 곁에서 하나님의 뜻을 분별하게 하시고, 기도로 하나님의 기쁨이 되는 종이 되게 하옵소서! 기도하여 응답받고, 기도로 하나님 능력을 힘입게 하옵소서!

그러나 기도드리면서 영혼이 하나님의 음성을 듣고 하나님의 뜻을 깨닫기 전에, 기도로 어떻게 살아야 할 것을 알게 하옵소서! 어떻게 사는 것이 기도하는 사람의 삶인지, 어떻게 사는 것이 하나님의 뜻을 이루는 삶인지 깨닫게 하여 주옵소서! 기도 따로 삶 따로 살므로 사람들의 조롱거리가 되고 하나님께 영광이 아니라 욕된 모습이 되지 않게 지켜 주옵소서!

저희의 가슴에 하나님의 응답이 쌓이면서 매일 기도로 거룩하여지게 하시고, 기도자의 삶을 살면서 세상을 두려워하는 것이 아니라 하나님을 두려

위하게 하시고, 세상과 야합하는 것이 아니라 하나님과 마음을 합하게 하옵소서! 불법적 권세에 굴복하고 불의에 굴복하는 것이 아니라 하나님과 하나님의 법에 복종하는 말씀과 경건, 진리의 삶이 되게 하옵소서!

불법한 세상 권력에 굴종적인 삶을 사는 게 아니라, 독재와 불의에 항거하고 선한 정치, 민주주의의 기틀을 세우려는 자유민주주의를 응원하며, 저희의 후손들에게 물려줄 조국 대한민국은 분단된 나라가 아닌 통일 조국의 아름다운 금수강산과 온 백성들이 평등하게 살며 억울한 이들이나 소외된 이들이 없는 행복지수 세계 최고의 행복한 나라가 되게 하옵소서!

그러기 위하여 저희가 말씀 앞에 자신을 굴복시키고, 하나님의 계명을 따라 살며, 세상에서 등경 위에서 빛나는 빛이 되어 거룩한 삶으로, 무너지는 세상의 도리를 지키고 죄악으로 오염되는 세상을 붙들고 정직하고 바르게 이끌고 가는 하나님의 빛이 되게 하옵소서! 빛도 잃고 맛도 잃어 거리에 버림받은 채 밟히는 비참한 그리스도인이 되지 않게 하옵소서!

입술이 그리스도인이 아니라 삶이 그리스도인이 되고, 기도만 하는 것이 아니라 기도가 삶이 되게 하옵소서! 기도로 감동을 주는 것이 아니라, 삶으로 하나님의 능력을 보여주는 증인들이 되게 하옵소서! "너는 믿음이 있고 나는 행함이 있으니, 행함이 없는 네 믿음을 내게 보이라. 나는 행함으로 내 믿음을 네게 보이리라."(야고 2:18) 말할 수 있게 하시옵소서!

저희의 모범이 되시는 예수님의 이름으로 기도드립니다. 아멘!

골방기도 / 기도 생활

예수님처럼 살고 싶을 때 드리는 기도! (276)

틈만 나면 기도하게 하옵소서!

"나는 너희를 위하여 기도하기를 쉬는 죄를 여호와 앞에 결단코 범하지 아니하고 선하고 의로운 길을 너희에게 가르칠 것인즉." (삼상 12:23)

전능하신 하나님! 오늘 땅에 사는 저희들에게 가장 소중한 일은 기도하는 일인 줄 압니다. 전능하신 하나님께 저희의 형편을 아뢰고 하나님의 처방을 기다리며, 감히 함께 머물 수 없는 시공간을 하나님과 함께 누리며 동행하게 하심을 감사드립니다. 저희가 사는 이 땅에 평화를 주시고, 세계가 긴장하고 갈등하며 충돌하고 있으니 이 땅에 평화를 주옵소서!

저희가 살고 있는 땅 한반도에 전쟁의 위협이 사라지게 하시고 남북한이 각기 다른 이념과 다른 체제, 다른 세상에서 70년을 살아오며 굳어버린 상호 미움의 벽을 허물게 하시고, 이제는 남북이 손을 잡고 미래 번영을 향해 나아갈 수 있는 계기를 마련하여 주옵소서! 더 이상은 남북이 대치하고 공격하며 상대를 궤멸시키려는 전쟁 준비를 멈추게 하시옵소서!

이 민족끼리도 화해할 뿐 아니라 세계의 패권을 잡으려는 미국이나 러시아 중국 등이 한반도를 자신의 발판으로 삼으려는 야욕이 사라지도록 하나님께서 강대국 지도자들의 마음에 평화주의와 인도주의가 자리하게 하옵소서! 약육강식의 세계 질서 안에서 태생적으로 강대국의 손아귀를 벗어날 수 없는 지정학적 요인 때문에 고난받음을 기억하여 주시옵소서!

무너져가는 교회를 위하여 기도합니다. 교단이나 교파를 막론하고 총회나 연회, 노회가 열릴 때마다 교인들이 줄고 교세가 약해지는 일로 아우성입니다. 하나님! 무너지는 교회, 이탈하는 성도들을 기억하여 주옵소서! 이 일을 위하여 기도하게 하옵소서! 나라와 민족을 위하여 사랑하는 마음을 가슴에 품고 기도하게 하옵소서! 민족의 미래가 기도에 달렸습니다.

하나님! 저희는 한순간도 마음 편히 잠을 잘 수도 쉼을 가질 수도 없는 절박한 상황입니다. 정치적으로는 세계에서 고립될 수도 있고, 세계와의 경쟁에서 낙후될 수도 있고, 그렇게 가다 보면 낙오된 이들의 절망스러운 모습을 사방에서 목격하게 될 것이고, 저희의 기도는 형편이 비참한 가난한 노숙자, 거리에 방황하는 낙심한 이를 위해 기도하게 하옵소서!

그래도 저희에게 희망이 있음은, 저희의 기도를 들으시는 하나님의 사랑이 있다는 사실입니다. 이 민족과 교회를 사랑하시는 변함없는 사랑이, 숱한 순교자들이 흘린 피를 기억하시고, 수많은 압제와 전쟁의 와중에서 흘린 무고한 이들이 흘린 피는 계산하는 일도 힘겹고 슬퍼집니다. 모두 내려놓고 만왕의 왕이신 하나님께 틈만 나면 간절히 기도하게 하옵소서!

민족의 미래를 지키시는 예수님의 이름으로 기도드립니다. 아멘!

골방기도 / 기도 생활

아름다운 근심을 하게 하옵소서!

"이는 다 이방인들이 구하는 것이라 너희 하늘 아버지께서 이 모든 것이 너희에게 있어야 할 줄을 아시느니라. 그런즉 너희는 먼저 그의 나라와 그의 의를 구하라 그리하면 이 모든 것을 너희에게 더하시리라." (마태 6:32-33)

사랑의 하나님! 오늘 저희 마음에 세상을 사랑하고 세상의 필요를 구하는 마음 대신, 하나님의 나라와 하나님의 영광을 구하는 마음을 주옵소서! 매일 먹고 마시는 일을 위하여 기도 에너지를 소모하지 않게 하시고, 하나님의 나라와 영광을 위하여 기도하게 하옵소서! 하루하루 자신을 가꾸고 신분을 유지하는 일에 대한 과도한 집착을 버리게 하시옵소서!

죄에 대한 갈망과 죄로 인한 번뇌와 죄로 인한 가책 때문에 괴로워하는 일이 없게 하시고, 어떻게 하든지 하나님 나라의 확장과 그 나라의 작은 조각들인 교회와 교회 안의 독립된 하나의 교회 구성원 된 성도들의 구원과 성결을 위해 아파하고 고민하게 하옵소서! 어떻게 해서든지 땅의 교회들이 정결한 신부로 거룩함을 유지하기 위해 기도하게 하옵소서!

"돈을 사랑함이 일만 악의 뿌리가 되나니 이것을 탐내는 자들은 미혹을 받아 믿음에서 떠나 많은 근심으로써 자기를 찔렀도다."(딤전 6:10)고 했는데,

탐욕에 집착하다 원수의 덫에 걸려 고통받지 않게 하시고, 어떻게 하면 주님을 기쁘게 할 것인가 고민하게 하여 주옵소서! 우리를 입히시고 먹이시는 주님을 의지하며 궁핍하여도 평안을 누리게 하여 주옵소서!

"하나님의 뜻대로 하는 근심은 후회할 것이 없는 구원에 이르게 하는 회개를 이루는 것이요, 세상 근심은 사망을 이루는 것이니라."(고후 7:10)고 하셨으니, 저희의 마음에 언제나 스스로 하나님 구원의 중심에 있기를 기도하고 이 땅에 모든 사람이 하나님의 진실한 자녀 되기를 위하여 가슴을 앓게 하여 주옵소서! 언제나 하나님의 마음을 갖게 하옵소서!

언제나 저희 마음에 영혼을 구원에 이르게 하려는 하나님의 뜻대로 하는 근심을 주옵소서! 사도 '바울'이 동족의 구원을 위하여 목숨을 걸고 "나의 형제 곧 골육의 친척을 위하여 자신이 저주를 받아 그리스도에게서 끊어질지라도 원하는 바로라."(로마 9:3)며 기도하던 진실한 중보자, 기도자의 마음을 주옵소서! 구원해야 할 영혼 사랑으로 아프게 하시옵소서!

하나님! 저희의 마음에 늘 하나님의 마음이 있게 하시고, 늘 성령님의 감동이 있게 하옵소서! 기도할 때마다 주님의 마음으로 기도하게 하시고, 마음속에 성령님의 사랑을 부으시어 저희를 위해 친히 간구하시는 성령님의 감동으로 살게 하옵소서! 세상 근심으로 어둡고 창백한 얼굴이 아니라, 교회를 위한 근심으로 사랑이 빛나는 희망의 얼굴이 되게 하옵소서!

저희의 중심을 보시는 예수님의 이름으로 기도드립니다. 아멘!

골방기도 / 기도 생활

예수님처럼 살고 싶을 때 드리는 기도! (283)

외로울 때 드리는 기도!

"너희 중에 고난당하는 자가 있느냐 그는 기도할 것이요 즐거워하는 자가 있느냐 그는 찬송할지니라."

(야고 5:13)

만주(萬主)의 주가 되시며 만왕의 왕이 되신 야훼 하나님! 저희가 하나님의 이름을 부르며 하나님 앞에 기도드리는 순간에도 저희의 마음이 공허하고 외로울 때가 있습니다. 하나님께서 '나의 아버지'라고 고백하지만 멀리 계신 것 같고, 하나님은 지금도 살아 계신다고 큰소리치는데도, 어디에도 하나님을 뵐 수 없는 답답함에 믿음이 흔들릴 때가 있습니다.

더러 답답함이 저희를 억누르고, 웬지 모르는 외로움에 마음이 흔들리고, 드넓은 우주 공간에 홀로 버려진 것 같은 쓸쓸함 때문에 신음할 때가 있습니다. 세상에는 함께 하는 이가 없고, 도울 사람이 없는 외로움의 시간에 세미한 음성의 주님을 경험하게 하옵소서! 주변에 사람이 없어 외롭습니다. 그러나 그때도 저희의 믿음이 무너지지 않게 도와주시옵소서!

어떤 상황에도 주님이 계시기에 이 외로움을 상쇄할 수 있습니다. 아무리 광야에 버려진 것 같을 때도 하나님은 저의 곁에 저희를 지켜 주시고 계심을 믿습니다. 고요한 중에 하나님의 음성을 듣게 하시고, 그 외로운 마음에 하나님의 위로를 느끼게 하옵소서! 고요한 숲길에서도 하나님 음성을 듣고, 태풍 같은 사나운 바람에도 주님의 음성을 듣게 하옵소서!

때로 아무런 소유가 없어서 외로울 때도 있습니다. 평생을 하나님의 일을 하며 살았어도 거처할 보금자리 하나 변변치 못하여 외로울 때도, "내 아버지의 집에 거할 곳이 많다." (요한 14:2)는 말씀에 위로를 받게 하옵소서! 건천에 버려진 것 같을 때, 주님을 모심으로 모든 것을 가짐을 알게 하옵소서! 누리지 못하는 빈곤의 외로움에서 벗어나게 하시옵소서!

세상에서 영향력이 없어 외로움을 느낄 때, 복음을 전하여 구원받은 이들을 바라보며 그들에게 미친 복음의 영향력으로 위로받게 하옵소서! 온갖 고난, 핍절 같은 조건과 상황 때문에 외로울 때도, 그동안 하나님의 공급하심으로 풍성하게 살았음을 기억하며 고마움을 갖게 하옵소서! 극한 고난의 포로가 되어 외로울 때 하나님의 구원을 기다리게 하옵소서!

하나님은 저희의 영원한 왕이십니다. 그러므로 외로움의 노예가 되지 않게 하옵소서! 하나님은 저희의 영원한 주인이십니다. 저희가 세상의 외로운 조건을 만나 그 조건의 노예가 되지 않게 하옵소서! 세상에서 홀로 서 있는 것 같고, 아무것도 가진 것이 없을지라도, 왕이요 주인이신 하나님께서 저의 의로움을 제거하시고 행복과 평안을 주심을 알게 하옵소서!

영원히 저희와 함께하실 예수님의 이름으로 기도드립니다. 아멘!

골방기도 / 기도 생활

예수님처럼 살고 싶을 때 드리는 기도! (266)

주여, 기도문을 열어주옵소서!

"이는 다 이방인들이 구하는 것이라 너희 하늘 아버지께서 이 모든 것이 너희에게 있어야 할 줄을 아시느니라 그런즉 너희는 먼저 그의 나라와 그의 의를 구하라 그리하면 이 모든 것을 너희에게 더하시리라." (마태 6:32–33)

생명의 근원이신 하나님! 저희는 하나님께 드리는 기도가 영적인 호흡이라고 생각합니다. 그렇게 배웠고, 그렇게 믿었고, 그렇게 살았습니다. 생명의 근원이시고, 스스로 생명으로 선포하시고, 생명의 빛이신 하나님! 인생의 코에 생기를 불어넣어 생령이 되게 하신 하나님께 기도의 통로를 개설하고, 끊임없이 기도로 교통하는 진정한 영적 호흡을 하게 하옵소서!

하나님께 죄를 고하는 '날숨'과 영적 생명을 공급받는 '들숨'을 통해 기도의 호흡을 하지 못하면 죽은 목숨입니다. 생명의 주인이신 하나님께로부터 공급받는 생명의 호흡이 끊긴 불쌍한 이들 되지 말고, 영혼의 호흡이 원만히 이루어지게 하옵소서! 계속 토하기만 하는 일방적인 기도가 아니라, 하나님께서 저희에게 공급하시는 생명의 호흡을 하게 하시옵소서!

저희가 욕심을 따라 자신의 필요만 부르짖지 않고, 하나님 앞에 겸손히 무릎을 꿇고 그 분의 음성을 듣게 하옵소서! 저희를 향하신 하나님의 소원을 듣게 하여 주옵소서! 하나님께 구할 것들이 많겠지만, 그보다 저희들에게 원하시는 하나님의 소원에 귀 기울이게 하옵소서! 저희가 쏟아내는 탄소에 질식하지 않도록 산소 같은 하나님의 음성을 듣게 하옵소서!

"내 이름으로 무엇이든 구하면 내가 행하리라."(요한 14:14)는 말씀만 생각하지 말고, "그를 향하여 우리가 가진바 담대함이 이것이니 '그의 뜻대로 무엇을 구하면' 들으심이라. 우리가 무엇이든지 구하는 바를 들으시는 줄을 안즉 우리가 그에게 구한 그것을 얻은 줄을 또한 아느니라."(요일 5:14-15)는 말씀처럼 무엇이든지 '그분 뜻대로' 구하게 하시옵소서!

생명 없는 저희의 거친 호흡만 쏟아내며 주술(呪術)같이 드리는 어리석은 기도가 아니라, 생명의 하나님으로부터 은혜의 능력을 공급받는 저희가 되게 하옵소서! 먼저 하나님의 뜻을 알기 위하여 기도하고, 그의 나라와 의를 위하여 기도하게 하시고, 하나님께서 시행하시는 응답이 '하나님의 뜻대로 무엇을 구하면'인 것을 알아 응답받는 기도를 드리게 하옵소서!

사랑의 하나님! 기도(氣道)가 막히면 호흡이 멈추듯이, 저희들의 영적 기도(祈禱)가 막혀 질식사하지 않도록, 하나님 앞에 무릎을 꿇을 때마다 먼저 그의 나라와 의를 구하고, 먼저 하나님의 뜻을 기도하여 막힌 기도의 문이 열리게 하옵소서! 숨이 멎으면 부귀영화가 무의미하듯, 기도(祈禱)가 막히면 모든 영적 덕목은 쓸모없는 부장품(副葬品)임을 알게 하옵소서!

저희의 기도를 응답해 주실 예수님의 이름으로 기도드립니다. 아멘!

골방기도 / 기도 생활

예수님처럼 살고 싶을 때 드리는 기도! (7)

무슨 일이든 기도하고 나아가게 하옵소서!

"이르시되 아버지여 만일 아버지의 뜻이거든 이 잔을 내게서 옮기시옵소서. 그러나 내 원대로 마시옵고 아버지의 원대로 되기를 원하나이다. 하시니 천사가 하늘로부터 예수께 나타나 힘을 더하더라." (누가 22:42-43)

사랑의 하나님! 이 땅에서 하나님께 간절히 구하는 첫 번째 제목은 언제나 풍성한 기도 제목을 주옵소서! 언제나 기도할 수 있는 틈을 주옵소서! 그러나 하나님! 사실은 틈만 나면 기도하게 하옵소서! 작은 틈이 생기면 그 틈에 기도하게 하옵소서! 생각하는 시간에 기도하며 생각하고, 말하면서 기도하고, 식사하며 기도하고, 일하면서 기도하게 하시옵소서!

운동하며 기도하고, 운전하며 기도하게 하시고, 버스, 비행기에서 기도하게 하옵소서! "쉬지 말고 기도하라!"(살전 5:17)고 하셨으니 쉴 틈 없이 기도하게 하옵소서! 그러나 무엇보다 어떤 일이든 기도하고 결정하게 하시고, 응답에 승복하게 하옵소서! 기도의 응답에 '아멘!'하며 순종하게 하시고, 응답에 '아멘!'한 것은 하나님과의 약속이니 변치 않게 하시옵소서!

심지어 예수님처럼 죽는 것도 기도하고 따르게 하옵소서! 예수님께서 십자가 죽음을 앞에 놓고 부르짖던 기도 "아버지여, 만일 아버지의 뜻이거든 이 잔을 내게서 옮기시옵소서! 그러나 내 원대로 마시고 아버지의 원대로 되기를 원하나이다."(누가 22:42)하는 인생의 중요한 변곡점에서 먼저 기도하고, 기도 응답을 따라가며 기도가 삶의 나침반이 되게 하옵소서!

기도 없이 성공하기보다, 기도하고 나서 실패하는 것이 얼마나 유익한 줄 알게 하옵소서! 인생의 중요한 고비마다 쉽게 판단하고 가볍게 결정하는 것이 아니라, 진지하게 기도하고 신중하게 응답받으며, 무겁게 결정하고 신속히 따르게 하옵소서! 예수님처럼 피 같은 땀과 눈물이 범벅되어 기도 드리고 응답받자 "일어나라, 함께 가자!"(마태 26:46)하게 하옵소서!

마음이 급해서 기도가 생략되지 않게 하시고, 내용이 선하고 아름다워 기도를 건너뛰지 않게 하옵소서! 아무리 선하고 의로우며, 당연하고 쉬운 일이라도 하나님께 여쭈어 응답 된 다음에 떠나게 하옵소서! 어떤 일의 준비 기간도, 혹은 사역을 위한 숙련 기간도, 기도하는 일보다 앞서지 않게 하옵소서! 우리의 주인이신 예수님도 기도하고 시작하셨기 때문입니다.

예수님께서 "아직 미명에 한적한 곳에서 기도하셨다."(마가 1:35)면, 오늘 저희도 새벽에 일어나 기도하게 하시고, 예수님께서 "밤이 새도록 기도하셨다."(누가 6:12)면 저희도 밤을 새워 기도하게 하옵소서! 예수님이 생명의 위협을 느끼며 어떻게 해야 할지 몰라 '겟세마네'에서 기도했다면, 오늘 저희도 기도하고 응답을 따라 결정하고, 응답에 순종하게 하옵소서!

저희의 기도를 기다리시는 예수님의 이름으로 기도드립니다. 아멘!

골방기도 / 기도 생활

예수님처럼 살고 싶을 때 드리는 기도! (36)

응답되지 않는 기도가 있음을 알게 하옵소서!

> "이르시되 아버지여 만일 아버지의 뜻이거든 이 잔을 내게서 옮기시옵소서. 그러
> 나 내 원대로 마시옵고 아버지의 원대로 되기를 원하나이다. 하시니 천사가 하늘
> 로부터 예수께 나타나 힘을 더하더라." (누가 22:42-43)

하나님! 오늘 부족한 종에게 '기도를 위한 기도'를 드리게 하시니 고맙습
니다. 주님은 저희들에게 "구하라 그리하면 너희에게 주실 것이요, 찾으
라 그리하면 찾아낼 것이요, 문을 두드리라 그리하면 너희에게 열릴 것이
라."(마태 7:7)라고 말씀하셨습니다. 이뿐 아니라 "내 이름으로 무엇이든지
내게 구하면 내가 행하리라."(요한 14:14)고 하십니다. 큰 약속입니다.

그러나 이런 '희망의 약속' 이면에는 권면의 말씀도 있습니다. "너희는 먼
저 그의 나라와 그의 의를 구하라 그리하면 이 모든 것을 너희에게 더하시
리라."(마태 6:33)는 말씀도 있습니다. 나아가서 "너희가 얻지 못함은 구하
지 아니하기 때문이요 구하여도 받지 못함은 정욕으로 쓰려고 잘못 구하
기 때문이라." (야고 4:2하-3)는 경고와 주의의 말씀도 있습니다.

정확한 응답의 급소를 말씀해 주시기도 합니다. "그를 향하여 우리가 가진
바 담대함이 이것이니, 그의 뜻대로 무엇을 구하면 들으심이라. 우리가 무

엇이든지 구하는 바를 들으시는 줄을 안즉, 우리가 그에게 구한 그것을 얻은 줄을 또한 아느니라."(요일 5:14-15)는 보장의 말씀 뒤에는 "그의 뜻대로 무엇을 구하면"이라는 주의를 요하는 전제 조건도 있으십니다.

그러나 예수님도 겟세마네 동산에서 기도하실 때 "아버지여 만일 아버지의 뜻이거든 이 잔을 내게서 옮기시옵소서! 그러나 내 원대로 마시옵고 아버지의 원대로 되기를 원하나이다."고 (누가 22:42) 기도 하셨습니다. 주님께서도 십자가 고난을 앞두고 고민하여 죽게 되었다."고 하실 만큼 엄청난 스트레스를 받으셨고, 그래서 십자가는 비켜 가고 싶으셨습니다.

'바울' 사도가 '아시아'에서 복음을 전하고 싶었으나 성령이 아시아에서 말씀을 전하지 못하게 하셨고(사도 16:6), '비두니아'로 가고자 애쓰되 역시 예수님의 영이 허락하지 않으셨습니다. (사도 16:7) 그렇게 사도 '바울'은 아시아 대신 '유럽'의 '빌립보'에 복음을 전하게 되었습니다. 이것은 사도 '바울'의 역사나 세계 복음 역사의 진전에 획기적 사건이 되었습니다.

십자가에서 아들 예수님의 뜻대로 주님의 목숨을 살리셨다면, 순간적인 애잔함에 아들은 살릴 수 있었겠지만, 온 인류의 목숨값은 어디서 공급받을 길이 없습니다. 그러므로 하나님의 응답은 우리의 기도대로가 아니라, 하나님의 필요에 따라 응답하시는 것을 알게 됩니다. 우리는 필요를 구하지만 응답의 시간, 장소, 방법은 하나님께서 결정하심을 믿게 하옵소서!

언제나 우리의 응답이신 예수님의 이름으로 기도드립니다. 아멘!

골방기도 / 기도 생활

하나님께 응답받는 기도를 드리게 하옵소서!

"내가 너희에게 이르노니 이에 저 바리새인이 아니고 이 사람이 의롭다 하심을 받고 그의 집으로 내려갔느니라. 무릇 자기를 높이는 자는 낮아지고 자기를 낮추는 자는 높아지리라 하시니라."   (누가 18:14)

사랑의 하나님! 고맙습니다. 저희가 하나님께 드리는 기도를 응답해 주시니 고맙습니다. 아니, 모든 기도를 다 응답해 주시지 않는다 해도 저희의 기도를 들으시는 것만으로도 고맙습니다. 세상에서 제일 강조되는 신앙의 덕목은 기도이고, 기도에 대한 간증도 많고 교훈도 많습니다. 기도에 일가견을 가지고 가르치고 교훈하는 이들도 부러울 정도로 많습니다.

40일 금식 기도를 한 사람도 많고, 몇 번씩 한 사람도 있고 하루에 몇 시간씩 기도한다고 자랑하는 사람도 많습니다. 특히 기도 응답에 대한 수많은 간증들은 셀 수 없습니다. 그러나 하나님! 저희를 지키시어 기도 많이 하는 자랑 하지 않게 하옵소서! 금식 기도 자랑, 밤샘 기도 자랑, 서원 기도 자랑하지 않게 하옵소서! 응답받은 추억이 많이 있게 하옵소서!

청산유수로 드리는 기도를 자랑하지 않게 하옵소서! 엎드리면 한두 시간 오래 기도하는 자랑도 하지 않게 하옵소서! 어제나 오늘이나 영원토록 우리 하나님은 진실한 기도를 응답하시는 줄 믿습니다. 유창한 기도문이나, 세련된 기도하는 자랑을 멈추고, 하나님께서 응답하시는 기도드리는 저희가 되어 동시대를 산 지인과 가족들에게 부끄럽지 않게 하옵소서!

"하나님이여 나는 다른 사람들 곧 토색, 불의, 간음을 하는 자들과 같지 아니하고 이 세리와도 같지 아니함을 감사하나이다. 나는 이레에 두 번씩 금식하고 또 소득의 십일조를 드리나이다."하며 자기 자랑하는 기도, 자기의 신앙 업적 나열하는 기도, 자기의 영적 위상 과시하는 기도가 예배당 강단에서 사라지게 하옵소서! 모두 세리의 기도를 드리게 하옵소서!

사람들이 보기에 대단한 기도, 듣는 사람들을 감동케 하는 기도 자랑하지 않게 하옵소서! 유창한 기도문, 괄괄한 목소리, 쉼 없는 문장 자랑하지 않게 하옵소서! 하나님이 기뻐하시고 받으시는 기도, 하나님이 긍휼히 여기시어 응답하시는 기도를 드리는 이들이 되게 하옵소서! 유창한 기도 후에 어깨에 힘주고 가는 불쌍한 바리새인의 기도가 사라지게 하옵소서!

하나님 앞에 면목도 없고, 하나님께 기도드릴 자신도 없고, 하나님께 염치없어 아무것도 구할 게 없는 세리, 그래서 멀리 서서 감히 눈을 들어 하늘을 쳐다보지도 못하고 가슴을 치며 드리는 기도를 드리게 하옵소서! "하나님이여 불쌍히 여기소서! 나는 죄인이로소이다." 그리고 도망치듯 나갔는데 이 사람이 의롭다 함을 받고 내려갔다는 선언을 듣게 하옵소서!

저희의 기도에 응답하시는 예수님의 이름으로 기도드립니다. 아멘!

골방기도 / 기도 생활

주님의 가시던 걸음을 멈추게 하옵소서!

"예수께서 머물러 서서 명하여 데려오라 하셨더니 그가 가까이 오매 물어 이르시되 네게 무엇을 하여 주기를 원하느냐 이르되 주여 보기를 원하나이다. 예수께서 그에게 이르시되 보라 네 믿음이 너를 구원하였느니라. 하시매."

(누가 18:40-42)

하나님! 저희들이 하나님께 매일 기도를 많이 드리는 이들이 많습니다. 밤낮 부르짖는 이의 기도를 들으시는 하나님(누가 18:7)을 알고, 밤이나 낮이나 예배당에 나와서, 아침이나 저녁이나 똑같은 기도를 드리는 기도자들도 많습니다. "부르짖으면 응답하겠다."(예레 33:3)는 말씀을 믿고 새벽부터 밤중까지 기도하는 이도 있습니다. 약속도 많고 보장도 많습니다.

함께 부르짖어 응답받은 나병 환자들도 있고, 마지막까지 집요하게 매달려 응답을 받은 귀신 들린 딸을 둔 여인도 있습니다. 사람들은 그가 처한 상황, 환경, 혹은 절박함의 정도가 각각 다릅니다. 그럴 때는 기도하는 이의 입장, 자세 등도 다릅니다. 말없이 눈물만 흘린 이도 있습니다. 이런 기도들은 그가 처한 환경이 얼마나 절박한지에 따라 각각 다릅니다.

저희의 기도는 때로 울부짖음일 수도 있고, 통곡일 수도 있고, 비명일 수도 있습니다. 너무나 오랜 세월 질병에 시달린 이들은 부르짖을 힘조차 없이 사람들의 틈에 섞여 주님의 겉옷만 만질 수도 있습니다. 더 오랫동안 때를 기다린 이는 이미 지쳐서 소망의 끈을 놓기 직전의 사람도 있습니다. 격리되어 있던 나환자들에게는 마지막 기회일 수도 있습니다.

'여리고'로 지나가는 예수님을 보았던 맹인은 이번이 주님께 하소연할 마지막 기회라는 사실을 직감했습니다. 떼를 지어 지나가는 행렬에 느낌이 있어 물어보니 '나사렛 예수의 행렬'이라는 걸 들은 그는 길가에 앉아 구걸하던 관심을 예수님께 돌렸습니다. "다윗의 자손 예수여! 나를 불쌍히 여기소서!"라고 절박한 마음으로 외쳤습니다. 누가 도와주었습니까?

당연히 사람들은 시끄럽다고 야단칩니다. 하나님! 우리의 목소리가 크고, 곁에 있는 이들이 시끄럽기에 당연한 일입니다. 기적을 만드는 일은 언제나 다른 이들의 방해를 받습니다. 그런데 기적은 그 혼잡한 틈에, 사람들의 방해를 뚫고 일어나는 줄 믿습니다. 사람들은 시끄럽다고 했지만, 그 속에도 주님은 언제나 주님을 찾는 간절한 주파수를 잡으십니다.

주님! 오늘 저희의 외침에 가시던 걸음을 멈추어 주옵소서! 그리고 저에게 한 번 더 물어주옵소서! "네게 무엇을 하여 주기를 원하느냐?" 그러면 제가 주님께 믿음으로 대답할 것입니다. 그때 주님은 "보라 네 믿음이 너를 구원 하였느니라!"고 선언해 주시기 원합니다. 이런 일상의 기적을 구하오니 외면하지 마시고 응답해 주옵소서! 오늘 응답해 주옵소서!

저희의 눈을 뜨게 해주신 예수님의 이름으로 기도드립니다. 아멘!

골방기도 / 기도 생활

예수님처럼 살고 싶을 때 드리는 기도! (53)

기도를 끝까지 멈추지 않게 하옵소서!

"하물며 하나님께서 그 밤낮 부르짖는 택하신 자들의 원한을 풀어 주지 아니하시 겠느냐 그들에게 오래 참으시겠느냐 내가 너희에게 이르노니 속히 그 원한을 풀어 주시리라 그러나 인자가 올 때에 세상에서 믿음을 보겠느냐 하시니라."

(누가 18:7-8)

사랑의 하나님! 오늘도 하나님께 기도하게 하시니 고맙습니다. 기도드리려는 마음과 기도드리려는 믿음, 기도드릴 상황을 주신 것이 고맙습니다. 기도할 수 있는 환경과 건강 주신 것도 고맙습니다. 특별한 변화와 응답이 없음에도 불구하고 지속적으로 기도할 수 있음이 고맙습니다. 이 시간 하나님께 구하기는, 기도하다 응답이 없어 낙망하지 않게 하옵소서!

기도하는 동안 믿음이 무너질 때도 있고, 응답의 확신이 사라질 때도 있고, 변함없는 상황에서 하나님의 뜻이 아닌 것 같은 생각이 들어 계속 기도해야 하나 하는 의구심이 들고 기도의 필요성이 사라질 때도 있습니다. 하나님의 뜻과 배치되는 듯한, 아무래도 하나님의 뜻이 아닌듯한 생각이 들기도 합니다. 기도를 포기하는데 필요한 조건들이 많이 생깁니다.

그러나 하나님! 기도를 시작하게 하신 분이 하나님이시라면 끝까지 할 수 있는 끈기와 인내를 주옵소서! 하나님께 기도해야겠다는 생각을 주신 분이 하나님이시라면, 기도를 계속해야겠다는 믿음도 주옵소서! 기도를 시작하는 순간적인 충동은 쉽게 할 수 있지만, 기도를 계속해야겠다는 지속적인 다짐은 쉽게 무너질 수 있습니다. 이때 힘을 더해 주옵소서!

하나님! 저희 육신은 흙으로 만들어진 연약한 존재들입니다. 이 연약한 그릇에 가득 채워진 '얼른 이루고 싶은 조급함', '쉽게 중단하고 싶은 가벼움', '쉽게 포기하고 무너지려는 연약한 믿음', '작은 충격에도 쉽게 흔들리는 마음' 등 응답 이전에 결심을 무너뜨리는 악(惡)하고 약(弱)한 장애들을 저의 영혼에서 모두 제하여 주옵소서! 선입견을 버리게 하옵소서!

부정적인 생각이 틈탈 여유가 없도록 쉬지 말고 기도하게 하옵소서! 구하고. 찾고. 두드리게 하옵소서! 계속 반응 없는 상황에서 실망치 않고 끝까지 기도할 수 있는 끈기와 용기를 주옵소서! 불의한 재판관도 혼자 사는 여인이 날마다 찾아오는 번거로운 방문을 견딜 수 없어 들어주었다면, 하나님은 사랑하는 자녀들의 밤낮 부르짖는 소원을 들어주옵소서!

하나님! 오늘도 눈을 뜨고 세상을 바라보면 인생들의 연약함에 용기를 불어넣어 주는 사람들이나 환경보다는, 의지를 꺾고 백기 투항하게 하려는, 그래서 포기와 타협을 권면하는 상황과 사람들이 열 배, 스무 배는 더 많습니다. 그럼에도 성경에 언급하신 응답에 대한 약속을 믿고, 오늘 포기하지 않고 하나님께서 응답하실 때까지 달려가게 하옵소서!

저희 기도의 응답이신 예수님의 이름으로 기도드립니다. 아멘!

골방기도 / 기도 생활

예수님처럼 살고 싶을 때 드리는 기도! (54)

단 하나의 소원에 집중하게 하옵소서!

"네게 무엇을 하여 주기를 원하느냐 이르되 주여 보기를 원하나이다 예수께서 그에게 이르시되 보라 네 믿음이 너를 구원하였느니라 하시매 곧 보게 되어 하나님께 영광을 돌리며 예수를 따르니 백성이 다 이를 보고 하나님을 찬양하니라"

(누가 18:41-43)

믿음으로 하나님께 기도드린 것이 있습니다. 그때의 환경에 따라, 연령대에 따라 다른 필요를 하나님께 기도합니다. 기도하다 보면 또 다른 필요가 생각나기도 하고, 그때마다 하나님은 저희에게 엄청난 것들을 주셨습니다. 그래서 기도의 제목은 늘어나고 기도의 내용은 많아졌습니다. 그리고 기도의 분량은 끝없이 늘어났지만, 여전히 기도 응답은 적었습니다.

하나님! 저희가 기도하면서 그날그날 해결되는 것도 있고, 기도를 하나도 안 하고 있었는데도 어느 날 저도 모르는 사이에 응답된 것도 있습니다. 그럼에도 저희들의 가슴에서 활화산처럼 솟는 기도의 제목들이 있습니다. 멈출 줄 모르고 용천수처럼 솟아나는 기도 제목, 구하지 않으려고 해도 운명적으로 구하게 되는 하나의 간절한 기도 제목들이 있습니다.

하나님! 지금 제게 "네 소원이 무엇이냐?"고 물으시면 순간의 망설임도 없이 외칠 수 있는 한 가지 소원이 있게 하옵소서! 그 하나 외에는 모두 기억에서 하얗게 지우시고, 오직 하나 남은 소원, 그것만 이루어 주신다면 제 목숨이라도 기꺼이 하나님께 드릴 수 있을 만큼 절대적 가치가 있는 단 하나의 제목, 이 기도 제목이 저희의 가슴에 이글거리게 하옵소서!

이런저런 기도 제목, 여기저기 널려 있는 필요, 기도, 소원 이런 잡다한 욕심의 꾸러미를 내 던지고 하나님께 외칠 수 있는 소원, 그 하나를 위하여 일생을 살아왔고, 그 하나는 내 인생을 송두리째 던져버릴 만큼의 가치가 있는 한 가지가 있게 하옵소서! 주님이 부르실 때 그 '겉옷을 버리고 일어나 뛰어갈 수 있는'(마가 10:50) 한 가지 소원을 주시옵소서!

그 소원이 이루어지고 나면, 저의 모든 것들을 다 버리고, 한 움큼의 미련도 애착도 없을 만큼 오직 하나의 소원 단 하나의 소원이 있게 하옵소서! 주님이 "무엇을 하여 주기를 원하느냐?"고 물으실 때 망설임 없이 "선생님이여, 보기를 원하나이다."(마가 10:51)고 말씀드릴 수 있는 간절한 단 한 가지의 소원을 주옵소서! 그리고 그 소원을 들어주옵소서!

여리고의 맹인은 부르짖었고 당연히 부르짖음이 주님께 들렸습니다. 주님은 가시던 길을 멈춰 서서 제자들에게 그를 데려오라고 하셨습니다. 주님께 갔을 때 "무엇을 하여 주기를 원하느냐?"고 물으셨고, 맹인은 주저함도 없이 "주여 보기를 원하나이다."고 했습니다. 그리고 눈을 떴습니다. 오늘 "네 소원이 무엇이냐?"는 질문에 소원을 외치고 응답받게 하옵소서!

저희 기도의 응답이신 예수님의 이름으로 기도드립니다. 아멘!

6. 기도 생활을 위한 기도

골방기도 / 기도 생활

언제든지 시간 되면 기도하게 하옵소서!

"새벽 아직도 밝기 전에 예수께서 일어나 나가 한적한 곳으로 가사 거기서 기도하
시더니 시몬과 및 그와 함께 있는 자들이 예수의 뒤를 따라가 만나서 이르되 모든
사람이 주를 찾나이다." (마가 1:35-37)

사랑의 하나님 아버지! 성도들이 땅에서 가장 많이 하는 일이 '기도'입니
다. 그럼에도 제일 부족한 것이 기도요, 가장 잘 아는 것이 기도인데 가장
모르는 것도 '기도'입니다. 하나님! 저희가 언제, 어떻게, 어떤 기도를 해야
할지 모르는 캄캄한 상황에서 주님께서 저희를 위하여 언제, 어디서, 왜,
어떻게 기도하시는가를 보이셨으니 주님을 배우게 하옵소서!

예수님은 새벽 미명에, 아직 동이 트기도 전에 한적한 곳에서 기도하셨습
니다. (마가 1:35) 새벽에 일어나 기도하는 것은 밤새 잠을 못 이루시고, 다
가오는 부담감, 너무나 힘겨운 사역, 불편한 환경들이 새벽에 예수님을 자
리에서 일어나 한적한 곳에 가서 기도하게 하셨습니다. 저희가 만나는 국
내외 위기상황, 불안한 '정치적 상황'을 위해 기도하게 하시옵소서!

하루가 지나면 무사히 보낸 일로 고마움의 기도를 드리고, 밤에는 다시 이
튿날 만나게 될 낯선 문제들을 위하여 기도하게 하옵소서! 오늘을 승리하

게 하신 하나님! 내일도 승리하게 하옵소서! 예수님은 오병이어(五餠二魚)의 기적을 있던 '벳새다' 광야에서 기도하기 위하여 광야에서 다시 산으로 올라가셨고, 거기서 기도하시다가 빠져가는 '베드로'를 보셨습니다.

큰 성공을 거둔 후 자만에 빠져 있으면 자기 파멸의 길이지만, 다시 겸손히 하나님의 도우심을 구하는 기도의 자리에 들면 또 다른 위기를 극복하는 지혜와 능력을 주심을 믿습니다. 저희도 하루를 끝내고 잠자리에 들기 전 다시 기도함으로 새로운 날을 준비하게 하옵소서! 사역을 위하여 중요한 일이 있을 때는 밤을 새워 기도하는 지혜를 허락하시옵소서!

"이때 예수께서 기도하시러 산으로 가사 밤이 새도록 하나님께 기도하시고, 밝으매 그 제자들을 부르사 그중에서 열둘을 택하여 사도라 칭하셨다."(누가 6:12-13)고 했으니 임원들을 세우거나 교회 공동체의 중요한 의사결정을 할 때는 철야 하게 하옵소서! 어떤 일을 시작하기 전에는 예수님처럼 금식하며 기도하고 사역을 준비하게 하옵소서! (누가 4:1-2)

예수님께서 기적을 행하시기 전에 기도하셨듯이(요한 6:11), 저희도 일상이 늘 기도로 진행되게 하시고, 예수님께서 사역의 중요한 순간마다 기도처 '겟세마네' 동산에 올라 핏방울을 쏟아 내리듯 땀을 쏟으며 기도하셨으니, 저희도 인생이 중요한 고비를 만날 때 하나님께 피를 토하는 기도를 드리게 하옵소서! 기도에 이끌려 인생을 기도로 승리하게 하옵소서!

기도의 모범을 보여주신 예수님의 이름으로 기도드립니다. 아멘!

6. 기도 생활을 위한 기도

골방기도 / 기도 생활

예수님처럼 살고 싶을 때 드리는 기도! (63)

사람에게 보이는 기도를 하지 않게 하옵소서!

"너희는 기도할 때에 외식하는 자와 같이 하지 말라 그들은 사람에게 보이려고 회당과 큰 거리 어귀에 서서 기도하기를 좋아하느니라 내가 진실로 너희에게 이르노니 그들은 자기 상을 이미 받았느니라." (마태 6:5)

오늘도 하나님 앞에 기도를 드리고, 기도의 능력으로 살게 하시니 고맙습니다. 이뿐만 아니라 기도의 호흡을 통해 영적인 생명을 유지하고 하나님과 연결된 삶을 살게 하시니 고맙습니다. 그리고 기도 생활은 하나님과의 친밀도이자 영적인 수준으로 측정되면서 사람들에게 보이는 기도로 평가되고 있습니다. 그래서 사람들은 자신이 '기도자'로 남고 싶어 합니다.

그런데 이 기도를 자신과 하나님 사이의 영적 관계성 외에, 사람들 앞에 자신의 영적 상태를 보이기 위하여 기도하려고 생각을 하고 있음이 안타깝습니다. 언제 어디서나 하나님과 교제하고 있음은 마땅히 기도 시간에 있는 곳에서 기도하면 되지, 굳이 기도 시간이 되어 사람들이 많은 시내로 나올 일이 있겠습니까? 지금도 이런 일이 많이 일어나고 있습니다.

기도는 우리 자신과 하나님과 보이지 않는 관계를 증명하는 것이면 족하지, 기도한다고 얼굴을 상하게 하고, 금식한다고 초췌한 모습으로 보인다는 것은 모두 거짓 모습이지요. 하나님께서 정직하지 못한 저희 모습을 용서해 주시고 진실하신 하나님을 온전히 섬기는 저희가 되게 하옵소서! 하나님의 사랑에 중심으로 감동하고 진심으로 감사하게 하옵소서!

금식을 하면 때로 얼굴이 야위고 힘든 기색이 보이지만, 이는 영양 공급이 중단되어 어쩔 수 없이 생기는 현상입니다. 금식할 때에 '금식 중!' 이라며 슬픈 기색을 보이는 것은 어리석은 모습입니다. 주님은 말씀하기를 "진실로 너희에게 이르노니 그들은 자기상을 이미 받았느니라." (마태 6:16)고 하셨으니 하나님께서 응답하시는 진실한 기도가 되게 하시옵소서!

오히려 "금식할 때에 머리에 기름을 바르고 얼굴을 씻어라."(마태 6:17)고 하실 만큼 세상에는 철저히 저희의 영적인 내면의 모습은 노출하지 말고, 하나님께만 보이라고 하십니다. 즉, 이는 "금식하는 자로 사람에게 보이지 않고 오직 은밀한 중에 계신 네 아버지께 보이게 하려 함이라. 은밀한 중에 보시는 네 아버지께서 갚으시리라."(마태 6:18)고 하십니다.

하나님! 세상이 온통 사람들에게 보이기 위해 자기를 꾸미는 일로 혈안이 되어있을지라도, 오직 저희는 주님 앞에만 저희를 보이게 하옵소서! 모든 이들이 외식, 위선으로 자기를 꾸미고 있을 때도 저희는 정직하고 진실한 하나님의 자녀가 되게 하옵소서! 언제나 하나님만 바라고, 하나님께만 보이게 하옵소서! 진실하신 하나님께만 사랑받고 인정받게 하옵소서!

저희의 중심을 보시는 예수님의 이름으로 기도드립니다. 아멘!

6. 기도 생활을 위한 기도

골방기도 / 기도 생활

예수님처럼 살고 싶을 때 드리는 기도! (84)

미래를 장담하지 말고 기도하게 하옵소서!

> "그가 말하되 주여 내가 주와 함께 옥에도, 죽는 데에도 가기를 각오하였나이다 이르시되 베드로야 내가 네게 말하노니 오늘 닭 울기 전에 네가 세 번 나를 모른다고 부인하리라 하시니라."
>
> (누가 22:33-34)

하나님! 저희 인생사에 하나도 저희 것이 없도록 모두 감추어 아무도 모르게 하심은 인생을 향하신 큰 축복인 줄 믿습니다. 지난 과거의 영광을 잊지 못하면, 매일 그 영광에 취해서 오만방자하게 살 인생들을 위해 지워 주셔서 고맙습니다. 만일 과거의 고난, 모함, 배신, 억울하고 분한 일을 모두 잊지 못하고 산다면 우리는 피가 말라 죽을지도 모릅니다.

더 고마운 일은 하나님께서 저희를 언제 불러 가실지 장래에 무슨 일이 있을지 모르게 하심이 고맙습니다. "100세까지 살게 해 줄게!" 가르쳐 주시면 괜찮을 것 같지만, 지금 우리나라에 사는 100세 이상 팔천 명은 몇 년 전부터 불안하거나 답답하거나 긴장해서 못 살 것입니다. 폭삭 망해 거지가 될 것도 부자가 될 것도 비밀로 해 주심이 참 고맙습니다.

하나님! 따라서 오늘이라고 주신 시간에, 지금 있는 자리에서 최선을 다해 성실하게 살면 지난 영광은 유지될 것이고, 지난 수치는 가려질 것이기에 고맙습니다. 또 오늘 최선을 다하면 훗날에 저희가 사람들에게 선한 영향력을 미치는 귀감이 되는 인물이 되도록 운명과 팔자를 초월하여 바꾸어 주실 것이라고 믿고 하루하루 최선을 다하게 하시니 고맙습니다.

따라서 하나님께서 저희에게 주신 마음은 "내일 일을 염려하지 말고, 내일은 내일이 염려하게 하고 오늘에 충실해라!"(마태 6:34)고 말씀하시고 "내일 일을 자랑하지 말 것은 하루 동안에 무슨 일이 일어날지 네가 알 수 없음이라."(잠언 27:1)는 것입니다. "내일 일을 너희가 알지 못한다. 너희 생명은 잠깐 보이다 없어지는 안개니라."(야고 4:14)고 하십니다.

주님께서 그날 밤에 "베드로야 내가 네게 말하노니 오늘 닭 울기 전에 네가 세 번 나를 모른다고 부인하리라." (누가 22:34)고 하셨고, 장담하던 베드로는 맹세하고 저주하면서까지 세 번이나 부인하고 나서, 비로소 주님의 눈과 마주칠 때, 오늘 닭 울기 전에 네가 세 번 나를 부인하리라는 말씀이 생각나서 밖에 나가서 심히 통곡했습니다. (누가 22:61-62)

우리는 주님의 말씀처럼 하루하루 기도하면서, 다가올 시험이 이기거나 피할 길을 찾겠습니다. 그날 밤 주님께서 세 번이나 제자들을 찾아오셔서 "어찌하여 자느냐. 시험에 들지 않게 일어나 기도하라!"(누가 22:46)고 하실 때 육신은 피곤하겠지만, 기도했으면 어땠을까 생각합니다. 저희도 마음이 슬프고 아프고 낙심될 때 기도로 미래를 준비하게 하옵소서!

저희의 영원한 주인이신 예수님의 이름으로 기도드립니다. 아멘!

골방기도 / 기도 생활

고도로 정제된 언어로 기도하게 하옵소서!

> "또 기도할 때에 이방인과 같이 중언부언하지 말라 그들은 말을 많이 하여야 들으
> 실 줄 생각하느니라. 그러므로 그들을 본받지 말라. 구하기 전에 너희에게 있어야
> 할 것을 하나님 너희 아버지께서 아시느니라."　　　　　　　　　　(마태 6:7-8)

사랑의 하나님! 하나님은 저희가 '아빠!', 혹은 '아버지!'라고 부르면서 너무
하나님 앞에 격의 없이 기도하던 때도 있음을 고백합니다. 너무 '부르짖으
라, 혹은 구하라'는 말이 하나님께 억지를 부리고 떼를 쓰라는 것으로 오해
한 적도 있었습니다. 그럴 때마다 우리의 언어나 그 언어를 쓰도록 한 마
음 자세나 관습들이 하나님 앞에 천박했음을 인정합니다.

또 오랜 세월동안, 하나님 앞에 기도 할 때는 눈을 감고 기도해야 한다고
배웠습니다. 세상 사물과 사람들을 보는 동안 영성이 흐려지지 않고 기도
에 집중하기 위해 눈을 감고, 아무도 안 보이는 곳에서 하나님만 보려 애
쓰는 본디 의도는 모두 사라진 채, 기도는 눈 감고 해야 한다는 생각만 남
게 되었습니다. 무지한 저희가 신앙적 실수를 용서해 주옵소서!

책을 쓰고 읽듯이 정성껏 하나님 앞에서 드릴 기도문을 쓰고, 그 기도문을
한자도 흐트러짐 없이 읽으려는 하나님 앞에서의 긴장감 없이 눈 감고 생

각나는 대로 중언부언했던 것을 용서해 주옵소서! 기도는 길어야 잘 하는 줄 알고 할 말이 없으면 '아버지!', '참말로', '그러므로'만 계속하며 한 말 또 하고, 같은 기도를 반복하던 어리석음도 있었음을 고백합니다.

이제 하나님은 저희가 이방인들같이 중언부언(重言復言)하지 않게 하시고, 많이 이야기해야 들으시는 하나님이 아니신 것을 알게 하시니 고맙습니다! 하나님은 이미 저희들이 기도하기 전에, 우리에게 있어야 할 것을 아신다고 하셨으니, (마태 6:7-8) 저희가 기도하여 얻은 것을 확신하도록 간결하게 정리, 정제, 절제된 언어로 필요한 기도를 드리게 하옵소서!

혼자 밤을 새워 기도할 때는 시시콜콜한 문제까지, 밤새 기도했는데도 아쉬우면 다시 고할지라도, 공적인 예배의 대표기도는 예배의 성격과 회중들의 진실한 바람을 위하여 기도하고, 그날 예배를 위하여 예배를 이끌 인도자 혹은 설교자를 위하여 잘 정제된 언어로 기도하게 하옵소서! 중언부언하고 횡설수설하여 하나님 싫어하시는 기도 하지 않게 하옵소서!

나라의 대통령이나 그룹 회장에게 설명하더라도 오랫동안 자료를 모으고, 준비하고, 연습도 하는데, 하물며 만왕의 왕이신 하나님, 이미 우리의 모든 필요를 아시는 하나님께 기도드리는데 준비가 하나도 안 된 채 앞뒤도 없고 서론 본론도 없는 무질서한 기도가 아니라, 잘 정제된 언어, 간결한 언어, 절제된 언어, 성별된 언어로 기도하게 하옵소서!

저희의 필요를 모두 아시는 예수님의 이름으로 기도드립니다. 아멘!

6. 기도 생활을 위한 기도

골방기도 / 기도 생활

예수님처럼 살고 싶을 때 드리는 기도! (89)

마음에 근심이나 두려워하지 않게 하옵소서!

"평안을 너희에게 끼치노니 곧 나의 평안을 너희에게 주노라 내가 너희에게 주는
것은 세상이 주는 것과 같지 아니하니라 너희는 마음에 근심하지도 말고 두려워하
지도 말라."
(요한 14:27)

하나님! "지극히 높은 곳에서는 하나님께 영광이요 땅에서는 하나님이 기
뻐하신 사람들 중에 평화로다." (누가 2:14) 이 노래는 하나님의 아들 예수님
께서 세상에 오실 때 천군 천사들이 하나님을 찬양하며 드린 노래입니다.
예수님을 세상에 '평화의 왕'으로 주시니 너무 고맙습니다. 예수님이 세상
에 오시며 세상은 '평화의 나라'가 될 것을 예언하셨습니다.

예수님께서 제자들을 세상에 보내실 때에 "또 그 집에 들어가면서 평안하
기를 빌라."(마태 10:12)고 하셨습니다. 그러니까 예수님은 평화의 왕으로
오셔서 제자들을 평화의 왕으로 보내십니다. 예수님은 이 땅에 오셔서 많
은 질병을 고치고 귀신을 쫓아내 주실 때에 궁극적인 목적은 그들에게 평
화를 주시기 원하시는 것입니다. 언제나 주님의 목적은 평안입니다.

열두 해 혈루를 앓던 여인이 여러 가지 연유로 차마 주님 앞으로 나아가지
못하고 뒤로 가서 주님의 옷을 만졌습니다. 이것을 아신 주님께서 손을 댄

자를 찾으실 때 여인이 두려워하여 떨며 와서 그 앞에 엎드려 모든 사실을 여쭈니 주님께서 "딸아 네 믿음이 너를 구원하였으니 평안히 가라 네 병에서 놓여 건강할지어다."(마가 5:34)며 그를 보냈습니다.

'베다니'에서 식사하시던 예수님의 뒤로 와서 발 곁에 서서 울며 눈물로 발을 적시고 머리털로 닦고 발에 입 맞추고 향유를 부을 때 두려움에 떨던 여인에게 주님은 "네 죄 사함을 받았느니라!"고 하시고, 여자에게 "네 믿음이 너를 구원하였으니 평안히 가라."(누가 7:50)고 하셨습니다. 모두 죄 때문에 평안이 깨지고 불안에 사로잡힌 이들에게 하신 말씀입니다.

이제 예수님께서 아예 먼 곳으로 떠나실 것을 짐작한 제자들이 두려워하고 있을 때 주님은 "평안을 너희에게 끼치노니 곧 나의 평안을 너희에게 주노라. 너희에게 주는 것은 세상이 주는 것과 같지 아니하니라. 마음에 근심하지도 말고 두려워하지도 말라."(요한 14:27)고 하셨습니다. 앞으로 어떤 일이 일어나든 미지의 세계에 대한 두려움을 버리라는 것입니다.

예수님은 제자들의 배신, 분산, 잠적을 염두에 두시고 "너희가 다 각각 흩어지고 나를 혼자 둘 때가 벌써 왔도다. 이것을 이르는 것은 내 안에서 평안을 누리게 하려 함이라. 세상에서 환난을 당하나 담대하라! 내가 세상을 이기었노라."(요한 16:32-34) 부활 후에 나타나실 때 "너희에게 평안을!" 하고 선포하셨습니다. 저희에게 그 평안을 갖게 하옵소서!

저희가 평안을 얻기 원하시는 예수님의 이름으로 기도드립니다. 아멘!

골방기도 / 기도 생활

예수님처럼 살고 싶을 때 드리는 기도! (94)

기도하고도 믿지 못하는 자 되지 않게 하옵소서!

"베드로가 대문을 두드린대 로데라 하는 여자 아이가 영접하러 나왔다가 베드로의 음성인 줄 알고 기뻐하여 문을 미처 열지 못하고 달려 들어가 말하되 베드로가 대문 밖에 섰더라 하니 그들이 말하되 네가 미쳤다 하나 여자 아이는 힘써 말하되 참말이라 하니 그들이 말하되 그러면 그의 천사라 하더라." (사도 12:13-15)

사랑이신 하나님! 모든 이들이 기도하지만, 이 땅의 성도들은 기도 응답을 보고도 계속 기도하는 이도 있고, 기도 응답이 되었음을 보고도 믿지 못하는 이도 있습니다. 그래서 구하라, 찾으라, 두드리라고 말씀하셨는지 모릅니다.(마태 7:7) 그래서 '엘리야'는 사환에게 기도의 응답이 있는지 계속 확인했는지 모릅니다. 처음 '예루살렘'의 신앙공동체가 그랬습니다.

주님의 부활승천 이후에 강력한 오순절 성령강림의 역사를 경험하고, 성령님 역사의 맞은편에는 이 역사를 훼방하는 반대 세력들이 있었습니다. 예로 '헤롯'은 열두 사도 중에 신실한 '야고보'를 죽였습니다. 사도의 일원인 야고보를 처단하자 유대인들이 무척 좋아합니다. 이걸 본 헤롯은 '베드로'도 처형하려고 붙잡았고, 무교절 기간이라 우선 가두어 두었습니다.

열여섯 명의 군인들이 든든히 지키고 유월절만 지나면 꺼내서 죽일 판입니다. 수족이 결박당한 채 갇혀있는 베드로는 죽은 목숨이었고, 온 교회는 하나님께 다급히 그의 석방을 위해 믿음으로 기도했습니다. 교회가 생사의 기로에 있습니다. 하나님께서는 그들의 기도를 들으시고, '헤롯'이 꺼내려는 전날, 사슬에 매인 베드로를 군인들 틈에서 꺼내 주십니다.

밖에도 군인들이 보초를 서고 있는데 홀연히 하나님의 사자가 베드로의 옆구리를 쳐 일어나라고 하자, 손에서 쇠사슬이 벗겨집니다. 천사가 띠를 매고 신을 신으라 하고, 겉옷을 입고 따라오라고 합니다. '베드로'는 환상을 보는 줄 알고 따라갑니다. 몇 군데의 초소를 지나 시내로 나가는 마지막 철문이 열리고 나오니 천사는 사라지고 베드로는 상황을 파악합니다.

그는 '마가 요한'의 어머니 '마리아'의 집으로 갔는데, 거기는 그의 석방을 놓고 기도하는 곳입니다. 급히 문을 두드리니 '로데'라는 여자 아이가 베드로의 음성인 줄 알고 너무 기뻐 문을 미처 열지 못하고 "베드로가 문 밖에 섰다."고 하자, "네가 미쳤냐?"고 하고 "참말이라!"고 하니 "그의 천사라!"고 합니다. 계속 문을 두드리자 열어 베드로를 보고는 놀랍니다.

베드로는 자초지종을 말하고 다른 곳으로 갑니다. 날이 새고 '베드로'의 탈옥을 안 '헤롯'은 간수들을 심문, 처형하면서 일은 끝났지만, 오늘도 성도들은 이같이 기도 응답된 현장에 있으면서 응답을 믿지 못하고, 자신에게 임한 응답도 모른 채 지나갑니다. 이런 우둔한 믿음에서 기도만큼 응답에 예민하게 하시고, 구했으면 받은 줄 믿고 응답을 찾게 하옵소서!

저희 온전한 응답 되시는 예수님의 이름으로 기도드립니다. 아멘!

골방기도 / 기도 생활

예수님처럼 살고 싶을 때 드리는 기도! (108)

합심 기도의 힘이 얼마나 큰지 알게 하옵소서!

> "진실로 다시 너희에게 이르노니 너희 중의 두 사람이 땅에서 합심하여 무엇이든
> 지 구하면 하늘에 계신 내 아버지께서 그들을 위하여 이루게 하시리라. 두세 사람
> 이 내 이름으로 모인 곳에는 나도 그들 중에 있느니라."
>
> (마태 18:19-20)

하나님! 세상에서 가장 강력한 힘은 기도의 힘입니다. 관용어가 되어버린 "기도는 만사를 변화시킨다."는 말은 이미 상식이 되었습니다. 기도의 힘이 세상에서 가장 강력할 수밖에 없는 이유는 기도를 들으시는 분은 세상의 절대자이신 하나님이기 때문입니다. 상식적으로 세상을 보아도 통반장보다는 읍면동장의 힘이 세고 그들보다는 시장, 군수의 힘이 더 셉니다.

그보다는 광역자치단체장의 힘이 세고, 그들보다는 대통령의 힘이 더 셉니다. 그런데 한 나라의 최고 지도자와는 비교가 안 되는, 세계와 그 중에 있는 나라들을 세우기도 하고, 많은 왕과 지도자를 세우고 폐하시는 하나님의 권세는 세상에 당할 자가 없는 것을 압니다. 따라서 전능하신 하나님께 저희의 문제를 신원(伸寃)하는 '기도'는 가장 강력한 힘입니다.

주님은 "무엇이든지 너희가 땅에서 매면 하늘에서도 매일 것이요 무엇이든지 땅에서 풀면 하늘에서도 풀리리라."(마태 18:18)고 하시고, "진실로 너

희에게 이르노니 너희 중의 두 사람이 땅에서 합심하여 무엇이든지 구하면 하늘에 계신 내 아버지께서 그들을 위하여 이루게 하시리라."고 하셨습니다. 우리가 땅에서 기도하는 것은 다 이루어 주신다는 것입니다.

더욱이 놀라운 것은 "두세 사람이 내 이름으로 모인 곳에는 나도 그들 중에 있다."(마태 18:20)는 것입니다. 적어도 우리가 두세 사람이라도 하나님 앞에 예배나 기도를 위하여 함께하면 하나님은 그곳에 저희와 함께 계신다는 것입니다. 기도하는 동안 하나님께서 저희들의 진영에 함께 하시는 무서운 진(陣)이 된다는 것은 놀라운 약속이 아닐 수 없습니다.

두 사람이 힘을 모아 기도하면 주님은 저희 기도를 위하여 응답의 은혜를 더하신다는 것입니다. '합심 기도'나 '협력기도'가 이렇게 엄청난 힘을 공급하는 파괴력이 있습니다. 주님께 기도드리려고 두세 사람이 모여 있으면, 이미 그 기도는 응답이 된 것입니다. 이미 강력한 주님께서 우리와 함께 그곳에 계시기 때문입니다. 이렇게 무서운 약속이 어디 있겠습니까!

하나님은 우리의 약속이십니다. 하나님은 우리의 능력이십니다. 우리의 응답이십니다. 땅에서 합심하여 기도하고, 합심하여 구하면 그곳에 하나님께서 능력을 보태신다는 것입니다. 하나님은 지금도 저희의 기도를 들어주시려고 기다리고 계십니다. 지금도 이런 기적 같은 은혜를 경험하는 저희들이 되게 하옵소서! 이 땅의 기도가 하늘에서 응답 되게 하시옵소서!

지금도 저희의 응답 되시는 예수님의 이름으로 기도드립니다. 아멘!

골방기도 / 기도 생활

예수님처럼 살고 싶을 때 드리는 기도! (121)

'믿음'을 위하여 주님께 기도드리게 하옵소서!

"예수께서 이르시되 할 수 있거든이 무슨 말이냐 믿는 자에게는 능히 하지 못할 일이 없느니라 하시니 곧 그 아이의 아버지가 소리를 질러 이르되 내가 믿나이다 나의 믿음 없는 것을 도와주소서 하더라."　　　　　　　　　　　(마가 9:23-24)

'믿음의 주'요, '온전케 하시는' 예수님! 오늘 신비한 하나님의 선물인 '믿음'을 위하여 기도합니다. 누구나 마찬가지겠지만 세상에서 많은 재물보다 믿음의 부자가 되기 원합니다. 많은 능력보다 믿음의 능력을 구합니다. 많은 은사보다 믿음의 은사를 구합니다. 온전한 믿음이 있으면 산을 명하여 바다에 빠져라 하여도 던져질 것이라 하셨는데 이런 믿음을 주옵소서!

"믿음은 세상 모든 이들의 것이 아니라."(살후 3:2)고 했습니다. 모든 이들의 것이 아니라, 특별히 사랑하는 이에게 성령님을 통해 믿음의 선물을 주신 것이 감동입니다. "다른 사람에게는 같은 성령으로 믿음을(고전 12:9)"주신 그 대상이 저희가 되었는데, 이 믿음은 기적을 볼 수 있는 창(窓)이기에 고맙고, 기왕이면 이 믿음의 창이 크게 하시옵소서!

어떤 귀신들린 아이를 둔 아버지가 어려서부터 물과 불에 뛰어드는 아들을 두고 평생 아픈 마음으로 살다가 주님 앞에 고쳐달라고 왔을 때, 하필이면 주님은 산에 기도하러 가셨습니다. 제자들이 모여 별별 방법으로 귀신을 쫓아내려고 했으나 결국 실패하고, 주님께서 도착하셨을 때 "할 수만 있다면 고쳐 달라!"고 했다가, 믿음 없음에 대해 책망을 받습니다.

"할 수 있거든 이 무슨 말이냐? 믿는 자에게는 능히 하지 못할 일이 없느니라."고 하실 때 아이의 아버지가 "내가 믿나이다. 나의 믿음 없는 것을 도와주소서!"했고, 그 믿음 없음에 대한 고백과 즉각적인 순종에 감동하신 주님께서 그의 평생기도를 들어주신 것을 봅니다. 하나님! 저희에게도 이런 기적을 보게 하옵소서! 저희에게 기적을 보는 믿음을 주옵소서!

수많은 이들이 몰려올 때 "말 못하고 못 듣는 귀신아! 내가 네게 명하노니 그 아이에게서 나오고 다시 들어가지 말라!"고 하시자, 귀신이 소리 지르며 아이로 심히 경련을 일으키게 하고 나갔고, 죽은 것같이 보이던 아이는 살아납니다. 믿음 없는 것에 대한 회개와 용서를 구하는 순수한 믿음을 보시고 소원을 들어주셨는데 저희도 이런 기적을 보게 하옵소서!

사랑하는 하나님! 저희에게 믿음을 주옵소서! 믿음의 은사를 차고 넘치게 부어 주셔서 큰 믿음의 사람이 되게 하시고, 위대한 하나님의 일하심을 믿음으로 경험하게 하옵소서! 진실하신 하나님께서 오늘 저희 속에 있는 숨도 쉬지 못하는 죽은 믿음, 작은 기적도 못 믿는 작은 믿음이 아니라, 주님이 만족해하실만한 기적을 보는 아름다운 믿음을 주시옵소서!

믿음의 주요 온전케 하시는 예수님의 이름으로 기도합니다. 아멘!

골방기도 / 기도 생활

예수님처럼 살고 싶을 때 드리는 기도! (122)

피곤을 감당할 수 없을 때 기도하게 하옵소서!

"자기 자신은 광야로 들어가 하룻길쯤 가서 한 로뎀 나무 아래에 앉아서 자기가 죽기를 원하여 이르되 여호와여 넉넉하오니 지금 내 생명을 거두시옵소서 나는 내 조상들보다 낫지 못하니이다 하고." (왕상 19:4)

사람이 살다 보면 육체적인 피로도 있고, 정신적 피로감을 느낄 때도 많습니다. 매일 저희의 몸과 마음을 힘들고 외롭게 하는 것들로부터 저희를 지켜 주옵소서! 육체가 힘들고 정신이 피폐해질 때에, 하나님께서 저희를 위로하여 힘을 주옵소서! 언제나 하나님께서 '엘리야'에게 까마귀를 동원하여 먹을 것을 공급해 주시듯이, 먹을 양식도 제공하여 주시옵소서!

육체적으로 힘들고 피곤한 때에, 새 힘을 얻을 수 있게 하시옵소서! '엘리야'를 주림의 고통에서는 자유를 주셨지만, 여전히 두려움에 사로잡혀 있을 때 "그러나 내가 이스라엘 가운데에 칠천 명을 남기리니, 다 '바알'에게 무릎을 꿇지 아니하고 '바알'에게 입 맞추지 아니한 자니라."(왕상 19:18)고 격려와 위로의 말씀으로 저희의 두려움을 제거하여 주옵소서!

자신의 선지자 850명을 한순간 잃어버리고 나서 분개한 왕후 '이세벨'이 '엘리야'를 죽이겠다고 협박했을 때, 겁에 질린 그가 이 형편을 보고 일어나 자기의 생명을 위해 도망하여 '유다'의 '브엘세바'에 이르러 자기 사환을 그 곳에 머물게 하고 자신은 광야로 들어가 하룻길쯤 가서 한 로뎀 나무 아래에 앉아 자신을 죽여주기 원했던 적이 있습니다. (왕하 19:1-4)

그러나 하나님은 그를 잠들게 하시고, 어루만지며 "일어나 먹으라!"고 하십니다. 머리맡에 숯불에 구운 떡과 물이 있어서 먹고 마시고 다시 누웠을 때, 천사가 다시 와서 어루만지며 "일어나 먹으라 네가 갈 길을 더 못갈까 하노라!" 하여, 일어나 먹고 마시고 그 음식물의 힘을 의지하여 사십 주 사십 야를 가서 하나님의 산 '호렙'에 이릅니다. (왕상 19:5-8)

'호렙'산에 도착한 '엘리야'에게 "너는 나가서 야훼 앞에서 산에 서라!"고 하시더니 야훼께서 크고 강한 바람이 산을 가르고 바위를 부수나 계시지 아니하며, 바람 후에 지진이 있으나 그곳에도 계시지 아니하며, 지진 후에 불이 있으나 불 가운데에도 계시지 아니하더니, 마침내 그 후에 세미한 음성이 "어찌하여 여기 있느냐?"고 하십니다. (왕상 19:9-13)

상황을 고발하는 '엘리야'에게 하나님은 "'하사엘'을 '아람'의 왕으로, '님시'의 아들 '예후'는 '이스라엘'의 왕으로, '사밧'의 아들 '엘리사'는 너를 대신한 선지자로 세우라!"는 사명을 주십니다. 그길로 '엘리야'는 그 사명을 감당했습니다. 하나님! 저희가 상심하고 지쳐있을 때 저희에게 사명에 대해 눈을 뜨고, 새로운 사명을 감당하며 회복의 은혜를 입게 하옵소서!

저희를 다시 회복시켜 주시는 예수님의 이름으로 기도합니다. 아멘!

골방기도 / 기도 생활

예수님처럼 살고 싶을 때 드리는 기도! (131)

쓸데없는 염려에서 자유롭게 하옵소서!

"오늘 있다가 내일 아궁이에 던져지는 들풀도 하나님이 이렇게 입히시거든 하물
며 너희일까 보냐. 믿음이 작은 자들아." (누가 12:28)

사랑의 하나님! 고맙습니다. 오늘도 저희는 땅에 살면서 수많은 염려와 근심 속에 삽니다. 크고 작은 염려들, 먹고 마시며 입고 사는 염려, 육체의 질병에 대한 염려 등, 수를 헤아릴 수 없습니다. 그중에는 염려해서 해결될 염려는 하나도 없고, 염려함으로 풀릴 문제가 하나도 없고, 염려의 유익이 있는 게 하나도 없는 아침부터 저녁까지 온갖 염려만 합니다.

키 작은 사람이 작은 키에 대한 염려를 종일 하고 있어도, 키를 한 치도 크게 할 수 없습니다. 인간의 한계 너머에 계신 주님은 저희에게 쓸데없는 염려를 버리라고 하셨습니다. "아무것도 아닌 존재로 들에 서 있는 백합화를 보면, 그들은 실도 안 만들고 옷감도 짜지 않는데 솔로몬의 영광보다 뛰어난 것으로 입히시는데, 왜 그렇게 염려하느냐?"고 하십니다.

하나님! 저희 미련한 인생에게 깨달음을 주시려고 "까마귀를 생각하라. 심지도 거두지도 않고, 골방도 창고도 없으되 하나님께서 잘 기르시는데, 너희는 새보다 얼마나 귀하냐?"(누가 12:27)고 하십니다. 산에서 크는 일년생

들풀부터 수십, 수백 년 된 나무들이 거름이 없어 시들어 죽거나, 가뭄이 들어 말라 죽지 않습니다. 신기하게 모두 잘 자라게 하십니다.

.

산에 서 있는 나무 하나, 들에 피어있는 백합화 한 송이, 공중에 다니는 새 한 마리, 모두 하나님께서 먹이시고 입히시는데, 인생들은 그보다 귀한 존재인데 굶어 죽게 하거나 헐벗어 죽게 하지 않으실 터이니, 무엇을 먹고 마실 것인가 대하여 염려하지 말라고 하셨습니다. 저희를 먹이고 입혀주신다고 하셨으니 저희에게 주님의 약속을 믿는 믿음을 주옵소서!

그럼에도 우리는 여전히 하나님에 대한 '작은 믿음'과, 먹고 사는 일에 대한 '큰 염려'가 충돌하여 번번이 삶이 무너지고 믿음이 손상을 입습니다. 하나님께서 저희를 사랑하셔서 친절한 해설과 주석까지 하시며 제발 염려하지 말라고 하시지만, 저희 마음은 이미 두 쪽이 나서 믿음이 아니라 염려 쪽에 있습니다. 염려의 자리에서 믿음의 자리로 옮겨 주시옵소서!

"너희는 무엇을 먹을까 무엇을 마실까 하여 구하지 말며, 근심하지도 말라. 이 모든 것은 세상 백성들이 구하는 것이라. 너희 아버지께서는 이런 것이 너희에게 있어야 할 것을 아시느니라."(누가 12:30)고 하셨고, 우리는 "다만 너희는 하나님의 나라를 구하라. 그리하면 이런 것들을 너희에게 더하시리라."고 말씀하심을 믿고, 하나님의 나라를 구하게 하옵소서!

저희의 필요를 알고 계시는 예수님의 이름으로 기도드립니다. 아멘!

6. 기도 생활을 위한 기도

골방기도 / 기도 생활

예수님처럼 살고 싶을 때 드리는 기도! (201)

기도를 계속하고 감사로 깨어있게 하옵소서!

> "기도를 계속하고 기도에 감사함으로 깨어 있으라. 또한 우리를 위하여 기도하되
> 하나님이 전도할 문을 우리에게 열어주사 그리스도의 비밀을 말하게 하시기를 구
> 하라. 내가 이 일 때문에 매임을 당하였노라." (골로 4:2-3)

사랑의 하나님! 그리스도인들이 늘 쉬지 않고 해야 하는 일은 "쉬지 말고
기도하라!"(살전 5:17) 하신 것처럼 쉬지 않고 기도하는 것입니다. 기도를 쉼
없이 하는 동안 하나님과 깊은 사귐이 있을 것이고, 기도를 계속하여 기도
에 깨어있는 동안, 먹고 사는 염려에서 벗어날 수 있음을 믿습니다. 기도
가 잠들지 않는 한 영혼은 깨어있을 수 있기 때문입니다.

특히 기도자에게 가장 중요한 것은 전도자를 위해 기도하는 것인 줄 알고
복음을 증거하는 선교사님들이나 복음 전하는 이들의 영적 전쟁을 위한
지원 사역에 최선을 다하게 하옵소서! 기도하는 이들은 아무리 엄청난 기
도사역을 한다고 해도 선교영역에서 복음을 전도하는 이들은 언제나 전방
부대이며 이들 최전선에서 싸우는 이들을 위해 기도하게 하옵소서!

특별히 그들을 위하여 기도하는 구체적 제목은 "그들에게 전도의 문을 열
어 주옵소서! 그리스도의 비밀을 말하게 하옵소서!" 하는 것입니다. 기도

부대, 기도후원자들은 늘 이 전선에서 사느냐 죽느냐 하는 싸움을 하는 것입니다. 지금 한 시간이 얼마나 중요한 시간인지, 적진과 마주 서서 복음을 전하는 이들이 얼마나 위험한지 이들을 위해 기도하게 하옵소서!

지금 사도 '바울'도 복음을 전하기 위하여 전투에 나갔다가 감옥에 갇혀있습니다. 이들에게 가장 절실한 문제는 춥고 더운 날씨나 능력이나 아니라, 목숨을 걸고 복음을 전하는 전도자들의 입을 지켜 담대히 복음을 전하는 것입니다. 그래서 그 일을 기도하는 것입니다. 복음 전하는 이들을 위한 기도는 중요하고, 사도 '바울'은 늘 그 일을 기도 부탁했습니다.

'데살로니가교회'에도 두 번이나 "형제들아 우리를 위하여 기도하라."(살전 5:25)고 기도를 부탁했습니다. '히브리서' 수신자에게도 "우리를 위하여 기도하라"(히브 13:18) 고 부탁했습니다. '에베소교회'에도 "또 나를 위하여 구할 것은 내게 말씀을 주사 나로 입을 열어 복음의 비밀을 담대히 알리게 하옵소서!"(에베 6:19)하라고 절박한 기도를 간절히 요청했습니다.

우리 기도하는 기도자들은 기도를 드릴 때마다 복음 전선의 최전방에서 전투에 임하는 선교사, 복음 전도자를 위해 기도하기를 진심으로 원합니다. 저희들의 기도는 그들에게 실탄과 무기가 되어 적을 무찌르고 하나님의 백성을 살릴 수 있는 무한 응원이 될 것입니다. 기도의 입술을 열었다면, 복음 들고 전선에 나가 있는 이들을 위해 기도하게 하옵소서!

저희에게 기도를 명령하신 예수님의 이름으로 기도드립니다. 아멘!

6. 기도 생활을 위한 기도

골방기도 / 기도 생활

예수님처럼 살고 싶을 때 드리는 기도! (207)

하나님의 뜻대로 하는 근심을 하게 하옵소서!

"하나님의 뜻대로 하는 근심은 후회할 것이 없는 구원에 이르게 하는 회개를 이루는 것이요 세상 근심은 사망을 이루는 것이니라." (고후 7:10)

사랑하는 하나님! 오늘 저희가 이 땅에 살면서 많은 근심과 걱정을 떨치지 못해 어두운 얼굴로 삽니다. 그런데 인생들이 하는 근심과 걱정이란 오직 먹고 사는 문제, 자녀들의 미래에 대한 문제, 돈 벌고 건강한 문제 등 오직 육체적이고 세속적 문제밖에 없습니다. 근심하면서 얼굴이 상하고 마음이 상해도 하나도 해결하지 못하는 연약한 인생들입니다.

그런데 똑같이 근심으로 밤을 새우고, 얼굴이 수척해도 하나님의 뜻대로 하는 근심이 있습니다. 그것은 바로 "후회할 것이 없는 구원에 이르게 하는 회개를 이루는 것입니다." (고후 7:10) 세상의 인생들이 하는 근심은 몸과 마음을 상하게 하고 멸망에 이르게 하는 근심인데, 하나님의 뜻대로 하는 근심은 영혼의 구원에 이르게 하는 회개를 이루는 근심입니다.

사도 바울은 고린도 교회를 개척하여 세우고 그곳을 떠나 있었습니다. 그런데 떠나온 교회에 많은 문제가 생겼습니다. 전해 들은 바에 의하면 여러 파로 나뉘었습니다. "너희가 각각 나는 '바울'에게, 나는 '아볼로'에게, 나는 '게바'에게, 나는 '그리스도'에게 속한 자라고 한다."(고전 1:12)고 책망했습니다. 즉, 교회가 여러 파로 갈라진 분열상을 전해 들었습니다.

또 성도들끼리 문제 해결을 위하여 세상의 법정에 고소하는 사건이 생겨서 천사들도 재판할 성도들이 자신들의 이해관계를 세상 법정에 호소하는 것이 가슴 아팠습니다. 또 우상의 제물을 먹는 문제가 불거져서 먹으면 안되는지 먹어도 되는지 논쟁이 생겼습니다. 또 각양 은사(恩賜) 문제가 생겨 어떤 은사가 더 귀하고 가치 있는지에 대한 논란도 있습니다.

그 밖에도 계모와 사는 음행의 문제를 비롯한 다양한 문제들, 지금 현대교회가 가지고 있는 모든 문제를 이미 이천 년 전 '고린도교회'가 모두 가지고 있었습니다. 이 소식을 들은 사도는 "그리스도 안에서 일만 스승이 있으되 아버지는 많지 아니하니, 그리스도 예수 안에서 내가 복음으로써 너희를 낳았음이라."(고전 4:15)며 부모의 마음으로 교회에 호소합니다.

교회의 문제를 지적하고 처방을 제시하는 바울 사도의 마음에 얼마나 근심이 있었겠습니까! 또 이런 편지를 읽은 그들이 시험에 들면 어쩌나 하는 근심도 있었습니다. 교회를 사랑하는 마음으로 하나님의 뜻대로 하는 근심은 모든 문제를 해결하고 처음엔 후회했으나 지금은 후회하지 않는 회개에 이르렀습니다. (고후 7:9) 저희도 이런 근심을 하게 하옵소서!

교회를 위하여 울며 기도하실 예수님의 이름으로 기도드립니다. 아멘!

6. 기도 생활을 위한 기도

골방기도 / 기도 생활

예수님처럼 살고 싶을 때 드리는 기도! (208)

거절(拒絶)의 응답을 수용하는 믿음을 주옵소서!

"나에게 이르시기를 내 은혜가 네게 족하도다. 이는 내 능력이 약한 데서 온전하여
짐이라 하신지라 그러므로 도리어 크게 기뻐함으로 나의 여러 약한 것들에 대하여
자랑하리니 이는 그리스도의 능력이 내게 머물게 하려 함이라."

(고후 12:9)

사랑의 하나님! 은혜와 사랑이 고맙습니다. 특별히 저희들의 기도 응답에
대한 무수한 약속을 주심이 고맙습니다. 그 약속을 따라 기도하게 하심이
은혜입니다. "구하라 주실 것이라!"(마태 7:7)고 하시고, "밤낮 부르짖는 기
도에 응답하시지 않겠느냐?"(누가 18:7)고 하시고, "내 이름으로 무엇이든지
구하면 내가 다 시행하리라."(요한 14:14)고 말씀하셨습니다.

저희가 그렇게 기도하고, 약속대로 응답하심으로 오늘을 행복하게 살고
있음도 고맙습니다. 그러나 또 다른 편에서는 저희가 기도하여도 얻지 못
하거나 끝내 기도 응답이 이루어지지 않는 경우 앞에도 서게 됩니다. 믿음
으로 기도하던 저희들은 기도 응답이 없고 하나님의 침묵이 계속되는 동
안, 더러는 상심하고 좌절합니다. 그래도 기도하게 하심이 고맙습니다.

그러나 하나님! 땅에서 드리는 모든 기도는 저희의 기도대로 응답하시는
게 아니라 하나님 뜻대로 응답하시는 것을 알게 하옵소서! "그를 향하여

우리가 가진 바 담대함이 이것이니 '그의 뜻대로' 무엇을 구하면 들으심이라. 우리가 무엇이든지 구하는 바를 들으시는 줄을 안즉 우리가 구한 그것을 얻은 줄을 또한 아느니라."(요일 5:14-15)고 하셨습니다.

그래서 예수님도 기도하실 때 "아버지여 만일 아버지의 뜻이거든 이 잔을 내게서 옮기시옵소서! 그러나 내 원대로 마시옵고 아버지의 원대로 되기를 원하나이다."(누가 22:42)고 하셨습니다. 하물며 저희들은 하나님의 뜻을 구해야 하지 않겠습니까! 미련한 인생이 어린아이들 떼쓰듯이 주저앉아 울지 않고 아버지의 뜻을 바라는 성숙한 기도자가 되게 하옵소서!

사도 '바울'의 간증을 보면 "여러 계시를 받은 것이 지극히 크므로 너무 자만하지 않게 하시려고, 육체에 가시 곧 사탄의 사자를 주셨다."(고후 12:7)고 했습니다. 그를 쳐서 자만하지 않게 하려 하심인 것을 아는 사도이지만 고통이 너무 커서, 이것이 떠나가기 위하여 세 번이나 기도했습니다. 그런데 그 때 하나님께서 그에게 거절의 응답을 주셨습니다.

그것은 "내 은혜가 네게 족하도다. 이는 내 능력이 약한 데서 온전하여짐이라."는 것입니다. 그런데 사도는 도리어 크게 기뻐함으로 이 거절을 자랑하는데 "이는 그리스도의 능력이 내게 머물게 하려 함이라."(고후 12:9)는 것입니다. 이런 아름다운 기도, 거절에 대한 행복한 수용이 있게 하옵소서! 저희가 기도하다 거절당했을 때 이런 아름다운 믿음을 주옵소서!

당신의 뜻대로 응답하시는 예수님의 이름으로 기도드립니다. 아멘!

골방기도 / 기도 생활

예수님처럼 살고 싶을 때 드리는 기도! (226)

가장 절실한 하나의 소원을 가지게 하옵소서!

"예수께서 말씀하여 이르시되 네게 무엇을 하여 주기를 원하느냐 맹인이 이르되 선생님이여 보기를 원하나이다. 예수께서 이르시되 가라 네 믿음이 너를 구원하였 느니라 하시니 그가 곧 보게 되어 예수를 길에서 따르니라."

(마가 10:51-52)

하나님! 저희에게 소원(所願)이 있습니다. 이 소원이 '마음에 바라고 원하는 것'이라면 저희들의 마음에도 바라고 원하는 것이 많습니다. 하나님께서 저희의 마음에 아름다운 소원을 주시고, 소원을 위하여 기도하게 하시고, 소원이 이루어지게 하옵소서! 세상에서 저의 마음에 있는 소원을 이룬다면 이보다 좋을 수 없을 터인즉 이것을 주님께서 허락해 주옵소서!

사랑의 하나님! 성경을 읽어보니 주님께로 달려와 자신의 소원을 이룬 이들이 많습니다. 그런데 저희와 다른 것이 있었습니다. 저희에게는 소원이 많습니다. 돈도 많이 있어야 하고, 건강도 해야 하고 자녀들도 잘 돼야 하는 꼭 필요한 소원들이었습니다. 그런데 어느 것 하나 뒤로 미루거나 순서를 바꿀 수 없는 소중한 것이라 모두 성취되기를 기도합니다.

그런데 성경에서 소원을 이루고 싶어 주님께 나아오는 이들을 보면 소원이 하나였습니다. 하나인 소원을 이루어 주시기가 여러 개의 소원보다 더 기쁘셨나요? 저는 소원은 하나라고 믿습니다. 소원이 이루어지면 나머지는 저절로 이루어지고, 하나인 소원 이외에는 모두 욕심처럼 생각됩니다. 하나님 저의 소원도 중요한 하나가 되고 소원을 이루어 주옵소서!

그렇게 부르짖으며 주님께 호소하던 '바디매오'가 제자들이 조용히 하라고 하자 더욱 소리를 질러 부르짖으니 주님은 그를 불러다 "네게 무엇을 하여 주기 원하느냐?"고 물었고, 그는 딱 한 마디 "선생님! 보기를 원하나이다."고 했습니다. 그러자 그에게 축복하시기를 "가라 네 믿음이 너를 구원하였느니라."고 하시고, 그가 곧 보게 되어 예수님을 따르게 됩니다.

'혈루'를 고치고 돌아간 여인은 오직 "그 옷에만 손을 대어도 낫겠다."는 믿음 하나로 예수님의 옷에 손을 대었습니다. 그리고 혈루의 근원이 말랐습니다. 주님께 나아왔던 나환자는 "원하시면 저를 깨끗하게 하실 수 있나이다."고 나올 때 주님은 "내가 원하노니 깨끗함을 받으라!"고 하셨고, 순간 나병에서 깨끗함을 얻어, 단 한 가지의 소원을 이루었습니다.

'베데스다' 연못가에 누워 물이 움직이기를 기다리던 이는, 물이 움직인 후에 먼저 뛰어들어가는 한 가지 소원이 있었습니다. 그리고 그 소원을 하나님이 보셨습니다. 장애를 극복하고 나면, 병에서 놓임을 받고 나면, 세상의 모든 필요는 건강한 몸으로 일하면 다 얻을 수 있습니다. 오직 하나의 소원에 집중하게 하옵소서! 그리고 그 소원을 이루게 하옵소서!

저희의 소원을 들으시는 예수님의 이름으로 기도드립니다. 아멘!

골방기도 / 기도 생활

그의 뜻 대로 구하면 들으심을 믿게 하옵소서!

> "그를 향하여 우리가 가진 바 담대함이 이것이니 그의 뜻대로 무엇을 구하면 들으심이라. 우리가 무엇이든지 구하는 바를 들으시는 줄을 안즉 우리가 그에게 구한 그것을 얻은 줄을 또한 아느니라."　　　　　　　　　　　(요일 5:14-15)

사랑하시는 하나님! 저희가 믿는 기독교는 이 세상의 여타 종교보다 뛰어난, 종교 그 이상의 종교라고 저희가 믿고 삽니다. 하늘의 하나님께서 세상에 오셨다는 종교요, 주님께서 오셔서 저희의 죄를 없애주기 위해 저희가 죽어야 할 죄를 대신해 돌아가신 종교요, 주님께서 부활하시고 우리도 여전히 죽음 이후에 다시 살 것을 믿고 가는 '부활의 종교'입니다.

그러나 기독교가 우월한 것은 인생의 문제를 해결하기 위해 전능하신 하늘의 하나님께 기도할 수 있는 종교요, 저희가 이 땅에서 주님의 이름으로 기도하면 하나님은 들으시고 응답하신다는 종교입니다. 그래서 기독교는 미래의 희망을 품은 기대(期待)교, 이 일을 기뻐하는 기쁨교, 이런 기적 같은 일이 일어나는 기적교요, 아무도 믿지 못할 기막힌 종교입니다.

하나님! 더 놀라운 사실은 이런 일을 이루실 하나님 앞에 우리 개인이 마치 아버지 앞에 말씀드리듯 기도할 수 있다는 '기도교'라는 사실이고 이 기도의 응답은 기다리며 사는 종교입니다. 이 기도하는 바를 들으시는 기준이 있는데, 무엇이든 구하는 대로 다 들으신다면 세상은 아수라장이 되었을 것입니다. 하나님은 저희의 기도를 들으시는 조건을 주셨습니다.

그것은 바로 "가진바 담대함이 이것이니 그의 뜻대로 무엇을 구하면 들으심이라."(요일 5:14)는 것입니다. 하나님! 고맙습니다. "우리가 무엇이든지 구하는 바를 들으시는 줄을 안즉 우리가 그에게 구한 그것을 얻은 줄을 또한 아느니라."(요일 5:15)고 하셨으니, 우리가 기도 응답에 대한 약속을 믿는 담력으로 살겠습니다. 이 담력이 부끄럽지 않게 하시옵소서!

사랑의 하나님! 오늘날 저희 기도는 욕심대로 늘어놓으면 들어주시는 그런 하나님이 아니라, 하나님의 뜻이 무엇인지 분별하고 그 뜻을 따라 기도하면 하나님께서 들어주시는 이 신비를 온몸으로 믿고 사랑하며 기도하게 하옵소서! 날마다 하나님의 뜻을 이루기 위하여 자신의 욕심을 꺾고 아버지의 뜻을 이루어 드리려 몸부림하는 저희가 되게 하시옵소서!

하나님의 뜻에는 관심도 없고, 내 욕심을 채우는 데만 급급하고, 하나님의 뜻 대로 구하는 일에는 소홀하고, 무엇이든지 구하면 들어주신다는 것으로 오해하여 기도하지 않게 하시고, "이 기도를 하나님은 기뻐하실까?", "이 기도는 하나님의 뜻에 맞는 것일까?"를 생각하며 조금 서툴고, 조금 촌스럽더라도 진정 하나님께서 기뻐하는 기도를 드리며 살게 하옵소서!

저희의 기도를 들어 주실 예수님의 이름으로 기도드립니다. 아멘!

6. 기도 생활을 위한 기도

골방기도 / 기도 생활

예수님처럼 살고 싶을 때 드리는 기도! (242)

구하여도 얻지 못하는 자 되지 않게 하옵소서!

"너희는 욕심을 내어도 얻지 못하여 살인하며 시기하여도 능히 취하지 못하므로 다투고 싸우는도다. 너희가 얻지 못함은 구하지 아니하기 때문이요 구하여도 받지 못함은 정욕으로 쓰려고 잘못 구하기 때문이라." (야고 4:2-3)

사랑의 하나님! 땅에서 가장 행복한 이는 예수님을 구주로 믿는 신앙인이고, 저희가 그 자리에 있게 하심이 큰 은혜입니다. 땅에서 호흡이 멎은 다음 그 미래가 불확실하거나 하나님의 심판이 기다리는 불행한 인생이 아니라, 영원한 생명이 기다리는 천국 백성이 되게 하셨으니 은혜입니다. 땅에 사는 동안에 하신 약속들을 기도에 응답해 주심도 은혜입니다.

그러나 그렇게 많은 응답의 약속이 있고, 많은 간증이 있음에도 불구하고 저희는 여전히 응답이 없는 허공에 드리는 기도가 많음이 안타깝습니다. 더욱 가슴 아픈 것은 기도를 제일 많이 하고 있음에도 여전히 기도 응답은 없이 허공을 치는 기도를 하고 있습니다. 놀라운 사실은 기도 응답이 없는 이유를 지적해 주셨음에도 이를 무시하고 기도하는 것입니다.

성경에는 구체적이고 친절하게 기도하여 얻지 못하는 이유를 가르쳐 주어, 기도 응답의 효율성을 높이는 방법을 제시하고 있습니다. 뜻밖에도 이유는 아주 간단했는데 "너희가 얻지 못함은 구하지 아니하기 때문이요, 구하여도 받지 못함은 정욕으로 쓰려고 잘못 구하기 때문이라."(야고 4:2-3)는 것입니다. 이렇게 명쾌히 말씀하신 기도 응답의 교훈은 없습니다.

우리가 하늘의 창고에 무궁무진 쌓여있는 보물을 얻지 못하는 것은 기도하지 않았기 때문이라는 것입니다. 왜 하나님은 안 주시는지 명확하게 설명하셨는데, 구하지 않았기 때문이라고 하셨습니다. 어차피 우리에게 있어야 할 것을 아시는 하나님께서 필요를 따라 주시면 될 터인데, 하나님은 그냥 주시지 않고 반드시 저희의 입으로 구해야 주시는 것입니다.

이는 구하지 않아도 주시면 가뜩이나 인간의 교만이 하늘을 찌르는데, 모든 것들은 스스로 얻은 것으로 알고 기고만장하고 자만하여 멸망의 자리로 간다는 것입니다. 우리에게 직장 하나 구하기가 얼마나 어려운지 아시지만, 그냥 주시면 스스로 똑똑해서 얻은 줄 알고, 돈 한 푼이 그렇게 귀한 줄 아시면서도 그냥 주시면 스스로 번 것인 줄 안다는 것입니다.

사랑의 하나님! 욕심에 매여 탐욕적인 기도를 드리지 않게 하시고, 정욕으로 쓰려고 잘못 구하는 일이 없도록 기도의 동기의 순수성과 진실성을 갖게 하옵소서! 잘못 구하여 얻지 못하는 허망함이 없게 하옵소서! 욕심이 잉태한 즉 죄를 낳고, 죄가 장성하여 사망을 낳는 안타까움이 저희의 기도 생활에서 일어나지 않도록 정직한 영과 진실한 마음을 주옵소서!

저희들의 기도를 들으시는 예수님의 이름으로 기도드립니다. 아멘!

6. 기도 생활을 위한 기도

골방기도 / 기도 생활

예수님처럼 살고 싶을 때 드리는 기도! (301)

약속하신 기도 응답의 비밀을 알게 하옵소서!

"내가 또 너희에게 이르노니 구하라. 그러면 너희에게 주실 것이요 찾으라 그러면 찾아낼 것이요 문을 두드리라. 그러면 너희에게 열릴 것이니 구하는 이마다 받을 것이요 찾는 이는 찾아낼 것이요 두드리는 이에게는 열릴 것이니라."

(누가 11:9-10)

하나님께서 저희에게 주신 최고의 복은 기도할 수 있는 채널을 주신 것이고, 저희에게 주신 최고의 약속은 기도 응답에 대한 약속입니다. 어느 분이 조사했는지 모르지만 전해오는 말로는 저희에게 주신 약속이 32,500개나 있다고 합니다. 숫자에 대한 정확도는 모르나 성경에 수없이 등장하는 기도 응답의 약속 중에 저희의 가슴에 박힌 구절이 있습니다.

"구하라 그리하면 너희에게 주실 것이요 찾으라 그리하면 찾아낼 것이요 문을 두드리라 그리하면 너희에게 열릴 것이니 구하는 이마다 받을 것이요 찾는 이는 찾아낼 것이요 두드리는 이에게는 열릴 것이니라." (마태 7:7-8)는 말씀입니다. 모든 그리스도인이 다 외우고 있는 말씀입니다. 그만큼 저희 일상에서는 금과옥조(金科玉條)와 같은 응답의 약속입니다.

이 말씀은 저희의 기도 생활에 하나님께서 주신 기도 응답의 ABC요, 이 성경만으로도 저희는 어떻게 기도하고 어떻게 응답하시는지 보여주시는 기도의 방법과 응답의 원칙입니다. 기도에 대한 모법(母法)과도 같은 결코 잊을 수 없는 말씀입니다. 저희는 말씀대로 믿고 말씀을 따라 말씀대로 기도하고 말씀대로 응답받은 잊을 수 없는 보석 같은 말씀입니다.

하나님 앞에 구하는 일은 기도의 기초입니다. 하나님은 우주의 절대자이십니다. 그리고 저희 아버지이십니다. 따라서 세상에서 도저히 구할 수 없는 것도 창조주이신 하나님께 구하고, 부자지간의 사소한 대화를 통해서 저희들과 하나님 사이의 공감을 넓혀갑니다. 저희는 하나님을 알고, 하나님은 저희들을 더 가까이하시는 것입니다. 기도가 소중한 이유입니다.

그러나 하나님은 저희가 구한 것을 문자대로, 우리가 상상하고 희망하는 대로 그렇게 포장해서 공급해 주시는 분이 아닙니다. 우리는 어떤 형태에 대한 이미지를 가지고 어떤 것을 구했더라도, 저희에게 더 좋은 것으로 주신다고 하신 하나님은 저희가 알지 못하는 방법으로 알지 못하는 시간에 알지 못하는 곳에 응답해 주셨습니다. 응답을 찾도록 해야 합니다.

그리고 하나님은 저희에게 구하는 즉시 필요한 것들을 일괄 허락하시는 분이 아닙니다. 당신의 뜻대로 저희를 필요를 따라 최선의 것을 주실 때, 반복해서 구할 수도 있습니다. 두드리고 다시 두드려 응답의 문이 열릴 때까지 계속 두드리도록 저희를 독려하시는 말씀입니다. 입술로 마음으로 글로 표현하여 기도하고, 다시 강조하고 애원하는 것을 알게 하옵소서!

저희에게 기어이 주시려는 예수님의 이름으로 기도드립니다. 아멘!

6. 기도 생활을 위한 기도

골방기도 / 기도 생활

예수님처럼 살고 싶을 때 드리는 기도! (304)

밤낮 부르짖는 기도를 들으심을 알게 하옵소서!

"주께서 또 이르시되 불의한 재판장이 말한 것을 들으라 하물며 하나님께서 그 밤낮 부르짖는 택하신 자들의 원한을 풀어 주지 아니하시겠느냐 그들에게 오래 참으시겠느냐."

(누가 18:6-7)

사랑의 하나님! 저희에게 기도에 대한 비유를 이어 설명하시는 중에 홀로 사는 한 여인과 불의한 재판장의 비유를 기억합니다. 혼자 사는 여인에게 억울한 일이 생겼는데 힘이 우선하는 세상에서 해결이 안 되어 재판장을 찾아갔습니다. 그런데 이 재판장은 '하나님을 두려워하지도 않고 사람들을 무시하는' 사람이었습니다. 여인을 대하는 태도는 뻔했습니다.

하나님의 두려워하지도 않고 사람을 무서워하지 않는 재판장이었으니 그 재판을 하나님의 뜻대로 공정하게 할리도 없고, 사람들을 무시하는 이였으니 힘도 배경도 없이 혼자 사는 여인에 대한 동정심도, 긍휼히 여기는 마음도 없었습니다. 물론 여인은 변호사 선임도 하지 못했습니다. 이 재판장은 아예 심리도 하지 않고 시간만 끌고 있었는지도 모르겠습니다.

너무나 억울했던 여인은 재판장이 출근하는 법원에 가서 호소하고, 퇴근 시간에는 법원을 나서는 그에게 읍소하며 억울함을 풀어달라고 했습니다.

계속 여인을 무시하던 재판장은 어느 날 "내가 하나님을 두려워하지 않고 사람을 무시하지만, 이 여인이 나를 계속 찾아와 번거롭게 하니, 원한을 풀어 주리라. 아니면 늘 와서 나를 괴롭게 하리라."고 생각합니다.

그때 주님의 말씀은 "이 불의한 재판장의 말을 들어라! 하물며 하나님께서 밤낮 부르짖는 택하신 자들의 원한을 풀어주지 아니하시겠느냐? 그들에게 오래 참으시겠느냐?"는 것입니다. 그러면서 "내가 너희에게 이르노니 속히 그 원한을 풀어 주시리라."고 하십니다. 불의한 재판장도 그렇게 하는데 좋으신 하나님께서 밤낮 기도하는 기도를 들어주실 것입니다

이 시대를 사는 저희가 이런 아버지의 마음을 알게 하옵소서! 저희가 한 가지 소원을 품고, 특히 억울한 형편을 하나님께 말씀드리면 하나님은 저희의 원한을 풀어주실 것입니다. 이를 믿고 기도하게 하옵소서! 그런데 주님은 "그러나 인자가 올 때 세상에서 믿음을 보겠느냐?"(누가 18:8)고 탄식하십니다. 그때나 지금이나 그런 기도가 없기 때문입니다.

사랑하는 하나님! 오늘 저희에게 억울하고 답답한 일이 있을 때에, 하나님께 나아와 답답하고 안타까운 마음을 아뢰게 하옵소서! 하나님께서 밤낮 부르짖는 택하신 이들의 원한을 들어주실 줄 믿습니다. 오늘 믿음의 끈기가 없어 기도하다 중단한 이들, 기도하다 포기하고 체념한 이들이 다시 힘을 내 하나님께 부르짖게 하옵소서! 반드시 응답하여 주옵소서!

밤낮 부르짖는 기도를 들으실 예수님의 이름으로 기도드립니다. 아멘!

골방기도 / 기도 생활

예수님처럼 살고 싶을 때 드리는 기도! (313)

기도가 귀신을 쫓아낼 수 있음을 알게 하옵소서!

"집에 들어가시매 제자들이 조용히 묻자오되 우리는 어찌하여 능히 그 귀신을 쫓아내지 못하였나이까 이르시되 기도 외에 다른 것으로는 이런 종류가 나갈 수 없느니라 하시니라."

(마가 9:28-29)

하나님! 고맙습니다. 오늘 저희에게 기도의 능력을 알게 해 주시어 더욱 고맙습니다. 예수님께서 '베드로', '야고보', '요한' 세 제자와 더불어 높은 산에 올라가서 기도하셨습니다. 그 산에 기도하러 올라가신 것을 '누가'를 통해 가르쳐주심도 고맙습니다. 그곳에서 주님의 옷이 광채가 나며 빨래하는 자도 그렇게 희게 할 수 없을 만큼 희어진 것을 보게 하십니다.

선지자 '엘리야'가 '모세'와 함께 나타나 예수님과 더불어 말씀하실 때 구름이 그들을 덮고 "이는 내 사랑하는 아들이니 너희는 그의 말을 들어라."는 하늘의 음성을 듣게 하신 것도 고맙습니다, 베드로는 흥분해서 "우리가 여기 있는 것이 좋사오니 우리가 초막 셋을 짓되 하나는 주를 위하여, 하나는 모세를 위하여, 하나는 엘리야를 위하여 하사이다."고 합니다.

이런 황홀한 경험을 하고 내려왔을 때는 뜻밖에 난처한 광경을 목격합니다. 무리와 다른 제자들이 모여 있는 중에 어려서부터 귀신이 들려 불 가운데도 뛰어들어가고 물에도 뛰어들어가는, 말도 하지 못하고 듣지도 못하는 귀신들린 아들을 둔 아버지가 아들을 고쳐달라고 왔다가, 예수님이 안 계신 캠프 제자들과 고쳐보려고 무던히 씨름하는 장면이었습니다.

그동안 별별 방법을 다해도 귀신을 쫓아내지 못한 아버지는 답답한 마음에 예수님께 "할 수 있거든 아들을 고쳐주세요." 부탁드렸고, 예수님은 "할 수 있거든 이 무슨 말이냐? 믿는 자에게는 능치 못 할 일이 없느니라!"고 하셨고, 그는 "내가 믿나이다. 나의 믿음 없는 것을 도와주소서!"하자, 예수님은 귀신을 명하여 그에게서 나오라고 하니 귀신이 나왔습니다.

귀신이 소리를 지르며 아이로 심히 경련을 일으키게 하고 나가자 죽은 것 같이 되어 많은 사람이 죽었다고 했으나 예수님이 손을 잡아 일으키시니 일어납니다. 이런 사건 후에 집에 들어가시자 제자들이 조용히 묻습니다. "우리는 어찌하여 능히 그 귀신을 쫓아내지 못하였나이까?"주님은 "기도 외에 다른 것으로는 이런 종류가 나갈 수 없느니라."고 하십니다.

그렇습니다. 주님은 안 계셨지만 다른 제자들이 최선을 다해 귀신을 쫓아내려고 했습니다. 안수도 하고, 명령도 해 보고 별짓을 다 했습니다. 예수님이 하신 것과 동일한 명령도 했는데 꼼짝도 안하던 귀신은 예수님의 한마디에 경련을 일으키며 나왔습니다. 그 비결을 예수님은 '기도의 능력'이라고 하셨습니다. 저희에게 귀신을 쫓아내는 기도의 능력을 주옵소서!

귀신을 쫓아내 병을 고치시는 예수님의 이름으로 기도드립니다. 아멘!

7.
삼위일체를 위한 기도
(30편)

골방기도 / 삼위일체

죽고 싶을 때 드리는 기도! (260)

주님, 저를 붙잡아 주옵소서!

"그의 모든 자녀가 위로하되 그가 그 위로를 받지 아니하여 이르되 내가 슬퍼하며 스올로 내려가 아들에게로 가리라 하고 그의 아버지가 그를 위하여 울었더라."

(창세 37:35)

하나님! 이 시간 간절히 기도드립니다. 하나님의 형상과 모양을 따라 지으신 하나님의 자녀인 제가 하나님의 영광을 선포하고 살아야 하는 중차대한 사명이 있음에도 세상의 힘든 일과 복잡한 문제들, 슬프고 아픈 문제들, 감당할 수 없는 무거운 짐을 내려놓고 싶습니다. 그 이상 근심이나 염려 없이 아무것도 모른 채 평안의 깊은 잠으로 들어가고 싶습니다.

더는 복잡한 세상의 일에 간여하고 싶지 않고, 그 이상 잘난 이들과 부대끼며 논쟁하고 사는 것이 무의미해 보입니다. 근심 걱정 없고, 슬픔과 번민이 없는 곳에서 평안히 살고 싶습니다. 굳이 책임지는 자리에 있고 싶지 않고, 그 이상 마음 상하며 공동체에 머물고 싶지 않고, 이제는 그 이상 윤리, 도덕, 책임, 관계의 그물에서 비난받으며 살고 싶지 않습니다.

하나님께서 종을 고난과 번민의 시공간에서 건져 주옵소서! 왠지 하나님 맡기신 짐을 잘못 지고 갔다는 채찍도 그립고, 교회 안에 많은 사랑의 빛을 지고 산 이들도 눈에 밟힙니다. 하나님께서 종을 위해 수고한 그들을 복 주시기 원합니다. 그리고 이 종의 길을 선히 용납하여 주옵소서! 교회의 충성스런 이들이 눈에 밟힙니다. 그들을 기억하여 주시옵소서!

하나님! 교회 공동체는 언제나 하나님의 뜻이 펼쳐지기 원합니다. 아직 믿지 못해도 교회는 영원합니다. 영원한 하나님의 사랑이 끝없이 펼쳐지는 곳에, 영원히 사랑과 공의를 느끼고 싶습니다. 세상의 시끄러운 곳을 떠나 조용히 쉬고 싶습니다. 그런데 눈에 밟히는 것들이 너무 많습니다. 그러나 복잡한 문제들을 잊고 살 생애에는 끝내 하나님과만 살게 하옵소서!

하나님! 미련이나 애착을 버리게 하옵소서! 하나님이 그립습니다. 하나님의 품에서 시간 가는 줄 모르고 세상과 우주를 보며 아픔을 잊고 싶습니다. 미움, 시기, 질투가 없는 사랑과 평화의 나라에서 머물고 싶습니다. 저를 자녀 삼으신 하나님 사랑이 그리운데도 마음은 점점 "사망의 물결이 나를 에우고 불의의 창수가 나를 두렵게 하여"(삼하 22:5) 공허합니다.

욥의 탄식처럼 "나의 희망이 어디 있으며 나의 희망을 누가 보겠느냐?"(욥기 17:15)고 탄식할 지경입니다. 그러나 '요나'가 "내가 받는 고난으로 말미암아 야훼께 불러 아뢰었더니 주께서 내게 대답하셨고 내가 스올의 뱃속에서 부르짖었더니 주께서 내 음성을 들으셨나이다."(요나 2:2)하던 것처럼 종의 기도를 들어 주옵소서! 종의 마음을 평안하게 하옵소서!

생명의 주가 되신 예수님의 이름으로 기도드립니다. 아멘!

골방기도 / 삼위일체

의욕이 사라지고 상심될 때 드리는 기도! (261)

주여, 나를 건져 주옵소서!

"내 영혼아 네가 어찌하여 낙심하며 어찌하여 내 속에서 불안해 하는가 너는 하나
님께 소망을 두라 나는 그가 나타나 도우심으로 말미암아 내 하나님을 여전히 찬
송하리로다."
(시편 42:11)

하나님! 너무 마음 상하고, 이런저런 음해성 소문과 비방에 짓눌려, 살고
싶은 마음이 사라졌습니다. 주님! 이때는 얼른 오시면 좋겠습니다. 너무나
지치고 곤하여 그냥 쓰러져 다시 일어나지 않았으면 좋겠습니다. 오늘 이
밤이 저의 마지막 밤이었으면 좋겠다는 생각도 합니다. 유명 연예인들이
나 저명인사들이 스스로 극단적 선택을 하는 이유를 생각합니다.

모든 의욕이 사라지고, 일어날 기력도 의지도 사라진 종을 기억하여 주옵
소서! 아무리 해도 작은 목표 하나 넘어설 수 없고, 땅에서 일어나는 문제
하나도 해결할 수 없는 무능력하고 초라한 모습으로 살고 있습니다. 하나
님께서 지금 저의 손을 잡아 일으켜 주옵소서! 낙심한 이 종을 위로하시
고, 새 힘을 주시어 다시 전처럼 일어설 수 있는 용기를 주시옵소서!

살다 보면 숱하게 절망도 하고, 좌절하여 낙심하기도 합니다. 그때마다 하
나님은 때로 말씀을 주시고, 기도에 응답해 주시고, 천사를 통해 계시도

해 주십니다. 사도 '바울'이 '고린도'에서 마음이 지쳐있을 때, 하나님은 밤에 환상 중에 말씀하시기를 "두려워하지 말며 침묵하지 말고 말하라."고 하시며 "이 성중에 내 백성이 많다."고 하셨습니다. (사도 18:9-10)

예수님과 함께 '골고다' 언덕에 기도하러 올라간 제자들이, 슬픔을 인하여 잠든 것을 보신 주님께서 (누가 22:45) "일어나라, 함께 가자! 보라 나를 파는 자가 가까이 왔느니라." (마태 26:46)고 하셨습니다. 이미 제자들이 절망적 상황을 감지하고 슬퍼하며 의욕상실에 빠졌을 때, 잠든 제자들을 깨워 함께 내려오신 주님께 안타까운 상황을 고하오니, 도와주옵소서!

'엘리야'는 '갈멜'산에서 '바알'과 '아세라'의 선지자 850명을 기도의 능력으로 이기고, 두 무릎 사이에 얼굴을 파묻고 기도하여 3년 6개월 동안 가물었던 땅에 마차가 잠길 정도의 비를 내리게 한 영광스러운 일이 있었습니다. 그럼에도 이 소식을 들은 왕후 '이세벨'의 한마디 "너도 우리 선지자처럼 죽여 버리겠다."고 하자 두려움에 기가 죽어 도망자가 되었습니다.

그 길로 도망쳐 '브엘세바' 광야 로뎀 나무 아래서 "차라리 저를 죽여 달라!"(왕상 19:3)고 했으나, 하나님은 그에게 먹고 마시게 하고 위로해 주셨습니다. 하나님께서 오늘 위기를 만나고 삶의 의욕이 상실된 종에게 떡과 물을 주시고 힘을 내 다시 달려가게 하옵소서! 40주 40야를 달릴 힘을 공급해 주옵소서! 앞으로 해야 할 새로운 사명을 알게 하옵소서!

저의 구주 되시는 예수님의 이름으로 기도드립니다. 아멘!

골방기도 / 삼위일체

예수님처럼 살고 싶을 때 드리는 기도! (43)

예수님께서 어디에 계신지 알게 하옵소서!

> "내가 주릴 때에 너희가 먹을 것을 주었고 목마를 때에 마시게 하였고 나그네 되었
> 을 때에 영접하였고 헐벗었을 때에 옷을 입혔고 병들었을 때에 돌보았고 옥에 갇
> 혔을 때에 와서 보았느니라." (마태 25:35-36)

하나님! 오늘도 저희 믿음을 위해 기도할 수 있음이 고맙습니다. 한 분 하나님을 아버지로, 한 분 아들 예수님을 구주로 믿는 믿음의 사람들이 이 땅에 수억 명이나 있습니다. 그런데 수억 명의 인생들이 그토록 사랑하고 사모하며 찾는 예수님은 어디에 계신지 저희의 어두운 눈을 밝히 열어주시옵소서! 주님을 찾는 모든 이들에게 드러내 보여주옵소서!

평생을 주님 앞에 헌신하고 충성한 줄 생각하고 주님 앞에 설 때에, 주님께서 제게 들려 줄 말씀을 상상합니다. 그때 들리는 말씀이 궁금합니다. 그때 듣게 될 말씀이 두렵습니다. 정말 '착하고 충성된 종'이 될지, '악하고 게으른 종'이 될지 하나님의 선언 앞에서 두려움 없이 설 수 있게 하시고, 평생을 주님 앞에 살아온 저희 생애가 헛되지 않게 하옵소서!

삶을 마친 저희가 하나님 앞에 마지막으로 설 때는, 두 번째 기회도 없을 것이고, 변명도 핑계도 통하지 않고, 그 앞에서는 연습도 없고 재심도 없

을 딱 한 번의 심판이 있을 터인데, 그때의 심판을 준비하게 하옵소서! 월말고사나 기말고사 학년말 고사보다 딱 한 번의 수학능력 고사가 그의 미래를 좌우하듯, 마지막 시험장 앞에서의 자신을 생각합니다.

하나님! 그동안 남남처럼 알고 멀리 대해왔던 수많은 주변 사람들이, 이들이 바로 주님이시라는 사실에 전율합니다. 하나님이시여! 감옥에 갇혀 있던 그 많은 이들이 모두 주님이셨고, 거리에서나 제가 재정을 집행할 수 있는 자리에 있을 때 그 앞에서 구걸하던 그분들이 모두 주님이셨고, 거리의 지나가는 자리에서 외면했던 걸인들도 모두 주님이셨습니다.

게으르기에 구걸해서 먹고 사는 줄 알고 외면했던 걸인들이, 그들이 안고 있던 태생적 한계에서 자립할 수 있는 이들은 너무 적습니다. 죄를 지어 감옥에 갇혀있는 죄수들이니 함부로 판단했는데, 지금 보니, 그들이 모두 이 시대의 주님이셨습니다. 헐벗고 굶주린 모든 이들이 다 주님이셨습니다. 이들을 주님으로 바라보는 지혜 있는 저희가 되게 하시옵소서!

그 날에 양과 염소를 가르듯 분류할 때에, 변명도 할 수 없는 단 한 번의 심판이 저희에게 복이 되게 하옵소서! 주리고 목마른 이들에게 먹고 마실 물을, 나그네 되었을 때 영접을, 헐벗은 이들에게 옷을, 병들었을 때 돌봄을, 옥에 갇혔을 때 면회가 주님을 섬기는 일이고, 이들만 아니라 눈을 들면 보이는 어려운 이들이 모두 주님이심을 알게 하옵소서!

지금도 저희와 함께하시는 예수님의 이름으로 기도드립니다. 아멘!

7. 삼위일체를 위한 기도

골방기도 / 삼위일체

예수님처럼 살고 싶을 때 드리는 기도! (57)

다양한 방법으로 고치심을 알게 하옵소서!

"이 말씀을 하시고 땅에 침을 뱉어 진흙을 이겨 그의 눈에 바르시고 이르시되 실로
암 못에 가서 씻으라 하시니 (실로암은 번역하면 보냄을 받았다는 뜻이라) 이에 가
서 씻고 밝은 눈으로 왔더라."   (요한 9:6–7)

하나님! 하나님은 지금도 우리 교회에 오셔서 수많은 이들의 질병을 치유
하시고 문제를 해결하시는 전능자이심을 믿습니다. 우리가 사는 이 땅의
크고 작은 문제들, 질병들, 아픔들을 치유하시고, 저희의 삶에 희망을 주
시는 하나님! 오늘도 험한 세상에서 만나는 인생의 수많은 문제 앞에 두려
워하지 말고, 주님께 들고나와서 치유 받고 해결 받게 하옵소서!

특별히 주님께서 저희에게 오셨을 때, 인간의 고통을 해결하신 것을 보면
천편일률적으로 해결하지 않으시고 다양한 방법으로 그때마다 달리 치료
하여 새로운 세계를 열어주심을 봅니다. 특히 주님께서 제일 많이 고쳐주
신 '맹인'들을 보면 저희가 깜짝깜짝 놀랍니다. 사람이 살면서 가장 불쌍한
못 보는 맹인들을 고쳐주신 주님의 다양한 역사를 봅니다.

'벳새다' 마을에서 만난 맹인은 예수님께서 마을 밖으로 손을 잡고 나가셔
서 눈에 침을 뱉으시며 안수하시고 "무엇이 보이느냐?"고 물으셨고 "사람

들이 보입니다. 나무 같은 것들이 걸어가는 것이 보입니다."고 하자, 다시 안수하시매 그가 나아서 모든 것을 밝히 보았습니다. (마가 8:22-26) 이렇게 이 맹인에게는 순간적인 치유 대신 점진적 회복을 주셨습니다.

'예루살렘'에서 만난 날 때부터 맹인된 사람은, 그가 자신이나 부모의 죄가 아니라 하나님의 일을 보일 맹인이라 하시고, 침을 뱉어 진흙을 이겨 눈에 바르시고 "실로암 못에 가서 씻어라!"고 하셨는데, 맹인에게 오히려 침으로 진흙을 이겨 덮어씌우시고 씻고 오라고 하시고, 그 비탈길을 더듬거리고 내려가 씻고 밝은 눈으로 오게 하셨습니다. (요한 9:1-7)

'여리고'에서 구걸하던 맹인은 "다윗의 자손 예수여 나를 불쌍히 여기소서!"하고 도움을 요청하자, 데려오라고 하신 다음 "네게 무엇을 하여 주기를 원하느냐?"고 물으시고 "보기를 원합니다."고 하자, 곧 "보라 네 믿음이 너를 구원하였느니라! "고 하시자 곧 보게 되어 하나님께 영광을 돌립니다. (누가 18:35-43) '가버나움'에서 따라나선 맹인들도 있었습니다.

예수님은 그들에게 "내가 능히 이 일 할 줄을 믿느냐?"고 물으셨고 "주여 그렇습니다." 하자, 그들의 눈을 만지시며 "너희 믿음대로 되라!"고 하시고 눈들이 밝아졌습니다. (마태 9:27-31) 이렇게 주님은 맹인들의 믿음과 상황과 형편을 고려하여 다양한 방법으로 치유하심을 보고, 오늘 우리의 교회 안에서도 다양하게 일하시는 하나님을 만나게 하옵소서!

저희를 고쳐, 낫게 하시는 예수님의 이름으로 기도드립니다. 아멘!

골방기도 / 삼위일체

예수님처럼 살고 싶을 때 드리는 기도! (75)

하나님의 침묵하시는 사랑을 알게 하옵소서!

"아버지는 종들에게 이르되 제일 좋은 옷을 내어다가 입히고 손에 가락지를 끼우고 발에 신을 신기라. 그리고 살진 송아지를 끌어다가 잡으라 우리가 먹고 즐기자."

(누가 15:22-23)

하나님의 사랑을 저희에게 보내주신 놀라운 사랑이 이렇게 큰 것을 깨닫게 하시니 고맙습니다. 아버지에게서 장차 돌아올 유산을 미리 상속받고, 그것으로는 성이 차지 않아 아버지의 간섭이 없는 먼 나라에 가서 허랑방탕하여 모든 재산을 탕진한 아들이 있습니다. 먹을 것도 없고, 갈 곳도 없는 거지가 된 아들은 돼지 치는 집의 노동자로 들어가게 되었습니다.

당장 배고픔과 추위와 외로움을 극복할 길이 없던 그가 그 이상 살인적인 배고픔을 이기지 못하고 아버지를 찾아온 것은, 양식이 풍족한 품꾼들이 많은 아버지 집에서 아들이 아니라 품꾼의 하나로 써달라는 부탁을 위함이었습니다. 아들의 지위는 언감생심 바랄 수 없고, 다른 품꾼들처럼 배만 곯지 않기를 바랐습니다. 그런데, 아버지는 전혀 달랐습니다.

그렇게 기세등등하게 아버지를 떠난 아들이, 몇 년 만에 거지 중에 상거지가 되어 집에 돌아오는데, 아들보다 먼저 아버지가 알아보고 측은히 여겨 달려가 목을 안고 입을 맞추었습니다. 야단치고, 추궁하고 다짐을 받아도 용서가 안 될 아들을 위하여 종들에게 "제일 좋은 옷을 내어다가 입히고 손에 가락지를 끼우고 발에 신을 신기라." (누가 15:22)고 합니다.

그리고는 한 걸음 더 나아가 "살진 송아지를 끌어다가 잡아라. 우리가 먹고 즐기자."(누가 15:23)고 합니다. 그때 아버지는 아들이 기대했던 최소한의 요구를 뛰어넘어, 아버지가 할 수 있는 최고의 예우를 했습니다. 아버지는 아들을 향하여 "이 내 아들은 죽었다가 다시 살아났으며, 내가 잃었다가 다시 얻었다." (누가 15:24)고 했습니다. 아버지 고맙습니다.

"내가 하늘과 아버지께 죄를 지었사오니 그러므로 저를 아들로 생각하지 마시고 품꾼의 하나로 써 달라!"며 자신의 형편과 입장을 고백한 아들에게, 아버지는 그 아들의 말에 전혀 반응하지 않고 당신의 가슴에 있는 아들에 대해 선언을 했습니다. 아예 잊어버리고 사실 줄 알았는데, 잃어버렸다가 다시 찾은 보석 같다고 말씀하신 절절한 하나님의 사랑입니다.

"차라리 나가 죽어라!" 할 만한 아들을 향해 "죽었다가 살아난 아들이다." 라고 합니다. 그 사랑의 크기와 깊이가 얼마나 크고 깊은지 알 수 없습니다. 하나님! 저희 죄인들을 향한 이 아버지의 마음이 하나님의 마음입니다. 저희가 하나님의 품을 떠나지 않게 하옵소서! 언제나 아버지 사랑을 잊지 않고, 결코 하나님을 떠나지 않는 자녀들이 되게 하시옵소서!

저희가 갚을 수 없는 사랑이신 예수님의 이름으로 기도합니다. 아멘!

골방기도 / 삼위일체

예수님처럼 살고 싶을 때 드리는 기도! (80)

예수 그리스도 이름의 능력을 알게 하옵소서!

"너희와 모든 이스라엘 백성들은 알라. 너희가 십자가에 못 박고 하나님이 죽은 자 가운데서 살리신 나사렛 예수 그리스도의 이름으로 이 사람이 건강하게 되어 너희 앞에 섰느니라. 이 예수는 너희 건축자들의 버린 돌로서 집 모퉁이의 머릿돌이 되었느니라."　　　　　　　　　　　　　　　　　　　　　　　　　　(사도 4:10-11)

사랑의 하나님! 오늘 저희는 하나님의 독생자 '예수 그리스도'의 이름으로 무한 은혜를 입었습니다. 예수님의 이름으로 세례받고, 구원의 확증을 얻고, 예수님의 이름으로 기도드리고, 그 이름으로 응답받고, 예수님의 이름으로 질병에서 나음을 얻고, 예수님의 이름으로 귀신을 쫓아내며, 인생에 힘겨운 일이 있을 때마다 주님의 이름은 우리의 능력이 되셨습니다.

예수님의 이름은 고난을 극복하는 원동력이 되었고, 예수님의 이름은 수많은 질병을 이기는 힘의 원천이 되었습니다. 예수님의 이름은 죄악 세상에서 우리를 벗어나게 한 판결의 능력만 아니라, 그때 자유를 얻은 저희가 다시 세상에서 마귀의 종이 되어 외로움과 두려움에 떨고 있을 때, 세상에 대한 두려움을 이기고 승리하게 하시는 이름이 되었습니다.

"다른 이로써는 구원을 받을 수 없나니, 천하 사람 중에 구원을 받을 만한 다른 이름을 우리에게 주신 일이 없음이라."(사도 4:12)는 말씀은 영원한 진리입니다. 고맙습니다. 하나님은 독생자 예수님을 이 땅에 보내 주셔서, '영원한 생명의 구원'이라는, 저희가 평생 듣지도 알지도 못했던 은혜를 선물하시고, 성령님을 통하여 중생의 경험을 허락하시니 고맙습니다.

그리고 예수님의 이름 하나로 새로 태어나고, 구원받은 인생들이 살아가는 모든 순간순간 때로는 이 이름이 감격이 되고, 감동되고, 능력이 되고, 위로되고, 용서되고 응답이 되었습니다. 예수님의 이름이 그동안 제가 겪어온 숱한 고난의 피난처가 되셨으며, 이날까지 겪은 수많은 위기에서 탈출구가 되었습니다. 영원한 미래 보장이 되어주실 것입니다.

'예루살렘' 성전 '미문(美門)'에 '나면서 못 걷게 된 이가 제 구시 기도 시간에 구걸할 때에 '베드로'가 "은과 금은 내게 없거니와 내게 있는 이것을 네게 주노니 나사렛 예수 그리스도의 이름으로 일어나 걸어라!"고 했습니다. 그때 그는 기적처럼 "뛰어 서서 걸으며 그들과 함께 성전으로 들어가면서 걷기도, 뛰기도 하며 하나님을 찬송했습니다. (사도 3:1-8)

이에 베드로가 "이스라엘 사람들아 이 일을 왜 놀랍게 여기느냐? 우리가 이 사람을 걷게 한 것처럼 우리를 주목하느냐? 그 이름을 믿으므로 그 이름이 너희가 보고 아는 이 사람을 성하게 하였나니, 예수로 말미암아 난 믿음이 너희 모든 사람 앞에서 이같이 완전히 낫게 하였느니라. (사도 3:12-16)고 하셨습니다. 이 예수님의 이름의 능력을 알게 하옵소서!

우리의 영원하신 주 예수 그리스도의 이름으로 기도드립니다. 아멘!

7. 삼위일체를 위한 기도

골방기도 / 삼위일체

예수님처럼 살고 싶을 때 드리는 기도! (97)

예수님에 대한 오해가 많았음을 알게 하옵소서!

"예수의 친족들이 듣고 그를 붙들러 나오니 이는 그가 미쳤다 함일러라 예루살렘에서 내려온 서기관들은 그가 바알세불이 지폈다 하며 또 귀신의 왕을 힘입어 귀신을 쫓아낸다 하니." (마가 3:21-22)

사랑의 하나님! 저희가 자신에 대해서 얼마나 정확하게 잘 알고 있는지 순간순간 놀랍니다. 제가 저를 아는 것보다 다른 사람들이 저를 더 잘 알고, 다른 이들은 저도 모르고 있는 저의 내면세계까지 꿰뚫고 있어서 저도 놀랍니다. 저는 한 번도 먹은 적이 없는 마음, 가져본 적도 없는 생각까지 만들어 내고 있습니다. 안타깝고 속상한 마음 주님 아시지요?

그런데 주님을 보니 주님도 그런 경험을 하셔서 저희가 위로됩니다. 예수님께 온 사람 중에 형제 친족들도 그 형이신 주님께서 미쳤다고 생각했습니다. 그래서 미친 예수님께서 사고를 치지 못하도록 붙잡으려고 했습니다. 서기관들은 예수님께서 능력을 행하고 귀신을 쫓아내시자, 귀신의 왕 '바알세불'이 몸에 들어와서 그 힘으로 쫓아 낸다고 추측했습니다.

주님께서도 직접 "요한이 와서 먹지도 않고 마시지도 아니하매 그들이 말하기를 귀신이 들렸다 하더니 나는 와서 먹고 마시자 '보라 먹기를 탐하고 포도주를 즐기는 사람이요, 세리와 죄인의 친구로다.'하니, 지혜는 행한 일로 인하여 옳다함을 얻느니라."(마태 11:18-19)고 하셨습니다. 먹으면 먹는다고 시비하고, 안 먹으면 안 먹는다고 시비하고 말도 많았습니다.

"가이사에게 세를 바치는 것이 옳습니까? 옳지 않습니까?"하여, "데나리온 하나를 가져오라. 이게 누구의 형상과 글이 여기 있느냐?", "가이사의 것입니다." 그래서 주님은 "가이사의 것은 가이사에게, 하나님의 것은 하나님께 바치라"고 했는데, 나중에 '빌라도' 앞에 와서는 "백성을 미혹하고 '가이사'에게 세금 바치는 것을 금하였다."고 했습니다. (누가 23:2)

"이 성전을 헐라! 사흘 동안에 일으키리라."(요한 2:19)고 하실 때, '성전'이신 주님을 죽여도 삼 일만에 부활하겠다는 말씀인데, 유대인들은 "이 성전은 사십육 년 동안에 지었거늘 네가 삼 일 동안에 일으키느냐?"고 하더니, 끝내 "성전을 헐고 사흘에 짓는 자여! 네가 하나님의 아들이어든 자기를 구원하고 십자가에서 내려오라!"(마태 27:40)고 시기했습니다.

사람들은 예수님을 "더러는 세례 '요한', 더러는 '엘리야', 어떤 이는 '예레미야'나 선지자 중의 하나"(마태 16:14)로 보기도 하고 예수님을 보고 "어떤 사람은 '좋은 사람'이라 하며, 어떤 사람은 아니라 '무리를 미혹 한다'."(요한 7:12)고 했습니다. 오늘 저희가 사람의 판단에 신경 쓰지 말고, 나는 과연 누구인가를 생각하며 정직하고 성실하게 살게 하시옵소서!

저희를 저희보다 잘 아시는 예수님의 이름으로 기도드립니다. 아멘!

골방기도 / 삼위일체

예수님처럼 살고 싶을 때 드리는 기도! (103)

세상이 감당 못할 큰 사랑을 하게 하옵소서!

> "또 네 이웃을 사랑하고 네 원수를 미워하라 하였다는 것을 너희가 들었으나 나는 너희에게 이르노니 너희 원수를 사랑하며 너희를 박해하는 자를 위하여 기도하라." (마태 5:43–44)

사랑의 하나님! 사람들은 '하나님은 사랑'이라고 합니다. 또 하나님을 섬기는 기독교를 '사랑의 종교'라고 합니다. 기독교 전통을 따라 예수님을 '사랑의 예수님' 이라고 합니다. 주님은 저희에게 "네 이웃을 네 몸과 같이 사랑하라!"고 하신 것에서 한 단계 높은 사랑을 하라고 말씀하셨습니다. "원수를 사랑하며, 박해하는 자를 위하여 기도하라!"고 하셨습니다.

그런데 하나님 아버지! 세상에서 저희가 만난 사람들은 모두 가까이 하기엔 너무 먼 이들입니다. 사랑으로 품고 가기엔 너무 험한 곳에 있는 이들입니다. 그들은 없는 말로 모함하고, 무죄한 이들의 피를 흘리려고 애를 쓰는 이들입니다. 나라도 민족도 없는, 그냥 모른 척하고 지나가기에도 버거운 이들입니다. 이들을 어떻게 내 몸처럼 사랑할 수 있겠습니까?

혈육 중에도 미움과 시기가 일어나 '아벨'의 제사가 가납되는 걸 본 형 '가인'은 이를 참지 못하고 동생 아벨을 돌로 쳐 죽였습니다. 같은 형제이지만

'요셉'의 꿈을 시기한 형제들은 그를 '미디안' 대상에게 팔아 넘겼습니다. '압살롬'은 아버지 '다윗'의 왕좌를 탐하여 역모를 꾀하고 '다윗'을 몰아냈습니다. 아무도 천륜을 거부할 자가 없을 것 같아도 있습니다.

스승을 팔아버린 '유다' 같은 이도 있고, 은혜를 원수로 갚고 가는 이들도 숱하게 많습니다. 그러나 하나님! 원수를 사랑한다는 것이 얼마나 힘든 줄 아시지요? 저희를 박해하는 자를 위하여 기도하는 것이 얼마나 힘든 것을 아시지요? 고요한 새벽에 우리나라를 침략한 북한을 6.25 전쟁이 끝난지 70년이 지났는데 아직도 서로에 대한 증오가 사라지지 않습니다.

우리나라를 36년 동안 지배하면서 짐승 같은 악랄한 범죄를 저지른 침략 행위, 숱한 곡물을 수탈해간 일본은 지금도 이름만 들으면 두 주먹이 불끈 쥐어집니다. 잘못을 사과는커녕 지금도 툭하면 억지를 부리고 역사를 왜곡하고 날조하고 지난날의 반성보다 점점 포악한 모습으로 다가옵니다. 하나님! 품고 가려고 해도 깊은 마음속에서 용납하지 못하고 있습니다.

오늘도 이 땅에는 저희의 좁은 가슴으로 품고 가기에는 불의하고 악한 존재들이 너무나 많습니다. 이들을 침묵하고 외면하는 것이 아니라, 어떻게 사랑해야 할지 방법을 찾을 수 없습니다. 하나님! 저희를 용서하시고, 거룩하신 하나님의 뜻대로 사랑하고 갈 힘을 주옵소서! 사랑하는 사람뿐 아니라 미워하는 이들조차 사랑할 수 있게 인도하여 주옵소서!

원수 같은 저희를 사랑하신 예수님의 이름으로 기도합니다. 아멘!

7. 삼위일체를 위한 기도

골방기도 / 삼위일체

예수님처럼 살고 싶을 때 드리는 기도! (117)

돌고 돌아도 하나님은 함께 하심을 알게 하옵소서!

"모세가 이 말 때문에 도주하여 미디안 땅에서 나그네 되어 거기서 아들 둘을 낳으니라 사십 년이 차매 천사가 시내 산 광야 가시나무 떨기 불꽃 가운데서 그에게 보이거늘." (사도 7:29-30)

하나님! 오늘 이 땅에서 살아가는 일들이, 하다 보면 더러 헛수고 같고, 쓸데없이 빙빙 돌며 허망한 고생만 한 것 같고, 시간 낭비나 인생 낭비 같기도 합니다. 시간을 보내고 세월을 낭비한 것 같아도 지나고 나면 하나님의 철저한 계획과 배려 속에 하나님은 잃어버린 세월을 보상하고도 남는 멋진 미래의 일정이 있었음을 압니다. 이 사실을 배우게 하옵소서!

'모세'가 '애굽'의 궁중에서 왕위 서열 순위가 0순위에 있으면서, 곧 왕이 될 것처럼 애굽의 모든 학술을 다 배우고 문무(文武)를 비롯한 군사, 정보, 천문학, 수사학을 다 배웠어도 어느 날 갑자기 돌출행동으로 궁에서 도망치듯 떠날 수밖에 없었습니다. 그렇게 '미디안'으로 도망친 '모세'는 그곳 광야에서 아들 둘 낳고 장인의 양을 치며 40년 세월을 보냈습니다.

세월이 40년을 지나는 동안 '모세'는 허송세월한 줄 알고 있었지만, 하나님은 그에게 영적인 지도자로, 이스라엘의 목자로 훈련받게 하셨고, 40년을 기다리시며 모세가 준비한 학문적 능력을 임상할 수 있는 기회를 주셨으며, 훗날 모세가 맞닥뜨릴 상황에 대처할 다목적 역량을 기르게 하셨습니다. 그리고 때가 되어 나이 80이 될 때 하나님은 그를 부르십니다.

'애굽'에서 하나님의 진노가 무르익고, 모세의 목자 훈련이 무르익고, 애굽의 박해에 대한 이스라엘의 고통도 무르익고, 또 고통 중에 신음하는 백성들의 울부짖음도 무르익었을 때 하나님은 40년 세월을 묵히며 준비한 '이스라엘'의 출애굽 첫 물고를 '떨기나무'에서 틔우셨습니다. 나무에 불이 붙었는데 타지 않는 진풍경을 통해서 하나님을 계시하셨습니다.

나이 80에 하나님의 부르심을 입은 모세는, 후에 다시 40년을 하나님의 도우심으로 출애굽 역사를 이끌어 갔습니다. 40년은 오직 하나님의 시간이었습니다. 하나님! '애굽'의 '바로' 왕궁에 머물게 한 40년, 미디안 광야에서 보낸 40년이 모두 쓸데없는 시간이 아니라 하나님의 소중한 시간이었습니다. '요셉'이 '애굽'에서 보낸 모든 시간도 낭비가 아니었습니다.

'보디발'에게 팔려간 것도, 거기서 모함을 받아 감옥에 간 것도, 술 맡은 관원장을 믿고 기다린 세월도, 모두 허망한 시간이 아니라 그를 총리로 숙성시키기에 필요한 하나님의 시간인 줄 믿습니다. 저희가 하나님의 종으로 사는 동안 흘려버린 시간, 돌고 돌아 낭비된 것 같은 시간이 모두 하나님께서 보시기에는 유용한 시간이었음을 알게 하시옵소서!

세계와 역사의 주관자이신 예수님의 이름으로 기도드립니다. 아멘!

골방기도 / 삼위일체

하나님의 관심하시는 대상을 알게 하옵소서!

"내가 주릴 때에 너희가 먹을 것을 주지 아니하였고 목마를 때에 마시게 하지 아니
하였고 나그네 되었을 때에 영접하지 아니하였고 헐벗었을 때에 옷 입히지 아니하
였고 병들었을 때와 옥에 갇혔을 때에 돌보지 아니하였느니라 하시니."

(마태 25:42-43)

사랑의 하나님! 주님께서 마지막 말씀을 주실 때에 최후의 심판에 대해 말
씀하셨습니다. 신랑을 기다리는 신부, 종들에게 금을 나누어 준 이야기에
이어 하신 말씀입니다. "인자가 자기 영광으로 모든 천사와 함께 올 때에
자기 영광의 보좌에 앉으리니, 모든 민족을 그 앞에 모으고 각각 구분하기
를 목자가 양과 염소를 구분하는 것같이 하리라."는 것입니다.

그때 "양은 오른편에 염소는 왼편에 두리라!"고 하시며 저희가 세상에서
어떻게 살아야 하는지 말씀하실 때, 오른편에 있는 이들에게 "창세로부터
너희를 위하여 예비 된 나라를 상속받아라!"하시고, 왼편에 있는 이들에게
"저주를 받은 자들아 나를 떠나 마귀와 그 사자들을 위하여 예비된 영원한
불에 들어가라!"고 하셨습니다. 양쪽이 모두 놀랐습니다.

그때 주님께서 "내가 주릴 때 너희가 먹을 것을 주었고, 목마를 때 마시게
하였고, 나그네 되었을 때 영접하였고, 헐벗었을 때 옷을 입혔고, 병들었

을 때에 돌보았고, 옥에 갇혔을 때 와서 보았느니라."고 하셨고, 반대로 왼편에 있는 이들에게는 그렇게 하지 않았다고 책망하셨습니다. 양쪽 사람들이 언제 주님께서 그런 일을 겪으셨냐고 물으셨습니다.

주님은 "너희가 여기 내 형제 중에 지극히 작은 자 하나에 한 것이 곧 내게 한 것이니라."고, "지극히 작은 자 하나에 하지 아니한 것이 곧 내게 하지 아니한 것이니라."고 하셨습니다. 주님은 주린 이를 먹이시고, 목마른 이에게 마시게 하고, 나그네를 영접하고, 헐벗은 이에게 옷을 입히고, 병들었을 때와 감옥에 갇혔을 때 돌아본 것이라고 하셨습니다.

반대로 그런 이들에게 그렇게 하지 않은 것이 곧 내게 하지 않은 것이라고 하셨습니다. 오른편에 있던 이들은 "우리는 주님을 그렇게 해드린 적이 없다."며 놀랐고, 왼편에 있는 이들은 "주님이 그런 걸 보았다면 우리가 그냥 있겠느냐?"고 놀랐습니다. 그런데 주님은 "바로 이런 이들에게 한 것이 내게 한 것이고, 안 한 것이 내게 안 한 것이라."고 하셨습니다.

그때 주님은 "진실로 이르노니 그들은 영벌에, 의인들은 영생에 들어가리라."고 하셨습니다. 두려운 말씀입니다. 주님은 지금도 이런 상황에 저희의 관심과 도움이 절실한 모습으로 곁에 계십니다. 여기에 언급되지 않은 또 다른 도움이 필요한 모습으로 저희 곁에 계십니다. 저희를 위로하여 저희가 알지 못하는 모든 작은 주님께 사랑의 손을 내밀게 하시옵소서!

저희를 양편으로 구분하실 예수님의 이름으로 기도드립니다. 아멘!

골방기도 / 삼위일체

예수님처럼 살고 싶을 때 드리는 기도! (134)

평생 십자가 외에는 말하지 않게 하옵소서!

"형제들아 내가 너희에게 나아가 하나님의 증거를 전할 때에 말과 지혜의 아름다운 것으로 아니하였나니 내가 너희 중에서 예수 그리스도와 그가 십자가에 못 박히신 것 외에는 아무 것도 알지 아니하기로 작정하였음이라."

(고전 2:1-2)

사랑의 하나님! 오늘 사랑의 하나님을 생각하며 기도드리기 시작하며, 제일 먼저 세상을 사랑하신 하나님의 사랑을 극명하게 보여주신 예수님이 떠오르고, 그러면서 예수님이 오셔서 저희를 대신해서 돌아가신 참혹한 십자가를 생각합니다. 그 십자가를 생각하면 저희 가슴이 아프지만, 하나님께서 인생을 특별히 사랑하신 방편으로 십자가를 사용하셨음을 믿습니다.

본디 강력한 범죄자를 처형하는 로마의 사형 집행 도구였던 나무 십자가 형틀이, 예수님께서 못 박혀 돌아가심으로 하나님께서 인생들을 사랑하신 속죄의 도구가 되었고, 그 십자가를 통해 구원 즉 죄 사함의 상징이 되었습니다. 이후에 저희는 주님을 생각하면 십자가를, 십자가를 생각하면 하나님의 사랑을 생각합니다. 그래서 십자가는 영원한 사랑의 상징입니다.

'바울' 사도는 위대한 복음 전도자였고, 그가 세운 교회만도 헤아릴 수 없고, 그가 남긴 성경이 신약 성경의 절반이나 되는데, 그는 '갈라디아교회'

에 보낸 편지에서 "그러나 내게는 우리 주 예수 그리스도의 십자가 외에 결코 자랑할 것이 없으니 그리스도로 말미암아 세상이 나를 대하여 십자가에 못 박히고 내가 또한 세상을 대하여 그러하다."고 했습니다.

하나님! 그는 '고린도교회'에 보낸 글에서도 "내가 너희 중에서 예수 그리스도와 그가 십자가에 못 박히신 것 외에는 아무것도 알지 아니하기로 작정하였다." (고전 2:2)고 했습니다. 그에게 십자가는 생명이고 삶이었습니다. '바울의 복음'은 '십자가 복음'이고 '부활의 복음'이었습니다. 우리의 죄를 위하여 돌아가신 '십자가'와 '부활'이 복음의 전부였습니다.

주님의 생애를 볼 때 생의 전반부는 십자가에서 돌아가시면서 끝났으니 그 죽음의 형틀인 '십자가'이고, 후반부에는 요셉의 무덤에서 다시 일어난 '부활'이 중심에 있습니다. 주님의 십자가가 없으면 인생들의 죄는 해결할 곳이 없음은, 십자가에서 피 흘려 돌아가신 예수님의 피 흘리심이 저희의 가슴을 관통하고, 부활의 예수님이 구원받은 저희의 미래를 관통합니다.

오늘 저희 삶의 한 중심에 주님의 돌아가심과 부활이, 속죄와 영생을 상징하는 중요한 상징 언어로 강단마다 십자가가 외쳐지게 하시고, 저희의 삶에 부활을 노래하게 하옵소서! 십자가를 믿고 하나님 나라에 들어가며, 부활의 능력으로 영성의 삶을 살게 하시고, 언제나 그리스도인으로 십자가의 죽음의 가치를 바로 묵상하며 이 시대에 주님처럼 살게 하옵소서!

십자가로 저희를 살려주신 예수님의 이름으로 기도드립니다. 아멘!

7. 삼위일체를 위한 기도

골방기도 / 삼위일체

하나님의 일은 초과학적임을 알게 하옵소서!

"말하되 사람마다 먼저 좋은 포도주를 내고 취한 후에 낮은 것을 내거늘 그대는 지금까지 좋은 포도주를 두었도다 하니라. 예수께서 이 첫 표적을 갈릴리 가나에서 행하여 그의 영광을 나타내시매 제자들이 그를 믿으니라."

(요한 2:10-11)

하나님! 우주의 창조자이신 하나님께서 저희를 사랑하시니 감동이고, 이 사실을 성경을 통해 알게 해 주시니 감동입니다. 저희에게 영원한 미래인 천국을 약속해 주시니 감격이고, 이를 성경을 통해 알게 해 주시니 고맙습니다. 저희가 바라는 것을 주신다고 하심이 은혜이고, 또한 성경을 통해 가르쳐 주시니 고맙습니다. 성경은 무한한 보물 창고입니다.

우리에게 주신 최고의 문서인 성경이 가르쳐 주신 계시들을 읽고 믿게 해 주시니 고맙습니다. 말씀으로 우주 만물을 지으셨다니 기적이고, 이 말씀을 읽으면서 하나도 의심하지 않고 믿게 하시니 고맙습니다. 특히 성경에는 저희 인생들이 믿고 싶어도 믿어지지 않는 이야기들이 빼곡하게 들어 있는데, 어느 하나 의심하지 않고 믿는 믿음을 주시니 고맙습니다.

사람들이 태어나 백 년도 못사는 세상인데, 969세를 살았던 '므두셀라'의 이야기를 읽으면서 '아멘!'으로 믿으니 얼마나 은혜인지 모릅니다. 90세의

'사라'가 아이를 낳은 것도 믿어지고, 처녀 '마리아'가 아이를 낳아도 의심하지 않게 하심이 큰 은혜입니다. 죽은 사람이 살아나는 것, 그것도 죽은 지 나흘이나 되어 냄새가 나는 데서 살아났다고 해도 믿습니다.

이스라엘 백성들이 건너도록 바다가 갈라지고 '요단'강이 말라도 놀라지 않고, 하늘에서 '만나'와 '메추라기'가 매일 아침저녁에 40년간 내려 백성들이 그걸 먹고 살았다는 게 믿어지니 하나님 은혜입니다. 성경에 일상처럼 기록된 역사가 우리 이성으로 이해가 안 되는 것들이 부지기수인데 이게 다 믿어질 뿐 아니라 지금도 이루어지기를 기도하니 기적입니다.

'아브라함', '이삭', '야곱', '요셉', '모세', '엘리야', '엘리사'의 탄생과 생애, 죽음이 모두 신비합니다. '갈릴리 호수'에서 일어나던 풍랑이 예수님의 말씀 한마디로 잔잔해지고, 말씀 한마디로 무화과나무가 뿌리로부터 말랐어도 그게 믿음이 가고, 돌 항아리 여섯에 가득 채운 물이 극상품 포도주가된 '가나'의 혼인 잔치에서의 일이 의심 없이 믿어지고 있습니다.

그런데 이보다 기적 같은 일들이 성경에 빼곡하게 있는데도 이걸 다 믿으며 살게 하시니 얼마나 큰 은혜인지 모릅니다. 오늘 우리는 이런 똑같은 기적이 저희가 섬기는 교회와 가정에서도 일어나기를 계속 기도하고, 이일이 날마다 일어나기를 기다리게 하심이 고맙습니다. 이런 기적같이 신비한 일들이 이 시대의 저희 속에 매일 같이 일어나기를 기도합니다.

인생에서 기적의 주인이신 예수님의 이름으로 기도드립니다. 아멘!

골방기도 / 삼위일체

예수님처럼 살고 싶을 때 드리는 기도! (147)

복음의 사람으로 자긍심을 가지게 하옵소서!

"무명한 자 같으나 유명한 자요 죽은 자 같으나 보라 우리가 살아 있고 징계를 받는 자 같으나 죽임을 당하지 아니하고 근심하는 자 같으나 항상 기뻐하고 가난한 자 같으나 많은 사람을 부요하게 하고 아무 것도 없는 자 같으나 모든 것을 가진 자로다." (고후 6:9-10)

하나님! 저희에게 하나님의 자녀가 되게 하시니 고맙습니다. 이 세상에서 가장 어리석은 사람은 바로 그리스도인입니다. 왜냐하면, 지금 보이는 세상에서 아무것도 얻은 게 없는 데도, 마치 세상을 가진 듯 부요한 마음으로 사는 이들이기 때문입니다. 자신의 손에는 아무것도 없는데, 구하기만 하면 하나님께서 주실 것이라는 믿음으로 평생을 살기 때문입니다.

하나님! 저희는 제일 바보 같은 사람입니다. 지금 육신의 장막이 쇠하여 눈꺼풀이 내려오고 숨쉬기도 불편한데 아무도 가보지 못한 나라에 들어가는 것을 굳게 믿는 이들입니다. 저희는 제일 불쌍한 사람입니다. 오지 않은 미래를 위해 지금 저희 앞에 다가온 현실을 포기하는 사람들입니다. 저희가 바보같이 살면서, 오히려 다른 사람들을 불쌍히 여깁니다.

하나님! 저희는 제일 모자라는 사람들입니다. 여기 있는 이들 중에는 세상에서 출세하고 부자 되고 권력 잡은 이들이 하나도 없음에도, 마치 세상의 모든 것을 다 가지고 부족한 게 하나도 없는 부자처럼 재벌처럼 권력자처럼 삽니다. 당장 세상 문제를 해결할 아무 힘이 없는 데도 마치 천하를 호령할 듯한 위엄으로 사는 모자라는 사람이기 때문입니다.

세상에서는 저희가 제일 불쌍한 자입니다. 세상에서 주리고 목마르며 헐벗고 매 맞으며 정처가 없고, 모욕을 당한즉 축복하고 박해를 받은즉 참고, 비방을 받은즉 권면하며 우리가 지금까지 세상의 더러운 것과 만물의 찌기 같이 되었습니다. (고전 4:11-13) 그럼에도 하나님께서 갚아주실 것을 믿고 기다리며 강하고 존귀한 이들 앞에서 약하고 비천하게 삽니다.

그런데 하나님! 이렇게 산 것은 어쩌면 우리 주 예수님의 삶과 너무 흡사합니다. 주님의 삶과 너무 똑같습니다. 그러므로 돌아가심의 자리에서 다시 일으키시어 영광 가운데 올리시고, 하나님 보좌 우편에 앉으신 것처럼 지금도 주님은 다시 저희를 그렇게 높여주실 것을 믿습니다. 그리고 저희를 약속대로 참고 산대로 갚아주실 것을 믿습니다. 기억하여 주옵소서!

그럼에도 지금 저희는 망해가는 숱한 사람들을 구원하여 복음을 전하고, 지옥에 갈 사람들에게 천국을 소개하며, 저희를 부요하게 하고 행복하게 하는 권세를 주셨습니다. 아무것도 가지지 못한 가난한 이들이지만 온 세상을 다 가진 영광의 후예임을 기억하고, 부요한 자로 살고, 하늘 아버지의 자녀로 권세 있게 살게 하옵소서! 행복하게 살게 하옵소서!

저희의 미래를 책임지실 예수님의 이름으로 기도드립니다. 아멘!

골방기도 / 삼위일체

예수님처럼 살고 싶을 때 드리는 기도! (148)

사람들에게 인정받는 사람이 되게 하옵소서!

"디도로 말하면 나의 동료요 너희를 위한 나의 동역자요 우리 형제들로 말하면 여
러 교회의 사자들이요 그리스도의 영광이니라. 그러므로 너희는 여러 교회 앞에서
너희의 사랑과 너희에 대한 우리 자랑의 증거를 그들에게 보이라."

(고후 8:23-24)

하나님께서 위대한 사도의 곁에 위대한 제자들과 사역자들을 붙여주심을
기억합니다. 선지자 '모세'의 곁에는 '여호수아'를 주시고, 또 그를 도울 '아
론'과 '훌'을 주시니 은혜입니다. 또 선지자 '엘리야'에게는 '엘리사'를 보내
시고, '다윗'에게는 '요나단'을 붙여주심도 축복입니다. 오늘 주님의 일을
하는 저희들에게도 좋은 사람들을 동서남북에서 불러 모아 주시옵소서!

위대한 사도 '바울' 곁에 좋은 동역자를 붙여주셨음을 봅니다. 믿음의 아들
'디모데'와 '디도', '오네시모'를 붙여주시고, '아굴라'와 '브리스길라' 내외,
'에바브라디도', '오네시보로' 같은 사람을 붙여주셨습니다. '바나바'와 '실
라'를 붙여주시고, '루디아'같은 여인을 만나게 하셨습니다. 하나님! 저희
에게 이렇게 좋은 동역자를 보내셔서 복음 사역이 더 빛나게 하옵소서!

'그레데' 섬에서 목회하던 '바울' 사도의 믿음의 아들 '디도'는 고린도 교회
에 헌금을 독려하고 이를 취합하여 오는 일에 다른 이와 보내심을 받는데,

그를 칭찬하고 소개하는 사도의 말이 저희의 가슴에 남습니다. 바울 사도는 '디도'를 "나의 동료요 너희를 위한 나의 동역자요, 우리 형제들로 말하면 여러 교회의 사자들이요 그리스도의 영광이라."고 합니다.

함께 보낸 익명(匿名)의 형제는 '여러 교회의 사자들이요, 그리스도의 영광'이라고 했습니다. 하나님의 사람으로 주님의 사자 곁에서 일하는 행복이 얼마나 큰지 알게 하옵소서! 그리하여 언제나 이렇게 신뢰받고 사랑받는 하나님의 사람들이 되게 하옵소서! '감옥에서 낳은 아들'로 표현된 '오네시모'는 하나님 사도의 곁에 있는 동역자의 품격을 볼 수 있습니다.

"그가 전에는 네게 무익하였으나 이제는 나와 네게 유익하므로, 네게 그를 돌려보내노니 그는 내 심복이라."고 했습니다. (빌레 1:11-12) 노예였던 사람을 자신의 '심복(心腹)'이라고 말할 수 있다면 그의 변화가 얼마나 놀라운 일인지 모릅니다. 사랑의 하나님! 저희 곁에도 그 같은 진실한 하나님의 사람을 보내주시고, 저희도 누구에게 그렇게 진실 되게 하옵소서!

사람 하나가 곁에 오면서 때로 '천군만마'를 얻은 것과 같은 사람이 있습니다. 한 사람 때문에 공동체의 사기가 진작되고 의욕이 생기는 이가 있습니다. 사도에게 인정받는 사람, 공동체에 존경받는 사람이 있습니다. 그런 사람을 만나게 하시고, 또한 저희도 그런 사람이 되게 하옵소서! 언제나, 어디서나, 누구에게나 이렇게 귀한 저희가 되게 하옵소서!

저희를 변화시켜 주시는 예수님의 이름으로 기도드립니다. 아멘!

골방기도 / 삼위일체

족보와 혈통을 자랑하지 않게 하옵소서!

"그러므로 회개에 합당한 열매를 맺고 속으로 아브라함이 우리 조상이라고 생각하지 말라 내가 너희에게 이르노니 하나님이 능히 이 돌들로도 아브라함의 자손이 되게 하시리라."
(마태 3:8–9)

신앙생활을 하다 보면 연륜이 쌓이고 경험이 늘면서 계급이 생깁니다. 교회 출석이 어느 정도 되면 세례를 받아 '세례교인'이 되고, 또 시간이 지나 교회 생활에 익숙해지고 예배를 성실하게 드리면 집사님도 되고 권사님도 됩니다. 물론 시간이 더 지나면 장로님도 됩니다. 이는 목회자도 마찬가지입니다. 신학대학원을 졸업하고 촌스러웠던 이가 성장합니다.

'서리 전도사'에서 준회원이 되고 목사 안수를 받으면, 예수님처럼 보이던 선배 목사님들이 자기와 같은 목사처럼 생각되고 시찰장, 감리사, 노회장 등의 감투도 쓰게 됩니다. 사람들은 이때 정회원 3년 차, 목사 안수 10년차 등을 붙입니다. 그러면서 한 해 한 해 10년 차, 11년 차가 되면 더 영적으로 성숙해지고 거룩해지는 게 아니라 세속화되는 경우도 많습니다.

순수하던 마음이 점점 세속화되고 몇 년차, 몇 년차 하면서 점점 순수함이 사라지고 마치 세상처럼 계급이 됩니다. 유대인들은 자신들이 '아브라함의 자손'이라는 그 하나를 마치 구원의 보증수표라고 생각하고 있을 때, 성경은 세례자 '요한'을 통해 "내가 너희에게 이르노니 하나님이 능히 이 돌들로도 아브라함의 자손이 되게 하시리라."(마태 3:9)고 했습니다.

주님! 그렇습니다. 그건 계급도 서열도 아닙니다. 하나님의 나라는 '칼빈파'도 없고 '웨슬리파'도 '루터파'도 없습니다. 그곳은 침례교회 지역도 순복음 지역도 없습니다. 목사와 전도사의 구별도, 집사와 장로의 구별도 없습니다. 별처럼 생각하는 감독구역도 없습니다. 진실한 그리스도인들을 알 수 있을 뿐이고 저희가 도착하는 곳은 세상의 신분이나 직책이 없습니다.

하나님! 저희가 이 땅에서 수석 졸업도 하고 석사 박사도 하고 학위를 몇 개 하는 것은 보람도 있고 가치도 있습니다. 유익도 있습니다. 그러나 이는 하나님의 나라에서는 모두 쓰레기일 뿐임을 알게 하옵소서! 그 나라에는 세상의 취임패, 축하패, 공로패를 따라 상을 주는 게 아니라, "많은 사람을 옳은 데로 인도한 이는 별과 같이 빛날 뿐입니다. (다니 12:3)

하나님의 나라는 말없이 회개의 열매를 많이 맺은 사람의 이름이 빛날 것이고, 순교자의 이름이 빛날 것이고, 가난하고 병들고 갇히고 헐벗고 주린 이들을 돌아본 이름 없는 이들의 이름이 빛날 것입니다. 세상에서 높은 자리, 힘 있는 자리에 있던 이들이 여전히 권력을 누리는 곳이 아니라, 어린 아이처럼 겸손하고 자기를 낮춘 이들의 나라임을 알게 하옵소서!

저희가 영원한 나라에서 만날 예수님의 이름으로 기도드립니다. 아멘!

7. 삼위일체를 위한 기도

골방기도 / 삼위일체

예수님처럼 살고 싶을 때 드리는 기도! (160)

목회자가 기억하는 좋은 사람이 되게 하옵소서!

"원하건대 주께서 오네시보로의 집에 긍휼을 베푸시옵소서. 그가 나를 자주 격려해 주고 내가 사슬에 매인 것을 부끄러워하지 아니하고 로마에 있을 때에 나를 부지런히 찾아와 만났음이라."

(딤후 1:16–17)

사랑의 하나님! 이 땅에서 신앙생활을 하는 성도들과 그들에게 복음을 전하고 가르치는 목회자 사이에는 영원히 잊지 못할 추억의 사도와 추억의 제자들이 있습니다. 이들이 세상을 떠날 때 피차에 서로 영원히 잊지 못할 아름다운 추억을 간직한 좋은 목회자와 좋은 성도들이 되어, 사역 중에 힘든 시간을 다 잊어버리고 감사하는 이들이 되게 하여 주옵소서!

하나님의 사역자들과 그들을 회고하는 성도들 사이에 남는 것은 둘 중의 하나입니다. 하나는 평생 잊을 수 없는 좋은 인연이 되어 기억에 남든지, 아니면 평생 그에게 받은 상처 때문에 다시는 기억하고 싶지 않은 사람이 되는 것입니다. 서로 하나님이 그를 축복해 주심을 바라는 이들이 되게 하옵소서! 누구나 경험한 세월에서 아름다운 추억이 남게 하옵소서!

사랑의 하나님! '바울' 사도에게는 회복되지 않은 아픈 추억을 만들어 준 이들이 있습니다. "아시아에 있는 모든 사람이 나를 버린 이 일을 네가 아나니, 그중에는 '부겔로'와 '허모게네'도 있느니라."(딤후 1:15)고 성경에 등장한 이들은 '바울' 사도를 쫓아내는 주동자들입니다. 그를 잊을 수가 없을 것입니다. 일생을 돌아보며 제일 먼저 생각이 난 사람입니다.

또 사도 '바울'의 마음을 아프게 한 이가 '후매네오'와 '빌레도'였는데 그들은 마치 악성 종양과 같은 망령되고 헛된 말, 별별 이상한 말을 해서, 그 말이 보태지고 부풀려져서 사도의 마음을 힘들게 했습니다. '바울' 사도가 볼 때 '믿음과 착한 양심을 버렸고, 그 믿음에 관하여는 이미 파선한 '후메내오'와 '알렉산더' (딤전 1:19-20) 같은 사람도 있었습니다.

그런데 그중에 '알렉산더'는 '구리 세공업자'인데 바울에게 어떤 일로 그랬는지 모르지만, 해를 많이 입혔습니다. 오죽하면 "주께서 그 행한 대로 그에게 갚으시리니, 너도 그를 주의하라. 그가 우리말을 심히 대적하였느니라."(딤후 4:14-15)고 했습니다. 이 '알렉산더'는 사도 '바울'이 자비량 선교여행을 하는 동안 결코 만나서는 안 될 최악의 인물이었습니다.

그중에 빛나는 이름이 바로 "'오네시보로'의 집에 긍휼을 베푸시옵소서! 그가 나를 자주 격려해 주고, 내가 사슬에 매인 것을 부끄러워하지 아니하고, '로마'에 있을 때 나를 부지런히 찾아와 만났다."(딤후 1:16-17)는 '오네시보로'입니다. 사도에게 얼음냉수 같은 아름다운 추억이 있는 사람입니다. 그런 이들을 많이 보내주시고, 저희도 그런 사람이 되게 하옵소서!

좋은 사람을 만나게 해주실 예수님의 이름으로 기도드립니다. 아멘!

골방기도 / 삼위일체

머리털까지 세신 하나님을 알게 하옵소서!

"참새 두 마리가 한 앗사리온에 팔리지 않느냐. 그러나 너희 아버지께서 허락하지
아니하시면 그 하나도 땅에 떨어지지 아니하리라. 너희에게는 머리털까지 다 세신
바 되었나니 두려워하지 말라. 너희는 많은 참새보다 귀하니라."

(마태 10:29-31)

하나님! 저희가 하나님에 대해 잘 모르고 있었습니다. 하나님은 저를 저보
다 더 사랑하시는 분이고, 저를 저보다 더 잘 아시는 분이시라는 사실입니
다. 때로는 "하나님께서 저의 이 답답함을 아실까?", "저의 억울함과 아픔
을 아실까?", "이 힘든 부분까지 어떻게 아실까?" 어떤 때는 기도를 드리
면서도 하나님을 불신하고, 기도하면서도 하나님을 모르고 삽니다.

그런데 하나님은 온 우주를 지으신 창조주로 우주보다도 크신 하나님이시
지만, 어떤 때는 아주 인간의 작은 것까지도 아시는 세밀한 분이십니다.
때로는 역사의 주역으로 세계 역사의 흐름을 주도하기도 하시지만, 때로
는 참새 두 마리를 한 '앗사리온'에 팔리는 것까지 개입하십니다. 온 우주
만물 거대한 공간에 하나님의 손길이 미치지 않으시는 곳이 없습니다.

하나님께서는 인생들을 얼마나 정확히 알고 계시는지 모릅니다. 하나님은
인생의 현재 좌표와 상태부터, 먼 미래에 일어날 일까지 준비해 주시지만,

아주 작은 것도 하나님의 섭리 안에서 이루어지게 하십니다! 하나님은 할일 없이 저희의 머리카락이나 세시는 분이 아니라, 저희의 일거수일투족을 지켜보시며 사랑하시는 인생들의 모든 필요를 채워 주십니다.

하나님은 저희의 생각에 함께하시고, 행동에 함께하십니다. 결단하고 미래를 스케치하고 디자인하는 곳에도 함께 하시고, 저희가 꿈꾸는 꿈에도 함께하시고, 꿈을 이루어 주십니다. 하나님은 저희 인생들의 아주 작은 고민거리에도 함께 하시고, 별일 아닌데 상처받고 낙심해 있는 곳에도 함께 하시며 전혀 아뢸 필요도 모르던 일에까지 찾아오십니다.

하나님! 하나님은 미처 저희가 알려 드리지 않은 작은 일부터, 기도해도 응답될 것 같지 않은 엄청난 일까지, 지금 당장 발등에 떨어진 불처럼 급박한 일부터 먼 미래에 일어날 한참 뒤의 일까지 당신의 일정 안에 기록하시고 저희를 위한 준비를 하십니다. '요셉'이 먼 훗날 이루어질 꿈을 꿀 때도 함께 하셨지만, 형들의 손에 팔릴 때도 준비하셨습니다.

'애굽'에 '보디발'을 준비시켜 그의 종으로 들어가게 하신 하나님은, 그 안에서 모함을 받아 감옥에 들어갈 감옥의 전옥까지, 또 술 맡은 관원장의 안이한 생각을 대신해서 바로에게 직접 꿈도 준비해 주십니다. 하나님은 우리가 무시하는 작은 것부터 엄두도 못내는 엄청난 것을 이루시기에, 죽은 자를 살리시는 하나님임을 알고 그 분께 구하게 하옵소서!

작은 톱니까지 준비하시는 예수님의 이름으로 기도드립니다. 아멘!

골방기도 / 삼위일체

예수님처럼 살고 싶을 때 드리는 기도! (175)

나를 누가 부르셨는지 생각하게 하옵소서!

> "사람들에게서 난 것도 아니요 사람으로 말미암은 것도 아니요 오직 예수 그리스도와 그를 죽은 자 가운데서 살리신 하나님 아버지로 말미암아 사도 된 바울은"
>
> (갈라 1:1)

사랑하는 하나님! 저희가 세상에서 때로는 우쭐하기도 하고 때로는 잘난 척도 합니다. 귀한 신분, 귀한 자리에 있을 때 내가 노력하고 재능 있고, 능력이나, 은사 덕분이라고 합니다. 아마도 내 인물, 내 신장, 내 언변, 내 재능에 나를 쓰셨을 것이라는 자부심도 느낄 때가 있습니다. 그러다 어느 한순간 힘들고 어려운 일이 닥쳐오면 하나님을 원망하기도 합니다.

'잘되면 자기 탓이고 못되면 조상 탓'이 되는 세상에서 나를 부르신 하나님을 조용히 묵상하게 하옵소서! 오늘 내가 하나님의 부르심을 입어 하나님의 자녀가 되고, 그 부르심을 힘입어 하나님의 일꾼이 된 것은 순전히 하나님의 은혜입니다. 높은 임금이나 고위 관료만 하늘이 내시는 게 아니고, 우리는 모두 하나님의 부르심과 택하심을 따라 여기 있습니다.

오늘도 저희를 사랑하여 부르신 하나님! 사도 바울이 "사람들에게서 난 것도 아니요, 사람으로 말미암은 것도 아니요, 오직 예수 그리스도와 그를 죽은 자 가운데서 살리신 하나님 아버지로 말미암아 사도 된"(갈라 1:1)것을 고백했는데, 오늘 이 자리에 앉아있는 저희도 오직 예수님과 하나님으로 말미암아 목사도, 장로도 되고 하나님의 자녀가 되었습니다.

저희는 자랑할 것이 없습니다. 드러낼 것도 없습니다. 잘한 것도, 잘 할 줄 아는 것도 없습니다. 순전히 하나님께서 저희와 함께하셔서 여기까지 왔으며, 하나님이 세우셔서 이 자리에 있으며, 하나님께서 쓰셔서 이 일을 하고 있습니다. 받아 주옵소서! 만일에 저희가 사람이 뽑아서 쓰려고 했으면 시험에서 떨어졌을 것이고 면접에서 다 떨어졌을 것입니다.

그런데 하나님께서 저희가 가지고 있는 학력, 실력, 외모, 경력을 모두 무시하고 온전히 하나님 은혜로 아무것도 보지 않고 "전에는 비방자요 박해자요 폭행자였으나 도리어 긍휼을 입은 것은 내가 믿지 아니할 때에 알지 못하고 행하였음이라."고 하시듯, 모르던 시절의 일이라 덮어주시고 "주의 은혜가 넘치도록 풍성하게."(딤전 1:13-14)세워 주신 것입니다.

생각해 보니 하나님은 우리를 "어머니의 태로부터 나를 택하시고 은혜로 나를 부르신 이"(갈라 1:15)였고, 나면서 우리를 아시고, 구원의 은혜를, 소명의 은혜를, 사명의 짐, 감당할 능력을 주시어, 여기에 있게 하셨습니다. 바울 사도만 아니라, 우리 모두 "사람으로 말미암은 것이 아닌, 예수 그리스도와 그를 살리신 하나님으로 말미암아" 된 것을 알게 하옵소서!

저희를 부르시고 일하게 하신 예수님의 이름으로 기도드립니다. 아멘!

골방기도 / 삼위일체

예수님처럼 살고 싶을 때 드리는 기도! (198)

사람을 살리는 예수님의 이름을 갖게 하옵소서!

"베드로가 이르되 은과 금은 내게 없거니와 내게 있는 이것을 네게 주노니 나사렛 예수 그리스도의 이름으로 일어나 걸으라 하고 오른손을 잡아 일으키니 발과 발목 이 곧 힘을 얻고." (사도 3:6-7)

예수 그리스도는 우리의 구주십니다. 그 이름은 존귀한 이름이요, 능력과 권세가 있는 이름입니다. 그 이름으로 우리가 구원을 얻고, 그 이름으로 기도하고, 그 이름으로 세상을 이깁니다. 마귀의 궤계를 그 이름으로 물리치고, 그 이름으로 승리를 선포합니다. 질병 중에는 그 이름의 치유의 능력이고, 낙심과 절망 중에 그 이름은 저희를 일으켜 주십니다.

위험한 일을 만났을 때 저희를 안전하게 지켜 주시고, 수치를 당할 때도 이 이름이 저희를 지켜 줍니다. 마음이 아파 외로이 울고 있을 때는, 그 이름이 저희에게 위로의 이름으로 다가오고 있습니다. 때로 슬플 때 그 이름을 부르면 슬픔이 잦아들고 행복할 때 이름을 부르면 행복이 배가(倍加)됩니다. 예수님 이름은 신비한 힘을 가지고 있는 존귀한 이름입니다.

사도 '베드로'와 '요한'이 '예루살렘' 성전에 기도하려고 들어갈 때에 날 때부터 걸어본 적이 없는 이가 늘 하던 대로 예배자들에게 구걸하기 위해 손을 내밀었습니다. 그때 '베드로'가 "은과 금은 내게 없거니와 내게 있는 이 것을 네게 주노니, '나사렛' 예수 그리스도의 이름으로 일어나 걸으라!"며 오른손을 잡아 일으키자 발과 발목이 힘을 얻고 일어났습니다.

그는 태어나서 걷지 못하는 장애를 겪으며 얼마나 긴 아픔의 세월을 보냈겠습니까! 거기에서 벗어나려고 별 방법을 다 찾아보았습니다. 그러나 시도는 번번이 빗나가고 몸은 여전히 무거운 장애에 갇힌 채 이제는 더이상 회복을 포기하고 '예루살렘'에서 예배자들을 향해 구걸하여 먹고 사는 것으로 방향을 잡고 오늘까지 오는 동안 이런 놀라운 일을 겪습니다.

그는 어쩌면 그날 생전 처음 그 기막힌 이름을 들어보았을 것이고, 자신의 운명이 그 예수의 이름으로 전혀 새로운 운명이 되었다는 것을 경험했습니다. 그 일 후에 그는 관리들에게 끌려가 심문을 받았지만, 누구도 그 이름을 빼앗아 갈 수가 없습니다. 하나님! 저희에게 권세 있는 예수님의 이름을 주옵소서! 그 이름에 생애를 걸고 살아가게 하여 주옵소서!

이 예수님의 이름이 저희의 인생을 바꾸어 주옵소서! 그리고 그 이름으로 새로운 미래를 준비하게 하옵소서! 말씀이 선포되는 강단이 이 이름으로 뒤덮이게 하시고, 저희의 기도 위에 이 이름이 가득하게 하옵소서! 이 이름은 우리를 영광스럽게 하고, 저희 삶을 부요하게 하는 이름이 되게 하옵소서! 그 이름의 신비를 저희들의 생애에 몸소 겪게 하옵소서!

우리의 운명을 바꾸어 주실 예수님의 이름으로 기도드립니다. 아멘!

7. 삼위일체를 위한 기도

골방기도 / 삼위일체

주님께서 먼저 사랑하신 것을 알게 하옵소서!

"사랑은 여기 있으니 우리가 하나님을 사랑한 것이 아니요 하나님이 우리를 사랑하사 우리 죄를 속하기 위하여 화목 제물로 그 아들을 보내셨음이라."

(요일 4:10)

하나님! 사랑합니다. 저희가 하나님에 대한 사랑을 고백하고 그 사랑의 표현으로 헌신이나 헌금이나 눈에 보이는 여러 증거를 내세웁니다. 그러나 하나님! 이 세상 누구도 하나님의 사랑에 버금가는 사랑을 할 수 있는 이는 없고, 세상에서 하나님의 사랑보다 먼저 하나님을 사랑한 사람도 없습니다. 사랑은 하나님으로부터 와서 다시 돌려드릴 수 없습니다.

우리가 하나님의 사랑을 처음 알았을 때 저희는 죄인이었습니다. "의인을 위하여 죽는 자가 쉽지 않고 선인을 위하여 용감히 죽는 자가 혹 있거니와 우리가 아직 죄인 되었을 때 그리스도께서 우리를 위하여 돌아가심으로 하나님께서 우리에 대한 자기의 사랑을 확증하셨다."(로마 5:7-8)고 말씀하셨습니다. 그렇습니다. 의인을 위해서도 대신 죽기는 어렵습니다.

그런데 마땅히 죽을 죄인을 위해 그 아들에게 죄를 정하여 죄인이 되게 하시고, 죄 값이 사망이 되어 주님을 죽이시는 것은 우리에게 향하신 하나님 사랑의 증거입니다. 또 "우리가 원수 되었을 때 그의 아들의 돌아가심으로 말미암아 하나님과 화목하게 되었은즉 화목하게 된 자로서는 더욱 그의 살아나심으로 구원을 받을 것이니라." (로마 5:10)고 했습니다.

세상에 누가 '원수(怨讐)'를 살리려고 아들을 죽입니까? 그뿐 아니라 이제 우리로 화목하게 하신 우리 주 예수 그리스도로 말미암아 하나님 안에서 또한 즐거워한다고 했습니다. (로마서 5:11) "우리가 아직 연약할 때에 기약대로 그리스도께서 경건하지 않은 자를 위하여 죽으셨다." (로마 5:6)고 했습니다. 바울이 전한 이런 사랑은 역사에 없는 절대적 사랑입니다.

하나님! 저희는 하나님을 사랑할 수 없습니다. 본디 하나님을 사랑할 수 없는 연약한 인생이고, 본디 하나님을 사랑하지 못하는 죄인이었습니다. 그 하나님은 우리에게 옛적에 약속하신 두 번째 '아담'인 예수님을 보내셔서 저희가 지고 가야 할 죄인의 형벌 십자가를 대신 지시므로 저희가 져야 할 심판의 형벌은 모두 주님께 전이되어 치러 졌습니다.

사랑의 하나님! 이제는 먼저 저희를 사랑하신 하나님의 사랑을 기억하여, 그 사랑 배신하지 않고, 그 사랑 마음껏 누리며, 그 사랑 안에서 하나님과 화목하여 즐겁고 행복하게 살게 하옵소서! 다시는 종의 멍에를 메지 말고 주님께서 주신 사랑의 종이 되어 살게 하옵소서! 그 사랑이 얼마나 큰지, 온 우주보다 큰 사랑인 줄 알고 하나님과 감격하며 살게 하옵소서!

저희 위해 십자가에 돌아가신 예수님의 이름으로 기도드립니다. 아멘!

골방기도 / 삼위일체

예수님처럼 살고 싶을 때 드리는 기도! (221)

주 예수님은 어떤 분이신지 알게 하옵소서!

"내가 너희에게 이르노니 성전보다 더 큰 이가 여기 있느니라 나는 자비를 원하고
제사를 원하지 아니하노라 하신 뜻을 너희가 알았더라면 무죄한 자를 정죄하지 아
니하였으리라 인자는 안식일의 주인이니라 하시니라."

(마태 12:6-8)

사랑하시는 하나님! 저희가 하나님을 '아버지'라 부르고 예수님을 '주님'이
라고 부르며 십 년, 이십 년 혹은 평생을 사는데도 하나님에 대해서, 혹은
예수님에 대해서 정직한 인식과 정직한 고백을 못 하고 삽니다. 좀 심한
표현으로 맹인이 코끼리 만지는 식으로 눈에 보이지 않으시는 하나님을
개인의 취향대로 형상화하고 자신의 가슴에 그려진 형상대로 믿습니다.

사랑하시는 하나님! 유대인의 혈통으로 다윗의 후손으로 오신 예수님에게
그들이 수천 년 동안 가르치고 지켜왔던 '율법'은 인생에게 최고의 가치를
가진 범접할 수 없는 성역이었습니다. 율법은 하나님과 친구처럼 비밀도
없이 자유롭게 소통했고, 그가 '시내' 산에서 내려올 때는 영광의 광채 때
문에 모든 백성이 엎드렸던 '모세'가 하나님께 직접 받은 것입니다.

그런데 예수님께서는 세상에 오셔서 "옛사람에게 살인하지 말라 살인하면
심판을 받게 되리라! 하였다는 것을 들었으나 나는 너희에게 이르노니 형

제에게 노하는 자마다 심판을 받게 되리라. 또 간음하지 말라는 것을 들었으나 나는 너희에게 이르노니 음욕을 품고 여자를 보는 자마다 마음에 이미 간음하였느니라."고 말씀하시므로 율법을 수정하신 것입니다.

또 "누구든지 아내를 버리려거든 이혼 증서를 줄 것이라 하였으나 나는 너희에게 이르노니 누구든지 음행한 이유 없이 아내를 버리면 이는 그로 간음하게 함이요, 또 누구든지 버림받은 여자에게 장가드는 자도 간음함이니라. 옛 사람에게 말한바 헛맹세를 하지 말고 네 맹세한 것을 주께 지키라 하였으나 도무지 맹세하지 말지니!"라고 대폭 수정하셨습니다.

또 "이웃을 사랑하고 원수를 미워하라 하였으나 나는 너희에게 이르노니 너희 원수를 사랑하며 너희를 박해하는 자를 위하여 기도하라. 내가 율법이나 선지자를 폐하러 온 줄로 생각하지 말라. 폐하러 온 것이 아니요 완전하게 하려 함이라. 천지가 없어지기 전에는 율법의 일점일획도 결코 없어지지 아니하고 다 이루리라." (마태 5:17-18)고 말씀하셨습니다.

예수님은 율법의 준행자요 완성자이십니다. 안식일에 제자들이 이삭을 자르다 시비하자 다윗이 시장할 때 한 일을 말하며 사람이 안식일을 위하여 있는 것이 아니니, 인자는 안식일에도 주인이라. (마가 2:23-28)고 하셨습니다. 또 성전보다 더 큰 이가 여기 있느니라(마태 12:6)고 하심으로 주님은 율법보다 안식일보다 성전보다 더 큰 이심을 알게 하옵소서!

율법, 안식일, 성전보다 크신 예수님의 이름으로 기도드립니다. 아멘!

골방기도 / 삼위일체

예수님처럼 살고 싶을 때 드리는 기도! (223)

주님께는 언제나 풍족함을 알게 하옵소서!

"그들이 건너가 게네사렛 땅에 이르니 그 곳 사람들이 예수이신 줄을 알고 그 근방에 두루 통지하여 모든 병든 자를 예수께 데리고 와서 다만 예수의 옷자락에라도 손을 대게 하시기를 간구하니 손을 대는 자는 다 나음을 얻으니라."

(마태 14:34-36)

사랑의 하나님을 찬양합니다. 하나님은 저희에게 언제나 부요하게 해 주시고 풍요롭게 하시며 부족함이 없으십니다. 하나님은 세상을 지으실 때 광활한 우주 공간을 인간들이 살기에 부족함이 없도록 완벽하게 지으시고, 해와 달과 별들을 지으시고, 산과 들과 나무, 강과 바다 호수를 지으시고, 동식물 광물을 지어 인간이 마음껏 필요 따라 누리도록 하셨습니다.

하나님은 저희에게 언제나 풍족하시며 저희가 필요한 것을 미리 아시고 공급해 주셨습니다. 인생들에게 급식을 제공하신 출애굽 기사를 보면 "이스라엘 자손이 그같이 하였더니 거둔 것이 많기도 하고 적기도 하나 '오멜'로 되어 본즉 많이 거둔 자도 남음이 없고 적게 거둔 자도 부족함이 없이 각 사람은 먹을 만큼만 거두었더라." (출애 16:17-18)고 했습니다.

예수님의 처음 표적으로 유명한 '갈릴리', '가나'의 혼인 잔치에서 예수님께서 만드신 포도주는, 두세 통 드는 돌 항아리 여섯에 극상품 포도주로 차고 넘쳤습니다. '벳새다' 광야에서 주린 백성들에게 떡을 만들어 주실 때는, 비록 보리떡 다섯 개와 물고기 두 마리밖에 없었지만, 여자와 아이 외에 장정만 오천 명이 저희 원대로 먹고 열두 광주리가 남았습니다.

예수님이 행하신 치유의 은혜는 "아무 데나 예수께서 들어가시는 지방이나 도시나 마을에서 병자를 시장에 두고 예수께 그의 옷 가에라도 손을 대게 하기를 간구하니 손을 대는 자는 '다 성함'을 얻으니라."(마가 6:56)고 했습니다. 누구는 고침을 받고 누구는 그냥 돌아간 게 아니라 믿음으로 나온 모든 이들이 다 나음을 입고 돌아갈 풍성한 능력이었습니다.

사도행전 5장 16절에도 "예루살렘 부근의 많은 이들도 모여 병든 사람과 더러운 귀신에게 괴로움 받는 사람을 데리고 와서 다 나음을 얻으니라."고 했습니다. 개인적으로 주님께 나왔던 환자들도 모두 온전케 되어, 다시는 의원에 갈 일이 없고, '나병'도 '혈루'도 재발하지 않고 모두 평안히 가정과 사회로 돌아갔습니다. 이것은 하나님의 풍성한 능력입니다

집을 나가 타국에 가서 재산을 탕진하고 돌아온 둘째 아들이 돌아왔을 때, 그가 아버지께 구한 것은 품꾼의 하나로 써주시고, 밥이나 먹이고 잠이나 재워주기를 원했지만, 아버지는 그에게 제일 좋은 옷을 입히고 새 신을 신기고 가락지를 끼우고 살진 송아지를 잡아 잔치해 주셨습니다. (누가 15:22-23) 이것이 부요하신 아버지의 사랑임을 알게 하옵소서!

저희들을 위해 풍요로우신 예수님의 이름으로 기도드립니다. 아멘!

골방기도 / 삼위일체

예수님처럼 살고 싶을 때 드리는 기도! (227)

예수님께 책망받는 자가 되지 않게 하옵소서!

"화 있을진저 외식하는 서기관들과 바리새인들이여 너희는 교인 한 사람을 얻기
위하여 바다와 육지를 두루 다니다가 생기면 너희보다 배나 더 지옥 자식이 되게
하는도다." (마태 23:15)

크신 하나님의 사랑이 늘 고맙습니다. 오늘날 저희에게 믿음을 선물하시
고, 예수님을 보내셔서 그 믿음으로 예수님을 믿게 하시니 고맙습니다. 이
시간에 저희가 예수님을 믿으면서 믿음 때문에 책망 받지 않게 하시기를
기도합니다. 주님께서 세상에 계실 때는 믿음이 없는 자들을 책망하셨습니
다. (마가 9:19) 믿음이 작은 자들도 (누가 12:28) 책망하셨습니다.

그런데, 더 높은 자리에 있는 이들, 지도자의 자리에 있는 이들, 혹은 시간
이 흘러 권세를 가진 이들이 되어 다른 이들을 바로 세워 주어야 할 자리에
서 여전히 어린아이처럼 살지 않게 하옵소서! 왕이 되고 고관이 되면 점점
책임과 권한이 주어지고, 그때 책무를 감당하지 못하면 책망을 면할 길이
없습니다. 바리새인과 서기관처럼 되지 않게 하옵소서!

예수님의 제자 '유다'는 제자의 자리에 있으면서 예수님을 파는 자가 되자
"인자는 자기에 대하여 기록된 대로 가거니와 인자를 파는 그 사람에게는

화가 있으리로다. 그 사람은 차라리 태어나지 아니하였더라면 제게 좋을 뻔하였느니라." (마태 26:24)고 하셨습니다. 그 영광스러운 예수님의 열두 제자가 되어 차라리 태어나지 않은 게 좋을 뻔하였다는 것입니다.

"선생 된 우리가 더 큰 심판을 받을 줄 알고 선생이 많이 되지 말라." (야고 3:1)는 선생들의 책임이 크다는 뜻입니다. "주인의 뜻을 알고도 준비하지 않고 뜻대로 행하지 않은 종은 많이 맞을 것이요, 알지 못하고 맞을 일을 행한 종은 적게 맞으리라. 많이 받은 자에게는 많이 요구하고 많이 맡은 자에게는 많이 달라 할 것." (누가 12:47-48)이라고 하셨습니다.

당시에 최고의 권위와 신뢰를 받던 '서기관'과 '바리새인'들이 주님께로부터 모욕적인 책망을 받을 때, 그들은 단순히 귀한 신분이었기 때문만은 아니었습니다. "화 있을진저 외식하는 서기관들과 바리새인들이여 너희는 교인 한 사람을 얻기 위하여 바다와 육지를 두루 다니다 생기면 너희보다 배나 더 지옥 자식이 되게 한다." (마태 23:15)고 책망하셨습니다.

그들은 "무엇이든지 그들이 말하는 바는 행하고 지키되, 그들이 하는 행위는 본받지 말라. 그들은 말만 하고 행하지 아니하며 무거운 짐을 묶어 사람의 어깨에 지우되 자기는 한 손가락도 움직이려 하지 않는다." (마태 23:3-4)고 했습니다. 그러니 이들의 삶과 행위가 얼마나 부끄럽고 덕이 안 되었는지 압니다. 저희의 이름과 지위가 부끄럽지 않게 하옵소서!

우리에게 무한 기대가 있으신 예수님의 이름으로 기도드립니다. 아멘!

골방기도 / 삼위일체

예수님처럼 살고 싶을 때 드리는 기도! (228)

섬길 수 있는 일이 있는지 살피게 하옵소서!

"그리하면 자리를 펴고 준비한 큰 다락방을 보이리니 거기서 우리를 위하여 준비
하라 하시니 제자들이 나가 성내로 들어가서 예수께서 하시던 말씀대로 만나 유월
절 음식을 준비하니라."   (마가 14:15-16)

예수님께서 '예루살렘'에 올라가실 때 타고 가실 나귀를 제공해 드린 나귀
의 이름 없는 주인이 있습니다. 그는 아주 요긴한 일을 했습니다. 그곳에
서 마지막 만찬을 드실 장소를 제공했던 다락방 주인도 크게 헌신했습니
다. 역사적인 장소를 드린 그는 주님께서 영원히 잊지 않으실 것입니다.
가장 중요한 순간에 주님의 마음에 위로를 드린 헌신은 귀합니다.

사랑하는 하나님! 이 땅에 살면서 예수님을 믿은 믿음의 즐거움과 보람은
제가 가지고 있거나 받은 것을 가지고 저를 사랑해 주신 주님과 교회를 섬
기는 일입니다. 돈이 있어서 그 돈으로 주님의 몸 된 교회들의 필요를 채
우고, 또 중요한 일이 있을 때 제가 감당할 몫을 감당할 수 있으면 얼마나
마음이 행복한지 모릅니다. 그런데 대개는 가진 것이 없습니다.

성경에는 예수님을 경제적으로 도운 이들이 있습니다. 특별히 예수님이 십
자가를 지고 돌아가시던 때를 전후해서, 이제는 기회가 사라지는 때입니

다. 그 이상은 주님을 뵙고 싶어도 못 뵙고, 무언가 헌신하고 싶어도 기회가 사라질 마지막 때, 기가 막힌 때, 주님의 돌아가심을 빛나게 해드리는 것을 보면, 찾아보면 누구든 어디서든 기회를 만날 수 있다는 것입니다.

예수님께서 십자가에 돌아가시자 제일 먼저 가슴에 찔림이 있던 사람은 '아리마대' 사람 '요셉'이었는데, 그는 예수님을 사랑하고 말씀도 자주 듣던 주님의 제자였는데, 당시 권력의 핵심이었던 '산헤드린' 회원이었습니다. 자신의 신분이 노출되면 여러 가지 불이익이 예상되고 유대인들에 대한 두려움 때문에 공개적으로 드러내지 않고 숨기고 있을 때였습니다.

그런데 그에게 아직 아무도 쓰지 않은 돌무덤이 하나 있었는데 이걸 예수님을 장사 지내는데 내드렸습니다. 주님이 부활하실 줄 믿고 며칠 빌려드린 게 아니라 영구히 내어드린 것입니다. 그런데 주님께서 부활하시자 3일 동안 잠시 빌려드린 것이 되었지만, 이는 예수님께는 영원히 잊지 못할 헌신이었습니다. 십자가를 지던 길에 대신 진 '시몬'도 있습니다.

예수님께서 부활하신 것도 모른 채 제대로 예를 갖추지 못한 것이 마음에 걸려 향품을 사서 부활의 아침 무덤을 찾아갔던 '막달라 마리아'와 여인들은 예수님의 가슴에 지울 수 없는 여인들입니다. 우리에게 있는 소중한 것을 주님께서 원하실 때 드리는 것은 주님께나 저희 모두에게 잊을 수 없는 귀한 일이 될 것을 믿고 이를 드릴 수 있는 믿음을 주옵소서!

사랑의 헌신을 즐겨 받으신 예수님의 이름으로 기도드립니다. 아멘!

골방기도 / 삼위일체

먹을 것과 입을 것으로 족한 줄 알게 하옵소서!

"그러나 자족하는 마음이 있으면 경건은 큰 이익이 되느니라 우리가 세상에 아무 것도 가지고 온 것이 없으매 또한 아무 것도 가지고 가지 못하리니 우리가 먹을 것과 입을 것이 있은즉 족한 줄로 알 것이니라."
(딤전 6:6–8)

하나님! 저희가 사는 세상은 물질 세상입니다. 그 물질 세상에 발을 딛고 사는 인생은 물질로 지어졌습니다. 따라서 저희는 바짝 바른 진흙이 매시간 물을 빨아들이듯이 세상에서 쉬지 않고 물을 들이마시며, 이 갈증은 저희의 영혼이 육신의 몸을 벗고 세상을 떠날 때야 멈추게 될 줄로 믿습니다. 그동안에 저희 인생들에게 필요한 은혜를 주시옵소서!

저희는 크고 작은 차이는 있겠지만, 누구나 자기 생활에 대하여 갈증을 느끼며 무언가 자꾸만 가지려고 합니다. 세상에 있는 것을 볼 때마다 먹음직도 하고 보암직도 하고 지혜롭게 할 만큼 탐스럽기도 한 욕망에서 자유로운 이가 아무도 없습니다. 거기에 탐욕의 노예가 된 인생들은 욕심을 채우기 위해 죄를 잉태하고 결국은 이것이 장성하여 사망에 이릅니다.

세상 모든 죄의 원인 제공자는 탐욕입니다. 탐욕이 살인, 간음, 도적질을 만들어 냅니다. 탐욕이 시기, 기만, 폭력, 눈속임 등을 만들어 냅니다. 이런 탐욕스러움은 궁극적으로 저희의 경건 생활을 가로막고, 탐욕이 결국은 아름다운 가정, 행복한 인생을 마비시키고, 탐욕은 모든 신앙생활을 무기력하게 하는 주범이기도 합니다. 탐욕이 기도와 예배를 가로막습니다.

그러나 "자족하는 마음이 있으면 경건은 큰 이익이 되느니라." (딤전 6:6)고 했습니다. 저희가 '무소유'나 '청빈'까지는 아니라도 먹고 사는 것 하나로 족하고, 매일 밥 먹고 매일 걸칠 옷이 있는 것으로 감사하고, 족한 줄 알고 살게 하옵소서! 세상을 살며 최소한의 입을 것과 최소한의 먹을 것이 있는 것으로 족한 줄 알고 사는 것이 주님처럼 사는 것입니다.

저희는 이 땅에 빈손으로 와서 빈손으로 가는 '공수래공수거'의 인생입니다. 그것도 모든 것은 하나님께서 주신 것입니다. 살아있는 동안에 벌거벗지 아니하고 생전에 굶지 아니하면 그걸로 고마워해야 합니다. 거기서 더 가지려는 것은 시험과 올무와 여러 가지 어리석고 해로운 욕심에 떨어지나니, 곧 사람으로 파멸과 멸망에 빠지게 하는 것입니다. (딤전 6:9)

돈을 사랑한다는 것은 일만 악의 뿌리가 되는데, 이를 탐내는 자들은 "미혹을 받아 믿음에서 떠나 많은 근심으로써 자기를 찔렀도다."고 했습니다. 그러므로 오늘을 사는 저희에게 "부하려 하는 자들은 시험과 올무와 여러 가지 어리석고 해로운 욕심에 떨어지나니 곧 사람으로 파멸과 멸망에 빠지게 하는 것이라."(딤전 6:9)는 말씀에서 저희를 지켜 주시옵소서!

저희에게 일용할 것을 주시는 예수님의 이름으로 기도드립니다. 아멘!

7. 삼위일체를 위한 기도

골방기도 / 삼위일체

예수님처럼 살고 싶을 때 드리는 기도! (254)

주님과 같이 죽고, 같이 살게 하여 주옵소서!

"그러므로 우리가 그의 죽으심과 합하여 세례를 받음으로 그와 함께 장사되었나
니 이는 아버지의 영광으로 말미암아 그리스도를 죽은 자 가운데서 살리심과 같이
우리로 또한 새 생명 가운데서 행하게 하려 함이라."   (로마 6:4)

사랑의 하나님! 저희가 신앙생활 하면서 숱하게 '죽는다.'는 표현을 많이
하고, 또 죽는 연습도 많이 합니다. 그러면서도 제대로 죽지도 못하고, 더
러 죽으려는 이들은 그 죽음이 엄청 힘들거나 억울하게 생각하고 있습니
다. 오늘 믿는 이들의 죽음은 존귀하고 가치가 있으며 죽음이 영광스러움
을 알게 하옵소서! 이 죽음은 억울한 것이 아님을 알게 하옵소서!

예수님을 믿으면서 죽는 것은 신앙고백의 표로 저희 몸에 받는 '세례'가 죽
음의 고백이고 상징임을 알게 하옵소서! 저희가 물속에 들어갈 때 예수님
의 이름으로 주님과 함께 죽고, 주님의 죽음 안에 내가 들어있음으로 주님
께서 십자가에 못 박힐 때 함께 못 박혀 죽음을 알게 하옵소서! 그러므로
세례를 받은 것은 나의 죽음을 고백하는 것임을 알게 하옵소서!

주님, 사람들이 목사님이나 전도사님은 특별하게 보고, 세례교인은 아무
것도 아닌 보통 사람으로 봅니다. 장로님이나 집사님쯤 되면 믿음이 있는

사람들이고 세례교인은 아무렇게나 살아도 되는 줄 생각하고 있습니다. 그러나 '세례교인'이라는 신분은 보통 신분이 아닙니다. '세례교인'의 정체성은 '입교인'이고 곧 주님과 운명을 같이한 사람임을 알게 하옵소서!

세례교인은 이미 세례 문답을 통해서 혹은 세례 예식을 통해서 주님과 함께 죽었음을 하나님과 사람 앞에서 공표한 사람입니다. 그러므로 그는 이제부터는 "이제는 내가 산 것이 아니요, 내 안에 그리스도께서 사신 것이라."(갈라 2:20)고 고백하는 것입니다. 따라서 가장 영광스러운 직분은 사역과 봉사의 직책인 목사나 장로, 집사가 아니라 '세례교인'입니다.

"우리가 그의 죽으심과 합하여 세례를 받음으로 그와 함께 장사되었나니, 이는 아버지의 영광으로 말미암아 그리스도를 죽은 자 가운데서 살리심과 같이 우리로 또한 새 생명 가운데서 행하게 하려 함이라."(로마 6:4)고 하셨으니, 주와 함께 죽은 자들에게 주시는 것은 함께 부활의 영광에 참여하는 것이요, 세례받은 이가 부활에 참여함을 알게 하옵소서!

사랑의 하나님! 이제 저희가 세례를 통하여 주님과 함께 십자가에 못 박혔으니, 주님과 함께 부활에 참여할 것을 알게 하옵소서! 그러므로 어둠의 인생이 아니라 빛의 인생이 되게 하시고, 죽은 모습이 아니라 부활의 영광으로 다시 살게 될 희망에 찬 모습으로 살게 하옵소서! 내 죽음의 현장에 함께 하신 주님께서 부활의 영광에 함께 하실 줄 믿습니다.

영광과 부활의 주님이신 예수님의 이름으로 기도드립니다. 아멘!

골방기도 / 삼위일체

복음과 함께 기꺼이 고난을 받게 하옵소서!

"그러므로 너는 내가 우리 주를 증언함과 또는 주를 위하여 갇힌 자 된 나를 부끄러워하지 말고 오직 하나님의 능력을 따라 복음과 함께 고난을 받으라."

(딤후 1:8)

하나님의 사랑은 하늘보다 큽니다. 바다보다 넓습니다. 하늘을 두루마리 삼고, 바다를 먹물 삼아도 그 크신 하나님의 사랑을 다 기록할 수 없습니다. 아니 하늘과 바다보다 저 우주보다도 하나님의 사랑은 더 크십니다. 그리고 그 사랑받은 우리가 이 땅에서 드리는 사랑은 겨자씨 한 알만한 것입니다. 하나님의 사랑에 비하면 드리는 사랑은 좁쌀만 한 것입니다.

하나님께 드리는 그 사랑은 십자가입니다. 저희가 주님을 생각하며 주님과 함께 지고 가는 십자가는 주님 때문에 당하는 고난, 핍박, 박해, 어려움처럼 주님을 몰랐으면 알지 못했거나 가까이하지 못할 아주 작은 사랑입니다. 주님께서 양손과 발에 대못이 박히고 동맥이 터지고 피를 뿜어내며 죽으신 것이 주님의 고통이라면 십자가는 바늘에 찔린 정도입니다.

그리고 이 고난은 주님을 믿는 믿음의 고백을 하는 순간부터 죽음의 순간까지, 때로는 크게 때로는 작게 저희 인생의 고비마다 느끼는 아픔입니다.

주님의 고난이 저희의 구원을 위한 절대적인 아픔이라면, 우리가 주님께 드리는 복음을 위한 고난은 측정기에 잡히지도 않는 작고 가벼운 것입니다. 그래도 우리가 주님의 고난에 참여하는 표식으로 감당할 뿐입니다.

'바울' 사도는 그의 믿음의 아들에게 "하나님이 우리에게 주신 것은 두려워하는 마음이 아니요, 오직 능력과 사랑과 절제하는 마음이라."(딤후 1:7)고 했습니다. 주님을 위한 사역에 더러는 고난이 있고, 설령 편지를 보내는 자신처럼 감옥에 갇히는 일이 생기더라도, 그것 때문에 두려워하지 말라고 했습니다. 그것은 믿는 이들이 당연히 지고 가야 하는 짐이었습니다.

"그러므로 너는 내가 우리 주를 증언함과 또는 주를 위하여 갇힌 자 된 나를 부끄러워하지 말고 오직 하나님의 능력을 따라 복음과 함께 고난을 받으라."(딤후 1:8)고 했습니다. 감옥에서 믿음의 아들에게 보내는 유서 같은 편지에서 "갇힌 나를 부끄러워하지 말고, 복음과 함께 고난을 받으라."는 것입니다. 신앙의 아버지로서는 가슴이 먹먹해지는 말입니다.

그러나 사실 아버지가 할 수 있는 최상의 말이었습니다. 그것은 고난에 대한 격려도 아니고, 고난받음의 위로도 아닙니다. 앞으로 그가 가야 할 사명자의 길에서 만나게 되는 길이 어떤 것인지 가르쳐주는 사명의 확인입니다. 그리고 이 말씀은 오늘 예수님처럼 살기 원하는 이들이 여전히 감당하고 가야 하는 신앙인들의 운명이자 사역의 길임을 알게 하옵소서!

저희에게 사명과 고난을 주신 예수님의 이름으로 기도합니다. 아멘!

골방기도 / 삼위일체

예수님처럼 살고 싶을 때 드리는 기도! (300)

하나님의 뜻을 위하여 기도하게 하옵소서!

"이르시되 아버지여 만일 아버지의 뜻이거든 이 잔을 내게서 옮기시옵소서. 그러
나 내 원대로 마시옵고 아버지의 원대로 되기를 원하나이다. 하시니 천사가 하늘
로부터 예수께 나타나 힘을 더하더라." (누가 22:42-43)

사랑의 하나님! 저희가 세상에서 최고의 가치는 '하나님의 뜻'임을 고백합
니다. 세상에서 의사결정의 순서, 행동의 우선순위, 기도의 방향성 등 모
든 것들의 최종 가치와 기준은 "이 일이 하나님의 뜻인가?" 하는 것입니
다. 무슨 일을 계획하고 추진하는 우선순위도 하나님의 뜻이고, 삶의 원칙
을 정하고 실행하는데 중요한 우선순위도 역시 '하나님의 뜻'입니다.

기도의 방향도 하나님의 뜻을 구하는 것이 최우선으로 고려해야 할 것임
은 말할 것도 없습니다. 저희는 언제나 저희의 필요를 따라 기도합니다.
그러나 그보다 우선해야 하는 것은 '하나님의 뜻'입니다. 저희가 기도하는
것은 언제나 시급한 일이고, 저희의 편에서는 중요한 것입니다. 그러나 응
답하실 하나님의 편에서 제일 중요한 것은 '하나님의 뜻'입니다.

따라서 주님께서 가르쳐 주신 '주님의 기도'에 가장 중요한 사상은 '뜻이 하
늘에서 이루어진 것 같이 땅에서도 이루어지는 것'입니다. 그것이 하나님

의 나라요, 하나님의 나라를 설명하는 가장 적절한 표현은 '하나님의 뜻이 이루어지는 나라', '하나님의 통치가 이루어지는 곳'입니다. 주님! 그러므로 이제부터 영원히 하나님의 뜻이 이루어지기를 구하게 하옵소서!

선지자 '이사야'는 "이는 내 생각이 너희의 생각과 다르며 내 길은 너희의 길과 다름이니라. '야훼'의 말씀이니라. 이는 하늘이 땅보다 높음같이 내 길은 너희의 길보다 높으며 내 생각은 너희의 생각보다 높음이니라."(이사 55:8-9)고 하셨습니다. 저희의 생각과 하나님께서 계획하시는 것은 전혀 다릅니다. 이 둘 사이의 우선권은 당연히 '하나님의 뜻'입니다.

하다못해 하나님이시자 하나님의 아들로 세상에 오신 예수님, '나와 아버지는 하나이다.', '나를 본 자는 아버지를 보았다.'고 하신 예수님 자신도 하나님께 기도하실 때 "아버지여 만일 아버지의 뜻이거든 이 잔을 내게서 옮기시옵소서! 그러나 내 원대로 마시고 아버지의 원대로 되기를 원하나이다."(누가 22:42)고 기도하셨습니다. 그리고 기도에 응답하셨습니다.

하나님! 인생들은 오직 가슴에 세상의 욕심 밖에 없습니다. 저희의 소원은 모두 탐심이자 욕망입니다. 저희가 구하는 모든 기도는 자기중심의 기도, 내 욕망의 충족, 내 뜻의 성취입니다. 하나님! 이제 저희가 욕심을 버리고 하나님의 뜻을 기도하게 하옵소서! 그때 "천사가 하늘로부터 예수께 나타나 힘을 더하더라." (누가 22:43)고 하시듯 저희를 도우시옵소서!

아버지의 뜻을 이루시려는 예수님의 이름으로 기도드립니다. 아멘!

7. 삼위일체를 위한 기도

골방기도 / 삼위일체

예수님처럼 살고 싶을 때 드리는 기도! (334)

주님을 교회의 몸이요 머리로 알게 하옵소서!

"또한 그가 만물보다 먼저 계시고 만물이 그 안에 함께 섰느니라 그는 몸인 교회의
머리시라 그가 근본이시요 죽은 자들 가운데서 먼저 나신 이시니 이는 친히 만물
의 으뜸이 되려 하심이요."   (골로 1:17-18)

이 세상에서 가장 존귀한 이름은 '교회'입니다. 교회는 존재하는 신앙공동
체의 가장 가슴 떨리는 이름이요, '교회'는 예배당을 중심으로 지금도 매일
모여 예배하며, 그 안에서 하나님의 말씀을 듣고, 하나님께 기도하며, 하
나님께 예물을 드리는 하나님의 자녀인 모든 이들의 이름, 세상에서 가장
존귀한 자녀에게 주신 하나님의 가슴에 있는 사랑의 이름입니다.

이 교회가 세상에서 가장 귀한 이름인 것은, 교회는 하나님이 친히 불러
세운 이름이요, 아들이신 예수님의 목숨값을 내고 건져내 세우신 공동체
에 부여하신 이름이요, 아들 예수님에게는 자신이 온몸이 채찍과 못 자국
에 흘러내리는 피로 만신창이가 되어 제자들에게 배신당하고 하나님께 버
림받으며 건져 올린 대속의 생명체 이름이 교회이기 때문입니다.

이 교회는 건축업자들이 세운 예배당이 아니고, 철근과 벽돌, 강철과 스테
인리스로 세워진 건물이 아니라, 예수님이 대신 죽으며 그 피를 수혈시켜

준 믿음을 가지고 있는 이들입니다. 주님께서 나를 위해 돌아가셨음을 믿고, 그 일이 나를 살렸다고 고백한 성도들의 이름이 교회일진대, 바로 주님의 몸 교회입니다. 성도들의 몸에는 주님의 피가 흐릅니다.

이 교회의 머리가 예수님이십니다. 주님! 교회는 주님의 몸이시자 몸이신 교회의 머리는 담임 목사도 당회장도 아닌, 저희에게 생명을 부여해주신 주님이십니다. 주님께서 당신의 생명 값을 지불하고 세우신 것이 교회요, 하나님께서 아들을 버리고 세우신 곳이 교회이기에 교회의 구성원 되게 하심이 은혜요, 교회를 허무는 자는 하나님께서 허무실 것입니다.

하나님께서 세우시고, 주님을 몸으로 머리로 세우신 교회는 그래서 주님이 머리가 되시고, 교회는 교회의 머리 되신 주님의 몸이십니다. 주님께서 교회의 주인이시고, 이 교회는 머리이신 주님의 뜻대로만 움직여야 하는 이유입니다. 우리가 그 일원이 된 것은 지극한 영광이요 감동입니다. 주님처럼 살기 원하는 저희가 주님을 따라 순종해야 하는 이유입니다.

사랑하시는 하나님! 하나의 독립된 교회인 성도들 한 사람, 한 사람을 붙들어 주시고 지켜 주옵소서! 저희 안에 계신 주님, 저희를 주님께서 기뻐하시는 거룩한 그릇으로 만들어 주옵소서! 저희도 주님의 몸이요, 주님의 머리로 따르며 언제나 주님 이끄심대로 주님의 인도하심대로 승리하게 하옵소서! 언제나 성령님의 감동을 따라 사는 교회가 되게 하옵소서!

교회의 몸이자 교회의 머리이신 예수님의 이름으로 기도합니다. 아멘!

7. 삼위일체를 위한 기도

골방기도 / 삼위일체

예수님처럼 살고 싶을 때 드리는 기도! (360)

저희의 믿음이 차고 넘치게 하옵소서!

"예수께서 이르시되 할 수 있거든이 무슨 말이냐 믿는 자에게는 능히 하지 못할 일
이 없느니라 하시니 곧 그 아이의 아버지가 소리를 질러 이르되 내가 믿나이다 나
의 믿음 없는 것을 도와주소서 하더라." (마가 9:23-24)

하나님! 오늘 저희에게 믿음을 더하여 주옵소서! 믿음으로 구원받는 길을
주신 하나님! 세상에서 가장 큰 선물은 믿음인 줄 믿습니다. 이 믿음을 값
없이 주시어 구원을 얻게 하셨으니 "너희는 그 은혜에 의하여 믿음으로 말
미암아 구원을 받았으니 이것은 너희에게서 난 것이 아니라 하나님의 선
물이라."(에베 2:8)는 말씀은 지금 들어도 가슴이 뜨거워집니다.

어쩌면 구원의 기준이 세상 사람들의 모임에 들어가기보다 쉬운 기준, 믿
기만 하면 구원을 얻는 길을 주셨으니 감동이고, 이는 정말 저희에게서 난
것이 아니라 하나님의 선물입니다. 이 놀라운 선물을 주시니 고맙습니다.
신분, 지위 고하를 막론하고 돈이 많고 적음에 관계없이 구원의 길에서 한
사람도 이탈하지 않고 모두 구원받는 역사가 있게 하옵소서!

하나님! 저희에게 구원받고 하나님의 자녀가 되는 기본적인 믿음 말고, 그
믿음으로 하나님의 능력을 경험하게 하시옵소서! 믿음으로 꿈꾸던 나라,

소망하던 세계를 경험하게 하시고, 믿음으로 우리의 가슴에서 희망의 내일을 그려보게 하옵소서! 하나님! 저희의 믿음 없음을 용서하시고, 믿음으로만 가능하여 아직 이루지 못한 소망의 나라를 일구게 하옵소서!

하나님을 믿는 믿음으로 육체의 질병을 치유 받게 하옵소서! 육체의 구석구석, 세포마다 이끼처럼 달라붙어 우리의 건강을 좀 먹는 요인들을 믿음으로 제거하게 하옵소서! 육체를 괴롭히는 모든 질병에서 믿음으로 치유된 간증을 주옵소서! 믿음으로 끊임없이 피어오르는 불신, 의심 같은 방해물들을 모조리 제거하셔서 무공해 청정 믿음을 갖게 하시옵소서!

하나님! 저희가 믿음으로 기적을 만들게 하옵소서! 믿음으로 그림만 그리던 기적을 눈앞에 이루어 바라는 것들의 실상 이 되게 하옵소서! 믿음으로 모든 불가능을 제거하는 기적이 일어나고, 믿음으로 꿈도 꾸지 못하던 일이 일어나게 하옵소서! 지금 우리의 앞을 가로막고 버텨선 홍해를 가르게 하시고, 믿음으로 '여리고' 같은 육중한 성을 무너뜨리게 하옵소서!

아무 힘도 없고 의미도 없는 믿음이 아니라, 순간순간 하나님의 역사를 볼 수 있는 기막힌 능력이 믿음이 되게 하옵소서! 하나님께서 주신 믿음의 능력이 천지를 개벽하고 역사를 뒤집어놓는 어마어마한 사건의 중심에 저희가 있게 하옵소서! 저의 삶에 기적이 계속되게 하시고, 하나님의 선하신 역사 안에서 하나님을 깊이 경험하고 간증할 수 있게 하옵소서!

믿음과 기적의 하나님이신 예수님의 이름으로 기도드립니다. 아멘!

8.
중보 기도를 위한 기도
(30편)

골방기도 / 중보 기도

예수님처럼 살고 싶을 때 드리는 기도! (288)

복된 사람을 만나게 하옵소서!

"그와 그 집이 다 세례를 받고 우리에게 청하여 이르되 만일 나를 주 믿는 자로 알거든 내 집에 들어와 유하라 하고 강권하여 머물게 하니라."

(사도 16:15)

하나님께서 허락하신 이 땅에 살면서 복된 사람을 만나는 소원이 있습니다. 저에게 복된 사람을 만나게 하시옵소서! 복된 사람을 만나고, 그 복된 사람을 만나 복을 받게 하옵소서! 그를 만나 힘을 얻고, 저도 그에게 힘이 되게 하옵소서! 그를 만나 잘 되고, 그도 저를 만나 잘 되게 하옵소서! 한번 만난 다음 영원히 좋은 추억으로 남는 자 되게 하시옵소서!

처음에 천사처럼 간이라도 빼 줄 듯이 만났다가, 나중에는 영혼까지 도륙해가는 사람이 아니라, 처음부터 끝까지 있는 대로 같은 마음으로 변함없이 사랑하며 추억하는 복된 사람 만나게 하옵소서! 그 사람 때문에 제가 힘을 얻고, 저 때문에 그도 행복한 사람이 되게 하옵소서! 좋은 걸 보면 생각나고, 맛있는 걸 먹으면 목이 메는 그런 사람 만나게 하옵소서!

생명까지는 아니라도, 생명을 주더라도 사랑하고 싶은 사람을 만나게 하옵소서! 많은 것을 잃더라도 지켜 주고 싶고, 내게 찾아올 좋은 일을 기꺼이 그에게 양보하면서도 행복해서 잠을 못 이룰 만큼 복된 사람을 만나게 하옵소서! 언제나 보고 싶고 그리운 사람, 늘 무엇이 생기면 전해 주고 싶은 사람이 되게 하옵소서! 저도 그런 복된 사람 되게 하옵소서!

사도 '바울'이 '빌립보'에서 자주 장사 '루디아'를 만나 평생을 재정과 기도 후원을 받으며 선교했는데, 저희의 만남이 영원의 세월을 두고 피차에 감동적인 만남이 되게 하옵소서! 서로 이용하려는 이기적인 만남이 아니라, 무언가 힘이 되려는 아름다운 동기가 있게 하옵소서! 그리하여 말씀으로 은혜를 끼치고, 경제적, 정신적, 영적인 힘을 줄 수 있게 하옵소서!

서로가 사랑으로 만나, 힘들 때 힘이 되고 위로가 되게 하옵소서! 그가 어려움을 당해 주변에 사람들이 떠날 때도 그의 곁에서 변함없는 신뢰를 보내며 함께 있게 하시고, 제가 곤경에 처하고 사람들에게 배척을 받을 때, 울고 있는 제 곁에서 말없이 저를 바라보며 서 있을 사람을 주옵소서! 모든 사람이 떠나도 그가 있으므로 힘이 되는 사람을 주시옵소서!

평범한 사람 하나도 하나님의 경륜이 있어야 만납니다. 사람이 우주일진대, 사람이 역사의 주역일진대, 역사의 주체가 되시는 하나님께서 사람과 사람을 만나 역사를 써가게 하실 때, 아무나 만나게 하지 않으심을 믿고, 지금 제 곁에 있는 사람을 하나님께서 왜 만나게 하셨을지 헤아리고, 제가 그에게 복된 사람이 되게 하시고, 그도 저에게 복이 되게 하옵소서!

복된 이들을 만나게 하시는 예수님의 이름으로 기도드립니다. 아멘!

8. 중보 기도를 위한 기도

골방기도 / 중보 기도

예수님처럼 살고 싶을 때 드리는 기도! (289)

갑절의 능력을 주옵소서!

> "건너매 엘리야가 엘리사에게 이르되 나를 네게서 데려감을 당하기 전에 내가 네게 어떻게 할지를 구하라 엘리사가 이르되 당신의 성령이 하시는 역사가 갑절이나 내게 있게 하소서 하는지라." (왕하 2:9)

하나님! 저희가 사는 이 땅은 소풍이나 나들이하는 곳이 아니라, 악한 마귀 권세들과 싸워 승리하도록 명을 받고 그리스도의 군사로 파송 받은 전장(戰場)이오니, 저희에게 악한 마귀를 물리치고, 그들의 수중에 붙잡혀 있는 하나님의 자녀를 건져, 우리의 대장 되시는 주님께 드릴 수 있도록 강력한 힘을 주옵소서! 저희에게 완전 무장을 허락하여 주옵소서!

성경에 "우리의 씨름은 혈과 육을 상대하는 것이 아니요, 통치자들과 권세들과 어둠의 세상 주관자들과 하늘에 있는 악의 영들을 상대함이라."(에베 6:12)고 하셨으니, 저희에게 하나님의 '전신갑주'를 입게 하옵소서! 그래야 "악한 날에 저희가 능히 대적하고 모든 일을 행한 후에 설 수 있다."(에베 6:13) 하셨으니, 소풍 나온 사람처럼 한가롭지 않게 하옵소서!

하나님! 저희가 '진리로 허리띠를 띠고 의의 흉배를 붙이고, 평안의 복음이 준비한 것으로 신을 신고, 모든 것 위에 믿음의 방패'를 가지게 하여 주옵소서! 그리하여 '능히 악한 자의 모든 화전을 소멸하게 하시고, 구원의 투구와 성령의 검 하나님의 말씀'(에베 6:14-17)을 가지게 하옵소서! 이 영적인 전투에서 이기기 위하여, 무장에 소홀함이 전혀 없게 하옵소서!

치열한 전투가 벌어질 때 교범에 따르게 하시고, 훈련받은 대로 적진을 향하여 공격하게 하시고, 대장이신 주님을 바로 따르는 군병이 되게 하옵소서! '베드로' 사도도 "근신하라 깨어라! 너희 대적 마귀가 우는 사자 같이 두루 다니며 삼킬 자를 찾는다."(벧전 5:8)라고 하셨으니, 언제나 악한 마귀는 우는 사자처럼 삼킬 자를 찾는 것을 알고 근신하게 하옵소서!

놀러 나온 이들처럼 비무장으로 있지 않게 하시고, 무서운 '고지전'을 준비하며 치열한 전투를 각오하게 하옵소서! 언제나 승리하게 하시고 늘 이김을 주시는 하나님, 전쟁에 능하신 하나님의 최후 승리가 있게 하옵소서! 전투에 만반의 준비를 하게 하옵소서! 방심하지 않고, 적을 무시하지 않게 하옵소서! 틈만 나면 공격해 올 적에게 틈을 주지 않게 하옵소서!

세상 전쟁은 영토와 무기, 병력을 초토화하는 것이지만 영적인 전쟁은 교회를 지키는 전쟁이요, 하나의 독립된 교회인 성도들의 믿음을 지키는 전쟁인 줄 알고, 믿음으로 승리하게 하옵소서! 우리의 대장 되신 주님 앞에 말씀과 기도로 완전무장한 군인들이 되어, 패잔병의 초라함이 아니라 개선장군들이 되어 천사들의 환영 받는 주님의 군대가 되게 하시옵소서!

우리의 대장 되시는 예수 그리스도의 이름으로 기도드립니다. 아멘!

골방기도 / 중보 기도

예수님처럼 살고 싶을 때 드리는 기도! (275)

착하고 충성된 종이 되게 하옵소서!

"그 주인이 이르되 잘하였도다 착하고 충성된 종아 네가 적은 일에 충성하였으매 내가 많은 것을 네게 맡기리니 네 주인의 즐거움에 참여할지어다 하고."

(마태 25:21)

사랑하는 하나님! 하나님께서 지으시고 경영하시는 세상을 인생들에게 자유와 기쁨과 삶의 가치를 알게 하기위해 맡겨주심을 감사합니다. 하나님께서 주신 땅의 일들을 주님의 분깃으로 생각하고 감사와 즐거움으로 감당하게 하옵소서! 하루하루 맡겨주신 사명과 책무를 감당하는 즐거움으로 살게 하시되 최선을 다하여 기쁨과 보람으로 일하게 하시옵소서!

저에게 맡겨주신 일의 크고 작음을 보지 않게 하시고, 일을 맡기신 것에 감사하게 하시고, 내용과 크기는 능력에 따라 주신 것을 기억하여, 최선을 다해 일하게 하옵소서! 행여 다섯 달란트를 받았으면 다섯 달란트를 최선을 다해 소화하고, 한 달란트를 주셨으면 그 한 달란트를 가지고 힘을 다해 일하게 하옵소서! 받은 것을 작다고 불평하지 않게 하시옵소서!

제가 받은 은사와 재능이 대단한 게 아니고, 또 하나님께서 맡기신 일이 엄청난 것이 아닐지라도, 하나님은 결과보다는 충성스러운 섬김의 자세를 보시는 줄로 믿습니다. 저희의 삶을 갈아 넣어 충성하는 자가 되게 하옵소서! 얼마나 많은 이익을 남겼는지보다, 얼마나 감사한 마음으로, 얼마나 최선을 다했는지 과정을 보시는 하나님의 눈에 들게 하시옵소서!

"네가 죽도록 충성하라 그리하면 내가 생명의 관을 네게 주리라."(계시 2:10 하)고 하신 말씀을 따라, 하나님의 일을 하는데 죽기를 각오하고, 죽음의 위협이 오는 순간에도, 죽음이 턱밑에 이르기까지, 엄청난 일이 아니어도 주님의 마음을 감동시켜 드리는 종이 되게 하옵소서! 드러난 대단함이 아니라 흘린 땀의 진실함으로 하나님으로부터 칭찬듣게 하옵소서!

사람들을 바라보지 않게 하옵소서! 사람들의 입에 오르내리는 자의적 평가에 연연하지 말고, 주님의 눈에 드는 종이 되게 하옵소서! 우리보다 우리를 더 잘 아시는 하나님! 세상의 어떤 눈이나 측정기보다 더 정확히 재시는 하나님! 누구보다 저의 진심을 아시는 하나님께 삶을 의탁하며, 하나님의 최후 심판을 준비하는 겸허한 마음으로 사는 종이 되게 하옵소서!

비록 받은 은사는 많지 않고, 또 저에게 주신 능력도 크지 않더라도 보잘것없는 것을 끌어안고 몸이 땀으로 범벅이 되도록, 손발이 피투성이가 되도록 충성하게 하옵소서! 두 번 다시는 주어지지 않는 마지막 기회인 것을 알고, 최선을 다하게 하옵소서! 나타난 결과가 부끄러울지라도 신음하며 일구어 가는 자리에서 저를 보실 하나님의 눈에 들게 하옵소서!

저의 일거수일투족을 보시는 예수님의 이름으로 기도드립니다. 아멘!

골방기도 / 중보 기도

예수님처럼 살고 싶을 때 드리는 기도! (281)

자신의 건강을 위하여 드리는 기도!

"주 우리 하나님의 은총을 우리에게 내리게 하사 우리의 손이 행한 일을 우리에게 견고하게 하소서 우리의 손이 행한 일을 견고하게 하소서!"

(시편 90:17)

하나님! 저에게 허락하신 세상은 "우리의 연수가 칠십이요 강건하면 팔십이라도, 그 연수의 자랑은 수고와 슬픔뿐이요 신속히 가니 우리가 날아가나이다." (시90:10)고 하신 것처럼, 70이나 80년을 살고 하나님의 나라로 옮겨갑니다. 그렇게 저희 영혼이 육체를 입고 사는 7-80년 동안의 삶이 건강하게 하여 주옵소서! 육체가 병들어 고통받지 않게 하옵소서!

그러기 위하여 부지런히 살되 몸을 혹사하지 않게 하시고, 건강한 삶을 위해 할 수 있는 최선을 다하게 하옵소서! 매일 육체의 건강을 위하여 운동하게 하옵소서! 근육 운동, 심폐기능 향상을 위한 운동 등 건강한 생애를 위해 의료진의 처방을 따라 운동에 최선을 다하게 하시되, 무리하지 않게 하시고 모든 일에 운동이 우선순위에는 들지 않게 하옵소서!

아울러 비싼 돈 들어가는 운동을 하려고 애쓰지 않게 하시고, 하루의 모든 시간을 운동하는 일에 매진하지 않게 하시고, 하루에 한두 시간이라도 건강한 몸을 위해 시간을 할애하게 하시되, 우선 돈이 안 들고 자신의 건강 지수를 높일 수 있는 운동을 찾게 하옵소서! 운동한다고 경건 생활에 지장 주지 않게 하시고 가정 경제에 타격을 입히지 않게 하옵소서!

맑은 공기 마시며 심호흡하고, 부지런히 걸으며 하체의 근육을 강화시키고, 찬송하고 기도하며 영과 육을 아울러 강건하게 하옵소서! 운동한다고 기도를 쉬는 죄를 범치 않게 하시고, 운동한다고 그 일에만 매달리지 않게 하옵소서! 운동만 아니라 건강한 생활습관도 주옵소서! 매일의 생활에 규칙적인 습관을 들이고 운동이 중요한 삶의 리듬을 찾게 하옵소서!

하나님께서 저희 건강을 위하고 체질의 개선을 위하여 식습관도 조절하고 자신의 몸에 맞는 식사도 잘 섭취하게 하옵소서! 불규칙한 식사시간, 식사 습관들을 조절하고 단백질이나 탄수화물, 지방 등 갖가지 영양소를 필요한 만큼 먹을 수 있게 하시되, 편식을 버리고 골고루 섭취하게 하시며, 매일의 식단을 질서 있게 준비하여 균형 있게 섭취하게 하옵소서!

건강을 위하여 운동 습관, 식습관, 생활습관 등을 모두 정리하여 건강한 영혼과 육체로 하나님께서 기뻐하는 삶을 살도록 도우시옵소서! 기도와 말씀연구 한다고 건강관리를 소홀히 하여 약해지지 않고, 운동한다고 기도 생활에 지장을 주어 하나님 사역이 무력해지지 않게 하시고, 건강을 위한 기도만 하지 않고, 게으름 피우지 않고 열심히 운동하게 하옵소서!

저희의 건강을 지켜 주실 예수님의 이름으로 기도드립니다. 아멘!

골방기도 / 중보 기도

예수님처럼 살고 싶을 때 드리는 기도! (284)

자녀들에게 실망하지 않게 하옵소서!

> "자녀들아 모든 일에 부모에게 순종하라 이는 주 안에서 기쁘게 하는 것이니라 아버지들아 너희 자녀를 노엽게 하지 말지니 낙심할까 함이라."
>
> (골로 3:20-21)

사랑의 하나님! 옛 어른들이 '품 안의 자식'이라고 하더니, 자식들이 커서 머리가 크고 나이가 들어 출가하면서, 자식이 얼마나 애물단지인지 알게 됩니다. 부모의 말에 순종하는 모습도 점점 사라지고, 부모에 대한 존경이나 신뢰도 사라지는 것처럼 보입니다. 그러나 부모들은 자식들에게 아무 것도 요청할 수 없고, 자녀들에게 무엇을 명령할 수도 없습니다.

하나님께서 저희에게 은혜를 더하시어, 자녀 세대인 다음 세대와 소통할 수 있는 은혜를 더해 주시고, 따뜻한 성품으로 자녀들을 품고 끝까지 기도하게 하옵소서! 자녀들을 어린아이 때처럼 품 안에 안고 기도하지 못할지라도, 가슴에 안고 그들의 미래를 위해 축복하게 하시고, 저희가 준비한 비전이 이루어지고, 아름다운 꿈이 성취되도록 기도하게 하옵소서!

부모에 대한 그들의 바람은 무엇인지, 그들의 속에 형성되어 있는 부모상은 무엇인지 돌아보게 하옵소서! 저들에게 나쁜 성품이 있다면 부모에게 유전된 것인 줄 알고 부모 된 저희가 먼저 회개하고, 저들에게 불순종의 심성이 있다면 부모 된 저희의 불효하던 성품이 유전된 것으로 알고 먼저 회개하고 효도의 본을 보이며 하나님께 순종하게 하시옵소서!

자식들에게 꿈을 심어주고 어떻게든 꿈을 붙잡고 도전하고, 도전에 실패하면 다시 일어설 수 있는 용기를 주는 부모가 되게 하옵소서! 저희가 어린 자녀이었을 때, 부모들의 마음을 아프게 하고 늦게 철나고 늦게 효도하던 지난날을 돌아보고 자녀들의 더딘 걸음을 지켜보며 인내하게 하옵소서! 저희도 부모님들께서 답답했음을 기억하여 참회하게 하시옵소서!

자녀들에 대한 실망이나 아픔이 있을 때마다, 오히려 그들의 미래를 위해 더 기도하게 하시고, 자녀들에게 안타까운 일이 생길 때마다 그들을 위해 기도하게 하옵소서! 아버지의 허리와 어머니의 몸에서 태어난 저희의 분신이자 선물이오니, 주신 선물을 잘 보살펴 그들에게 부여하신 재능과 은사를 마음껏 활용하여 하나님의 영광을 드러내게 하여 주시옵소서!

하나님! 저희가 나라와 민족을 위하여 기도하고, 교회와 이웃을 위하여 기도하는 동안, 미처 자녀들을 위하여 기도하지 못했음을 용서해 주시고, 이제부터라도 저희에게 주신 최고의 선물인 자녀들을 위하여 기도하게 하옵소서! 하나님께서 주신 선물이오니 하나님께서 기르시고 지키시고 인도해 주심을 믿고, 그들의 미래를 지켜보고 인내하며 기다리게 하옵소서!

자녀를 선물로 주신 예수님의 이름으로 기도드립니다. 아멘!

골방기도 / 중보 기도

수해 당한 이들을 위로하여 주옵소서!

"네 생각에는 이 세 사람 중에 누가 강도 만난 자의 이웃이 되겠느냐 이르되 자비를 베푼 자니이다 예수께서 이르시되 가서 너도 이와 같이 하라 하시니라."

(누가 10:36-37)

하나님! 지역을 가리지 않고 물 폭탄처럼 전국적으로 쏟아진 폭우가 엄청난 피해를 몰고 왔습니다. 축대가 무너지고 산사태가 나고 도로가 유실되어 사방의 교통이 마비되었습니다. 농경지가 침수되거나 유실되고 시설이 파괴되었습니다. 상가나 시설들에 물이 들어차고, 자동차가 다니던 거리에 보트가 다니며 고립된 이들을 구조하는 진풍경을 보고 있습니다.

'100년 만의 폭우', '200년 만의 홍수'라고 할 만큼, 순간적으로 내린 비의 양이 여느 해의 비와는 비교가 안 될 정도의 엄청난 양이 순간적으로 내렸습니다. 제주도를 비롯한 남부와 중부, 수도권, 강원, 경기 할 것 없이 쏟아진 폭우로 인해 수천 명의 이재민이 발생하고 삶의 기초가 되는 전답(田畓)을 잃고, 당장 가족들이 거처할 주택이 홍수에 떠내려갔습니다.

거기에, 목숨을 잃은 이들과 치명적인 부상을 입은 이들도 있고, 이미 며칠 째 실종되었으니 숨진 것으로 추정되는 희생자들도 많습니다. 흔히들

"하늘도 무심하다."는 표현을 하지만 이는 하나님을 향한 원망이 아니라, 황망한 일을 만났을 때 무력한 인간들이 외치는 절규임을 기억하시어 어려움을 당하여 낙심한 서민들의 신음에 귀를 기울여 주옵소서!

자동차의 침수를 보며 발을 구르고 애타는 이들은 농경지의 침수나 유실의 피해를 당한 이들을 보며 위로받게 하시고, 살던 집이 흔적도 없이 사라진 이들은, 목숨을 잃은 이들의 유족을 보며 위안을 받게 하시고, 복구나 회복의 엄두가 나지 않아 주저앉은 이들은, 복구할 수 있는 피해에 그친 것으로 위안을 받고 복구조차 할 수 없는 이들을 위로하게 하옵소서!

저처럼 폭우로 인해 피해를 입은 것이 없는 이들은, 엄청난 피해를 입고 망연자실한 피해자들을 위하여 위로하고 힘을 모을 수 있게 하옵소서! 이런 자연재해가 생길 때마다 연중행사처럼 만나는 가난한 이들과 태생적으로 이런 재난을 겪어야 하는 열악한 환경의 저지대나 산비탈, 취약 지대에 살고 있는 이들이 삶의 환경이 나아질 수 있도록 복 주옵소서!

사랑의 하나님! 이때껏 수고하여 이룬 것들이 하루아침에 수마가 할퀴고 갔을지라도, 이 일로 낙심하고 절망치 않고 새로운 희망을 품고 일어서도록 힘을 주시고 상심한 마음을 위로하시옵소서! 이런 일을 계기로 하나님의 어떤 전화위복의 기회가 있을지 유심히 살펴보게 하시고, 온 국민은 이때 이웃에 대한 사랑의 관심을 가지고 힘이 되게 하여 주옵소서!

모든 이들의 주가 되시는 예수님의 이름으로 기도드립니다. 아멘!

골방기도 / 중보 기도

예수님처럼 살고 싶을 때 드리는 기도! (5)

가난한 이들의 눈물을 기억하게 하옵소서!

"예수께서 제자들을 불러다가 이르시되 내가 진실로 너희에게 이르노니 이 가난
한 과부는 헌금함에 넣는 모든 사람보다 많이 넣었도다. 그들은 다 그 풍족한 중에
서 넣었거니와 이 과부는 그 가난한 중에서 자기의 모든 소유 곧 생활비 전부를 넣
었느니라 하시니라."
(마가 12:43-44)

사랑의 하나님! 오늘 저희가 하나님의 교회와 하나님의 나라를 섬기면서
하나님의 마음을 알기 원합니다. 저희는 어차피 인간을 입고 살기에 인간
의 눈높이로 세상을 볼 수밖에 없는 약점을 갖고 있습니다. 세상의 권력자
는 교회에서도 커 보이고, 세상의 부자들은 교회 안에서도 부자처럼 보입
니다. 이제 저희의 왜곡된 눈높이를 바로잡아 주옵소서!

세상에는 가난한 생활 중에 드릴 수 없는 최선의 헌금을 드리고, 그 몇 푼
의 헌금을 드리기 위해 얼마나 많은 고통을 인내하며 헌금을 드리고 나서
도, 다시 뒤돌아서면 부끄러운 마음으로 예배 처소를 나와야하는 이들이
많습니다. 때로는 하나님의 교회에 아무런 역할도 못하고 도움도 못 되는
자책감 때문에 공동체를 떠나고 싶을 때도 많은 이들이 있습니다.

하나님께서 외롭고 힘든 가난한 서민들의 아픔을 헤아리고, 그들의 상처
난 자존감과 무너진 인격을 일으켜 주시고, 누가 뭐라고 한 적도 없는데

자괴감과 모멸감에 울고 있는 가난한 이들의 눈물이 보이게 하옵소서! 누가 곁에서 위로하고 격려할 필요가 없는 힘 있는 이들보다 사람의 작은 위로를 구하며 울고 있는 불쌍한 빈자들의 아픔이 보이게 하옵소서!

언제나 빛나는 얼굴과 밝은 표정으로 어깨에 힘주고 사는 당당한 부자들의 틈에서, 얼굴 한번 못 들고 가슴 한 번 펴보지 못한 채 그늘진 얼굴로 뒷줄에 서 있는 이들의 아픈 마음이 보이게 하옵소서! 사진의 앞줄에 당당하게 서서 다양한 포즈를 취하는 이들보다, 항상 같은 표정으로 뒷줄 구석에 서 있는 것조차 미안한 마음의 사람들이 보이게 하옵소서!

비록 하나님 앞에 드린 헌금의 액수나 빈도는 드물지라도 하나님에 대한 사랑만큼은 누구에게도 뒤지지 않는 혼자 사는 가난한 여인처럼, 렙돈 두 개를 던져 넣고 도망치듯 빠져나가는 손을 잡고 따뜻한 위로를 전할 수 있게 하옵소서! 보이는 모습이 아니라, 보이지 않는 곳에서 눈물에 가려 찾을 수도 없는 헌금자의 부끄러운 손을 잡아주게 하시옵소서!

오늘도 이 땅의 교회 안에는 개기름이 흐르는 얼굴에 가난한 사람을 무시하고 부자들을 존귀하게 여기는 영적 맹인 된 이들이 있어서, 그들의 사시적(斜視的) 안목으로 세상을 보는 편견들이 너무나 많습니다. 그 힘 있는 자들의 틈에서 함께 기생하는 자 되지 않게 하시고, 주님의 눈높이에서 성도들이 드리는 헌금을 바라보는 주님의 눈물을 흘리게 하옵소서!

저희의 눈을 맑게 하실 예수님의 이름으로 기도드립니다. 아멘!

골방기도 / 중보 기도

예수님처럼 살고 싶을 때 드리는 기도! (8)

절박한 이들을 외면하지 않게 하옵소서!

"예수께서 머물러 서서 명하여 데려오라 하셨더니 그가 가까이 오매 물어 이르시되 네게 무엇을 하여 주기를 원하느냐 이르되 주여 보기를 원하나이다. 예수께서 그에게 이르시되 보라 네 믿음이 너를 구원하였느니라 하시매."

(누가18:40-42)

사랑의 하나님! 저희가 일하면서 "어떻게 하면 예수님처럼 할 수 있을까?", "어떻게 하면 주님 닮은 사역자가 될 수 있을까?" 깊이 고민하게 하옵소서! 특히 저희가 지나는 길목마다, 사역의 현장마다, 힘들고 어려운 이들이 기다리고 있습니다. 이들을 외면하지 않고 주님의 심정으로 대하게 하옵소서! 주님께서 만난 이들을 고쳐주셨듯이 그리하게 하옵소서!

눈을 뜨기 원하여 주님께 간절히 부르짖던 '여리고'의 맹인이 "불쌍히 여겨 달라!"고 외칠 때 제자들은 그를 책망하며 "조용히 하라!"고 했지만, 주님은 머물러 서서 "데려오라!"고 하시고, 가까이 온 그에게 "무엇을 하여 주기를 원하느냐?"고 물으시고, "보기를 원하나이다."는 말에 "보라 네 믿음이 너를 구원하였느니라." (누가 18:35-43)고 하시어 고쳐주셨습니다.

나환자들이 격리 수용된 마을을 지나실 때는, 오랫동안 나병으로 격리되어 외로움에 떨고 있던 그들이 "예수 선생님! 우리를 불쌍히 여기소서!"(누가 17:13)하는 고통을 헤아리시고 "가서 제사장들에게 너희 몸을 보이라."
(누가 17:14)고 하심으로 그들을 건져 주셨습니다. 저희가 만나는 이들에게
작은 위로에 힘을 얻고, 작은 관심에 힘을 얻게 하옵소서!

사역의 현장에서 조금만 눈을 들면 외로움에 신음하는 이들, 착취당하고
폭력에 만신창이 된 이들이 너무 많습니다. 더러는 권력에, 공권력에, 사
법의 잣대에, 혹은 물리력에 신음하는 가난하고 약하고 소외된 이들이 너
무 많습니다. 시간이 없고 바쁘고, 당장 해야 할 일들이 산적해 있을지라
도, 우선 돌아보아야 할 약자들에게 먼저 저희 시선을 주게 하옵소서!

'예루살렘'에서 '여리고'로 내려가는 길에 강도를 만나 모두 빼앗긴 채 거반
죽게 된 사람의 피 흘리는 모습을 보며, 그럼에도 자신들의 정당한 업무를
위해 길을 비껴간 '제사장'이나 '레위인'보다 그를 측은히 여겨 포도주와 기
름을 붓고 응급처치를 한 다음 치료와 휴식을 위해 데려간 '사마리아인'을
칭찬하신 주님! 오늘 저희가 이 사마리아인이 되게 하옵소서!

예수님이 지나가시는 길목에 있던 많은 이들은 모두 자신의 육체적 질병
과 타고난 장애 등을 안고 고통으로 신음하는 이들이었고, 이들은 모두 주
님께서 외면치 않고 고쳐주셨습니다. 교회는 복음이고, 복음은 치유이고,
회복입니다. 또 능력이자 사랑입니다. 이 회복의 사역에 쓰임 받기 위하
여, 오늘도 절박한 마음으로 호소하는 이들에게 나아가게 하옵소서!

저희의 구원자 되시는 예수님의 이름으로 기도드립니다. 아멘!

8. 중보 기도를 위한 기도

골방기도 / 중보 기도

예수님처럼 살고 싶을 때 드리는 기도! (13)

이 땅의 형제자매와 먼저 화해하게 하옵소서!

"그러므로 예물을 제단에 드리려다가 거기서 네 형제에게 원망들을 만한 일이 있는 것이 생각나거든 예물을 제단 앞에 두고 먼저 가서 형제와 화목하고 그 후에 와서 예물을 드리라."

(마태 5:23-24)

사랑의 하나님! 이 땅에 사는 죄인 된 인생들은 하나님의 형상을 따라 하나님의 모양으로, 하나님의 속성을 그대로 받아 창조되었음에도 저희 안에는 사랑보다는 미움이, 평화보다는 분쟁이 더 많습니다. 저희에게는 화해보다는 다툼이 더 많고 겸손과 온유보다 교만과 강퍅함이 더 않습니다. 따라서 하나님과의 관계도 늘 불편하지만, 인간관계도 불화합니다.

세상 사람들 사이에 아무리 양보하고 상대를 배려해도 믿지 않은 그들의 영혼을 구원할지 불확실한데, 심지어 그의 영혼을 구할 생각을 포기하고 악하고 불의한 말로 상처를 주어 영원히 화해를 불가능하게 만들고 있습니다. 비신자의 관계도 그렇고, 심지어 교회 안에서 만나는 사랑하는 성도들끼리 얼굴도 마주볼 수 없는 원수처럼 사는 경우들이 너무 많습니다.

같은 소그룹 식구들끼리, 또는 소그룹 지도자들과 불편해진 식구들, 교사들끼리 혹은 관리 교사와 찬양 대원끼리 혹은 파트끼리 혹은 지휘자나 반주자, 심지어 각 파트 책임자들이 지휘자와 총무나 서기 같은 이들과 대원들이 원수가 되어 서로 얼굴도 보지 않고 삽니다. 한 교회 공동체 안에서 다툰 소그룹 멤버는 다른 그룹으로 가면서 봉사 부서도 바꿉니다.

급기야는 교회의 지도자로 세운 중직들, 심지어 목회자와의 관계마저 틀어져서 주의 종을 원수로 대하고 성도를 마귀처럼 대하며 삽니다. 이걸 이기지 못해 성도들은 다른 교회로 옮겨 예배를 드리고, 목회자는 임지를 옮기기도 합니다. 그렇게 관계가 악화되어 갈라서든지, 아니면 불편하지만 참고 견디면서 예배합니다. 하나님 아버지께는 각각 회개했습니다.

주님의 말씀에 "진실로 너희에게 이르노니 무엇이든지 너희가 땅에서 매면 하늘에서도 매일 것이요 무엇이든지 땅에서 풀면 하늘에서도 풀리리라."(마태 18:18)고 하셨습니다. 그렇기때문에 당사자끼리 서로 사과하고 용서를 빌고 서로 화해하고 용납하지 않으면, 그들의 회개와 예배는 하나님께 하나도 가납되지 않는 것을 알고 당사자끼리 화해하게 하옵소서!

세상에서도 '결자해지(結者解之)'라며 묶은 자가 풀어야 한다는데, 세상보다 고귀한 윤리의식을 가지고 더 고급한 '법'인 생명과 성령의 법안에 사는 저희가 피차 얼굴을 대하고 눈을 바라보며 손을 맞잡고 화해하게 하옵소서! 서로 화해한 다음에 하나님께 회개하고, 당사자들의 문제를 풀고 나서 하나님께 나아와 예배하고, 하나님께 회개하게 하시옵소서!

저희의 화목을 요청하시는 예수님의 이름으로 기도드립니다. 아멘!

골방기도 / 중보 기도

외로운 이들에게 따뜻하게 다가서게 하옵소서!

> "한 나병환자가 나아와 절하며 이르되 주여 원하시면 저를 깨끗하게 하실 수 있나이다 하거늘 예수께서 손을 내밀어 그에게 대시며 이르시되 내가 원하노니 깨끗함을 받으라 하시니 즉시 그의 나병이 깨끗하여진지라." (마태 8:2-3)

사랑이신 하나님! 이 땅에는 저희를 필요로 하고 사랑을 갈망하는 사람들이 많습니다. 저희가 아니라 저희가 가지고 있는 사랑을 그리워하는 사람들입니다. 각종 질병을 앓는 이들, 세상에서 격리되어 외롭게 살고 있는 이들, 자신의 형편과 환경이 언제나 좋아질 가능성이 하나도 보이지 않는 이들, 마치 나환자 같은 이들이 저희의 사랑을 기다립니다.

그들은 저희가 가지고 있는 따뜻한 마음, 그 마음을 표현하는 따뜻한 손이 그들에게 닿는 순간, 우리의 가슴에 있는 사랑이 전이되어 응어리진 몸과 마음이 치유될 수 있다고 믿습니다. 하나님! 한 나환자가 격리된 삶의 울타리를 치우고 예수님께 나아와서 "주님께서 원하시면 저를 깨끗하게 해 주실 수 있습니다." 하던 절박한 심정을 이해하게 하시옵소서!

이 땅, 저희의 주변에는 사람들에게 자신을 드러내기 힘들고, 세상이 누구도 그를 받아 드리기 힘든, 세상은 아무런 관심도 보내지 않는, 누구도 그들에게 나아가기를 원치 않는 천형(天刑)처럼 여겨지는 나병 환자들이 너무 많습니다. 저희가 아름다운 말로 감동을 주고 교훈하는 것 말고, 온몸으로 전해 주는 가슴 따뜻한 사랑을 기다리는 이들이 많습니다.

예수님께서 황금 같은 아름다운 산상설교를 마치고 산 아래로 내려오실 때 처음으로 만난 사람이 바로 나병을 앓고 있던 환자였습니다. 그 절절한 눈빛에서 예수님은 그의 절망과 희망을 동시에 보시고, 그냥 축복하신 것이 아니라, 진물 흐르는 그의 몸에 손을 대시며 "내가 원하노니 깨끗함을 받아라!"고 하셨고, 그의 병은 즉시 깨끗하게 나음을 입었습니다.

하나님! 오늘 저희의 달콤한 사랑의 언어나 또 잘 준비된 권면이나 위로가 아니라, 자신의 질병을 끌어안고 평생을 살아야 하는 아픈 사연을 가진 이들에게 몸으로 다가서게 하옵소서! 가난의 창살에 갇혀있는 사람들, 자신의 죄얼에 갇혀 세상에 드러내기 어려운 이들, 무서운 질병의 공격으로 삶이 피폐해진 이들 모두는 저희의 손길을 기다리는 이들입니다.

저희가 세련된 말로 그들을 위로하고, 아름다운 그의 미래를 축복해 주기보다, 더럽고 냄새나는 흉측한 그들의 몸에 손을 내밀어 환부를 만질 수 있는 사랑의 믿음을 주옵소서! 아무도 상상 못 했고, 누가 그런 일이 일어나리라고 예측 못 했던 예수님의 손이 나환자에게 닿듯이, 오늘 저희가 손을 내밀어 외로움에 우는 이들의 눈물을 닦아 줄 수 있게 하옵소서!

병든 몸에 손을 얹으신 예수님의 이름으로 기도드립니다. 아멘!

골방기도 / 중보 기도

예수님처럼 살고 싶을 때 드리는 기도! (17)

우리의 조국을 바라보며 울게 하옵소서!

"날이 이를지라 네 원수들이 토둔을 쌓고 너를 둘러 사면으로 가두고 또 너와 밎
그 가운데 있는 네 자식들을 땅에 메어치며 돌 하나도 돌 위에 남기지 아니하리니
이는 네가 보살핌 받는 날을 알지 못함을 인함이니라 하시니라."

(누가 19:43-44)

사랑하는 하나님! 예수님께서 세상에 계실 때 세 번 우신 기록을 봅니다.
십자가를 앞에 놓고 생사의 갈림길에서 '심한 통곡과 눈물'을 흘리셨고(히
브 5:7), 예수님의 사랑하시는 친구 '나사로'가 죽어 '베다니'를 방문하셨을
때, 마중 나온 '마리아'가 통곡하는 것을 보신 주님께서 비통하게 여기시고
불쌍히 여기사 우셨습니다. 그리고 또 한 번 우신 것을 봅니다.

예수님께서 마지막 유월절에 '예루살렘'에 올라가셨을 때, 그 동안 감회에
젖어 지난 세월 예루살렘에 오셨을 때를 생각하셨습니다. 이제 타락한 종
교지도자를 상징하는 '예루살렘'을 바라보니 하나님의 심판이 보이고, 그
심판을 생각하니 가슴이 먹먹하고 견딜 수가 없으셨을 것입니다. 성에 가
까이 오시자 앞으로 성에서 일어날 비극적 상황이 보였습니다.

앞으로 성에는 원수들이 몰려와 토둔을 쌓고, 그들을 사면으로 포위하고,
그들과 자녀들을 땅에 메치는 무서운 살육이 일어날 것입니다. 성(城)은 모

두 파괴되어 돌 위에 돌 하나도 남지 않을 것입니다. (누가 19:43-44) 그걸 생각하신 예수님은 "너도 오늘 평화에 관한 일을 알았더라면 좋았겠지만 지금 네 눈에 숨겨졌도다."(누가 19:42)고 하시며 우셨습니다.

하나님! 오늘 우리가 조국 '대한민국'을 생각할 때 울 일밖에 없습니다. 세계에서 유일한 분단국입니다. 한 조상을 둔 한민족이고, 같은 말과 같은 글을 쓰고, 세계에서 유일하게 통/번역이 필요 없이 의사가 소통되는 나라인데, 제일 소통이 안 됩니다. 관계가 불편한 나라는 있지만 '적'으로 규정한 유일한 나라와 휴전선을 사이에 두고 대치하고 있습니다.

북한은 세계에 몇 안 되는 핵보유국이요, 세계에서 가장 폐쇄된 나라인데 우리가 그와 마주하고 있으며, 세계에서 전쟁의 위협이 가장 높은 지역 중의 하나입니다. 수도권에 전 인구의 절반이 모여 있는 나라입니다. 전쟁 직후의 폐허가 된 나라를 직접 보고 자란 세대가 사는 나라인데, 저희를 지켜 주옵소서! 중동지역 어린이들의 참혹한 희생을 볼 때 두렵습니다.

하나님께서 저희 조국 대한민국, 세계에서 가장 단기간에 국가가 번영하고 성장해온 이 땅에 전쟁이 일어나지 않도록 지켜 주옵소서! 전에는 조국 통일을 위해 기도하고, 나라와 민족을 위해 금식하고 철야 하는 이들이 많았는데 안타깝습니다. 언제나 이 땅에 항구적인 평화가 올지 안타깝습니다. 조국의 영원한 평화를 위해 매일 통곡하는 저희가 되게 하옵소서!

평화의 왕이신 예수 그리스도의 이름으로 기도드립니다. 아멘!

골방기도 / 중보 기도

예수님처럼 살고 싶을 때 드리는 기도! (18)

사람을 외모로 차별하지 않게 하옵소서!

"예수를 청한 바리새인이 그것을 보고 마음에 이르되 이 사람이 만일 선지자라면 자기를 만지는 이 여자가 누구며 어떠한 자 곧 죄인인 줄을 알았으리라 하거늘."

(누가 7:39)

고마우시고 사랑이 많으신 하나님! 이 땅에 사는 인생들이 하나님의 형상대로 지음을 받은 자녀들이고, 이들 모두 구원의 대상, 사랑의 대상임을 믿습니다. 따라서 하나님의 말씀을 따라 서로 사랑하며, 원수까지 사랑해야 하는 저희는 누구든 민족이나 피부색, 종교에 따라서 편애할 수 없음을 믿습니다. 특히 신앙공동체 안에서 모두 사랑하게 하시옵소서!

그중에 사회적 편견을 가진 특정한 질병의 병력이 있는 이, 혹은 치료 중인 이들을 차별하지 않게 하시고, 한국이 경제발전을 이루며 해외에서 들어온 이민족(異民族), 소위 다문화 가정을 배경으로 하는 이, 또 타종교, 혹은 이단들과 접촉한 모든 이들조차도 품고 가게 하옵소서! 특히 드러난 겉모습만으로 사람을 판단하는 어리석은 자기 되지 않게 하시옵소서!

예수님은 당시 창녀(娼女)나 고리대금업자나 뚜쟁이나 포주, 군인들 같은 천민 계급에 있는 세리(稅吏) '마태'를 제자 삼으시고, 세리장 '삭개오'의 집에 가셔서 "이 사람도 아브라함의 자손이라!"고 선언하신 것을 봅니다. 천민들과 어울려 식사하시는 것을 본 바리새인들이 "너희 선생은 어찌하여 세리와 죄인들과 함께 먹느냐?"(마태 9:10–11)고 시비했습니다.

교회의 성도들이나 목회자들은 교회 안에 지역 사회나 정부, 혹은 사회적 지도자들이 예배드리러 오면 크게 환영하고, 식사도 함께 나누지만, 사회의 천민들이나 남루하고 가난한 서민들이 새로 나오면 관심도 별로 안 가지며 홀대하지 않게 하옵소서! 가난한 자들이 우대받는 것은 아닐지라도, 소외되고 멸시당하여 그들의 아픔이 증폭되지 않게 하여 주옵소서!

죄인인 한 여자가 바리새인 집에서 식사 초대를 받아 식사하시던 예수님께 향유 담은 옥합을 가지고 와서 예수님의 뒤로 그 발 곁에 서서 울며 눈물로 그 발을 적시고 머리털로 닦고 그 발에 입 맞추고 향유를 부었을 때 (누가 7:37–38)아무런 제재 없이 이를 모두 받으시고, 오히려 그의 행위를 칭찬하시고, 시비하는 바리새인을 책망하신 충격적 장면을 봅니다.

주님처럼 살기를 원한다면, 주님의 시대정신, 예수님의 인간관계 등을 살펴 주님처럼 살게 하옵소서! 사람의 외모나 출신 학교, 출신 지역이나 직업, 직장, 월수입 같은 것들이 그를 판단하는 기준이 되지 않게 하옵소서! 저희들을 하나님께서 사랑하셨듯이, 세계가 교통, 문화로 하나 되고 있음을 기억하여 우리도 세상을 사랑하고 용납하며 품고 가게 하옵소서!

저희를 받아 주신 예수 그리스도의 이름으로 기도드립니다. 아멘!

골방기도 / 중보 기도

어린이들을 소중하게 생각하게 하옵소서!

"어린아이 하나를 데려다가 그들 가운데 세우시고 안으시며 제자들에게 이르시되 누구든지 내 이름으로 이런 어린아이 하나를 영접하면 곧 나를 영접함이요 누구든지 나를 영접하면 나를 영접함이 아니요 나를 보내신 이를 영접함이니라."

(마가 9:36-37)

사랑의 하나님! 진실로 고맙습니다. 특별히 하나님께서 어린 아이에 대한 소중함을 알게 하시니 고맙습니다. 세상에서 어린이들을 말로는 소중하다고 하고, 어린이는 나라의 보배라고 하지만, 실상은 의사 결정권도 없고, 자유 의지도 존중받지 못한 채 힘없는 어린아이로 살아가고 있을 뿐입니다. 믿는 저희라도 어린이들을 귀하고 소중하게 생각하게 하옵소서!

하나님께서 저희에게 세상에서 가장 작은 어린이에 대한 지극한 관심과 사랑 까닭에, 어른 중심으로 사고(思考)하고 경영하는 세상이, 힘없고 존재감 없는 아이들을 배려하여, 교회 안에 '교회학교'나 '주일 학교'를 세워 주시고, 또 그 안에 영아부, 유아부, 유치부 같은 어린 생명을 위한 교육기관을 세우시고 이들의 양육을 위한 '교육부'를 주시니 고맙습니다.

하나님! 저희가 어린이를 소중하게 대하게 하옵소서! 그들이 우리의 분신이기에 소중하며, 그들이 우리의 미래이기에 소중합니다. 우리의 꿈이자 소망이기에 소중합니다. 앞으로 나라와 민족의 주체이기에 소중합니다. 무엇보다 주님께서 소중히 여기셨기에 더욱 소중합니다. 또 성경의 중요한 사건에 주인공으로 등장하기에 소중합니다. 이들을 기억하여 주옵소서!

예수님께서 안수해 주시기를 바라며 어린아이들을 데리고 예수님께로 왔을 때 제자들이 꾸짖습니다. 그때 주님은 어른들에게 "어린아이들을 용납하고 내게 오는 것을 금하지 말라. 천국이 이런 사람의 것이니라."고 하시고 친히 안수하시고 거기를 떠나셨습니다. 이런 감동적인 장면을 연출하시고(마태 19:13-15)천국의 주인공으로 선포하셨으니 고맙습니다.

또 주님께서 "누구든지 내 이름으로 이런 어린아이 하나를 영접하면 곧 나를 영접함이라."(마태 18:5)고 하시고, "누구든지 나를 믿는 이 작은 자 중 하나를 실족하게 하면 차라리 연자 맷돌이 그 목에 달려서 깊은 바다에 빠뜨려지는 것이 나으니라." (마태 18:6)고 하시며 어린이에 대한 소중함을 깨닫게 하시니 고맙습니다. 주님의 가르침을 본받게 하옵소서!

교회가 시작되면 교회의 작은 누룩으로 어린이들을 보내시고, 아무도 없는 적막한 예배 처소에 어린이를 보내시어 그들의 웃음소리와 함께 교회학교가 시작되고, 그들의 친구가 전도되고 그들의 부모들이 전도되는 전도의 씨앗이 되게 하시니 고맙습니다. 오늘 예배당에 어린이를 주심이 고맙고, 역사의 중심에, 천국의 중심에 어린이를 세워 주심이 고맙습니다.

어린이를 사랑하시는 예수님의 이름으로 기도드립니다. 아멘!

골방기도 / 중보 기도

예수님처럼 살고 싶을 때 드리는 기도! (21)

가난한 자의 신음을 기억하게 하옵소서!

"한 가난한 과부는 와서 두 렙돈 곧 한 고드란트를 넣는지라. 예수께서 제자들을 불러다가 이르시되 내가 진실로 너희에게 이르노니 이 가난한 과부는 헌금함에 넣는 모든 사람보다 많이 넣었도다." (마가 12:42-43)

하나님! 세상에 살며 인성이 악하거나, 행실이 부정하여 사람들에게 배척당하는 것이 아니라, 가난하여 소외당하고 외로움에 울고 있는 이들이 있습니다. 하나님께서 저희를 기억하시고 측은히 여기사 외로움과 소외됨의 자리를 털고 일어나 소유 여부나 빈부의 차이로 인한 불평등을 겪지 않게 하옵소서! 언제나 하나님의 사랑받는 자녀들이 되게 하시옵소서!

예수님은 성전에서 사람들의 헌금을 살펴보시면서, 거들먹거리며 많은 헌금을 넣는 부자들, 교만하게는 아니라도 자신의 소비생활에 비해 아무런 부담도 없을 만큼의 거액을 헌금하는 이들, 또 헌금은 드려도 기쁨도 감격도 없이 의례적인 헌금을 하는 이들을 모두 살펴보시고, 헌금 관리자가 계수하는 헌금의 액수와는 차이가 나는 혼자 사는 여인을 보셨습니다.

두 '렙돈'의 헌금을 넣는 가난한 여인의 헌금을 보시면서, 그가 적은 헌금을 드리고 하나님께 가지는 죄송한 마음, 다른 이들처럼 넉넉하게 넣지 못한 데 대한 부끄러운 마음, 아주 작은 두 '렙돈'이라도 하나님께 드릴 힘을 주신 은혜에 대한 고마운 마음을 모두 살피신 후, 그날 하나님께 가장 풍성한 헌금을 드린 이는 바로 이 여인이라고 칭찬해 주셨습니다.

왜냐하면 "그들은 다 그 풍족한 중에서 넣었으나, 이 여인은 가난한 중에서 자기의 모든 소유, 곧 생활비 전부를 넣었기 때문이라."(마가 12:44)는 것입니다. 그렇습니다. 하나님은 저희가 가진 부의 기준을 보고 부자와 가난한 자를 나누지 않으시듯, 저희가 드리는 헌금의 경제적 가치로 많고 적음을 나누지 않으시고 그의 형편을 고려하여 받으시는 것을 봅니다.

하나님의 관심은 언제나 가난한 이들에게 있었습니다. 한 부자가 "어떻게 하면 영생을 얻겠느냐?"고 물을 때에, 이런저런 계명들을 말씀하시자, "그런 것은 어려서부터 다 지켰다."고 하는 그에게 "네가 온전하려고 하면 가서 네 소유를 팔아 가난한 자들에게 주라. 그리하면 하늘에서 보화가 네게 있으리라. 그리고 와서 나를 따르라."(마태 19:21)고 하셨습니다.

부모들이 늘 '부자 아들'보다는 '가난한 아들'에게 마음이 쏠리듯이, 하나님은 늘 가난한 이들 때문에 마음이 아프신 것을 봅니다. 잔치를 베풀 때도 "가난한 자들과 몸 불편한 자들과 저는 자들과 맹인들을 청하라."(누가 14:13,21)고 하시고, 부자와 거지 '나사로'의 미래 운명을 보이셨습니다. 오늘도 저희 교회가 가난한 이들을 위하여 계속 기도하게 하옵소서!

가난한 자를 마음에 두신 예수님의 이름으로 기도합니다. 아멘!

골방기도 / 중보 기도

예수님처럼 살고 싶을 때 드리는 기도! (32)

저들의 모든 문제를 해결하여 주옵소서!

"그의 소문이 온 수리아에 퍼진지라 사람들이 모든 앓는 자 곧 각종 병에 걸려서 고통당하는 자, 귀신 들린 자, 간질하는 자, 중풍병자들을 데려오니 그들을 고치시 더라. 갈릴리와 데가볼리와 예루살렘과 유대와 요단 강 건너편에서 수많은 무리가 따르니라." (마태 4:24-25)

하나님께서 이 땅에 주님의 몸 된 교회를 세우시고, 그 안에 구원받은 자녀들을 모으시고, 자녀 중에 전문 사역자인 주님의 사자들을 세우시고, 구원받아 삶의 기쁨을 함께 누리는 성도들을 모아 작은 천국 같은 삶을 살게 하시니 고맙습니다. 그리고 저희가 열심히 전도하고, 하나님께서 또한 사람들을 보내주시어 신앙공동체를 이루어가게 하시니 고맙습니다.

그런데 아버지의 집에 나오는 이들 중에는 흠 없는 이들이 거의 없습니다. 겉으로 보기에는 멀쩡해도 온전한 사람이 하나도 없습니다. 육체의 병이든 이, 그것도 난치나 불치병부터 다양한 질병의 지배를 받고 있습니다. 누구하나 건강한 사람이 없습니다. 정신 질환을 앓는 이, 마음에 상처가 있는 이, 그리고 전문가가 아니면 쉽게 분간 못 하는 병자들입니다.

하나님은 치유하는 광선이십니다. 하나님은 치료의 주님이십니다. 언제나 저희들의 병든 몸을 어루만지시고 고쳐주시는 분이십니다. 하나님께서 아버지의 집에 나아온 사랑하는 백성들을 기억하시어 저들의 질병을 고쳐 주옵소서! 하나님의 손에 저들을 맡기오니 모두 하나님의 자비를 사모하며 나아온 연약하고 측은한 이들에게 손을 대 고쳐서 낫게 하옵소서!

혈루증, 고창병, 나병, 맹인, 걷지 못하는 이 등 많은 병자를 고치신 하나님! 이 시대 이 땅에서 질병의 노예가 된 이들을 고쳐주옵소서! 모든 이들이 하나님께서 낫게 하시어서 깨끗이 고침을 받게 하옵소서! 하나님은 질병을 고쳐주기 위해서도 오셨습니다. 모두 주님 앞에 나오면서, 말씀을 들으면서, 기도하면서, 기도를 받으면서 나음을 입게 하옵소서!

세상의 온갖 문제 다양한 어려움을 안고 하나님 앞에 나온 이들이 질병을 치유 받고 자유를 얻게 하옵소서! 의학이 발달하지 않은 당시에는 질병을 치료하는 것이 중요한 일이었지만, 오늘도 하나님의 치유하심이 넘쳐서 온 교회가 치유 받은 이들의 행복이 넘치게 하옵소서! 질병뿐만 아니라 각종 염려와 근심, 마음이 상한 이들이 깨끗함을 입게 하옵소서!

하나님! 어쩌면 교회에는 이처럼 상처 많은 이들, 아픔이 덕지덕지 묻어있는 이들, 도저히 이해도 안 되고 치료 가능성도 없는 중증 환자들만 모이는지 무력한 종은 속이 상해 울고 싶습니다. 그러나 당시나 지금이나 교회에 모이는 이들은 이처럼 주님의 만져 주심을 믿고 옵니다. 이것이 교회를 세우신 목적입니다. 하나님의 치유가 강하게 나타나게 하옵소서!

우리를 고쳐주시는 예수님의 이름으로 기도드립니다. 아멘!

골방기도 / 중보 기도

예수님처럼 살고 싶을 때 드리는 기도! (169)

나라의 지도자들을 위해 기도하게 하옵소서!

"그러므로 내가 첫째로 권하노니 모든 사람을 위하여 간구와 기도와 도고와 감사를 하되 임금들과 높은 지위에 있는 모든 사람을 위하여 하라. 이는 우리가 모든 경건과 단정함으로 고요하고 평안한 생활을 하려 함이라. 이것이 우리 구주 하나님 앞에 선하고 받으실 만한 것이니." (딤전 2:1-3)

하나님! 오늘 저희는 눈을 뜨면 제일 먼저 이 땅 조국 대한민국의 영원한 평화와 안전, 통일과 번영을 생각합니다. 저희가 그토록 이 나라의 안녕과 평화를 위해 기도하는 이유는 이 땅이 다시 외세의 침략에 농락당하면 이제는 나라도 민족도 국민도 모두 사라진다는 생각 때문입니다. 우리는 잔인무도한 일제 강점기와 6.25를 통해서 절절히 겪었습니다.

그렇게 기도하다 보면 나라의 지도자인 대통령을 비롯하여 행정부 각료들, 입법부 300명의 국회의원, 사법부 판사들을 위해 기도합니다. 하나님! 그런데 기도할수록 답답할 때가 많고 기도하다 보면 답답하다 못해 슬퍼지고 울고 싶을 만큼 민족의 미래가 암담해 보입니다. 이제 하나님께서 나라의 국정에 개입하여 무너지고 있는 나라를 바로 세워 주옵소서!

하나님! 저희가 이 나라와 민족을 위하여 기도합니다. 그리고 지도자를 위하여 기도합니다. 저희를 불쌍히 여기시고 이 땅에 이제는 두 번 다시 일

본인들의 침략전쟁, 북한의 핵 공격이든 재래식 무기의 공격이든 동족상 잔의 참상이 다시는 일어나지 않도록 붙잡아 주옵소서! 이제는 그렇게 세 계에 유래를 찾아볼 수 없는 이들의 잔인함이 사라지게 하옵소서!

하나님께서 이 땅의 모든 이들을 사랑하시되, 특히 나라의 안위와 평화를 위해 절대적으로 필요한 이들의 신원을 강건하게 하시어 저희가 흔들림이 나 미혹됨이 없이 국정 운영에 최선을 다하고, 어떻게 해서든지 이 나라를 안전한 대한민국으로 가꾸고 지켜나갈 수 있도록 지혜와 애국심을 불어넣 어 주옵소서! 그리하여 걱정하는 일이 생기지 않게 하옵소서!

나라의 모든 고위 공직에 있는 이들이 모두 각자의 자리에서 최선을 다하 게 하시되, 언제나 백성들을 먼저 생각하게 하시고, 대통령과 삼부요인들, 여야 정치인들 모두 국민들의 생명과 안전에 무한 책임을 지는 이들 모든 요직에 있는 이들이 정신 바짝 차리고 바로 서게 하옵소서! 그리하여 하나 님께서 지키신 대한민국 이 나라가 영원히 강건하게 하옵소서!

물론 "하나님은 모든 사람이 구원을 받으며 진리를 아는 데에 이르기를 원 하시느니라."(딤전 2:4)고 하셨습니다. 맞습니다. 그런데 이 땅의 모든 사람 이 다 구원을 얻고 이 나라 방방곡곡, 그리고 사천만 우리 민족이 평안하 고 안전하게 살기 위해서는 지도자들이 제대로 서야 합니다. 하나님께서 저희의 기도를 받아 주시고 지도자들이 바로 서게 지켜 주옵소서!

저희를 누구보다 사랑하시는 예수님의 이름으로 기도합니다. 아멘!

골방기도 / 중보 기도

예수님처럼 살고 싶을 때 드리는 기도! (188)

자식이 아비에게 함같이 하게 하옵소서!

"그들이 다 자기 일을 구하고 그리스도 예수의 일을 구하지 아니하되 디모데의 연단을 너희가 아나니 자식이 아버지에게 함같이 나와 함께 복음을 위하여 수고하였느니라." (빌립 2:21-22)

사랑의 하나님! 저희가 신앙생활 하는 공동체인 '교회'는 목회자, 성직자, 목자 등의 이름으로 불리는 사역자와 함께, 그의 가르침을 신뢰하고 따르는 성도, 혹은 교우, 회중으로 불리는 이들이 공동생활을 하며 그곳에 스승으로 세워주신 주의 종들의 가르침을 신뢰하고 따르며 천국의 훈련장을 살아가는 곳입니다. 이곳의 구성원이 되게 하심이 은혜입니다.

그런데 복음이 들어오고 오랜 세월이 지나며 교회의 의식도 바뀌고 지도자들의 방만하여 무너진 삶의 모습에 실망한 성도들이 지도자에 대한 존경과 신뢰가 사라졌습니다. 또 상점보다 더 많이 세워진 교회 때문에, 언제든지 공동체에서 나와 새로운 공동체로 적을 옮기는 일이 하나도 힘들거나 이상한 일이 아닌 세상이 되었습니다. 그래서 마음이 아픕니다.

목회자도 그곳에 뼈를 묻겠다고 강단에서 선포했지만, 기회가 찾아오면 언제라도 미련 없이 떠나는 풍조가 만연해졌고, 그곳에서 평생 목회를 하라고 '위임식'까지 해드렸음에도 불구하고, 자신의 신분은 완전히 보장된 위임목사가 이에 연연하지 않고 교회를 옮기는 일도 심심찮게 보입니다. 지금은 이미 목회자와 성직자 간의 신뢰와 존경은 사라져 버렸습니다.

하나님! 초기 사도들이 목회하고 있던 1세기 신앙공동체에도 지금보다는 한결 나았지만, 성도들은 신앙생활 하면서 교우들에게 "너희를 인도하는 자들에게 순종하고 복종하라. 그들은 너희 영혼을 위하여 경성하기를 자신들이 청산할 자인 것같이 하느니라. 그들로 하여금 즐거움으로 이것을 하게하고 근심으로 하게 하지 말라."(히브 13:7)고 말씀했습니다.

그렇습니다. 목회자는 하나님이 아닙니다. 그렇다고 대리자도 아닙니다. 그러나 교회를 위임하고 위탁한 주의 종들이 그 안에서 기쁨으로 일할 수 있도록 하는 것은 하나님 보시기에 귀한 일입니다. 하나님은 "그렇지 않으면 너희에게 유익이 없느니라." (히브 13:7)고 말씀하고 있습니다. 그러면서 '바울' 사도는 아주 모범적 제자 '디모데'를 소개하고 있습니다.

'디모데'를 '빌립보교회'에 보내 위로받으려는데 "뜻을 같이하여 너희 사정을 진실히 생각할 자가 이밖에 내게 없음이라."(빌립 2:50)는 것입니다. "그들이 다 자기 일을 구하고 예수의 일을 구하지 아니하되 '디모데'의 연단을 아나니 자식이 아버지에게 함같이 나와 함께 복음을 위하여 수고했느니라." (빌립 2:21-22)는 것입니다. 저희가 이렇게 살게 하옵소서!

저희를 교회에서 만나게 하신 예수님의 이름으로 기도드립니다. 아멘!

골방기도 / 중보 기도

예수님처럼 살고 싶을 때 드리는 기도! (199)

어디에 있든지 가르치고 전도하게 하옵소서!

"사도들은 그 이름을 위하여 능욕 받는 일에 합당한 자로 여기심을 기뻐하면서 공회 앞을 떠나니라. 그들이 날마다 성전에 있든지 집에 있든지 예수는 그리스도라고 가르치기와 전도하기를 그치지 아니하니라." (사도 5:41-42)

사랑하는 하나님! 세상에서 예수님의 이름이 그 영광을 드러내자 예수님을 반대하던 관리들은 그 이름을 부르는 제자들을 붙잡아 심문하고 경고하고, 그들을 위협했습니다. 그러나 이미 예수님을 통해 말씀의 가르침을 받고, 약속한 성령님이 오셔서 큰 능력을 경험하고 많은 장애인들이 치유받고 일어나는 것을 경험한 제자들은 두려워할 이유가 없습니다.

관리들은 제자들을 끌어다가 겁박하고 훈방하면서 "이 이름으로 사람을 가르치지 말라!"고 하였지만, 제자들의 사역은 이미 '예루살렘'에서 봇 물처럼 터졌고 확신을 얻은 사도들은 '베드로'를 통해 "사람보다 하나님께 순종하는 것이 마땅하니라." 며 그 이름을 위하여 능욕 받는 일에 합당한 자로 여기심을 기뻐하며 기적 같은 모습으로 떠나갑니다. (사도 5:28-42)

'예루살렘' 시내는 마치 거대한 용광로에 벌겋게 녹은 쇳물이 이글거리듯 제자들의 무리가 거리와 골목을 휘젓고 다니면서 복음을 전했는데 "날마다 성전에 있든지 집에 있든지 예수는 그리스도라고 가르치기와 전도하기를 그치지 아니하니라.”(사도 5:41-42)고 했습니다. 걷잡을 수 없는 무서운 성령님의 역사와 물결이 예루살렘 거리에 파도치고 있었습니다.

하나님의 영이 그 속에 거하면, 성령님은 살리는 영이라 죽은 이들이 살아납니다. 성령님은 하나님의 영이기에 이들이 가는 곳마다, 예수님의 이름이 전파됩니다. 성령님은 권세의 영이요, 그들이 가는 곳에는 관리들의 위협과 경고가 힘을 쓰지 못하면서 진리의 영이신 성령님께서 복음을 전하게 하십니다. 성령님은 예수님의 영이기에 담대히 복음을 전하십니다.

이들은 특별한 장소, 즉 '성전'이나 '회당'만이 아니라 집에 있든지 어디에 있든지, 또 안식일이나 특정한 날만이 아니라 날마다 '예수는 그리스도라!'고 가르치기와 전도하기를 그치지 않았습니다. (사도 5:41-42) 이것이 성령님의 일하시는 증거요, 예수님의 이름에 사로잡힌 이들에게 나타나는 증거입니다. 그리스도의 영으로 거듭난 성도들의 마땅한 모습입니다.

하나님은 지금도 그의 능력이 임한 자, 그의 영으로 거듭난 자, 그 이름으로 구원받은 자들에게 같은 감동을 주십니다. 오늘 저희가 집에 있든지, 거리에 있든지, 성전에 있든지 불문하고 예수님이 우리의 구주시라는 사실을 많은 이들에게 전하는 저희가 되게 하옵소서! 오늘 구원받은 저희가 복음의 증인이 되게 하옵소서! 쉬지 않는 증인들이 되게 하옵소서!

저희를 증인으로 부르신 예수님의 이름으로 기도드립니다. 아멘!

골방기도 / 중보 기도

예수님처럼 살고 싶을 때 드리는 기도! (200)

세상을 두려워하지 않는 담력을 주옵소서!

"베드로와 요한이 대답하여 이르되 하나님 앞에서 너희의 말을 듣는 것이 하나님의 말씀을 듣는 것보다 옳은가 판단하라 우리는 보고 들은 것을 말하지 아니할 수 없다 하니." (사도 4:19-20)

사랑의 하나님! 오늘 저희를 사랑의 자녀로 삼으시고, 성령의 사람, 복음의 사람이 되게 해 주셨으니 참으로 고맙습니다. 하나님의 자녀가 되었기에 하나님 외에는 사랑하는 이가 없고, 성령으로 충만하기에 성령님 외에 두려워 할 이는 없습니다. 저희는 약한 자 같아도 강한 자요, 무명한 자 같으나 유명한 자요, 가난해 보여도 세상을 다 가진 이들입니다.

하나님의 자녀들은 세상에서 가장 강하신 하나님을 아버지로 모시고 있으니 세상에 대한 두려움이 없습니다. 두려움이 없으니 세상의 폭력배처럼 아무데서나 주먹을 휘두르는 오만함이 아니라, 폭력적인 세상에 대하여 두려움이 없다는 것입니다. 당시 정치, 종교적인 세상의 권력이 복음증거를 금지시켜도 하나님께로 난 이들은 조금도 두려워하지 않습니다.

이것이 민간에 더 퍼지지 못하도록 그들을 위협하여 "이 후에는 이 이름으로 아무에게도 말하지 말게 하자!"고 하여, 제자들에게 "도무지 예수의 이름으로 말하지도 가르치지도 말라!"고 하자, 그들의 대답이 "하나님 앞에서 너희의 말을 듣는 것이 하나님의 말씀을 듣는 것보다 옳은가 판단하라! 우리는 보고 들은 것을 말하지 아니할 수 없다."고 말했습니다.

이것이 두려움이 없는 것입니다. 다시 말하면 불의한 권력의 억압에 당당하게 맞서 신앙과 전도의 자유를 담대히 전한 것입니다. 그것은 폭력에 대한 항의요, 자신의 자유를 억압하는 권력에 대한 정당한 저항입니다. 무엇이 그들을 그렇게 당당하게 만들었을까? 그것은 하나님께서 백그라운드가 되시는 역사에 대한 믿음이요, 철저한 신앙적 의지요 신뢰입니다.

하나님께서 지금도 저희를 사랑하여 함께 하시는 이면에는 "너희는 나를 믿으니 두려워하지도 말라. 내가 너희와 항상 함께 하리라!"는 보장에 대한 확신입니다. 저는 하나님을 믿습니다. 그러므로 지금도 세상 권력으로부터의 자유를 믿습니다. 불의한 폭력으로부터 안전한 보장을 신뢰합니다. 특별히 제가 드린 신앙고백에 대한 부당한 압력에 대해 저항합니다.

신앙생활을 하면서, 특히 사역하는 과정에서 어떤 불의한 압력이 있다 해도 믿음으로 이에 대하여 저항할 것이고, 오늘부터 영원히 하나님은 제가 고백한 신앙의 자유에 대한 어떤 침해도 강력히 저항할 것입니다. 이는 어떠한 독재 권력도 저의 아주 작은 정당한 신앙적 자유를 침해하지 못하고, 제 권리를 찬탈하지 못하는 것을 알게 해 주실 것이 고맙습니다.

저희에게 늘 평안을 주시는 예수님의 이름으로 기도드립니다. 아멘!

골방기도 / 중보 기도

예수님처럼 살고 싶을 때 드리는 기도! (212)

사역보다 주님의 뜻이 중요함을 알게 하옵소서!

> "그 날에 많은 사람이 나더러 이르되 주여 주여 우리가 주의 이름으로 선지자 노릇
> 하며 주의 이름으로 귀신을 쫓아 내며 주의 이름으로 많은 권능을 행하지 아니하
> 였나이까 하리니 그 때에 내가 그들에게 밝히 말하되 내가 너희를 도무지 알지 못
> 하니 불법을 행하는 자들아 내게서 떠나가라 하리라."   (마태 7:22-23)

사랑하는 하나님! 땅에서 애쓰고 수고하며 하나님을 섬기는 종들의 희망
은 장차 완성되어 다가올 하나님의 나라에서 칭찬과 상급을 얻기 위함입
니다. 위대한 사도 '바울'조차 "내가 달려갈 길과 주 예수께 받은 사명 곧
하나님의 은혜의 복음을 증언하는 일을 마치려 함에는 나의 생명조차 조
금도 귀한 것으로 여기지 아니하노라."(사도 20:24)고 고백했습니다.

그 고백이 비교적 사역 초기였는데 이제 사역이 끝날 무렵 그가 유서처럼
남긴 글에서는 "나는 선한 싸움을 싸우고 나의 달려갈 길을 마치고 믿음을
지켰으니, 이제 후로는 나를 위하여 의의 면류관이 예비되었으므로 주 곧
의로우신 재판장이 그 날에 내게 주실 것이며 내게만 아니라 주의 나타나
심을 사모하는 모든 자에게도니라." (딤후 4:8)고 희망합니다.

이 땅의 모든 그리스도인의 가슴속에는 살면서 서럽고 고단하여 외로움과
슬픔의 눈물을 흘리면서도 "하나님께서 그들의 눈에서 모든 눈물을 씻어

주실 것.”(계시 7:17)일 믿는 믿음과 “잘 하였다. 착하고 충성된 종아! 네가 적은 일에 충성하였으매 내가 많은 것을 네게 맡기리니, 네 주인의 즐거움에 참여할지어다.” (마태 25:21)는 격려를 듣고싶어 합니다.

하나님! 그래서 미련한 인생들은 어떻든 주일도 잘 지키고, 십일조도 성실하게 내고, 새벽 기도도 잘 하고, 목회하는 이들은 교회도 크게 성장시키는 세속적 기준의 성공적인 삶을 살려고 애를 씁니다. 선교 사업도 하고, 의료사업도 하고, 교육사업도 합니다. 사회의 영향력 있는 자리에서 지대한 업적을 남기고, 능력 받아 병도 고치고 유명해지려고 합니다.

그런데 주님께서는 “나더러 주여 주여 하는 자마다 다 천국에 들어갈 것이 아니요, 다만 하늘에 계신 내 아버지의 뜻대로 행하는 자라야 들어가리라.”고 말씀하시고, 그때 불만이 있는 무리가 찾아와서 “주여, 주여! 우리가 주의 이름으로 선지자 노릇 하며 주의 이름으로 귀신을 쫓아내며 주의 이름으로 많은 권능을 행하지 아니하였나이까?” 하며 항의합니다.

“우리를 이렇게 대하십니까? 우리에게 이럴 수 있습니까?” 하는 이들을 향하여 “내가 너희를 도무지 알지 못하니, 불법을 행하는 자들아 내게서 떠나라!”고 하셨습니다. 하나님의 뜻은 말씀을 행하는 자입니다. 사역의 결과가 빈약하고 초라해도 말씀을 따라 최선을 다했으면 그를 받으시고 안아주실 것입니다. 사업의 결과로 상주시는 분이 아님을 알게 하옵소서!

저희에게 행한 대로 갚으실 예수님의 이름으로 기도합니다. 아멘!

골방기도 / 중보 기도

예수님처럼 살고 싶을 때 드리는 기도! (222)

이단을 사랑하는 것이 아님을 알게 하옵소서!

"주인이 이르되 가만 두라 가라지를 뽑다가 곡식까지 뽑을까 염려하노라. 둘 다 추수 때까지 함께 자라게 두라 추수 때에 내가 추수꾼들에게 말하기를 가라지는 먼저 거두어 불사르게 단으로 묶고 곡식은 모아 내 곳간에 넣으라 하리라."

(마태 13:29-30)

사랑하시는 하나님! 주님께서 이 땅에 계실 때 비유를 들려주시기를 "곡식을 뿌렸는데 가라지가 났으니 어떻게 된 것이냐?"고 물으니 주인이 "마귀가 그렇게 하였구나!" 하시면서 "그냥 두라!" 고 하셨습니다. 이는 가라지를 뽑다가 곡식이 다칠까 곡식을 염려함이요, 추수 때에 가라지를 뽑아 불에 태우리라고 하셨습니다. 이 말씀에 큰 위로와 평안을 얻습니다.

하나님! 지금 우리 교회는 성장하지 않는 것에 대한 염려가 아니라, 이단들의 발호와 그들의 세 확장이 무서운 속도로 일어나는 것에 대한 우려입니다. 교회가 성장하는 속도보다 이단들이 더 빨리 성장하고 있고, 교회가 가진 복음의 능력보다 이단들의 열정과 결집력이 더 무섭기 때문입니다. 교회가 긴장하고 염려해야 하는데 교회는 오히려 태연해하고 있습니다.

오늘 하나님의 백성들은, 우후죽순으로 성장하는 이단의 세력들을 추수 때에 불사르게 따로 단으로 묶을 것인즉 그 일에 염려하지 말고, 열심히 복음의 씨를 뿌리고 곡식을 가꾸며 추수를 준비하는 일에 최선을 다하게 하여 주옵소서! 씨 뿌림을 받은 우리들의 밭을 가꾸어 길가와 같은 밭, 돌밭, 가시떨기가 우거진 밭을 관리하여 좋은 밭이 되게 하여 주옵소서!

또 이단들에게는 경각심을 가지되 유일하신 하나님을 섬기고, 하나님의 집이요, 성령님의 전이요, 기도하는 집인 하나님의 교회에 이단이 둥지를 틀고 교회를 어지럽히지 말고 속히 하나님의 품에서 복음을 먹고 자라는 하나님의 백성들이 되게 하옵소서! 저희는 "악을 행하는 자들 때문에 불평하지 말며 불의를 행하는 자들을 시기하지 말 것"(시편 37:1)입니다.

분명히 "그들은 풀과 같이 속히 베임을 당할 것이며 푸른 채소 같이 쇠잔할 것임이로다."고 했습니다. 하나님은 언제나 저희 자녀들을 사랑하십니다. 교회 안에 이단들이 우글거리는 것처럼 보여도 이는 잠시 추수 때까지이고, 지금 그냥 두는 것은 그 일로 상처받고 힘들까 교회를 염려하시는 하나님의 배려인 것을 알게 하옵소서! 그 일로 감사하게 하옵소서!

사랑하는 하나님! 하나님의 교회 안에서 저희가 양심에 화인 맞은 자 되지 않게 하시고, 행여 교회 안에 독버섯처럼 자라나는 쓴 뿌리가 되지 않게 하옵소서! 저희 영혼을 마귀의 밥으로 내어주는 어리석은 자 되지 않게 하시고, 교회를 허물기 위해 가만히 들어온 이단들의 미혹에 넘어가는 귀가 얇은 어리석은 자 되지 않게 하시고, 진리 안에 서게 하옵소서!

저희 영혼을 위해 기도하시는 예수의 이름으로 기도드립니다. 아멘!

골방기도 / 중보 기도

예수님처럼 살고 싶을 때 드리는 기도! (233)

믿음의 부모와 믿음의 자녀가 많게 하옵소서!

"아들 디모데야 내가 네게 이 교훈으로써 명하노니 전에 너를 지도한 예언을 따라 그것으로 선한 싸움을 싸우며 믿음과 착한 양심을 가지라 어떤 이들은 이 양심을 버렸고 그 믿음에 관하여는 파선하였느니라." (딤전 1:18-19)

사랑의 하나님 아버지! 저희를 하나님의 가족이 되어 하나님을 아버지로 모시고, 이 땅의 모든 이들이 형제와 자매가 되게 하시니 고맙습니다. 하나님께 핏줄 하나 섞이지 않은 저희를 예수님의 피를 통해 한 핏줄이 되고 보혈의 가족이 되게 하시니 고맙습니다. 저희는 모두 사촌도 육촌도 아닌 일촌이 되어 영원한 하나님 나라에서 살게 하시니 고맙습니다.

이렇게 영혼의 아버지를 중심으로 만난 신앙공동체인 교회 안에서, 귀한 믿음의 부모와 자녀를 만나게 하시니 참 감동입니다. 목회자는 사랑하는 성도들을 신앙의 자녀로 중보하고 양육하며, 성도들은 목회자를 신앙의 부모로 사랑하고 존경하여 땅에 사는 동안 하나님 안에서 새로운 부모와 자녀로 피차 사랑하며 섬길 수 있는 은혜와 복을 더하여 주옵소서!

그 중에 특별히 신앙의 지도를 책임지고 있는 목회자와 성도들이 서로 존경과 사랑으로 일생동안 끈끈한 하나님의 사랑을 이어 부자(父子)처럼 살게 하옵소서! '사무엘' 선지자가 다윗을 만나 기름을 부어 왕으로 정하고, 일생동안 후견인으로 살며 백성의 선지자뿐 아니라 다윗의 멘토가 되어 살듯 저희에게 그렇게 끈끈하고 진솔한 신앙의 만남을 주시옵소서!

사도 '바울'이 '루스드라'에서 '디모데'를 만나 그의 임종 직전까지 그와 함께 신앙과 전도와 목회의 길을 가며 한 몸처럼 가까이 살다가, 마침내는 신앙의 아버지와 아들이 된 것을 봅니다. 바울은 늘 '디모데'를 '나의 참 아들 된 디모데'라고 불렀고 '디모데'는 자식이 아비에게 함같이 사도 '바울'을 위하여 모든 것을 (빌립 2:22) 드려 복음을 위해 수고했습니다.

그런 부자 관계로 굳게 세워진 이들은 사도의 임종이 가까운 때에 "겨울 전에 어서 오라"고 부르고, "네가 올 때 내가 '드로아' '가보'의 집에 둔 겉옷을 가지고 오고, 또 책은 특별히 가죽 종이에 쓴 것을 가져오라." (딤후 4:13) 고 할 만큼 편하게 부탁할 수 있는 사이가 되었습니다. 그 외에도 '디도'나 '오네시모'도 바울은 '믿음으로 낳은 아들'이라고 불렀습니다.

사랑의 하나님! 세상이 피폐해 지면서, 실제 피를 받고 태어난 부모와 자녀 사이에도 분쟁과 다툼은 물론 심지어 살해하는 일까지 생기는 살벌한 세상이지만, 주님 안에서 만난 저희가 이 땅에 좋은 부모, 좋은 스승을 많이 두게 하시고, 또 좋은 자녀와 좋은 제자를 많이 두게 하여 주옵소서! 미처 못 이룬 꿈들이 이들을 통해 완성되는 은혜도 허락하옵소서!

저희를 가족으로 만나게 하신 예수님의 이름으로 기도드립니다. 아멘!

골방기도 / 중보 기도

예수님처럼 살고 싶을 때 드리는 기도! (248)

북한 동포의 구원을 위해 무릎 꿇게 하옵소서!

"내가 그리스도 안에서 참말을 하고 거짓말을 아니하노라. 나에게 큰 근심이 있는 것과 마음에 그치지 않는 고통이 있는 것을 내 양심이 성령 안에서 나와 더불어 증언하노니 나의 형제 곧 골육의 친척을 위하여 내 자신이 저주를 받아 그리스도에게서 끊어질지라도 원하는 바로라." (로마 9:1-3)

사랑의 하나님! 대한민국에 사는 한국인은 누구나 '우리의 소원은 통일!'입니다. 이런 소원을 품고 기도하는 저희의 기도를 들으시고 불쌍히 여기셔서 이 민족의 오직 하나인 소원 조국 통일을 허락하여 주옵소서! 세계에서 유일한 분단국 대한민국을 기억하여 주옵소서! 저희에게 민족이 하나 되는 통일을 허락해 주실 줄로 믿습니다. 기억하여 주옵소서!

하나님! 저희가 매일 민족의 통일을 위하여 기도하게 하옵소서! 그런데 민족의 통일을 그토록 염원하는 것은 이산가족들의 아픔을 해결하려는 것도 아니고, 저들의 경제 문제를 도우려는 것도 아닙니다. 지금 북녘의 동포들이 복음이 차단된 지 70년이 넘었습니다. 단절된 시간동안 저희에게 철저히 차단된 복음을 어떻게든 전해야 하는 마음 하나입니다.

바울 사도가 "나에게 큰 근심이 있는 것과 마음에 그치지 않는 고통이 있는 것을 내 양심이 성령 안에서 나와 더불어 증언하노니 나의 형제 곧 골육의 친척을 위하여 내 자신이 저주를 받아 그리스도에게서 끊어질지라도 원하는 바로라."(로마 9:1-3)고 애끓는 마음으로 기도한 것은, 바로 자기의 동족이나 구원을 외면한 유대인을 위한 애끓는 절규였습니다.

"그들은 이스라엘 사람이라. 그들에게는 양자 됨과 영광과 언약들과 율법을 세우신 것과 예배와 약속들이 있고, 조상들도 그들의 것이요 육신으로 하면 그리스도가 그들에게서 나셨으니 그는 만물 위에 계셔서 세세에 찬양을 받으실 하나님이시니라."(로마 9:4-6)고 했습니다. 이처럼 본디 복음의 자손인 그들이 지금은 아버지 하나님을 거역하여 단절되었습니다.

모세가 이스라엘에 대한 무서운 진노의 말씀을 듣고 "슬픕니다. 백성이 자기들을 위하여 금 신상을 만들었으니 큰 죄를 범하였습니다. 그러나 그들의 죄를 사하시옵소서! 그렇지 아니하시면 원하건대 주께서 기록하신 책에서 내 이름을 지워 버려 주옵소서(출애 32:31-32)라고 기도합니다. 동족인 이스라엘을 죽이시려면 자기 이름을 생명록에서 지워달라는 것입니다.

예수님도 '예루살렘'에 들어오시면서 곧 멸망 당할 자신의 동족 '이스라엘'을 생각하며 "가까이 오사 성을 보시고 우시며 이르시되 너도 오늘 평화에 관한 일을 알았더라면 좋을 뻔하였거니와, 지금 네 눈에 숨겨졌도다."(누가 19:41-42)고 하셨습니다. 진심으로 민족을 사랑하는 이들은 자기 동족을 위해 웁니다. 저희가 민족의 구원을 위하여 울게 하옵소서!

저희를 사랑하여 울고 계시는 예수님의 이름으로 기도드립니다. 아멘!

골방기도 / 중보 기도

예수님처럼 살고 싶을 때 드리는 기도! (249)

지금도 칠천 명을 남기셨음을 알게 하옵소서!

"그에게 하신 대답이 무엇이냐 내가 나를 위하여 바알에게 무릎을 꿇지 아니한 사람 칠천 명을 남겨 두었다 하셨으니 그런즉 이와 같이 지금도 은혜로 택하심을 따라 남은 자가 있느니라."

(로마 11:4-5)

하나님! 저희의 형편과 입장을 아시지요? 세상을 살다보면 나 혼자만 험한 세상을 만나, 나만 억울한 일을 당하고, 나만 힘든 일을 겪는 것 같은 생각을 할 때가 있습니다. 세상에서 오직 나만 이렇게 힘들고 어려운 일을 겪는 것 같은 분한 생각이 들 때가 있습니다. 세상에서 나만 시절을 잘못 만나 쫓겨 다니고 위협 당하는 것 같이 억울한 때가 있습니다.

그러나 하나님은 저희들을 그렇게 나약하고 외로운 채 살도록 방치해 두지 않으십니다. '아합'왕 시절 선지자 '엘리야'가 왕후 '이세벨'의 협박을 받아 공포의 위기에 처해있을 때, '엘리야'의 생각에는 분명 자기 혼자 남았습니다. 그래서 '브엘세바'에서 40주 40야를 달려 '호렙산'에서 이 사실을 하나님께 보고합니다. 가슴이 터질 것 같은데 하나님은 답하십니다.

"그러나 내가 이스라엘 가운데 칠천 명을 남기리니, 다 바알에게 무릎을 꿇지 아니하고, 다 바알에게 입 맞추지 아니한 자니라."(왕상 19:18) 이것은

'엘리야'에게 충격이었습니다. 지금 '바알'과 '아세라'를 섬기는 예언자 850명이 모두 죽었지만, '엘리야'의 곁에는 여전히 그들을 따르던 절대 권력의 '아합'왕과 왕후 '이세벨'의 진노가 그대로 살아있던 때입니다.

그런데 '바알'에게 무릎 꿇지 않은 지조 있는 칠천 명이 있다는 것은, 그의 담력을 키우며 용기백배할 수 있는 정보였습니다. 실제적으로 '아합' 왕을 상대할 수 있을 만한 천군만마를 초월하는 거대한 응원군이었습니다. 그는 그 길로 '호렙'을 떠나 '사밧'의 아들 '엘리사'를 만나, '엘리야'가 겉옷을 그 위에 던져 그를 후계자로 삼고 새로운 미래를 열어갑니다.

저희에게는 언제나 저희를 도우시는 하나님이 계신 것을 믿습니다. 그리고 하나님의 곁에는 하나님의 명령에 의해 우리를 도우려고 준비된 이들이 부지기수로 있습니다. 따라서 저희가 하나님만 두려워하고 우상을 두려워하지 않으면 얼마든지 하나님께서 저희 대장이 되어 저희 앞에서 싸우고 승리하시는 하나님을 경험할 수 있습니다. 승리는 저희 것입니다.

하나님은 우리의 왕이십니다. 우리는 하나님의 백성입니다. 어떤 상황에서도 하나님을 두려워하지 않고 의지하면 지금 사면초가에 놓여있고, 홀로 외로운 행진을 한다고 해도 절대 무너지지 않고 승리를 얻을 수 있습니다. 하나님은 지금도 사랑하는 종들의 외로운 전투를 위하여 당신이 남긴 칠천 명을 통해서 위대한 승리를 선물해 주실 줄 믿게 하여 주옵소서!

저희를 위하여 준비하시는 예수님의 이름으로 기도드립니다. 아멘!

골방기도/중보기도

예수님처럼 살고 싶을 때 드리는 기도! (303)

돌아온 자녀들에 대한 사랑의 마음을 주옵소서!

"그리고 살진 송아지를 끌어다가 잡으라 우리가 먹고 즐기자 이 내 아들은 죽었다가 다시 살아났으며 내가 잃었다가 다시 얻었노라 하니 그들이 즐거워하더라."

(누가 15:23-24)

사랑의 하나님! 인생들에 대한 하나님의 사랑이 얼마나 큰지 가르쳐주신 최고의 비유가 두 아들이 등장하는 '탕자의 비유' 혹은 '아버지의 비유'입니다. 그러나 비유의 주인공은 아버지이고, 결국은 우리 인생들을 사랑하고 받아주신 이는 하나님의 사랑임을 확인시켜 주신 비유입니다. 그런데 사건의 중심에 그 아버지의 사랑을 이해하지 못하는 형이 있습니다.

가지고 나간 엄청난 돈을 다 없애고 상거지가 되어 돌아온 동생이 아버지께로 돌아오자, 돌아온다는 연락을 받은 것도 아니고 예상을 한 것도 아닌 아버지는 멀리서 그를 보고 달려갑니다. 거지가 되어 돌아온 냄새나는 아들의 목을 안고 입을 맞춘 아버지에게, 아들은 자기가 하고 싶은 말을 늘어놓았습니다. 이제는 '아들'이 아닌 '종'으로 받아달라는 것입니다.

"아버지 내가 하늘과 아버지께 죄를 지었으니, 이제는 아들이라 일컬음을 감당하지 못하겠나이다." 이 말은 "아버지 집에는 품꾼이 많은데 그들에게 주시는 대우만 부탁드린다."는 것입니다. 그런데 아버지는 종들에게 "제일 좋은 옷을 내어다 입히고, 손에 가락지를 끼우고, 발에 신을 신기라. 그리고 살진 송아지를 끌어다 잡으라. 우리가 먹고 즐기자."고 합니다.

아버지의 마음에는 "이 아들은 죽었다가 다시 살아났으며 잃었다가 다시 얻었다."는 것입니다. 거기에 있는 종들이 다 즐거워하는데 그의 형이 밭에서 돌아오다 시끌벅적한 소리를 듣고 종을 불러 연유를 묻습니다. 종은 사실대로 말했고 큰 아들은 노하여 들어가지 않습니다. 아버지가 "그러지말고 들어오라!"고 하자 형은 아버지의 부당함에 대해 항의합니다.

"이때까지 아버지에게 충성, 순종, 헌신했는데 내게는 염소새끼 한 마리도 없더니, 저 탕자가 돌아오니 살진 송아지를 잡고 잔치를 베푸시느냐?"는 형의 말은 옳았습니다. "너는 늘 나와 함께 있으니 내 것이 다 네 것이지만, 네 동생은 죽었다가 살아났으며 잃었다가 얻었기로 우리가 즐거워하고 기뻐하는 것이 마땅하다."고 권했지만, 형은 말이 없었습니다.

오늘도 하나님의 교회 안에는 이제껏 충성하고 오랜 세월 헌신한 기존의 교인들보다, 세상에 묻혀 살다 돌아온 탕자 같은 새 신자가 환영받고 사랑받고 쓰임 받는 것을 볼 때, 시기와 질투의 마음을 가지는 이들이 많습니다. 이제 형과 같은 편견과 시기의 마음을 내려놓고, 처음 교회로 돌아온 동생을 뜨겁게 사랑하시는 아버지의 따뜻한 마음을 주옵소서!

저희 모든 형제를 사랑하시는 예수님의 이름으로 기도드립니다. 아멘!

골방기도 / 중보 기도

가족의 구원과 신앙의 일치가 되게 하옵소서!

"들어가 그들이 유하는 다락방으로 올라가니 베드로, 요한, 야고보, 안드레와 빌립, 도마와 바돌로매, 마태와 및 알패오의 아들 야고보, 셀롯인 시몬, 야고보의 아들 유다가 다 거기 있어 여자들과 예수의 어머니 마리아와 예수의 아우들과 더불어 마음을 같이하여 오로지 기도에 힘쓰더라." (사도 1:13-14)

하나님! 요즘 어느 가정이나 교회나 가족 간의 신앙적 갈등이 있습니다. 가족이 화목하게 하나님 앞에 예배하는 가정도 있지만, 반대로 남편은 남편대로 그의 종교, 자녀는 자녀대로 자녀들이 믿고 싶은 대로 뿔뿔이 흩어져 가족들마다 각자도생하는 가정도 많습니다. 세상에서 제일 행복한 가정은 신앙일치의 가정입니다. 모든 가정의 신앙이 하나 되게 하옵소서!

부부가 한 마음으로 성령님을 속이고 땅 값 얼마를 감추었다가 한 날 죽은 '아나니아'와 '삽비라'의 가정같이 불의한 일치도 있고, 두 아들이 악하여 심판받은 '엘리' 제사장의 일치한 패륜아들도 있습니다. 예수님 형제들은 예수님에 대하여 부정적 생각을 하고 있었습니다. 장자에 대한 편애가 가져온 결과인지 모르지만 '형' 예수님에 대한 감정이 좋지 않습니다.

'초막절'이 가까울 때 형제들이 예수님께 "당신이 행하는 일을 제자들도 보게 여기를 떠나 유대로 가소서! 나타나기를 구하면서 묻혀있는 사람이 없나니, 이 일을 행하려 하거든 자신을 세상에 나타내소서!" 하는데 "이는 그 형제들까지도 예수를 믿지 아니함이라."(요한 7:5)고 했습니다. 물론 예수님은 형제들이 올라간 후에 올라가셔서 은밀히 지내셨습니다.

처음 형제들이 등장하는 성경에 보면 주님은 제자들과 복음을 전하다 다시 집에 들어가고, 또 집에서 나와 거리로 다시 들어가며 식사할 겨를도 없이 살았는데, 주님의 친족들이 듣고 그를 붙들러 나옵니다. 그가 미쳤다는(마가 3:21) 소문 때문입니다. 예수님이 미쳐서 다닌다고 알려져서 친족들이 예수님을 붙잡으러 나온 것입니다. 몰이해가 가져온 비극입니다.

하루는 말씀하실 때 어머니와 동생들이 예수님께 말하려고 밖에 섰더니, 한 사람이 예수님께 알려드립니다. "보소서 당신의 어머니와 동생들이 당신께 말하려고 밖에 있나이다."(마태 12:46-47) 그때 "누가 내 어머니이며 내 동생들이냐? 누구든지 하늘에 계신 내 아버지의 뜻대로 하는 자가 내 형제요 자매요 어머니이니라."(마태 12:48,50)고 하셨습니다.

그러던 형제들이 예수님의 분부를 따라 성령님을 대망하는 기도회로 모일 때, 그 자리에 "'베드로'를 비롯한 제자들과 여자들과 어머니 '마리아'와 '아우들'과 더불어 마음을 같이하여 오로지 기도에 힘쓰더라." (사도 1:13-14)고 했습니다. 후에 동생 '야고보'는 '야고보서'의 저자로도 알려집니다. 저희의 모든 가정에 이처럼 귀한 인가귀도의 복이 임하게 하옵소서!

저희의 가정 천국을 원하시는 예수님의 이름으로 기도합니다. 아멘!

골방기도 / 중보 기도

예수님처럼 살고 싶을 때 드리는 기도! (337)

주의 사자들을 위하여 기도하게 하옵소서!

"또 나를 위하여 구할 것은 내게 말씀을 주사 나로 입을 열어 복음의 비밀을 담대히 알리게 하옵소서 할 것이니 이 일을 위하여 내가 쇠사슬에 매인 사신이 된 것은 나로 이 일에 당연히 할 말을 담대히 하게 하려 하심이라."

(에베 6:19-20)

사랑의 하나님! 이 시간에는 예수님과 같이 살기 원하는 이들이 드려야 할 기도의 중요한 과제를 위하여 기도드립니다. 신앙공동체의 생명력을 이어가는 중요한 도구는 '기도'인줄 믿습니다. 기도 호흡은 영적 생명을 유지하는 파이프라인으로 기도가 없으면 한 시도 공동체의 명맥을 이어갈 수 없는 중요한 도구이기 때문입니다. 호흡이 멎으면 생명이 멎습니다.

하물며 하나님의 아들이신 주님조차도 사역하시는 내내 새벽부터 밤중까지 기도 시간을 중심으로 움직이셨고, 제자들에게 제일 많이 강조하신 것도 기도이고, 가장 비유를 많이 든 것도 기도였습니다. 주님께서 승천하신 이후 오늘까지 기도는 공동체의 생명력을 유지하는 귀한 기능입니다. 그러면 공동체들이 모여서 드리는 기도 제목 중에 최고는 무엇일까요?

사랑의 하나님! 저는 성도들이 하나님의 공동체 안에서 드려야 할 기도가 수백, 수천, 수만 가지가 있겠지만 그중에 가장 중요한 기도는 주의 사자들을 위한 기도라 믿습니다. 왜냐하면, 공동체의 안정은 늘 지도자에 의해 담보됩니다. 아무리 좋은 구성원, 시스템, 규약이 있다 할지라도 지도자가 없으면 방향을 잃고 파선하거나 침몰할 수 있다고 보기 때문입니다.

그러나 '지도자를 위해서 기도한다.'는 추상적인 명제를 가지고는 바른 기도를 구체적으로 할 수 없습니다. "우리 목사님을 위하여 기도한다."는 것이 목회자의 모든 것을 위한 기도는 아님을 믿기 때문입니다. 목회자의 건강도 있고 자녀들 미래도 있고, 사역에 필요한 은사, 능력, 소명 의식과 사명감, 교회에 대한 애정과 목회의 책임감이 모두 필요합니다.

그러나 제일을 꼽으라면 주의 종의 입을 열어 담대히 복음을 전하게 해달라는 기도를 드리는 것입니다. '예루살렘'의 초기 사도들을 체포한 당국자들이 항상 강조했던 것도 "도무지 예수의 이름으로 말하지도 말고 가르치지도 말라."(사도 4:18)였고, 이에 대한 사도들의 대답도 "우리는 보고 들은 것을 말하지 아니할 수 없다."(사도 4:20)일 만큼 중요했습니다.

'바울'이 감옥에서 '에베소교회'에 보낸 편지에 "나를 위하여 구할 것은 내게 말씀을 주사 나로 입을 열어 복음의 비밀을 담대히 알리게 하옵소서 할 것이니, 이 일을 위하여 내가 쇠사슬에 매인 사신이 된 것은 나로 이 일에 당연히 할 말을 담대히 하게 하려 하심이라."(에베 6:19-20)고 했습니다. 교회의 사도들이 담대히 복음을 전할 수 있게 하여 주옵소서!

저희의 영원한 스승이신 예수님의 이름으로 기도드립니다. 아멘!

골방기도 / 중보 기도

자녀들을 노엽게 하지 않게 하옵소서!

"아비들아 너희 자녀를 노엽게 하지 말지니 낙심할까 함이라."

(골로 3:21)

사랑하는 하나님! 저희에게 가정을 주시고 생전 모르던 남녀가 세상에서 제일 가까운 부부 관계가 되게 하시고, 이 두 사람 사이에 영원한 혈육인 자녀를 태어나게 하심이 큰 은혜요, 자녀를 통해 하나님의 사랑을 묵상하고 기도하게 하시고, 자녀들 때문에 하나님의 가족도 생각하게 하시니 고맙습니다. 가정을 통해서 누리는 행복은 말할 수 없이 많습니다.

그러나 하나님! 가족 구성원 중에서 가장 가까운 부모와 자녀 사이가 그렇게 애틋하고 사랑스럽던 관계이었다가, 자녀들이 자라서 학교를 졸업하고 더 장성하여 출가하면서 자녀와의 사이는 '품 안의 자식'이라는 추억담만 남고 이웃이나 남남처럼 되었습니다. 그리고 그 사랑스럽던 자녀는 영원한 애물단지가 되어, 이러지도 저러지도 못하는 관계가 되어갑니다.

하나님! 그러면서 어느새 부모들의 마음에는 '내 자식'이라는 개념이 강하게 자리하게 되었습니다. 왜냐하면 내가 낳아서, 내 품에서, 내가 키워서 여기까지 오는 동안에 돈도 많이 들었고, 정성도 많이 들었고, 마음도 많이 주었다는 생각 때문에 자식은 하나님의 분깃이요 하나님의 선물이요, 내가 키워서 하나님께 봉헌해야 할 존재란 생각이 좀체 안 듭니다.

그래서 진로도 부모가 강요하여 "무엇이 되라!"든가, "어디에 취직하라!"는 말을 강요하기에 이르고, 특히 결혼 이야기가 나올 때는 부모나 자식이 부모자식으로 할 수 없는 이야기들이 난무합니다. 부모들의 마음대로 안 된다고 "내 눈에 흙이 들어가기 전에는 안 된다."거나, "날 죽이고 가라!"는 험한 말도 합니다. 그러면서 자식을 사랑하기 때문이라고 합니다.

그런데 성경은 "아비들아 너희 자녀를 노엽게 하지 말고 오직 주의 교훈과 훈계로 양육하라."(에베 6:4)고 하십니다. 얼마나 간단명료한지 모릅니다. '골로새교회'에 보낸 편지에서는 아주 극명하게 표현하시기를 "아비들아 너희 자녀를 노엽게 하지 말지니 낙심할까 함이라."(골로 3:21)고 했습니다. 부모들이 자녀들을 노엽게 하면 자녀들이 상처를 받는답니다.

하나님! 저희가 가정이라는 보금자리에서 얻은 자녀는 하나님의 선물인 줄 알고, 선물을 주신 하나님께 감사하며 잘 가르치고, 부모가 할 수 있는 최선을 다하여 자식들을 위해 봉사하고, 위하여 중보로 기도하여 상처 주지 않고 하나님 쓰시기에 합당하게 하옵소서! 저희의 자녀들이 모두 '사무엘'같이 하나님께서 한 시대에 귀히 쓰시는 인물이 되게 하옵소서!

우리에게 이를 깨닫게 하신 예수님의 이름으로 기도드립니다. 아멘!

골방기도 / 중보 기도

예수님처럼 살고 싶을 때 드리는 기도! (343)

아름다운 신앙 공동체가 되게 하여 주옵소서!

"아무 일에든지 다툼이나 허영으로 하지 말고 오직 겸손한 마음으로 각각 자기보다 남을 낫게 여기고 각각 자기 일을 돌볼뿐더러 또한 각각 다른 사람들의 일을 돌보아 나의 기쁨을 충만하게 하라."
(빌립 2:3-4)

세상에서 가장 아름다운 공동체는, '종친회'도 아니고, '동창회'나 '동문회'도 아닌 '교회'인데, 세상 어느 공동체와도 비교할 수 없는 아름다운 공동체입니다. 이 공동체는 세상에 존속하다 소멸 될 시한부 공동체가 아니라 영원까지 함께할 공동체요, 이 공동체는 인생의 친목을 위한 공동체가 아니라 교회의 몸이요 머리 되시는 주님이 함께하시는 공동체입니다.

사랑하는 하나님! 저희를 이 공동체의 일원으로 부르시고 이 안에서 피차 사랑으로 섬기도록 붙잡아 주시니 고맙습니다. 이 공동체의 구성원들은 '구원받은 하나님의 사람들'이라는 공통점이 있습니다. 이런 중생의 경험과 고백이 있는 아름다운 신앙공동체인 교회가, 유형의 지상교회 안에 구성되어 오늘도 천국을 소망하며 살고 있음이 가슴 흐뭇한 감동입니다.

하나님! 그런 공동체를 가꾸어 가기 위해 '마음을 같이하여 같은 사랑을 가지고 뜻을 합하며 한마음을 품는(빌립 2:2) 일부터, 세상과는 전혀 다른 차별성을 가지고 움직이고 있습니다. 이 원칙이 운영 기초인데, 우선 모든 구성원들이 "아무 일에든지 다툼이나 허영으로 하지 말고, 오직 겸손한 마음으로 각각 자기보다 남을 낫게 여기게"(빌립 2:3) 하옵소서!

다툼과 허영이 없으려면 겸손해야 하고, 겸손은 나보다 상대가 더 낫다는 인식에서 출발합니다. 상대가 나만 못하다는 인식은 늘 공동체의 불협화음을 조성하고, 끊임없는 갈등과 다툼을 가져옵니다. 저희 공동체가 모일 때마다 서로를 존중하는 공동체가 되게 하시고, 공동체의 모임이 끝난 뒤에는 따뜻한 분위기의 아쉬움에 자리를 뜨지 못하게 하옵소서!

이뿐 아니라 이 공동체에서 "각각 자기 일을 돌볼뿐더러, 또한 다른 사람들의 일을 돌보아 주는"(빌립 2:4) 공동체가 되게 하옵소서! 모두 "근본 하나님의 본체시나 동등 됨을 취할 것으로 여기시지 않고 자기를 비워 종의 형체로 사람들과 같이 사람의 모양으로 오셔서 자기를 낮추시고 십자가에 복종하여 죽으신"(빌립 2:5-8) 예수님의 마음을 품게 하시옵소서!

사랑하는 하나님! 이렇게 아름답게 주님의 마음으로 모인 교회에, 주님께 지극히 높여 모든 이름 위에 뛰어난 이름을 주시듯, 교회에 하나님의 상급이 있게 하옵소서! 지금 당장은 평범한 공동체처럼 생각되지만, 훗날에 주님 앞에 설 때 지상에서 가장 아름다운 교회라는 칭찬을 듣게 하옵소서! 저희 교회는 몸이신 주님을 가장 빼닮은 교회가 되게 하옵소서!

저희 앞에서 모범을 보이신 예수님의 이름으로 기도드립니다. 아멘!

골방기도 / 중보 기도

예수님처럼 살고 싶을 때 드리는 기도! (345)

후손에게 신앙의 유산(遺産)을 물려주게 하옵소서!

"네 눈물을 생각하여 너 보기를 원함은 내 기쁨이 가득하게 하려 함이니 이는 네 속에 거짓이 없는 믿음이 있음을 생각함이라. 이 믿음은 먼저 네 외조모 로이스와 네 어머니 유니게 속에 있더니 네 속에도 있는 줄을 확신하노라."

(딤후 1:4-5)

하나님, 고맙습니다. 하나님, 사랑합니다. 부족한 저희는 조부모로부터 혹은 부모로부터 별 유산의 상속 없이 태어났습니다. 또 신앙적 상속 없이 하나님의 특별한 은혜로 여태 살았습니다. 부유한 가정에 태어난 게 아니나 하나님께서 직접 채워 주시고, 조상부터 하나님을 섬기고 살아온 가문이 아니니 당대에 믿음을 선물해 주신 특별한 사랑이 고맙습니다.

그러나 저희 자녀들에게는 세상에서 필요한 재산은 아닐지라도 재산보다 훨씬 가치 있고 존귀한 신앙의 유산을 물려줄 수 있게 하옵소서! 자식들이 후에 부모를 생각할 때 참 좋은 부모였다고 회고하고, 참 좋은 신앙인이었다고 회고할 수 있게 하옵소서! 저희가 심은 기도의 과실들을 먹을 수 있게 하시고, 저희가 심은 물질의 열매도 추수할 수 있게 하옵소서!

사도 '바울'은 세계적인 선교사요, 역사상 가장 위대한 복음 전도자요, 교회 개척자였습니다. 아직도 복음을 전하기 위해서는 생명을 바쳐야 하고,

복음을 전하는 길에 고난이 동반되던 때에 복음증거를 위해 평생 한 길을 가고, 결국 꿈꾸던 '서반아' 전도는 못 가고 그 길에서 순교를 당했지만, 그 이후로도 위대한 사도의 '선교 행전'은 멈추지 않고 이어졌습니다.

그런데 이 길은 혼자 간 길이 아니라 동역자가 있었고, 그 동역자 중에 믿음의 아들 '디모데'가 있었습니다. '디모데'는 '헬라'인 아버지와 '유대'인 어머니 사이에서 태어났는데, 여기에서 어머니 '유니게'와 외할머니 '로이스'로부터 엄청난 신앙훈련(딤후 1:5)을 받습니다. 그것이 그를 사도 바울의 든든한 조력자, 후계자로 세움 받는데 결정적 역할을 했습니다.

오늘 저희들이 자식들에게 집을 물려주고 땅을 물려줄 생각만 했지 신앙을 유산으로 물려주는 일에 소홀하거나 무관심했습니다. 이제는 내가 사랑하는 자녀들에게 땅보다 귀하고 물질보다 값진 영원한 유산인 믿음을 상속시켜 주려는 꿈을 꾸게 하시고, 지금부터라도 신앙의 본을 보이고 감동을 주어 저희의 가슴에 있는 믿음을 상속시켜 줄 수 있게 하옵소서!

하나님! 물려준 물질은 한순간 먼지가 될 수도 있습니다. 물려준 것들이 모두 증발될 수 있습니다. 그러나 그들의 가슴에 심겨진 신앙 유산은 세월이 흘러도 결코 사라지거나 퇴색하지 않고 뿌리를 내려, 자녀들을 위대한 하나님의 사람으로 만들어 줄 것입니다. 저희 시대에는 여기까지가 한계일지라도 이후에는 영광스러운 미래가 되도록 축복하여 주옵소서!

저희에게 대를 이어 복 주실 예수님의 이름으로 기도드립니다. 아멘!

9.
예배-성령을 위한 기도
(30편)

골방기도 / 예배-성령

예수님처럼 살고 싶을 때 드리는 기도! (282)

은사(恩賜)를 위하여 드리는 기도!

"다 사도이겠느냐 다 선지자이겠느냐 다 교사이겠느냐 다 능력을 행하는 자이겠
느냐 다 병 고치는 은사를 가진 자이겠느냐 다 방언을 말하는 자이겠느냐 다 통역
하는 자이겠느냐"   (고전 12:29-30)

전능하신 하나님! 하나님께서는 저희에게 말할 수 없는 많은 선물을 주셨
습니다. 어떤 이에게는 말씀을 잘 해석하고 조직하고 선포하는 은사를 주
셨습니다. 어떤 이는 찬양을 잘 하는 아름다운 성대와 음악적 재능을 주셨
습니다. 작사 작곡의 은사를 주시기도 했습니다. 가르치는 은사를 주신 이
들도 있습니다. 섬기는 은사, 글 쓰는 은사를 주신 이도 있습니다.

기도의 은사를 주시어 한 번 엎드리면 몇 시간씩 기도하는 이들도 있습니
다. 이제 각자에게 주신 전도의 은사, 치유의 은사를 통해 교회와 성도를
돌아보는 일을 하게 하심을 알고 바로 사용하게 하옵소서! 하나님의 교회
와 나라를 위하여, 영혼의 구원을 위하여 교회 된 성도들, 하나님 자녀들
에게 주신 엄청난 은사를 인하여 하나님께 고마운 말씀을 드립니다.

철없는 어린아이들처럼 다른 이들에게 주신 은사를 부러워하거나 질투하
지 않고, 저에게 주신 은사에 대한 고마움이 충만하게 하옵소서! 그 은사

를 필요로 하는 곳에, 유용하게 쓰이도록 헌신하게 하시고, 은사를 활용하여 많은 유익을 드리게 하옵소서! 각자에게 주신 하나님의 은사를 존귀하게 생각하여, 그 은사를 가지고 교회에 힘껏 봉사하게 하시옵소서!

하나님께서 주시는 은사는 더 귀하고 덜 귀한 것이 없이 그에게 맞는 것을 주시어 봉사하게 하셨으니, 받은 은사에 고마운 마음과 다른 이들의 은사를 존귀하게 여기는 마음을 주옵소서! 하나님의 은사는 활용하면 할수록 점점 극대화되는 것을 봅니다. 은사를 묵혀두지 않고 최선을 다해 활용하게 하옵소서! 더 귀한 은사라고 우쭐하여 교만하지 않게 하옵소서!

어리석은 마음에 자신은 덜 귀한 은사라 생각하여 천히 여기거나 무시하지 않게 하시고, 다른 이들과 비교하여 불평하거나 낙심하지 않게 하옵소서! 성령님의 선물에 고마운 마음으로 겸손히 은사를 대하게 하시고, 은사를 십분 활용하여 하나님의 영광과 주님의 몸이신 교회를 위하여 드리게 하시고, 그때 하나님께서 얼마나 기뻐하시는지 알게 하시옵소서!

은사 까닭에 성령님을 더 존귀하게 여기고 더 가까이 머물며, 하나님의 선하신 뜻을 분별하게 하시고, 성령님의 은사뿐만 아니라 그 분의 능력으로 열매 맺는 경지에까지 이르게 하옵소서! 언제나 성령님은 우리를 거듭나게 하시고, 막힌 기도를 도우시며, 은사를 주시어 봉사하게 하시고, 열매를 맺어 영광 받으시고 구속의 날에 저희를 인치심을 알게 하시옵소서!

다른 보혜사를 보내주신 예수님의 이름으로 기도드립니다. 아멘!

골방기도 / 예배-성령

예수님처럼 살고 싶을 때 드리는 기도! (2)

말씀 연구에 진심이게 하옵소서!

> "사흘 후에 성전에서 만난즉 그가 선생들 중에 앉으사 그들에게 듣기도 하시며 묻기도 하시니 듣는 자가 다 그 지혜와 대답을 놀랍게 여기더라."
>
> (누가 2:46-47)

사랑의 하나님! 오늘 저희가 하나님의 소명을 따라 하나님의 종으로 부름을 입었으니 예수님이 어떻게 사셨는지 살펴보고 예수님처럼 살게 하옵소서! 예수님께서 열두 살 되시던 해에 '예루살렘'에 올라와서 종교적인 행사에 전념하지 아니하고 성전에서 '랍비'들과 함께 하나님의 말씀에 대해, 토론하느라 예루살렘 성전을 떠나지 않고 머무시는 것을 봅니다.

저희에게 말씀에 대한 궁금증도 갖고 호기심도 가지며 스승들에게 묻고 대답하면서 몇 날 밤을 지내도 피곤함 없이 살게 하시고, 부모님들이 가던 길을 돌아와서 자신들의 수고를 들어 예수님을 책망할 때에 오히려 "왜 나를 찾으셨습니까! 내가 내 아버지 집에 있어야 할 줄을 모르셨습니까?" (누가 2:49) 반문하는 것을 봅니다. 저희에게 이런 열정을 주옵소서!

시험을 당하실 때 "기록되었으되 사람이 떡으로만 살 것이 아니요, 하나님의 입으로부터 나오는 모든 말씀으로 살 것이라."(마태 4:8)며 말씀으로 이긴 것을 봅니다. "또 기록되었으되 주 너의 하나님을 시험하지 말라 하였느니라."(마태 4:7)고 하시고 "사탄아 물러가라 기록되었으되 주 너의 하나님께 경배하고 다만 그를 섬기라."(마태 4:10)고 하셨습니다.

부활의 소식을 듣고 '엠마오'로 내려가던 '글로바'와 동행자의 믿지 못함을 책망하시면서 "미련하고 선지자들이 말한 모든 것을 마음에 더디 믿는 자들이여! 그리스도가 이런 고난을 받고 자기 영광에 들어가야 할 것 아니냐?"(누가 24:25-26)하시고, '모세'와 모든 '선지자의 글'로 시작하여 모든 성경에 있는 자기에 관한 것을 자세히 설명하시는 모습을 봅니다.

예수님은 하나님의 말씀에 관한 한 '모세'의 '오경'부터 '역사서', '선지서', '시가서'를 두루 섭렵하시고 언제 어디서나 사람들을 일깨워 가르치시고 그들을 책망하실 수 있음을 봅니다. 주님을 따라 살기 원하는 이들에게 딱 성경 한 권이면 됩니다. 성경에 관한 최고의 실력을 갖추게 하옵소서! 주님처럼 살기 원한다면서 말씀을 소홀히 하지 않게 하시옵소서!

주님께서 "너희가 성경에서 영생을 얻는 줄 생각하고 성경을 연구하거니와 이 성경이 곧 내게 대하여 증언하는 것이니라."(요한 5:39)고 하셨는데, 예수님을 가장 잘 아는 길은 성경을 가장 잘 아는 일이요, 성경을 가장 잘 아는 길은 예수님은 잘 아는 일인 것을 알고, 주님을 더 깊이 알기 원하는 이들일수록 하나님의 말씀을 더욱 깊이 연구하게 하옵소서!

말씀의 주가 되시는 예수님의 이름으로 기도드립니다. 아멘!

골방기도 / 예배-성령

예수님처럼 살고 싶을 때 드리는 기도! (10)

성령님과 동행하며 살게 하옵소서!

"예수께서 세례를 받으시고 곧 물에서 올라오실새 하늘이 열리고 하나님의 성령
이 비둘기 같이 내려 자기 위에 임하심을 보시더니 하늘로부터 소리가 있어 말씀
하시되 이는 내 사랑하는 아들이요 내 기뻐하는 자라 하시니라."

(마태 3:16-17)

사랑의 하나님! 고맙습니다. 이 땅에서 하나님의 자녀로 살게 하시고, 특
별히 육체를 입고 세상에 나게 하시되, 육을 입듯이 성령님 안에서 다시
태어나게 하시는 중생의 은혜를 주시니 고맙습니다. 그리고 성령님을 저
에게 보내셔서 성령님의 내주(內住)하심을 고백하고 경험하게 하시니 고맙
습니다. 중생부터 구원의 날에 인 치실 때까지 함께하심이 고맙습니다.

특별히 하나님께 구하기는 하나님의 복음을 위한 영광스러운 부르심에 헌
신한 이들이, 부르심에 순종하여 길을 떠난 날부터, 마지막 이 땅의 사역
을 마치고 다시 부르심을 입고 사명을 마치는 날까지 성령님께서 동행하
여 주옵소서! 예수님께서 세례를 받으시던 때부터 '겟세마네' 동산에서 기
도하실 때나, 십자가 위에서나 함께 하셨듯이 언제나 함께하옵소서!

'요단'강에서 성령님의 충만하심을 입으신 후에 다시 성령님께 이끌리어
시험을 받으러 광야로 가시고, 그때부터 돌아가심의 순간까지 한 시도 주

님과 함께하지 않으신 적이 없으셨듯이, 예수님처럼 살기 원하는 저희도 평생을 성령님께서 동행하시고 언제나 거듭나게 해 주심에 감격하여 날마다 제 안에서 저를 위해 일하시는 성령님과 일하게 하시옵소서!

하나님이시자 하나님의 아들이신 예수님조차 성령님의 동행하심이 있었다면, 오늘 죄 가운데 태어나 중생의 씻음으로 거듭남의 은혜를 입은 저희가 한순간도 성령님 없이, 성령님을 떠나 살지 않게 하옵소서! 성령님께서 저희 일상과 사역에서, 섬김에서, 기도에서, 말씀 전하고, 기도하는 시간에, 언제나 성령님의 새롭고 강력한 감동을 받고 살게 하옵소서!

사역 중에는 언제나 은사를 받은 대로 하나님의 여러 가지 은혜를 맡은 선한 청지기같이 서로 봉사하며, (벧전 4:10) 말하려면 하나님의 말씀을 하는 것같이 하고, 봉사하려면 하나님이 공급하시는 힘으로 하는 것같이 하게 하옵소서! 성령님 없이 스스로 도취하지 않게 하시고, 성령님의 탄식으로 기도하시는 중보 기도를 힘입어 살게 하옵소서! (로마 8:26-27)

성령님의 감동 없이 자의적으로 일하지 않게 하시고, 성령님 중보 없이 욕심을 따라 기도하지 않게 하시고, 성령님의 계시 없이 말씀을 전하지 않게 하시고, 성령님의 감동 없이 입술로만 회개하지 않게 하옵소서! 성령님께서 시키시는 기도, 성령님께서 동행하는 사역, 성령님 일하시는 사역, 성령님 감동하시는 전도, 성령님 함께하시는 사역자 되게 하옵소서!

저희의 구세주가 되시는 예수님의 이름으로 기도드립니다. 아멘!

9. 예배—성령을 위한 기도

골방기도 / 예배-성령

예수님처럼 살고 싶을 때 드리는 기도! (69)

'설교'가 아니라 '말씀'을 듣게 하옵소서!

> "내가 진실로 진실로 너희에게 이르노니 내 말을 듣고 또 나 보내신 이를 믿는 자
> 는 영생을 얻었고 심판에 이르지 아니하나니 사망에서 생명으로 옮겼느니라. 진실
> 로 진실로 너희에게 이르노니 죽은 자들이 하나님의 아들의 음성을 들을 때가 오
> 나니 곧 이때라. 듣는 자는 살아나리라."
>
> (요한 5:24-25)

사랑의 하나님! 오늘까지 저희가 땅에서 하나님의 자녀로 신앙생활을 하면서 이만큼 믿음이 자란 것은 우선은 하나님의 사랑과 배려이고, 또한 성령님의 지속적인 감동과 도우심입니다. 성령님은 저희가 삭막한 이 땅에서 아무 인도자 없이 살아가고 있을 때, 지속적인 감동과 특히 하나님의 말씀에 감동을 주시어 말씀을 듣는 저희를 구원해 주셨습니다.

하나님을 사랑하고 말씀을 들으며 믿음이 자라는 것을 보면, 모두 성령님께서 저희 마음을 어루만지시기도 하고, 성령님께서 말씀을 깨닫게 하시고, 마땅히 빌 바를 위해 기도하시고, 말씀이 청중들에게 생명으로 찾아왔습니다. 말씀을 듣고 자리에서 고꾸라진 이들은 모두 성령님의 역사하심 때문이었습니다. 오늘 저희에게 이런 진한 말씀의 감동을 주옵소서!

강단에서 선포되는 하나님의 말씀이 '이 시대에 그 자리에 나와 앉아있는 이들에게 주시는 하나님의 말씀'일진대, 저희들이 듣는 말씀 중에, 늘 하

나님의 감동이 있게 하옵소서! 성도들이 오해하여 눈을 감고도 확성기를 통해 들리는 말씀을 듣고 예배에 참여했다는 어리석음에서 깨어나게 하옵소서! 귀로 들리는 말씀이 아니라 눈으로 보이는 말씀을 주옵소서!

귀로 들리는 설교는 사람들을 변화시키지 못함을 알게 하옵소서! 말씀이 눈으로 들어와야 저희가 중생의 씻음과 구원을 경험하게 되는 줄 믿습니다. 그러므로 소리로 듣는 설교가 아니라 감동으로 찾아오는 말씀을 듣게 하옵소서! 귀로 들리는 설교가 아니라 "말씀을 듣는 자는 살아나리라." 고 (요한 5:25)했으니 눈으로 듣고 보는 말씀의 사람이 되게 하옵소서!

소리만 듣고 말씀을 못 들은 이들은 '우뢰가 울었다.'고 하고, 말씀을 들은 이는 그 자리에서 "주여, 누구십니까?"하며 엎드러졌습니다. 들리는 소리에 관심하는 자 되지 말고, 눈으로 들어와 가슴을 타고 들어오는 하나님을 경험하고, 그 빛에 육신의 눈이 상하는 역사가 있게 하옵소서! 이제 소리만 듣고 감동도 떨림도 없는 신앙생활에서 벗어나게 하옵소서!

오늘도 예배당 강단에서, 주일 오전, 오후, 저녁, 수요일, 금요일, 새벽에 하나님의 말씀이 선포됩니다. 신문, 방송, 라디오, 유튜브 등 수많은 매체를 통해서 선포되는 하나님의 말씀이, 전에 사도 '바울'이 들었고 '베드로'가 들었던 말씀이 되게 하옵소서! 소리가 아니라 빛으로, 능력이나 감동으로 들려, 삶의 변화와 새 생명의 감동이 저희에게 있게 하옵소서!

저희를 말씀으로 살리실 예수님의 이름으로 기도드립니다. 아멘!

골방기도 / 예배-성령

예수님처럼 살고 싶을 때 드리는 기도! (72)

성령의 충만함으로 시작하게 하옵소서!

> "예수께서 성령의 충만함을 입어 요단강에서 돌아오사 광야에서 사십 일 동안 성령에게 이끌리시며 마귀에게 시험을 받으시더라 이 모든 날에 아무 것도 잡수시지 아니하시니 날 수가 다하매 주리신지라."　　　　　　　　　　(누가 4:1-2)

예수님께서 '요단'강에서 세례를 받고 올라오실 때 성령님이 비둘기 형상으로 임하신 것을 압니다. 그때부터 시작된 인류 구원의 사역인 공생애(公生涯)는 광야 시험으로 이어집니다. 그러니까 '마태'를 통해 주신 복음으로 설명하자면 '왕으로 오신 예수님' 모습은 1장 '왕의 족보', 2장 '왕의 탄생', 3장 '왕의 세례', 4장 '왕의 시험'으로 '왕이신 예수님' 모습입니다.

왕이신 예수님의 필수코스가 '시험'이었고, 마귀에게 시험받는 광야 현장은 성령님께 이끌리심을 입었다는 것입니다. 즉, 예수님은 출발부터 성령님으로 충만함을 받으시고, 성령님께 이끌리며 마귀의 시험을 받으셨습니다. 물론 시험은 완전한 예수님의 승리였지만 예수님은 성령 충만으로 사역의 출발을 하셨습니다. 예수님처럼 살기 원하는 저희를 기억하옵소서!

저희가 신앙생활을 시작할 때, 혹은 임원으로 새 출발을 할 때, 혹은 교회를 섬기는 목사가 되려고 할 때, 정작 가장 중요한 것은 성령님의 충만한 감동이라고 믿습니다. 예를 들어 좋은 목사님이 되려는 분들이 좋은 신학대학교에서 좋은 교수님들께 좋은 가르침을 받고, 좋은 자질과 성품과 실력이 있어도 성령님의 충만하심이 없으면 이는 치명적인 부족입니다.

어떻게 주님처럼 살 것인가 할 때, 제일 먼저 성령 충만으로 세례 받고, 성령 충만하여 시험받고, "성령의 능력으로 갈릴리에 돌아가니 그 소문이 사방에 퍼졌고, 친히 그 여러 회당에서 가르치매 뭇 사람들에게 칭송을 받으시더라."(누가 4:14-15)고 했습니다. 성령 충만으로 완전 무장을 하니, 시험도 완승하고 사역지 '갈릴리'에도 충만하여 들어갑니다.

이제 오늘날 예수님을 더 제대로 믿고, 더 잘 따르고, 더 사랑하고, 더 충성하고, 더 진실하기 위해서는 성령님으로 충만하여 오늘도 성령님의 인도를 받고 성령님과 함께 호흡하며 성령님과 동행하는 것입니다. 성령님의 사람들과 행복하게 살아야 하는데, 비결은 성령님으로 충만하여 사역에 들어가는 것입니다. 그렇게 충만한 성령님의 사람이 되게 하옵소서!

하나님! 주의 종들에게 정경(正經)뿐만 아니라 외경, 위경의 해박한 지식을 주옵소서! 인접 학문도 깊이 공부하게 하옵소서! 성서 원어도 탁월하게 하옵소서! 그러나 성령의 충만을 준비하게 하옵소서! 평신도들에게도 성경, 기도, 믿음, 섬김이 넘치도록 주옵소서! 그러나 이 모든 일 위에 성령님의 충만을 주옵소서! 충만함을 입을 때까지 기다리게 하옵소서!

우리 신앙과 사역의 주인이신 예수님의 이름으로 기도드립니다. 아멘!

골방기도 / 예배-성령

예수님처럼 살고 싶을 때 드리는 기도! (102)

저희 삶의 0순위는 예배가 되게 하옵소서!

"아버지께 참되게 예배하는 자들은 영과 진리로 예배할 때가 오나니 곧 이 때라. 아버지께서는 자기에게 이렇게 예배하는 자들을 찾으시느니라. 하나님은 영이시니 예배하는 자가 영과 진리로 예배할지니라."

(요한 4:23-24)

하나님! 오늘 저희의 신앙생활 중에 0순위는 늘 예배가 되게 하옵소서! 어떤 고난이 오고 위기가 와도 예배가 흔들리지 않게 하시고, 예배를 위하여 모든 삶을 하나님께 드리는 진심이 있게 하옵소서! 하나님의 말씀을 떠난 인생들을 불러 예배의 사람으로 만들어 주시고, 하나님의 손을 놓아버린 인생들을 다시 진심으로 받기 원하시는 것을 알게 하옵소서!

"그러므로 형제들아 내가 하나님의 모든 자비하심으로 너희를 권하노니, 너희 몸을 하나님이 기뻐하시는 거룩한 산 제물로 드리라. 이는 너희가 드릴 영적 예배니라. 너희는 이 세대를 본받지 말고 오직 마음을 새롭게 함으로 변화를 받아 하나님의 선하시고 기뻐하시고 온전하신 뜻이 무엇인지 분별하도록 하라!"는 교훈을 가슴에 담고 평생을 살게 하옵소서!

하나님께서 저희를 사랑하여 맡기신 책임을 잘 감당하게 하옵소서! '아브라함'이 '이삭'을 드릴 때, 그가 얼마나 진실하게 하나님을 예배하러 올라갔는지, 얼마나 진심으로 하나님께 예배하려는 마음이었는지, 하나님은 진실한 믿음의 조상 '아브라함'에게 '이삭'을 보내고 얼마나 그 영혼과 육체를 송두리째 받고싶어 하시는지 저희가 심정을 헤아리게 하옵소서!

저희가 평생 진실한 예배의 삶으로 살게 하옵소서! 이 땅에 사는 저희들이 하나님이 기뻐하시는 대로 산 제사를 드리게 하옵소서! 하나님께 제물을 바치는 이들은 그 제물이 자신의 생명보다 존귀하게 생각하는 것임을 알게 하옵소서! 하나님의 마음에 꼭 맞는 예배자가 되게 하옵소서! 하나님의 마음에 감동을 선물할 수 있는 진실한 예배자가 되게 하옵소서!

오순절에 모여 전심으로 기도드릴 때, 그들이 기도하던 곳에 급하고 강한 바람 같은 것이 저희 온 집에 가득하고, 불의 혀가 갈라지는 것 같은 것이 각 사람의 머리 위에 임하여 있던 그 때 간절함과 절실함이 지금 저희의 자세가 되게 하옵소서! 이제껏 경험하지 못한 새로운 세계를 경험하듯, 저희가 예배를 통해서 새로운 세계를 경험하게 하여 주옵소서!

백부장 '고넬료'의 집에 사도 '베드로'가 와서 말씀을 전할 때, 그곳은 이방인의 처소였고, 심방 예배였지만 얼마나 간절한 마음으로 말씀을 들었는지, 말씀 듣는 중에 성령께서 모든 듣는 이들에게 임하시듯이, 저희가 영과 진리로 예배할 때마다 거룩한 성령님의 역사가 저희 위에 임하게 하옵소서! 평생을 예배하는 행복감, 예배를 통한 기적을 보게 하옵소서!

영원히 예배의 주가 되시는 예수님의 이름으로 기도드립니다. 아멘!

골방기도 / 예배-성령

예수님처럼 살고 싶을 때 드리는 기도! (114)

가이사와 하나님께 바로 드리게 하옵소서!

"가져왔거늘 예수께서 이르시되 이 형상과 이 글이 누구의 것이냐 이르되 가이사
의 것이니이다 이에 예수께서 이르시되 가이사의 것은 가이사에게, 하나님의 것은
하나님께 바치라 하시니 그들이 예수께 대하여 매우 놀랍게 여기더라."

(마가 12:16-17)

사랑하시는 하나님! 예수님은 무리나 관리들이나, 제자나 적대자들에게
모두 많은 질문, 상담, 의혹, 시비 등을 받았습니다. 한 번도 좋은 뜻은 없
었지만, 그들이 자신들의 질문에 대한 날카로운 답변을 들을 때마다 그들
은 말문이 막혔습니다. 그런데도 한 번도 질문을 멈추어 본 적은 없었고,
대답들은 모두 주님을 십자가에 못 박는 올무로 되돌아왔습니다.

하나님! 예수님의 공생애 마지막 즈음에 이들이 예수님을 힐난하기 위하
여, 또 어떻게든지 주님을 올무에 넣기 위해, 한 방편으로 집단적인 질문
공세를 펼 무렵의 일입니다. 어떻게든지 예수님을 책잡기 위하여 사람들
앞에 나온 이들이 던진 질문은 "가이사에게 세금을 바치는 것이 옳습니
까? 옳지 않습니까?" 하는 함정이 있는 질문입니다. (마가 12:14)

"우리가 바칠까요, 말까요? 하는 민감한 질문인데 이는 '간음하다 현장에
서 잡힌 여자'에게 "돌을 던질까요? 말까요?" 하는 것과 유사한 난해한 질

문입니다. 주님의 대답 여부에 따라서 주님을 '반정부인사'로 몰던가, '이중적인 인사'로 몰고 갈 수 있는 절호의 질문을 받으신 주님은 이미 그들의 그 위선의 행동을 모두 알고 계셨습니다. 뜻밖의 대답을 주십니다.

'데나리온' 하나를 가져오라고 하시고 "이 형상과 글이 누구의 것이냐?"고 물으셨고, 당연히 "가이사의 것입니다."고 하자, "가이사의 것은 가이사에게, 하나님의 것은 하나님께 바치라!" (마가 12:17)고 하셨는데, 상상을 못 한 답이었습니다. 주님! 이 답을 오늘 저희도 듣겠습니다. 저희도 "하나님의 것은 하나님께 가이사의 것은 가이사에게!"를 기억하게 하옵소서!

하나님께 봉헌해야 하는 성물은 하나님께 철저히 드리고, 하나님께 때마다 드릴 감사의 제물이 거짓되지 않게 하옵소서! 교회는 공교회가 규정한 부담금, 상회비를 거짓으로 작성해서 신앙공동체인 교단이나 총회, 연회, 지방회가 어려움을 당하지 않게 하시고, 이런 일로 교단의 모든 정책 집행이 지장 받지 않도록 정직한 경제정의를 실천하게 하시옵소서!

또, 사업하는 성도들은 의도적인 탈세를 일상화하고, 이중장부를 작성해서 세금을 탈루하는 분식회계를 비롯한 불의, 매출이나 수입 누락, 과도하게 부풀린 비용 및 지출을 통해 신앙과 양심을 팔지 않게 하옵소서! '가이사'에게 낼 것은 '가이사'에게 정직하게 내고, 하나님께 드릴 것은 하나님께 정직하게 드려 경제정의와 신앙 정의를 실천하게 하시옵소서!

경제정의 실천을 촉구하신 예수님의 이름으로 기도드립니다. 아멘!

골방기도 / 예배-성령

예수님처럼 살고 싶을 때 드리는 기도! (129)

말씀을 듣고 행하는 자가 되게 하옵소서!

"그러므로 누구든지 나의 이 말을 듣고 행하는 자는 그 집을 반석 위에 지은 지혜로운 사람 같으리니 비가 내리고 창수가 나고 바람이 불어 그 집에 부딪치되 무너지지 아니하나니 이는 주추를 반석 위에 놓은 까닭이요."

(마태 7:24-25)

사랑의 하나님! 저희가 이 땅에 태어나 울음을 터뜨리며 시작된 '말'이 특별한 장애가 있는 분들을 제외하면 모두 평생 얼마나 많이 하는지 모른 채 평생을 사는데, 그런데 정작 그 말하는 대로 사는 사람은 퍽 드뭅니다. 저희가 평신도를 중심으로 '하나님의 말씀'이라 일컬어지는 설교를 일 년이면 500번을 듣습니다. 500번은 결코 허구가 아닙니다.

정상적인 신앙생활을 하는 이들을 기준으로 매 주일 오전과 오후 설교를 들으면 1년이면 100번입니다. 수요 기도회, 금요 철야를 들으면 또 100번입니다. 그렇게 200번과 365일 중에 새벽기도를 300번만 나와도 모두 500번의 설교를 듣습니다. 소그룹도 있고 기타 모임도 있지만 주로 목회자의 설교가 있는 시간만 예로 들은 겁니다. 1년에 500번을 듣습니다.

그렇게 1년에 500번을 들으면서 '장로'처럼 교회의 어른은 아니라도, '집사'쯤 되거나 '권사'쯤 되면 적어도 10년은 신앙생활을 했는데, 그렇게 들었던 설교만 5천 번이 넘습니다. 이 5천 번이 적은 숫자가 아닙니다. 아무리 생짜를 데려다 놓고 5천 번을, 그것도 매 주일 계속 설교를 하면 사람이 달라져도 한참 달라졌을 터인데 그런 경우는 드뭅니다.

10년을 믿고 설교를 5천 번이나 들었는데도 인성은 말할 것도 없고, 언어, 자세, 태도, 대인관계, 교만 등 하나도 달라진 것이 없습니다. 그래서 주님께서 "나더러 주여, 주여 하는 자마다 다 천국에 들어갈 것이 아니요, 다만 하늘에 계신 내 아버지의 뜻대로 행하는 자라야 들어간다." 고 하셨습니다. 그때 하신 말씀이 "열매를 보면 나무를 안다."고 하셨습니다.

설교자는 어떻습니까! 주님, 저도 일주일에 18번씩 설교를 했으니 온몸이 말씀화 되어야 하는데, 인간성은 여전히 죄로 가득하고, 몸에서 나타난 변화는 하나도 없습니다. 그때 "그 날에 많은 사람이 나더러 이르되 우리가 주의 이름으로 선지자 노릇을 하며, 주의 이름으로 귀신을 쫓아내며, 주의 이름으로 많은 권능을 행하지 아니하였나이까."(마태 7:22) 했습니다.

그때 주님은 "내가 그들에게 밝히 말하되 내가 너희를 도무지 알지 못하니, 불법을 행하는 자들아 내게서 떠나 가라!"(마태 7:23)고 하신다고 했습니다. 그러면서 "나더러 주여, 주여 하는 자마다 다 천국에 들어갈 것이 아니요, 다만 하늘에 계신 내 아버지의 뜻대로 행하는 자라야 들어가리라." (마태 7:21)는 경고의 말씀을 듣고, 행하는 자들이 되게 하옵소서!

말이 아니라 행함을 보실 예수님의 이름으로 기도드립니다. 아멘!

예수님처럼 살고 싶을 때 드리는 기도! (146)

언제나 은혜받을 때임을 알게 하옵소서!

"우리가 하나님과 함께 일하는 자로서 너희를 권하노니 하나님의 은혜를 헛되이 받지 말라. 이르시되 내가 은혜 베풀 때에 너에게 듣고 구원의 날에 너를 도왔다 하셨으니 보라 지금은 은혜 받을 만한 때요 보라 지금은 구원의 날이로다."

(고후 6:1-2)

하나님의 사랑이 너무나 크십니다. 오늘도 새벽부터 저녁까지 저희의 몸과 영혼을 지키시고, 몸을 입고 사는 육체에는 건강과 기쁨과 행복을 주시고, 그 안에서 하나님과 더불어 사는 영혼에게는 믿음과 능력을 더해 주시니 진실로 고맙습니다. 그리고 세 끼 식사와 간식과 휴식을 주시듯 영혼의 양식과 기도를 통해 건강한 영성을 주시니 참으로 고맙습니다.

이뿐 아니라, 저희에게 순간순간 새로운 세계를 경험할 수 있도록 배움과 수련을 통해 삶을 채워갈 수 있는 은혜와 기도와 묵상을 통해서 자신을 비워 가는 은혜를 허락해 주시니 고맙습니다. 그런데 이런 기회를 잡기가 힘들게 하신 것이 아니고, 언제든 저희가 마음만 먹으면 기회를 바로 붙잡고 저희 것으로 만들 수 있게 하셨으니 무한 고맙습니다.

아침에 눈을 뜨면 기도할 수 있는 마음과 깨어있는 영혼과 건강한 육체를 주시고, 기도할 수 있는 시간과 실천할 수 있는 환경을 주심이 고맙습니다. 새벽에 일어나면 하나님과 가까이 갈 수 있게 하실 뿐만 아니라, 낮의 일상에서도 은혜를 접할 기회들을 허락해 주시고, 저녁의 황혼에도 하루를 마감하며 은혜를 고백할 기회를 저희에게 주십니다.

사랑하는 하나님! 기회는 저희 앞에 수없이 지나갑니다. 아주 천천히 지나갑니다. 마음만 먹으면 누구나, 믿음만 있으면 언제나 앞에 지나가는 기회들은 어느 특정한 사람에게만 임하는 특별한 은총이 아니라, 모든 사람에게 열려있는 보편적 은총임이 고맙습니다. 손을 내밀어 잡기만 하면, 오늘도 얼마든지 기회들이 저희 앞을 지나고 있는지 모릅니다.

한순간도 해이해져 있거나 방심하지 않으면 기회는 언제든지 저희들의 품에 안길 것이고, 그 기회는 저희 삶 속에 들어와 기적을 만들고 기막힌 미래의 기쁨을 창조할 무한 에너지로 존재하고 있습니다. 이런 공기처럼 무한대로 존재하는 은혜 받을 기회들, 하나님을 가까이 경험할 좋은 기회들, 하나님의 은혜를 가슴에 모실 기회를 붙잡게 하옵소서!

하나님! 저희가 미련하여 기회의 문이 계속 열려있을 줄 생각하거나, 다시오리라는 안이한 생각 때문에 방심하고 있다가 놓쳐버린 다음 통곡하지 않게 하옵소서! 기회는 잡기 전에는 누구에게나 공개되어 있지만 누가 잡으면 다른 이에게는 기회가 사라지는 것을 알게 하옵소서! 이 시간이 하나님의 능력을 경험할 수 있는 절호의 기회가 되게 하옵소서!

구원과 영생의 기회를 주신 예수님의 이름으로 기도드립니다. 아멘!

9. 예배-성령을 위한 기도

골방기도 / 예배-성령

마귀는 대적하고 하나님은 가까이 하게 하옵소서!

"그런즉 너희는 하나님께 복종할지어다. 마귀를 대적하라. 그리하면 너희를 피하리라. 하나님을 가까이하라. 그리하면 너희를 가까이하시리라. 죄인들아 손을 깨끗이 하라. 두 마음을 품은 자들아 마음을 성결하게 하라."

(야고 4:7-8)

하나님께서 저희에게 주신 이 땅은 하나님을 불순종하고 거역하는 마귀가 지배하고 있습니다. 하나님께서 창조하신 하나님의 세상 중 일부를 주권에 반하는 하나님의 대적 마귀가 저희를 미혹하는 도구와 방편으로 쓰고 있습니다. 저희는 연약한 육체를 입고 살면서, 수없이 위협받고 미혹되면서 줄타기를 하는 아슬아슬하고 위험한 세상을 살아가고 있습니다.

세상에는 여전히 마귀가 왕 노릇 하며 저희의 마음을 미혹하고 있습니다. 처음 창조된 '아담'과 '하와'를 미혹했던 대범한 마귀는 믿음 없이 세상을 두려워하며 사는 모든 인생에게 온갖 염려의 짐을 던지고, 우리가 가진 모든 문제를 말하며 어떻게 살 것인지 걱정하게 만듭니다. 한 움큼 가지고 있는 믿음을 탈탈 털어버리게 하고 맨손으로 싸우게 합니다.

세상에 대한 염려, 물질에 대한 탐욕, 이성에 대한 욕망, 명예에 대한 탐닉 등을 이용해서, 때로는 흔들고, 때로는 달래고, 때로는 겁박합니다. 그럴 때마다 연약한 저희는 더러는 포기하고 더러는 배신하고 더러는 탈취하면서 하나님 말씀보다는 마귀가 미혹한 길로 따라갑니다. 마귀가 파놓은 함정들은 언제나 보암직하고 먹음직하고 탐스럽게 보입니다.

하나님! 이때 마귀의 말에 미혹되지 않게 하옵소서! 마귀의 협박에 굴복하지 않게 하옵소서! 마귀의 위협에 항복하지 않게 하옵소서! 달콤한 미혹이 있는 때일수록 가까이 가는 대신 멀리하게 하시고, 은근히 위협하는 때는 이를 대적하게 하옵소서! 마귀를 가까이하면 하나님은 점점 멀어지고, 하나님을 가까이하면 마귀는 점점 멀어지는 것을 알게 하옵소서!

하나님! 하나님의 사랑받는 사람이었다가 마귀의 종이 된 이들의 실패담을 기억하게 하옵소서! 오직 겸손으로 하나님의 택함을 받았던 '기스'의 아들 '사울'은, 교만과 불순종이 함께 찾아와 패망했습니다. '나실'인의 영광으로 자라나서 신뢰받으며 살던 '삼손'은 육체의 욕망을 어거하지 못한 채 노예가 되어 조롱당하고 야유를 받으며 비참한 최후를 맞았습니다.

제자의 영광을 누리며 마음껏 복음의 사람이 되었을 '유다'는 물질에 대한 탐욕에서 자유를 얻지 못하고 끝내 주저앉아 '스승을 배신한 자'라는 오명을 쓰고 자살로 생을 마감합니다. '세상을 사랑하는 마음'을 떨쳐버리지 못하여 '데살로니가'로 돌아간 '데마'도 있습니다. 마귀는 저희가 땅에 사는 동안 항상 우리 곁에 있습니다. 언제나 대적하고 멀리하게 하옵소서!

저희를 지키고 사랑하시는 예수님의 이름으로 기도드립니다. 아멘!

골방기도 / 예배-성령

예수님처럼 살고 싶을 때 드리는 기도! (164)

술 취하지 말고 성령으로 충만하게 하옵소서!

"그러므로 어리석은 자가 되지 말고 오직 주의 뜻이 무엇인가 이해하라. 술 취하지 말라 이는 방탕한 것이니 오직 성령으로 충만함을 받으라. 시와 찬송과 신령한 노래들로 서로 화답하며 너희의 마음으로 주께 노래하며 찬송하며"

(에베 5:17-19)

하나님! 사역자들이 자신을 지켜 세속에 물들지 않게 해주옵소서! 불안해하는 때, 저희가 영혼이 죄에 잠식되지 않게 하고, 특히 문화의 충격에서 벗어나 경건 신앙으로 무장하게 하옵소서! 육신의 장기들을 훼손시켜 각종 난치병에 걸리게 하고 뇌를 마비시켜 손상에 이르게 하고 경제적 손실을 입히는 나쁜 습관인 술에서도 자신을 지켜가게 하옵소서!

술이 가져오는 퇴폐적이고 향락적인 문화의 입구에서부터 자신을 잘 지키게 하시고, 술이 가져다주는 자극이나 환각 혹은 몽환적인 상태에 습관적으로 빠지지 않게 하시고, 오히려 영혼의 안전과 행복을 선물하는 성령님으로 충만하게 하옵소서! 성령님은 저희 속에 오셔서 저희를 감동하시고 동행하시며 말할 수 없는 탄식으로 우리를 위해 친히 간구하십니다.

하나님의 사람들이 하나님의 영으로 충만함을 입고, 하나님의 영으로 인도함을 받게 하옵소서! "너희가 이 시기를 알거니와 자다가 깰 때가 벌써 되었으니 이는 이제 우리의 구원이 처음 믿을 때보다 가까웠음이라. 밤이 깊고 낮이 가까웠으니 그러므로 우리가 어둠의 일을 벗고 빛의 갑옷을 입자."(로마 13:11-12)고 하신 지금의 시기를 분별하게 하시옵소서!

술은 사람을 흐트러지게 하고 무너지게 합니다. 사람의 기억을 마비시키고 혼미하게 합니다. 온갖 죄와 연결고리를 갖고 있어서 술 하나 때문에 수많은 죄가 그 몸으로 유입될 수 있습니다. 하나님! 그러므로 "낮에 같이 단정히 행하고 방탕하거나 술 취하지 말며, 음란하거나 호색하지 말며 다투거나 시기하지 않는"(로마 13:13) 말씀대로 살게 하시옵소서!

오직 예수 그리스도로 옷 입고 정욕을 위하여 육신의 일을 도모하지 않게 하옵소서! (로마 13:14) 저희의 입술을 통해 "시와 찬송과 신령한 노래들로 서로 화답하며 마음으로 주께 노래하며 찬송하며 범사에 주 예수 그리스도의 이름으로 항상 아버지 하나님께 감사하게 하옵소서!" (에베 5:19-20) 신앙인의 품격에 맞는 삶, 직분에 맞는 삶을 살게 하옵소서!

하나님께서 저희가 그동안 지배받고 살아온 밤 문화, 퇴폐문화, 음주문화 등에서 자유를 주셨으니 이제는 그리스도를 경외함으로 피차 복종하며 아름다운 하나님 나라의 문화를 누리게 하옵소서! 그때마다 성령님으로 충만하게 하시옵소서! 성령님께서 저희를 다스리심으로 성령님께 속한 사람이 되게 하옵소서! 다시는 옛사람으로 돌아가지 않게 하옵소서!

저희 영, 육을 온전케 하시는 예수님의 이름으로 기도드립니다. 아멘!

골방기도 / 예배-성령

예수님처럼 살고 싶을 때 드리는 기도! (189)

목숨을 아끼지 않고 복음을 위해 살게 하옵소서!

"이러므로 너희가 주 안에서 모든 기쁨으로 그를 영접하고 또 이와 같은 자들을 존 귀히 여기라. 그가 그리스도의 일을 위하여 죽기에 이르러도 자기 목숨을 돌보지 아니한 것은 나를 섬기는 너희의 일에 부족함을 채우려 함이니라."

(빌립 2:29-30)

사랑하는 하나님! '바울' 사도의 측근이나 그가 개척하여 세운 교회에는 좋은 제자들이 많이 있습니다. '빌립보교회'에 있는 '에바브로디도'는 신실한 사람이었습니다. '빌립보교회'가 교회의 후원을 모아 감옥에 있는 '바울' 사도에게 전해 주려고 왔다가 그만 병이 났습니다. 사실 사도에게 심부름을 떠난 제자에게 병이 났다는 말을 들으면 얼마나 상심하겠습니까?

그는 아주 신실해서 이미 바울 사도에게 "나의 형제요 함께 수고하고 함께 군사 된 자요, 너희 사자로 내가 쓸 것을 돕는 자라."(빌립 2:25)는 인정을 받았습니다. 그런데 교회의 심부름을 떠난 '에바브로디도'가 바울 사도 곁에 가서 병들었다는 소식을 들은 '빌립보교회'는 열심히 그가 병 낫기를 위해 기도했습니다. 그는 교회의 걱정거리가 된 것이 미안했습니다.

이제 하나님의 은혜로 바울이 있는 곳에 와서 병이 생기고, 그의 병이 다 낫자 '에바브로디도'는 건강해진 자신의 몸을 본 교회에 보여주고 싶어서 얼른 돌아가려고 했습니다. 그때 그의 심정을 사도가 썼습니다. "그가 병들어 죽게 되었으나 하나님이 그를 긍휼히 여기셨고, 그뿐 아니라 또 나를 긍휼히 여기사 내 근심 위에 근심을 면하게 하셨다."(빌립 2:26)

이제 보내면 건강한 그를 보고 근심을 벗어버리라면서 이런 이들을 교회가 존귀하게 여기라고 했습니다. 그러면서 그의 자세를 소개해 주었습니다. "그가 그리스도의 일을 위하여 죽기에 이르러도 자기 목숨을 돌보지 아니한 것은 나를 섬기는 너희의 일에 부족함을 채우려 함이니라." (빌립 2:30) 그는 죽음의 위기에서도 교회와 사도를 위해 헌신했다는 것입니다.

교회 안에, 저희가 믿는 복음을 위해 옛적에 살던 어른들은 우리가 믿는 이 복음을 전하려고 자신들이 모진 매를 맞거나 감옥에 갇히고 고문을 당하고, 심지어 목숨까지 순교의 제물로 바치면서 일했습니다. 그런데 우리는 그런 헌신과 희생으로 얻어진 구원에 대하여, 감사하지도 못할뿐더러 그런 수고의 과정을 기억도 안 하고 있습니다. 지금 저희의 모습입니다.

하나님! 조금만 힘들면 주저앉고, 조금 기분 나쁘면 팽개치고, 조금 비위에 안 맞아도 다 내려놓고 마는 이 시대 자화상을 봅니다. 우리의 사명은 무엇인지, 사명자의 자세는 어떤지 기억에서 지운 채, 여느 사무실 출퇴근하듯, 일반 직장생활을 하듯 하고 있습니다. 저희 모두가 죽기에 이르러도 주님을 의지하여 일하는 충성스러운 증인들이 되게 하옵소서!

저희에게 충성을 원하시는 예수님의 이름으로 기도드립니다. 아멘!

골방기도 / 예배-성령

예수님처럼 살고 싶을 때 드리는 기도! (190)

말씀을 하나님의 말씀으로 받게 하옵소서!

"이러므로 우리가 하나님께 끊임없이 감사함은 너희가 우리에게 들은 바 하나님의 말씀을 받을 때에 사람의 말로 받지 아니하고 하나님의 말씀으로 받음이니 진실로 그러하도다 이 말씀이 또한 너희 믿는 자 가운데에서 역사하느니라."

(살전 2:13)

사랑하는 하나님! 오늘도 하나님께 교회와 사역을 위하여 기도드립니다. 특별히 하나님 앞에 예배하는 동안, 가장 중요한 하나님의 말씀을 듣는 시간에 어떻게 어떤 자세로 하나님의 말씀을 들어야 할지 자신을 돌아보고 교정하게 하옵소서! 하나님은 직접 말씀하는 것이 아니라, 세우신 사자들을 통해 말씀하심을 믿습니다. 그 앞에 저희를 바로 세워 주옵소서!

저희와 똑같은 성정을 가진 목회자, 더러는 장난꾸러기였던 시절, 더러 문제아로 자라던 시절조차 기억에 생생한, 그게 아니라도 왠지 주님이 강력한 역사도 느껴지지 않고 평소에 하나님 앞에 경건 생활을 하는 것도 잘 모르던 목회자가 강단에서 설교하는 것을 들을 때면 자꾸만 고개를 갸우뚱할 때도 있고 심지어 "그렇지 않다."고 말하고 싶었을 것입니다.

그런데 당시 경건한 헬라인의 큰 무리와 적지 않은 귀부인도 권함을 받고 '바울'과 '실라'를 따르던(사도 17:4) 참 좋은 신앙적 바탕을 가진 '데살로니가 교회'가 말씀 듣던 자세를 봅니다. 물론 유대인들은 시기하여 저자의 어떤 불량한 사람들을 데리고 떼를 지어 성을 소동하게 하여 '야손'의 집에 침입하여 그들을 백성에게 끌어내려고 찾기도 합니다.

이 '데살로니가 교회'는 하나님의 말씀을 받을 때 사람의 말로 받지 아니하고 하나님의 말씀으로 받음이니 진실로 그러하다. (살전 2:13)고 했습니다. 세상에는 하나님의 말씀을 사람의 말로 듣고 죽임을 당한 광야 백성들도 있는데, 사람의 말을 하나님의 말씀으로 들었다는 것은 그들에게 하나님께서 말씀을 듣는 은혜를 부어주셨습니다. 이런 은혜를 주옵소서!

그런데 놀라운 사실은 "이 말씀이 믿는 자 가운데서 역사한다."(살전 2:13)고 했습니다. "하나님의 말씀은 살아있고 활력이 있어 좌우에 날선 어떤 검보다도 예리하여 혼과 영과 및 관절과 골수를 찔러 쪼개기까지 하며 또 마음의 생각과 뜻을 판단한다."(히브 4:12)는데, 그 하나님 말씀이 듣는 이들의 혼과 영과 관절과 골수를 찔러 쪼갠다니 무섭습니다.

분명히 사도의 말씀을 들을 때에 하나님의 말씀으로 들은 이들은 영혼의 치유를 얻으며 아울러 관절과 골수를 찔러 쪼개며 육체의 질병을 치유해주셨을 것입니다. 하나님의 말씀은 창조의 능력뿐만 아니라 치유의 능력, 회복의 능력이 있습니다. 이 놀라운 은혜를 매일 경험하기 위하여 말씀 앞에 '아멘'하여 하나님께 영광을 올려드리는 저희가 되게 하옵소서!

사도를 통해 말씀 전하시는 예수님의 이름으로 기도드립니다. 아멘!

골방기도 / 예배-성령

예수님처럼 살고 싶을 때 드리는 기도! (191)

성경을 하나님의 감동으로 된 책으로 믿게 하옵소서!

"모든 성경은 하나님의 감동으로 된 것으로 교훈과 책망과 바르게 함과 의로 교육하기에 유익하니 이는 하나님의 사람으로 온전하게 하며 모든 선한 일을 행할 능력을 갖추게 하려 함이라." (딤후 3:16)

사랑하시는 하나님! 하나님은 저희 인생들을 위하여 세상을 지으시고 인간에게 경영을 맡기신 세상이 '아담'과 '하와'의 범죄로 죄가 세상에 들어와 오염된 세상이 되자, 그 죄의 권세를 무력화하고 마귀의 일을 멸하게 하려고(요일 3:8) 주님을 보내주심이 큰 은혜입니다. 우리 구주 예수님이 세상에 오신 것은 하나님께서 세상을 사랑하신 증거의 완결판입니다.

그런데 거기에 그치지 않으시고, 이 땅에 영원히 존재할 기록된 말씀을 주셔서 장구한 역사가 흘러도 결코 쇠하거나 희미하게 빛이 바래지 않는 변함없는 기록된 성경을 주신 것이 전율이 흐를 만큼 놀라운 하나님의 선물입니다. 예수님께서 하나님의 선물이신데, 부활 승천하시니 못 뵙는 저희를 위해 기록된 선물을 남겨주신 것은 자다가 생각해도 은혜입니다.

'바울' 사도의 최고 제자이자 믿음의 아들이었고 '에베소'에서 사도의 뒤를 이어 목회한 믿음의 아들 '디모데'는 어려서부터 성경을 알았다고 했습니다, 그는 거짓 없는 믿음의 사람이었는데 그 배경은 그의 외할머니 '로이스'와 어머니 '유니게'를 통해 믿음이 그에게 전이되었습니다. (딤후 1:5) 그래서 가장 중요한 말씀과 믿음이 어린때부터 그에게 있었습니다.

"이 성경은 능히 너로 하여금 그리스도 예수 안에 있는 믿음으로 말미암아 구원에 이르는 지혜가 있게 하느니라." (딤후 3:15)고 했습니다. 이 땅에 있는 부모들은 자녀교육에 대해 민감하게 반응하며, 특히 우리의 교육열은 세계 최고로 정평이 나 있습니다. 이제 우리의 자녀에게 하나님 말씀의 영성과 말씀의 능력이 부어지도록 최선을 다하게 하옵소서!

특히 '디모데'의 아버지는 이방 '헬라' 사람임에도 불구하고 아버지 대신 어머니 '유니게'와 할머니 '로이스'의 헌신으로 어린 시절부터 모계(母系)의 영향으로 성경을 공부하고 믿음과 말씀의 능력으로 위대한 지도자가 되고 위대한 사도의 동역자가 되었습니다. 이 땅에 태어나는 다음 세대들이 이렇게 위대한 말씀의 영향력 아래서 지도자로 세워지게 하옵소서!

특히 어머니들과 선생님들이 다음 세대들의 성장 과정에 하나님의 말씀의 위대한 능력에 대한 믿음을 가지고, 인류에게 주어진 한 권의 책 성경을 어린아이 때부터 가르치고 전하여 성경의 권위와 능력이 그들을 만들게 하옵소서! 시대를 이끌어 갈 다음 세대들이 하나님의 감동으로, 즉 성령님이 친히 기록하게 하신 성경의 권위아래 자라게 하여 주옵소서!

인생과 역사 말씀의 주인이신 예수님의 이름으로 기도드립니다. 아멘!

골방기도 / 예배-성령

예수님처럼 살고 싶을 때 드리는 기도! (193)

말씀을 들을 때에 완고하지 않게 하옵소서!

"성경에 일렀으되 오늘 너희가 그의 음성을 듣거든 격노하시게 하던 것 같이 너희 마음을 완고하게 하지 말라 하였으니 듣고 격노하시게 하던 자가 누구냐 모세를 따라 애굽에서 나온 모든 사람이 아니냐." (히브 3:15-16)

사랑의 하나님! 저희에게 구원을 선물하시려 주님을 보내시고, 그 주님을 믿는 믿음을 주셨으니 고맙습니다. 이후로 저희에게 교회를 세워 주시고, 그 안에서 사랑하는 종들에게 말씀을 듣게 하셨습니다. 그러므로 예수님도 선물이고, 믿음도 선물이고, 교회도 선물이고, 성경도 선물이고, 이를 풀어 설명해 주시는 주님의 사자들도 선물입니다. 선물 속에서 삽니다.

이후로 우리는 모두 주님의 교회에서 하나님께서 세우신 종들을 통해 하나님의 말씀을 공급받는 복을 누리며 삽니다. 이 시대에는 이 이상의 복이 없습니다. 다만, 이제는 최고의 은총을 누리는 모든 이들이 예배시간에 하나님의 말씀을 들을 때에 어떤 마음으로 들어야 하는지 가르쳐 주옵소서! 옛 이스라엘 백성들이 하나님의 말씀을 듣던 때를 소환했습니다.

그때 이스라엘 백성들이 하나님의 말씀을 들으며 조상들은 상상도 못한 출애굽의 역사를 이어오는 동안, 그들은 낮에는 구름 기둥이 그들은 인도

했습니다, 밤에는 불기둥이 그들의 진에 우뚝 서 있어서 어떤 위기상황에서도 그들을 지켜 주었습니다. 사실 하나님의 임재와 동행하심은 아침마다 진밖에 쌓이는 만나와 저녁마다 내리는 메추라기로도 충분했습니다.

더구나 그들 중 상당수는 모세의 손을 통해 홍해를 가르고 '애굽'의 병사들을 장사지내는 현장을 목격했습니다. '르비딤'에서 '아말렉'과의 전쟁도 지켜보았습니다. 이런 기적의 현장에서 실존하는 지도자의 말씀을 들었습니다. 그러면 의심할 이유도 없고 불순종할 필요도 없습니다. 그런데 이들은 그렇지 못했습니다. 많은 증거 앞에서도 그렇게 못했습니다.

이스라엘 백성들은 '모세'라는 탁월한 지도자요. 지금 하나님과 친구처럼 지내는 그의 설교를 듣고도 믿음이 없었습니다. 그래서 의심하기도 하고 불순종하기도 하면서 수천, 수만 명씩 광야에서 죽임을 당했습니다. 저들은 이해가 안 가는 어리석은 상황입니다. 그럼에도 이들은 숱하게 죽어 나가는 시체를 묻으면서 또 다음에는 자신들이 죽음의 길을 갑니다.

저희는 말씀을 들을 때에 광야에서 하나님을 격노케 하지 않게 하옵소서! 하나님의 말씀에 순종하게 하옵소서! 말씀을 의심하지 말고 신뢰하게 하옵소서! 완고한 마음들을 깨뜨려 온유한 마음이 되게 하시고, 완악한 마음이 아니라, 열린 마음이 되게 하옵소서! 말씀은 축복과 저주의 양면성이 있사오니 말씀을 불순종이 아니라 순종함으로 복을 받게 하옵소서!

순종하여 복 받기 원하시는 예수님의 이름으로 기도드립니다. 아멘!

9. 예배-성령을 위한 기도

골방기도 / 예배-성령

예수님처럼 살고 싶을 때 드리는 기도! (194)

말씀을 들을 때 믿음으로 반응하게 하옵소서!

"그러므로 우리는 두려워할지니 그의 안식에 들어갈 약속이 남아 있을지라도 너희 중에는 혹 이르지 못할 자가 있을까 함이라. 그들과 같이 우리도 복음 전함을 받은 자이나 들은 바 그 말씀이 그들에게 유익하지 못한 것은 듣는 자가 믿음과 결부시키지 아니함이라."

(히브 4:1-2)

사랑하시는 하나님! 저희 마음에 믿음을 주옵소서! 돌밭 같은 마음이어서 새들이 말씀을 다 먹어버리는 불행한 밭도 아니고, 잠시 듣고 은혜받았다고 난리를 피우다가 곧 스러지는 돌밭도 아니고, 열심히 말씀을 좇아 살다가 세상의 염려나 재물의 유혹 때문에 무너지는 가시떨기 밭이 되지 않고, 하나님 기뻐하시는 백배를 수확한 좋은 밭 되게 하옵소서!

똑같이 말씀을 들었어도 말씀에 대한 반응에 따라 결과는 천연지차로 벌어집니다. 똑같은 시간에 말씀을 들었어도 말씀을 잘 들은 어떤 사람 곧 "경건한 헬라인의 큰 무리와 적지 않은 귀부인도 권함을 받고 '바울'과 '실라'를 따르나, 유대인들은 시기하여 저자의 어떤 불량한 사람들을 데리고 떼를 지어 성을 소동하는"(사도 17:4-5) 청중들의 반응은 달랐습니다.

똑같은 오순절 성령강림 후에 방언으로 말하는 것을 들은 이들도 "놀라며 당황하여 서로 이르되 이 어찌 된 일이냐"(사도 2:12) 하는 이들도 있었고,

"또 어떤 이들은 조롱하여 이르되 그들이 새 술에 취하였다."고도 했습니다. 이런 찬반의 현상은 오늘도 똑같습니다. 예수님에 대해 어떤 사람은 좋은 사람이라 하며 어떤 사람은 아니라 (요한 7:12)고 합니다.

같은 곳에서 말씀을 들었는데 어떤 사람은 믿음이 없어서 망했고, 어떤 사람은 말씀을 듣고 그 말씀에 믿음을 보태 역사를 일구는 것은, 같은 이슬을 먹고 꿀벌은 꿀을 만들고 독사는 독을 만드는 것 같습니다. 하나님! 저희들의 듣는 귀는 얼마나 차이가 큰지 어떤 이는 말씀을 들으며 하나님 음성을 듣고, 어떤 이는 우레가 울었다고도 합니다. (요한 12:29)

같은 형장(刑場)에서 주님의 돌아가심을 보면서도, 어떤 이는 예수님을 비방하여 "네가 그리스도가 아니냐? 너와 우리를 구원하라!"고 하고 어떤 강도는 "네가 하나님을 두려워하지 않느냐? 우리는 마땅한 형벌을 받는 것이니 당연하지만 이 사람은 옳지 않은 것이 없다."며 "예수여 당신의 나라에 임하실 때에 나를 기억하소서!" (누가 23:39-42)라고 했습니다.

하나님의 말씀을 들을 때에 그 말씀이 하나님께서 이 시대를 사는 나를 위해 주시는 말씀이라는 믿음으로 '아멘'하여 내가 미처 깨닫지 못했던 은혜를 고백하게 하옵소서! "우리가 아멘 하여 하나님께 영광을 돌리게 된다." (고후 1:20)하셨으니, 말씀이 떨어질 때 '아멘'하며 믿음의 고백과 결심을 하여 유익을 얻게 하옵소서! 주님 말씀에 믿음을 보태게 하시옵소서!

저희 믿음대로 응답해 주시는 예수님의 이름으로 기도드립니다. 아멘!

9. 예배—성령을 위한 기도

골방기도 / 예배-성령

예수님처럼 살고 싶을 때 드리는 기도! (195)

모이는 일에 항상 최선을 다하게 하옵소서!

"또 약속하신 이는 미쁘시니 우리가 믿는 도리의 소망을 움직이지 말며 굳게 잡고 서로 돌아보아 사랑과 선행을 격려하며 모이기를 폐하는 어떤 사람들의 습관과 같이 하지 말고 오직 권하여 그 날이 가까움을 볼수록 더욱 그리하자."

(히브 10:23-25)

"믿는 도리의 소망을 움직이지 말며 굳게 잡고 서로 돌아보아 사랑과 선행을 격려하며 모이기를 폐하는 어떤 사람들의 습관과 같이하지 말고, 오직 권하여 그날이 가까움을 볼수록 더욱 그리하자."(히브 10:23-25) 오늘 저희가 같은 주님의 이름으로 모여, 같은 마음으로 찬양하며, 같은 마음으로 아멘하고, 같은 마음으로 말씀 듣고, 같은 마음으로 기도합니다.

하나님! 주님의 이름으로 모여 예배하며 늘 아픈 것은 하나님의 자녀들이 예배에 너무 소홀합니다. 예전에는 주일이면 만사를 제쳐두고 모였습니다. 이제 못 나오면 저녁이나 오후로 대체합니다. 오후 예배나 수요 기도회에 뜨거운 함성이 가득했습니다. 이제는 오후 예배는 낮 예배의 삼 분의 일도 안 모이고 수요 기도회나 금요 철야는 없어진 교회가 많습니다.

주님을 믿기 시작하면 동시에 시작하던 새벽기도회는 모든 교회마다 뜨거운 감자가 되었습니다. 연인들의 사랑이 식으면 만나는 횟수가 뜸해집니다. 아침저녁으로 만나고 수시로 통화하던 주기가 일주일이나 열흘로 멀어집니다. 저희가 하나님에 대한 첫사랑이 식으면 동시에 예배 참석시간이 뜸해지는 것을 봅니다. 모이는 일에 최선을 다하도록 하옵소서!

예수님 당시에는 주일에만 모이는 것이 아니라 매일 모여 하루 종일 같이 있어, 같이 교제하고, 같이 말씀 듣고, 같이 식사하고, 같이 기도하던 일들이 세월이 지나 여기까지 왔습니다. 저희의 믿음도 시간이 지나면서 해이해지고 열정이 식어질 때 약속하신 이는 미쁘시니, 저희 모두 믿는 도리의 소망을 움직이지 말며 굳게 잡게 하옵소서! (히브 10:23)

"서로 격려하여 동력을 응원하고, 그들의 사랑과 헌신을 위로하고, 자꾸만 모임이 축소되는 세상에 모이기를 없애는 이들을 쫓지 말고 마지막이 가까울수록 모이는 일에 더욱 열심히 하자."고 했습니다. 120여 명이 한곳에 모여서 뜨겁게 기도하던 '오순절'에 성령님 폭발적인 역사가 있었듯이, 오늘도 서로 권면하여 모일 때 성령님의 역사가 나타나게 하옵소서!

장작불이나 숯불도 모이면 화력이 세지듯이, 사람도 모이면 모일수록 힘이 생깁니다. 특히 말씀을 준비하고 기도하는 사역자들에게는 성도들이 많이 모여 뜨겁게 기도하고 찬양하는 것이 큰 힘이오니, 저희가 모여 하나님의 역사를 경험하게 하옵소서! '고넬료'의 가정에서 함께 모여 말씀 듣던 이들이 성령님의 역사를 경험하듯 저희의 역사가 되게 하옵소서!

예배를 위해 모이기 원하시는 예수님의 이름으로 기도드립니다. 아멘!

골방기도 / 예배-성령

행여 죄를 범해도 두려워하지 않게 하옵소서!

"나의 자녀들아 내가 이것을 너희에게 씀은 너희로 죄를 범하지 않게 하려 함이라 만일 누가 죄를 범하여도 아버지 앞에서 우리에게 대언자가 있으니 곧 의로우신 예수 그리스도시라 그는 우리 죄를 위한 화목 제물이니 우리만 위할 뿐 아니요 온 세상의 죄를 위하심이라." (요일 2:1-2)

사랑하는 하나님! 오늘 저희에게 하나님을 알게 하시고, 예수님을 믿게 하시고, 죄에 대하여 민감하게 하시니 고맙습니다. 하나님! 죄를 모르거나 죄를 지으면서도 죄에 대하여 두려워하지도 않고 하나도 민감하지 않고 둔감하게 사는 불쌍한 이들이 많은데, 특히 저희에게 죄에서 용서받은 것이 얼마나 기막힌 복인지 알고, 그 죄를 두렵게 하여 주옵소서!

다시는 무서운 죄를 가볍게 여겨 죄에 대하여 무방비로 있다가 그 죄에 정복당하거나, 유혹과 미혹 앞에 무너지는 불행한 일이 없게 하옵소서! 죄를 겁내지는 않되, 그 파괴력이 얼마나 무서운지 경각심을 가지고 경계하다가 이들의 공격을 예수님의 이름으로 물리치게 하옵소서! 죄를 두려워하지는 않되 항상 긴장하여 죄에 걸려 넘어지지 않게 하시옵소서!

그러나 하나님! 연약하고 미련한 인생들이 혹시라도 방심하고 있다가 원치 않는 일로 죄를 지을 수도 있습니다. 이때에는 말씀하신 대로 낙심하거나 상심하지 말고 주님께 용서를 구하고 처방을 의뢰하게 하옵소서! 저희에게 말씀을 주신 것은 이 말씀을 읽고 묵상하며 죄가 틈타지 못하도록 방패가 되게 하려 함이라 하셨으니 말씀 안에서 보호받게 하옵소서!

그러나 만일 누가 죄를 범해도, 그것 때문에 스스로 좌절하고 가책하여 어둠으로 들어가지 않아도 되는 것은, 아버지 앞에서 우리에게 "저희를 위한 중보자, 곧 대언자(代言者가) 있으니 의로우신 예수 그리스도시라. 우리 죄를 위한 화목 제물이니 우리만 위할 뿐 아니요, 온 세상의 죄를 위하심이라."(요일 2:1–2)고 말씀하셨으니 고맙습니다. 할렐루야!

예수님은 지금도 저희가 실수로 지은 죄, 저희도 모르게 죄 가운데 들어와 있는 죄의 세력에서 저희를 건져 주시도록 하나님 앞에 중보하고 계신 줄 믿습니다. 이뿐 아니라 예수님께서 저희의 중보자로 계시며 쉼 없이 교회를 위하여 기도하시면 이를 훼방하는 마귀도 있습니다. 저희가 어려운 죄의 고통, 가책의 고통, 회개의 고통을 통과하게 하옵소서!

저희가 이 땅에서 마귀에게 최후의 승리를 선언할 때는 주님의 영원한 심판이 끝날 때인데, 그 이전 아직도 세상의 삶을 사는 동안에 끊임없는 미혹으로 순간순간 살얼음을 딛고 사는 저희를 불쌍히 여기시어 위대한 주님의 최후 승리를 믿고 담대히 나아가게 하옵소서! 그래서 죄와 상관없이 사는 저희들이 되어 영원한 최후 승리를 얻게 하여 주시옵소서!

저에게 영원한 이김을 주시는 예수님의 이름으로 기도드립니다. 아멘!

골방기도 / 예배-성령

세상에 있는 것들을 사랑하지 않게 하옵소서!

"이 세상이나 세상에 있는 것들을 사랑하지 말라 누구든지 세상을 사랑하면 아버지의 사랑이 그 안에 있지 아니하니 이는 세상에 있는 모든 것이 육신의 정욕과 안목의 정욕과 이생의 자랑이니 다 아버지께로부터 온 것이 아니요 세상으로부터 온 것이라." (요일 2:15-16)

하나님! 고맙습니다. 저희에게 만물의 영장(靈長)으로 아름다운 몸과 영혼을 주시고 세상을 다스리고 정복하며 경영할 수 있는 특권을 주셔서 고맙습니다. 그러나 세상은 하나님의 형상대로 지어지고 특권을 부여받은 인생의 타락으로 인해 오염되고 죄성(罪性)의 지배를 받는 저희는 세상을 다스리고 정복하기는커녕 세상의 노예처럼 지배받으며 살고 있습니다.

세상은 여전히 저희 눈과 마음을 미혹하고, 하나님을 바라보는 대신 물질에 마음을 빼앗긴 채 짐승 같은 삶을 삽니다. 용서하여 주시고, 사도 '요한'을 통해 저희에게 주시는 주님의 마음을 묵상하며 기도드립니다. 주님! "누구든지 세상을 사랑하면 아버지의 사랑이 그 안에 없다." (요일 2:15)고 하셨으니 세상이나 세상에 있는 것들을 사랑하지 않게 하옵소서!

하나님! "세상에 있는 모든 것이 육신의 정욕과 안목의 정욕과 이생의 자랑이니, 다 아버지께로부터 온 것이 아니요, 세상으로부터 온 것이라." (요일 2:16)고 하셨습니다. 세상에서 저희의 마음을 빼앗고 도적질해 가는 것은 모두 육체의 쾌락과 눈의 쾌락을 좇는 것입니다. 사람들이 자랑하는 그것이 집이든 자동차든 주식이든 아버지로부터 온 것이 아닙니다.

물질은 귀한 것이지만, "돈을 사랑함이 일만 악의 뿌리가 되나니 이것을 탐내는 자들은 미혹을 받아 믿음에서 떠나 많은 근심으로써 자기를 찔렀도다."(딤전 6:10)고 하셨습니다. 돈이 필요한 것이나 "먹을 것과 입을 것이 있어 족한 줄 모르고"(딤전 6:8)살면 더 가지려는 욕심이 그를 침륜에 빠지게 하는 것을 압니다. 다스림을 당하지 않고 다스리게 하옵소서!

하나님께서 저희에게 물질을 주시고 명예나 권세를 주실 수 있고, 좋은 자동차나 집을 주시어 인간들이 모여 자식 자랑, 집 자랑, 돈 자랑을 할 수 있습니다. 그러나 이는 자랑이 아니라 감사요, 내 힘이 아니라 하나님께서 주신 것입니다. 언제나 두려움이나 떨림으로 하나님을 찬양하기 원합니다. 하나도 스스로 된 것이 없고 모두 하나님께서 주신 것입니다.

사랑의 하나님! 저희의 사방에 널려있어서 마음을 빼앗아가는 것들이 세상의 유혹인지 아니면 하나님께로 온 축복의 선물인지 알게 하옵소서! 육신의 정욕이나 안목의 정욕이나 세상의 자랑거리가 아니요, 모두 하나님께서 부어주신 축복의 분깃이 되게 하옵소서! 우리의 육체나 눈을 즐겁게 하는 것은 빛들의 아버지께로 온 것이 아님을 알게 하옵소서!

빛의 아버지께로 오신 빛이신 예수님의 이름으로 기도합니다. 아멘!

골방기도 / 예배-성령

예수님처럼 살고 싶을 때 드리는 기도! (252)

성경의 기록들이 거울인 것을 알게 하옵소서!

"그들 가운데 어떤 사람들이 원망하다가 멸망시키는 자에게 멸망하였나니 너희는
그들과 같이 원망하지 말라. 그들에게 일어난 이런 일은 본보기가 되고 또한 말세
를 만난 우리를 깨우치기 위하여 기록되었느니라."   (고전 10:10)

사랑의 하나님! 우리가 평생을 하나님의 말씀을 가까이하며 때로는 묵상
하고 때로는 암송하며 삽니다. 또 이 말씀을 열심히 읽고 듣습니다. 그러
나 게으름과 완악함 때문에 이 말씀을 읽고 들으면서도 저희에게 말씀을
주신 뜻도 모른 채 무심히 지나고 있습니다. 우둔함을 용서하여 주시고,
이제라도 성경을 읽을 때 말씀이 주시는 유익을 깨닫게 하옵소서!

성경은 하나님의 말씀이자 성령님의 검이라고 믿습니다. 또 저희 삶의 이
정표이자 저희의 믿음을 달아보는 저울입니다. 반면에 성경은 저희의 삶
을 비추어보는 거울이기도 합니다. 이제껏 저희가 잘 살았는지 잘 못 살았
는지도 비춰보고, 저희의 모습이 얼마나 변형되었는지도 비춰보는 거울이
되게 하옵소서! 성경 말씀 덕분에 저희가 어그러지지 않게 하옵소서!

옛 이스라엘 백성들의 출애굽 여정이 오늘 저희의 인생길과 비교하여 그
들이 광야를 지나는 동안에 우상숭배 하다가 멸망한 것을 보고 "아, 우리

는 저렇게 우상숭배 하지 않게 하옵소서!" 하는 마음을 갖게 하옵소서! 우상을 섬기다가 멸망한 이들의 역사를 보면서도, 여전히 우상을 숭배하다가 우리도 그들처럼 멸망하는 미련한 자가 되지 않도록 인도하옵소서!

옛적 조상들이 간음하다 이만 삼천 명이 죽은 기사를 보면서 우리는 그 때처럼 미련하고 악한 인생이 되지 않도록 성경의 기록을 보며 저희의 삶에 큰 유익을 얻게 하옵소서! 옛 조상들이 하나님을 시험하다가 불 뱀에 물려 죽은 것을 보며, 우리는 그들처럼 하나님을 시험하다 뱀에 물려 죽는 어리석은 자 되지 말자고 거울인 말씀을 보며 다짐하게 하옵소서!

옛 이스라엘 사람들이 원망하다가 멸망 당한 것을 보면서 우리는 원망하지 말자고 다짐하게 하옵소서! 성경에 기록된 역사는 저희에게 거울처럼 우리를 비추어주는 거울이 되어 자신을 비춰보고 스스로를 고치되, 저희가 역사의 거울을 보면서도 여전히 저희의 모습을 고치지 못하여 조상들이 갔던 심판과 죽음의 길을 가지 않게 하옵소서! 지혜를 주옵소서!

성경은 우리로 잘못을 바로잡고 자신을 깨우치게 하는 거울이자 이정표인 줄 알아 자신을 더 나은 하나님의 자녀들이 되게 하옵소서! 이런 일들을 기록하여 보여주므로 말세를 만난 우리를 깨우치기 위하여 기록되었다고 하였으니, 지금 선 줄로 생각하는 자는 넘어질까 조심하여 아직도 남은 저희의 인생 여정이 성공하게 하옵소서! (고전 10:11–12)

저희 인생들의 모델이신 예수님의 이름으로 기도드립니다. 아멘!

골방기도 / 예배-성령

예수님처럼 살고 싶을 때 드리는 기도! (256)

영이 하나님께 속했나 살펴보게 하옵소서!

"사랑하는 자들아 영을 다 믿지 말고 오직 영들이 하나님께 속하였나 분별하라. 많은 거짓 선지자가 세상에 나왔음이라. 이로써 너희가 하나님의 영을 알지니 곧 예수 그리스도께서 육체로 오신 것을 시인하는 영마다 하나님께 속한 것이요."

(요일 4:1-2)

사랑의 하나님! 예수님처럼 살기 원하는 이들이 하나님께 기도해야 하는 중요한 명제는 영이 하나님께 속해 있는지 보는 것입니다. 초기 기독교 신앙공동체에도 지금처럼 이단이 많았습니다. 예수님께서 '곡식과 가라지'의 비유에서 말씀하셨듯이 교회가 세워지면 바로 이단도 거기 탄생합니다. 초기 신앙공동체의 이단은 예수님을 부인하는 이단이었습니다.

사도는 성령님의 감동으로 "사랑하는 자들아 영을 다 믿지 말고 오직 영들이 하나님께 속하였나 분별하라. 많은 거짓 선지자가 세상에 나왔음이라."(요일 4:1)고 했습니다. 이제 교회 공동체가 세워진 지 100년밖에 안 되었는데 무슨 이단이겠습니까? 그러나 보이는 인생들이 보이지 않는 하나님의 나라를 믿는 교회에서의 이단은 생각보다 탄생의 배경이 쉽습니다.

그들은 하나님께서 예수님을 인간의 아들로 오셨다는 것에 동의하지 못했습니다. 그래서 요한은 "이로써 너희가 하나님의 영을 알지니 곧 예수 그리스도께서 육체로 오신 것을 시인하는 영마다 하나님께 속한 것이요.”(요일 4:2)라고 하므로 기독교 신앙의 정통성을 제일 먼저 예수님의 '성육신 탄생'을 기준으로 삼았습니다. 예수님을 부인하면 이단이었습니다.

오늘 이 시대에는 예수님의 성육신 문제보다 성령님의 역사하심에 대한 문제가 더 많습니다. 사방에 성령님이 무차별적으로 역사하는 듯이 모두 성령의 감동이라고 말하고 성령의 역사하심이라고 말하니 하나님의 깊은 것을 통달하시는 성령님 역사의 진위를 가리기가 힘들고 논쟁도 뜨겁습니다. 그래서 열매를 보고 나무를 구별해야 하는 시대에 왔습니다.

하나님! 영 분별의 은사를 주옵소서! '에베소교회'에는 “네 행위와 수고와 네 인내를 알고 또 악한 자들을 용납하지 아니한 것과 '자칭 사도'라 하되 아닌 자들을 시험하여 그의 거짓된 것을 네가 드러낸 것(요계 2:2)을 칭찬했습니다. '서머나 교회'는 “자칭 유대인이라 하는 자들의 비방도 알거니와 실상은 유대인이 아니요, 사탄의 회당이라.”(요계 2:9)고 했습니다.

'두아디라 교회'는 “자칭 선지자라 하는 여자 '이세벨'을 네가 용납함이니 그가 내 종들을 가르쳐 꾀어 행음하게 하고 우상의 제물을 먹게 하는 도다.”고 하여 이들을 용납하는 죄를 지었습니다. 교회가 생긴 이천년부터 이미 자칭 사도, 자칭 유대인, 자칭 선지자들이 있었고, 지금도 자칭 성령의 사람들이 많습니다. 이에 미혹되지 않도록 경성 하게 하옵소서!

우리들의 생명의 구주이신 예수님의 이름으로 기도드립니다. 아멘!

골방기도 / 예배-성령

예수님처럼 살고 싶을 때 드리는 기도! (257)

성령님을 근심시키지 않고 살게 하옵소서!.

> "하나님의 성령을 근심하게 하지 말라. 그 안에서 너희가 구원의 날까지 인치심을 받았느니라."
>
> (에베 4:30)

사랑하는 하나님! 성부, 성자, 성령 상위일체 하나님을 찬양합니다. 이 시간은 성령님의 영광을 위하여 기도합니다. 사도 '바울'은 '에베소교회'에 보낸 성경을 성령님의 감동으로 기록하면서 "하나님의 성령을 근심하게 하지 말라. 그 안에서 너희가 구원의 날까지 인치심을 받았느니라." (에베 4:30)고 하셨습니다. 내주하는 성령님을 근심시키지 말라는 것입니다.

성령님은 저희와 아주 밀접하게 사십니다. 우선 성도들은 "물과 성령으로 나지 아니하면 하나님 나라를 볼 수 없다." (요한 3:3)고 하신 대로, 물에서 세례받고 태어나고 성령님의 태에서 태어나야 하나님의 백성이 되는 것입니다. 그래서 예수님도 관리인 '니고데모'를 만나 이 문제를 중요하고 심도 있게 다루었습니다. '니고데모' 역시 어려워했습니다.

그래서 지금도 사람들이 물로 세례를 받는 것 이상으로 성령 세례를 중요시하고 있습니다. 저희가 성령님을 모시고 그분이 우리 속에 거하시는 거듭남의 은혜를 입고 나면, 성령님은 저희 곁을 한 시도 떠나지 않으시는 분입니다. 때로 저희가 범죄하면 저희를 그의 태로 태어나게 하신 성령님은 심히 근심하시지만, 저희를 버리고 가지 않으시니 고마울 뿐입니다.

성령님은 저희 안에서 어떻게 기도해야 할지 모를 때에 말할 수 없는 탄식으로 우리를 위해 친히 기도를 대신해 주십니다. (로마 8:26) 기도가 막힐 때 도우시는 고마우신 성령님이십니다. 복음을 전하다 잡혀갈 때도 "무엇을 말할까 염려하지 말라. 말하는 이는 너희가 아니라 너희 속에서 말씀하시는 이 너희 아버지의 성령이시니라."(마태 10:19-20)고 했습니다.

또 성령님은 필요한 은사와 재능을 주십니다. "어떤 사람에게는 성령으로 말미암아 지혜의 말씀, 지식의 말씀, 다른 사람에게는 같은 성령으로 믿음, 병 고치는 은사, 어떤 사람에게는 능력 행함, 어떤 사람에게는 예언함, 어떤 사람에게는 영들 분별함, 다른 사람에게는 각종 방언 말함, 어떤 사람에게는 방언들 통역함"(고전 12:8-11)을 주신다고 가르쳐 주십니다.

이뿐 아니라 성령님은 "오직 성령의 열매는 사랑과 희락과 화평과 오래 참음과 자비와 양선과 충성과 온유와 절제니 이 같은 것을 금지할 법이 없느니라."(갈라 5:22-23)고 했습니다. 그리고 "그 안에서 너희가 구원의 날까지 인치심을 받았느니라."(에베 4:30)는 것입니다. 성령으로 태어나서 평생 함께하시다 구속의 날에 인 치실 분임을 알게 하옵소서!

저희 구원의 주가 되시는 예수님의 이름으로 기도드립니다. 아멘!

골방기도 / 예배-성령

예수님처럼 살고 싶을 때 드리는 기도! (258)

악을 이기되 선으로 이기게 하옵소서!

"네 원수가 주리거든 먹이고 목마르거든 마시게 하라 그리함으로 네가 숯불을 그 머리에 쌓아 놓으리라 악에게 지지 말고 선으로 악을 이기라."

(로마 12:20-21)

하나님께서 저희를 하나님의 자녀로 삼으심은 세상을 정복하고 다스리게 하려 하심이 아니요, 세상을 구원하고 사랑으로 섬기도록 하심인 줄 믿습니다. 세상의 권력자들은 싸워 이기고 굴복시켜 다스리는 것이 목적이지만 주님은 "섬김을 받으려 함이 아니라 도리어 섬기려 하고 자기 목숨을 많은 사람의 대속물로 주려 함이라."고 말씀하셨습니다. (마태 20:28)

주님은 "나는 너희에게 이르노니 악한 자를 대적하지 말라. 누구든지 네 오른편 뺨을 치거든 왼편도 돌려대며, 너를 고발하여 속옷을 가지고자 하는 자에게 겉옷까지도 가지게 하며, 또 누구든지 너로 억지로 오 리를 가게 하거든 그 사람과 십 리를 동행하고, 네게 구하는 자에게 주며, 네게 꾸고자 하는 자에게 거절하지 말라." (마태 5:39-42)고 하셨습니다.

또, "네 이웃을 사랑하고 네 원수를 미워하라 하였다는 것을 너희가 들었으나 나는 너희에게 이르노니 원수를 사랑하며 너희를 박해하는 자를 위하여 기도하라. 이같이 한즉 하늘에 계신 너희 아버지의 아들이 되리니, 이는 하나님이 해를 악인과 선인에게 비추시며 비를 의로운 자와 불의한 자에게 내려 주심이라." (마태 5:43-45) 이는 세상을 이기는 비결입니다.

로마서에는 "너희를 박해하는 자를 축복하라. 축복하고 저주하지 말라. 즐거워하는 자들과 함께 즐거워하고 우는 자들과 함께 울라. 서로 마음을 같이하며 높은 데 마음을 두지 말고 도리어 낮은 데 처하며, 스스로 지혜 있는 체 하지 말라. 아무에게도 악을 악으로 갚지 말고 모든 사람 앞에서 선한 일을 도모하라." (로마 12:14-17) 이는 악을 이기는 비결입니다.

"할 수 있거든 너희로서는 모든 사람과 더불어 화목하라. 사랑하는 자들아 너희가 친히 원수를 갚지 말고 하나님의 진노하심에 맡기라. 기록되었으되 '원수 갚는 것이 내게 있으니 내가 갚으리라.'고 주께서 말씀 하시니라. 네 원수가 주리거든 먹이고 목마르거든 마시게 하라. 그리함으로 네가 숯불을 그 머리에 쌓아 놓으리라." (로마 12:18-20)고 하셨습니다.

마지막으로 21절에 "악에게 지지 말고 선으로 악을 이기라!"고 하심으로 역설적 진리의 말씀을 주셨습니다. 악에게 져서는 안 되지만 선으로 이기라는 말씀은, 그리스도인들이 영원히 가슴에서 지워서는 안 될 말씀입니다. 주님께서 오셔서 선으로 악을 이기셨습니다. 그것이 십자가요, 부활의 무덤입니다. 주님처럼 살기 원하는 이들이 그렇게 살게 하옵소서!

선으로 악을 이기신 부활의 예수님의 이름으로 기도드립니다. 아멘!

골방기도 / 예배·성령

예수님처럼 살고 싶을 때 드리는 기도! (309)

복음이 증거되면 치유가 됨을 알게 하옵소서!

"회당에서 나와 곧 야고보와 요한과 함께 시몬과 안드레의 집에 들어가시니 시몬
의 장모가 열병으로 누워 있는지라 사람들이 곧 그 여자에 대하여 예수께 여짜온
대 나아가사 그 손을 잡아 일으키시니 열병이 떠나고 여자가 그들에게 수종드니
라."   (마가 1:29-31)

사랑하는 하나님! 저희가 믿는 복음은 예수님이십니다. 이 예수님이 가시
는 곳에는 언제나 죄에 빠진 인생들이 건짐을 받고 구원받는 역사가 일어
납니다. 아울러 그곳에는 귀신이 반드시 쫓겨 가는 것은, 빛이 비치면 어
둠은 물러가는 것(마가 5:8)과 같습니다. 예수님은 세상의 빛이요, 마귀는
어둠을 지배하는 공중의 권세 잡은 자이기에(에베 2:2) 쫓겨 갑니다.

복음이 증거되는 곳에는 동시에 질병이 치유되고 어둠에 있던 이들이 고
침 받고 자유를 얻게 되었습니다. 선지자 '이사야'가 주님에 대하여 "그가
찔림은 우리의 허물 때문이요, 그가 상함은 우리의 죄악 때문이라. 그가
징계를 받으므로 우리는 평화를 누리고, 그가 채찍에 맞으므로 우리는 나
음을 받았도다."(이사 53:5)는 예언대로 주님은 우리를 고치십니다.

주님은 저희의 영혼을 구원하여 하나님의 자녀가 되게 하시고, 이 땅에 사
는 동안 온갖 시험, 질병 등 고난당할 때마다 도우십니다. "감당할 시험 밖

에는 너희가 당한 것이 없나니 오직 하나님은 미쁘사 너희가 감당하지 못할 시험 당함을 허락하지 아니하시고, 시험당할 즈음에 또한 피할 길을 내사 너희로 능히 감당하게 하신다." (고전 10:13)고 하셨습니다.

그래서 예수님이 가시는 곳마다 귀신은 울며 쫓겨 갔습니다. 더러운 귀신(마가 1:23) 일곱 귀신(누가 8:2), 흉악한 귀신(마태 15:52), 군대 귀신(마가 5:15) 악한 귀신(누가 11:26) 등 이 모두 쫓겨 갔습니다. 모든 귀신의 공통점인 '더러운 귀신'(마태 10:1)은 성결의 영으로 오신 예수님과 '그리스도'와 '벨리알'의 공존이 불가하여 있을 수 없습니다. (고후 6:5)

예수님은 언제나 치유의 하나님이십니다. '시몬'의 장모가 열병을 앓다가 주님께서 고쳐주시는 것을 시작으로 고창병, 혈루병, 나병(癩病)을 비롯한 육체를 힘들게 하는 모든 질병을 주님께서 고쳐주셨고, 보지 못하고, 걷지 못하고, 듣지 못하는 모든 장애까지 주님의 손이 닿으면 고침을 받았습니다. 오늘 이 땅의 교회에도 이런 치유의 기적이 일어나게 하옵소서!

하나님! 복음이신 예수님께서 가시는 곳마다 귀신이 물러가게 하옵소서! 복음이신 예수님이 가시는 곳마다 질병이 치유되게 하옵소서! 복음이신 예수님이 가시는 곳마다 어둠이 물러가게 하옵소서! 예수님이 가시는 곳마다 절망이 사라지고 의심이 물러가게 하옵소서! 복음이신 예수님이 가시는 곳마다 죽음의 그림자가 사라지고 생명이 살아나게 하시옵소서!

지금도 병자들을 치료하시는 예수님의 이름으로 기도드립니다. 아멘!

골방기도 / 예배-성령

예수님처럼 살고 싶을 때 드리는 기도! (321)

하나님께서 찾으시는 예배를 드리게 하옵소서!

"아버지께 참되게 예배하는 자들은 영과 진리로 예배할 때가 오나니 곧 이 때라 아버지께서는 자기에게 이렇게 예배하는 자들을 찾으시느니라 하나님은 영이시니 예배하는 자가 영과 진리로 예배할지니라."　　　　　　　　　　(요한 4:23-24)

사랑하는 하나님! 하나님 '야훼'의 이름만 생각하면 가슴이 설렙니다. 하나님 앞에 예배를 준비하고 예배하러 예배당에 가는 생각만 해도 두근거립니다. 하나님! 저희가 오늘 하나님께 나아가는 일이 하나님께서 기뻐하는 일이 되게 하시고, 하나님을 예배하는 동안 하나님 사랑을 받게 하옵소서! 하나님께서 찾는 예배, 하나님께서 기뻐하시는 예배가 되게 하옵소서!

저희가 하나님을 예배하면서 예배의 주권이 하나님께 있음을 알고, 하나님께 두렵고 떨림으로 나아가게 하시고, 살아계신 하나님께 나아가는 경외심으로 충만하게 하옵소서! 하나님은 지금도 영으로 예배하는 자, 참으로 예배하는 자를 찾으시는데, 저희를 만나신 하나님께서 "내 마음에 합한 자!"라고 흡족해하시고 "내 마음에 합한 예배"로 받아 주시옵소서!

언제나 저희가 예배할 때는 믿음으로 드린 '아벨'의 제사처럼, '아브라함'이 드린 순종의 제사처럼 드리게 하옵소서! 한 번의 예배로 영원의 세월 동안 기억되는 예배가 되게 하시고, 한 번의 예배로 하나님을 기쁘게 해드리고, 하나님께서 깜짝 놀라 소리치실 만큼의 예배가 되게 하시고, "이제야 네가 나를 사랑하는 줄 알았다."며 인정받는 예배가 되게 하옵소서!

사랑하는 하나님! 지금 매 주일 예배가 교회에 따라서는 1, 2, 3, 4부로 나뉘어 서너 번씩 드립니다. 매일 새벽에도, 저녁에도 예배가 있습니다. 수요일도 금요일에도 있습니다. 이처럼 잦은 예배들이 자칫 갈급한 마음을 식게 하지는 않는지 돌아보게 하옵소서! 예배가 고역처럼, 예배가 짐처럼 느껴지지 않게 하옵소서! 하루 열 번을 드려도 행복하게 하옵소서!

'찬양대'의 찬양을 들으면 천상의 하모니처럼 들리고, 강단의 말씀을 들으면 하나님 말씀처럼 들리며, 성도들을 만나 교제하면 천국의 가족, 천상의 형제자매같이 느끼게 하옵소서! 예배할 때마다 하늘의 감동과 기쁨의 파도가 모든 예배자 위에 임하게 하옵소서! 하나님의 감동에 두려움과 떨림으로 예배당의 천정이 들썩거릴 만큼 목청껏 찬양하게 하옵소서!

하나님은 무소부재하시니 예배하는 장소는 어디든 구애받지 않게 하시되, 거룩하신 분께 드리는 예배이니 저희 영혼이 거듭남으로, 새로운 피조물이 되어 중생의 씻음으로 충만하게 하옵소서! 예배의 감격 때문에 돌아갈 생각도 못 하고 성소에 서 있게 하시고, 하늘을 향해 든 팔을 내리지 못하고 있게 하옵소서! 감동의 여운이 오래가는 예배 되게 하옵소서!

저희의 예배를 기다리시는 예수님의 이름으로 기도드립니다. 아멘!

골방기도 / 예배-성령

예수님처럼 살고 싶을 때 드리는 기도! (323)

영의 일을 육으로 대하지 않게 하옵소서!

"이에 시몬 베드로가 칼을 가졌는데 그것을 빼어 대제사장의 종을 쳐서 오른편 귀를 베어버리니 그 종의 이름은 말고라 예수께서 베드로더러 이르시되 칼을 칼집에 꽂으라 아버지께서 주신 잔을 내가 마시지 아니하겠느냐 하시니라."

(요한 18:10-11)

하나님! 사랑합니다. 하나님께서 오늘도 저희에게 은혜와 복을 주셨습니다. 저희의 삶을 주장하고 다스리어 주님처럼 살기를 소망합니다. 살다 보면 분쟁과 다툼도 있고 억울함이 극에 달하고 분노가 폭발할 때도 있습니다. 이때 어떻게 해야 할지 답답하기도 합니다. 분을 품지 않으려니 분노의 마음이 사라지지 않고, 폭발하려니 주님 말씀이 생각납니다.

제자들이 3년간 사랑하고 따르고 동거동락하며 지낸 스승을, 같은 제자였고 그룹의 회계 책임자였던 동료 제자가 밀고하여 체포되는 현장을 목격한 제자들의 분노는 말로 할 수 없었습니다. 배신자를 향하여 분노하는 마음도 있고, 선생님을 향하여 죄송한 마음도 있었고, 불투명한 자신들의 미래에 대한 불안감도 있습니다. 어떻게 해야 할지 판단이 안 섭니다.

예수님이 체포되는 것을 지켜보는 제자들은 당황했고, 심정을 표출할 방법이 없어 허탈했습니다. 그때 성격이 급하고 직선적이고 다혈질이었던

'시몬 베드로'가 칼을 뽑아 대제사장의 종 '말고'의 귀를 쳤습니다. 그동안 '베드로'는 예수님 곁에 가까이 있으면서 어떤 일에든 직설적이고 즉각적인 반응을 많이 보여 왔습니다. 그래서 '수제자'라는 이도 있었습니다.

밤새 빈 그물만 던지던 '베드로'에게 배를 빌려 호숫가에 있던 청중들에게 말씀을 전하신 예수님께서 말씀이 끝난 다음 "깊은 데로 가서 그물을 던지라!"고 했을 때, 그물 가득한 고기를 보며 그는 "주여, 나를 떠나소서! 나는 죄인입니다."라고 했고, "너희는 나를 어떻게 생각하느냐?"는 질문에 "주는 그리스도시요 하나님의 아들이라."고 대답한 제자가 그입니다.

"죄지은 사람을 몇 번이나 용서해 주느냐?"(마 18:21)고 물어본 이도 베드로이고, 높은 산에서 황홀경에 취해 있다가 "여기 초막 셋을 지어 머물고 싶다."(마가 9:5)고 제안한 이도 '베드로'였습니다. 급한 성격의 '베드로'는 가만히 있지 못하고 칼을 뽑았습니다. "검 없는 자는 겉옷을 팔아 검을 사라!"(누가 22:36)고 하실 때 즉시 겉옷을 팔아 샀을 것입니다.

그러나 주님은 "네 칼을 도로 칼집에 꽂으라! 칼을 가지는 자는 다 칼로 망하느니라." (마태 26:52)며, "너는 내가 아버지께 구하여 지금 열두 군단 더 되는 천사를 보내시게 할 수 없는 줄로 아느냐?"(마태 26:53)고 하십니다. 주님은 원천적 차단을 하실 수 있지만, 하나님의 계획에 순종하여 사신다는 것입니다. 오늘 저희에게도 이런 겸허한 마음을 주시옵소서!

옳은 길, 하나님의 길을 가신 예수님의 이름으로 기도드립니다. 아멘!

골방기도 / 예배-성령

예수님처럼 살고 싶을 때 드리는 기도! (324)

내 삶이 전화위복의 증인이 되게 하옵소서!

"이에 예수께서 밝히 이르시되 나사로가 죽었느니라. 내가 거기 있지 아니한 것을 너희를 위하여 기뻐하노니 이는 너희로 믿게 하려 함이라 그러나 그에게로 가자 하시니" (요한 11:14-15)

사랑의 하나님! 생전에 예수님께서 세상에 오셨을 때 회당장 '야이로'의 외동딸과 '나인' 성의 혼자 사는 여인의 독자를 살려주시고, '베다니'의 '나사로'를 살려주심을 압니다. 특히 '나사로'는 죽은 지 나흘이나 되어 이미 시신에서 냄새가 나는데 주님께서 다시 살려 주셨습니다. 그가 병들었다는 소식을 동쪽 '베다니'에서 들으시고 이틀 후에 오신 때문입니다.

'나사로'의 죽음과 부활은 특별한 의미가 있습니다. 성경에서 나타난 이들의 '부활'은 저희가 사모하는 영원한 부활과는 같은 것이 아님을 차치하고라도, 우선 '나사로'는 예수님께서 사랑하신 친구였습니다. 스스로 '친구'라고 호칭도 하시고, 또 '예루살렘' 가까운 외곽에 있어서 절기를 지키러 '예루살렘'을 오가는 길이나 머무는 동안의 휴게소이자 숙소였습니다.

그런데 하필이면 예수님께서 제자들과 잠시 다른 곳에 계실 때 죽었습니다. 주님은 "내가 영생을 주노니 영원히 멸망하지 아니할 것이요, 그들을 내 손에서 빼앗을 자가 없다. 그들을 주신 내 아버지는 만물보다 크시매 아무도 아버지 손에서 빼앗을 수 없다. 나와 아버지는 하나이다." (요한 10:28-30)는 말씀 때문에 '신성 모독'의 혐의로 위협을 받고 있었습니다.

유대인들이 다시 돌을 들어 치고 예수님을 잡고자 하였으나, '요단'강 저편 '요한'이 처음으로 세례 베풀던 곳에 가서서 거기 계시며 나사로의 병든 소식을 들으시면서 "이 병은 죽을병이 아니라 하나님의 영광을 위함이요, 하나님의 아들이 이로 말미암아 영광을 받게 하려 함이라." (요한 11:4)고 하십니다. 후에 예수님은 '나사로'가 죽었다는 소식을 알립니다.

이틀 후 예수님께서 '베다니'에 돌아와 슬퍼하는 '마르다'와 '마리아'를 위로하신 후에, 두 자매의 믿음과 상심(傷心)을 보며 무덤 앞에 있는 돌을 치우게 하고 "나사로야 나오라!"고 하니 무덤에 있던 '나사로'가 온 몸을 베로 동인 채 나왔습니다. 슬픔에 잠겨있던 나사로의 집에 기쁨과 찬송이 넘쳐 났습니다. 허망했던 가정에 숨통이 트이고 행복이 찾아 왔습니다.

하나님! 저희 가정이나 개인의 역사에 예수님도 안 계신 것 같은 때 큰 문제가 일어나도 상심하지 않게 하시고, 그런 위기의 순간을 극복하고 다시 생명을 얻은 감동이 있게 하옵소서! 불가능한 일, 절망적인 상황일수록 그걸 이기고 부활했을 때, 고난이 깊으면 깊을수록 영광은 큰 것을 알고 마지막까지 희망을 놓지 않고 기다리며 기적을 보게 하시옵소서!

'부활'이요 '생명'이신 예수님의 이름으로 기도드립니다. 아멘!

골방기도 / 예배-성령

예수님처럼 살고 싶을 때 드리는 기도! (329)

술 취하지 않고 정신 차리고 살게 하옵소서!

> "세월을 아끼라 때가 악하니라. 그러므로 어리석은 자가 되지 말고 오직 주의 뜻이 무엇인가 이해하라. 술 취하지 말라 이는 방탕한 것이니 오직 성령으로 충만함을 받으라."
>
> (에베 5:16–18)

사랑하는 하나님! 주님께서 오시던 때부터, 그 이전 선지자 때부터 하나님의 사람들은 하나님의 나라, 하나님의 시간, 하나님의 때를 말씀하셨습니다. 그리고 그 하나님의 때를 분별하고 이해하고 준비한 이들이 지혜로운 이들이요, 믿음 있는 이들이었습니다. 그리고 마지막 선지자로 온 세례 '요한'도 마지막 때를 말씀하고, 이때 저희에게 회개하라고 했습니다.

그 역사의 종결자이신 예수님께서 오셔서 최후의 선언을 하셨습니다. "너희 앞에 하나님의 나라가 가까이 왔다."(마가 1:15)고 하십니다. 그러므로 우리는 지금 하나님 나라, 하나님 시간 안에 들어와 사는 것입니다. 이 하나님의 시간을 사는 저희가 어떻게 살아야 하는지 가르쳐 주는 것이 성경이요, 성경이 끊임없이 요구하는 것이 주님처럼 사는 것입니다.

하나님! 시간을 아끼게 하옵소서! 세월을 아끼게 하옵소서! 때가 악하기에 우리가 세월에 흘러 떠내려가는 죽은 생선처럼 되지 않고, 정신 바짝 차리고 무서운 마지막 탁류를 거슬러 올라가는 살아있는 영혼이 되라고 하십니다. 그러기 위해 어리석은 자가 되지 않고 지혜 있는 자가 되어, 분별의 영을 주시어 주님의 뜻이 무엇인지 분별하며 살게 하옵소서!

"술 취하지 말라!"고 하시고 "이는 방탕한 것이니 오직 성령으로 충만함을 받으라."(에베 5:18)고 했습니다. 술은 우리의 슬픔을 잠재우기도 하고, 기쁨을 배가시켜 주는 영향력을 행사하는 물질입니다. 인류 최초의 음료이기도 하지만, 하나님이 만드신 것 중에 술만큼 극명하게 양면성을 가진 것도 없고 술만큼 인류 역사에 끈질기게 함께 해 온 것도 없습니다.

그런데 술의 치명적인 결점이 있습니다. 그것은 바로 뇌를 마비시켜 판단을 흐리게 합니다. 이성과 의지를 마비시켜 사람을 짐승처럼 만듭니다. 기억을 마비시켜 무지한 인생을 만들어 버립니다. 그래서 "포도주는 붉고 잔에서 번쩍이며 순하게 내려가나니 너는 그것을 보지도 말지어다.(잠언 23:31)하신 말씀은 진리입니다. 뒤이어 계속 술의 폐해가 언급됩니다.

하나님! 저희 뇌와 이성을 마비시키는 술에 취하지 않게 하시고, 이 시대에는 술처럼 해악적인 세상 문화들이 저희의 영성을 마비시키고 하나님을 거역하게 하는 일이 많습니다. 이성을 잃게 하는 온갖 마약에 빠지지 않게 하시고, 영혼을 무너지게 하는 영상물, 과도한 SNS 등 인간의 절제와 통제를 거역하는 것에서 자신을 격리할 수 있게 하옵소서!

저희를 저희보다 사랑하시는 예수님의 이름으로 기도드립니다. 아멘!

골방기도 / 예배-성령

예수님처럼 살고 싶을 때 드리는 기도! (352)

성령님의 감동에 충만한 자가 되게 하옵소서!

"또 어려서부터 성경을 알았나니 성경은 능히 너로 하여금 그리스도 예수 안에 있
는 믿음으로 말미암아 구원에 이르는 지혜가 있게 하느니라 모든 성경은 하나님의
감동으로 된 것으로 교훈과 책망과 바르게 함과 의로 교육하기에 유익하니."

(딤후 3:15-16)

하나님! 하나님의 말씀으로 알고 배우고 익힌 성경이 이렇게 하나님의 감
동으로 기록된 책이라는 성경의 내증(內證)을 보게 됩니다. 이 성경이 구원
의 책인 것은, 이 책은 저희로 예수님에 대하여 알게 하고, 그 예수님을 믿
고 하나님의 구원에 동참하게 하는 힘을 가진 책이라는 것입니다. 하나님
께서 이 책을 인생들에게 선물로 주셨음이 은혜입니다.

그러므로 성경을 대하는 이들은 스스로 성경을 깊이 익혀 한 줄의 진리라
도 어김이 없이 모두 배워야 합니다. 사도 '요한'은 "오직 이것을 기록함은
너희로 예수께서 하나님의 아들 그리스도이심을 믿게 하려 함이요, 또 너
희로 믿고 그 이름을 힘입어 생명을 얻게 하려 함이니라." (요한 20:31)고 했
습니다. '요한'도 이 성경의 기록 목적을 정확히 적은 것입니다.

중요한 말씀은 '모든 성경'이 '하나님의 감동으로 된 책'이라는 것입니다.
그렇습니다. 적어도 창세기와 요한계시록의 시기가 다르지만 이 엄청난

역사의 간극은 시공을 초월하시는 성령님의 감동이라면 문제가 없습니다. 하나님께서 창세기를 기록하실 때 성령으로 감동하시고, 역사서를 기록할 때 감동하시고, 그 성령님께서 복음서를 쓸 때도 감동하신 것이지요!

따라서 시대나 저자나 내용에 아무 문제 없이 한 하나님의 감동으로 이루어진 한 권의 책입니다. 따라서 이 책은 구약이든 신약이든, 오경이나 역사서든, 예언서든, 시가서든 같은 저자에 의해 같은 영감을 따라 쓰인 동일한 하나님의 말씀입니다. 이 책에는 교훈과 책망과 바르게 함과 의로 교육하기에 유익하니 이는 하나님의 현현(顯現)과도 같은 책입니다.

그러므로 우리가 모일 때마다 말씀을 읽고 전하고 연구하며, 말씀을 들을 때에는 "사람의 말로 받지 아니하고 하나님의 말씀으로 받음이니, 진실로 그러하도다. 이 말씀이 또한 너희 믿는 자 가운데에서 역사하느니라."(살전 2:13)는 말씀을 기억하고 하나님의 음성으로 듣습니다. 하나님께서 영감을 주셔서, 하나님의 뜻을 전하신 능력의 책이기 때문입니다.

사랑의 하나님! 저희에게 지혜를 주시어 "이는 하나님의 사람으로 온전하게 하며 모든 선한 일을 행할 능력을 갖추게 하려 함이라."는 이 성경에 심취하게 하시고, "하나님의 말씀은 살아있고 활력이 있어 좌우에 날선 어떤 검보다도 예리하여 혼과 영과 및 관절과 골수를 찔러 쪼개기까지 하며 또 마음의 생각과 뜻을 판단하는 것을(히브 4:12) 알게 하시옵소서!

성경이 드러내 보여주시는 예수님의 이름으로 기도드립니다. 아멘!

골방기도 / 예배-성령

예수님처럼 살고 싶을 때 드리는 기도! (358)

하나님의 음성을 듣고 살아나게 하옵소서!

"진실로 진실로 너희에게 이르노니 죽은 자들이 하나님의 아들의 음성을 들을 때가 오나니 곧 이 때라 듣는 자는 살아나리라. 아버지께서 자기 속에 생명이 있음 같이 아들에게도 생명을 주어 그 속에 있게 하셨고." (요한 5:25-26)

사랑하는 하나님! 이 시간 간절히 기도드립니다. 저희가 예배하기 위하여 예배당에 갈 때마다 저희의 눈이 열리고 귀가 열리게 하시고 입술이 열리게 하옵소서! 입술이 열려 마음껏 하나님을 찬양하고, 간절한 마음으로 기도하고, 열린 눈으로 하나님의 임재를 보며, 하나님의 사자들이 선포하는 말씀을 들을 때, 닫혀 있던 귀가 열려 말씀이 들리게 하옵소서!

하나님의 말씀이 사람의 말로 들리지 않고, 목사의 설교로 들리지 않고, 하나님의 말씀으로 들리게 하옵소서! 저희의 죄악을 지적할 때는 말씀이 가슴을 치며 회개하게 하시고, 하나님의 사자가 위로의 말씀을 전할 때는 가슴을 시원하게 하는 얼음냉수처럼 들려 죽은 영혼이 살아나는 체험을 하게 하옵소서! 말씀을 듣는 영혼들이 일순간 일어나게 하옵소서!

"진실로 진실로 너희에게 이르노니, 죽은 자들이 하나님 아들의 음성을 들을 때가 오나니 곧 이때라. 듣는 자는 살아나리라." (요한 5:25)고 했으니, 세상에 찌들고 죄에 오염되어 죽어있던 저희 영혼이 살아나는 은혜가 있게 하옵소서! 매일 질식할 것 같은 저희의 영혼이 부활의 소망을 안고 말씀을 듣는 동안 말씀 듣는 귀가 열려 살아나는 은혜를 주옵소서!

사랑하는 하나님! '나인' 성에 혼자 사는 여인의 독자가 죽어 장사지내러 가는 행렬을 만난 주님께서 상여에 손을 대시자 멘 자들이 섰습니다. 그때 주님께서 "청년아 내가 네게 이르노니 일어나라!"고 하시자(누가 7:14) 그가 일어나고 말도 하듯, 죽음의 긴 행렬에 있던 저희가 예배하는 동안 하나님의 말씀이 들려 모두 살아나는 은혜가 있게 하여 주시옵소서!

죽은 지 나흘이나 되어 냄새가 나던 '베다니'의 '나사로'가 주님께서 무덤을 향해 "나사로야 나오라!"고 하시자 온몸을 베로 동인 채 무덤에서 걸어 나오듯, 죽어 냄새나는 상황에 있는 이들이 하나님의 음성을 듣고 온몸을 베로 동인 채 생명의 호흡을 하며 무덤 밖으로 나오게 하옵소서! 이처럼 하나님의 음성을 듣는 자가 살아나는 감격적 역사를 주옵소서!

하나님! 세상이 모두 죽음의 현장 같습니다. 숨도 못 쉬고 죽어있는 세상이 하나님의 말씀을 들으며 살아나는 곳에 저희가 현장의 증인이 되게 하옵소서! 죽음의 기운으로 뒤덮인 세상, 교회, 그 밖의 모든 상황들이 주님의 음성을 들으며 생명을 토해내게 하옵소서! 이제 저희 모두 하나님의 말씀을 들으며 듣는 자는 모두 살아나는 은혜를 허락하여 주옵소서!

말씀으로 저희를 살리시려는 예수님의 이름으로 기도드립니다. 아멘!

10.
전도-선교를 위한 기도
(30편)

골방기도 / 전도-선교

예수님처럼 살고 싶을 때 드리는 기도! (277)

인간관계가 무너지지 않게 하옵소서!

"원하건대 주께서 오네시보로의 집에 긍휼을 베푸시옵소서 그가 나를 자주 격려
해 주고 내가 사슬에 매인 것을 부끄러워하지 아니하고 로마에 있을 때에 나를 부
지런히 찾아와 만났음이라."   (딤후 1:16-17)

하나님! 세상에서 만난 이들이 부부 사이에도 원수가 되는 경우가 있지만,
한 번 맺은 이들의 관계가 쉬 무너지지 않게 하옵소서! 예수님의 열두 제
자 중에도 '가룟' 사람 '유다'는 주님을 배신하여 은 30에 밀고하고 자기 길
로 갔습니다. '바울'과 '바나바'는 대단한 일도 아닌데 크게 싸우고 갈라섰
습니다. '바울' 사도의 동역자나 제자 중에도 배신자는 많습니다.

"아시아에 있는 모든 사람이 나를 버린 이 일을 네가 아나니, 그 중에는 '부
겔로'와 '허모게네'도 있느니라." (딤후 1:15)는 사도를 배척한 이들을 봅니
다. 또 '데살로니가' 사람 '데마'는 세상을 사랑하여 사도를 버리고 떠났습니
다.(딤후 4:10) 악성 종양 같은 루머를 퍼뜨리는 '후메내오'와 '빌레도' 같은
이들도 있습니다. (딤후2:17) 이처럼 배신한 이들이 많습니다.

반면에 사도가 사슬에 매인 것을 부끄러워 아니하고 자주 격려해 주고, '로
마' 감옥에 있을 때 부지런히 찾아와 만났던 '오네시보로의 집' 사람들도 있

었습니다. (딤후 1:15-16) 사도를 위해 자신들의 목이라도 내어놓았던 '아굴라'와 '브리스길라' 내외도 있었습니다. (로마 16:4) 그들은 끝까지 곁에서 돕다 유서 같은 편지에 이름이 기록되었습니다. (딤후 4:19)

이처럼 처음 받은 은혜를 잊지 않고 끝까지 함께 했던 이들도 많습니다. 그는 '빌립보교회'에 보낸 편지에 "복음의 시초에 내가 '마케도니아'를 떠날 때 주고받는 내 일에 참여한 교회가 너희 외에 아무도 없었다." (빌립 4:15) 며 그들의 변함없는 사랑에 감사하고 있습니다. 오늘 성도들이나 사역자 누구든 저희와 만난 이후 선한 관계가 계속되게 하시옵소서!

당장 눈 앞에 이익 때문에 우정과 신의를 버리는 비열한 삶이 아니라, 내가 손해를 입고, 고난을 겪으면서도 한 번 맺은 관계에 손상을 입히지 않으려는 마음, 상대를 배려하는 마음, 상대를 우선하는 마음으로 세상에 원수 맺는 이들이 없이 모든 이들과 평화로운 관계를 유지하게 하여 주옵소서! 한 번 맺은 신앙의 우정이 영원히 변치 않는 이들 되게 하옵소서!

수십 년 맺은 우정도 눈앞의 이익에 하루아침에 배신하고, 영원할 것 같던 신앙의 동지들도 사소한 일로 등을 돌리는 일이 다반사인데, 저희 믿음의 사람들이 관계의 절개를 지키게 하시고, 언제나 따뜻하고 다정한 친구로 남게 하옵소서! 끈끈한 우정을 천국까지 지키며 복음을 위해 함께 죽고 함께 사는 영적 전투에 전우애 가득한 동지가 되게 하시옵소서!

저희의 영원한 주 예수 그리스도의 이름으로 기도합니다. 아멘!

골방기도 / 전도-선교

예수님처럼 살고 싶을 때 드리는 기도! (269)

이 상황을 참고 견디게 하옵소서!

"또 수고하여 친히 손으로 일을 하며 모욕을 당한즉 축복하고 박해를 받은즉 참고 비방을 받은즉 권면하니 우리가 지금까지 세상의 더러운 것과 만물의 찌꺼기 같이 되었도다." (고전 4:12-13)

하나님! 이 땅에서 저희가 만나는 상황이 더러는 어렵고 견디기 힘이 듭니다. 누구나 자기가 세상에서 가장 큰 고난을 겪는다고 믿습니다. 그 엄청난 고난을 극복할 수 있는 믿음을 주옵소서! 예수님은 세상에서 자신을 괴롭히는 대적자를 참으셨습니다. 비난하는 이들을 견디셨습니다. 모욕을 당할 때 참고 견디셨습니다. 때리는 사람들의 수욕을 참으셨습니다.

예수님은 법정에서도 자기변명이나 핑계를 대지도, 자신의 무죄를 주장하지도 않으셨습니다. 하나님 아버지께조차 버림받으신 고난을 견디셨습니다. 십자가에 못 박히는 아픔도 견디셨습니다. 힘든 고난의 현장에서 묵묵히 참으셨습니다. 예수님께서 십자가에서 하신 말씀은 쏟아지는 피를 인한 갈증으로 인하여 "내가 목 마르다!"고 하신 말씀이 전부이셨습니다.

제자들의 배신, 하나님의 버리심, 십자가의 고난 모두 참으시고, "나의 하나님, 나의 하나님! 어찌하여 나를 버리십니까?"(마태 27:46)기도하셨고,

"아버지 저들을 사하여 주옵소서! 자기들이 하는 것을 알지 못함이니이다."(누가 23:34)고 기도하셨습니다. 십자가 아래서 소리치던 반대자들, 그를 고소하던 무리들, 조롱하던 사람들을 모두 인내로 참아 내셨습니다.

조금만 분노하면 폭발하고, 조금만 성에 안 차면 둘러 엎어 버리는 자 되지 않게 하옵소서! 사랑은 오래 참는다고 했습니다. 견딜 수 없는 것을 견디고, 사랑할 수 없는 이를 사랑한다고 하셨습니다. 오늘 저희가 십자가에서 죽으신 주님을 보게 하옵소서! "참고 견디는 자는 구원을 얻으리라!"고 하셨으니 하나님의 사랑때문에 상황을 이기고 승리하게 하옵소서!

억울한 일을 당했을 때 모함받으신 주님을 보게 하옵소서! 공연히 비난을 받을 때 무고히 해를 받으신 주님을 보게 하옵소서! 고통스러운 일을 당했을 때 십자가에 달리신 주님을 보게 하옵소서! 수치스러운 상황을 만났을 때 벌거벗긴 채 십자가 위에 달리신 주님을 생각하게 하옵소서! 주님을 바라보며 못 버틸 아픔을 참고 견디고 이기게 하시옵소서!

억울한 누명을 쓰고 죄인이 되어 비난받을 때, 아무 죄 없이 십자가에 달려 돌아가신 예수님을 생각하게 하옵소서! 죄수의 자리에서 대신 십자가에 돌아가신 예수님을 생각하며 세상에서 견디게 하옵소서! 아픔을 가하는 대적들을 보며 이기게 하옵소서! 모함을 받아 죽게 되었을 때, 변명하지 않으시고 침묵하시던 예수님을 보며 힘을 얻게 하옵소서!

십자가로 저희를 살리신 예수님의 이름으로 기도드립니다. 아멘!

골방기도 / 전도-선교

예수님처럼 살고 싶을 때 드리는 기도! (270)

소망의 끈을 놓지 않게 하시옵소서!

"그리스도는 하나님의 집을 맡은 아들로서 그와 같이 하셨으니 우리가 소망의 확
신과 자랑을 끝까지 굳게 잡고 있으면 우리는 그의 집이라."

(히브 3:6)

하나님! 저희가 세상을 바라볼 때 너무 막막할 때가 많습니다. 당장 가까
운 미래에는 저희를 위해 준비된 영광도 없고, 그렇다고 먼 미래에 준비된
영광도 보이지 않을 때, 하나님만이 저희의 소망이신 것을 알게 하옵소서!
주님께서 "내 나라는 이 세상에 속한 것이 아니라."(요한 18:36)고 하신 말씀
처럼 저희의 소망을 영원하신 하나님께 두게 하시옵소서!

"우리가 소망으로 구원을 얻었으매 보이는 소망은 소망이 아니니 보는 것
을 누가 바라리요, 만일 우리가 보지 못하는 것을 바라면 참음으로 기다릴
지니라."(로마 8:24-25)고 하셨으니, 저희의 믿음이 저급하여 저희의 육체와
함께 사라질 보이는 것에 소망을 두지 않게 하시고, 보이지 않는 것, 그러
나 흔들리지 않는 영원한 것에 저희 소망을 두게 하옵소서!

저희가 하나님의 후사(後嗣)요, 이 하나님의 후사이면 영광뿐 아니라 고난
도 함께 받게 하옵소서! (로마 8:17) "현재의 고난은 장차 나타날 영광과 비

교할 수 없음"(로마 8:18)을 알고 저희 가슴에 소망의 끈을 놓지 않게 하옵소서! 주님처럼 "내 나라는 세상에 속한 것이 아니라."는 고백을 하게 하옵소서! 영원하지 않은 세상에서 영원한 소망을 두게 하옵소서!

하나님을 향한 소망 때문에 세상에 대한 소망을 끊고, 오직 푯대를 향하여 달려가게 하시고 믿음으로 영혼의 닻을 내리게 하옵소서! 하나님! 십자가의 한 편 강도가 바라보았던 주님의 나라를 소망하게 하옵소서! '삭개오'가 꿈꾸던 '아브라함'의 자손이 되는 소망을 주옵소서! "이 몸의 소망 무언가 우리 주 예수님 뿐일세!"하고 언제든 고백하게 하여 주옵소서!

세상에서 먹고 마시고 취하여 살다가 심판의 나락으로 떨어지는 소망 없는 부자가 아니라, 비참한 현실을 살더라도 미래에 대한 소망을 품고 사는 소망 있는 거지가 되게 하옵소서! 오늘 하루에 목숨 걸고 사는 하루살이가 아니라, 영원을 설계하며 하나님과 함께 살 자녀의 소망을 갖게 하옵소서! 언제나 주님이 굳건한 반석으로 저희의 소망이 되게 하옵소서!

"주를 향하여 이 소망을 가진 자마다 그의 깨끗하심과 같이 자기를 깨끗하게 한다."(요일 3:3)고 했으니, 자신을 지키게 하옵소서! 지혜를 주사, 우리 속에 있는 소망에 관한 이유를 묻는 자에게 대답할 것을 준비하게 하옵소서! (벧전 3:15) 믿는 도리의 소망을 움직이지 말며 굳게 잡게 하옵소서! 소망 없는 다른 이와 같이 슬퍼하지 않게 하옵소서! (살전 4:13)

저희의 소망이신 예수 그리스도의 이름으로 기도드립니다. 아멘!

골방기도 /전도-선교

예수님처럼 살고 싶을 때 드리는 기도! (271)

침묵하며 견딜 수 있는 믿음을 주옵소서!

"그가 곤욕을 당하여 괴로울 때에도 그의 입을 열지 아니하였음이여 마치 도수장
으로 끌려가는 어린 양과 털 깎는 자 앞에서 잠잠한 양 같이 그의 입을 열지 아니
하였도다." (이사 53:7)

사랑하는 하나님! 오늘 저희가 주님을 저희의 주와 스승으로 모시고 사는
동안 주님을 닮아가는 이들이 되게 하옵소서! 단순히 '닮는다.'는 모호한
명제가 아니라, 구체적인 삶의 구석까지 주님의 모습을 닮아가게 하옵소
서! 저희가 애쓰고 수고하여 힘겹게 닮는 것이 아니라, 성령님의 능력으로
그런 삶이 저희의 온몸에 자연스레 스며들어 닮아가게 하옵소서!

견디기 어려운 억울한 일을 당했을 때도 침묵할 수 있는 마음을 주시고,
자신을 변명하거나 증명하려고 입을 열지 않게 하시며, 힘들고 어려운 시
간을 침묵으로 견디는 동안 주님의 고난을 묵상하게 하옵소서! 세상에서
받은 수모나 모욕보다 수백, 수천 배는 떠드는 속 좁은 사람이 되지 않게
하시고, 오랜 시간 후에도 그때를 자랑하지 아니하게 하옵소서!

사랑하는 하나님! 저희의 죄를 끝장내시기 위하여 억울한 비난을 견디시
고, 숱한 비방과 모함을 참으시어 저희에게 본을 보여주셨습니다. 채찍에

맞으시고 얼굴과 가슴을 맞으시며 저희의 구원을 위하여 참으신 것을 기억하게 하옵소서! 수많은 고난과 무자비한 폭행과 훼방과 음해와 비방에도 참으시어 마침내 하나님의 뜻을 이루셨듯이 인내하게 하옵소서!

오늘도 저희 주변에 감당하기 힘든 억울함을 만난 이들, 분노하여 이를 삭히지 못해 이를 가는 이들도 있습니다. 하나님께서 그들 속에 끓고 있는 육체의 거친 성품들을 잠재우시고, 또 다른 화로 발전하지 않도록 지켜 주옵소서! 화는 또 다른 다툼을 일으키고, 다툼은 무서운 진노를 야기(惹起)합니다. 풍랑을 잔잔하게 하시듯 저희 분노를 잔잔케 하시옵소서!

자기를 다스리는 자는 천하를 다스리는 줄 믿사오니, 타오르는 분노와 이글거리는 마음을 하나님께서 평정하여 주옵소서! 자기를 다스리고 분노를 다스리는 훈련을 통하여 육체의 지배를 당한 모든 분노와 혈기를 이기게 하옵소서! 조금만 노를 견디면 영원한 승리가 찾아오는 것을 알고, 한 걸음씩 물러서게 하옵소서! 견디기 어려운 억울함을 참게 하옵소서!

세상에서 가장 강한 자는 나라를 다스리는 자가 아니라 자기를 다스리는 자임을 알고, 억울함을 당하고 멸시를 당할 때 그 속에 잠재된 자기 어거의 능력으로 '수신제가치국평천하(修身齊家治國平天下)'의 자세로 자기를 돌아보며 매일 담금질하게 하옵소서! 세상을 향한 열정이나 용기보다 억울한 일을 참고 견디며 자기를 이기는 인내의 마음을 주시옵소서!

저희에게 주님의 마음을 주실 예수님의 이름으로 기도합니다. 아멘!

골방기도 / 전도-선교

예수님처럼 살고 싶을 때 드리는 기도! (272)

모든 사람을 가슴에 품고 가게 하옵소서!

"내가 처음 변명할 때에 나와 함께 한 자가 하나도 없고 다 나를 버렸으나 그들에게 허물을 돌리지 않기를 원하노라."

(딤후 4:16)

사랑하는 하나님! 저희가 세상에 사는 동안 여러 사람을 만나서, 사랑하고 미워하며 함께 갑니다. 초등학교 때 만난 사람이 있고, 중고등학교나 대학교 때 만난 사람도 있습니다. 직장에서 만난 이들도 있습니다. 부부로 만나서 가정을 이루고 살고, 목회자와 성도로 만나 사랑하는 교회공동체 식구들도 있습니다. 사회관계망(SNS)에서 만난 이들도 있습니다.

그런데 이들 중에는 저희의 약한 믿음으로 감당하기 어려운 이들이 많습니다. 믿음이 약하기도 하고, 인격이나 성품이 이들을 모두 수용하고 감당하기가 어려운 이들도 많습니다. 그래서 헤어지게 되고 헤어질 때는 피차에 원수처럼 관계가 잘못되어 불편해지기도 합니다. 하나님께서 저희에게 이들 모두를 주님의 마음으로 품고 사랑하며 갈 수 있게 하옵소서!

심지어는 부모와 자식 간에도 원수처럼 사는 이도 있고, 부부도 남남보다 관계가 더 무너진 일도 있습니다. 목회자와 성도, 그중에 특히 중직(重職)들과 목회자가 원수가 된 이들도 많습니다. 하나님께서 저희에게 은혜와 능력을 더하여 주셔서 기왕에 만나게 하신 이들과 피차에 은혜와 사랑으로 지내도록 인간관계의 정상화가 유지될 만큼 강력하게 도와주옵소서!

저희를 배신하고 떠난 사람들이 있습니다. 그들의 시각으로는 저희가 배신자일 수 있습니다. 사도 '바울'과 '바나바'처럼 심히 다투고 헤어진 이들도 있습니다. 그러나 시간이 지나며 피차에 악한 감정들이 모두 증발되게 하시고 앙금이 지워지게 하옵소서! 떠난 사람은 떠난 대로, 사명의 길을 가도록 축복하게 하옵소서! 피차에 하나님의 도우심을 빌게 하옵소서!

공동체 안에는 말로만 떠벌리는 사람도 있고, 하나도 협력을 안 하는 이도 있고, 밖에서 훼방을 일삼는 이도 있고, 잠자고 있는 이도 있습니다. 잠자는 사람은 잠자는 대로, 부인하는 사람은 부인하는 대로, 낙심한 사람은 낙심한 대로, 떠난 사람은 떠난 사람대로 품게 하옵소서! '바다처럼'은 아닐지라도 무언가 던지면 품는 '연못 같은' 저희가 되게 하옵소서!

'바울' 사도에게도 그를 배척한 '부겔로'나 '허모게네'도 있고, 악성 종양 같은 말로 교회를 어지럽힌 '후메내오'와 '빌레도'도 있었습니다. 세상을 사랑하여 '데살로니가'로 돌아간 '데마'도 있었습니다. 사도의 투옥을 기쁘게 생각하는 이들도 있었습니다. 이런 모든 이들을 그의 가슴에 품고, 자기의 길을 가듯이 저희도 모든 이를 품고, 변함없이 갈 길을 가게 하옵소서!

우리와 영원히 함께하실 예수님의 이름으로 기도드립니다. 아멘!

골방기도 / 전도·선교

예수님처럼 살고 싶을 때 드리는 기도! (273)

주여 이 죄를 그들에게 돌리지 마옵소서!

"그들이 돌로 스데반을 치니 스데반이 부르짖어 이르되 주 예수여 내 영혼을 받으시옵소서 하고 무릎을 꿇고 크게 불러 이르되 주여 이 죄를 그들에게 돌리지 마옵소서 이 말을 하고 자니라." (사도 7:59-60)

하나님! 오늘 세상에는 저를 사랑하고 이해하려는 이들보다, 미워하고 반대하고 죽이려는 이들이 너무나 많습니다. 나와 다르다고, 내 마음에 안든다고, 나와 같은 길을 가지 않는다고 죽이려는 이들은 유대인 사회만 아니라 기독교인 사회에 많고, 이천 년 전만 아니라 지금도 많고, 비신자나 불신자세계만 아니라 신자의 세계, 심지어 목회자의 세계에도 많습니다.

이 일은 먼 나라의 이야기나 남의 이야기가 아니라, 우리나라 저희들의 이야기이기도 합니다. 그때마다 저희는 제가 죽지 않으려고 저를 죽이려는 이들과 다투고, 다툼 끝에 심한 상처를 입습니다. 연약하여 이런 악하고 불의한 이들 앞에 끝내 무너지지 않고 싸워 이기는 영원한 승자가 되게 하여 주옵소서! 그리고 그 승리의 비결을 배우게 하여 주시옵소서!

초대교회 일곱 명의 신앙지도자로 세움을 입은 중에 제일 앞에 '스데반'은 처음 순교의 제물이 되었습니다. 영광스러운 명단의 첫 번째 자리에 오른

하나님의 사람 '스데반'이 자기를 죽이려는 유대인들 앞에 살기 위해 싸워 승리한 게 아니라, 죽기를 작정하여 한 번 설교하고 그 설교 때문에 돌에 맞아 순교의 제물이 되었습니다. 그러나 그는 죽지 않았습니다.

하나님께서 사악한 시대에, 진리를 타협의 도구가 아니라 전파와 저항의 도구가 되게 하시고, 예수님을 팔아 내가 사는 '도구'가 아닌, 진리의 복음을 위하여 생명을 조금도 귀한 것으로 여기지 않는 이 되게 하옵소서! 복음을 도구로 육체의 삶을 이어가는 게 아니라, 복음을 위하여 자신의 생명을 귀한 것으로 여기지 않는 '생즉사 사즉생'의 삶을 살게 하옵소서!

그가 자기를 죽이려고 돌을 들고 이를 갈며 달려드는 유대인들 앞에서도 성령으로 충만하여 "하나님의 영광과 주님께서 하나님 우편에 서신 것을 보고."(사도 7:55) 이 사실을 만인 앞에 간증하듯, 저희가 죽음의 위기에서도 죽음을 초월하게 하옵소서! 성 밖에 내쳐 돌에 맞아 죽을 때에 "주여, 내 영혼을 받으소서!" 하는 기도를 저희도 드릴 수 있게 하옵소서!

그들이 돌로 '스데반'을 치고, '스데반'은 "주 예수여 내 영혼을 받으소서!"(사도 7:59) 하고 죽었습니다. 그 때 무릎을 꿇고 부르짖으며 "주여 이 죄를 그들에게 돌리지 마옵소서!" (사도 7:60)하였으니, 그가 남긴 장엄한 순교의 기도를 기억하게 하옵소서! 비굴하게 살지 않고, 장엄한 죽음으로 순교하여 영원히 살듯, 저희도 그렇게 담대히 죽어 영원히 살게 하옵소서!

생명과 부활의 주님이신 예수님의 이름으로 기도드립니다. 아멘!

골방기도 / 전도-선교

예수님처럼 살고 싶을 때 드리는 기도! (1)

한 영혼을 위해 최선을 다하게 하옵소서!

"예수께서 육지에 내리시매 그 도시 사람으로서 귀신 들린 자 하나가 예수를 만나니 그 사람은 오래 옷을 입지 아니하며 집에 거하지도 아니하고 무덤 사이에 거하는 자라." (누가 8:27)

하나님! 죄악 중에 살던 저를 구원해 주심이 참 고맙습니다. 저 같은 미천한 인생 하나를 하나님의 자녀 삼으시려고, 독생자를 세상에 보내서 십자가에 죽게 하시고, 대신 제가 하나님의 아들이 되게 하셨으니 고맙습니다. 이 땅에 대단히 훌륭한 하나님의 종들은 그래도 그럴만한 가치가 있어 구원하신 줄 알았는데, 그들도 처음에는 초라한 이들이었습니다.

'목회자'로, '선교사'로, '교사'로, '소그룹 인도자'로 영혼을 돌보는 목회자로 부름을 받은 이들은 어떻게 해서든 이 땅에서 복음으로 한 영혼을 살리기 위하여 산을 넘고 물 건너 찾아가시던 주님을 생각하게 하옵소서! 아무리 험하고 거친 곳이라도 영혼 살리는 일이라면 만사를 제쳐두고 달려가신 예수님을 닮아, 자신을 버리는 믿음의 사람이 되게 하시옵소서!

'거라사'의 청년 하나를 살리기 위하여, 그에게 들려있는 군대 귀신을 내쫓고 그를 온전하게 하시어 하나님의 증인이 되게 하시려고 '갈릴리' 호수의 성난 파도를 헤치고 건너가, 그를 구원하여 '데가볼리'의 전도자로 삼으신 것이 놀랍습니다. 오늘 저희 한 사람 한 사람을 살리셔서 시대의 증인 삼으시려고 농촌, 어촌 할 것 없이 전도하신 주님을 닮게 하옵소서!

예수님께서 '군대 귀신' 들린 사람 하나를 구원하시려 '거라사'에 가셨고, '두로'와 '시돈'에 사는 한 가나안 여인의 딸에게 흉악한 귀신이 들린 것을 아시고, 올라가서 그의 기도를 들어주시어 그를 고친 다음, 주님은 바로 '가버나움'으로 다시 돌아오셨습니다. 주님은 바로 그 '수로보니게' 족속의 여인의 딸을 고치신 다음 다른 일 안 하시고 바로 내려오셨습니다.

결국, 예수님은 '두로'와 '시돈'에도 여인의 딸 하나를 살리러 올라가셨습니다. 또 예수님은 '예루살렘'에서 '갈릴리'로 내려가는 길에 '사마리아로 통과하는 길로 가셨고, 거기에서 '수가'성 여인에게 복음을 전하고 나서 목적지인 '갈릴리'로 가셨습니다. 단 한 사람을 살리기 위해, 한 영혼이 그만큼 중요하기에 그를 구원하기 위해 한 지역을 찾아가셨습니다.

그 지역에서 '분봉 왕'이나 '지방 장관'을 만난 것도 아닌, 이름 없는 아들딸 한 사람, 그것도 군대 귀신 들린 이, 흉악한 귀신 들린 이, 복음을 모르는 이에게 영원히 잊지 못할 구원의 사건을 만들어 주기 위해 먼 거리를 위험을 무릅쓰고 찾아가 아름다운 추억을 만들어 주고 오셨습니다. 오늘 저희가 가장 작은 자에게 추억을 만들어 주게 하옵소서!

우리의 주가 되시는 예수님의 이름으로 기도드립니다. 아멘!

골방기도 / 전도·선교

예수님처럼 살고 싶을 때 드리는 기도! (11)

하나님의 의를 이루도록 힘쓰게 하옵소서!

"예수께서 대답하여 이르시되 이제 허락하라 우리가 이와 같이 하여 모든 의를 이루는 것이 합당하니라 하시니 이에 요한이 허락하는지라."

(마태 3:15)

하나님! 온 우주를 지으시되 질서정연하게 지으시고 장구한 세월을 경영하시며 오차 없이 운행하시는 질서와 조화의 하나님! 오늘도 이 땅에 사는 저희에게 남녀노소의 구별을 주시고, 생로병사 순서를 따라 남녀가 태어나고 아이와 어른이 어느 시대나 공존하게 하심이 은혜입니다. 우주의 무수한 별들이 하나도 이탈 없이 궤도를 지키고 있음도 은혜입니다.

하나님의 교회 안에도 이런 사회적 영적인 질서와 조화를 주시옵소서! 예수님께서 세례 '요한'에게 세례를 받으러 오셨을 때 요한이 "내가 당신에게 세례를 받아야 할 터인데 당신이 내게로 오시나이까?" 하시자 겸손하신 예수님의 답변은 "우리가 이와 같이 하여 모든 의를 이루는 것이 합당하니라."(마태 3:15) 하셨고, 요한은 그제야 세례를 베풀어 드렸습니다.

하나님! 저희 모두가 '하나님의 질서'에 대하여 고민하고, '하나님의 의'에 대해 관심하게 하옵소서! 저희가 교회를 세우고 온갖 희생을 하고 혼신을 기울였어도, 부흥하고 성장시키시는 이는 하나님이십니다. 교회를 개척한 목회자도, 충성 된 장로도 아닌 하나님이신 것을 알게 하옵소서! 누구도 자기 권리를 주장하거나 지분을 요구하지 않게 하시옵소서!

어느 교회가 크게 부흥하여 지방이나 노회 전체 교회를 합한 숫자보다도 많이 모이고, 모든 노회나 지방회, 심지어 총회보다도 결산이 많더라도 교회는 공교회로 총회나 노회의 N분의 1만큼의 권리를 가지고 책임을 감당하게 하옵소서! 자신이 세운 교회, 자신이 부흥시킨 교회가 거대한 교회가 되어있어도 다른 교회 위에 군림하는 교회 되지 않게 하옵소서!

교인의 수, 예배당 크기, 예산 규모가 지역 교회를 합친 것보다 크더라도, 겸손하여 하나의 교회로 책임을 크게 감당하는 하나님의 의를 이루게 하옵소서! 대형 교회도 한 사람의 목회자요, 목회자 부부만 예배할지라도 독립된 하나의 교회임을 알게 하옵소서! 규모가 크고 역사가 오래되었다고 어깨에 힘주지 않고, 작고 미천하다고 주눅 들지 않게 하시옵소서!

어떤 공동체든 힘 있는 공동체의 책임자는 겸손히 하나님의 의를 구하고, 작은 공동체는 분발하여 하나님의 의를 이루게 하옵소서! 힘이 있다고 공교회를 좌지우지하려는 오만한 생각도, 높은 자리에 있다고 하나님보다 높은 줄 아는 오만함의 자리에서도 내려오게 하시되, 순서를 따라 순리대로 맡기신 질서를 지켜 원칙을 좇아 하나님의 의를 이루게 하옵소서!

질서를 귀히 여기는 예수 그리스도의 이름으로 기도합니다. 아멘!

골방기도 / 전도·선교

예수님처럼 살고 싶을 때 드리는 기도! (12)

복음을 위한 고난이 행복임을 알게 하옵소서!

"나로 말미암아 너희를 욕하고 박해하고 거짓으로 너희를 거슬러 모든 악한 말을 할 때에는 너희에게 복이 있나니 기뻐하고 즐거워하라 하늘에서 너희의 상이 큼이라 너희 전에 있던 선지자들도 이같이 박해하였느니라."

(마태 5:11-12)

사랑하는 하나님! 저희가 복음을 위해 사는 동안 수많은 비난이나 조롱도 당하고 어려움이나 아픔도 겪습니다. 위험도 위협도 만나고, 때로는 미혹도 당합니다. 나아가 복음이 가는 길에 언제나 고난과 박해도 만나게 됩니다. 이런 일은 비단 우리 시대를 사는 저희만 겪는 게 아니라, 모든 시대를 살아온 복음 전도자들이 겪은 같은 아픔이었음을 압니다.

이를 슬퍼하고 아파만 할 것이 아님은, 이 땅에 오고 간 많은 복음증거자, 전도자, 교회 개척자, 전도자 등 이름은 조금씩 다르지만, 주님을 위해 산 숱한 증인들이 모두 겪었던 일이었음을 알게 하옵소서! 특별한 시대 특별한 박해자를 만나고 수많은 박해와 핍박을 유난히 받은 경우들도 간혹 있지만, 대개는 복음의 사람들이 공통적으로 겪은 일입니다.

그러나 이 일은 결코 값없이 겪는 의미 없는 고난이 아니라, 저희에게 상을 주시려는 하나님의 배려인 줄 믿습니다. 따라서 기뻐하고 즐거워하라고 하셨으니 그 일이 우리의 미래에 있는 상과 직결되니 기뻐하고 즐거워하되 결코 좌절하고 낙심하지 않게 하옵소서! 이뿐만 아니라, 이런 고난이 없으면 장차 나타날 영광과 상급에도 관계가 없음을 알게 하옵소서!

"자녀이면 또한 상속자 곧 하나님의 상속자요 그리스도와 함께한 상속자니, 우리가 그와 함께 영광을 받기 위하여 고난도 함께 받아야 할 것이니라."(로마 8:17)고 하셨습니다. 고난이 올 때 다가올 영광을 생각하고 고난이 있을 것을 각오하게 하옵소서! 하나님의 자녀가 되어 하나님의 고난에 참여하는 기쁨 주심을 영광으로 알게 하옵소서!

사도가 '빌립보'교회에 "대적하는 자들 때문에 두려워하지 아니하는 이 일을 듣고자 함이라. 이것이 그들에게는 멸망의 증거요 너희에게는 구원의 증거니 이는 하나님께로부터 난 것이라."(빌립 1:28)고 하신 것처럼, 저희에게 악을 행하고 박해하는 이들에게는 멸망이 찾아올 것이요, 온몸으로 박해를 견디는 이에게는 그것이 구원의 증거인 것을 알게 하옵소서!

"그리스도를 위하여 너희에게 은혜를 주신 것은 다만 그를 믿을 뿐 아니라 또한 그를 위하여 고난도 받게 하려 하심이라."(빌립 1:29)고 했습니다. '믿음'은 '구원'이자, '고난'에 묻어오는 '구원'인 것을 알게 하시고, 고난은 단순히 고난으로 끝나는 것이 아니라 영광의 미래를 견인해 오는 선물인 것을 알게 하옵소서! 이런 영적인 비밀이 상식이 되게 하옵소서!

저희에게 고난과 영광을 주실 예수님의 이름으로 기도드립니다. 아멘!

골방기도 / 전도·선교

예수님처럼 살고 싶을 때 드리는 기도! (16)

내가 할 수 있는 나의 것을 하게 하옵소서!

"예수께서 이 말씀을 마치시매 무리들이 그의 가르치심에 놀라니 이는 그 가르치시는 것이 권위 있는 자와 같고 그들의 서기관들과 같지 아니함일러라."

(마태 7:28-29)

전능하신 하나님! 오늘 사람들은 이 땅에서 일만 삼천 개가 넘는 직업을 가지고 나름대로 자신의 재능을 따라 일하며 무한 경쟁 속에 살고 있습니다. 모두 그 분야의 최고가 되기 위해 공부하고 노력하고 애쓰고 있습니다. 모두는 각자에게 주어진 은사와 재능을 따라 도태되지 않는 최고가 되기 위해 최선을 다하고 있습니다만, 모두가 정상에 서는 건 아닙니다.

모두 최고 성공한 정치인이 되고 싶고, 사업가가 되고 싶어 합니다. 최고의 의사, 최고의 법률가가 되고 싶어 합니다. 신앙인인 저희도 최고의 목회자가 되고 최고의 평신도가 되고 싶어 합니다. 또 목회자는 최고의 목사, 최고의 설교가가 되고 싶어 하고, 성공적인 역량 있는 목회자가 되고 싶어 합니다. 그러나 사람들의 능력은 대개는 거기에서 거기입니다.

그 중에, 저희의 사역이 빛나게 하여 주옵소서! 그것은 하나님께서 저희에게 주신 은사를 활용하여 주신 재능을 최선을 다하여 섬기는 것입니다. 우리 모두 각 영역에서 절대자가 될 수는 없지만, 저희에게 주신 은사를 따라 그 분야의 정상에는 설 수 있다고 믿습니다. 모든 목회자가 다 최고의 설교자는 될 수 없어도 어떤 분야에서 최고는 될 수 있습니다.

하나님께서 개인에게 주신 능력, 역량, 은사 이것들 중에 가장 하나님의 영광을 드러내는 일에 최적화된 것을 찾아 그 일을 하게 하옵소서! 예수님은 산에서 설교를 하실 때 많은 이들이 들었습니다. 그때 제자들도 있었고, 무리들도 있었습니다. 설교를 들은 청중들은 "이 시대 최고의 설교다." 라는 반응을 보이지 않았습니다. 그 반응은 전혀 다른 것이었습니다.

말씀을 마치시자 그곳에 있던 청중들은 "그 가르치시는 것이 권세 있는 자와 같고 그들의 서기관들과 같지 아니하다." (마태 7:29)고 했습니다. 하나님! 저희에게, 다른 사람들에게 주지 않으신 그 무엇, 저희만이 할 수 있는 저의 것으로 섬기게 하옵소서! 세상을 섬기는 다양한 분야 중에 제 손으로만 할 수 있는 단 하나의 일을 통해 세상을 섬기게 하옵소서!

아무나 할 수 있는, 아무로도 대체될 수 있는 일 말고, 제가 아니면 누구도 할 수 없는 그것을 통해 세상을 섬기게 하옵소서! 누구나 모두 잘할 수는 없지만, 어떤 일에 최고의 사람은 있을 수 있습니다. 그 한 사람이 되게 하옵소서! 예수님을 지켜보던 이들의 고백처럼 "가르치심이 권세 있는 자와 같고 서기관들과 같지 않다."(마태 7:29)는 말을 듣게 하시옵소서!

저희를 각자 대로 지으신 예수님의 이름으로 기도합니다. 아멘!

골방기도 / 전도·선교

예수님처럼 살고 싶을 때 드리는 기도! (22)

때가 있음을 알고 서두르지 않게 하옵소서!

"예수께서 본래 마르다와 그 동생과 나사로를 사랑하시더니 나사로가 병들었다 함을 들으시고 그 계시던 곳에 이틀을 더 유하시고 그 후에 제자들에게 이르시되 유대로 다시 가자 하시니." (요한 11:5-7)

하나님! 인생은 늘 눈앞에 보이는 것만을 볼 수밖에 없고, 자신이 본 것만으로 판단할 수밖에 없어서 항상 조급합니다. 모든 것이 저희의 바람대로 되어야 안심이 되고, 조금만 지체되면 낭패를 당한 것 같이 불안하게 생각됩니다. 좌불안석 큰일 난 것처럼 어쩔 줄 모릅니다. 당장 앞의 일만 바라보는 근시안적인 태도에서 눈을 뜨고 세상을 보게 하시옵소서!

모든 일에는 기한이 있고 때가 있어, 날 때나 죽을 때가 있으며, 심고 거둘 때가 있으며, 죽일 때도 치료할 때가 있으며, 헐고 세울 때가 있으며, 각각 울고 웃을 때가 있으며, 슬퍼할 때와 춤출 때가 있으며, 안을 때가 있고 그 일을 멀리할 때가 있으며, 찾을 때와 잃을 때가 있으며, 지킬 때가 있고 버릴 때가 있으나 이때는 하나님께 있습니다. (전도 3:1-6)

우리가 이 시점에서 일을 해결하지 않으면 안 될 것 같은 조급한 일도, 하나님의 시간표에는 여유가 있음을 봅니다. 지금 이곳에서 이루어져야 된다고 믿었지만 지나고 보면 그 일은 이후에 이루어지는 것이 훨씬 더 영광스러운 것임을 알게 됩니다. 이는 우리의 생각이 하나님의 생각과 다르며, 하나님의 길은 우리의 길과 다른 길인 이유입니다." (이사 55:8)

"이는 하늘이 땅보다 높음같이 내 길은 너희의 길보다 높으며 내 생각은 너희의 생각보다 높음이니라."(이사 55:9)고 하시듯, 우리가 미처 깨닫지 못하던 것이 하나님께서 계시의 눈을 열어주심으로 밝히 보면, 그제야 무릎을 치며 감탄하게 되는 줄 믿사오니 하나님의 경륜이 저희에게 있게 하옵소서! 하루살이처럼 오늘만 보지 않고 먼 미래를 보게 하옵소서!

예수님께서 '요단'강 동편 '베다니'에 머무실 때 사랑하는 친구 '나사로'가 죽었다는 소식을 듣고 이틀을 더 지체한 다음에 그곳을 떠납니다. 그때 하신 말씀이 "내가 거기 있지 아니한 것을 너희를 위하여 기뻐하노니, 이는 너희로 믿게 하려 함이라."(요한 11:15)고 하셨습니다. 그렇습니다. 병든 자를 고치신 것과 죽은 지 나흘 후에 살리신 영광은 다릅니다.

예수님께서 고난받으시고 돌아가실 때 모두 안타까워했지만, 그 때 열두 군단을 동원하여 그들을 평정했으면 죽은 자를 살리는 기독교는 아예 존재하지도 않았을 것이고, 지금 복음의 영광은 빛바랜 종교가 되었을 것입니다. 하나님의 시간표는 저희의 시간보다 훨씬 정확한 것을 알고, 조바심하지 말고, 서두르지 말고 하나님의 때를 기다리게 하옵소서!

저희보다 저희를 잘 아시는 예수님의 이름으로 기도드립니다. 아멘!

10. 전도-선교를 위한 기도

예수님처럼 살고 싶을 때 드리는 기도! (23)

모든 일에 때가 있음을 알게 하옵소서!

"이에 예수의 이름이 드러난지라 헤롯왕이 듣고 이르되 이는 세례 요한이 죽은 자 가운데서 살아났도다. 그러므로 이런 능력이 그 속에서 일어나느니라 하고 어떤 이는 그가 엘리야라 하고 또 어떤 이는 그가 선지자니 옛 선지자 중의 하나와 같다 하되."
(마가 6:14-15)

하나님께서 세상의 구주이신 독생자 예수님을 세상에 '둘째 아담'으로 보내실 때, '첫째 아담'을 지으실 때처럼 흙으로 만드시고 세상에 나타나게 하지 않으시고, 마리아의 몸에 성령님을 통해 잉태하게 하시고, 그를 요셉의 가문에서 호적상의 아들로 태어나게 하시고, 어린 시절 '애굽'으로 피난을 보내시고, 우여곡절 끝에 '나사렛'에서 장성하게 하심을 봅니다.

그가 하나님의 아들이시고 하나님 자신이셨지만, 난지 팔 일 만에 할례를 행하게 하시고, 이후에 성인식을 하고 성전에 말씀에 대한 토론도 하게하시고, 유대의 문화와 관습도 익히고 요단강에서 세례 '요한'을 통해 세례를 받고, 성령님의 충만을 받고 직접 하늘의 음성을 듣고 시험 과정을 다 마치게 하시니 저희를 향하신 하나님의 경륜이 참 놀랍습니다.

세례 '요한'이 모든 사람에게 "나는 물로 너희에게 세례를 베풀거니와, 나보다 능력이 많으신 이가 오시나니 나는 그의 신발 끈을 풀기도 감당하지 못하겠노라. 그는 성령과 불로 너희에게 세례를 베푸실 것이요, 손에 키를 들고 자기의 타작마당을 정하게 하사 알곡은 모아 곳간에 들이고 쭉정이는 꺼지지 않는 불에 태우시리라."(누가 3:16-17)고 하셨습니다.

모든 이들이 선지자로 또는 그리스도로 알고 있던 세례 '요한'이 "보라 세상 죄를 지고 가는 하나님의 어린 양이로다."(요한 1:29)는 증거를 한 다음에, 예수님을 향하여는 "그는 흥하여야 하겠고 나는 쇠하여야 하리라."(요한 3:30)고 고백합니다. 그는 '이사야'가 예언한 '광야에 외치는 자의 소리'로 오셔서 빛이신 주님을 위해 길을 닦는 일을 하셨습니다.

세례 '요한'이 성령님의 감동과 계시를 통하여(요한 1:33), 또 사람들을 보내 예수님께서 '메시아'임을 확인한 다음, (누가 7:19) 세례 요한은 헤롯의 칼에 죽고, (마태 14:12, 마가 6:29) 예수님의 사역이 본격적으로 일어난 것을 봅니다. 그리고나서 세례 요한이 '광야의 소리'로 소개한 메시아 예수님은 비로소 우리에게 '생명의 빛'으로 자신을 드러내셨습니다.

하나님의 경륜 속에 하나님의 아들로 세상에 오신 '메시아' 예수님께서 하나님 자녀의 길을 가는 일이 이처럼 멀고 험한 데, 저희가 세상에서 어떤 일을 즉석에서, 속성으로 쉽게 하려는 폐해에 익숙하지 않게 하옵소서! 때가 되면 이루시는 하나님의 일은 인간의 조급함으로 서두르다 낭패를 당하는 일이 없게 하시고, 한 단계씩 차근차근 걸어가게 하옵소서!

우리의 영원한 스승이신 예수님의 이름으로 기도드립니다. 아멘!

골방기도 / 전도·선교

예수님처럼 살고 싶을 때 드리는 기도! (38)

반응이 없고 시비해도 낙심치 않게 하옵소서!

"안수하시니 여자가 곧 펴고 하나님께 영광을 돌리는지라. 회당장이 예수께서 안식일에 병 고치시는 것을 분 내어 무리에게 이르되 일할 날이 엿새가 있으니 그 동안에 와서 고침을 받을 것이요 안식일에는 하지 말 것이니라 하거늘."

(누가 13:13-14)

사랑하는 하나님! 저희는 늘 연약합니다. 어디에서 무엇을 하든 늘 주님을 바라봅니다. 목회자는 목회자대로 성도는 성도대로 상대방의 반응과 기분에 따라 피차가 같이 반응하는 것을 봅니다. 성도들의 눈이 빛나고 '아멘' 하는 마음으로 말씀에 집중하고 있으면, 설교자는 힘을 얻어 담대해지고, 반대로 의기소침해 있으면 말씀 전할 의욕이 상실됩니다.

거기다 계속 상대에게 시비하거나 교회의 크고 작은 문제를 가지고 물고 늘어지면, 목회 현장에서 상처를 받고 목회자에게 실망하게 됩니다. 그리고 그들도 교회를 떠나고 싶어 합니다. 반대로 성도들도 목회자가 자신의 영성에 관심을 가지고, 자신이 안고 있는 문제의 핵심을 파악하여 풀어가려고 하면 목회자에 대한 신뢰와 애정을 가지고 존경할 것입니다.

예수님은 청중들이 언제나 최악의 수준이었습니다. 병든 몸의 고침을 받고자 찾아온 이들 말고는 대부분이 특히 종교지도자들은 예수님의 설교를 흠잡거나 행동을 시비할 목적으로 찾아 왔으니 얼마나 힘들겠습니까? 간음하다 현장에서 잡힌 여인을 끌고 와서 "돌로 칠까요? 말까요?"할 때, "죄 없는 자가 먼저 돌로 치라!"하여 보내셨습니다. (요한 8:7)

특히 '안식일'에 대해서는 집요하게 예수님을 괴롭혔는데, 한 편 손 마른 사람을 놓고 "안식일에 병 고치는 것이 옳습니까?" (마태 12:10)묻기도 하고, 18년 동안 귀신 들려 꼬부라져 펴지 못하는 여자를 "네가 네 병에서 놓였다."하시고 안수하여 고쳤는데, 회당장이 "일할 날이 엿새가 있으니 그동안 고침을 받을 것이요, 안식일에는 하지 말라."(누가 13:11-14)고 합니다.

이들이 '가이사'에게 세금을 바쳐야 할지 말아야 할지를 물어 예수님을 곤경에 빠뜨리려 하자, '데나리온'의 흉상을 보시며 "가이사의 것은 가이사에게, 하나님의 것은 하나님께 바치라!"고 하셨는데, 후에 예수님을 죽이려 할 때는 이 말이 "가이사에게 세를 바치지 못하게 했다."(누가 23:2)고 모함하여 주님을 반역자로 몰아 처형당하는 빌미가 되기도 합니다.

청중들 대부분은 지금처럼 하나님의 은혜를 사모하는 이들이 아니라, 어떻게 하든지 설교자인 예수님께 시비하고, 논쟁하고 반박하려는 이들이고, 그동안 가지고 있던 선입견에 얼마나 배치되는 생각을 하는지 드러내려는 이들뿐이었습니다. 지상 최악의 청중들을 상대로 말씀을 전하신 예수님의 곤혹스러움을 보며 저희의 환경에 고마운 마음을 갖게 하옵소서!

좋은 환경을 만들어 주신 예수님의 이름으로 기도드립니다. 아멘!

골방기도 / 전도-선교

예수님처럼 살고 싶을 때 드리는 기도! (76)

한 영혼을 다시 찾은 기쁨을 알게 하옵소서!

"집에 와서 그 벗과 이웃을 불러 모으고 말하되 나와 함께 즐기자 나의 잃은 양을 찾아내었노라 하리라 내가 너희에게 이르노니 이와 같이 죄인 한 사람이 회개하면 하늘에서는 회개할 것 없는 의인 아흔아홉으로 말미암아 기뻐하는 것보다 더하리라." (누가 15:6-7)

사랑이 많으신 하나님! 이 세상에서 제일 큰 기쁨은 '잃었다가 찾은 기쁨' 이고, 똑같은 것을 찾았어도 소중한 것을 잃었다가 찾은 기쁨은 기쁨의 크기가 더 큰 것을 믿습니다. 저희가 '남북 이산가족 찾기'를 하면서 몇십 년 만에 잃어버린 부모 형제를 다시 찾았을 때의 기쁨은 말로 형용할 수 없었습니다. 저희에게 잃었던 생명을 찾은 기쁨을 알게 하옵소서!

시대를 살면서 잃어버린 한 생명을 다시 찾은 기쁨을 상상하고, 그 기쁨의 크기를 상상해 보게 하옵소서! 주님께서 저희 우둔한 심령에 깨우침을 주시고, 생각 없이 사무적인 목양(牧羊)을 하고 있을 때, 한 마리의 양을 잃어버린 목자의 마음이 되어 그 한 마리를 찾기 위해 아흔아홉 마리를 들에 두고 잃은 한 마리를 찾아내기까지의 수고를 생각하게 하옵소서!

그 한 마리를 잃고, "이 양이 사나운 짐승의 밥이 된 것은 아닐까? 어느 가시덩굴에 걸려서 온종일 발버둥 치는 것은 아닐까? 어느 광야에서 목이 말라 울부짖고 있지는 않을까?" 별별 생각을 하면서 이른 아침부터 어둠이 들판에 내릴 때까지 찾아다니는 상상을 하게 하옵소서! 그러다 그 양을 찾으면 어깨에 메고 집으로 돌아오는 모습을 그려보게 하옵소서!

영혼에 대한 사랑이 없이는 양 한 마리를 잃고도 양을 잃어버린 목자의 아픔을 모르고, 아흔아홉 마리를 들에 두고 잃은 양을 찾아 들판을 뒤지며 양의 이름을 부르고 헤매는 피 말리는 수고도 모르며, 양에 대한 사랑이 없으면 어쩌다 양을 찾아도 양을 찾은 즐거움보다는, 그동안 말없이 목자를 떠나 목자가 애태운 것을 책망하기에 바쁜 것을 잘 압니다.

하나님께서 천하보다 소중한 영혼의 가치에 대하여 알고, 피를 말리는 사랑의 아픔도 알게 하시어, 그 소중한 생명을 잃어버린 다음에 그 영혼의 무게에 대하여 가슴이 먹먹하도록 알게 하여 주옵소서! 전능하신 하나님! 소중한 생명 하나가 저희의 품을 떠난 다음에 얼마나 저희 가슴에 애가 타는지, 생명에 대한 그리움에 피가 마르는지 알게 하옵소서!

하나님 앞에서 잃어버린 죄인이 되어, 얼마나 아버지 앞에 죄인으로 사는지, 아버지를 떠나 자행자지하는 것이 얼마나 자식에 대한 그리움으로 애타는 아버지에게 불효하는지 알게 하옵소서! 죄인을 용서하시고, 죄인을 찾으시고, 그 죄인을 다시 받으시는지, 아버지의 깊고 뜨거운 사랑을 헤아리게 하옵소서! 저희가 잃어버린 이가 없는지도 돌아보게 하옵소서!

온 우주의 영원한 사랑이신 예수님의 이름으로 기도합니다. 아멘!

골방기도 / 전도·선교

예수님처럼 살고 싶을 때 드리는 기도! (77)

한 영혼도 지옥 자식 만들지 않게 하옵소서!

> "화 있을진저 외식하는 서기관들과 바리새인들이여 너희는 교인 한 사람을 얻기
> 위하여 바다와 육지를 두루 다니다가 생기면 너희보다 배나 더 지옥 자식이 되게
> 하는도다."
> (마태 23:15)

사랑의 하나님! 세상에서 가장 무서운 저주는 "지옥에 가라!"는 것입니다.
그런데 그 지옥이 하나님을 거역하고 믿음이 없어서 가는 것이 아니라, 신
앙 있는 '믿음의 사람들' 때문에 간다면 얼마나 역설입니까? 그것도 보통
믿음이 아니라, 사람들을 전도하고 영혼의 구원을 위하여 불철주야로 수
고하는 열심 있는 이들에 의하여 지옥에 간다면 어떻게 합니까?

예수님께서 세상에 오셔서 '외식하는 서기관들과 바리새인들'을 향하여 책
망하시는 말씀 중에 "너희는 교인 한 사람을 얻기 위하여 바다와 육지를
두루 다니다가, 생기면 너희보다 배나 더 지옥 자식이 되게 하는 도다."(마
태 23:15)고 책망하셨습니다. 소름 끼치도록 무서운 말씀인데, 당시 최고의
지성인이자 신앙인, 종교인들이 이 책망을 받았다는 사실입니다.

오늘도 열심 있는 그리스도인, 부지런하고, 극성스럽고, 믿음 있고, 열심
당원 같은 교회의 핵심 멤버들에 의해 이런 어처구니없는 일이 일어나고

있는 것입니다. 세상에서 처음으로 주님을 믿고 예배당에 와서 신앙생활을 시작한 '처음 그리스도인'(初信者)들은 하나님의 말씀을 배우고 진리에 눈을 뜨고, 복음을 믿기 전에 먼저 그리스도인들을 보고 믿게 됩니다.

기록된 말씀의 진리에 깊이 젖어 들기 전에, 혹은 강력한 성령님의 감동을 체험하기 전에, 먼저 그리스도인이 된 임원들, 혹은 열성적 신앙생활을 하는 이들을 마치 하나님처럼 생각하고, 하나님이나 구주 예수님을 그들의 인격적 주님으로 영접하기 전에 만난 작은 그리스도인들의 일거수일투족이 처음 교회에 나온 이들의 신앙의 기준점이 되고 있는 것입니다.

그때 그들의 인격과 삶에서 실망하고 상처받은 이들은 그 이상 신앙생활의 신비한 체험이나 성숙한 고백을 거절하고 그 이상은 신앙에 대해 진전을 유보하고 배타적이고 폐쇄적인 생활을 하게 됩니다. 그렇게 상처받은 영혼들은 더는 회복하기 어려운 잃어버린 바 된 영혼이 되어, 복음 없는 교회 밖의 영혼이 됩니다. 하나님께서 그들을 불쌍히 여겨 주시옵소서!

신앙에 회의(懷疑)를 가진 '새 가족'이나, 그들에게 거부감을 가지도록 완악한 마음을 부여한 기존 신자 모두를 사랑하셔서, '새 가족'에게는 사람에 대해 실망하지 않도록 붙잡아 주시고, 성도들에게는 영혼의 생명 값을 너희에게 찾으리라는 하나님의 경고에 귀를 기울이게 하시되, 먼저 성도 된 저희가 깨어 하나님의 자녀 된 영혼을 잃지 않게 하옵소서!

저희에게 생명을 주러 오신 예수님의 이름으로 기도드립니다. 아멘!

골방기도 / 전도·선교

예수님처럼 살고 싶을 때 드리는 기도! (99)

한 영혼의 생명을 소중히 여기게 하옵소서!

"예수께서 제자들에게 이르시되 실족하게 하는 것이 없을 수는 없으나 그렇게 하게 하는 자에게는 화로다 그가 이 작은 자 중의 하나를 실족하게 할진대 차라리 연자맷돌이 그 목에 매여 바다에 던져지는 것이 나으리라."

(누가 17:1-2)

생명이 소중한 것은 누구나 압니다. 그 중에도 가장 소중한 생명은 어린 영혼의 생명입니다. 저희가 세상에서 높은 사람들과 어른들의 영혼은 존귀하고, 어린아이들의 영혼은 덜 귀한 것으로 알지만 모든 생명은 하나님 앞에서 소중하지만 정말 소중한 생명은 어린아이, 소자의 생명입니다. 가치 없어 보이는 '소자의 생명'이 이처럼 존귀하다고 말씀하십니다.

하나님! 저희가 아무렇게나 다루고 소중히 생각하지 않는 한 어린아이를 실족하게 하면 얼마나 무서운 책망을 받는지 말씀하셨습니다. 저희에게 생명의 소중함을 가르쳐 주시고 그 생명이 하나님께서 사랑하시는 생명임을 알게 하옵소서! 하나님께서 소중한 생명을 존귀하게 여기면, 그의 영혼도 하나님께서 소중히 여기시는 줄 믿습니다. 기억하여 주옵소서!

예수님께서 제자들에게 "실족하게 하는 것이 없을 수는 없으나 그렇게 하는 자에게는 화로다. 그가 이 작은 자 중의 하나를 실족하게 할진대 차라리 연자 맷돌이 그 목에 매여 바다에 던져지는 것이 나으리라." (누가 17:1-2)고 하셨으니 작은 자 하나의 생명을 소중히 다루지 않으면 연자 맷돌을 목에 매고 바다에 던지는 게 더 나으리라는 참혹한 비유입니다.

강단에서 말씀 잘못 전해서 한 영혼이 실족하면 그는 연자 맷돌을 목에 매고 바다에 던져지는 것이 나을 만큼 비참하게 된다는 말씀, 교회학교의 강단에서도 목사님이나 전도사님, 혹은 부장님들이 말씀을 잘못 전하여 그곳에 앉은 생명 하나가 실족한다면 차라리 목에 연자 맷돌을 매고 바다에 던지는 것이 낫다는 생각으로 두려운 마음으로 전하게 하옵소서!

하나님! 주님께서 세상의 오시어 십자가에 돌아가신 목적은 세상의 유능하고 똑똑한 사람만이 아니라 작은 자로 살아가는 이들, 저희가 생각할 때 하찮아 보이는 사람 하나도 주님의 피로 구원하신 소중한 생명인 줄 알고 소중히 다루게 하여 주옵소서! 아무리 세상에서 자랑할 것이 없는 작고 초라한 인생도 하나님께선 그 아들의 생명과 같음을 알게 하시옵소서!

저희에게 주신 말씀은 목에 맨 '연자 맷돌'에 방점이 찍힌 것이 아니라, 한 '생명의 소중한 가치'에 대해 찍힌 것을 알고 영혼을 소중히 여기는 아름다운 마음으로 탁월한 기능보다 아름다운 사랑으로 섬기는 이들이 되기를 간절히 바랍니다. 우리 모두 영혼을 소중하게 목회하며 잘 섬겨 마침내 천국에서 그 섬김과 그 사랑이 천국에서 해같이 빛나게 하옵소서!

상을 주시려고 기다리시는 예수님의 이름으로 기도드립니다. 아멘!

골방기도 / 전도-선교

예수님처럼 살고 싶을 때 드리는 기도! (104)

우리의 할 일은 전도임을 알게 하옵소시!

"이르시되 우리가 다른 가까운 마을들로 가자 거기서도 전도하리니 내가 이를 위하여 왔노라 하시고 이에 온 갈릴리에 다니시며 그들의 여러 회당에서 전도하시고 또 귀신들을 내쫓으시더라." (마가 1:38-39)

하나님! 주님께서 이 땅에 오셔서 제일 처음 하신 말씀은 "회개하라! 천국이 가까이 왔느니라!" (마태 4:17)였습니다. 그 이전에 예수님을 소개하는 '광야의 소리'인 예언자 세례 '요한'도 '유대' 광야에서 외치기를 "회개하라! 천국이 가까이 왔느니라!" (마태 3:1-2)고 했습니다. 예수님께서 열두 제자를 파송하실 때의 파송식 설교도 마찬가지로 하나님 나라입니다.

"어느 곳에서든지 너희를 영접하지 아니하고 너희 말을 듣지도 아니하거든 거기서 나갈 때 발아래 먼지를 떨어버려 그들에게 증거를 삼으라!" (마가 6:11)고 하시자, 이들이 나가서 "회개하라!"고 전파하고 (마가 6:12) 많은 귀신을 쫓아내며 많은 병자에게 기름을 발라 고치었습니다. (마가 6:12-13) 이처럼 복음이 증거되는 곳의 첫 일성은 항상 회개였습니다.

이제 예수님께서 열두 제자에게 명하기를 마치시고, 그들의 여러 동네에서 가르치며 전도하시려고 거기를 떠나셨습니다. (마태 11:1) 예수님께서 새벽 날이 밝기도 전부터 한적한 곳에서 기도한 것도, 결국은 기도의 힘으로 제자들에게 전도할 능력을 공급하기 위함이었습니다. 주님에게는 틈나면 말씀과 기적과 치유가 일이었는데 모두 전도를 위함이었습니다.

예수님께서 열두 제자를 세우신 이유는 "이는 자기와 함께 있게 하시고, 또 보내시어 전도도 하며 귀신을 내쫓는 권능도 가지게 하려 하심이라."(마가 3:14-15)고 하신 것을 보면, 주님께서 얼마나 전도에 마음을 쏟으시는지 알 수 있습니다. "우리가 다른 가까운 마을들로 가자 거기서도 전도하리니 내가 이를 위하여 왔노라."(마가 1:38)고 하심을 봐도 압니다.

전도는 복음을 전하고 사람을 살리는 일이라, "누구든지 주의 이름을 부르는 자는 구원을 받으리라. 그런즉 그들이 믿지 아니하는 이를 어찌 부르리요, 듣지도 못한 이를 어찌 믿으리요, 전파하는 자가 없이 어찌 들으리요, 보내심을 받지 아니하였으면 어찌 전파하리요, '아름답도다 좋은 소식을 전하는 자들의 발이여' 함 같다."(로마 10:13-15)고 했습니다.

오늘 저희를 불러 하나님의 자녀가 되게 하신 것도 이 복음을 전하게 하려 하심이요, 예배당을 지어 그 안에서 훈련을 하는 것도 전도를 위함이요, 우리에게 목사로 혹은 장로로 집사로 섬기는 직임을 주신 것도 전도를 위함인 줄 알고, 이 하나님의 뜻을 온전히 이루는 거룩한 도구가 되게 하기 위하여 최선을 다하게 하옵소서! 모두 전도자가 되게 하옵소서!

저희에게 전도의 사명을 주신 예수님의 이름으로 기도드립니다. 아멘!

골방기도 / 전도-선교

예수님처럼 살고 싶을 때 드리는 기도! (137)

복음증거는 우리의 사명인 줄 알게 하옵소서!

"내가 복음을 전할지라도 자랑할 것이 없음은 내가 부득불 할 일임이라. 만일 복음을 전하지 아니하면 내게 화가 있을 것이로다. 내가 내 자의로 이것을 행하면 상을 얻으려니와 내가 자의로 아니한다 할지라도 나는 사명을 받았노라."

(고전 9:16-17)

사랑하는 하나님! 이 땅에 사는 저희는 하나님께서 주신 복음 '예수 그리스도'를 믿음으로 구원을 얻어 하나님의 자녀가 되었는바, 그렇게 복음으로 구원받은 저희가 할 일은 오직 '복음'이신 예수님을 많은 이들에게 전하는 것인 줄 압니다. 예수님께서 세상에 오셔서 첫 외침이 "회개하라! 천국이 가까이 왔다!"고 하시듯 저희도 세상에 복음을 전하게 하옵소서!

예수님은 우리의 자랑이오니, 어딜 가든 예수님을 자랑하게 하시고, 주님의 십자가는 저희의 보배이니 만나는 사람마다 십자가를 전하게 하시고, 저희를 세상의 빛이라고 하셨으니 저희가 가는 곳마다, 저희에게 주신 빛의 능력으로 세상을 밝히 비취게 하옵소서! 저희를 세상의 소금이라고 하셨으니 맛을 잃지 않고, 가는 곳마다 세상을 변화시키게 하옵소서!

주님께서도 "우리가 다른 가까운 마을들로 가자! 거기서도 전도하리니, 내가 이를 위하여 왔노라."하시고 "온 '갈릴리'에 다니시며 그들의 여러 회당에서 전도하시고 또 귀신들을 내쫓으셨다." (마가 1:38-39)고 하셨습니다. 예수님! 주님께서 열두 제자들을 세우신 것도 "함께 있게 하시고, 또 보내 전도도 하기" 위함이신 줄 믿습니다. 사명을 감당하게 하옵소서!

주님께서 제자들을 떠나시며 "하늘과 땅의 모든 권세를 내게 주셨으니 그러므로 너희는 가서 모든 민족을 제자로 삼아 아버지와 아들과 성령의 이름으로 세례를 베풀고 내가 너희에게 분부한 모든 것을 가르쳐 지키게 하라. 볼지어다 내가 세상 끝날 까지 너희와 항상 함께 있으리라."(마태 28:20)고 하신 것은 주님께서 평생 하신 일이고, 마지막 당부이십니다.

오늘 저희에게는 사도 '바울'이 사랑하는 아들 '디모데'에게 "너는 말씀을 전파하라. 때를 얻든지 못 얻든지 항상 힘쓰라. 범사에 오래 참음과 가르침으로 경책하며 경계하며 권하라."(딤후 4:2)고 하신 말씀을 기억하게 하옵소서! 주님은 상심한 사도 '바울'에게 "두려워하지 말며 침묵하지 말고 말하라!"(사도 18:9)고 명령하신 말씀을 저희도 기억하게 하옵소서!

이 복음은 "우리가 힘껏 전한다고 할지라도 자랑할 것이 없음은 부득불 할 일이요, 만일 복음을 전하지 아니하면 내게 화가 있을 것이로다."(고전 9:16)는 마음으로 살던 사도처럼 복음은 저희에게 숙명이요, 하나님께서 주신 사명인 줄 알고, 눈 뜨면 일어나 이를 전하기 위해 최선을 다해 '은혜의 복음'을 전하기 위해 생명을 드리게 하옵소서! (사도 20:24)

복음이요 복음을 위해 오신 예수님의 이름으로 기도드립니다. 아멘!

골방기도 / 전도-선교

복음으로 하나님의 자녀를 낳게 하옵소서!

"그리스도 안에서 일만 스승이 있으되 아버지는 많지 아니하니 그리스도 예수 안에서 내가 복음으로써 너희를 낳았음이라. 그러므로 내가 너희에게 권하노니 너희는 나를 본받는 자가 되라." (고전 4:15-16)

사랑의 하나님! 저희가 전도(傳道)가 사명이라고 고백하고, 선교가 우리의 일이라고 말하면서 세상에 나가 예수님께서 구주 되심을 전하며 예수님을 믿으라고 목청껏 외칩니다. 그래서 때로는 노방전도, 축호 전도, 문서전도, 방송전도, 선물전도, 심방 전도 등 영혼 하나를 하나님께로 데리고 오기 위하여 무진 애를 씁니다. 그래서 숫자가 늘어나고 부흥했습니다.

그러나 이런 결과들은 아직 하나님 앞에 큰 의미가 없습니다. 교회 혹은 공동체에 데리고 온 이들이 그 안에서 복음으로 거듭남을 입고 새 생명이 탄생하는 감격의 순간을 경험해야 합니다. 하나님께서 저희의 교회를 기억하시어 모두 새 생명이 탄생하는 생명의 축제가 있는 교회들이 되게 하옵소서! 한 사람의 새 생명 탄생은 얼마나 힘들고 어려운지 모릅니다.

사도 '바울'은 그리스도 안에서 일만 스승이 있으되 아버지는 많지 않다고 하십니다. 맞습니다. 저에게도 초등학교 때부터 시작해서 지금까지 수십 명의 선생님이 계시지만 저를 생명으로 낳아주신 분은 저희 부모님뿐이십니다. 스승과 부모의 차이가 얼마나 큰지, 스승이 베풀 수 있는 것은 가르치는 은혜입니다. 그러나 부모는 생명을 잉태하고 해산합니다.

잉태와 해산의 과정을 겪은 부모의 마음은, 아이를 볼 때 내 생명의 느낌이 그 안에 있습니다. 그 생명이 내 생명이기 때문입니다. 아이를 갖고 그 아이에게 어떤 작은 충격으로 손상을 입을까, 음식을 가려 먹으면서도 해롭지는 않을까! 운동을 조금만 과격하게 해도 태아에게 안 좋은 영향이 미치지 않을까? 음악, 독서, 음식 등 모두 태아를 중심으로 합니다.

해산할 날이 다가오면 혹 무슨 질환에 노출된 건 아닐까? 어떤 장애는 없을까? 혹시 기형아는 아닐까? 긴장과 불안 속에 기도하고 아이의 울음소리와 더불어 별 이상 없이 태어난 것을 볼 때 기쁨이 얼마나 큰지 모릅니다. 영혼의 자녀도 그렇게 한 생명을 잉태하여 출산할 때까지 긴장을 늦추지 못하고 있다가 그가 거듭남의 탄생을 고백해야 드디어 안도합니다.

오늘 저희가 한 영혼을 전도하고 그렇게 해서 그의 생명을 주님의 영적인 호적에 올리고, 전도자의 주민등록에 올리기까지 피 말리는 고통과 긴장과 불안감은 안 해본 이는 모르는 산모의 아픔입니다. 그렇게 해서 낳은 자녀에게는 내 생명의 맥박이 같이 뛰고 있음을 느끼고, 내가 너를 낳았다고 말할만한 영적인 해산의 수고로 낳은 자녀들이 많게 하옵소서!

저희를 사랑으로 낳아주신 예수님의 이름으로 기도드립니다. 아멘!

골방기도 / 전도·선교

기회가 항상 있는 것이 아님을 알게 하옵소서!

"음행하는 자와 혹 한 그릇 음식을 위하여 장자의 명분을 판 에서와 같이 망령된 자가 없도록 살피라. 너희가 아는 바와 같이 그가 그 후에 축복을 이어받으려고 눈물을 흘리며 구하되 버린 바가 되어 회개할 기회를 얻지 못하였느니라."

(히브 12:16-17)

사랑의 하나님! 베푸신 은혜와 사랑과 능력이 저희의 모습을 초월하는 탁월한 은총이라 고맙습니다. 특별히 저희에게 복음을 주시고, 복음에 대해 신뢰하는 믿음을 더해 주시어 고맙습니다. 저희가 완악한 마음을 접고 주님 앞에 나아오도록 참고 기다려주심이 은혜입니다. 그런데 하나님! 우둔한 저희가 그 기회들이 영원히 유예된 것이 아님을 알게 하옵소서!

지금 하나님께서 저희의 완악함과 거역함을 참으시고 계속되는 심판의 유예가 아직도 먼 것처럼 느껴지고 있지만, 하나님의 마지막 시간은 곧 다가올 것입니다. 그때가 언제일지 모르는 연약한 저희는 그 때가 오늘인지도 모른 채 깊은 잠에 빠져 있습니다. 이제, 문이 닫히기 직전일 수도 있습니다. 지금 "신랑이다!"는 음성이 들려오고 있을 수도 있습니다.

여덟 달란트의 금을 세 명의 종들에게 나누어 주고 먼 길을 떠났던 주인은 '오랜 후에' 다시 종들 앞에 나타났고, 그때 안일함으로 직무를 유기했던 한 종은 바깥 어두운 곳에 버려진 채 슬피 울며 이를 갈게 됩니다. 신랑이 더디 올 줄 알고 등의 기름도 채우지 못한 채 잠자던 다섯 처녀는 신랑이 왔다는 소리에 급히 기름을 채워 왔지만, 문은 닫혔습니다.

아버지가 빌어주던 장자(長子)에 대한 축복을 가벼이 여기던 형 '에서'는 그것이 무슨 대수인가 싶어서 팥죽 한 그릇으로 시장기를 면하고 장자의 명분을 양도했습니다. 구두(口頭)로 장자의 권리를 양도한 후, 결정적인 축복의 날에 열심히 짐승을 잡아 축복을 받으려고 달려왔던 '에서'는 기회가 지나간 것을 알고 통곡합니다. 사실 이미 권리는 양도된 뒤입니다.

한 움큼의 복이라도 남아있다면, 부스러기 복이라도 애원했지만, 그에게 돌아온 것은 복이 아니라 저주였습니다. 이미 아버지 '이삭'의 기도는 그의 손에서 야곱의 머리 위에서 혈관을 타고 흐르고 있었고, 그는 울며 이를 갈았지만, 그에게 영원히 기회는 오지 않았습니다. 그 일 이후로 '야곱'의 이름은 역사의 중심에서 영원히 빛나는 '이스라엘'이 되었습니다.

기회를 놓치고 울면서 매달리며 호소하던 '에서'의 이름은 '이스라엘'의 대적으로 민족의 허리를 찌르는 이름이 되었고, 두 번 다시 역사 전면에 이름을 올리지 못했습니다. 하나님! 은혜받는 기회도 문이 닫힐 때가 있습니다. 언젠가는 문이 닫힐 때가 있음을 알고 그날, 지금, 곧, 즉시로 사명자의 길을 떠나던 제자들처럼 지금 기회를 잡고 일어서게 하옵소서!

지금 따라오라고 말씀하신 예수님의 이름으로 기도드립니다. 아멘!

골방기도 / 전도-선교

예수님처럼 살고 싶을 때 드리는 기도! (166)

복음을 전하는 전도자가 되게 하옵소서!

> "하나님의 지혜에 있어서는 이 세상이 자기 지혜로 하나님을 알지 못하므로 하나님께서 전도의 미련한 것으로 믿는 자들을 구원하시기를 기뻐하셨도다. 유대인은 표적을 구하고 헬라인은 지혜를 찾으나."
>
> (고전 11:22)

하나님! 오늘 저희에게 하나님의 자녀가 되는 특권을 준 것은 저희에게 예수님이 구주시라는 사실을 전해 주고 그를 믿도록 권유한 이들에 의해 예수님을 믿었기 때문입니다. 이 땅에 하나님의 교회를 세우신 다음 지금까지 오랜 세월 동안 하나님의 교회를 유지해온 힘은 바로 전도자들의 전도였습니다. 이 촌스러운 전도가 하나님의 교회를 지탱하게 했습니다.

교회의 프로그램은 많습니다. 새가족 환영잔치, 초청세미나, 알파 코스를 비롯한 섬김과 나눔 프로그램, 전도 축제 등이 있지만 그 가운데 가장 아름다운 것은 전도하는 프로그램입니다. 교회 안에서 양육도 필요하고 성장도 필요하지만, 일단 가족이 생겨야 합니다. 아이가 없는데 어떻게 양육과 성장이 있겠습니까? 하나님께서 많은 이들이 전도되게 하옵소서!

"하나님의 지혜에 있어서는 이 세상이 자기 지혜로 하나님을 알지 못하므로 하나님께서 전도의 미련한 것으로 믿는 자들을 구원하시기를 기뻐하셨도다."(고전 1:21)고 했습니다. 하나님께서 전도의 방법을 택하신 것은 사람들이 가장 미련하게 보이는 '전도의 미련한 것'으로 사람을 구원하는 것이라고 했습니다. 전도는 사람이 생각하기에 미련한 방법입니다.

그런데 하나님은 미련한 방법을 통해 사람들을 구원에 이르게 했습니다. 분명히 "유대인은 표적을 구하고 헬라인은 지혜를 찾으나, 우리는 십자가에 못 박힌 그리스도를 전하니 유대인에게는 거리끼는 것이요 이방인에게는 미련한 것이로되 부르심을 받은 자들에게는 유대인이나 헬라인이나 그리스도는 하나님의 능력이요 하나님의 지혜입니다."(고전 1:22-24)

예수님께서 오셔서 이른 아침부터 전도하셨고, '시몬'이 다른 제자들과 전도하였고, '안드레'가 전도하였고, '빌립'이 전도하였습니다. '바울'과 '바나바'가 전도하였고 숱한 제자들이 모두 전도하였습니다. 그것은 복음에 대한 하나님의 원초적인 사역입니다. 전도는 주님께서 시작하신 방법이고, 제자들에게 이어져온 방법이고, 앞으로 우리가 이어갈 방법인 줄 믿습니다.

하나님은 지금도 더 새로운 방법이 있더라도 전도의 미련한 방법으로 그 길을 가실 것이며, 더 새로운 방법이 올지라도 원시적인 전도로 영혼을 구원할 것입니다. 저희가 이런 주님의 말씀을 기억하여 영원한 복음이 이 땅에서 사라지지 않도록 이어 가야 할 줄 믿습니다. 하나님의 구원역사는 늘 전도의 미련한 방법으로 이어져 왔음을 지금 깨닫게 하시옵소서!

저희에게 전도의 모델이 되신 예수님의 이름으로 기도합니다. 아멘!

10. 전도-선교를 위한 기도

골방기도 / 전도-선교

예수님처럼 살고 싶을 때 드리는 기도! (170)

저희가 이방인으로 성육신하게 하옵소서!

"내가 모든 사람에게서 자유로우나 스스로 모든 사람에게 종이 된 것은 더 많은 사람을 얻고자 함이라. 유대인들에게 내가 유대인과 같이 된 것은 유대인들을 얻고자 함이요 율법 아래에 있는 자들에게는 내가 율법 아래에 있지 아니하나 율법 아래에 있는 자 같이 된 것은 율법 아래에 있는 자들을 얻고자 함이요." (고전 9:19-20)

사랑의 하나님! 이 땅에 죄의 누더기를 쓰고 살던 저희를 구원하시려고 죄인의 몸을 입고 오신 예수님의 사랑을 생각합니다. 세상에 있는 인생을 위해 세상에 오셨고, 죄인의 죄 문제를 해결해 주시려고 죄인이 되셨고, 죽을 수밖에 없는 저희 죽음의 문제 해결을 위하여 돌아가셨고, 저주받을 수밖에 없는 저희를 위해 저주를 받아 나무에 달려 돌아가심을 압니다.

그렇게 하나님께서 인간을 입고 성육신하시고, 의로우신 주님께서 죄인이 되어 오시고, 심판주이신 하나님께서 오히려 심판을 받으셨으니, 저희의 모든 형벌은 다 사라졌음을 고백합니다. 그리고 구원받은 저희에게 주님의 복음을 전할 사명을 주시고, 세상에 파송하시오니, 저희도 주님처럼 저희가 구원해야 할 현장에 그들의 모습으로 성육신하여 가게 하옵소서!

사도 바울이 죽을 수밖에 없는 죄인으로 자신을 '죄인의 괴수'라고 고백한 후에, 그가 유대인이고 바리새인이었지만 이방인의 구원을 위해 일하였고, 그리하여 아시아, 마케도니아, 아가야 등 여러 지역에 복음을 전했습니다. 그리고 마침내 이방 도시의 중심인 '로마'에서 자신의 몸을 순교의 제물로 드려 지금은 거기서 출발한 복음이 세상에 편만하게 되었습니다.

그런데 그는 "율법 없는 자에게는 내가 하나님께는 율법 없는 자가 아니요, 도리어 그리스도의 율법 아래에 있는 자이나, 율법 없는 자와 같이 된 것은 율법 없는 자들을 얻고자 함이라."(고전 9:21)라고 했습니다. 그가 이방인처럼 된 것은 이방인을 구원하려는 마음으로 행한 것이었습니다. 오늘 저희에게도 구원하려는 이들을 향한 이런 열정을 주시옵소서!

그가 "약한 자들에게 내가 약한 자와 같이 된 것은 약한 자들을 얻고자 함이요, 여러 사람에게 여러 모습이 된 것은 아무쪼록 몇 사람이라도 구원하고자 함이니, 내가 복음을 위하여 모든 것을 행함은 복음에 참여하고자 함이라."(고전 9:22-23)고 했습니다. 이방인에게 이방인이 되어 그들을 구하고, 유대인을 구하기 위해 유대인이 되는 열정을 주옵소서!

오직 한 사람의 영혼을 구원하려는 마음으로 좌충우돌 두려움 없이 성육신의 마음으로 달려가 그들의 옷을 입고 그들의 신분이 되어 그들의 영혼을 구원하는 것이야말로, 이 시대의 전도자이자 복음 증거자가 되는 줄 믿습니다. 그 일을 위하여 자신의 생명을 조금도 귀한 것으로 여기지 않고 변신하고 그들처럼 되어 그들을 구원하는 전도자가 되게 하옵소서!

저희를 위해 세상에 오신 예수님의 이름으로 기도드립니다. 아멘!

10. 전도-선교를 위한 기도

골방기도 / 전도·선교

예수님처럼 살고 싶을 때 드리는 기도! (183)

장애(障碍)가 하나님 영광을 드러내게 하옵소서!

"제자들이 물어 이르되 랍비여 이 사람이 맹인으로 난 것이 누구의 죄로 인함이니이까. 자기니이까. 그의 부모니이까. 예수께서 대답하시되 이 사람이나 그 부모의 죄로 인한 것이 아니라 그에게서 하나님이 하시는 일을 나타내고자 하심이라."

(요한 9:2-3)

하나님! 이 땅에 사는 이들 중에는 선천적, 혹은 후천적으로 장애를 갖고 태어난 이들이 있습니다. 때로는 그것이 불평이 되고 더러는 수치가 되며 일상과 사회생활에 또 다른 장애를 형성합니다. 하나의 장애가 자신이 불편하고 힘든 것을 넘어 제2, 제3의 장애를 불러오기도 합니다. 그러나 아무리 장애가 극복하기 어려운 것이라도 극복할 힘을 주시옵소서!

장애 속에 저희가 있는 게 아니고, 저희 몸에 장애가 있으니 저희 스스로 장애의 노예가 아니라 극복할 수 있는 작은 상처가 되게 하시되, 특별히 장애를 통해 불평하고 원망하던 하나님께도 후에는 영광이 되게 하시고 그 안에 어떤 어려움이 있더라도 능히 이겨낸 인간 승리, 하나님 승리를 만들어 가게 하옵소서! 하나님은 인생 누구나 사랑하심을 믿습니다.

하나님 우리 사회 안에, 아니 가까이는 우리 교회 안에 혹은 우리 가정 안에 심하거나 가볍거나 장애가 있는 이들이 많습니다. 드러나지 않았거나 확연히 드러났거나 상관없이, 장애가 그의 삶을 장애하지 못하게 하시고, 인생들의 삶에 개입하시는 전능하신 하나님께서 장애를 통해 그에게서 이루시고자 하는 일이 무엇인가 깨닫고 확인시켜 주옵소서!

우리의 인생은 하나님의 선물입니다. 장애가 나타나지 않고 보이지 않는 비장애인 인생만 하나님의 피조물이거나 하나님의 뜻이 있는 존재가 아니라, 이 땅에 존재하는 모든 피조물은 하나님의 필요에 의해 하나님의 선하신 뜻을 위해 창조된 피조물이기에 뜻이 있는데, 하물며 하나님의 형상과 모양을 따라 지으신 인생에게 반드시 하나님의 뜻이 있습니다.

주님! 어떤 중증 장애인, 치유와 회복이 전혀 불가능한 장애인도 그에게 하나님의 창조 섭리를 표현하고 하나님의 하시는 일을 이루실 능력이 있으십니다. 오늘도 인생 각자 한 사람 한 사람의 삶에 무한한 애정을 가지고 바라보시는 하나님 사랑을 부어주시고 그들 속에 잠재된 하나님의 능력이 주님께서 만져 주심으로 꽃을 피워 그 뜻을 이루어 주옵소서!

그리하여 그가 어떤 인생을 살고 있든지, 그를 통해 일하실 분은 온전하신 하나님입니다. 그 하나님의 온전한 사랑과 능력으로 장애를 겪고 있는 모든 인생에게 창조의 의미와 목적이 기적적으로 이루어지게 하옵소서! 제 몸속에 사람들의 눈에 띄지 않는 장애들이 하나님의 큰 능력을 행하고 선한 창조의 목적으로 다시 일어서게 하는 계기가 되게 하옵소서!

모든 장애를 극복하게 하시는 예수님의 이름으로 기도드립니다. 아멘!

골방기도 / 전도-선교

예수님처럼 살고 싶을 때 드리는 기도! (234)

악한 일로 역사에 남는 자 되지 않게 하옵소서!

"그러므로 내가 가면 그 행한 일을 잊지 아니하리라. 그가 악한 말로 우리를 비방하고도 오히려 부족하여 형제들을 맞아들이지도 아니하고 맞아들이고자 하는 자를 금하여 교회에서 내쫓는도다." (요삼 1:10)

역사의 주관자이신 하나님! 언제나 하나님은 인생들의 구원자이시며 저희를 인도하시고 보호하시며, 대신 싸우시고 앞길을 열어주셨습니다. 메추라기와 만나를 주시고 이방 민족의 공격을 막으시며 저들이 '가나안'에 도착하는 날까지 낮의 해와 밤의 달이 해하지 못하도록 함께해 주셨습니다. 그런 하나님의 돌보심을 입고 사는 저희도 사랑을 본받게 하시옵소서!

저희도 이 세상에서 나라와 민족 앞에 민족의 원수로 남지 않게 하시고 나라를 팔아넘긴 매국노 친일 앞잡이로 더러운 역사의 주역으로 남지 않게 하옵소서! 저희가 어느 민족에 속해 있든지, 오고 오는 후손들에게 영웅까지는 아니라도 본받고 싶고 존경받고 싶은 사람이 되고, 민족이나 후손들에게 자랑스러운 인물, 추앙하는 인물들이 되게 하여 주시옵소서!

성경의 인물 중에도 유명한 사람들이 많지만, 사람들이 잘 아는 유명한 인물이 되는 게 중요한 것이 아니라 어떻게 유명한지 돌아보게 하옵소서! 민족의 흑역사, 교회의 쇠퇴기에 지렛대 역할을 하거나 도화선이 된 오명으로 남지 않게 하옵소서! 최초의 살인자 '가인'처럼, 예수님을 밀고하고 팔아 버린 '유다'처럼 어두운 역사의 주역이 되지 않게 하옵소서!

사도 바울의 역사에도 그를 도와 복음 전도에 최선을 다했던 '디모데'나 '디도', '오네시모' 같은 믿음의 아들들도 있고, 그를 위대한 사도가 되게 한 '아굴라'와 브리스길라'도 있습니다. 그를 유대 사회에 소개한 '바나바'도 있고, 같이 전도하며 감옥에서 같이 고난당한 '실라'같은 이도 있습니다. 그에게 큰 위로가 되었던 '오네시보로'의 집 식구들도 있었습니다.

그런데 반대로 가슴에 배신의 앙금을 안겨준 '부겔로'와 '허모게네'같은 이도 있고(딤후 1:15), 하나님께서 그걸 다 갚아주시리라고 할 만큼 많은 손해를 입힌 '알렉산더' 같은 이도 있습니다(딤후 4:14). '후메내오'나 '빌레도'처럼 악성 종양 같은 말을 하며 다닌 사람도 있습니다. (딤후 2:17) 그를 떠나 세상에 다시 돌아간 '데마'(딤후 4:10) 같은 이도 있습니다.

이런 이뿐만 아니라 사역하는 내내 그를 힘들게 하는 악역들이 있습니다. 사도 '요한'이 기억하는 악한 지도자 '디오드레베'같은 이(요삼 1:9)도 있습니다. 교회에는 언제나 영향력을 끼치기 좋아하는 악역들이 있는데, 이들은 모두 자기가 정의의 사도처럼, 빛의 천사처럼 위장하고 있습니다. 그들이 불쌍한 사람이 되지 않도록 저희의 영혼을 붙잡아 주옵소서!

저희를 교회 일꾼으로 부르신 예수님의 이름으로 기도드립니다. 아멘!

골방기도 / 전도·선교

예수님처럼 살고 싶을 때 드리는 기도! (235)

믿음으로 세상을 이기는 자가 되게 하옵소서!

> "무릇 하나님께로부터 난 자마다 세상을 이기느니라 세상을 이기는 승리는 이것
> 이니 우리의 믿음이니라 예수께서 하나님의 아들이심을 믿는 자가 아니면 세상을
> 이기는 자가 누구냐." (요일 5:4-5)

사랑하는 하나님! 저희가 보내심을 입고 살아가는 이 땅은 생각처럼 만만 하지 않고 엄청난 시련의 폭풍우가 일고 무서운 광풍이 몰아치는 세상입 니다. 모든 인류가 대륙과 종족을 넘어 무한 생존경쟁의 위기 앞에 놓여있 고, 미국, 중국이 보유하고 있는 핵무기만도 만 개가 넘고, 강대국들이 엄 청나게 보유하고 있는 핵으로 인해 세계는 불안해하고 있습니다.

인류가 살고 있는 이 땅은, 기후위기 온난화 등으로 가을까지 폭염과 열대 야가 지속되는 이상 현상이 지속 되고 있고, 날마다 파괴되는 환경들은 결 국은 빙하를 녹게 하고 해수를 오염시켜 급속도로 변화되는 환경 때문에 심한 몸살을 앓고 있고, 저희는 지구의 최후가 언제 어떤 모습으로 올지 불안해하고 있습니다. 시대를 어떻게 살아야 할지 지혜를 주옵소서!

나라마다 전쟁 공포, 핵 공포, 거기다 자연재해 등이 겹치고 있습니다. 강 대국은 강대국대로 위기에 직면해 있고, 작은 나라나 약체 나라들은 식량

위기나 교육위기, 질병이나 내전(內戰)으로 홍역을 치르고 있습니다. 특히, 교회는 교회대로 기력을 잃었습니다. 하나님께서 이 시대를 사는 저희에게 은혜와 복을 주셔서 험한 세상에서 승리하게 하시옵소서!

험한 세상을 살며 승리하는 길은 오직 믿음으로 사는 것입니다. '믿음이 이기네.' 찬송처럼 험한 인생의 파도와 삶의 풍랑은 믿음으로만 이길 수 있습니다. 하나님께로 난 자, 즉 예수님께서 하나님의 아들이심을 믿는 그 믿음이 세상을 이깁니다. 저희에게 이 원시적인 믿음을 주시어 험한 세상에서 승리하게 하여 주옵소서! 주님은 오셔서 모든 삶에 승리하셨습니다.

주님은 병든 자를 고치시어 질병에서 승리하시고, 바다를 꾸짖어 잠잠케 하시므로 자연을 정복하시고, 귀신들린 자를 고치셔서 귀신도 정복하시고, 죽음에서 살아나심으로 죽음을 정복하셨습니다. 부활하여 승천하심으로 영원한 승리를 얻으셨습니다. 저희도 주님께서 얻으신 승리를 얻게 하옵소서! 주님께서 세상을 이기신 것처럼 저희도 세상을 이기게 하옵소서!

"세상에서는 너희가 환란을 당하나 담대하라. 내가 세상을 이기었노라."(요한 16:33)고 하신 저희의 영원한 대장이신 주님을 따라 저희도 승리하게 하옵소서! "예수께서 하나님의 아들이심을 믿는 자가 아니면 세상을 이기는 자가 누구냐." (요일 5:5)고 하셨으니, 저희가 이 세상을 치료하고 고치고 다스리시는 주님을 믿는 믿음으로 세상을 이기게 하여 주시옵소서!

저희에게 큰 이김을 주시는 예수님의 이름으로 기도드립니다. 아멘!

골방기도 / 전도-선교

예수님처럼 살고 싶을 때 드리는 기도! (238)

선교를 위하여 건강한 마음을 갖게 하옵소서!

"이제는 이 지방에 일할 곳이 없고 또 여러 해 전부터 언제든지 서바나로 갈 때에
너희에게 가기를 바라고 있었으니 이는 지나가는 길에 너희를 보고 먼저 너희와
사귐으로 얼마간 기쁨을 가진 후에 너희가 그리로 보내주기를 바람이라."

(로마 15:23-24)

하나님! 사도 '바울'을 역사상 가장 위대한 선교사요 목회자, 신학자로 세
우셔서 복음을 전해 주시고 세계 선교를 통하여 오늘 저희에게 복음의 능
력이 미치게 해주시니 고맙습니다. 하나님께서 추수 때가 가까워진 때에
선교의 열정을 주시고 그를 시대의 선교사로 세우심은 저희에게 베푸신
은총의 선물입니다. 복음의 수혜자 된 저희도 증인이 되게 하옵소서!

주님! 사도 '바울'이 처음 '아시아'에 복음을 전하려 했을 때 왜 막으셨는지,
'비두니아'에 가려고 했을 때 왜 막으셨는지 모르지만, 원대한 하나님의 계
획을 이루시려는 뜻인 줄 믿습니다. 이후 '마케도니아'를 열어주시고 '유럽'
을 통하여 복음이 전 세계로 전파되게 하신 비밀하신 뜻을 어렴풋이 헤아
립니다. 가는 곳마다 사람들을 준비시켜 주신 것도 은혜입니다.

그리고 지금 아직 '아가야'에 있지만, 그의 가슴은 이미 땅끝 '서반아'를 염
두에 두고 있습니다. '바울' 사도는 선교의 열정에 불타고 있었지만, 한 번

도 자의적으로 판단하지 아니하고 기도의 응답을 따라 움직이며 하나님의 인도를 구한 것을 봅니다. 하나님께서 세계 선교의 꿈을 꾸는 저희에게도 이 선교의 모델을 따라 기도하며 주님의 길을 가게 하옵소서!

아직 가본 적이 없는 '로마 교회'에 이 편지를 쓰면서, 그곳에 가서도 하나님의 은혜를 나누고, 무엇보다 그 교회가 기도와 후원으로 파송해 주면 '서반아' 선교를 가슴에 그리고 있었습니다. 그는 '예루살렘'과 '유대'와 '사마리아'와 땅끝까지 이르러 증인이 되리라(사도 1:8)는 주님의 예언을 가슴에 품고, 자신이 예언의 성취를 목표로 하고 있었던 것 같습니다.

그래서 '예루살렘', '유다', '사마리아' 등 복음이 지나온 자취의 마지막 목적지인 땅 끝으로 가고 싶었고 그 땅 끝은 '서반아'로 믿었습니다. 바로 그곳을 '로마교회'의 후원으로 가고 싶었습니다. 물론 그는 그동안 교회들의 도움과 스스로 천막을 만든 잉여금으로 선교했지만, 이제는 선교가 개인의 의지나 힘보다 주님의 교회가 함께 감당해 주기를 구했습니다.

하나님! 오늘 저희의 마음속에 아직도 열리지 않은 미전도 종족이나 국가에 사랑의 복음을 전하려는 열정을 주옵소서! 그리고 그 선교의 열정을 품은 선교사들을 교회가 파송하여 후원하고, 돌아와 보고하고 기쁨의 소식을 공유하고, 다시 나가 일하고, 또 후원하는 선순환이 지속적으로 이루어지는 아름다운 선교 시스템이 구축되도록 하나님께서 도와주옵소서!

세상에 복음을 전하도록 명하신 예수님의 이름으로 기도합니다. 아멘!

10. 전도-선교를 위한 기도

골방기도 / 전도-선교

예수님처럼 살고 싶을 때 드리는 기도! (311)

사람들은 누구나 똑같음을 알게 하옵소서!

"예수께서 이르시되 내가 진실로 네게 이르노니 오늘 이 밤 닭이 두 번 울기 전에 네가 세 번 나를 부인하리라 베드로가 힘 있게 말하되 내가 주와 함께 죽을지언정 주를 부인하지 않겠나이다 하고 모든 제자도 이와 같이 말하니라."

(마가 14:30-31)

사랑하시는 하나님! 사람들이 어떤 유명한 사람들은 인품이 더 훌륭해 보이고, 또 알려진 유명한 이들은 어딘가 더 훌륭하고 존경할만한 것처럼 생각되지만, 인생들은 모두 거기서 거기입니다. 그런 의미에서 '베드로'가 '고넬료'의 집에 들어갔을 때 '고넬료'를 비롯한 이들이 절하는 것을 보고 "우리도 같은 사람이다."(사도 10:26)는 '베드로'의 말은 맞습니다.

'루스드라'에 나면서 걷지 못하고 걸어 본 적이 없는 사람을 '바울'과 '바나바'가 예수님의 이름으로 일으키자, 무리들이 이들은 사람의 형상으로 세상에 오셨다며 '바나바'는 '제우스'라 하고 '바울은' '말하는 자이므로 '헤르메스'라 하여, 제우스 신당의 제사장이 소와 화환들을 가지고 왔습니다. 대문 앞에 와서 무리와 제사하려고 할 때 '바울'이 이를 금합니다.

이들도 모두 약점 많고 연약한 인간들입니다. '베드로'가 주님을 부인하지 않겠다고 할 때, 그만이 아니라 다른 제자들도 다 이와 같이 다짐을 했습니다.(마가 14:31) '베드로'만 부인한 게 아니라 다른 제자들도 다 도망가고 숨었습니다. "제자들이 다 예수를 버리고 도망하였고" (마가 14:50) 예수님이 죽으실 때 거기는 사도 '요한' 밖에 없었습니다. (요한 19:26)

'야고보'와 '요한'이 예수님의 좌우편에 앉게 해달라는 부탁을 했을 때 "너희가 내가 마시는 잔을 마시고, 내가 받는 세례를 받을 수 있느냐?"고 질문했고, 할 수 있다는 대답을 들으신 주님은 "너희가 나의 잔을 마시며 나의 받는 세례를 받으려니와, 좌우편에 앉히는 것은 내가 줄 것이 아니라."(마가 10:35-41)고 하시자 열 제자가 그들에 대해 화를 냅니다.

예수님의 제자 중 어느 누가 주님에 대한 '빌라도' 재판에 항의한 사람이 없고, 십자가를 지고 피 흘리며 정신을 잃어갈 때, 십자가를 붙잡고 통곡한 제자가 없고 "우리 선생님을 죽이려면 나도 죽여라!"거나 "나도 잡아가라!"고 나선 이도 없습니다. 한결같이 부인하고 숨고 도망가고 없었습니다. '베드로'를 비난하고 제자들을 정죄하는 우리도 똑같습니다.

우리는 모두 하나님 앞에 같은 성정을 가진 같은 죄인입니다. 누구는 순교자처럼 행세하고, 누구는 '바울' 사도처럼 말하며 누구는 '베드로'를 비난하지만, 위기의 순간에는 모두 부인하고 도망갈 수 있습니다. 함부로 정죄하고 비난하는 대신 그들의 죄와 실수를 보는 순간, 자신의 연약함을 돌아보아 넘어질까 조심하는 (고전 10:12) 저희가 되게 하시옵소서!

저희에게 지혜와 힘을 주신 예수님의 이름으로 기도드립니다. 아멘!

골방기도 / 전도·선교

예수님처럼 살고 싶을 때 드리는 기도! (320)

인생의 생각은 늘 어리석음을 알게 하옵소서!

"빌립이 대답하되 각 사람으로 조금씩 받게 할지라도 이백 데나리온의 떡이 부족하리이다 제자 중 하나 곧 시몬 베드로의 형제 안드레가 예수께 여짜오되 여기 한 아이가 있어 보리떡 다섯 개와 물고기 두 마리를 가지고 있나이다 그러나 그것이 이 많은 사람에게 얼마나 되겠사옵나이까."　　　　　　　　　　　　(요한 6:7-9)

사랑하는 하나님! 교회 공동체 안에서 다양한 이들이 모여 신앙생활 하는 중에, 어떻게 하는 것이 신앙적인 방법인지 가르쳐 주옵소서! 특히 교회 안에 크고 작은 문제들을 만났을 때, 어느 것이 하나님의 뜻인지 알기 위하여 회의도 하고 토론도 하지만 그때마다 자기주장과 이론들을 가지고 갑론을박을 해야 분쟁만 생깁니다. 저희에게 지혜를 주시옵소서!

신약 성경에 같은 사건이 유일하게 네 복음서에 모두 실린 '벳새다' 광야의 '오병이어 기적'을 베푸실 때, 거기에서 주님께 떡을 배불리 먹은 이들이 여자와 아이 외에 오천 명이라고 했습니다. 예정되어 있던 행사도 아니고 재정이 많이 있거나 음식을 사 먹을 수 있는 점포가 많은 것도 아닙니다. 순전히 제자들의 쉼을 위해 간 곳에서 생긴 일입니다.

주님께서 제자들이 식사할 겨를도, 잠시 쉴 틈도 없는 것을 아시고 잠시 피정을 하라고 하셨고, 이 제자들의 움직임이 곧 사람들에게 노출되어 예수님과 제자들이 '벳새다' 광야 어느 곳으로 이동한다는 소문이 퍼지자 금방 구름처럼 사람들이 몰려들어 큰 무리를 이루었고, 예수님은 무리에게 영혼의 양식만 아니라 먹을 양식도 준비해 주시기로 작정하십니다.

그런데 그때 '빌립'이 "각 사람으로 조금씩 받게 할지라도 이백 데나리온의 떡이 부족하리이다."고 했습니다. 워낙에 많은 무리라 사 먹인다고 해도 수천만 원어치나 든다는 부정적인 생각이고, '안드레'는 "여기 한 아이가 있어 보리떡 다섯 개와 물고기 두 마리를 가지고 있으나, 그것이 이 많은 사람에게 얼마나 되겠습니까?" 하며 별 의미가 없다는 것입니다.

결국, 교회 안에서 쉽게 할 수 있는 말은 "이 돈 가지고 뭐가 되겠느냐?"는 부정적인 생각이나, 비판적인 생각입니다. 그런데 그때 예수님은 이들을 오십 명씩, 백 명씩 떼를 지어 앉히라는 것이었고, 그것은 주님은 완전한 식사 준비를 끝내셨다는 뜻의 명령입니다. 주님은 그들이 가진 떡 다섯 개와 물고기 두 마리를 떼어 제자들에게 나누어 주게 하셨습니다.

열두 명의 제자들은 각각 주님이 축사하신 떡과 생선을 광야에 떼 지어 앉은 무리들에게 나눠주기 시작했고 그들은 자신의 소원대로 배불리 먹고도 열두 광주리가 남았습니다. 오늘 이 시대에도 광야에서 주린 백성들 앞에서 다양한 이론과 여러 사람의 별별 소리를 뒤로하고, 주님의 말씀에 귀를 기울이다가 하나님의 기적을 보는 저희가 되게 하옵소서!

저희를 영육간에 먹이신 예수님의 이름으로 기도합니다. 아멘!

골방기도 / 전도·선교

예수님처럼 살고 싶을 때 드리는 기도! (325)

기적과 능력으로 전도의 동력을 주옵소서!

"여자의 말이 내가 행한 모든 것을 그가 내게 말하였다 증언하므로 그 동네 중에 많은 사마리아인이 예수를 믿는지라."   (요한 4:39)

사랑의 하나님! 저희가 하나님을 아버지로, 예수님을 구주로 믿고 사는데, 전에 '도마'가 부활하신 예수님께서 오셨을 때, 함께 있지 아니하여, 다른 제자들이 그에게 "우리가 주를 보았다." 말하자 '도마'는 "내가 그 손의 못 자국을 보며 내 손가락을 그 못 자국에 넣으며, 내 손을 그 옆구리에 넣어 보지 않고는 믿지 아니하겠노라." (요한 20:25)고 장담합니다.

여드레 후에, 이번에는 '도마'가 있을 때 오셔서 "네 손가락을 이리 내밀어 내 손을 보고, 네 손을 내밀어 내 옆구리에 넣어 보라. 그리하여 믿음 없는 자가 되지 말고 믿는 자가 되라."고 하십니다. 그러자 '도마'는 손을 내밀어 옆구리를 만져보지도 않고 그 자리에서 무릎을 꿇고 "나의 주님이시요, 나의 하나님이십니다. (요한 20:27-28)고 고백한 것을 봅니다.

예수님은 "너는 나를 본 고로 믿느냐? 보지 못하고 믿는 자들은 복 되도다."(요한 20:29)고 하시지만, 사람들은 언제나 보고 확인해야 믿었습니다. 바리새인들도 예수님을 힐난하며 하늘에서 오는 '표적'을 구했고(마가 8:11),

예수님께서 '갈릴리' 건너편으로 가실 때 큰 무리가 따랐는데, 이유는 병자들에게 행하시는 표적을 보았기 때문(요한 6:1-2)이었습니다.

성경에서 '하나님께 영광'이 되었다고 하면 늘 주님의 기적이 있었습니다. 두 맹인이 눈을 뜨는 것을 보며 "이런 권능을 사람에게 주신 하나님께 영광을"(마태 9:8) 돌립니다. 소문이 땅에 퍼지는 것은, 그로 인해 무리가 증가되었다, 부흥했다는 것입니다. 회당장의 딸이 살아난 다음 "그들이 나가서 예수의 소문을 온 땅에 퍼뜨리니라."(마태 9:31)고 했습니다.

예수님께서 '가버나움'에서 귀신들린 자를 고치자 "소문이 그 근처 사방에 퍼지니라." (누가 4:37)고 했습니다. "이 소문이 온 유대와 사방에 두루 퍼지니라."(누가 7:17)고 했습니다. "예수의 소문이 더욱 퍼지매 수많은 무리가 말씀도 듣고 자기 병도 고치러 왔다." (누가 5:15)고 했습니다. "이 소문이 온 유대와 사방에 퍼지니라."(누가 5:16)고 기록했습니다.

고쳐주면 사람들이 몰려옵니다. "이는 많은 사람을 고치셨으므로 병으로 고생하는 자들이 예수를 만지고자 하여 몰려왔음이더라."(마가 3:10) 고침 받는 것을 보면 믿습니다. 백부장의 이들이 "예수께서 네 아들이 살아있다 말씀하신 그때인 줄 알고 자기와 온 집안이 다 믿으니라."(요한 4:53) 저희에게 기적을 주시어 소문나게 하시고 고침을 받게 하옵소서!

기적의 사건을 허락해 주실 예수님의 이름으로 기도드립니다. 아멘!

골방기도 / 전도-선교

예수님처럼 살고 싶을 때 드리는 기도! (332)

우리 시민권이 하늘에 있음을 알게 하옵소서!

"그러나 우리의 시민권은 하늘에 있는지라 거기로부터 구원하는 자 곧 주 예수 그리스도를 기다리노니 그는 만물을 자기에게 복종하게 하실 수 있는 자의 역사로 우리의 낮은 몸을 자기 영광의 몸의 형체와 같이 변하게 하시리라."

(빌립 1:20-21)

하늘의 하나님! 저희를 사랑하시어 순간순간 동행하시고, 저희를 넘어지지 않게 하시고, 때마다 일마다 도와주시니 고맙습니다. 땅에 사는 동안 위로와 격려, 인도와 동행, 지키시고 막으시며 싸워주시니 고맙습니다. 그러나 더욱 좋은 것은 저희가 이 땅을 떠나 완전한 하나님의 나라에 도착했을 때는 그 좋으신 하나님을 대면하여 뵙고 산다는 것입니다.

좋으신 하나님! 살면서 힘든 일이 많이 있어도 하나님께서 우리를 안아주실 그 나라, 억울한 일을 많이 당하고 분을 참으면서 살던 저희를 목 놓아 울도록 위로해 주실 나라가 하나님 나라입니다. 세상에서 아무도 알아주는 이 없는 외로운 봉사자의 자리에서 허리가 휘도록 수고했는데, 누구에게도 치하 받지 못한 수고를 칭찬받을 그 나라가 하나님 나라입니다

거기가 본향이라는 게 감격입니다. 생각만 해도 가슴이 설렙니다. 그래서 사도 '바울'이 "우리의 시민권이 하늘에 있다."고 했습니다. 그는 지금부터

그 나라를 기다린다고 했는데 저희도 지금부터 사모하게 하옵소서! "내 본향 가는길 보이도다. 인생의 갈 길을 다 달리고 땅위의 수고를 그치라 하시니, 내 앞에 남은 일 오직 저 길" 607장 찬송을 생각합니다.

"주 예수 예비한 저 새집은 영원히, 영원히 빛나는 집. 거기서 성도들 즐거운 노래로 사랑의 구주를 길이 찬송. 평생에 행한 일 돌아보니 못다 한 일 많아 부끄럽네. 아버지 사랑이 날 용납하시고 생명의 면류관 주시리라. 아멘!" 사랑의 하나님! 이날을 그리워하며 그날에 본향에서 일어날 꿈을 꿉니다. 그 나라에 갈 때까지 믿음이 흔들리지 않게 하시옵소서!

사랑의 하나님! 복중에 있는 아이가 세상에 나갈 희망으로 답답하고 불안하고 고통스러운 시간을 보내는 열 달 동안, 그는 이런 의식이 없이 지나겠지만, 지금 저희는 성경에 약속한 날 그 나라를 사모하기에 조금 힘이 들어도 믿음으로 참고, 조금 억울해도 그 날을 생각하며 참고, 조금 분한 일도 그날 저를 위로해 주실 하나님을 생각하며 잘 견디게 하옵소서!

지금 사는 이 나라가 최종 목적지가 아니고, 저희가 꿈꾸는 나라가 아닙니다. 주님께서 세상에서 수치와 고통을 당하면서 그 나라를 생각하고 참으셨듯이, 저희도 그 나라를 사모하며 참고 견디게 하옵소서! 하늘나라 시민답게 믿음을 지키고 천국 백성처럼 품위 있게 살게 하옵소서! 누가 어떻게 하면 주님처럼 사느냐고 물으면 이렇게 살라고 말하게 하옵소서!

천국에서 우리를 기다리시는 예수님의 이름으로 기도합니다. 아멘!

11.
사회생활을 위한 기도
(30편)

골방기도 / 사회생활

예수님처럼 살고 싶을 때 드리는 기도! (290)

나이 들어 추하지 않게 하옵소서!

"야곱의 집이여 이스라엘 집에 남은 모든 자여 내게 들을지어다 배에서 태어남으로부터 내게 안겼고 태에서 남으로부터 내게 업힌 너희여 너희가 노년에 이르기까지 내가 그리하겠고 백발이 되기까지 내가 너희를 품을 것이라 내가 지었은즉 내가 업을 것이요 내가 품고 구하여 내리라." (이사 46:3-4)

사랑의 하나님! 오늘까지 건강하게 하심이 은혜입니다. 나이 들면 병들고 약하여 힘없는 몸이 되고, 기력이 다하여 삶의 의욕이 사라지고, 목소리도 힘이 떨어지고, 기억력도 약해집니다. 단어나 어휘도 생각이 안 나고, 문장의 연결도 힘듭니다. 하나님께서 종을 나이 들어 기피당하는 자가 되지 않게 하시고, 하나님 은혜가 넘치는 모습으로 살게 하옵소서!

몸의 냄새로 아이들과 젊은이들이 멀리하는 자가 되지 않게 하시고, 말이 어눌해서 제 말을 듣는 이들이 답답하지 않게 하옵소서! 다리에 힘을 주시어 떨리지 않게 하시며, 척추를 건강하게 하시어 구부정한 모습이 되지 않게 하옵소서! 언제나 밝은 눈으로, 실수 없는 입술로, 보는 이들에게 누(累)가 되지 않게 하옵소서! 사지백체가 온전하게 늙게 하옵소서!

하나님께서 120세의 모세를 부르실 때처럼, 청년의 기력을 갖게 하시고, 몰골이 흉하지 않게 하시고, 나이 들어 품위를 잃지 않게 하옵소서! 나이

들어도 추하지 않게 하시고, 늙음 때문에 수치를 당하지 않도록 붙잡아 주옵소서! 나이가 들어도 얼굴이 흉하게 변치 않게 하시고, 뼈가 약하여 무너지지 않게 하옵소서! 속사람이나 겉 사람을 지켜 주옵소서!

저희 인생들이 나이 들고 병들어 힘들어, 외로움을 타기보다는, 홀로 하나님을 묵상하는 행복, 홀로 사색하는 여유로움 등 나이 들며 누릴 수 있는 순기능이 더 많게 하옵소서! 세상이 외면할수록 하나님께서 가까이 해주시고, 세상이 배척할수록 하나님께서 더욱 뜨겁게 사랑하심을 알게 하옵소서! 나이 들며 행복한 일들만 만나게 하시고 기억나게 하옵소서!

나이 들어 가난하고 구차하여 자녀들은 물론 지인들에게 연락을 거절당하고 소외당하여, 저의 삶이 무너지지 않게 하옵소서! 젊은 시절에 육체의 욕망 때문에 무너지지 않고, 나이 들어 탐욕에 눈이 어둡지 않게 하옵소서! 젊은 그리스도인들만이 아니라, 원로 목회자에게도 많은 미혹이 있사오니 끝내 기도로 이기게 하옵소서! 주님의 능력으로 이기게 하시옵소서!

특히 주님을 믿는 저희가 노년에도 아름답게 익어 가게 하시고, 나이 들어도 추하지 않고 경건하게 하옵소서! 인생을 빛나게 하는 청춘이나 지식은 빛이 바랬다 하더라도, 저희의 내면에서 풍기는 인품과 신앙의 덕과 사랑 때문에 사람들에게 존경받고 신뢰받게 하시옵소서! 후패한 육체보다 더 빛나는 믿음의 힘이 사람들에게 그대로 전달되게 하시옵소서!

우리 구주이신 예수 그리스도의 이름으로 기도드립니다. 아멘!

골방기도 / 사회생활

예수님처럼 살고 싶을 때 드리는 기도! (291)

추하게 늙지 않게 하옵소서!

"하나님이여 내가 늙어 백발이 될 때에도 나를 버리지 마시며 내가 주의 힘을 후대
에 전하고 주의 능력을 장래의 모든 사람에게 전하기까지 나를 버리지 마소서."

(시편 71:18)

하나님! 나이가 들어가며 추하지 않게 하옵소서! 나이 들면 빛나는 면류관
같은 영광스러운 젊음은 사라지고, 피부도 노화되고, 근력도 손실되고, 뼈
마디가 약해져도 품격은 잃지 않게 하옵소서! 가난하게 살아도 거지 근성
은 버리게 하옵소서! 구걸하여 살려는 마음을 버리게 하옵소서! 주머니 캐
러멜 하나라도 나눌 마음을 주옵소서! 말 수를 줄이게 하옵소서!

아무것도 드러낼 만한 것 없는 과거를 자랑하지 않게 하시고, 자신의 부족
함을 고백하게 하옵소서! 지난 과거에 집착하여 미련을 버리지 못하는 어
리석음에서 벗어나, 지나가 버린 영화를 내려놓게 하옵소서! 흘러간 세월
이, 지금도 소환하면 자신에게 달려올 것 같은 착각에서 벗어나, 추억은
가슴에 두고 음미하며 현실을 지혜롭게 적응하며 살게 하시옵소서!

모든 양기가 입으로 모인다는 노년에, 할 수 있는 대로 젊은이나 다음 세
대들이 기피 하는 인물이 되지 않게 하시고, 자신의 경험이 권위처럼 생각

되고, 나이가 진리의 증거인 줄 아는 착각에 빠지지 않게 하옵소서! 저희에게 있는 것으로 족한 줄 알고, 탐욕의 노예가 되지 않게 하시고, 노욕으로 인해 부끄러움 당하지 않게 하시고 재물에 자유하게 하옵소서!

이제 모두 놓고 떠나야 하는 나그네 길 마지막 정거장임을 알게 하옵소서! 자신을 미워하고 괴롭히던 사람은 기억에서 지우고 자신을 사랑했던 이들을 기억하며 평화롭게 하옵소서! 가슴에 나쁜 감정이나 원한이 있는 사람들의 이름을 지우고, 은혜를 베푼 이들의 기억만 있게 하옵소서! 자신을 절제하여 추한 자리로 곤두박질하지 않고, 사랑으로 살게 하옵소서!

나이 들어 말 많은 늙은이 취급받지 않고, 어른이 되어 침묵하는 스승이 되게 하옵소서! 훈계로 사람들을 가르치려는 것이 아니라, 삶으로 인생을 보여주게 하옵소서! 오늘이라도 주님의 부르심을 받으면 모든 욕심을 내려놓고, 게걸스럽게 먹던 음식조차 삼키지 못하고 떠나야 하는 시간이 다가오는데, 주머니와 가방에 구겨 넣은 것들을 토해내게 하시옵소서!

우리의 욕심을 채우기에는 앞으로도 시간이 부족하지만, 자신을 가꾸기에는 지금도 충분한 이때, 영원하신 하나님 앞에는 100세가 되어도 어린아이인 자신을 돌아보아, 하나님의 기준에 합당한지 돌아보게 하옵소서! 머물다 떠난 자리에 다음 세대들이 둘러앉아 옛이야기를 나눌 때, 아름다운 추억이 되는 어른으로 기억되는 경건함으로 살다 떠나게 하옵소서!

저희 스승이신 예수 그리스도의 이름으로 기도합니다. 아멘!

골방기도 / 사회생활

예수님처럼 살고 싶을 때 드리는 기도! (292)

미래를 두려워하지 않게 하옵소서!

"평안을 너희에게 끼치노니 곧 나의 평안을 너희에게 주노라 내가 너희에게 주는 것은 세상이 주는 것과 같지 아니하니라 너희는 마음에 근심하지도 말고 두려워하지도 말라." (요한 14:27)

하나님! 저희가 오늘 이 땅에 살고 있지만, 내일 어떤 일이 일어날지 아무도 모르는 삶입니다. 그러나 "너희는 마음에 근심하지 말라. 하나님을 믿으니 또 나를 믿으라!"(요한 14:1)고 하신 말씀을 믿고, 불안해하지 않고 마음에 평안을 갖게 하옵소서! 내일 당장 무서운 고난이 닥쳐올 것 같고, 설령 캄캄한 미래가 다가올지라도 두려워하지 않게 하시옵소서!

하루하루 불안이 엄습해도 하나님을 믿는 믿음으로 이기게 하옵소서! 내일의 삶이 불안하고, 근심과 염려가 찾아와도 두려워 떨지 않게 하옵소서! 하나님은 환난 날의 도움이 되시며 위험한 골짜기에서 저희의 피난처가 되심을 알게 하옵소서! 아직 다가오지 않은 일 때문에 미리 두려워하지 않게 하시고, 내일은 내일이 염려하게 하고 은혜로 살게 하옵소서!

"내가 사망의 음침한 골짜기로 다닐지라도 해를 두려워하지 않을 것은, 주께서 나와 함께 하심이라. 주의 지팡이와 막대기가 나를 안위하시나이다."

(시편 23:4)고 고백하는 저희의 믿음은 그 어떤 위험이나 위협이 와도 주님을 신뢰하는 믿음이 더 크기에 이길 줄 믿습니다. 영혼을 향하여 어두움의 세력이 무서운 기세로 달려와도 두려워하지 않게 하옵소서!

하나님은 지난 날 과거에도 저희의 보호자이시며, 지금 현재에도 저희의 인도자이시며, 다가오는 미래에도 저희를 지키시는 분이십니다. 그러므로 옛적부터 지금까지 함께하신 하나님! 지금도 지켜 주시는 하나님께서 앞으로도 함께해 주실 줄로 믿습니다. 하나님은 영원부터 영원까지 저희를 지켜 보호하심을 믿습니다. 따라서 하나님은 영원히 저희의 왕이십니다.

전능하신 하나님! 저희는 하루 앞도 내다볼 수 없습니다. 하루는커녕 한 시간 뒤에 일어날 일도 모릅니다. 따라서 매일 매 순간 불안과 두려움의 시간을 맞이하고 보내야 합니다. 이때, 저희의 빛이 되시옵소서! 폭풍같이 몰아칠 위험에서 저희를 건져 주실 것이기에 두려워하지 않게 하시고, 집채 만한 위험이 굴러와도 막아주실 것을 믿고 안연하게 하옵소서!

하나님은 저희에게 언제나 도움의 돌이요, 언제나 안전한 구원의 반석이십니다. 칠흑같이 어두운 길에서도 빛이시며, 무서운 적들이 공격해대는 창과, 비 오듯 날아오는 화살을 막아주실 방패이십니다. 영원한 구원의 산성이시며 대적들의 공격에 안전히 피할 바위이십니다. 그러므로 두려워하지 않게 하옵소서! 저희의 삶이 대적으로 인해 위축되지 않게 하옵소서!

저희의 힘이 되시는 예수 그리스도의 이름으로 기도드립니다. 아멘!

골방기도 / 사회생활

예수님처럼 살고 싶을 때 드리는 기도! (279)

평안히 눈을 감게 하시옵소서!

"아브라함의 향년이 백칠십오 세라 그의 나이가 높고 늙어서 기운이 다하여 죽어 자기 열조에게로 돌아가매"　　　　　　　　　　　　(창세 25:7-8)

하나님! 치열한 전투를 마친 세상에서 저를 부르실 때 평안이 하나님 앞에 설 수 있도록 허락하옵소서! 세상에서 고난 가득한 험난한 삶을 살았더라도, 주님이 부르실 때 깊은 잠들 듯이 영원한 주님께로 갈 수 있도록 은혜를 주옵소서! 고통 중에 악을 쓰며 세상 떠나지 않고, 참혹한 사고를 당하여 모습조차 보기 두려운 모습으로 가지 않게 하옵소서!

종이 간절히 기도합니다. 하나님께서 저를 부르시는 날에 평안히 눈을 감게 하시고 "세상에서 가장 행복한 것은 내가 하나님께로 가는 것이고, 또 행복한 것은 하나님과 함께 있고, 하나님 안에 있다!"는 사실을 알게 하옵소서! 하나님께서 종을 불쌍히 여기시어 세상에서 누리던 삶을 정리하고 돌아갈 때 행복하고 평안한 중에 돌아갈 수 있도록 복 주시옵소서!

저희 지인들도 피곤하고 지친 삶을 살았더라도 행복한 마지막 모습을 허락하옵소서! 평생을 살다가 사고로 목숨 잃지 않게 지켜 주시고, 화재를 만나 온몸이 타버려 흉측한 모습으로 세상 떠나지 아니하게 하시고, 괴한들에게 억울한 죽음에 이르지 않고, 객사하지 않게 지켜 주옵소서! 하나님께서 평안하고 행복하게 잠들듯이 떠날 수 있도록 도와주옵소서!

저희 죽음을 본 사람들이나 가족들이, 제가 있던 방에 들어와서 마지막 모습을 보며 행복하게 하시고, 무서운 모습 때문에 출입하기 어려운 집이 되지 않게 해 주옵소서! 저를 사랑하셔서 이 땅에 살다가 가는 바로 그때, 종에게 평화를 허락하여 주옵소서! 종에게 행복한 마지막을 볼 수 있도록 하나님께서 허락하여 주시옵소서! 마지막이 아름답게 하옵소서!

저희 죽음을 보며 사람들이 아쉬워하고 슬퍼하고 그리워하게 하옵소서! 저의 죽음을 당연한 것처럼 혹은 벌(罰)처럼, 하나님의 미움을 받은 사람처럼 생각하는 것이 아니라 하나님의 복을 받은 사람으로 생각할 수 있게 하옵소서! 종이 떠난 다음에 사람들이 그리워하고 보고 싶어 하는 대상이 되게 하옵소서! 이처럼 언제나 하나님 안에서 살아가게 하옵소서!

사는 동안에도 사람들을 행복하고 기쁘고 즐겁게 할뿐더러, 세상을 유익하게 하고 섬김과 봉사로 살게 하시되 특별히 마지막 종을 불러 가실 때는 그동안 저를 알고 있던 사람들이 제가 세상을 떠나간 것 때문에 아쉬워하며 만날 수 없는 것 때문에 슬퍼하며, 그 이상 같이할 수 없는 것에 대한 그리움이 있는 사람이 되게 세상을 잘 살게 하시옵소서!

언젠가 우리를 만나게 하실 예수님의 이름으로 기도드립니다. 아멘!

골방기도 / 사회생활

예수님처럼 살고 싶을 때 드리는 기도! (285)

치열한 전투에서 승리하게 하옵소서!

"바로가 야곱에게 묻되 네 나이가 얼마냐 야곱이 바로에게 아뢰되 내 나그네 길의
세월이 백삼십 년이니이다 내 나이가 얼마 못 되니 우리 조상의 나그네 길의 연조
에 미치지 못하나 험악한 세월을 보내었나이다 하고."

(창세 47:8-9)

사랑의 하나님! 저희 인생들을 하나님의 형상과 모양을 따라 지으시고, 하
나님께서 지으신 땅에 각각의 사명을 주시어 보내심이 은혜입니다. 보내
실 때 빈손으로 세상에 나온 것처럼 보이지만, 이미 그 손에는 각양의 능
력과 다양한 은사를 선물로 주시어 각기 보내진 곳에서 세상을 섬기고 하
나님의 나라를 세우도록 하셨음이 말할 수 없는 특별한 은혜입니다.

흙으로 지은 육체가 나이 들고 기력이 쇠하여 늙고 병들어 이 이상은 주신
사명을 감당하지 못할 때, 우리를 부르시어 하나님과 영원의 세월을 살게
하심은 신비입니다. 이 땅에 사는 동안 소풍이나 나들이 온 것처럼 행복과
즐거움으로만 살지 않고, 영적 전장(戰場)에 보낸 병사처럼 치열한 전투를
하게 하셨습니다. 이 전장의 전투에서 이기게 하시옵소서!

"우리의 씨름은 혈과 육을 상대하는 것이 아니요, 통치자들과 권세들과 이
어둠의 세상 주관자들과 하늘에 있는 악의 영들을 상대함이라." (에베 6:12)

고 하신 것처럼 세상은 우리가 상대해서 싸워야 할 어두움의 세상 주관자들이 지배하는 죄악의 땅이 되었고, 그들의 노예가 되어 어둠에 갇힌 하나님의 자녀들을 빛으로 구출하는 영적 전쟁을 하게 하셨습니다.

그러기위해 필요한 영적 무장 즉 "진리로 허리띠를 띠고, 의의 호심경을 붙이고, 평안의 복음이 준비한 것으로 신을 신고, 모든 것 위에 믿음의 방패를 가지고, 이로써 능히 악한 자의 불화살을 소멸하게 하시고, 구원의 투구와 성령의 검 곧 하나님의 말씀"을 가지게 하옵소서! (에베 6:14-17) 항상 성령님 안에서 깨어 구하기를 힘쓰게 하옵소서! (에베 6:18)

저희에게 맡겨진 전장에서 최선을 다하여 목숨 걸고 충성스러운 군사로 전투에 참여하여, 대장 되신 주님의 지휘를 받으며 기어이 승리하게 하시고, 마침내 땅에서의 처절한 싸움이 끝날 때 "저는 선한 싸움을 싸우고 달려갈 길을 마치고 믿음을 지켰습니다." (딤후 4:7)며 승리의 보고를 드릴 수 있게 하옵소서! 그리하여 끝내 영광의 면류관을 쓰게 하옵소서!

사도 '바울'도 고난과 능욕을 당하였으나 하나님을 힘입어 많은 싸움 중에 복음을 전하였다. (살전 2:2)고 했습니다. 또 "믿음의 선한 싸움을 싸우라 영생을 취하라 이를 위하여 네가 부르심을 받았다."(딤전 6:12)고 했습니다. 그러기 위하여 히브리서 수신자들처럼 빛을 받은 후에 고난의 큰 싸움을 견디어 내고, (히브 10:32) 전투의 승리자가 되게 하시옵소서!

이김을 주시는 예수 그리스도의 이름으로 기도드립니다. 아멘!

골방기도 / 사회생활

예수님처럼 살고 싶을 때 드리는 기도! (286)

고난의 종식을 위하여 기도합니다.

"이것을 너희에게 이르는 것은 너희로 내 안에서 평안을 누리게 하려 함이라 세상에서는 너희가 환난을 당하나 담대하라 내가 세상을 이기었노라."

(요한 16:33)

하나님! 이 땅에 살면서 끝날 듯이 끝나지 않는 고난을 봅니다. 이제는 고난이 끝난 것 같은데, 다시 무서운 고난이 밀려오고, 더는 견딜 수 없는 고난에서 일어서고 싶었는데 또 다른 고난이 찾아옵니다. 이제는 벗어날 때가 되었는데 어디엔가 잠복해 있다가 다시 불쑥 찾아옵니다. 하나님께서이 고난의 파도를 잠재워 주옵소서! 이해도 수긍할 수도 없습니다.

하나님! 어떤 종류의 고난이 와도 능히 이길 힘을 주옵소서! 고난의 파도앞에 기절하거나 좌절하지 않고 고난을 이길 담력과 믿음을 주옵소서! "세상에서는 너희가 환난을 당하나 담대하라. 내가 세상을 이기었노라."(요한16:33하)는 말씀을 가슴에 두고 이김을 주시고, 이기게 하시는 주님을 바라보게 하옵소서! 끝나지 않는 고난을 두려워하지 않게 하시옵소서!

주님께서 세상에 계실 때 고향 '나사렛' 사람들이 예수님의 말씀을 듣고는화가 나서 동네 밖으로 쫓아내어, 그 동네가 건설된 산 낭떠러지까지 끌고 가서 밀쳐 떨어뜨리려 했으나 주님은 그들 가운데로 지나서 가셨습니다.(누가 4:28-30) 기적을 행하고 능력으로 병을 고쳐주고 사람을 살리면 칭찬과 박수는 고사하고 안식일에 병을 고치느냐며 시비했습니다.

예수님도 하나님의 뜻을 행할 때 가장 종교적인 집단인 '바리새인'들이 '헤롯당'과 함께 어떻게 연합하여 예수를 죽일 의논을 합니다. (마가 3:6) 어린 시절부터 자란 마을 사람들부터 시작해서 정치집단, 종교집단, 대제사장, 서기관, 그리고 유대 사회의 중추세력인 유대인 중에 누구 하나 예수님을 지지하고 응원해 준 정당도 무리도 없는 슬픈 상황을 바라보게 됩니다.

결국, 예수님은 제자들로부터도 버림을 당하고, '유다'는 그를 팔고, '베드로'는 주님을 모르는 사람이라고 부인하고, 다른 제자들도 모두 숨어버렸습니다. 예수님의 처형당하던 때는 그의 편에는 아무도 없었습니다. 십자가 밑의 제자 중에는 사도 '요한'만이 흑암의 시간에 시신을 수습합니다. 그저 예수님어머니와 '막달라 마리아' 같은 여인들이 주님을 따랐습니다.

맨 마지막 가장 큰 고난인 십자가를 지고 생을 마감할 때까지 한 번도 마음 편히 사역을 해보신 적이 없으신 주님! 오늘 우리의 사역 현장에도 주님처럼 두 다리 뻗고 마음 편히 쉴 수 있는 시간은 없음을 알고, 주님의 복음을 위한 영광의 사역자가 되었음을 인식하고, 끝없는 고난이 자신을 담금질하여 하나님의 영광스러운 상을 준비하는 것임을 알게 하옵소서!

고난을 통해 상을 주실 예수님의 이름으로 기도드립니다. 아멘!

골방기도 / 사회생활

예수님처럼 살고 싶을 때 드리는 기도! (287)

회사, 사업장을 지켜 주옵소서!

"이르되 내가 모태에서 알몸으로 나왔사온즉 또한 알몸이 그리로 돌아가올지라. 주신 이도 여호와시요 거두신 이도 여호와시오니 여호와의 이름이 찬송을 받으실 지니이다 하고"   (욥기 1:21)

전능하신 하나님! 하나님께서 인생들에게 세상을 맡기시고 땅을 다스리며 정복하게 하실 때, 특별히 여러 분야에서 일하도록 하셨습니다. 직장생활도 하고, 군인이나 공직에서 일하게도 하시고, 무엇을 만들고, 그리게도 하여, 우리나라의 직업이 12,000개가 넘는데, 그중에서 대기업, 중소기업, 중견기업, 소상공인 등 사업의 능력을 주신 이들도 많이 있습니다.

기업하는 이들을 '사업가'로 칭하고, 그들은 고용을 창출하고 산업을 일으키는 주역들로 국가발전에 이바지하는 중요한 이들로, 마땅히 사회의 존경을 받아야 할 이들입니다. 그러나 어떤 사업이든 미래가 불확실하고, 하루가 다르게 변화하는 여건들, 한 울타리에 있는 세계와의 경쟁, 자재 수급이나 제품 판매의 어려움, 근로자 관리에 힘든 요인들이 많습니다.

예정 없이 바뀌는 세제(稅制), 다양한 거래처, 언제 어떤 상황이 찾아올지 모르는 사업 환경, 어떤 사고가 날지 모르는 공장의 생산 과정, 유통, 판매

등 위험한 요인들이 빼곡한 사업장을 지켜 주옵소서! 특히 생산 시설을 운영하는 이들은 종업원들에게 안전사고가 일어나지 않도록 지켜 주옵소서! 사업장에서 화재 등 치명적인 사고가 나지 않게 해 주옵소서!

사업하는 이들이 사업체를 운영하는데 들어가는 운영비, 자재비, 인건비, 유통비 등 민감한 부분들을 지켜 주시고, 조금 잘못하면 적자를 보고, 경영 미숙이나 실수로 손실을 당하면 본디의 모습대로 회복 불가능한 경우가 많습니다. 적은 자본이나 차용금으로 설립하고 운영하는 영세한 사업자들의 경우, 하나님께서 그들의 힘들고 어려운 상황을 지켜 주옵소서!

경험 없는 이들도 지켜 주시고, 투자나 경영의 실수도 극복하도록 도와주시고, 인사 관리의 미숙도 극복하여 적자 경영을 피하는 능력을 배우게 하옵소서! 자만이나 욕심이 무서운 화를 불러오는 것을 알고 정신 차리고 기업을 경영하게 하옵소서! 속히 실수를 인정하고, 직원들과 종업원들은 직장이 폐쇄되고 사업장이 문을 닫으며 입는 상처를 극복하게 하옵소서!

될 것 같다가 다시 실패하고, 일어섰다가 다시 주저앉는 이들을 불쌍히 여겨 주옵소서! 어떻게든 기업을 일으켜 직원들을 계속 고용하고, 기업인으로 사회에 공헌하며, 자신의 입지를 중견기업에서 중소기업으로 세워보려는 마음을 불쌍히 여기시고, 실패를 딛고 일어서게 하옵소서! 지켜보는 가족들과 지인들에게 희망을 줄 수 있는 기업인이 되게 하옵소서!

저희의 주가 되시는 예수 그리스도의 이름으로 기도드립니다. 아멘!

골방기도 / 사회생활

경제적 위기를 극복하게 하옵소서!

"우리가 세상에 아무 것도 가지고 온 것이 없으매 또한 아무 것도 가지고 가지 못하리니 우리가 먹을 것과 입을 것이 있은즉 족한 줄로 알 것이니라."

(딤전 6:7–8)

세상을 물질로 만드시고, 또한 인간을 물질로 만드시고, 인생은 물질을 필요로 하여 살도록 하시고, 필요한 물질을 공급해 주시는 하나님 고맙습니다. 사는 동안 물질이 없으면 기본적인 의식주(衣食住)부터 사회생활, 의료, 교육 등 삶을 꾸려갈 수 없습니다. 자본주의 사회에서 돈은 힘이요, 권세입니다. 저희에게 이처럼 세상에서 필요한 물질을 채워 주시옵소서!

몸이 병들어도 돈이 있어야 병원에서 치료받을 수 있고, 돈이 있어야 공부할 수 있고, 유학도 갈 수 있고, 돈이 있어야 사회생활을 할 수 있습니다. 그런데 돈은 저희가 갖고 싶은 만큼 가질 수 있는 것도, 벌고 싶은 만큼 벌리는 것도 아닙니다. 특히 돈은 인생들 모두에게 기쁨을 주기도 하지만 고통을 안겨주기도 합니다. 돈 때문에 부끄러움을 당하기도 합니다.

잠언 30장 7절에는 '아굴'이 "내가 두 가지 일을 주께 구하였다."면서 "곧 헛된 것과 거짓말을 내게서 멀리 하시며, 나를 가난하게도 말고 부하게도 마시어, 오직 필요한 양식으로 나를 먹이옵소서. 혹 내가 배불러서 하나님을 모른다. 야훼가 누구냐 할까 하오며, 가난하여 도둑질하고 하나님의 이름을 욕되게 할까 두려워함이니이다."(잠언 30:8-9)고 했습니다.

그러나 탐욕의 병든 인생은 아무리 가져도 만족할 줄 모르고, 아무리 채워도 갈증을 느낍니다. 하나님께서 저희의 욕심을 제거하셔서 있는 것으로 족한 줄 알고, 물질 때문에 미혹되어 인생을 그르치지 않게 하옵소서! '에덴'의 '아담'과 '하와'부터 '엘리사'의 종 '게하시', '엘리' 제사장의 아들 '홉니'와 '비느하스'까지 물질을 탐하던 이들의 비참한 결과를 지켜보았습니다.

신약의 '유다'와 사도 시대의 '아나니아', '삽비라'까지 물질로 범죄한 이들이 모두 하나님의 형벌을 받는 것을 봅니다. "돈을 사랑함이 일만 악의 뿌리가 되나니 이것을 탐내는 자들은 미혹을 받아 믿음에서 떠나 많은 근심으로써 자기를 찔렀도다." (딤전 6:10)는 말씀을 기억하게 하옵소서! 적어도 물질의 미혹에 이끌려 자기를 찌르는 이들이 없게 하여 주옵소서!

경제적인 어려움이 있고, 궁핍의 위협이 있을 때마다 "자족하는 마음이 있으면 경건은 큰 이익이 되느니라." (딤전 6:6)는 말씀을 가슴에 두고, "먹을 것과 입을 것이 있은즉 족한 줄로 알게" (딤전 6:8)하옵소서! 그러나 숨이 막히는 위기의 순간을 헤쳐가지 않으면 당장의 절망의 위기를 극복할 수 없을 때, 하나님께서 피할 길을 내시고 비상구와 탈출구를 주옵소서!

저희의 피난처가 되시는 예수님의 이름으로 기도드립니다. 아멘!

11. 사회생활을 위한 기도

골방기도 / 사회생활

예수님처럼 살고 싶을 때 드리는 기도! (263)

노년을 TV 앞에서 보내지 않게 하옵소서!

"너희가 어찌하여 양식이 아닌 것을 위하여 은을 달아 주며 배부르게 하지 못할 것을 위하여 수고하느냐 내게 듣고 들을지어다 그리하면 너희가 좋은 것을 먹을 것이며 너희 자신들이 기름진 것으로 즐거움을 얻으리라."

(이사 55:2)

하나님께서 소중한 것들을 저희에게 주신 것 중에 귀한 것들이 많습니다. 건강한 육체를 주시고, 그 육체와 함께 영을 주시고, 그 속에 마음을 주시고 하나님을 믿는 믿음을 주신 것이 참 고맙습니다. 짐승과 달리 하나님을 믿는 믿음을 주시고, 영원한 구원, 즉 영생을 주심이 고맙습니다. 저희를 하나님 형상대로 지으시고 자녀로 삼아 주심이 크신 은혜입니다.

짐승들은 땅에 사는 것이 전부인 줄 알고, 육체적 삶을 좇아 정신없이 살다가, 먹이 사슬에 의해서 먹히거나 사람을 위하여 먹이가 되어 소망 없이 식탁에서 삶을 마감합니다. 저희가 이 땅에서 마지막에 하나님께서 기뻐하시는 일을 하다가 하나님의 부르심을 입게 하옵소서! 하나님께서 저희를 부르시던 마지막 때가 영광스러운 시간이 되게 하옵소서!

하나님! 저희가 젊은 날 하나님을 향한 비전을 가슴에 두고 살게 하옵소서! '평신도'로 살든 '목회자'로 살든 장년 시절에는 삶을 불태워 하나님께 충성하는 헌신자로 살게 하옵소서! 어떻게 살아왔든지 인생의 마지막에는 아름다운 마무리를 하게 하옵소서! 내려놓을 때 내려놓고 다시 시작할 것은 시작하게 하셔서 인생이 무력하거나 추해지지 않게 하옵소서!

인생의 노년에는 침묵하며 지나온 삶을 반추하고, 태어나서 자란 이 땅이 평화롭기 위해 나라와 민족을 위해 기도하게 하시고, 그동안 자신을 지켜 주고 일하도록 허락하신 교회의 건강한 부흥을 위하여 기도하고, 앞으로 저희의 뒤를 이어 아름다운 사역을 해야 하는 다음 세대를 위하여 기도하게 하옵소서! 은퇴나 퇴직 이후에는 더 열심히 기도하게 하옵소서!

현직에서 물러난 다음에는 그 자리를 걱정하는 대신 그곳에서 일하는 이들을 위해 기도하고, 응원하는 일에 최선을 다하게 하옵소서! 입술은 하나님을 향하여 기도하는 일과 찬양하는 일에 사용하게 하시고, 사람들을 향하여 위로하고 격려하며 용기를 북돋우는 말만 하게 하옵소서! 달변가, 웅변가, 설교가, 이론가가 아니라 침묵의 사람이 되게 하옵소서!

우리가 할 일은 숨 쉬는 동안 언제나 있음을 알고, 지금 내가 할 수 있는 일을 찾되, 나이 들고 늙어도 기도하는 일을 하게 하시고, 말씀을 읽기 눈이 어두우면 음성으로 듣게 하시고, 입으로 기도하기 힘들면 기도문을 써서라도 기도하게 하옵소서! 종일 TV 앞에서 머무는 바보 같은 인생이 되지 않게 하옵소서! 온 몸이 다 닳을 때까지 그렇게 살게 하옵소서!

저희 인생의 주인이신 예수님의 이름으로 기도합니다. 아멘!

11. 사회생활을 위한 기도

예수님처럼 살고 싶을 때 드리는 기도! (264)

나쁜 일을 만날 때를 준비하게 하옵소서!

"웃을 때에도 마음에 슬픔이 있고 즐거움의 끝에도 근심이 있느니라 마음이 굽은 자는 자기 행위로 보응이 가득하겠고 선한 사람도 자기의 행위로 그러하리라."

(잠언 14:13-14)

하나님! 어른들이 세상의 일은 언제나 새옹지마(塞翁之馬)라고 했습니다. 성경에도 말씀하기를 "울 때가 있고 웃을 때가 있으며 슬퍼할 때가 있고 춤출 때가 있다." (잠언 3:4)고 하셨습니다. 어려움도 또한 지나갈 것이고, 즐거움도 또한 지나갈 것입니다. 하나님께서 준비한 무엇이든 저희 앞에 다가올 때 맞이하고 소화할 수 있는 '전천후 믿음'을 주시옵소서!

슬픈 일이 찾아 왔다고 하늘이 무너진 것처럼 낙심하고 주저앉는 것이 아니고, 슬픔을 상쇄할 기쁜 일이 곧 일어날 것을 믿는 믿음을 주시고, 반드시 그렇게 될 것을 믿고 확신하며 살게 하옵소서! 기쁜 일이 있다고 오만방자하여 세상이 자신의 것처럼 떠벌리지 않고, 그렇지 못한 이들이 좌절하여 낙심하지 않도록 거만한 삶을 살지 않고 겸손하게 하시옵소서!

기쁜 일이 찾아와 자신과 자신의 가문에 밝은 빛이 가득 임하더라도, 몇 시간 후에라도 캄캄한 밤이 찾아올 수 있다는 사실을 기억해 두었다가, 환난의 밤이 찾아올 때 견디어 낼 믿음을 비축하게 하옵소서! 그리하여 시련의 때에 믿음 없이 하나님을 원망하는 자가 되지 않게 하옵소서! 아침이 오면 금방 낮이 오고, 저녁이 지나 밤이 되는 것을 알게 하옵소서!

하나님! 한 움큼 되는 기쁨에 기고만장하지 말고, 하나님께서 한 번 불면 날아갈 작은 슬픔으로 지구가 추락하는 듯이 한숨 쉬며 주저앉지 않게 하옵소서! 세상이 무너지는 슬픔도 하나님께는 티끌 같은 것이고, 세상을 얻은 것 같은 기쁨도 하나님께는 새털 같은 것을 알고, 하나님이 주시는 영원한 기쁨에 조용히 감사하고, 주시는 시련을 감당하게 하옵소서!

어떤 일을 만나도 정반대 형편에서 생각하고 슬픈 일을 만난 때는 더 슬픈 일을 당하는 이들을 생각하며 견디게 하시되, 기쁜 일을 만나면 더 큰 기쁨에도 요란스럽지 않은 이를 보며 자중하게 하옵소서! 이 땅에서 정말 기뻐해야 하는 순간은 마지막에 주님이 부르실 때 여전히 믿음 안에 있고, 여전히 예수님이 주님이심을 고백할 때인 것을 알게 하옵소서!

하나님! 저희에게 고난을 주심도 사랑하시는 하나님의 방법이고, 기쁨을 주신 것도 사랑하시는 증거인 줄 믿습니다. 영원히 기쁨이나 슬픔이 저희 위에 머무는 것이 아니라, 순간 머물다 떠나는 일시적 현상인데 그런 상황에 일희일비하지 않고 영원하신 하나님의 뜻을 분별하는 일에 관심하게 하여 주옵소서! 모든 상황에서 믿음의 자세를 바로 갖게 하옵소서!

역사의 주인이신 예수 그리스도의 이름으로 기도드립니다. 아멘!

골방기도 / 사회생활

예수님처럼 살고 싶을 때 드리는 기도! (9)

지금 할 수 있는 가장 작은 것을 하게 하옵소서!

"네 생각에는 이 세 사람 중에 누가 강도 만난 자의 이웃이 되겠느냐 이르되 자비를 베푼 자니이다 예수께서 이르시되 가서 너도 이와 같이 하라 하시니라."

(누가 10:36-37)

사랑의 하나님! 저희가 사는 세상에서 어떻게 살아야 할지 가르쳐 주시어 고맙습니다. 저희의 마음에는 언제나 '큰 종', '큰 사도', '큰 일꾼'이 되고 싶은 욕망이 있습니다. 그러다 보니 일을 해도 '큰일', 따라서 업적도 '큰 업적'을 남기고 싶은, 그래서 늘 '거창한 일', '대단한 사역'에 매력을 느끼고 그런 일을 좇아 살기를 바라는 마음을 가지고 있습니다.

그런데 주님은 저희에게 작은 이웃에 대해 말씀하셨습니다. 저희에게 주신 계명이 "마음을 다하며 목숨을 다하며 힘을 다하며 뜻을 다하여 주 너의 하나님을 사랑하고, 또한 네 이웃을 네 자신 같이 사랑하라."는 계명을 신앙인의 법도로 알고 있지만, 정작 이웃에 대한 개념 정리도 모른 채 살고 있습니다. 예수님 당시도 이웃에 대한 이해가 모호했습니다.

그때 주님께서 '착한 사마리아인의 비유'를 들려주셔서 고맙습니다. '여리고'로 내려가던 사람이 강도를 만나, 그 옷을 벗기고 맞아 거의 죽은 것을 버리고 갔는데, 한 제사장이 그를 보고 피하여 지나가고, 한 레위인도 피하여 지나가되, 어떤 '사마리아'사람은 그를 불쌍히 여겨 기름과 포도주를 상처에 붓고 싸매 짐승에 태워 주막에 데리고 가서 돌보아 줍니다.

그때 주님께서 "너도 이와 같이 하라!"(누가 10:37)고 하셨습니다. 강도 만난 사람 곁을 지나던 제사장은 그가 처리해야 할 중요한 일로 급히 가는 길이었습니다. 자기에게 맡겨진 일을 위해 다른 길로 갔습니다. 곧이어 한 사람의 '레위인'이 지나갔습니다. 그도 지금 감당해야 할 급한 일이 있었습니다. 그래서 불가불 길을 돌아 자신의 업무를 위해 갑니다.

이들은 모두 바쁜 자기 일을 위하여 길을 재촉했지만, 피를 흘리며 쓰러진 나그네는 누구에게 도움을 요청할 수도 없었습니다. 그는 별 기대도 하지 않은 지나가는 '사마리아' 사람의 도움을 입고 생명을 건졌습니다. 앞에 지나간 '제사장'과 '레위인'이 덜 중한 일로 여긴, 사람 살리는 일을, 이 사마리아인처럼, 오늘 저희 앞에 있으므로 먼저 감당하게 하시옵소서!

거창한 사명이 아니고, 대단한 일이 아니라도, 지금 저희 앞에 놓인 일이 귀한 일이고, 작지만 중요한 일이고, 사명임을 알게 하옵소서! 급한 일보다 중요한 일에 관심하게 하시고, 저 너머 큰일보다 내 앞에 있는 작은 일에 시간을 내고 최선을 다하게 하옵소서! 돌본 것으로 부족해서 주막에 가서 부비(浮費)를 약속하고 떠나는 진심이 있는 저희들이 되게 하옵소서!

우리 삶의 전반을 지켜보시는 예수님의 이름으로 기도드립니다. 아멘!

골방기도 / 사회생활

다른 사람의 성공에 질투하지 않게 하옵소서!

"신부를 취하는 자는 신랑이나 서서 신랑의 음성을 듣는 친구가 크게 기뻐하나니 나는 이러한 기쁨으로 충만하였노라 그는 흥하여야 하겠고 나는 쇠하여야 하리라 하니라."

(요한 3:29-30)

사람이 가지고 있는 마음 중에 가장 억제하기 힘든 죄의 마음은 질투심입니다. 본죄에 해당하는 일곱 가지 근원이 되는 죄는, 교만하고 건방진 '교오(驕傲)', 소심하고 인색한 '간린(慳吝)', 여색에 빠지게 하는 '미색(迷色)', 분노(憤怒), '탐욕(貪慾)', 느려터지고 게으른 '해태(懈怠)'와 함께 '질투(嫉妬)'를 포함하고 있습니다. 이 질투의 미혹에 빠지지 않게 하시옵소서!

자신의 제사가 가납되지 않는다고 '아벨'을 들로 데리고 나가 쳐 죽인 '가인'의 마음에 질투가 있었습니다. 자신이 받을 복을 가로채 도망치는 '야곱'을 '에서'가 죽이려고 했습니다. 모두 형제 사이의 질투입니다. '요셉'의 꿈을 잘되라고 빌어주지 않고, 그를 죽이려고 구덩이에 던져 넣고, 나중에는 그를 '미디안' 대상(隊商)에게 팔아버린 이들도 그 형들입니다.

전쟁을 승리로 이끈 '다윗'의 '용맹'과 '용모'를 보고, 이스라엘 백성들이 왕인 '사울'보다 다윗을 더 환영하는 것을 본 사울은 비록 사위였음에도 죽이려고 애를 썼습니다. 그는 '길보아' 전투에서 아들들과 함께 죽을 때까지, 사위였던 '다윗'에 대한 질투를 못 버리고 평생 다윗의 목숨을 해하려는 일념으로 살았습니다. 친한 이가 잘될 때 이를 축복하게 하옵소서!

'바나바'가 땅을 팔아 사도들의 발 앞에 드리자 무리들이 그를 존경의 마음으로 칭송하자, 질투가 난 '아나니아' '삽비라'는 자기들도 밭을 팔아 소득의 얼마를 감추고 '베드로' 앞에 드리다 한날 죽임을 당했습니다. 이웃이 실패하여 불행하게 되었을 때, 그들을 위하여 긍휼은 베풀지만, 그가 갑자기 돈 벌고 출세하여 높아지면 이를 받아들이기 너무 힘듭니다.

당시 '메시아'로 알고 있던 세례 '요한'이 예수님을 "보라 세상 죄를 지고 가는 하나님의 어린 양이라!"고 소개하고 난 후에, 백성들이 예수님께 몰려갑니다. 충격을 받은 요한의 제자들이 "선생님! 무리들이 선생님이 말씀하시던 그에게로 다 몰려갑니다."라고 했을 때 세례 요한의 반응은 "그는 흥하여야 하겠고 나는 쇠하여야 하리라."(요한 3:30)는 것입니다.

이웃 교회의 부흥, 우리 교회 곁에 있는 개척 교회의 폭발적인 성장을 보며, 이를 기뻐하고 하나님께 영광을 돌리게 하옵소서! 축하와 축복을 못 하겠거든, 비난과 험담은 그치게 하옵소서! 질투가 얼마나 무서운지, 이는 자기 영혼을 파멸하게 합니다. "신부는 신랑이 취하나 그의 음성을 듣는 친구가 크게 기뻐하니 나는 이 기쁨으로 충만하다."는 믿음을 주옵소서!

모든 교회를 사랑하시는 예수님의 이름으로 기도드립니다. 아멘!

11. 사회생활을 위한 기도

골방기도 / 사회생활

사람을 외모로 평가하지 않게 하옵소서!

"이르시되 가서 네 남편을 불러 오라 여자가 대답하여 이르되 나는 남편이 없나이
다 예수께서 이르시되 네가 남편이 없다 하는 말이 옳도다. 너에게 남편 다섯이 있
었고 지금 있는 자도 네 남편이 아니니 네 말이 참되도다."

(요한 4:16-18)

하나님의 일하심은 저희가 짐작하는 이상으로 신비하고, 하나님의 역사는
저희가 상상할 수 없는 방법으로 진행되는 것을 믿습니다. 하나님은 힘 있
고 지혜 있고 인물 좋은 외모의 사람만 쓰지 않으시고, 돈 많고 실력 있는
대단한 사람만이 아니라, 육체를 따라 지혜로운 면이 없고 능한 것이 많지
않고 문벌 좋은 것이 없어도 쓰신다고(고전 1:26) 하셨습니다.

"하나님께서 세상의 미련한 것들을 택하여 지혜 있는 자들을 부끄럽게 하
려 하시고, 세상의 약한 것들을 택하시어 강한 것들을 부끄럽게 하려 하시
며, 하나님께서 세상의 천한 것들과 멸시받는 것들과 없는 것들을 택하시
어 있는 것들을 폐하려 하시나니, 이는 아무 육체도 하나님 앞에서 자랑하
지 못하게 하려 하심이라."(고전 1:27-29)는 말씀은 진리입니다.

하나님은 '사마리아'의 '수가'성에 남편 다섯과 살았었고, 지금 살고 있는
여섯번째 남자도 남의 남편인 여인을 '수가'성의 전도의 씨앗으로 삼으시

고, 그를 그 성의 전도와 구원을 이루는 도구로 삼으셨습니다. 이뿐 아니라, 그동안 그 어떤 제자들이나 지도자 그룹에도 가르치지 않았던 예배의 원리를 설명해 주었습니다. 이건 하나님께서 일하시는 신비입니다.

하나님께서 풍전등화에 놓인 '이스라엘'의 운명을 구원할 사람은 '베들레헴'의 소년 '다윗'을 쓰셨는데, 키가 여섯 규빗 한 뼘, 머리에는 놋 투구, 몸에는 놋 오천 세겔의 비늘 갑옷, 다리에는 놋 각반, 어깨 사이에는 놋 단창을 메었는데 그 창 자루는 베틀 채 같고, 창날은 철 육백 세겔이며 방패든 자인 '골리앗' 장군과 싸우게 하십니다. (삼상 17:4-7)

하나님은 지금도 조직 폭력배를 다스리거나 술주정뱅이를 변화시켜 예배당을 짓게 하시고, 지금도 세상의 눈이나 신앙인의 눈으로 볼 때는 아무 곳에도 쓸 수 없을 것 같은 비천한 인생들을 들어서 쓰십니다. 이것이 하나님의 신비입니다. 이미 마을에서 죄인으로 알려진 여인을 받으시고 칭찬해 주셨고, 감옥의 죄수를 사도의 심복으로 쓰셨습니다. (빌레 1:12)

일곱 귀신이 들렸다가 고침을 받은 부끄러운 '막달라 마리아'를 여제자로 받으셨고, 지금도 부끄러운 과거나 수치스러운 삶의 흔적이 있는 이들을 쓰십니다. 꼭 명문 대학을 졸업한 사람만이 아니라, 낙제생도 쓰시고 중퇴한 사람도 쓰시는 것을 알고, 사람들의 프로필에 현혹되지 않게 하옵소서! 위대한 하나님의 사람은 하나님께서 쓰는 사람임을 알게 하옵소서!

저희를 당신의 종으로 쓰신 예수님의 이름으로 기도드립니다. 아멘!

골방기도 / 사회생활

예수님처럼 살고 싶을 때 드리는 기도! (33)

언제나 호사다마(好事多魔)를 준비하게 하옵소서!

"예수께서 성령의 충만함을 입어 요단강에서 돌아 오사 광야에서 사십 일 동안 성령에게 이끌리시며 마귀에게 시험을 받으시더라. 이 모든 날에 아무 것도 잡수시지 아니하시니 날 수가 다하매 주리신지라." (누가 4:1-2)

하나님! 옛 어른들은 "언제나 좋은 일 뒤에는 늘 마(魔)가 따른다."는 뜻으로 '호사다마(好事多魔)'라고 했습니다. 그러나 주님의 자녀들에게 그런 무속적이고 주술적인 일은 없으리라고 믿습니다. 다만, 저희에게도 언제나 나쁜 일만 있는 것은 아니지만, 그렇다고 항상 좋은 일만 있는 것은 아니기에, 좋을 때도 늘 긴장하고 살아야 할 필요는 있다고 믿습니다.

하나님! 그런데 신기한 것은 제가 성경을 보니, 거의 모든 이들이 좋은 일 뒤에 만나는 일은 더 좋은 일이 아니라, 힘들고 어려운 일이었다는 것입니다. 우선, 주님께서 '베들레헴'에 나실 때 목자들의 축하 방문을 받고 천사들의 축하를 받는 영광스러움 뒤에, 바로 헤롯의 칼을 피해 이국땅이었던 '애굽'으로 목숨을 부지하기 위해 피난을 가셨다는 것입니다.

세례를 받으시고 물에서 올라오실 때 하늘에서 "이는 내 사랑하는 아들이요, 내 기뻐하는 자라."(마태 3:17)는 하나님의 음성이 들렸습니다. 바로 직전에는 예수님께서 막 세례를 받으시고 물에서 올라오실 때 하늘이 열리고 하나님의 성령이 비둘기같이 주님 위에 임하기도 (마태 3:16)했습니다. 그런데 그 영광의 의식 바로 뒤에 광야에서 시험을 받으십니다.

산상수훈을 마치고 "그 가르치시는 것이 권위 있는 자와 같고 그들의 서기관들과 같지 아니하다." (마태 7:29)는 영광스러운 증거를 얻고, 제일 처음 만난 일은 '나환자'를 만나는 일이었고, 높은 산에 올라가 기도하고 내려오시던 영광의 하산 때는, 어려서부터 불에도 뛰어들어가고 물에도 뛰어들어가는 아이를 만나 고쳐주어야 하는 어려운 일이었습니다.

하나님! '바울' 사도는 '셋째 하늘'에 이끌려 갔던 간증을 합니다. 얼마나 황홀했을지 모릅니다. 그가 낙원으로 올려가서 사람이 가히 이르지 못할 말을 들은 다음(고후 12:5-6) 그의 육체에 '사탄의 사자'라고 칭한 '가시'를 주었는데, 이것이 떠나가기를 세 번이나 간구하였지만, "내 은혜가 네게 족하도다."고 하셨습니다. (고후 12:7-9) 얼마나 슬픈 일입니까?

사람은 살면서 평생 굴곡을 겪습니다. 그 굴곡진 인생에서 늘 '광명의 시간'과 '흑암의 시간'을 함께 보냅니다. '빛의 시간'이 지나면 곧 '어둠의 시간'이 오는데, 이 원리를 잘 되새기며 지금 내가 어느 자리에서 지내는 것인지 돌아보고, 곧이어 나타날 힘든 시절은 어떻게 준비해야 하는지 살펴 하나님의 자녀가 걸어갈 길의 위험한 순간을 예비하게 하옵소서!

빛과 어두움에서 지켜 주실 예수님의 이름으로 기도드립니다. 아멘!

골방기도 / 사회생활

예수님처럼 살고 싶을 때 드리는 기도! (48)

교만하지 않고 끝까지 겸손하게 하옵소서!

"여호와의 말씀이 사무엘에게 임하니라 이르시되 내가 사울을 왕으로 세운 것을
후회하노니 그가 돌이켜서 나를 따르지 아니하며 내 명령을 행하지 아니하였음이
니라 하신지라 사무엘이 근심하여 온 밤을 여호와께 부르짖으니라."

(삼상 15:10-11)

하나님! 사랑의 하나님을 찬양합니다. 이 시간 이 땅에서 은혜로 시작하였
다가 실패하는 이들이 없기를 위하여 기도합니다. 사도 '바울'이 '갈라디아'
교회를 향하여 "너희가 이같이 어리석으냐 성령으로 시작하였다가 이제는
육체로 마치겠느냐?" (갈라 3:3)며 책망하듯이 세상에는 은혜와 성령으로 시
작했다가 육체의 탐욕으로 무너지는 이들이 너무 많습니다.

본디 하나님께서 사람을 부르실 때는 천한 신분이고 하찮은 일을 하던 천
박한 사람들이요, 농사를 짓거나 양을 치고 고기를 잡던 이들을 불러 하나
님의 영광스러운 일에 동참하게 하셨습니다. 하나님의 소명을 따라 주님
의 일에 보내심을 입은 사도들은 땅에서 가장 복된 이들입니다. 저희에게
는 '목동'이나 '어부'라는 이름 대신 사도의 신분을 주셨습니다.

오늘도 하나님의 소명을 받아 목회와 사역의 길을 떠난 이들을 위하여 간
절히 기도합니다. 저들이 처음 주님의 부르심을 받고 사명자의 길을 떠나

던 때의 순수하고 깨끗한 마음을 초지일관 유지하게 하여 주옵소서! 처음에 저희를 부르신 분이 하나님이시고 마지막에 상 주실 분이 하나님이시니, 부르신 분에게 죽도록 충성하여 칭찬을 듣고 상을 받게 하옵소서!

사람이 욕심이 생기고 욕심은 끝이 없어서 아무리 손에 넣어도 더 넣고 싶고, 아무리 가져도 더 갖고 싶은 탐욕의 마음이 그 영혼을 옭아매게 합니다. 그리하여 순수하고 맑은, 영혼 사랑에 대한 마음만 가득하여 하나님의 사랑을 받고 성도들의 존경을 받던 이들이, 세월이 가고 교회가 부흥하며 버림받는 경우들을 봅니다. 이런 슬픈 일이 끝나게 하시옵소서!

처음에는 교회를 '주님의 몸'으로 알고 있었는데, 시간이 흐르고 온 성도들이 '우리 목사님', '우리 목사님' 하고 따르니, 교만한 마음이 자리하여 교회 된 성도들도 다 자신의 양 같고, 예배당 건물도 내 것 같고, 시스템도 내 마음대로 주무르고 싶고, 처음에는 하나님만 아니라 성도들 한 사람 한 사람이 두려웠는데 이제는 세상에 두려운 사람이 아무도 없습니다.

그리하여 마침내 하나님의 눈 밖에 나고 성도들과 청중들의 존경과 신뢰를 잃게 되고, 끝내 하나님도 그를 지도자로 세운 것을 후회하시고 지도자를 바꾸십니다. 하나님께 순종하게 하여 주옵소서! 저희의 눈과 귀로 지도자의 심판이 보이지 않게 하옵소서! 위대한 지도자의 몰락이 결국은 국가의 위기가 되고 가문의 수치가 되지 않게 지켜 주옵소서!

저희를 한없이 사랑하시는 예수님의 이름으로 기도합니다. 아멘!

11. 사회생활을 위한 기도

골방기도 / 사회생활

예수님처럼 살고 싶을 때 드리는 기도! (74)

일상에 기적이 일어나게 하옵소서!

"이 말씀을 하시고 큰 소리로 나사로야 나오라 부르시니, 죽은 자가 수족을 베로 동인 채로 나오는데 그 얼굴은 수건에 싸였더라. 예수께서 이르시되 풀어 놓아 다니게 하라 하시니라. 마리아에게 와서 예수께서 하신 일을 본 많은 유대인이 그를 믿었으나."

(요한 11:43-45)

오늘도 우리는 하나님을 믿습니다. 하나님을 믿는 믿음의 백성들은 매일 마다 하나님께서 행하시는 기적을 보며 삽니다. 주님의 시대에 예수님의 말씀을 들은 이들도 그 말씀의 감동을 따라 먼저 구원을 경험하는 믿음을 가진 게 하니라, 하나님께서 행하시는 기적을 보며 믿음을 가졌습니다. 따라서 기적은 무리에게 믿음의 눈을 뜨게 하는 힘이 되었습니다.

오늘 저희에게도 믿음을 주옵소서! 기적을 지켜보며 생기는 확신에 찬 믿음을 주옵소서! 예수님께서 '도마'에게 "너는 나를 본 고로 믿느냐? 보지 못하고 믿는 자들은 복 되도다." (요한 20:29)고 하셨지만, 예수님을 3년이나 따라 다닌 '도마'도 주님의 부활 이후에 전해 준 말로는 믿지 못하고 직접 보고 믿었습니다. 저희가 이런 기적을 많이 보게 하옵소서!

"마리아에게 와서 주님께서 하신 일을 본 많은 유대인이 그를 믿었다."(요한 11:45)고 했습니다. 또 "'나사로' 때문에 많은 유대인이 가서 주님을 믿었다."(요한 12:11)고 했습니다. 또 예수님께서 '갈릴리'에 오셔서 물로 포도주를 만드신 '표적'을 행하시며 제자들이 그를 많이 믿었다.(요한 2:11)고 했습니다. 제자들조차 믿음의 증거가 '기적'으로 알려졌습니다.

'가버나움'에 있던 왕의 신하는 자기 아들이 죽어갈 때, 예수님께 살려달라고 부탁하고, "직접 안 내려오셔도 여기에서 말씀만 하시면 낫겠다."고 했는데, 실제로 그렇게 해서 아들이 병 고침을 받은 다음, 그의 아버지가 주님께서 "네 아들이 살아 있다."고 말씀하신 때에 아들이 나음을 얻은 것을 확인하고 자기와 그 온 집안이 다 믿었다고 했습니다. (요한 4:49)

주님을 믿지 않는 이들 중에도 하나님의 살아계심을 보이는 확실한 증거들이 기적으로 보이면 믿을 것입니다. 하나님의 기적이 일상처럼 일어나게 하시고, 많은 병자가 기적처럼 일어나게 하옵소서! 그리고 이런 일상의 기적이 흔들리는 불신의 마음들을 깨워 하나님의 복음 안에 굳게 서게 하옵소서! 기적이 복음의 연결고리요 완결판이 되게 하옵소서!

오늘도 하나님의 교회에서 매일 하나님의 기적이 일어나게 하옵소서! 사람들이 모이는 기적, 말씀이 가슴에 쏟아지는 기적, 영혼이 구원받는 기적, 사람이 변화되는 기적, 질병이 치유되는 기적, 날마다 부흥하는 기적, 죽은 자가 살아나는 기적이 일어나게 하옵소서! 이런 다양한 일상의 기적들이 매일 하나님의 큰 기적을 만들어 내는 은혜를 더하여 주옵소서!

기적의 주인이신 부활의 주 예수님의 이름으로 기도드립니다. 아멘!

예수님처럼 살고 싶을 때 드리는 기도! (107)

물질의 힘이 얼마나 큰지 알게 하옵소서!

> "예수께서 이르시되 네가 온전하고자 할진대 가서 네 소유를 팔아 가난한 자들에게 주라 그리하면 하늘에서 보화가 네게 있으리라 그리고 와서 나를 따르라 하시니 그 청년이 재물이 많으므로 이 말씀을 듣고 근심하며 가니라."
>
> (마태 19:21-22)

하나님! 저희가 이 땅에 살면서 언제나 제일 영향을 많이 받는 것이 재물입니다. 아무리 아니라고 우겨도, 아무리 안 그러려고 애써도 여전히 저희의 마음에는 물질에 대해 많이 가지려는 탐욕, 많이 가진 이들에 대한 부러움, 물질이 없어 고통받지 않을까 하는 미래에 대한 두려움이 가득합니다. 한 순간도 물질에 대한 염려나 욕심이 없이는 살지 못합니다.

그래서 물질이 없이 가난하거나 어려운 사람은 물질을 더욱 많이 가지려고 부지런히 일하고, 단순히 일하는 것만 아니라 부정한 방법으로 이익을 취하고 세금을 탈루하고 부당 이득을 취하고, 기타 불법, 탈법을 저지르며 재물을 쌓으려고 합니다. 여기서 범죄, 다툼도 생기고 여기서 원수도 생기고, 온갖 세상의 문제가 불거져 사회를 어지럽히고 있습니다.

가난한 사람은 최소한의 생계를 유지하려고 애를 쓰고, 먹고살 만한 사람은 더 안정적인 부를 쌓아두고 살려고 힘을 쓰고 있습니다. 이미 많은 부를 누리는 사람들은 그걸 지키기 위해 별별 노력을 다합니다. 세상의 거의 모든 문제는 재물에서 출발하고, 모든 문제의 매듭을 짓는 보상, 배상, 변상 등은 전부 재물을 지급하면서 마침과 완결이 되는 무서운 것입니다.

어떤 진실한 사람이 영생에 대한 궁금증을 해소하기 위해서 주님께 물었을 때, 그는 이미 어려서부터 살인하지 말라, 간음이나 도적질하지 말라, 거짓 증언을 하지 말라는, 또 부모공경부터 이웃 사랑에 이르기까지 지켰고, 계명에 관한 한 완벽하게 지킨 대단한 사람이었습니다. 그럼에도 불구하고 주님은 그가 미처 생각하지 못한 한 가지 말씀을 해주셨습니다.

"네가 온전 하고자 할진대 가서 네 소유를 팔아 가난한 자들에게 주라. 그리하면 하늘에서 보화가 네게 있으리라. 그리고 와서 나를 따르라." 충격적인 말씀을 들은 이 청년은 재물이 많이 있었기에 이 말씀을 듣고 나서 근심스러운 마음으로 예수님을 떠났고, (마태 19:22) 그 이상 후의 이야기를 들을 수가 없습니다. 즉, 그는 재물 때문에 영생을 포기합니다.

오늘 하나님께서 저희에게 주신 물질이 인간의 목숨을 유지하기 위한 최소한의 도구가 아니라, 결국은 하나님께로 나아가는 길을 막아버린 장애물(障碍物)이 되었습니다. 오늘날 저희가 이처럼 우리의 주변에 쌓아놓은 재물이 영생을 얻기 위해 나아가는 길을 막아선 거침돌이 되었습니다. 부질없는 물질 때문에 영생을 놓치는 어리석음을 버리게 하옵소서!

저희에게 영생을 주시는 예수님의 이름으로 기도드립니다. 아멘!

11. 사회생활을 위한 기도

골방기도 / 사회생활

예수님처럼 살고 싶을 때 드리는 기도! (139)

다른 지체들을 서로 사랑하게 하옵소서!

> "너희는 그리스도의 몸이요 지체의 각 부분이라 하나님이 교회 중에 몇을 세우셨으니 첫째는 사도요 둘째는 선지자요 셋째는 교사요 그 다음은 능력을 행하는 자요 그 다음은 병 고치는 은사와 서로 돕는 것과 다스리는 것과 각종 방언을 말하는 것이라."
>
> (고전 12:27-28)

사랑하는 하나님! 오늘도 하나님의 사랑을 생각하며 주님의 사랑을 회상하며 주님의 몸으로 세우신 신앙공동체인 '주님의 교회'에 구성원이 되게 하시고, 그 교회의 가장 낮은 곳에서 위로부터 흘러내리는 은혜의 샘물을 먹고 살게 하심이 고맙습니다. 함께 공동체의 일원으로 불러주신 지체들과 더불어 하나인 몸을 이루고 사랑으로 연합하게 하시니 고맙습니다.

저희를 주님의 몸으로 부르시고 각양의 자리에서 섬기게 하시고, 주님 때문에 섬기는 자리에서 특별한 주님의 사랑으로 주님의 사명을 감당하게 하시니 고맙습니다. 이 가슴 뛰는 영광스러운 직분을 감당하는 동안 필요한 재능과 능력을 더욱 왕성하게 하시고, 필요 없는 것들은 제하여 온전한 주님의 지체가 되게 하시고, 다른 이들을 사랑하게 하옵소서!

더러는 사도로 혹은 선지자로 세움을 입은 이들도 있고, 교사나 능력을 행하는 이로 부름을 받은 이들도 있습니다. 교회의 지체들을 돌아보면 손과 발로 열심 다하는 봉사와 섬김의 자리에서 수고하는 이도 있고, 말씀을 가르치고 찬양하는 일로 입술을 온전히 드리는 이도 있습니다. 뜨거운 심장으로 상처받은 성도들을 품고 가는 사랑의 사람도 있습니다.

이렇게 다양한 지체들이 주님의 피로 영적 혈육이 되고, 주님의 사랑으로 영적인 유기체가 되어, 주님의 명령으로 소집된 공동체에서 주님께서 맡기신 지상(至上)명령 복음증거를 위하여 헌신하는 동안, 피차 서로를 존중히 여기고 서로를 섬기며, 서로를 사랑하는 가족으로 살기에 부족함이 없게 하옵소서! 부르심의 영광을 기억하여 사랑으로 섬기게 하옵소서!

상대가 존재하기에 내가 존재하고, 상대가 존귀하기에 자신이 존귀하고, 상대를 사랑하기에 사랑받으며, 서로의 일에 협력하며 주님의 나라를 세워가는 공동체의 가족들이 되게 하옵소서! 피차에 서로를 위해 기도하며, 서로의 아픔에 공감하며 서로 사랑하는 저희가 되게 하옵소서! 공동체를 세워가며 함께 눈물 흘리고 함께 기뻐하는 저희가 되게 하옵소서!

다른 지체의 아픔이 저희의 아픔이 되고, 다른 지체의 기쁨이 자신의 기쁨이 되어 서로 지체된 이로써 부끄러움이 없이, 주님의 날까지 저희의 영과 혼과 몸이 한 지체가 되어 굳게 세워져 가게 하옵소서! 예수님을 사랑하는 변함없는 마음으로 마지막 주님의 품에서 위로를 받는 날까지 이 길을 달려가 주님과 해후하는 날에 최후의 승리를 얻게 하시옵소서!

저희를 부르시어 세워 주신 예수님의 이름으로 기도드립니다. 아멘!

골방기도 / 사회생활

예수님처럼 살고 싶을 때 드리는 기도! (150)

문제를 세상 법정으로 들고 가지 않게 하옵소서!

"형제가 형제와 더불어 고발할 뿐더러 믿지 아니하는 자들 앞에서 하느냐 너희가 피차 고발함으로 너희 가운데 이미 뚜렷한 허물이 있나니 차라리 불의를 당하는 것이 낫지 아니하며 차라리 속는 것이 낫지 아니하냐."

(고전 9:6-7)

하나님! 세상에 보내심을 입은 저희가 땅에서 사는 동안에는 억울하고 분한 일도 많고, 답답하여 속 터지는 일도 많습니다. 하나님 앞에 통곡하고 부르짖어도 억울한 사연은 해결되지 않고, 저희 가슴에는 분노가 치밀 수밖에 없습니다. 그래서 억울함을 견디지 못하고 법정에 호소하곤 합니다. 안 그러고 싶지만 호소할 곳이 없이 상황이 답답합니다.

자비하신 하나님! 주님은 '바울' 사도를 통해서 저희에게 차라리 불의를 당하고 차라리 속는 것이 낫지 않겠느냐고 물으십니다. 저희가 하나님 나라의 사람들이 교회 안에서 행하는 재판도 있는데 굳이 세상 법정으로 끌고 가느냐는 것입니다. 주님 지금 세상은 온전히 정상적인 자리에서 이탈해 있습니다. 교회 안팎에 수많은 고소 고발 사건이 난무합니다.

하나님께서 저희에게 소송을 좋아하는 영을 제거하시고, 기도하는 영, 말씀 묵상하는 영을 주옵소서! 또 교회의 재판에서 패해도 재판에 승복하지 않고 다시 일반 법정으로 갑니다. 이런 악순환의 고리를 끊어주시고 하나님의 능력과 영성이 교회 위에 가득하게 하옵소서! 사탄은 우리를 시비하게 하고 다투게 합니다. 교회 안팎에서 송사의 영을 몰아내 주옵소서!

저희가 차라리 손해를 보고, 차라리 속고, 차라리 불의를 당할망정 나중에 천사도 재판할 하나님의 성도들이 세상의 법정에서 상상을 초월하는 재판 비용을 물어가면서 언제 끝날지 모르는 재판에 에너지를 쏟지 않게 하옵소서! 모름지기 재판은 원고와 피고는 물론이고 재판부나 검찰이 모두 피곤합니다. 변호인도 증인도 피곤합니다. 참고인들도 피곤합니다.

이렇게 관련 당사자 모두 피곤하고 모든 사람을 지치게 만드는 법정에, 하나님의 사람들이 소송에 휘말려 들락거리느라 신앙생활의 지장을 받고, 교회 봉사에 지장 받고, 목회 역량의 파괴에서 오는 피로감 때문에 손해가 이만저만이 아닙니다. 이런 손해를 입는 송사에서 자유롭게 하옵소서! 그래서 교회에 대한 세상의 판단이 싸움꾼이 되지 않게 하옵소서!

저희를 위한 판단은 가만히 있어도 주님께서 저희들을 양과 염소를 나누듯 나누고 또 왼편에 있는 자들에게 "저주를 받은 자들아 나를 떠나 마귀와 그 사자들을 위하여 예비 된 영원한 불에 들어가라!"고, 오른편에 있는 자에게 "내 아버지께 복 받을 자들이여 나아와 창세로부터 너희를 위하여 예비 된 나라를 상속받아라!"고 하실 것을 기다리게 하옵소서!

저희의 공의로운 심판자이신 예수님의 이름으로 기도합니다. 아멘!

골방기도 / 사회생활

저희의 신분과 정체성을 바로 알게 하옵소서!

> "그러나 너희는 택하신 족속이요 왕 같은 제사장들이요 거룩한 나라요 그의 소유
> 가 된 백성이니 이는 너희를 어두운 데서 불러내어 그의 기이한 빛에 들어가게 하
> 신 이의 아름다운 덕을 선포하게 하려 하심이라."
> (벧전 2:9)

하나님! 하나님을 거역하고 불순종한 채 하나님 없이 살던 어둠의 자식들에게 빛이신 주님께서 오셔서 자신의 생명을 기꺼이 죽음의 구렁텅이에 던져 넣으시고, 대신 저희를 살려주심이 고맙습니다. 이후로 전에는 어두움이더니 이제는 빛이 되었고, 전에는 죽어있었는데 이제는 살았습니다. 그러면서 죄의 종이던 저희는 자유를 얻었으니 은혜가 고맙습니다.

심판받을 수밖에 없는 마귀의 자식으로 살던 저희를 '영접하는 자 곧 그 이름을 믿는 자들'에게 약속하신 '하나님의 자녀'가 되게 하시고, 자녀가 된 저희에게 후사가 되어 유산 상속의 복을 주시니 고맙습니다. 이제는 주님과 함께 받을 영광을 기대하며 고난의 길에 서게 하시니 고맙습니다. 그리고 나서 저희는 세상이 넘보지 못할 귀한 신분이 되었습니다.

우리는 이제 하나님의 '택하신 족속'이요 '왕 같은 제사장'들이요 '거룩한 나라'요 그의 '소유된 백성'이 되었습니다. 주님은 저희들을 향해 "너는 내

것이라!"고 부르셨고, 저희에게 "내가 너와 함께 하리라"고 보장하셨으며 "내게 구하는 모든 것을 이루어 주리라!"고 약속하셨습니다. 이제 세상 사람들은 저희의 이런 영적 신분의 변화를 부러워하고 있습니다.

하나님은 저희에게 전에 살아온 추하고 어두운 삶을 청산하고 빛의 자녀로 살게 하셨으며, 생명 얻은 하나님의 자녀로 살게 하셨습니다. 그렇게 하나님의 자녀가 된 저희에게 "우리를 어두운 데서 불러내어 그의 기이한 빛에 들어가게 하신 이의 아름다운 덕을 선포하게 하는"(벧전 2:9)사명을 주셨습니다. 이 가슴 벅찬 사명을 사는 동안 간직하게 하시옵소서!

저희가 그걸 하고 싶다고 손들고, 접수하고, 시험 보고, 면접 보고, 자기소개서 쓰고 합격한 것이 아니라, 순전히 전적인 하나님의 방법을 따라, 하나님의 선택에 은혜로 택함을 받은 족속입니다. 왕 같은 제사장들이요 거룩한 나라입니다. 세상의 어느 권력자, 어느 영향력 있는 지도자가 할 수 있는 일이 아니라, 오직 하나님만이 하실 수 있는 특별한 일입니다.

이제 저희의 신분은 영원한 형벌이 기다리는 죄인의 자녀가 아니고, 구원받고 씻음 받은 후 새 생명 얻은 것만 아니라, 흑암에서 광명한 나라로 부르심을 받은 영광스러운 신분을 세상에 전하고 이 하나님의 은혜를 선포하는 책임을 지고 세상에 있습니다. 세상에서 가장 복 받은 이들이요, 가장 존귀한 신분인 이름에 맞는 품위를 갖고 살게 하시옵소서!

저희에게 황족의 신분을 주신 예수님의 이름으로 기도드립니다. 아멘!

골방기도 / 사회생활

돈이 없다고 버린 것이 아님을 알게 하옵소서!

"돈을 사랑하지 말고 있는 바를 족한 줄로 알라. 그가 친히 말씀하시기를 내가 결코 너희를 버리지 아니하고 너희를 떠나지 아니하리라 하셨느니라. 그러므로 우리가 담대히 말하되 주는 나를 돕는 이시니 내가 무서워하지 아니하겠노라. 사람이 내게 어찌하리요 하노라." (히브 13:5-6)

하나님! 이 땅에 살면서 한순간도 멀리할 수 없고, 하루도 없으면 살 수 없는 물질을 인하여 마음도 많이 상하고 애도 많이 탑니다. 하나님께서 연약한 마음과 흔들리기 쉬운 믿음을 가진 저희를 안아주시고 붙잡아 주시어, 작은 일로 믿음의 상처받고 삶이 흔들리는 일이 없도록 축복하여 주옵소서! 믿음의 여정에서 너끈히 정복하게 하여 주시옵소서!

하늘과 땅의 일을 구별하지 못하고 싸잡아 믿고 가는 미련한 저희 인생들은, 세상에서 돈 많고 권세를 얻고 남부러움이 없이 살면 하나님의 복을 받은 것으로 생각하고, 빈궁한 삶을 살거나 불치의 병을 앓거나 자녀들이 잘못되면 하나님의 심판을 받았거나 재앙을 만난 것으로 이해합니다. 이런 이원론적인 생각의 틀에서 벗어나 전천후 신앙을 갖게 하옵소서!

"비록 무화과나무가 무성하지 못하며 포도나무에 열매가 없으며 감람나무에 소출이 없으며, 밭에 먹을 것이 없으며, 우리에 양이 없으며 외양간에 소가 없을지라도 나는 여호와로 말미암아 즐거워하며, 나의 구원의 하나님으로 말미암아 기뻐하리로다."(하박 3:17-18)고 고백한 '하박국'의 믿음대로 삶이 피폐하고 곤궁에 있을지라도 믿음으로 살게 하시옵소서!

하나님은 저희가 가난하든, 몸에 병이 들었든, 심지어 성격이 괴팍스러울지라도 자녀들이기 때문에 사랑하시고, 심지어 저희가 하나님을 사랑하고 섬기지 않는 패륜아일 때도 사랑하고 인내하심은 저희가 하나님의 자녀이기 때문입니다. 하물며 가난하다고 멀리하겠습니까? 저희를 더욱 사랑하고, 하나님의 자녀로 품어주심을 믿습니다. 이 믿음을 주옵소서!

홀로 사는 가난한 여인의 두 렙돈을 받으시고 가슴이 뭉클할 만큼 큰 감동을 받으신 하나님! 비록 저희의 삶이 빈궁할지라도, 또 병들었을지라도 여전히 사랑으로 저희를 받으시는 하나님! 그 사랑 생각하며 위축되지 않게 하시고 용기를 갖게 하옵소서! 비록 재물은 저희를 떠났다고 해도 하나님은 곁에서 여전히 뜨겁게 응원해 주심을 믿고 감사하게 하옵소서!

하나님! 돈 없어 슬퍼하지 않게 하시고, 하나님을 떠나 사는 것을 슬퍼하게 하옵소서! 억만금을 가지고 살아도 하나님 없이 사는 것이 측은한 일이고, 세상의 모든 것을 다 가졌어도 하나님 없이 사는 것이 얼마나 비참한 줄 알게 하옵소서! 돈 없는 것을 하나님 안 계신 것처럼 낙심치 않게 하옵소서! 하나님께서 함께하심이 얼마나 큰 부요인지 알게 하옵소서!

저희의 모든 것이 되시는 예수님의 이름으로 기도드립니다. 아멘!

골방기도 / 사회생활

예수님처럼 살고 싶을 때 드리는 기도! (295)

칠팔십 년을 살게 해 주시니 고맙습니다.

"우리의 연수가 칠십이요 강건하면 팔십이라도 그 연수의 자랑은 수고와 슬픔뿐이요 신속히 가니 우리가 날아가나이다."　　　　　　　　(시편 90:10)

전능하신 하나님! 저희를 강철이나 다이아몬드로 만들지 않으시고 진흙으로 만드시어 불과 한 세기가 안 되어도 낡고 삭아 그 이상은 쓸 수 없게 하심이 고맙습니다. 인생들이 욕심이 많고, 세상에 대한 집착이 강해서, 무턱대고 오래 살고싶어 하는바, 팔십도 아쉽고 구십도 부족하여 백수를 바라지만 백수를 한다 해도 흡족하지 않을 것임을 고백합니다.

그렇게 평생을 살면서도 아쉬운 듯하게 하시니 고맙습니다. 그렇게 누리게 하시다가 흉한 꼴을 보기 전에 부르심이 은혜입니다. 내가 낳은 자녀들 앞에서 오줌똥 싸며 냄새나는 몸으로 살지 않게 하시니 고맙습니다. 나이 들어 눈꺼풀이 눈을 덮으면 손님을 보기 위해 손으로 눈두덩을 들추어야 속에 눈이 있을 터인데 그렇게 해서 본들 즐거움이 있겠습니까?

나이 들어 움직일 수 없어 방에서 소/대변 보고, 그나마 벽에 칠하여 온 방에 냄새가 진동하기 전에, 깨끗한 추억 남기고 불러 가시니 고맙습니다. 평생을 친지나 자식들에게 사랑하고 좋아하는 인상을 남기며 살았는데,

좋은 추억 다 쏟아버리지 않게 하시니 고맙습니다. 끝까지 내 발로 걸어서 화장실 갈 때까지 살게 하시는 절묘하신 하나님 은혜가 참 고맙습니다.

태어나서 눈도 못 뜨고, 걷지도 못하고 오줌똥 싸며 기저귀 차고 엄마 아빠도 못 알아보고 밥도 못 먹고 젖 먹고 살던 갓난아이처럼, 다 크고 늙어 살다가 도로 걷지도 못하고, 오줌똥 싸며 자녀들도 못 알아보고 미음 떠먹이며 눈도 못 뜨고 사는 비참한 모습으로 돌아가지 않고, 자식들이 아쉬워하며 곧 다시 만날 그날을 약속하며 보내드리게 하시옵소서!

얼마나 살았는지 햇수를 자랑하지 않고, 얼마나 많은 자녀를 낳았는가 보다, 얼마나 주님을 잘 믿고 살았는지, 얼마나 믿음으로 잘 키웠는지 알게 하시옵소서! 하나님께서 우리에게 허락하신 수명은 저희의 인격과 건강과 믿음을 가지고 최대한 살 수 있는 적당한 수명을 살고, 더 나은 곳, 더 나은 집에서 더 행복하게 살게 하신 것을 감사하게 하시옵소서!

하나님은 언제나 최상의 것을 선물하십니다. 언제나 최선을 선물하십니다. 인생에게 주신 수명에 감사하고, 길면 긴 대로 짧으면 짧은 대로 하나님의 은총의 선물인 줄 알고 감사하게 하옵소서! 하나님은 저희가 누릴 넉넉한 수명과 저희가 누릴 최고의 복을 누리게 하옵소서! 오늘 부르신다고 해도 기쁨으로 반응하며 감사로 하나님께 나아가게 하시옵소서!

저희의 연대와 수명을 정하신 예수님의 이름으로 기도드립니다. 아멘!

골방기도 / 사회생활

예수님처럼 살고 싶을 때 드리는 기도! (299)

깨달음이 있었으면 바로 일어서게 하옵소서!

"곧 그 때로 일어나 예루살렘에 돌아가 보니 열한 제자 및 그들과 함께 한 자들이 모여 있어 말하기를 주께서 과연 살아나시고 시몬에게 보이셨다 하는지라."

(누가 24:33-34)

사랑하는 하나님! 저희에게 지혜와 지식의 영을 부어주시고, 분별의 영을 주셔서 저희가 복음에 눈을 뜨고, 예수님께 신앙고백을 할 수 있는 길을 주시니 참으로 고맙습니다. 이런 큰 믿음을 주신 하나님! 일생을 살면서 소소한 일에 이르기까지 하나님께서 매 순간 깨닫는 지혜도 주옵소서! 또 깨달은 다음 속히 깨달음에 반응하여 행동하게 도와주시옵소서!

잘못된 길인 줄 알았으면 얼른 바른길로 가게 하시고, 바른 깨달음인 줄 알았으면 얼른 행동하게 하옵소서! 깨닫기 전에도 핑계하고, 깨닫고 나서는 미루다 보면 저희가 만날 좋은 기회들을 다 놓칠 수 있습니다. '글로바' 와 동행자가 고향 '엠마오'를 행해 내려가던 날이 주님께서 부활하신 주일 저녁이었습니다. 그동안 따르던 주님에 대한 기대가 무너졌습니다.

그러나 이들은 이미 주님께서 다시 살아나셨다는 증언을 복수의 증인들에 게 들었고, 제자들 사이에서는 예수님의 죽음에 대한 '갈릴리 사람들'의 대

반전이 이야기되고 있었습니다. 또 이 부활에 대한 생생한 다수의 증언이 너무 확실해서, 조금 더 신중히 듣고 판단할 필요가 있었습니다. 그런데 두 사람은 당시에 회자 되는 말 중에 부정적인 것을 택했습니다.

일단 3년 가까운 세월에 대한 허망한 결국에 대해 상심한 이들은 고향에 내려가 제2의 인생을 준비할 생각으로 하루도 더 머물지 않고 그 저녁에 '엠마오'로 내려가고 있었습니다. 그런데 이들을 사랑하신 주님께서 많은 이들 중에 이십 오리 길을 함께 가야 하는 '글로바' 일행을 찾아오셨습니다. 그리고 그들에게 '메시아'에 대한 성경들의 예언을 풀어주셨습니다

그 때 그들의 가슴이 성령님의 감동으로 뜨거워졌습니다. 그들에게 영적 민감성이 있었다면, 그때 성령님의 감동을 고백하고 자신들의 믿음 없음을 회개했을 것입니다. 그런데 이들은 자존심이었는지 체면인지 뜨거워지는 가슴을 쓸어내리며 계속 발걸음을 고향으로 재촉하고 있었습니다. 그리고 고향에 도착한 이들은 예수님을 주무시고 가시도록 했습니다.

이 천재일우(千載一遇)의 기회에 주님은 그들의 눈을 열어주셨습니다. 떡을 떼어 주실 때 예수님의 손에 못 자국을 보았습니다. 그제야 부활의 목격담, 성경을 풀어주실 때의 감동이 모두 생각나며 무릎을 꿇었습니다. "주님!"하고 불렀으나 주님은 떠나셨고, 그들은 일어나 '예루살렘'으로 다시 돌아옵니다. 저희에게도 깨닫는 순간 즉각적 방향전환을 주옵소서!

저희의 즉시 순종을 원하시는 예수님의 이름으로 기도드립니다. 아멘!

11. 사회생활을 위한 기도

골방기도 / 사회생활

예수님처럼 살고 싶을 때 드리는 기도! (327)

진실하고 강력한 속사람으로 이기게 하옵소서!

"그들의 말이 그의 편지들은 무게가 있고 힘이 있으나 그가 몸으로 대할 때는 약하고 그 말도 시원하지 않다 하니 이런 사람은 우리가 떠나 있을 때에 편지들로 말하는 것과 함께 있을 때에 행하는 일이 같은 것임을 알지라."

(고후 10:10-11)

사랑의 하나님! 육신의 옷을 입고 사는 저희는 우리 속에 신령한 영혼의 생명도 있고, 우리의 내밀한 속사람인 인격체도 있습니다. 그가 어떠한 사람인가 하는 것은 그를 이해할 수 있는 객관적 자료인 이름, 나이, 성별, 출신 지역, 출신 학교, 부모 형제 같은 신상명세서를 통해 대략적인 정보를 알 수 있지만, 더 중요한 정보는 신상명세 뒤에 숨겨져 있습니다.

그의 마음과 생각을 전달해주는 언어를 통해서 그의 인품과 됨됨이를 알수 있고, 그의 신앙고백을 통해서 건강한 신앙 여부를 살펴볼 수 있고, 신앙 간증을 통해 체험의 건전성도 볼 수 있습니다. 성서 이해를 통해 얼마나 신앙과 경건이 담보된 것인지 알 수 있고, 학문의 깊이도 가늠해 볼 수있습니다. 세상에는 겉과 속이 다른 이들이 많기 때문입니다.

세상에는 그 말하는 것이 얼마나 세련되고 언어 구사가 얼마나 매끄러운지 듣는 사람들을 미혹하고 좋은 인상을 남기지만, 가까이 교제해 보면,

머릿속은 텅 비어 지식은 물론 생각도 없이 사는 사람이 있는가 하면, 말은 좀 어눌하고 표현은 좀 부족해 보이는데도 그와 교제하면 할수록 그 속에 있는 인품의 깊이와 인생의 경륜이 드러나는 사람이 있습니다.

사도 '바울'은 그가 편지들로 개체교회들과 교류를 했습니다. 지금처럼 교통수단도 발달하지 않은 때이고, 통신수단마저 제한된 시절이었으니, 직접 대면해서 말씀을 듣거나 혹은 육필로 쓰는 편지가 서로의 의사를 전달하는 거의 유일한 수단이었습니다. 그러므로 편지를 받은 이들이 직접 대면하여 말씀을 들으며 사도에 대한 인상을 확인하던 때입니다.

그런데 그들 중에는 "그의 편지들은 무게가 있고 힘이 있으나, 그가 몸으로 대할 때는 약하고 그 말도 시원하지 않다."고 하여, 사도는 "이런 사람은 우리가 떠나 있을 때 편지들로 말하는 것과 함께 있을 때 행하는 일이 같은 것임을 알라."(고후 10:10-11)고 했습니다. 직접 대면하여 보면 편지에서 느낀 웅장함이나 세련됨은 안 보이는 듯한 느낌입니다.

우리가 사람을 외모로만 보지 않게 하옵소서! 그는 "주께서 주신 권세는 너희를 무너뜨리려 하신 것이 아니요 세우려고 하신 것이니, 내가 이에 대하여 지나치게 자랑하여도 부끄럽지 않다."고 했습니다. 우리 자신도 겉에 드러나는 외모에만 치중하지 않게 하옵소서! 그리하여 멀리 있어 편지로 교제할 때나 직접 대면하여 보는 것이 같음을 알게 하옵소서!

속과 겉을 강하게 만드실 예수님의 이름으로 기도드립니다. 아멘!

골방기도 / 사회생활

예수님처럼 살고 싶을 때 드리는 기도! (331)

언제나 전화위복의 계기를 만들게 하옵소서!

> "형제들아 내가 당한 일이 도리어 복음 전파에 진전이 된 줄을 너희가 알기를 원하노라 이러므로 나의 매임이 그리스도 안에서 모든 시위대 안과 그 밖의 모든 사람에게 나타났으니."
>
> (빌립 1:12–13)

사랑의 하나님! 사람이 살다 보면 누구든지 희로애락(喜怒哀樂)의 경험들이 있습니다. 이때는 누구든지 '희락(喜樂)'은 오래 머물기 바라고 애로(哀怒)는 쉬 떠나기 바랍니다. 그렇다고 저희의 바람대로 즐거움과 기쁨은 오래 머물고, 슬픔과 어려움은 쉽게 가는 건 아닙니다. 그래도 언젠가 세월은 자연히 이런 모든 것들을 끌어안고 역사의 뒤편으로 사라집니다.

그런데 하나님! 그중에는 본인은 원치 않은 일이었고, 그 일은 스스로 감당하기에는 너무 버거운 일이었는데, 그 일을 겪는 동안 전혀 뜻밖에 좋은 일이 생겨서 마치 그런 일을 만나지 않은 것보다 훨씬 잘 되었을 때가 있습니다. 그런 일을 만나지 않았으면 이루어지지 않았을 일, 그런 일이 아니었으면 구경도 못 했을 축복이 그 일 때문에 오는 경우입니다.

하나님! 저희는 그 일은 '전화위복(轉禍爲福)'이라고 합니다. 그런데 화(禍)는 내게 미치고 복(福)은 하나님께 영광을 돌릴 일이 된다면 이는 놀라운 일입니다. '바울' 사도는 우리가 잘 아는 대로 복음을 전하면서 상을 받기보다 고난을 많이 겪었습니다. 복음을 전하는 동안 적어도 두 차례 이상은 감옥에 갔습니다. 그 감옥이 이천년 전에 얼마나 열악했겠습니까?

그는 로마 시민권을 가지고 있고, 로마 감옥에 갇힐 때는 자기가 항소하는 바람에 로마에서 황제의 재판을 받기로 한 것입니다. 그런데 결국을 참수되었습니다. 그게 당시의 감옥입니다. 지금처럼 몇 년형을 언도받고 형기를 마치면 석방되는 게 아니라, 언제든지 갇혀있다가 어느 날 갑자기 불려나가 사형이 집행될 수도 있는 상황에 찾아올 복은 없습니다.

그 복이 있다면 석방입니다. 그런데 사도에게 그보다 더 큰 복이 찾아 왔습니다. 그는 "내가 당한 일이 도리어 복음 전파에 진전이 된 줄을 너희가 알기를 원하노라." (빌립 1:12)고 했습니다. 그가 당한 일은 감옥에 투옥된 일인데, 그 일이 복음을 전하다 감옥에 들어온 '복음'을 전파되는데 상당히 기여했다는 것입니다. 그러니 전화위복이 된 것입니다.

감옥에 갇혔으나 '오네시모'처럼 갇힌 죄수들을 전도했을 것이고, 틈나면 간수들에게도 전도했을 것이고, 그 밖에 감옥에서 일하는 사람들을 전도했을 것입니다. 다른 죄수의 면회객들에게도 복음을 전했을 것입니다. 심지어 바울을 싫어하던 이들도 이제는 우리가 전도하자고 했습니다. (빌립 1:15-18) 이런 것처럼 저희도 이런 전화위복의 삶이 되게 하옵소서!

저희 모든 길에 간섭하시는 예수님의 이름으로 기도드립니다. 아멘!

골방기도 / 사회생활

예수님처럼 살고 싶을 때 드리는 기도! (335)

우리의 취약함을 무시당하지 않게 하옵소서!

"누구든지 네 연소함을 업신여기지 못하게 하고 오직 말과 행실과 사랑과 믿음과
정절에 있어서 믿는 자에게 본이 되어 내가 이를 때까지 읽는 것과 권하는 것과 가
르치는 것에 전념하라."
(딤전 4:12-13)

사랑하는 하나님! 오늘 그리스도인 된 저희에게도 약점이 있습니다. 주변
에서 무시당할 수밖에 없는 보이는 약점들을 잘 극복하여 복음이 훼방을
받지 않게 하여 주옵소서! 어떤 이는 복음을 전하다 언어의 약점 때문에
지적을 당한다거나, 어떤 이는 취약한 경제가 섬김의 걸림돌이 되기도 합
니다. 실제로 육체적 장애 때문에 사역이 힘든 이들도 있습니다.

그러나 하나님! 그들이 어떤 약점들이 있더라도 그것이 사역에 불편은 있
더라도 결코 장애로 다가오지는 않게 하시고, 혹 그런 장애를 가져오더라
도 그 일로 업신여김을 당하지 않게 하옵소서! 가난하게 사는 게 불편은
해도 이 일로 사람들이 힘들게 하거나 가볍게 보지 않도록 주님의 사랑하
는 자녀들을 지켜 주옵소서! 언제나 존중히 여김을 받게 하옵소서!

사도 '바울'이 믿음의 아들 '디모데'에게 '에베소교회'의 사역을 맡기고 떠날
때, 젊은 나이가 마음에 걸렸습니다. 지금도 젊은 목회자를 만나면 사람들

은 '어린 종', '철없는 종', '젊은 종'이라고 부르며, 자식이나 손자 대하듯 하는데, 당시에 젊은 청년목회자 '디모데'는 '바울' 사도에게는 염려의 대상이었습니다. 그래서 청년들이 범하기 쉬운 일을 적어 주었습니다.

"누구든지 네 연소함을 업신여기지 못하게 하고, 오직 말과 행실과 사랑과 믿음과 정절에 있어서 믿는 자에게 본이 되라."고 했습니다. 말과 행실에 본이 되고, 사랑과 믿음과 정절에 본이 되라고 했습니다. 엄청난 과제였지만 젊은 목회자가 저지를 수 있는 약점들을 지적해 줍니다. 나이가 젊어도 언어와 행동 즉, 언행에 품격이 있으면 함부로 대하지 않습니다.

이뿐 아니라 "내가 이를 때까지 읽는 것과 권하는 것과 가르치는 것에 전념하라."(딤전 4:13)고 했습니다. 성경, 심방, 교육 등 중요한 내용을 권합니다. 이런 좋은 멘토를 두었기에 가르침에 힘입어 그는 훌륭하고 유능한 사역자가 되었습니다. 나이든 이는 젊은 후배에게 아낌없이 지도하고 젊은 목회자는 권면을 감사로 받는 아름다움이 있기를 원합니다.

사랑하는 하나님! 저희가 비록 돈은 없어도 가난이 사람을 비굴하게 만들지 않게 하시고, 비록 학문은 못 했을지라도 그것을 자기 비하로 생각하지 않게 하시고, 비록 말이 좀 어눌할지라도 그 일로 사람들을 기피 하지 않게 하옵소서! 비록 외모가 좀 떨어진다고 해도 그 일로 기죽지 않고 사람들 앞에 당당하게 하셔서 주님을 전하는 이들이 되게 하옵소서!

젊은 시절에 구주 되신 예수님의 이름으로 기도드립니다. 아멘!

골방기도 / 사회생활

성실한 회사원이나 직장인이 되게 하옵소서!

"종들아 두려워하고 떨며 성실한 마음으로 육체의 상전에게 순종하기를 그리스도
께 하듯 하라 눈가림만 하여 사람을 기쁘게 하는 자처럼 하지 말고 그리스도의 종
들처럼 마음으로 하나님의 뜻을 행하고"　　　　　　　　　　　(에베 6:5-6)

사랑하시는 하나님! 이 땅의 인생들이 삶을 영위하기 위하여, 농사도 짓고
장사도 합니다. 그 밖에 세상에 밥 먹고 사는 이들의 직업이 일만 개도 넘
는데 그 많은 직업 가운데 다른 사람의 회사, 공장 등에 들어가서 일하는
이들이 절반은 될 것입니다. 이 많은 직원, 혹은 근로자, 또는 사원 등 호
칭은 다를지라도, 그 안에서 일하는 이들의 신분을 지켜 주옵소서!

특별히 그들이 어떤 자세로 일해야 할지 가르치시고, 매 순간 감동하시고
계시하시어 땅에서 사무직이든 생산직이든 일하는 동안 자신의 상사에게
어떻게 대할지 감동하여 주옵소서! "종들아, 두려워하고 떨며 성실한 마음
으로 육체의 상전에게 순종하기를 그리스도께 하듯 하라!"(에베 6:5) 육체의
상전, 즉 상사나 사장에게 주님께 하듯 하라고 하셨습니다.

특히 "눈가림만 하여 사람을 기쁘게 하는 자처럼 하지 말고 그리스도의 종
들처럼 마음으로 하나님의 뜻을 행하라."(에베 6:6)고 했습니다. 하나님! 이

제 공동체 안이나 사회에서나 눈가림하여 사람을 속이지 않게 하옵소서! 대충 일했는데 열심히 한 것처럼, 남이 한 일인데 자신이 한 일처럼, 더 잘 할 수 있었는데 최선을 다한 것처럼 속이지 않게 하옵소서!

특히 저희는 정직을 생명처럼 알고 살아야 하는데, 남의 업적이나 공적을 탈취하지 않게 하고, 다른 사람의 공로를 내 것인 양 속이지 않게 하옵소서! 언제나 정직하고 진실하게 살아서 회사나 직장, 사무실에서 그의 말이 면 신뢰하고 그의 근무 태도에 모두 공감하는 성실한 그리스도인이 되게 하옵소서! 신뢰받고 존중히 여김을 받는 직장인이 되게 하옵소서!

일하면서 마치 하나님의 일을 하듯 하고, 사람을 기쁘게 하는 것이 아니라, 하나님을 기쁘게 하는 일이라 믿고 일하게 하옵소서! 실제로 믿는 이들의 실적이나 업무가 워낙 확실하고 정직하면 그것이 바로 선교이자 복음 전하는 것인 줄 알아서, 자신의 일터가 선교지요, 사무실이 교회인 것처럼 성실하고 정직한 직원이 되어 하나님께서 그들을 상 주옵소서!

사무실이든 현장이든 감독자가 있든 없든, 힘든 일이든 쉬운 일이든 "기쁜 마음으로 섬기기를 주께 하듯 하고 사람들에게 하듯 하지 말라."(에베 6:7)는 말씀을 기억하고 "이는 각 사람이 무슨 선을 행하든지 종이나 자유인이나 주께로부터 그대로 받을 줄 앎이라."(에베 6:8)는 말씀을 기억하게 하옵소서! 우리 직장이나 일터는 또 다른 교회가 되게 하옵소서!

저희의 주시며 감독이신 예수님의 이름으로 기도드립니다. 아멘!

골방기도 / 사회생활

예수님처럼 살고 싶을 때 드리는 기도! (340)

믿는 상사라고 가벼이 보지 않게 하옵소서!

"믿는 상전이 있는 자들은 그 상전을 형제라고 가볍게 여기지 말고 더 잘 섬기게
하라 이는 유익을 받는 자들이 믿는 자요 사랑을 받는 자임이라 너는 이것들을 가
르치고 권하라."

(딤전 6:2)

하나님! 사랑합니다. 기도하면서 많이 깨닫고 많이 배웁니다. 땅에 사는
동안 필요한 말씀을 성경에 빼곡하게 책갈피에 지폐 감추어 두듯 넣어주
심이 고맙습니다. 직장생활에서 흔히 범하기 쉬운 실수나 결례가 믿는 상
사를 대하는 일입니다. 신앙인, 그중에 특별히 믿음이 좋은 사람들은 자기
직장 상사가 기독교 신앙을 믿고 있다면 우선 반갑고 고마워합니다.

후에, 좀 더 친근하고 좀 더 가깝게 다가갑니다. 그러다가 자기도 모르는
사이에 엄격한 규칙이 존재하는 직장이라는 것도, 그가 나보다 직급이 높
아서 나를 지휘하고 내게 명령할 권한이 있는 상급자요 책임자라는 것도
잊어버립니다. 친한 것에 도가 지나쳐 함부로 대하면서 마치 동료처럼 대
합니다. 점점 격의가 없어지다 보면 아랫사람을 대하듯이 대합니다.

하나님! 저희에게 공사(公私)를 구별할 줄 아는 지혜도 주시고, 일하는 곳
이 나의 가정을 책임져 주는 직장이고, 상사는 직장에서 나를 가르치고 지

도하며 책망하고 격려할 수 있는 상사라는 것을 깨닫게 하옵소서! 예의도 없이, 상하도 없이 공사구별도 없이 도를 넘는 무례를 범하지 않게 하옵소서! 예의범절도 없고 기강도 없는 무법자가 되지 않게 하옵소서!

"무릇 멍에 아래에 있는 종들은 자기 상전들을 범사에 마땅히 공경할 자로 알지니, 이는 하나님의 이름과 교훈으로 비방을 받지 않게 하려 함이라."(딤전 6:1)는 말씀을 기억하여, 직장 상사로서 절대적으로 충성하고 헌신해야 될 대상이지, 같은 신앙인이라고 모든 규칙과 질서까지 무너뜨리고 무질서하게 사는 무법천지를 용인하는 것은 아님을 알게 하옵소서!

특히 믿는 상전이 있는 자들은 상전을 같은 기독교 신앙을 가진 사람이라고 집에서 대하는 형제처럼 가벼이 대하지 않게 하옵소서! "형제라고 가볍게 여기지 말고 더 잘 섬기게 하라. 이는 유익을 받는 자들이 믿는 자요, 사랑을 받는 자임이라. 너는 이것들을 가르치고 권하라."(딤전 6:2)고 했습니다. 상사가 자신보다 직분이 아래일 경우 정신 차리게 하옵소서!

교회에서는 자기가 장로이고 교회의 평신도 지도자가 되어 교회의 어른인데, 직장에 나가니 나보다 상사나 위에서 일하는 이는 집사가 앉아있습니다. 그래도 직장에서 주의하여 어떤 경우 교회에서의 직급이 높은 이가 회사의 말단직원으로 있어도, 회사 안에서 철저하게 상명하복의 규칙을 지키는 그에게 상을 주시리라 믿습니다. 그런 질서를 허락하옵소서!

어디서나 저희를 사랑하신 예수님의 이름으로 기도드립니다. 아멘!

골방기도 / 사회생활

말세의 현상을 이상하게 보지 않게 하옵소서!

"사람들이 자기를 사랑하며 돈을 사랑하며 자랑하며 교만하며 비방하며 부모를 거역하며 감사하지 아니하며 거룩하지 아니하며 무정하며 원통함을 풀지 아니하며 모함하며 절제하지 못하며 사나우며 선한 것을 좋아하지 아니하며."

(딤후 3:2-3)

사랑하는 하나님! 사람들이 교회나 세상 풍조를 바라보며 탄식합니다. 하나님에 대해서는 물론이고, 부모에 대해서나 이웃의 어른에 대해서 예의범절도 없고 상식을 벗어난 삶을 사는 것을 봅니다. 예전에는 '군사부일체'(君師父一體)라는 말도 있어서 임금과 스승과 부모의 권위는 같고 은혜도 같아서 이들은 그림자도 밟지 않는다고 배우고 그렇게 살았습니다.

그러나 지금은 아버지는 자식을 수발하는 하인처럼 되었고, 선생님은 학생들에게 회초리 체벌은 꿈도 못 꾸고, 책망도 못 하는 시대가 되었습니다. 또 대통령은 국민에게 풍자의 대상이 되었습니다. 이런 모습을 보며 어른들은 "말세다!"라고 탄식합니다. 마지막 천륜과 인륜이 땅에 떨어지면 말세가 되었다는 것을 기준으로 보면 이미 예견된 상황입니다.

성경에 의하면 "사람들이 자기를 사랑하며 돈을 사랑하며 자랑하며 교만하며 비방하며 부모를 거역하며 감사하지 아니하며 거룩하지 아니하며 무정하며 원통함을 풀지 아니하며 모함하며 절제하지 못하며 사나우며 선한 것을 좋아하지 아니하는 것"이 말세의 징조라는 것입니다. 어쩌면 이천 년 전의 글에 이렇게 정확하게 시대를 내다보고 있는지 모릅니다.

돈을 사랑하는 일은 역사 이래 지금처럼 강력한 때는 없습니다. 모든 문제는 돈이 해결하고, 돈은 하나님처럼 되었습니다. 돈이 하나님께서 하시는 일을 거의 한다고 해도 과언이 아닙니다. 자랑하고 교만하여 세상에서 자신이 제일 잘 나고 똑똑하고 멋지다고 합니다. 지금은 자기 자랑과 교만이 흠이 아닙니다. 부모를 거역하는 일은 하나도 특별한 일이 아닙니다.

나아가 감사하지도 거룩하지 아니한 것도 말세의 특징이라는데, 감사도 없고 거룩함도 사라진 지 오래입니다. 무정하며 원통함을 풀지 아니하며 모함하며 절제하지 못하며 사나우며 선한 것을 좋아하지 않는 일은 마치 시대의 악한 모습을 이미 성령님께서 이천 년 전에 타임머신을 타고 다녀간 것 같은 섬뜩함을 느끼게 합니다. 그러니 이상할 것이 없습니다.

배신하며 조급하며 자만하며 쾌락을 사랑하기를 하나님 사랑하는 것보다 더하며 경건의 모양은 있으나 경건의 능력은 부인한다는 데까지 이르면 입이 벌어질 만큼 시대의 모습을 내다보는 통찰에 할 말을 잃습니다. 우리가 그동안 "말세다!"라고 외치며 탄식하던 모습들은 이미 성경에서 언급하고 있습니다. 말씀처럼 이 같은 자들에게서 돌아서게 하옵소서!

시대를 앞서 경각심을 주신 예수님의 이름으로 기도드립니다. 아멘!

골방기도 / 사회생활

공동체의 좋은 지도자가 되게 하옵소서!

"그러므로 감독은 책망할 것이 없으며 한 아내의 남편이 되며 절제하며 신중하며
단정하며 나그네를 대접하며 가르치기를 잘하며 술을 즐기지 아니하며 구타하지
아니하며 오직 관용하며 다투지 아니하며 돈을 사랑하지 아니하며"

(딤전 3:2–3)

사랑의 하나님! 오늘처럼 교회가 조직화, 체계화되지 않았던 이천 년 전
사도의 서신이 정경이 되어, 오늘 저희가 성령님의 감동으로 된 이 메시지
를 성령님께서 주시는 음성으로 듣습니다. 또 종이 섬기던 교단은 실제 최
고 지도자 명칭을 '감독'으로 쓰고 있습니다. '감독'이든 '총회장'이든 아니
면 어떤 지위든 교회의 다양한 '지도자'를 위해 기도드립니다.

하나님의 교회를 관리 감독하며 이끌고 갈 지도자는 책망할 것이 없어야
합니다. 한 교회 목회자든 작은 '시찰'이나 '지방'이나 '노회'나 '총회'나 공
동체의 지도자로 세우심을 입는다는 것은 총의에 따르는 것인바, 큰 영광
의 자리이며 무한 책임이 동반되는 지위입니다. 그 자리는 그가 건강하면
공동체가 건강한 것이고 그가 병들면 공동체가 병드는 것입니다.

따라서 우선 책망할 것이 없어야 합니다. 사방에서 비난받을 일이나 책망
들을 일, 책임질 일, 문제투성이 인물이라면 공동체를 꾸려가기는 커녕 자

기 앞가림하느라 정신을 못 차리기 때문입니다. 그러므로 주님처럼 살기 원하는 이들은 우선 자기 자신을 먼저 다스리는 '수신제가(修身齊家)'부터 해야 할 줄 믿습니다. 소망을 가진 이들은 늘 명심하게 하옵소서!

한 아내의 남편으로 절제하고 신중해야 하는 것은, 이 중에 어느 하나라도 배치되면 지도자의 품격에 결정적인 결격사유가 되기 때문에 기본적이고 상식적인 예를 들었습니다. 그러나 한 아내의 남편으로 사는 지극히 상식적인 일 외에도 절제하지 못하고 신중하지 못하면 안 되는 것은 공동체의 안팎에서 일어나는 모든 문제는 여기에서 시작하기 때문입니다.

또, 단정하며 나그네를 대접하며 가르치기를 잘하며 술을 즐기지 아니하며 구타하지 아니하며 오직 관용하며 다투지 아니하며 돈을 사랑하지 아니하는 일도, 기본적인 원칙에 부합하는 지도자를 세우기만 했어도 지금 우리의 교계는 이렇게 혼란스럽고 시끄럽지 않았을 것입니다. 언제나 기본이 무너지고 원칙이 무시되면 하나님의 영광을 가립니다.

하나님! 뒤에 언급된 두 가지 중에 "자기 집을 잘 다스려 자녀들로 공손함으로 복종하게 하는 자"에는 "자기 집을 다스릴 줄 알지 못하면 어찌 하나님의 교회를 돌보리요!"라는 해설도 있습니다. 새로 입교한 자도 말고, 특히 외인(外人)에게서도 선한 증거를 얻은 자를 원하니 이런 좋은 지도자들이 '예수님처럼 살고 싶은 이들'에게서 많이 나오게 하옵소서!

우리들의 선한 목자가 되신 예수님의 이름으로 기도드립니다. 아멘!

12.
자신의 삶을 위한 기도
(35편)

골방기도 / 자신의 삶

영혼을 짓누르는 어두움에서 벗어나게 하옵소서!

"그에게 이르기를 너는 삼가며 조용하라 르신 아람과 르말리야의 아들이 심히 노할지라도 이들은 연기 나는 두 부지깽이 그루터기에 불과하니 두려워하지 말며 낙심하지 말라." (이사 7:4)

하루하루가 너무 버겁고 견디기 어렵습니다. 육체적 노동으로 인한 피로도 아니고, 특별한 사유가 있어서 힘든 것도 아닌데, 왠지 모르게 옥죄는 삶의 압박이 느껴집니다. 걱정스러울 만큼 어디가 아픈 것도 아니고, 육체의 치명적 질병을 의심할만한 진단을 받은 것도 아닙니다. 그런데 웬일인지 마음이 무겁고 답답하고 짙은 구름 낀 하늘을 보는 것 같습니다.

하나님께서 저의 마음에 평안을 주옵소서! 세상에는 궁핍하여 당장에 끼니 걱정을 하는 이들도 있을 터인데 그것도 아니고, 어떤 질병 때문에 고통을 받는 것도 아니고, 뚜렷한 근심 걱정거리가 놓여있는 것도 아닌데, 무언지 모르는 영적인 압박이 계속 밀려오고 있습니다. 이 안개처럼 저를 향해 밀려오는 걱정 근심, 어두운 마음을 하나님께서 몰아내 주옵소서!

근원을 알 수 없는 두려움, 피곤함, 또는 답답함을 성령님의 능력으로 제거하시고, 맑은 하늘 뜨거운 햇살을 보내서서 안개처럼 자욱한 어두움의 그림자를 멀리 쫓아내 주옵소서! 성령님의 강력한 역사로 그림자처럼 저를 따라다니는 짓눌림과 성령님의 빛으로부터 차단된 세상에서 종을 건져 주옵소서! 하나님께서 주시는 맑음과 밝음의 세상을 주옵소서!

이 아침에 문득 드는 답답한 생각들, 불현듯 찾아오는 외로움, 어느새 속사람을 지배하는 어둡고 음습한 생각들로부터 자유롭게 하옵소서! 매일 내면에서 쉼 없이 자라는 어두운 생각들을 제거하시되, 한여름 잡초처럼 끝없이 올라오는 무서운 흑암의 싹을 잘라 주옵소서! 오늘도 어두움의 종이 아니라 하나님의 선하심과 의로우심의 도구로 사용되게 하옵소서!

아침에 태양이 떠오르면 모든 안개가 흔적도 없이 사라지는 것 같이, 주님께서 제 마음을 차지하시어 모든 어둡고 음침하고 두렵고 악취 나는 것들이 다 타버리게 하옵소서! 죽여도 사라지지 않고 바퀴벌레처럼 저희 마음 한구석 음습하고 어두운 곳에 똬리를 틀고 있는 희미하지만 확실한 어두움의 존재들이 빛이신 하나님 앞에 모두 불타고 사라지게 하옵소서!

햇빛보다 더 밝은 곳 천국에서 백수, 천수가 아니라 영원히 하나님과 행복하게 살 저희가, 땅에서 만나는 무수한 위협과 미혹에서 두려움 없이 대처하게 하시고, 하나님의 사랑으로 이겨가게 하옵소서! 세상을 이기시고 죄를 다스리신 주님을 본받아서 두려움과 약함을 이기게 하옵소서! 언제나 하나님의 도우심과 능력 주심으로 날마다 승리하게 하옵소서!

영원히 저희의 빛이신 예수님의 이름으로 기도드립니다. 아멘!

골방기도 / 자신의 삶

예수님처럼 살고 싶을 때 드리는 기도! (24)

교회의 타락에 분노하게 하옵소서!

"예수께서 성전에 들어가사 성전 안에서 매매하는 모든 사람들을 내쫓으시며 돈바꾸는 사람들의 상과 비둘기파는 사람들의 의자를 둘러엎으시고 그들에게 이르시되 기록된바 내 집은 기도하는 집이라 일컬음을 받으리라 하였거늘 너희는 강도의 소굴을 만드는도다 하시니라."

(마태 21:12-13)

하나님! 이 땅에 오신 예수님께서 가장 분노하시던 때가 성전에 가셔서 매매하는 이들과 돈 바꾸는 이들과 비둘기파는 이들을 보시고, 분노하시어 그들을 내쫓으시던 때입니다. 하나님의 말씀을 가르치고 예배하고 기도드려야 하는 곳이 예배와 기도처럼 하나님을 갈망하는 이들의 제사가 아니라 물질의 탐욕으로 얼룩진 상행위가 이루어질 때 분노하셨습니다.

예수님은 매매하는 그들을 사정없이 내쫓으시고, 성전 세를 위하여 동전을 바꾸어 주고 있던 좌판을 다 둘러 엎으시고, 가난한 가정들을 위하여 비둘기를 팔고 있던 이들의 의자도 모두 엎으시고, 물건을 들고 성전을 가로질러 다니는 것을 금하셨습니다. 저희가 보아도 합당하지 않은 일을 주님의 눈으로 보셨을 때 그 분노가 얼마나 컸을까 상상하게 됩니다.

하나님! 요한복음 2장에는 "이들을 노끈으로 채찍을 만들어 양이나 소를 다 내쫓으시고, 돈 바꾸는 사람들의 돈을 쏟으시며 상을 엎으셨다."고 했습니다. (요한 2:15) 그때 "내 아버지의 집으로 장사하는 집을 만들지 말라."(요한 2:16) 하시고 곁에서 지켜본 제자들이 '주의 전을 사모하는 열심이 나를 삼키리라.'는 말씀을 기억하였다고 했습니다. (요한 2:17)

자신들의 권리를 침해당한 유대인들이 저항하며 "당신이 이런 일을 행하니, 무슨 표적을 우리에게 보이겠느냐?"고 저항했고, 이때 "너희가 이 성전을 헐라. 내가 사흘 동안에 일으키리라."(요한 2:19)는 말씀은 훗날 빌미가 되어 '성전을 사흘 만에 짓는다는 자.'(마태 27:40)로 곡해되어 십자가에 달리게 되십니다. 저희도 이 성전의 타락에 분노하게 하옵소서!

하나님! 물질 만능의 시대에 거대한 힘을 지닌 물질의 우상, 탐욕의 우상들이 온 세상을 집어삼키고 있습니다. 물질의 신은 거룩한 하나님의 보좌를 흔들고 그 영광을 가리고 있으며 이제 예배의 대상이 되었습니다. "하나님과 재물을 겸하여 섬기지 못하느니라." (마태 6:24)는 주님의 말씀처럼 물질은 우리의 믿음을 무너지고 예배를 타락하게 하는 원흉입니다.

교회가 물질의 도구로 전락하고, 교회 안에 부자들의 힘이 증대되고, 교회 예배의 자리를 돈이 차지하고, 섬김의 자리도 돈이 차지하고, 온 교회 안팎이 돈에 오염되고, 성직이나 중직이나 성도들이 돈에 매수되어 모든 신앙 행위가 물질의 도구화 되어가는 이때, 저희 믿음의 자리를 놓치지 않게 하옵소서! 성전에 나온 이들이 물질에 오염되지 않게 하옵소서!

성전을 정결하게 하신 예수님의 이름으로 기도드립니다. 아멘!

12. 자신의 삶을 위한 기도

골방기도 / 자신의 삶

예수님처럼 살고 싶을 때 드리는 기도! (35)

말로만 주님을 믿고 따르지 않게 하옵소서!

> "나더러 주여 주여 하는 자마다 다 천국에 들어갈 것이 아니요 다만 하늘에 계신
> 내 아버지의 뜻대로 행하는 자라야 들어가리라."
>
> (마태 7:21)

사랑의 하나님! 이 시간 저희의 믿음을 점검하기 원합니다. 세상 사람들이
하나님의 자녀 된 그리스도인들을 '말 잘하는 사람'이라고 말합니다. 칭찬
보다는 경멸의 의미로 쓰이고, 긍정적인 의미보다는 부정적인 의미로 쓰
입니다. 그만큼 믿는 사람들이 말을 많이 한다고도 할 수 있지만, 그 보다
는 매사에 '말만 앞세우는 사람'이란 의미로 쓰이기에 부끄럽습니다.

하나님! 이제 저희 자신을 돌아보아 입으로만 믿는 것이 아니라 저희가 한
말을 몸으로 살아내는 저희가 되게 하옵소서! "믿는 이들은 입만 구원받을
것"이라고 비아냥하지 않게 하시고, "목회자는 천국에 입만 떠다니고, 성
도들은 귀만 떠다닐 것"이라는 야유를 듣지 않게 하옵소서! 저희가 말한
것과 고백한 것을 실천하는 종들이 될 수 있게 하시옵소서!

"하나님의 나라는 말에 있지 아니하고 오직 능력에 있음이라."(고전 4:20)는
말씀을 세상에 나타내 보이게 하시고, 믿는 이들은 그 말이 신용(信用)이고
말이 권위(權威)이고 말이 능력이 되게 하옵소서! 오직 저희가 믿음의 길을

살아가는 동안 언행일치의 삶을 살게 하시고 저희의 말은 교회의 법이며 사회의 규범이 되어 세상의 표준이 되게 하시옵소서!

초기 신앙공동체의 성도 중에 다는 아니지만, 일찍 혼자된 여인 중에 더러 "처음 믿음을 저버렸으므로 정죄를 받는다."(딤전 5:11-12)고 했는데 이유를 보면, "그들은 게으름을 익혀 집집으로 돌아다니고, 게으를 뿐 아니라 쓸데없는 말을 하며 일을 만들며 마땅히 안 할 말을 한다."(딤전 5:13)고 했습니다. 저희가 이런 어리석은 자 되지 않게 하옵소서!

하나님! 그리스도인들이 "입으로만 믿고, 입에만 세례를 받고, 입만 천국에 갈 것 같다."는 이야기를 듣지 않게 하시고, 천국을 소망하고 사는 저희의 입으로 내뱉는 말의 품격이 천국 백성에 걸맞게 하옵소서! 하나님 나라에 사는 이들의 속사람이 드러나는 언어가 폭력적이고 선정적이지 않을뿐더러 거짓말이나 믿지 못할 허언(虛言)이 되지 않게 하시옵소서!

언제나 저희는 그 말이 가져온 결과를 책임져야 할 터인데, 일구이언하여 신뢰를 잃어버리거나, 언행 불일치로 비난을 받지 않게 하옵소서! 입으로는 주님을 부르면서도 하는 짓은 마귀의 종처럼 살지 않게 하시고, 말로는 빛의 자녀라고 하는데, 그 삶은 어둠의 자식이 되지 않게 하옵소서! 말이 삶이고 말이 진정한 신앙고백이 되어 주님처럼 살게 하옵소서!

우리의 왕이요 주님이신 예수님의 이름으로 기도드립니다. 아멘!

12. 자신의 삶을 위한 기도

골방기도 / 자신의 삶

예수님처럼 살고 싶을 때 드리는 기도! (67)

저의 손에서 돌을 내려놓게 하옵소서!

"그들이 묻기를 마지아니하는지라 이에 일어나 이르시되 너희 중에 죄 없는 자가 먼저 돌로 치라 하시고 다시 몸을 굽혀 손가락으로 땅에 쓰시니 그들이 이 말씀을 듣고 양심에 가책을 느껴 어른으로 시작하여 젊은이까지 하나씩 하나씩 나가고 오직 예수와 그 가운데 섰는 여자만 남았더라." (요한 8:7-9)

사랑하는 하나님! 오늘 저희가 세상을 살며 남에게는 너무 철저하고 자신에게는 너무 관대합니다. 다른 이들의 죄에 대하여는 엄격하고, 자신의 죄에 대하여는 느슨합니다. 다른 사람의 죄에는 칼날같이 날카롭고 자신의 죄에 대해선 '솜방망이'처럼 부드럽습니다. 다른 이들의 드러난 죄에 추상 같고, 자신의 감추어진 죄에는 한없이 관용을 베풀고 있습니다.

이런 이중 잣대를 가지고 세상을 재단하면, 언제나 '내로남불'임이 드러나고, 결국 세상은 원칙도 없고 투명한 예외도 없고 냉정한 처벌과 정당한 용서도 정리되지 않아서, 마치 법도 원칙도 없고 질서도 자유도 없는 혼탁하고 무질서한 세상이 되었습니다. 죄를 정하고 벌하고 할 수 있는 사법적 기준도 모호해졌습니다. 모두 무너지고 힘이 법이 되었습니다.

신앙생활 하는 저희도 오랜 세월 성경에서 금기해왔던 죄, 혹은 세상에서 정죄했던 행동들에 대해 침묵하고 있습니다. 이제 젊은이들에 의해 시도

되는 개혁, 개방, 변화의 물결을 언제까지 외면하게 될지, 얼마나 기독교가 무시당하고 있는지 보고 있습니다. 눈에 보이는 적은 죄에 대해 단호하면서, 보이지 않는 무서운 죄는 외면하고 있음을 주님은 아십니다.

믿음을 가진 이들은, 세상에서 별 관심도 없는 것들에 목숨을 걸고 정죄하는데, 정작 저희가 멀리해야 할 것들에 대해서 무심히 지나갑니다. 술, 담배 등 기호식품에 대해서는 추상같은 단죄를 하면서 살인에 버금가는 시기, 미움, 질투 같은 숨은 죄에 대해서는 무감각해 있습니다. 음해, 비난, 근거 없는 소문 전파 같은 치명적인 죄가 세상을 무너지게 만듭니다.

저희의 손이나 입으로는 이웃들이 짓고 있는 드러난 죄에 대하여 비난하고 정죄하지만, 저희의 마음속에는 얼마든지 사람의 생명을 끊을 만큼의 무섭고 잔인한 돌덩이들을 들고 있습니다. 내가 지은 죄는 아니기에, 나는 돌을 던지겠지만 내 속에 자라고 있는 죄가 폭발하면 얼마나 무서운 파괴력을 가지는지 모릅니다. 하나님께서 이 돌들을 빼앗아 주옵소서!

무서운 기세로 세상을 정죄하려는 날카로운 돌을 저희 손에서 내려놓고, 무서운 비판의 도구들도 내려놓고, 얼마든지 이해와 사랑으로 그들을 품고 갈 수 있게 하시옵소서! 때로 사회적 공분을 사고 있는 죄에 대하여, 용서할 수 없는 죄는 이상하리만치 분노하고 책망하지 않는 마음인데, 이웃을 향한 심판과 정죄의 무서운 돌을 내려놓고 사랑하게 하옵소서!

사죄의 은총을 허락해 주신 예수님의 이름으로 기도드립니다. 아멘!

12. 자신의 삶을 위한 기도

골방기도 / 자신의 삶

예수님처럼 살고 싶을 때 드리는 기도! (73)

지붕을 뚫는 믿음을 허락하여 주옵소서!

> "사람들이 한 중풍병자를 네 사람에게 메워 가지고 예수께로 올새 무리들 때문에 예수께 데려갈 수 없으므로 그 계신 곳의 지붕을 뜯어 구멍을 내고 중풍병자가 누운 상을 달아 내리니." (마가 2:3-4)

사랑의 하나님! 세상을 살다 보면 정말 긴급한 순간에 시간이 늦거나 상황이 안 되어 기회를 놓칠 때가 있습니다. 발을 동동 굴러도 방법이 없어, 죽고 싶을 때도 있습니다. 모두 포기하고 싶고, 실패나 죽음이 와도 감당해야 할 것 같은 절박한 마음이 듭니다. 그러나 이제 그런 상황에서 믿음을 가지고 위를 보게 하옵소서! 위에 계신 하나님을 뵈옵게 하옵소서!

하나님! 하나님은 저희의 아버지이십니다. 왕이십니다. 스승이십니다. 하나님은 늘 저희와 같이 계심을 믿습니다. 다른 이들보다 저희가 잘하다가 실수할 때에도 주님은 늘 그곳에 계셨고, 다른 이들보다 워낙에 둔하고 세련되지 못해서 늘 뒤에 있을 때도 하나님은 늘 그곳에 서 계셨습니다. 하나님은 언제나 저희의 잘못을 책망하지 않으시고 말없이 계셨습니다.

하나님! 한 중증(重症) 중풍 병자를 보았습니다. 그런데 그가 예수님이 계신 '가버나움'의 어느 집에 왔을 때 그 집에는 이미 사람들로 문전성시를 이루어, 시간마저 늦게 도착한 중풍 병자는 발을 디딜 틈이 없었습니다. 저희는 그가 어디 사는 누구인지도 모르고, 어떤 일로 늦었는지 연유도 잘 모릅니다. 그를 메고 온 네 명은 가족인지, 친구인지도 모릅니다.

예수님은 말씀을 전하고 계셨고 회중들은 그분의 말씀에 집중하고 있었습니다. 그 무리 중에 누구도 중증장애를 앓으면서 네 명에게 들려 늦게 도착한 그에게 관심을 가질 만큼의 여유가 없었습니다. 그렇다고 이들 역시 늦게 도착한 그곳의 집회를 방해하면서 자리를 비집고 들어갈 마음은 없었습니다. 그 때 다섯 사람은 지붕으로 올라가는 길을 보았습니다.

누가 먼저 그 길을 발견했는지, 누가 그리로 올라가자고 했는지 모르지만, 어느 누가 먼저랄 것도 없이 그를 둘러메고 지붕으로 올라간 일을 반대하는 이 없이 약속한 듯 올라갔습니다. 중풍 병자를 고쳐야겠다는 믿음과 주님께 나가면 고쳐주실 것이라는 믿음이 모두에게 있었기 때문입니다. 그리고 지붕으로 올라간 이들은 지붕을 뜯고 그를 달아 내렸습니다.

지붕 위의 행동이 집안을 더욱 긴장하게 했습니다. 말씀은 중단되었고, 술렁거리던 회중은 조용합니다. 예수님은 그들의 믿음을 보시고 중풍 병자에게 "작은 자야 네 죄 사함을 받았다!"고 하셨고, 결국 "네 상을 가지고 집으로 가라."(마가 2:11)는 말씀에 침상을 둘러메고 갔습니다. 이런 기적이 일어나게 하시되, 그 기적을 위해 지붕을 뚫는 믿음을 주옵소서!

저희의 치료자가 되시는 예수님의 이름으로 기도드립니다. 아멘!

골방기도 / 자신의 삶

죽은 자를 살리시는 하나님만 의지하게 하옵소서!

> "형제들아 우리가 아시아에서 당한 환난을 너희가 모르기를 원하지 아니하노니 힘에 겹도록 심한 고난을 당하여 살 소망까지 끊어지고 우리는 우리 자신이 사형 선고를 받은 줄 알았으니 이는 우리로 자기를 의지하지 말고 오직 죽은 자를 다시 살리시는 하나님만 의지하게 하심이라." (고후 1:8-9)

전능하신 하나님! 이 땅에 사는 저희가 때로는 감당하기 어려운 무거운 짐을 지고 갑니다. 그러다 온몸으로 끌어안고 가도 벅찬 무거운 짐을 만나 신음할 때도 있습니다. 그때마다 "하나님, 왜 저에게 이런 시련을 주십니까? 제가 감당하기에 너무 무겁습니다." 하며 절규할 때가 많습니다. 해결을 위해 기도해도 응답이 없이 답답한 경우가 너무나 많습니다.

신앙생활을 하다가 주님을 안 믿었으면 이런 고생은 안 해도 될 것 같은 참혹한 시련을 겪을 때도 있고, 어떤 때는 "목회자의 길에만 들어서지 않았어도 이런 고난은 없을 터인데!" 하는 생각을 할 때도 많습니다. 그런데 이런 경우는 저희 같은 사람만 그런 게 아니라, 주님께서도 메시아의 길을 가시면서 견디기 힘든 심정을 토로하신 적이 있었습니다.

그때도 결국은 아버지 앞에 '심한 통곡과 눈물로 간구와 소원'을 올리며 하나님의 들으심을 경험했습니다. 제자들 앞에 힘들어 죽겠다고 말해야 하나도 소용없고, 결국은 주님을 이 땅에 보내신 하나님 앞에 도움을 구하는 길밖에 없습니다. 이런 일은 '바울' 사도에게도 똑같이 일어났습니다. 사도 바울이 당한 고난은 성경에서 비교적 자세하게 나옵니다.

하나님! '바울' 사도가 '아가야'에 있는 '고린도 교회'에 편지를 보내면서 "우리가 '아시아'에서 당한 환난을 너희가 알기 원한다."면서 한 회고담은 "힘에 겹도록 심한 고난을 당하여 살 소망까지 끊어지고, 우리는 우리 자신이 사형선고를 받은 줄 알았다."고 했습니다. 즉, "이제 우리는 죽었구나!"하고 생명에 대한 위험 수위가 높아집니다. 살 소망이 사라졌습니다.

그때 그가 깨달은 진리입니다. 그것은 바로 "우리로 자기를 의지하지 말고, 오직 죽은 자를 다시 살리시는 하나님만 의지하게 하심이라."(고후 1:9)는 것입니다. 즉, 환난이 절정에 이르렀을 때 그가 느낀 하나의 해답은 '죽은 자를 살리시는 하나님'만 의지하는 것이라는 것입니다. 그렇게 하나님만 의지하고 그 능력을 경험하게 하는 것이 목적이라는 것입니다.

그렇게 하나님께 기도하면 "그가 이같이 큰 사망에서 우리를 건지셨고 건지실 것이며, 후에도 건지시기를 바란다." (고후 1:10)고 했습니다. 그렇습니다. 사람을 의지할 수 있는 한계를 벗어난 극한 고난이 올 때는, 일가, 친척, 지인, 선후배, 유력인사 같은 사람들이 아니라, 죽은 자를 다시 살리시는 전능하신 하나님만 의지하라는 사인임을 알게 하옵소서!

저희에게 하나님을 찾게 하신 예수님의 이름으로 기도드립니다. 아멘!

12. 자신의 삶을 위한 기도

골방기도 / 자신의 삶

예수님처럼 살고 싶을 때 드리는 기도! (182)

주님의 심장으로 교회를 사랑하게 하옵소서!

> "내가 너희 무리를 위하여 이와 같이 생각하는 것이 마땅하니 이는 너희가 내 마음에 있음이며 나의 매임과 복음을 변명함과 확정함에 너희가 다 나와 함께 은혜에 참여한 자가 됨이라. 내가 예수 그리스도의 심장으로 너희 무리를 얼마나 사모하는지 하나님이 내 증인이시니라."
>
> (빌립 1:7-8)

사랑하는 하나님! 오늘 저희 마음속에 주님의 교회를 사랑하는 마음을 주셨는데, 더 주옵소서! 주님을 얼마나 사랑하는지, 주님의 몸이신 교회 공동체에 대한 사랑을 하나님께서 아시지요? 주님, 저희가 이 땅에서 교회를 개척한 목회자나 교회를 섬기는 평신도이거나, 교회 안에서 특별한 사역 없이 예배자로 있는 이들 모두 교회를 진심으로 사랑하게 하옵소서!

교회를 사랑하기가 너무 어렵습니다. 저에게 아픔을 주는 사람도 있고, 저를 미워하는 사람도 있고, 저를 배척하는 사람도 있습니다. 외면하는 사람, 무시하는 사람도 있습니다. 그래도 교회를 사랑하게 하옵소서! 교회는 저희가 먼저 사랑한 것이 아니라, 주님께서 먼저 사랑하여 주님의 몸을 버려 피로 세우신 공동체이며 거기서 저희들을 부르신 곳입니다.

주님께서 주님의 몸을 십자가에 못 박는 고통을 견디고 세우신 교회, 주님의 목숨을 던져 사신 교회, 하나님의 심장을 도려내서 탄생시킨 교회, 하나님께서 차마 볼 수 없는 아들의 죽음을 통해서 건져 올린 교회, 여기는 미워할 이도 싫어할 이도, 외면하거나 무시할 이가 하나도 없는 곳입니다. 이 교회를 가슴으로 사랑하고 또 사랑하고 사랑하게 하옵소서!

사도 '바울'은 그의 첫사랑이었던 '빌립보교회'를 너무 사랑했습니다. 그가 '빌립보교회'를 처음 개척할 때, 극적인 사건들이 있었습니다. '마가'의 일로 일해 '바나바'와 다투고 헤어져 전도하려고 기도하던 지역을 모두 막으신 하나님은 '마케도니아'를 보여주시고, 낯선 그곳에 도착한 사도가 기도처를 알아보려고 하다가 '루디아'를 만나 시작한 개척 교회입니다.

그런데 원치 않는 일로 그곳을 떠나 '데살로니가'로 '베뢰아'로 다니다, 지금은 그곳에서 멀리 떨어진 '로마'의 감옥에 갇혔습니다. 함께 신앙 생활하던 이들이 그립고, 그동안 후원해 준 교회가 그립고, 교회 안에서 일어난 불미스러운 일에도 보고 싶고 그리운 교회였습니다. 마음속에 예수 그리스도의 심장이 뛰고 있었고, 그 심장으로 교회를 사랑했습니다.

그 사랑의 크기를 보니 심장이 터질 것 같습니다. 교회가 그립습니다. 얼굴들이 심장 안으로 들어왔습니다. 그 그리움의 크기를 하나님만 아십니다. 저희 마음에 섬기는 교회만 생각하면 가슴이 먹먹하고, 잠에서 깨면 교회가 보고 싶고, 기도할 때마다 생각할 때마다 교회가 아른거립니다. 교회에 대한 사랑에 폭발할 것처럼 교회를 뜨겁게 사랑하게 하옵소서!

저희를 생명처럼 사랑해 주신 예수님의 이름으로 기도합니다. 아멘!

골방기도 / 자신의 삶

더욱 높은 곳에서 살 수 있게 하옵소서!

> "나는 너희에게 이르노니 형제에게 노하는 자마다 심판을 받게 되고 형제를 대하여 라가라 하는 자는 공회에 잡혀가게 되고 미련한 놈이라 하는 자는 지옥 불에 들어가게 되리라."
>
> (마태 5:22)

사랑하시는 하나님! 주님께서 세상에 오셔서 제자들을 가르치신 '산상수훈'에는 저희가 짐작하고 기대하는 것을 뛰어넘는 기준의 말씀이 있습니다. 그 한 예로 "옛사람에게 말한바 살인하지 말라 누구든지 살인하면 심판을 받게 되리라 하였다는 것을 너희가 들었으나"(마태 5:21)로 시작된 '살인'에 대해 예수님은 '십계명'보다 높은 기준을 일러 주셨습니다.

"나는 너희에게 이르노니 형제에게 노하는 자마다 심판을 받게 되고 형제를 대하여 라가라 하는 자는 공회에 잡혀가게 되고, 미련한 놈이라 하는 자는 지옥 불에 들어가게 되리라."는 것입니다. 형제를 살인하는 것은 고사하고 노하기만 해도 심판을 받고, '라가'라 하는 자, 욕만 해도 잡혀가고 "미련한 놈'이라고 하면 지옥 불에 던져질 것이라고 말씀하셨습니다.

"너희가 이런 말을 들었으나", 혹은 "옛 사랑에게 말한바" 라고 말씀하신 후 "나는 너희에게 이르노니"라며 그들이 그동안 가지고 있던 율법을 마치 파괴하는 것처럼 오해를 받았으나 실상은 더 고상한 법으로 대체한 것이요, 완전한 율법을 제시하신 것입니다. 혹, 이제껏 지키던 율법이 형식적이고 문자적인 것이라면 예수님의 법은 그보다 민감한 법이었습니다.

예수님의 말씀은 그가 비록 살인하지 않았어도 살인에 버금가는 저주나 욕설까지 포함하여, 듣는 이들이 수치심과 위협을 느끼고 있다면 이는 살인에 준하는 것이기에 그리스도인은 살인의 행위만이 아니라 이에 이르는 동기와 과정도 용납하지 않는다는 것입니다. 그러므로 주님은 율법의 준행자가 되실 뿐 아니라 하나님 율법의 완성자가 되시는 것입니다.

하나님! 오늘의 그리스도인 된 저희가 단순히 율법의 계명에만 해당되지 않으면 범법자가 아닌 것처럼 생각하지만, 사람은 실제 행위에 이르기 전, 과정 중에 있었던 분노, 증오와 저주 등을 살인과 동일시하는 훨씬 엄격한 잣대를 적용하는 것을 압니다. 비록 땅에 사는 인생이지만, 하늘의 백성이니 훨씬 높은 윤리적 기준을 적용받는 것을 보게 됩니다.

주님은 '살인'만 아니라 '간음'에도 이 규정을 적용하셔서, 여인을 보고 음욕을 품는 자마다 간음했다고 하시므로 기독교 신앙의 윤리적 기준의 우월성을 보여주십니다. 그렇습니다. 그리스도인은 세상의 계명을 적용하지 않고, 보다 완벽에 가깝고, 보다 차원 높고, 보다 품격 있는 신앙생활 규범을 보유한 고급 종교이기에 존귀한 그리스도인이 되게 하옵소서!

품격 있는 삶을 원하시는 예수님의 이름으로 기도드립니다. 아멘!

12. 자신의 삶을 위한 기도

골방기도 / 자신의 삶

예수님처럼 살고 싶을 때 드리는 기도! (232)

가인같이 미워하고 살인하지 않게 하옵소서!

"우리는 서로 사랑할지니 이는 너희가 처음부터 들은 소식이라 가인 같이 하지 말라. 그는 악한 자에게 속하여 그 아우를 죽였으니 어떤 이유로 죽였느냐 자기의 행위는 악하고 그의 아우의 행위는 의로움이라." (요일 3:11-12)

사랑의 하나님! 오늘 저희가 주님처럼 살고 싶습니다. 대명제는 주님처럼 사랑하며 살려고 하는 것입니다. 사랑의 화신이 되어 세상에 오시고, 자신을 미워하는 이들, 배신하는 제자, 무시하는 왕이나 총독, 주님을 못 박는 이들에게조차 "아버지 저들을 용서하여 주옵소서! 그들은 자신들의 하는 짓을 모르고 있습니다."며 용서를 구하고 돌아가셨습니다.

저희가 하나님을 사랑한 것이 아니라, 하나님께서 저희를 사랑하셨고, 저희가 주님을 사랑한 것이 아니라 주님께서 먼저 저희를 사랑하셨습니다. 지금도 이 사랑이 가슴에서 저희를 뜨겁게 품어주십니다. 그런데 저희 마음에는 세상을 사랑하고 세상을 품고 세상을 용서하는 마음보다, 계산하고, 미워하고, 시기하는 마음이 더 많습니다. 용서하여 주시옵소서!

사랑의 하나님! 미워하는 이유는, 상대는 의롭고 저는 불의하며, 상대는 잘 되고 저는 안 되며 상대는 믿음으로 살고 저는 믿음이 없기 때문입니다. 다른 사람이 저보다 하나님을 더 사랑하고, 다른 사람이 저보다 하나님의 사랑을 더 받는 모습이 보여 그렇습니다. 인류 최초의 살인자 '가인'이 세상에서 가장 사랑해야 할, 세상에서 가장 가까운 동생을 죽였습니다.

이유는 간단합니다. 자기의 행위는 악하고 아우의 행위는 의로웠기 때문입니다. 그게 보였기 때문입니다. 자기는 믿음 없이 드렸고 아우는 믿음으로 드렸습니다. 그게 결과로 드러났기 때문입니다. 인생들은 다른 사람의 슬픔에는 함께 슬퍼할 수 있지만 기쁨에는 함께할 수 없습니다. 시기심과 질투심 때문입니다. 저희의 마음에 동일한 시기 질투가 있습니다.

하나님께서 저희를 진실로 거듭난 사람이 되게 하옵소서! 진실로 다시 태어난 저희에게는 성령님의 마음만 있게 하옵소서! 저희는 주님의 마음으로 살게 해 주옵소서! 사람들이 잘 되기 위해 기도하고 이웃과 형제들이 복을 받기를 위해 기도하게 하옵소서! 내 사랑하는 주님 안의 지체들이 저보다 하나님의 사람을 더 많이 받아도 기뻐하는 마음을 주옵소서!

사랑의 하나님! 저희 마음에 '가인'을 제거하여 주옵소서! 미움을 제거하여 주옵소서! 저희 마음에 시기와 질투의 형상이 제거되게 하옵소서! 저희 마음에 살인의 충동을 제거하여 주옵소서! 사랑의 마음으로 채워주옵소서! 축복의 마음으로 채워 주옵소서! 형제가 땅을 사도 축복하고, 형제가 성공해도 기뻐하고, 형제가 미워해도 위하여 복을 빌게 하옵소서!

저희를 끝까지 사랑하시는 예수님의 이름으로 기도드립니다. 아멘!

12. 자신의 삶을 위한 기도

골방기도 / 자신의 삶

시험 당할 때에 피할 길을 찾게 하옵소서!

"사람이 감당할 시험 밖에는 너희가 당한 것이 없나니 오직 하나님은 미쁘사 너희가 감당하지 못할 시험 당함을 허락하지 아니하시고 시험 당할 즈음에 또한 피할 길을 내사 너희로 능히 감당하게 하시느니라." (고전 10:13)

사랑하시는 하나님! 저희가 이 땅에 살면서 결코 피해갈 수 없는 것은 시험입니다. 마치 학교에 다니는 학생들이 아무리 비켜 가고 싶고, 피해 보려고 애를 써도 비켜 갈 수도 미룰 수도 없는 것이 월말, 기말, 학년말 시험이듯이 신앙생활 하는 저희가 평생 수없이 만나고 싸우며 때로는 이기고 때로는 지며 주님 앞에 설 때까지 시험과 함께 갑니다.

그러나 두려워하지 않는 것은 모든 시험은 결코 그냥 온 것도 아니고, 교훈이 없는 것도 아니고, 이기지 못할 것도 아니라는 믿음이 있기에 늘 담담하게 맞섭니다. 시험을 한 번 치를 때마다 실력은 향상되고, 시험이 끝날 때마다 과정은 올라가기 때문에 그 믿음, 그 기대로 시험을 맞고 보냅니다. 그리고 시험이 끝나고 나면 깨달음도 많고 믿음도 자랍니다.

시험을 만나면 "하나님! 왜 나를 이곳으로 몰고 가시나요! 왜 이런 시험에 저를 가두시나요?" 하는 원망과 불평도 있고, 이를 넘어서서 슬픔이 밀려오지만, 하나님은 이제껏 이기게 하셨고 영광을 받으셨기에, 힘들지만 이 번에도 이길 수 있다는 믿음으로 시험을 맞습니다. 도저히 넘어설 수 없는, 도저히 이번에는 안 될 것 같은 시험에도 이기게 하셨습니다.

사랑하는 하나님! 시험을 당할 즈음에 늘 하나님은 피할 길을 마련해 주셨고, 언제나 감당하게 하셨습니다. 시험을 당할 때는 언제나 이를 맞는 저희의 믿음도 강하게 하셔서 이기게 하셨습니다. 지나보면 한 번도 감당하지 못할 시험을 주신 적이 없고, 이유 없이 주신 시험이 없으며, 피할 길 없는 시험이 없었고, 이기지 못한 시험이 없었음을 고백합니다.

따라서 앞으로 땅에 사는 동안 시험은 끊임없이 계속될 것이고, 시험이 있을 때마다 시험을 이길 길이 있음을 알게 하시고, 시험에 대처하는 신앙의 방법도 가르쳐 주실 것을 믿습니다. 지금도 시험이 지나가고 있고, 저만치 또 다른 신앙의 시험이 마치 태풍이 생성되듯 시작되는 게 느껴져도 시험을 두려워하지 말고 믿음과 담력으로 맞이하게 하시옵소서!

사랑하는 하나님! 시험을 가벼이 여기지 않게 하옵소서! 그렇다고 시험을 두려워하지 않게 하옵소서! 시험의 한 중심으로 들어갈 때, 이 시험에 피할 길은 어디에 있는지 살펴보게 하옵소서! 언제나 힘이 되시고, 피할 바위가 되시고 성(城)이 되시는 하나님께서 저를 위하여 준비해두신 피할 곳에서 시험을 피하게 하시고, 마침내 시험에 승리하게 하옵소서!

저희에게 승리를 약속하신 예수님의 이름으로 기도드립니다. 아멘!

골방기도 / 자신의 삶

신앙생활의 배신자가 되지 않게 하옵소서!

"한 번 빛을 받고 하늘의 은사를 맛보고 성령에 참여한바 되고 하나님의 선한 말씀과 내세의 능력을 맛보고도 타락한 자들은 다시 새롭게 하여 회개하게 할 수 없나니 이는 그들이 하나님의 아들을 다시 십자가에 못 박아 드러내 놓고 욕되게 함이라." (히브 6:4-6)

사랑하는 하나님! 저희가 이 땅에서 엄청나게 많은 하나님의 은혜를 입고 삽니다. 특별히 하나님의 말할 수 없는 은사를 경험하고, 가히 이르지 못할 신령한 경험을 합니다. 이는 순전히 하나님의 은혜요, 축복의 증거인 줄 믿습니다. '모세'가 '시내'산에서 경험했고, '베드로'가 높은 산에서 경험했고, '바울'이 셋째 하늘을 경험한 것 같은 신령한 경험들입니다.

그런데 신령하고 신비한 체험을 하는 이는 많은데, 이 체험을 유지하며 하나님의 은혜를 되새겨 신앙의 유익을 얻는 사람은 많지 않습니다. 하나님께서 저희에게 신령한 것을 체험하려는 갈망을 주시고, 은혜를 유지하며 믿음을 지켜가려는 끈기를 허락하여 주옵소서! 체험이나 간증을 자랑하기보다 그 때 주신 은혜를 소중히 간직하여 유익을 얻게 하옵소서!

분명히 '한 번 빛을 받고 하늘의 은사를 맛보고 성령에 참여한 바 되고 하나님의 선한 말씀과 내세의 능력을 맛보고도 타락한 자들'에 대하여 경고

하시기를 '다시 새롭게 하여 회개하게 할 수 없다.'고 하셨으니 '그들이 하나님의 아들을 다시 십자가에 못 박아 드러내 놓고 욕되게 함이라.'(히브 6:4-6)고 하셨습니다. 무서운 말씀을 저희 가슴에 새기게 하옵소서!

하나님의 말할 수 없는 은혜를 경험하고, 그 신령한 세계를 체험했을 때, 하나님의 살아계심과 베푸신 은혜의 크고 놀라움 때문에 잠을 못 자고 설레던 저희가, 시간이 흐르면서 감동이 식고 뜨거운 추억이 빛이 바래고 있습니다. 냉랭해진 저희의 마음 한가운데에 '다시 새롭게 하여 회개할 수 없다.'는 하나님 경고의 말씀이 화살처럼 박히게 하옵소서!

신앙생활을 시작하면서 아직 깨닫지 못하고, 철이 없어 어린아이처럼 말씀에 대한 이해도 부족하고 깨달음이 적을 수는 있지만, 차츰 시간이 흐르고 신앙의 연륜이 쌓일수록 점점 빛에 나아가고 성장하고 성숙해가는 모습을 보일망정, 철없는 어린아이나 광기 어린 이단아처럼 살지 않게 저희를 붙잡아 주시어 은총의 빛에서 벗어나지 않고 살게 하시옵소서!

그리하여 "땅이 그 위에 자주 내리는 비를 흡수하여 밭가는 자들이 쓰기에 합당한 채소를 내면 하나님께 복을 받고, 만일 가시와 엉겅퀴를 내면 버림을 당하고 저주함에 가까워 그 마지막은 불사름이 되리라."(히브 6:7-8) 하셨으니, 매일 저희의 믿음이 건강하게 성장하여 열매를 맺고 곡식이 익어 하나님을 기쁘게 하는 성장하고 성숙하는 믿음이 되게 하옵소서!

저희 영혼의 성숙을 원하시는 예수님의 이름으로 기도드립니다. 아멘!

골방기도 / 자신의 삶

예수님처럼 살고 싶을 때 드리는 기도! (244)

시기를 알고 깨어있는 지혜를 주옵소서!

"밤이 깊고 낮이 가까웠으니 그러므로 우리가 어둠의 일을 벗고 빛의 갑옷을 입자 낮에와 같이 단정히 행하고 방탕하거나 술 취하지 말며 음란하거나 호색하지 말며 다투거나 시기하지 말고." (로마 13:12-13)

사랑의 주님! 세례 '요한'이 와서 광야에서 외친 소리는 "회개하라. 천국이 가까이 왔다."(마태 3:2)는 것입니다. 곧이어 주님께서 오셔서도 "회개하라. 천국이 가까이 왔다."(마태 4:17)고 하셨습니다. 이후 많은 선지자, 설교자들은 하나같이 '천국이 가까이 왔다.'는 설교를 했습니다. 어느 나라든 똑같이 복음이 들어가면 모두 '천국이 가까웠다.'고 했습니다.

사도 '바울'이 '로마'에 보낸 편지도 마찬가지였습니다. "또한, 너희가 이 시기를 알거니와 자다가 깰 때가 벌써 되었으니, 이는 이제 우리의 구원이 처음 믿을 때보다 가까웠음이라. 밤이 깊고 낮이 가까웠으니 그러므로 우리가 어둠의 일을 벗고 빛의 갑옷을 입자!"는 것입니다. 긴장된 표현입니다. 이 종말론적 주제는 많은 예언자, 설교자들의 공통된 내용입니다.

하나님! 맞는 말씀이었습니다. 사실 하나님의 시간표는 인생들이 생각하는 일정과는 다릅니다. 사도 '베드로'가 "사랑하는 자들아 주께는 하루가 천 년 같고 천 년이 하루 같다는 이 한 가지를 잊지 말라."(벧후 3:8)고 하셨습니다. 이 하나님의 시간과 저희가 체감하는 시간의 차이는 넘어갈 수 없는 시간입니다. 그럼에도 저희는 기록된 성경의 말씀을 믿습니다.

하나님! 지금 저희가 자다가 깰 때가 되었다고 했습니다. 깊은 잠에서 일어나게 하옵소서! 지금도 잠들어 있는 저희 영혼을 흔들어 깨워 주옵소서! 아직도 우리의 시간으로 세상을 보고, 아직도 저희의 안목으로 역사를 읽는 편협함과 게으름을 용서하시고, 주님의 마음과 주님의 눈으로 세상을 보게 하옵소서! 주님의 시간이 임박한 것을 깨달아 알게 하옵소서!

사랑의 하나님 지금 저희가 시기를 알게 하옵소서! 아직도 한밤중인 줄 알고 깊은 잠에 취해 있다면 자다가 깰 때가 벌써 되었다는 것을 알게 하옵소서! 믿음의 잠에서 일어나 정신을 바짝 차리고 "우리의 구원이 처음 믿을 때보다 가까웠다."고 고백하게 하옵소서! 그 이상 어두움의 일에 취해 있지 않고 빛의 갑옷을 입고 빛의 자녀로 살게 하시옵소서!

지금은 밤이 깊고 낮이 가까웠습니다. 더 이상 지체할 수 없는 시간이 되었습니다. 더 이상 머뭇거릴 시간이 없는 깊은 밤입니다. 저희의 게으름을 용서하여 주옵소서! 더 이상 시간이 없음을 알고, 더러움과 어두움의 자리를 박차고 일어날 용기를 주옵소서! 하나님께서 주셨던 이제 기다림의 시간이 다해 옴을 알고 어둠의 일을 벗고 빛을 입게 하옵소서!

저희를 기다리고 계시는 예수님의 이름으로 기도드립니다. 아멘!

골방기도 / 자신의 삶

예수님처럼 살고 싶을 때 드리는 기도! (245)

하나님 주신 의를 소중히 여기게 하옵소서!

> "일하는 자에게는 그 삯이 은혜로 여겨지지 아니하고 보수로 여겨지거니와 일을
> 아니할지라도 경건하지 아니한 자를 의롭다 하시는 이를 믿는 자에게는 그의 믿음
> 을 의로 여기시나니." (로마 4:4-5)

하나님의 예비하신 은혜와 베푸신 사랑이 한없이 고맙습니다. 이 땅에 죄
인으로 사는 저희를 불쌍히 여기시어 하나님의 자녀로 삼아 구원해 주심
이 저희의 수고나 공로에 의한 것이 아니고 주님께서 베푸신 은혜의 선물
이기에 고맙습니다. '믿음의 조상' '아브라함'은 "아브람이 야훼를 믿으니
야훼께서 이를 그의 의로 여기셨다."(창세 15:6)고 하셨습니다.

'아브라함'이 하나님 앞에서 의를 행하였거나 공로가 있었던 때가 아니라
그가 하나님을 믿으매 의로 여기신 대로, 오늘 저희들도 하나님의 하신 일
을 믿음으로 의로운 자녀가 되었습니다. 다윗이 "허물의 사함을 받고 자신
의 죄가 가려진 자는 복이 있도다. 마음에 간사함이 없고 여호와께 정죄를
당하지 아니하는 자는 복이 있도다."(시편 32:1-2)고 했습니다.

하나님은 저희가 세례를 받기 이전에, 집사가 되고 장로가 되기 이전에,
저희를 의롭게 여기셔서 하나님의 자녀로 값없이 부르시고, 그 이후에 은

혜를 깨달은 저희가 믿음을 고백하며 섬기게 하시려 공동체의 질서를 위하여 '집사'나 '장로'로 임명하고, 교회의 건강한 교육과 치리를 위하여 목회자를 세우셨습니다. 그러나 우리를 부르심은 순전히 은혜였습니다.

세상에는 누구도 그의 공로나 업적이 없이 자신의 어떤 역할이 없이 값없이 은혜로 받은 구원을 가볍게 여기는 이들이 없게 하시고, 베푸신 은혜의 선물을 평생 가슴에 두고 사는 저희가 되게 하옵소서! 세상을 돌아보면 저희보다 더 착하고 성실하고 예의 바르고 사회봉사도 많이 하는 이들이 많은데 저희에게 의롭다고 인정하신 하나님 고맙습니다.

'아브라함'이 아무 공로도 없고 할례도 받기 전에, 믿음으로 순종하여 길을 떠난 다음, 그에게 '열국의 아비'가 되게 하시고, 누구든지 아브라함처럼 길을 떠나, 아무것도 안 하고 오직 말씀에 순종하여 떠나라면 떠나고, 이들을 바치라면 바치고, 할례를 받으라면 받던 사람들이 이 시대에도 말씀을 따라 순종하는 모든 이들에게 받는 복을 받게 하옵소서!

아직도 세상에는 자기가 애쓰고 노력해서, 자신이 신실하고 착해서, 자신의 열심과 헌신이 자신의 구원에 일정 부분 역할을 한 줄 알고 있는 이들을 불쌍히 여기사 우리의 공로는 구원에 아무 보탬이 없음을 알고, 값없이 우리를 불러 당신의 자녀가 되게 하신 하늘의 아버지 하나님 앞에 일생을 감격하며 진실하고 충성스럽게 사는 저희가 되게 하시옵소서!

저희를 위해 길을 열어주신 예수님의 이름으로 기도드립니다. 아멘!

예수님처럼 살고 싶을 때 드리는 기도! (246)

전천후(全天候) 신앙생활을 배우게 하옵소서!

"내가 궁핍하므로 말하는 것이 아니니라. 어떠한 형편에든지 나는 자족하기를 배웠노니 나는 비천에 처할 줄도 알고 풍부에 처할 줄도 알아 모든 일 곧 배부름과 배고픔과 풍부와 궁핍에도 처할 줄 아는 일체의 비결을 배웠노라."

(빌립 4:11-12)

사랑의 하나님! 저희가 신앙생활 하면서 주님 때문에 별별 경험을 했습니다. 더러는 칭찬을 듣기도 하고, 더러 비난을 받기도 합니다. 사람들에 따라 욕을 하기도 하고 존귀를 돌리기도 합니다. 예수님 때문에 비천해지기도, 더러는 예수님 때문에 존귀해지기도 합니다. 그러나 주님을 믿는 믿음으로 만난 상황에 믿음 없는 사람처럼 일희일비하지 않게 하옵소서!

어떤 때는 예수님을 믿는 일로 심한 박해를 받기도 하고, 어떤 때는 예상치 못한 고난을 받기도 합니다. 어떤 때는 이 일로 극심한 빈곤을 겪기도 하고, 어려운 생활을 만나기도 하지만 그것이 끝이 아닙니다. 하나님은 저희가 만나는 극한 상황을 역전시켜 평안과 행복으로 바꾸기도 하시고, 더 보람 있는 믿음의 길을 가도록 바꾸어 주실 것이기 때문입니다.

사도 '바울'은 "내가 궁핍하므로 말하는 것이 아니니라. 어떠한 형편에든지 나는 자족하기를 배웠노니, 나는 비천에 처할 줄도 알고 풍부에 처할 줄도 알아 모든 일 곧 배부름과 배고픔과 풍부와 궁핍에도 처할 줄 아는 일체의 비결을 배웠노라."고 했습니다. 그가 배부름이나 풍부를 겪은 것 보다는 배고픔과 궁핍에서 견디는 일체의 비결을 배웠다는 것입니다.

사람은 좋은 일도 나쁜 일도 만납니다. 도저히 헤쳐 나갈 방법이 없는 캄캄한 절벽 같은 길을 만나기도 하고, 순풍에 돛달고 항해하는 듯한 화창한 날씨를 만나기도 합니다. 믿음의 사람들은 그 어느 상황이든 믿음으로 극복해가야 합니다. 그리스도인은 누구나 비천에 처할 줄도 알고 풍부에 처할 줄도 알아야 합니다. 전천후로 사는 비결을 배우게 하옵소서!

가난하면 가난한 대로 교회들이 돕는 연보를 가지고 보태서 살며, 부하면 부한 대로 살아갈 여유가 있었을 것입니다. 배고픔과 배부름은 복음을 전하는 사도의 상황이지, 그것이 사역의 동기는 아니었습니다. 배고프든 부르든 복음 사역자로 일할 뿐이지, 배부르면 일을 하고 주리면 안 하는 것은 아닙니다. 진정한 신앙인은 상황과 관계없이 일하게 하옵소서!

사랑의 하나님! 비가 오나 눈이 오나, 날이 흐리나 해가 뜨나 저희는 주님의 사랑으로 일하게 하옵소서! 비가 오면 오는 대로 바람 불면 부는 대로, 하나님이 맡겨주신 사명을 감당하는 마음 하나로 살면 "하나님이 그리스도 예수 안에서 영광 가운데 그 풍성한 대로 사도를 도운 이들조차 쓸 것을 채우시리라."(빌립 4:19)는 진실한 믿음으로 살게 하옵소서!

영원히 저희의 부요가 되신 예수님의 이름으로 기도드립니다. 아멘!

골방기도 / 자신의 삶

예수님처럼 살고 싶을 때 드리는 기도! (298)

누구나 곤고한 인생임을 알게 하옵소서!

"오호라 나는 곤고한 사람이로다 이 사망의 몸에서 누가 나를 건져내랴 우리 주 예수 그리스도로 말미암아 하나님께 감사하리로다 그런즉 내 자신이 마음으로는 하나님의 법을 육신으로는 죄의 법을 섬기노라." (로마 7:24-25)

하나님! 저희 인생들이 죄의 노예가 되어 죄가 끌고 가는 대로 휘둘리며 살아왔음을 인정합니다. 아담 이후로 죄의 혈통에서 태어나 죄값인 죽음의 길로 가고 있을 때, 주님께서 세상에 오셔서 저희를 위하여 피를 흘리심으로 저희를 자유롭게 하시고, 다시 죄의 종의 멍에를 매지 않아도 되게 하셨습니다. 그러나 우리가 주님의 품에까지 오래 걸렸습니다.

그렇게 구원받은 저희에게 '시온'의 대로만 아니라 끊임없이 방황하고 유리하며 반역과 불순종을 반복하면서 하나님 주변을 맴돌았습니다. 하나님! 저희가 죄의 사슬을 끊고 주님께서 주신 자유의 사슬에 매인 사랑의 종이 되기도 합니다. 마치 어린아이처럼 아침에는 부모의 기쁨이 되고, 저녁에는 부모의 아픔이 되는 변화무쌍하고 천방지축인 삶을 반복합니다.

하루 '조석변'이 아니라 수십 번씩 하나님과 마귀 틈에서 외줄 타기를 하다가, 아침에 마귀의 자식처럼 살고, 저녁에는 하나님의 자녀처럼 사는 삶이 일생을 두고 이어집니다. 두 번 다시 죄의 근처에도 가지 않겠다고 하다,

어느새 죄와 한 편 되어 하나님의 대척점에 서기도 합니다. 죄로 가득한 저의 이중성은 끝내 이중인격이 되어 죄에 살며 하나님을 뵙니다.

'바울'은 "내가 행하는 것을 알지 못하노니, 원하는 것은 행치 않고 도리어 미워하는 것을 행함이라. 내가 원치 않는 그것을 행하면 내가 율법이 선한 것을 시인하노니, 이제는 그것을 행하는 자가 내가 아니요, 내 속에 거하는 죄라. 내 육신에 선한 것이 거하지 아니하는 줄을 아노니, 원함은 내게 있으나 선을 행하는 것은 없도다." (로마 7:15-18)고 인정합니다.

저희가 속으로는 매일 하나님 사랑한다고 고백하는데, 몸은 항상 하나님 미워하는 길에 있습니다. "원하는 선은 행하지 아니하고 도리어 원하지 아니하는 악을 행하도다. 만일 내가 원치 않는 그것을 하면 이를 행하는 자는 내가 아니요, 내 속에 거하는 죄니라. 그러므로 내가 한 법을 깨달았노니, 곧 선을 행하기 원하는 나에게 악이 함께 있는 것이로다. (로마 7:19-21)는 말씀은 어쩌면 모든 인생의 공통된 고백입니다.

저도 '바울'처럼 "속사람으로는 하나님의 법을 즐거워하되, 지체 속에 한 다른 법이 내 마음의 법과 싸워 지체 속에 있는 죄의 법으로 나를 사로잡는 것을 보는 도다. 오호라 나는 곤고한 사람이로다. 이 사망의 몸에서 누가 나를 건져내랴!" (로마 7:22-24) 그래도 "주 예수 그리스도로 말미암아 하나님께 감사하리로다." (로마 7:25)는 믿음을 고백하게 하옵소서!

우리를 죄에서 구원해 주신 예수님의 이름으로 기도드립니다. 아멘!

골방기도 / 자신의 삶

돌 무화과나무를 딛고 올라가게 하옵소서!

"그가 예수께서 어떠한 사람인가 하여 보고자 하되 키가 작고 사람이 많아 할 수 없어 앞으로 달려가서 보기 위하여 돌무화과나무에 올라가니 이는 예수께서 그리로 지나가시게 됨이러라." (누가 19:3-4)

사랑하시는 하나님! 낙심되었다가도 하나님 생각을 하면 힘이 생기고, 상심했던 마음엔 위로가 됩니다. 오늘도 저희의 아버지가 되신 하나님이 참 좋으신 것은 하나님은 세계열강의 대통령이나 굴지의 기업 회장들을 모아 회의도 하고 대책도 세우실 만 하신데, 언제나 연약한 이들, 부족하고 흠이 많은 보잘것없는 저희의 아버지가 되어주심이 고맙습니다.

하나님께서 언제나 저희에게 하나님을 갈망하는 마음을 주옵소서! 하나님을 매일 미치도록 사모하게 하시고, 은혜의 주림에서 벗어나려는 부단한 열정이 있게 인도하옵소서! 언제나 세상에서 필요로 하는 육체적이고 물질적인 것들이나, 사람들이 그토록 사모하는 세속적인 것에서 마음을 내려놓고 참 좋으신 하나님께 더 가까이 다가가려는 애씀이 있게 하옵소서!

하나님! 세상에서 저희가 소유하려 추구하고 발버둥 치던 것들은 모두 환난 날에 무익한 것들입니다. (잠언 11:4) 그럼에도 이를 손에 넣으려고 힘을 쏟던 어느 날 영원을 사모하는 마음을 주시고, 힘써 하나님을 알고 싶어서 하나님께로 나아가게 하시니 고맙습니다. (호세 6:3) 어떤 일이든 분주한 일상 때문에 미루었다면 이제 하나님께 나아가게 하옵소서!

하나님께 나아가는 일에, 마치 '여리고'의 세리장 '삭개오'가 예수님을 만나고 싶어 가던 길에 연도에 가득한 사람들로 인하여 장애가 된 것처럼, 저희가 하나님께 나아가는 길에 어려움이 있다면 오히려 그것을 딛고 힘써 올라가게 하옵소서! 그가 사람들 때문에 길이 막히자 돌 무화과나무에 올라가 더 높은 곳에서 주님을 뵙듯이 그런 복이 임하게 하옵소서!

예수님께서 '가버나움'에서 말씀을 전하시던 어느 날, 그곳에 도착한 한 중풍 병자가 용신할 틈도 없이 모인 사람들로 인하여 그와 지붕으로 올라가서 기적을 경험하듯이, '삭개오'도 "삭개오야! 내려오라!"는 축복의 말씀을 들었습니다. 하나님을 사모하는 열심이 저희를 돌 무화과나무 위로 올라가게 하시고, 거기에서 인생의 전환점을 만나게 하여 주시옵소서!

사람에게는 자신의 운명을 새롭게 경험하게 되는 변곡점이 있습니다. 그런데 그것은 일상에서 일어나고, 일상 중에 최악의 상황에서 그런 일을 경험하는 것을 봅니다. 오늘 저희의 마음을 주장하시어 이미 기회가 지나간 다음 비상수단으로 선택한 돌 무화과나무가 인생의 운명을 바꾸는 하나님을 경험하듯이, 저희에게도 그런 기회를 만나게 하여 주옵소서!

저희를 만나시려 세상에 오신 예수님의 이름으로 기도드립니다. 아멘!

골방기도 / 자신의 삶

믿음이 없으면 기적이 일어나지 않음을 알게 하옵소서!

> "예수께서 그들에게 이르시되 선지자가 자기 고향과 자기 친척과 자기 집 외에서
> 는 존경을 받지 못함이 없느니라 하시며 거기서는 아무 권능도 행하실 수 없어 다
> 만 소수의 병자에게 안수하여 고치실 뿐이었고." (마가 6:4-5)

사랑하시는 하나님! 저희에게 믿음의 능력과 믿음의 가치를 알게 해 주시
니 고맙습니다. 특별히 믿음이 얼마나 소중하고 귀한 것인지 말씀을 통해
서 가르쳐주시니 고맙습니다. 이 믿음이 얼마나 귀한지 주님께서 고쳐 주
시는 병자들에게, 또는 장애가 있는 이들을 온전하게 하실 때 "네가 이것
을 믿느냐!", "내가 이 일 할 줄 믿느냐?"고 물으신 것을 봅니다.

맹인에게도 "내가 이 일을 할 줄 믿느냐?" 고 물으시고 사람들에게 믿음이
있으면 저절로 낫게도 하십니다. 귀신들린 아이를 고치실 때는 "할 수 있
거든 이 무슨 말이냐 믿는 자에게는 능히 하지 못할 일이 없느니라."고 말
씀하고 "말 못하고 못 듣는 귀신아 내가 네게 명하노니 아이에게서 나오고
다시 들어가지 말라."고 하시자 귀신이 그에게 나왔습니다.

흉악한 귀신들린 딸을 고쳐달라고 나온 '수로보니게' 여인에게 "자녀로 먼
저 배불리 먹게 할지니 자녀의 떡을 취하여 개들에게 던짐이 마땅치 아니

하니라."고 하시자, "주여 옳습니다만, 상아래 개들도 아이들이 먹던 부스러기를 먹나이다."고 대답했는데, 주님은 "이 말을 하였으니 돌아가라. 귀신이 딸에게서 나갔느니라." (마가 7:27-30)하시자 귀신이 나갔습니다.

그런데, 예수님께서 안식일에 고향의 회당에서 가르치시는데 많은 사람이 "이 사람이 어디서 이런 것을 얻었느냐? 이 사람이 받은 지혜와 손으로 이루어지는 권능이 어찌 됨이냐? 이 사람이 '마리아'의 아들 목수가 아니냐? '야고보'와 '요셉'과 '유다'와 '시몬'의 형제가 아니냐. 그 누이들이 우리와 함께 여기 있지 아니하냐?"(마가 6:1-3) 놀라워하며 배척했습니다.

예수님께서 그들에게 "선지자가 자기 고향과 자기 친척과 자기 집 외에서는 존경을 받지 못함이 없느니라."고 하시고는 거기서는 아무 권능도 행하실 수 없어 다만 소수의 병자에게 안수하여 고치실뿐이었습니다. (마가 6:4-5) 하나님의 아들이요, 수많은 기적과 능력을 행하시고 표적을 보이신 예수님께서 청중들의 믿음이 없자 기적을 행하실 수가 없었습니다.

하나님! 오늘도 저희에게 믿음이 없어서 기적을 경험하지 못하는 안타까운 일이 생기지 않게 하옵소서! "주여 내가 믿나이다. 나의 믿음 없는 것을 도와주옵소서!" 하는 절박한 믿음으로 기적을 보게 하옵소서! 겨자씨 한 알만한 믿음으로 "이 산을 명하여 여기서 저기로 옮겨지라 하면 옮겨질 것이요. 또 못할 것이 없으리라." (마태 17:20)는 복을 받게 하옵소서!

저희의 믿음의 주가 되시는 예수님의 이름으로 기도합니다. 아멘!

골방기도 / 자신의 삶

예수님처럼 살고 싶을 때 드리는 기도! (316)

자신의 행동이 곧 믿음인 것을 알게 하옵소서!

> "예수의 소문을 듣고 무리 가운데 끼어 뒤로 와서 그의 옷에 손을 대니 이는 내가 그의 옷에만 손을 대어도 구원을 받으리라 생각함일러라. 이에 그의 혈루 근원이 곧 마르매 병이 나은 줄을 몸에 깨달으니라."
>
> (마가 5:27-29)

사랑하시는 하나님! 오늘 인생들에게 믿음의 능력에 대해 알게 하시니 고맙습니다. 또한, 그 믿음의 고백이 입술로만 아니라 온몸으로 고백할 수 있는 것도 가르쳐 주시니 고맙습니다. 하나님께서 저희를 사랑하여 복을 주시고, 믿음으로 인생의 난관을 헤쳐 나가게 하시니 고맙습니다. 오늘도 하나님께서 허락하신 온몸으로 믿음을 고백하게 하시옵소서!

'열두 해를 '혈루증'으로 앓아 온 한 여자가 있어 많은 의사에게 많은 괴로움을 받았고 가진 것도 다 허비하였으되 아무 효험이 없고 도리어 더 중하여졌던 여인'(마가 25-26)이면, 이미 그 비참한 삶을 짐작해 볼 수 있습니다. 이제 여인에게는 치료의 희망이 모두 사라졌습니다. 더이상 소망이 없는 여인에게 세상에서 가장 귀한 것 하나가 남아있었습니다.

그것은 바로 예수님입니다. 사람들은 예수님을 '건축자들이 버린 돌'로 생각하지만 그 버린 돌을 자신의 인생에 모시면 그에게 머릿돌이 되는 것을 모릅니다. 이런 아름다운 의미를 아는 여인은 자신의 운명을 바꿀 일생일 대의 모험을 하게 됩니다. 그것은 바로 구세주이신 예수님께 나아가 그의 옷에만 손을 대어도 혈루의 근원이 마를 것이라는 믿음이었습니다.

그건 입술의 고백보다도 귀한 일입니다. 그건 어떤 결심보다 큰 결심이고, 어떤 각오보다 무서운 각오였습니다. 예수님은 분초를 다투는 삶을 사시는 분입니다. 새벽에 일어나서 밤중까지 식사할 겨를도 쉬실 겨를도 없이 병자를 고치고 귀신을 쫓아내고 사람들을 가르치시는 주님의 시간을 비집고 들어간다는 것은 다른 이는 모르지만, 여인에게는 두려운 것입니다.

그의 몸에서는 아직도 12년 동안 흐르는 혈루가 있었고 그 병은 사람들 앞에 나설 수 없는 부정한 병이었습니다. 그럼에도 여인이 그때 이 길을 택할 수밖에 없었던 것은, 이제 가지고 있던 재산을 다 탕진했기에 제대로 된 의원을 찾아 진료를 받을 수 있는 여유도 없었습니다. 더 이상은 치료를 위해 쓸 남아있는 돈이 없었습니다. 그동안 경험도 있습니다.

그는 그동안 산부인과 질병으로 찾아다닌 병원에서 겪은 수치와 아픔을 더 이상 버틸 자신이 없었습니다. 그동안 추구하던 병원에 의한 치료를 견디어 낼 자신도 없었습니다. 의술에 대한 신뢰도 사라졌습니다. 대신 예수님의 옷에만 손을 대어도 혈루의 근원이 마를 것이라는 믿음을 가지고 주님 앞에 나갔습니다. 이런 존귀한 믿음을 저희에게도 주옵소서!

믿음으로 병을 치료해 주시는 예수님의 이름으로 기도드립니다. 아멘!

12. 자신의 삶을 위한 기도

골방기도 / 자신의 삶

말하는 것이 곧 믿음인 것을 알게 하옵소서!

"여자가 대답하여 이르되 주여 옳소이다마는 상 아래 개들도 아이들이 먹던 부스 러기를 먹나이다 예수께서 이르시되 이 말을 하였으니 돌아가라 귀신이 네 딸에게 서 나갔느니라 하시매."

(마가 7:28-29)

전능하신 하나님! 하나님께서 우주를 하나님의 말씀으로 창조하시고 오늘 까지 붙잡아 주시니 너무 고맙습니다. 하나님의 말씀이 육신이 되어 세상 에 오시고, 그렇게 세상에 오신 빛이 예수님이요, 저희 구원의 주님이 되 게 하시니 고맙습니다. 또 말씀으로 세상을 지으신 하나님께서 저희의 입 술에도 말을 주시어 말의 고백이 믿음이 되게 하심이 고맙습니다.

저희의 입술에 말할 수 있는 기능을 주시고, 말이 인격이 되고 능력이 되 고, 고백이 되게 하신 것이 고맙습니다. 입으로 시인하여 구원을 얻고, 입 으로 기도하여 응답을 얻고, 입으로 고백하여 능력을 행하는 은총의 법을 주심이 진실로 고맙습니다. 이제 하나님의 특별한 은총의 선물인 혀의 산 물 '말'이 저희의 믿음을 증명하는 도구가 되게 하심이 은혜입니다.

우리는 말로 생각을 전달하고 말로 사랑을 고백합니다. 말로 저희 미래를 꿈꾸고 말로 하나님께 기도합니다. 이 말이 오늘 믿음을 증명하는 가장 강력한 도구가 되게 하시니 고맙습니다. 우리가 말로써 어린 아이임을 증명하고, 말로써 믿음 없음을 증명하고, 말로써 믿음을 보여 그 영혼과 육체가 거듭나게 하십니다. 입술의 고백은 생명을 구하는 병기입니다.

'가버나움'에 있는 백부장의 종이 병들었을 때, 예수님께 고쳐달라고 호소했고, 예수님은 "내가 가서 고쳐 주리라."고 하셨습니다. 그런데 "주여 내 집에 들어오심을 감당하지 못하겠사오니, 말씀으로만 하옵소서. 그러면 하인이 나을 것입니다. 나도 남의 수하에 있고, 내 아래도 군사가 있으니 이더러 가라면 가고 저더러 오라면 옵니다." (마태 8:8-9)고 합니다.

이렇게 '말씀만 하시면 낫겠나이다.'는 기상천외한 믿음을 보신 예수님은 "내가 너희에게 이르노니 이스라엘 중 아무에게서도 이만한 믿음을 보지 못하였노라." 하시고, "가라 네 믿은 대로 될지어다." (마태 8:10,13) 하시니 즉시로 그 하인이 나음을 입었습니다. 그 말로 믿음의 진실을 고백한 백부장에게 예수님의 말씀이 곧 능력이라는 것을 보여주셨습니다.

'두로'에서 만난 '수로보니게' 여인은 흉악한 귀신들린 딸을 고쳐달라고 왔는데 "자녀의 떡을 취하여 개들에게 던짐이 마땅치 않다."는 말씀에 "주여 옳소이다마는, 상아래 개들도 아이들이 먹던 부스러기를 먹나이다."고 했고, 이 고백을 들은 주님은 "이 말을 하였으니 돌아가라. 귀신이 나갔느니라." (마가 7:29)고 하자 딸이 나았습니다. 이런 믿음을 주옵소서!

저희의 믿음을 달아보시는 예수님의 이름으로 기도드립니다. 아멘!

골방기도 / 자신의 삶

예수님처럼 살고 싶을 때 드리는 기도! (326)

부활 신앙으로 무장하여 살게 하옵소서!

"만일 죽은 자의 부활이 없으면 그리스도도 다시 살아나지 못하셨으리라. 그리스
도께서 만일 다시 살아나지 못하셨으면 우리가 전파하는 것도 헛것이요 또 너희
믿음도 헛것이며." (고전 15:13-14)

사랑하는 주님을 찬양합니다. 우리 주님은 최초의 부활을 보이시고 부활
의 몸으로 사시다가 하나님 우편에 앉아 계시며, 죄악 된 세상에서 소망
없이 사는 인생들에게 부활의 소망을 주셨으니 감동입니다. 이 땅에서 별
별 고난의 삶을 겪으면서도 오직 예수님을 생각하며, 주님께서 부활하시
듯이 저희를 부활의 자리에 있게 하실 미래의 꿈을 꾸고 있습니다.

세상 사람들은 그렇게 힘들고 억울하고 견딜 수 없는 무한 고통을 받으면
서도, 저희를 그 수욕(羞辱)의 자리에서 다시 일으키실 부활의 주님을 생각
하지도 못하고 삽니다. 그저 사람의 생명은 한 번 왔다 가면 그만이라며
죽은 자의 부활을 일축하고 있습니다. 만일 죽은 자의 부활이 없으면, 이
천 년 전 그리스도도 다시 살아나지 못하셨을(고전 15:13)것입니다.

중요한 것은 "그리스도께서 만일 다시 살아나지 못하셨으면 우리가 전파
하는 것도 헛것이요, 또 우리의 믿음도 헛것이며(고전 15:14) 또 우리가 하나

님의 거짓 증인으로 발견되리니 우리가 하나님이 그리스도를 다시 살리셨다고 증언하였음이라. 만일 죽은 자가 다시 살아나는 일이 없으면 하나님께서 그리스도를 다시 살리지 아니하셨을 겁니다. (고전 13:15)

"그리스도께서 다시 살아나신 일이 없으면 우리의 믿음도 헛되고 여전히 죄 가운데 있을 것이요, 그 안에서 잠자는 자도 망하였으리니, 만일 그리스도 안에서 우리가 바라는 것이 세상의 삶뿐이면 모든 사람 가운데 우리가 더욱 불쌍한 자"(고전 15:17-19)입니다. 그러나 주님은 죽은 자 중에서 다시 살아나 잠자는 자들의 첫 열매(고전 15:20)가 되셨습니다.

상상만 해도 행복하고, 듣기만 해도 든든한 부활의 약속은 유한한 인생을 사는 저희의 희망이요. 억울하고 분하여 고난 겪는 이들에게 위로이며, 눈물과 한숨으로 세상을 사는 이들에게 무한 위로입니다. 주님께서 다시 만날 그날에 저희의 눈에서 눈물을 씻길 것이며, 다시는 슬픔도 눈물도 고통도 없이 주님의 영광과 빛의 나라에서 살게 하실 것입니다.

사랑하는 주님! 저희가 처음 주님을 만났을 때 저희를 구원하신 '구속 신앙'은 무한 감사였습니다. 그때 경험한 십자가는 무한 보배였습니다. 그 십자가 붙잡고 주님 말씀에 순종하며 사는 동안 만난 '부활 신앙'은 저희에게 무한 희망입니다. 이 영원한 부활의 날에 대한 희망을 놓지 말고 승리하여 주님의 나라에서 영원히 주님을 찬양하며 살게 하시옵소서!

죽음을 이기신 부활의 주 예수님의 이름으로 기도드립니다. 아멘!

골방기도 / 자신의 삶

예수님처럼 살고 싶을 때 드리는 기도! (341)

믿음의 눈을 열어 보게 하여 주옵소서!

"너희 마음의 눈을 밝히사 그의 부르심의 소망이 무엇이며 성도 안에서 그 기업의 영광의 풍성함이 무엇이며 그의 힘의 위력으로 역사하심을 따라 믿는 우리에게 베푸신 능력의 지극히 크심이 어떠한 것을 너희로 알게 하시기를 구하노라."

(에베 1:18-19)

사랑하시는 하나님! 저희에게 건강도, 지식도, 은사도, 재물도, 믿음도 많이 주심을 고맙게 생각합니다. 그러나 특히, 저희의 우둔한 영의 눈이 활짝 열리게 하옵소서! '도단'성에 있던 '엘리사'의 사환에게 눈이 열려 그 성을 에워싸고 있는 엄청난 불 말과 불 병거로 무장된 하나님의 군대를 보고 기겁을 하듯이(왕하 6:17) 믿음의 눈이 활짝 열리게 하옵소서!

우리가 이 땅에서 때로는 '고난'받고, 더러는 '감옥'에 가고, 더러는 '사자굴'에도 가고, 더러는 '광야'에 버림받는 고난을 겪으면서도 오직 한 가지 하나님 나라에 도착하는 소망을 부여잡고 가는데, 하나님 나라에서 만나게 될 소망이 어떤 것인지 보게 하옵소서! 시간이 가면서 맹인이 되어 가는 게 아니라, 눈이 열려 보이면 얼마나 든든하고 행복할까 합니다.

우리가 하나님의 자녀로 하나님께서 주실 부르심의 상을 받으려고 가는 곳에서 받게 될 상은 얼마나 영광스럽고 황홀한 것인지 보게 하옵소서! 사도 '요한'이 '밧모'섬에서 본 '열두 진주 문'과 '유리 정금 바다', 혹은 '황금 보석 성'(요계 21:21) 정도가 아니라, '가히 이르지 못할' 정도의 엄청난 영광을 바라볼 수 있도록 저희 영안(靈眼)이 열리게 하옵소서!

'에베소교회'에 편지를 보낼 때 사도 '바울'은 감옥에 있었지만, 감옥에 있는 이가 감옥 밖에 있는 교우들이 받았으면 하는 복을 바라면서 기도했던 세상은 눈이 열려야 볼 수 있는 하나님의 신비였고, 사도 '바울'은 그런 신령한 비밀의 문이 열려 성도들이 받게 될 영적 상속의 영광을 모두 설명은 못하고, 당신들의 눈이 열려 그 영광을 보기를 소원했습니다.

하나님! 그렇습니다. '백문이 불여일견'이라고 했습니다. 백 번을 들어도 직접 한 번 본 것만 하겠습니까? 믿는 사람들이 누리게 될 영광스러움이 얼마나 큰 것을 알기 소원하는 '바울' 사도는 애처로운 마음으로 이런 기도를 드리고 있습니다. 하나님! 저희의 눈을 열어 높은 산에서 대화를 목격한 세 제자의 눈처럼 천상세계의 영광을 보도록 눈을 열어주옵소서!

특히 믿음의 사람들을 위하여 일하시는 하나님의 신령한 능력이 얼마나 크고 놀라운 힘이 있는지 알게 하여 주옵소서! 저희가 오늘 이 땅에서, 더러 고난을 받고 사모하는 그 나라를 눈이 활짝 열려 모두 보고 갈 수 있다면 얼마나 좋겠습니까? 주님께서 아버지와 함께 누리던 영광을 추억하며 고난을 견디시듯, 저희도 다가올 영광을 바라보며 이기게 하옵소서!

저희를 위해 영광을 예비하신 예수님의 이름으로 기도드립니다. 아멘!

12. 자신의 삶을 위한 기도

골방기도 / 자신의 삶

하나님의 전신 갑주를 입게 하여 주옵소서!

"마귀의 간계를 능히 대적하기 위하여 하나님의 전신 갑주를 입으라. 우리의 씨름
은 혈과 육을 상대하는 것이 아니요 통치자들과 권세들과 이 어둠의 세상 주관자
들과 하늘에 있는 악의 영들을 상대함이라."   (에베 6:11-12)

하나님의 사랑으로 하나님의 군대가 된 저희에게 공중의 권세 잡은 악한
마귀 대적들을 싸워 이기기 위하여 우리도 무장할 것을 말씀합니다. 우리
의 싸움은 분명 혈과 육의 싸움이 아니니 이 땅의 무장도 그렇게 혈과 육의
무장은 아닐지라도 하나님의 군대로 필요한 모든 무장을 넉넉히 하게 하
옵소서! 그것은 바로 하나님의 '전신갑주' 임을 알게 하옵소서!

하나님의 전신 갑주를 입어야 악한 날에 우리가 능히 대적하고 모든 일을
행한 후에 설 수 있기 때문입니다. (에베 6:13) 허리에는 진리의 띠를 띠게 하
옵소서! 진리로 무장하지 않으면 공격은커녕 후퇴하기도 바쁩니다. 허리
띠가 전쟁을 준비하는 병사에게 가장 중요한 기초가 되는 이유는, 이 '띠'
의 무장이 안 되면 부대는 강력한 군대가 될 수 없기 때문입니다.

의(義)의 '호심경'을 붙이게 하옵소서! 주님, 다른 성경(표준 새번역)에서 "여
러분은 진리로 허리를 동이고, 정의의 가슴 막이를 하고, 버티어 서십시

오.”라고 했듯이 저희의 가슴은 의로 무장하게 하옵소서! 호심경(護心鏡)이란 옛적에 흉배(胸背)라 부르기도 한 심장을 보호하기 위해 가슴에 붙이는 심장 방어 장비인 쇳조각입니다. 신분 상징이자 중요한 무장입니다.

이처럼 우리의 약함을 모두 감추고 강력한 군대로 무장하듯이 영적인 전투준비를 하게 하옵소서! 복음의 신발을 신되 어디든 저희가 가는 곳에는 복음이 준비되어 증거되는 역사가 있게 하옵소서! 그리고 저희의 생명을 지켜 줄 최고의 안전장치인 믿음의 방패로 무장하게 하옵소서! 이 방패는 적들이 쏘아대는 엄청난 불화살을 막는 중요한 기능을 합니다.

또 구원의 투구를 쓰게 하옵소서! 우리의 머리를 보호하는 최고의 장비는 투구인데 이름을 ‘구원이 투구’라고 했습니다. 그리고 ‘성령의 검’ 곧 ‘하나님의 말씀’을 가지라고 했는데 저희의 무장 중에 유일하게 공격용 무기인 칼이 있는데 이 이름이 성령의 검입니다. 성령님의 검이니 이 칼은 누구도 못 당하는 무적 검입니다. 저희의 무장을 검열해 주시옵소서!

영적 전투의 중요한 조건인 저희의 무장을 마친 다음, 대장 되신 예수님께서 저희 군장을 검열하게 하시고, 우리는 주님께서 검열하신 점검에 합격하여 마귀의 군대와 더불어 싸워 승리하게 하옵소서! 주님, 우리의 무장은 어서 이 전쟁이 끝나기만 기다리며 숨어있는 피난민 무장이 아니라, 언제든 주님의 부르심이 있으면 즉각 달려가는 군대가 되게 하옵소서!

우리를 지휘하시는 대장이신 예수님의 이름으로 기도드립니다. 아멘!

12. 자신의 삶을 위한 기도

골방기도 / 자신의 삶

예수님처럼 살고 싶을 때 드리는 기도! (344)

마지막까지 최선을 다하여 살게 하옵소서!

"나는 선한 싸움을 싸우고 나의 달려갈 길을 마치고 믿음을 지켰으니 이제 후로는 나를 위하여 의의 면류관이 예비되었으므로 주 곧 의로우신 재판장이 그 날에 내게 주실 것이며 내게만 아니라 주의 나타나심을 사모하는 모든 자에게도니라."

(딤후 4:7-8)

사랑하시는 하나님! 부족한 종들이 주님의 부르심을 받고 '아멘!'으로 회답한 다음, 각각의 사명지에서 열심 다해 달리고 있습니다. 어떤 이는 목회자나 목회자의 배우자로, 어떤 이는 평신도 신앙인으로 달려갑니다. 또 직장인으로 경영인으로 살고 있습니다. 모두 하나의 푯대이신 예수 그리스도를 바라보고 달려갑니다. 이 걸음을 주님께서 붙잡아 주옵소서!

세상에서 누구나 평탄한 길만 갈 수도 없고, 누구나 탄탄대로에서 고요한 바람을 벗 삼아 살 수는 없습니다. 돌아보면 모두 폭풍 같은 항해의 어려움도 만나고, 외로운 인생의 광야 길도 걸으며, 사나운 짐승과 무서운 도적 떼를 만나기도 합니다. "내일은 좀 나아지겠지, 새해에는 좋은 일이 있겠지!"하며 희망의 미래를 달려갑니다. 믿음도 있고 기도도 드립니다.

그러나 세상의 모든 믿음이 우리를 확증시켜주는 것도 아니고, 세상의 모든 기도가 저희의 소원대로 응답 되는 것도 아닙니다. 믿음과는 달리 더 열악한 환경을 만나기도 하고, 기도와는 반대로 더 비참한 상태에 처하는 일도 있습니다. 그러나 하나님의 사람들은 그런 주변의 환경과 상황에 따라 일희일비하는 역한 인생이 아니라 끝까지 달려가야 합니다.

끝까지 간다는 말이 100미터나 400미터 경주가 아니고, 그렇다고 마라톤도 아닙니다. 끝도 없이 이어지는 긴 여정이고, 돌아보면 순간이지만 지나는 동안에는 언제 끝날지 모르는 끝없는 여행길에 이런저런 악재를 만날 때마다 포기하고 싶고, 중단하고 싶을 때가 한두 번이 아닙니다. 희망을 안고 출발하기는 쉽지만 계속 가기는, 끝까지 가기는 더 어렵습니다.

그런데 주님처럼 살고 싶어 하는 이들은 "선한 싸움을 싸우고 나의 달려갈 길을 마치고 믿음을 지켰다."고 고백할 수 있게 하옵소서! 어려움이 많고, 외로움도 컸고, 낙심될 일도 잇따라 있었지만 포기하지 않고 달리는 일은 믿음의 길이고 인내의 길이고 자기와의 싸움의 길입니다. 그 길에서 주변 환경을 보고 내 형편을 보면 백번이고 그만둘 일이었습니다.

그러나 끝내 무너지지 않고 달릴 수 있는 비결은 "후로는 나를 위하여 의의 면류관이 예비 되어, 주 곧 의로우신 재판장이 그 날에 내게 주실 것이며, 내게만 아니라 주의 나타나심을 사모하는 모든 자에게도 주리라."는 믿음 때문입니다. 우리가 달려가는 이 길 끝에서 주님을 뵙게 될 것이고, 그 주님께서 주실 면류관의 감격을 생각하며 달리게 하옵소서!

저희 모두의 푯대가 되시는 예수님의 이름으로 기도드립니다. 아멘!

12. 자신의 삶을 위한 기도

골방기도 / 자신의 삶

복음의 변절자가 되지 않게 붙잡아 주옵소서!

"데마는 이 세상을 사랑하여 나를 버리고 데살로니가로 갔고 그레스게는 갈라디아로, 디도는 달마디아로 갔고 누가만 나와 함께 있느니라 네가 올 때에 마가를 데리고 오라 그가 나의 일에 유익하니라." (딤후 4:10-11)

하나님의 사랑을 생각합니다. 주님을 구주로 영접하고 나서 오늘까지 숱한 위기가 있었고, 숱한 어려움이 있었지만 그래도 믿음의 길을 포기하지 않고 달릴 수 있게 되어 고맙습니다. 누구나 의욕을 가지고 출발하기는 쉽지만, 중간에 포기하는 이도 많고 변절하는 이도 많고 다른 길로 가는 이들이 많은 것이 신앙생활입니다. 보이지 않는 길이기 때문입니다.

그럼에도 오늘까지 잘 달려오도록 부축하시고 인도해 주셨으니 고맙습니다. 하나님의 사랑이자 변함없는 은혜라고 믿습니다. 그럼에도 주변에서 중도에 신앙을 포기하고, 단순한 포기가 아니라 엉뚱한 길로 변절하는 이들도 봅니다. 저희가 그런 왜곡된 신앙의 길로 나아가지 않게 하시고, 저희를 지켜보는 이들에게 실망 주지 않도록 끝까지 승리하게 하옵소서!

위대한 사도 바울에게도 아픈 추억들이 있습니다. 그를 처음 '안디옥교회'에 초청해서 함께 목회했고, 또 '예루살렘'의 제자들에게 바울 사도를 소개해 준 '바나바'는 1차 전도 여행 중에 생긴 견해 차이로 생긴 다툼이 두 사람을 갈라서게 했습니다.(사도 15:39-41) 참 귀한 분인데, 그리고 '바나바'는 안타깝게도 끝내 사도행전에 이름이 다시 나타나지 않았습니다.

후에 '마가'는 '바울' 사도와 화해가 되어 생애 마지막 '디모데'에게 보낸 편지에서 "네가 올 때 '마가'를 데리고 오라. 그가 나의 일에 유익하다." (딤후 4:11하)고 하지만, '바나바'는 다른 서신에 다섯 번 등장하면서 많은 이들이 화해했다고 하는데 확신이 안 섭니다. "바나바는 착한 사람이요 성령과 믿음이 충만한 사람이라." (사도 11:24)고 했는데 아쉽습니다.

주님을 따르다 배신자가 된 '유다'는 끝내 돌아오지 못할 강을 건너 '차라리 태어나지 않았으면 좋을 뻔한 사람'(마태 26:24)이 되었습니다. 또 '데마'는 '골로새서'를 전달할 때도(골로 4:1), 나중에 '빌레몬서'에도 (빌레 1:24) '바울' 사도의 동역자로 등장하는데 마지막 편지에는 "세상을 사랑하여 '데살로니가'로 갔다."(딤후 4:10)는 충격적인 소식이 있습니다.

처음부터 사역이나 헌신에 참여하지 않은 이도 있습니다. 안타까운 일입니다. 그러나 열심히 일하다 변절한 경우, 그것도 세상을 사랑하여 다시 떠나면 곁에서 함께 일하던 이들은 허탈하고, 이를 지켜본 이들은 허망해집니다. 힘들 때마다 "내가 지금까지 달려온 길이 얼마인데!" 하면서 그게 억울해서도 끝까지 달려 마침내 승리하는 저희가 되게 하옵소서!

저희의 달음질을 지켜보시는 예수님의 이름으로 기도드립니다. 아멘!

12. 자신의 삶을 위한 기도

골방기도 / 자신의 삶

하나님의 뜻대로 하는 근심을 하게 하옵소서!

"하나님의 뜻대로 하는 근심은 후회할 것이 없는 구원에 이르게 하는 회개를 이루는 것이요 세상 근심은 사망을 이루는 것이니라."　　　　　　　　(고후 7:10)

사랑하는 하나님! 사람 사는 세상에 근심 걱정 없는 날이 없습니다. 먹고 사는 걱정, 돈 걱정, 자식 걱정, 사업 걱정을 합니다. 시절을 잘못 만나면 나라 걱정도 합니다. 섬기는 교회를 걱정하고, 다른 인생들도 걱정합니다. 그런데 이 걱정들은 아무리 해도 정해진 궤도를 따라 달리는 중이라 달라지지 않습니다. 그래서 근심해서 얻을 수 있는 것이 없습니다.

그런데 그렇게 인간적인 뜻으로 하는 근심이 소득 없는 근심인데, 이런 근심 대신 하나님의 뜻대로 하는 근심도 있습니다. 이제 그런 근심을 하게 하옵소서! 기왕에 눈물 흘릴 거면 하나님의 뜻대로 하며 눈이 짓무르게 하옵소서! 주님의 눈과 저희 눈이 마주칠 때 부끄럽지 않도록 주님과 한 방향을 보며, 같은 기도를 드리고 같은 근심을 하게 하옵소서!

모세는 자기 백성 이스라엘을 위해 기도했고. 바울 사도는 자기 동족 유대인을 위하여 기도했습니다. 에스더는 동족 유대인의 멸족 위기에서 밤을 새우며(에스 4:16) 근심했습니다. 오늘 우리가 동족의 구원을 위하여 기도하고, 이 일로 식음을 전폐하며 울어보게 하옵소서! 무너지는 교회를 바라보며, 혹은 매일 정쟁만 일삼는 나라를 보며 근심하게 하옵소서!

한 영혼의 구원을 위하여, "어떻게 하면 그를 구원할 것인가?" 근심하게 하시고, 교회에 나왔다 되돌아간 영혼을 위해 근심하게 하옵소서! 판단의 눈으로 교회를 보면 잘못된 것밖에 없습니다. 그러나 사랑의 눈으로 보면 모두 근심 덩어리입니다. 이걸 기도하지 않을 수 없습니다. 저희의 기도는 세상이 관심하지 않는 버려진 이들을 위하여 기도하게 하옵소서!

사도 '바울'은 애정을 가지고 세운 '고린도 교회' 소식을 들은 교회의 구성원들에게 따끔한 질책의 글을 내용대로 보내며 아픈 마음이었습니다. 너무 심한 채찍을 보낸 데 대해 근심을 했습니다. 그런데 그 교회는 그런 사도의 책망을 듣고 정신을 차렸습니다. 그러자 이제는 바울 사도의 근심이 모두 사라졌습니다. 근심에 교회가 회개하고 구원이 이르렀습니다.

그들은 사도의 편지를 받은 다음, 어떻게 하면 자신들에게 복음을 전해 준 사도에게 실망을 드리지 않을까 생각했습니다. 하나님의 뜻대로 하는 근심은 회개에 이르게 하고 구원을 가져옵니다. 그래서 근심하던 이들을 기쁘게 합니다. 오늘도 우리가 하나님의 뜻대로 하는 근심을 하게 하옵소서! 교회가 건강한 성장을 할 수 있게 기도하다가 후에 웃게 하옵소서!

처음에 울고, 후에 웃게 하실 예수님의 이름으로 기도드립니다. 아멘!

12. 자신의 삶을 위한 기도

골방기도 / 자신의 삶

교회 안에서 좋은 일꾼이 되게 하옵소서!

"이와 같이 집사들도 정중하고 일구이언을 하지 아니하고 술에 인박히지 아니하고 더러운 이를 탐하지 아니하고 깨끗한 양심에 믿음의 비밀을 가진 자라야 할지니 이에 이 사람들을 먼저 시험하여 보고 그 후에 책망할 것이 없으면 집사의 직분을 맡게 할 것이요." (딤후 3:8-10)

사랑하는 하나님! 성경에 언급되는 '집사'와 현존하는 집사의 신분과 위상이 다르더라도 여전히 상존하는 집사들이 오늘 어떤 집사가 되면 좋을까 생각합니다. 구원받은 것만 해도 감사한데, 거기다 일도 제대로 못하는 데 교회 나와서 세례받고 몇 년 다녔다고 그냥 '성도님'하면 왠지 없어 보인다고 '집사님'이라고 불러줍니다. 은혜라면 놀라운 은혜입니다.

'집사(執事)'는 글자 그대로 일을 붙잡고 있는 '일꾼'인데, 일은 안 하면서 흔한 게 '집사님'이고, 교회 가서 "집사님!"하고 부르면 모두 돌아보는 세상입니다. 그래도 그 직분이 주님의 이름으로 주시는 것이기에 눈물과 감동으로 받고, 좋은 집사님 되어 살게 하옵소서! 언제나 성경에서 요구하는 것보다는 훨씬 더 풍성한 조건을 갖추는 집사들이 되게 하여 주옵소서!

그의 인품과 언행에 집사의 품격이 드러나 보이는 그런 집사가 되기 원합니다. 집사가 한번 말하면 그것이 법이 되고, 증서를 쓰고 공증을 받지 않아도 집사가 내뱉은 말로 신용을 얻고 권위가 있는 말이 되게 하여 주옵소서! 그의 몸에서 무게감이 느껴지고 그 말에서 신뢰가 느껴지면 집사가 된 것입니다. 특히 깨끗한 양심에 믿음의 비밀이 있게 하옵소서!

과음하지 않고, 부정한 이득을 탐내지 말아야 한다고 했는데 이는 초보적인 조건이었습니다. 그런데 이들을 시험하여 보고 시험에서 책망할 것이 없으면 집사의 직분을 맡게 하라고 했으니, 오늘 저희가 이 규정 하나만 잘 지켰어도 교회가 정돈되고 세상을 향한 선한 영향력이 있었을 것입니다. 시험도 과정도 없고 일꾼 없다고 마구잡이로 세우지 않게 하옵소서!

사랑하는 하나님! 심지어 집사의 배우자까지 엄격한 기준을 제시하는데 이건 부부 일심동체로 남편이 집사의 직무를 감당함에는 부인의 내조와 협력이 없으면 원활한 감당이 어려우니 반드시 지켜져야 할 것입니다. 집사는 한 아내의 남편으로 방종하고 무질서한 가정생활을 한 사람은 아예 배제되고, 자녀와 자기 집을 잘 다스리는 이라야 된다고 했습니다.

우리는 이런 엄격하고 온전한 규정이 눈이 시퍼렇게 살아있음에도 불구하고, 자격도 없고 절차도 없이 집사를 임명하므로 성경을 사문화시키고 교회의 정결한 전통을 무시하여 사람들을 세우므로 기독교의 품위를 실추시키고 그리스도인들의 인격마저 손상을 입혔습니다. 하나님께서 이 시대의 집사들이 성별되므로 기독교의 위상도 한층 높아지게 하옵소서!

교회 경건과 질서를 원하시는 예수님의 이름으로 기도드립니다. 아멘!

골방기도 / 자신의 삶

예수님처럼 살고 싶을 때 드리는 기도! (353)

복음으로 변화된 인생이 되게 하여 주옵소서!

"그가 전에는 네게 무익하였으나 이제는 나와 네게 유익하므로 네게 그를 돌려 보
내노니 그는 내 심복이라 그를 내게 머물러 있게 하여 내 복음을 위하여 갇힌 중에
서 네 대신 나를 섬기게 하고자 하나." (빌레 1:11-13)

살아계신 하나님! 오늘 저희가 세상에서 하나님을 영광스럽게 해드리는
가장 확실한 말은 "아무개는 하나님 앞에 나가더니 완전히 딴사람이 되었
다." 는 말씀을 듣는 것이라고 믿습니다. 실제로 사람이 달라지고 변화되
어 전혀 새사람이 된 것을 거듭났거나 중생했다고 합니다. 또 모든 신앙인
이 이렇게 거듭남의 삶을 살아가기를 소원하고 있습니다.

하나님! 그러나 아무리 거듭난다고 해도 무늬만 중생한 이들도 많고, 개가
토하였던 것을 다시 먹는 것처럼, 중생과 역 중생을 반복하며 하나님의 영
광을 잠식하는 일이 얼마나 많은지 모릅니다. 세상에서 "예수 믿고 딴 사
람 되었다."며, "교회에 나와서 새사람 되었다."며 간증도 하고 눈물도 쏟
다가 언젠가 도로 옛 모습을 드러내고 사는 사람이 많습니다.

그런데 복음이 그 속에 들어가 그의 인성, 죄성을 뒤집어놓고 완전히 속에
있는 오장육부를 헤집어 수술한 다음 출생의 근본을 바꾸어 놓은 사람도

있습니다. '오네시모'라는 사람인데 자세히는 모르지만 '골로새 교회'의 '빌레몬'이라는 지도자의 사환으로 있던 중에, 주인에게 엄청난 손해를 입힌 다음, '바울' 사도가 갇힌 감옥에서 죄수의 몸으로 그를 만납니다.

거기서 '바울'의 확실한 복음을 듣고 회개하여 같은 감옥에서 바울 사도의 측근으로 일하다 그의 출소에 맞추어 '빌레몬'서를 써서 옛 주인 '빌레몬'에게 보내는데, 그때 '빌레몬'에게 그를 소개하는 걸 보면 "갇힌 중에서 낳은 아들 '오네시모'를 위하여 네게 간구하노라. 그가 전에는 네게 무익하였으나 이제는 나와 네게 유익하다." (빌레 1:10~11)고 합니다.

그리고 "네게 그를 돌려보내노니 그는 내 심복(心腹)이라."고 했습니다. "그를 내게 머물러 있게 하여 내 복음을 위하여 갇힌 중에서 네 대신 나를 섬기게 하고자 하나, 네 승낙이 없이는 내가 아무것도 하기를 원하지 아니하노니 이는 너의 선한 일이 억지같이 되지 아니하고 자의로 되게 하려 함이라."는 '빌레몬'에게 아주 정중한 양해를 구하고 있습니다.

어쩌면 전에 무익하던 이가 이제는 당신과 내게 유익하고, 전에는 종이었는데 이제는 사랑받는 형제로 둘 자이고, 그가 갚을 것은 내가 다 갚을 것이며, 그를 만나거든 날 만난 것처럼 해달라고 할 수 있습니까? 그는 '오네시모'를 '갇힌 중에서 낳은 아들'이라고 했습니다. 오늘 우리가 교회 안에서 변화되고 새사람 되는 모델이 '오네시모'가 되게 하여 주옵소서!

우리의 새 생명이 되시는 예수님의 이름으로 기도드립니다. 아멘!

골방기도 / 자신의 삶

깊고 진실한 눈물의 회개를 하게 하옵소서!

> "그가 저주하며 맹세하여 이르되 나는 그 사람을 알지 못하노라 하니 곧 닭이 울더라 이에 베드로가 예수의 말씀에 닭 울기 전에 네가 세 번 나를 부인하리라 하심이 생각나서 밖에 나가서 심히 통곡하니라."
>
> (마태 26:75)

사랑하시는 하나님! 예수님의 열두 제자 중에 제일 먼저 부르심을 입었고, 예수님과의 관계도 다른 어느 제자보다 깊고 돈독했으며, 끝내는 예수님을 모르는 사람이라는 치명적인 아픔을 주님께 드린 이는 '베드로'입니다. 그것도 마지막에 가서 저주하고 맹세하며 부인할 만큼 극구 부인한 '베드로'인데 왜 성경에서 그를 덮고 지나가는지 잘 모르겠습니다.

분명히 '베드로'가 예수님을 부인한 걸 모르는 사람은 아무도 없습니다. 교회학교 아이들도 알고 있습니다. 그것도 예수님께서 빤히 보는 앞에서 주님의 눈과 마주칠 때 모른다고 부인했습니다. 그동안 다른 제자와 달리 '가이사랴 빌립보'에서 신앙고백도 했고, 높은 산에서 감동적인 제안도 했고, "나는 죄인이니 나를 떠나 달라!"는 겸손한 부탁도 했습니다.

이뿐 아니라 다른 제자들과 달리 '야고보'와 '요한'과 셋만 특별히 초대받은 높은 산, '야이로'의 외동딸을 살리는 현장, 마지막 '겟세마네' 동산의 기도

등 선택된 이만 볼 수 있는 좋은 경험도 했습니다. 이런 특별한 은총을 입은 베드로가 주님의 예언대로 닭이 울기 전 세 번이나 부인했는데 그럼에도 하나님께서 그를 용납하신 비밀은 '회개'라고 믿습니다.

예수님을 저주하며 맹세하여 "나는 그 사람을 알지 못하노라."고 할 때 닭이 울자, 베드로는 예수님께서 "닭 울기 전에 네가 세 번 나를 부인하리라."고 하심이 생각나서 밖에 나가서 심히 통곡했다." (마태 26:75)고 했습니다. 심히 통곡했다는 건 완전하고 처절한 회개였습니다. 가책을 느끼거나 잘못했다는 기도가 아니라 가슴을 찢어내는 온몸으로 드린 회개입니다.

'다윗'이 '밧세바'를 범한 다음 드린 "나의 죄악을 말갛게 씻으시며 나의 죄를 깨끗이 제하소서! 내 죄과를 아오니 내 죄가 항상 내 앞에 있나이다. 내가 주께만 범죄하여 주의 목전에 악을 행하나이다."(시편 51:1–4)는 기도는 단두대 위에 올라간 이의 절박한 기도입니다. 죄는 누구나 지을 수 있지만 참된 회개는 아무나 못 합니다. 그런 마음을 주옵소서!

"내 속에 정한 마음을 창조하시고 내 안에 정직한 영을 새롭게 하소서! 주 앞에서 쫓아내지 마시며 주의 성령을 내게서 거두지 마소서! 구원의 즐거움을 내게 회복시켜 주소서! 하나님께서 구하시는 제사는 상한 심령이라. 상하고 통회하는 마음을 멸시하지 아니하시리이다."(시편 51:10–17)고 했는데 그 눈물을 기억하셨습니다. 저희에게 이런 회개를 주옵소서!

저희의 상한 심령을 받으시는 예수님의 이름으로 기도드립니다. 아멘!

골방기도 / 자신의 삶

예수님처럼 살고 싶을 때 드리는 기도! (357)

역사 속 인물들의 교훈을 기억하게 하옵소서!

"또 롯의 때와 같으리니 사람들이 먹고 마시고 사고 팔고 심고 집을 짓더니 롯이 소돔에서 나가던 날에 하늘로부터 불과 유황이 비오듯하여 그들을 멸망시켰느니라." (누가 17:28-29)

사랑하는 하나님! 저희는 매일 주님의 날을 기다리고, 주님의 시간이 도래하기를 사모합니다. 그러나 그런 '하나님의 나라'에 대하여 회의적인 시각을 가지고 있던 바리새인들이 예수님께 시비하는 투로 여쭈었던 '하나님의 날', '하나님의 시간', '하나님의 나라'는 예수님께서 직설적인 설명을 해주심으로 충격에 빠졌을 것입니다. 설명은 실제적이었습니다.

"'노아'의 때에 된 것 같이 인자의 때에도 그러하리라. '노아'가 방주에 들어가던 날까지 사람들이 먹고 마시고 장가들고 시집가더니 홍수가 나서 그들을 멸망시켰으며, '롯'의 때와 같으리니 사람들이 먹고 마시고 사고팔고 심고 집을 짓더니 '롯'이 '소돔'에서 나가던 날에 하늘에서 불과 유황이 비오듯하여 그들을 멸망시켰느니라." (누가 17:26-29)는 것입니다.

그러면서 주님께서 하신 말씀은 "인자가 나타나는 날에도 이러하리라. 그 날에 만일 사람이 지붕 위에 있고 그의 세간이 그 집 안에 있으면 그것을 가지러 내려가지 말 것이요, 밭에 있는 자도 그와 같이 돌이키지 말 것이니라."(누가 17:30-31)고 하십니다. 그러면서 "롯의 처를 기억하라." (누가 17:32)는 한마디는 듣는 이들의 간담을 서늘하게 했습니다.

그렇습니다. 하나님의 나라는 '여기 있다 저기 있다'며 장소를 특정해서 볼 수 있는 것도 아니고, 우리가 생각하는 것처럼 아직도 멀었다고 먼 것도 아닙니다. 하나님의 시간은 하루가 천년 같고 천년이 하루 같은 사실을 잊어서는 안 됩니다. (벧후 3:8) 그러나 언제나 깨어있는 이는 그 나라를 볼 것이고, 준비하는 사람은 하나님의 시간을 만나게 될 것입니다.

하나님의 시간은 누가 더디다는 것처럼 더딘 것도 아니고, 그 나라는 여기다 저기다 할 수 있는 것도 아닙니다. 언젠가 하나님께서 멈추시는 시간이 하나님의 시간이고, 언젠가 하나님께서 서신 그곳이 하나님의 나라입니다. 그건 우리가 설정하는 것도 아니고 우리가 멈추거나 계속할 수 있는 것도 아닙니다. 다만 언제든지 시간의 주인공이 되어야 할 뿐입니다.

이 세상 사람들은 누구나 시집가고 장가가던 어느 날 시간이 멈추었습니다. 누구도 짐작하지 못한 시간에 홀연히 천사의 음성과 함께 하나님의 시간이 작동될 것입니다. 하나님! 이 땅에 살면서 영원한 시간을 준비하는 일이 쉽지 않습니다. 그러나 어느 날 언젠가는 멈추게 될 시간이 제가 마침 머물러 있는 그 시간에 하나님의 시간을 만나게 하옵소서!

저희에게 홀연히 나타나실 예수님의 이름으로 기도드립니다. 아멘!

골방기도 / 자신의 삶

예수님처럼 살고 싶을 때 드리는 기도! (355)

사장들은 더 높은 사장을 기억하게 하옵소서!

"상전들아 너희도 그들에게 이와 같이 하고 위협을 그치라 이는 그들과 너희의 상
전이 하늘에 계시고 그에게는 사람을 외모로 취하는 일이 없는 줄 너희가 앎이라."

(에베 6:9)

참 좋으신 하나님! 사도 '바울'이 '에베소 교회'와 '골로새 교회'에 보낸 편지
들을 통해 당시의 사회구성원들이 지켜야 할 도리를 알려주심이 참 고맙
습니다. 이 안에는 부모와 자녀, 남편과 아내, 종과 상전 등이 어떻게 사회
생활을 해야 하는지 때로는 담담하게, 또는 날카로운 문장으로 깨우쳐 주
셨습니다. 저희는 또 그 말씀을 붙잡고 기도하며 살겠습니다.

특별히 공동체의 구성원 중에 회사나 기업의 대표, 사장이 된 이들에게 정
말 한 줄짜리 짜릿한 말씀을 주셔서 가슴에 묻어두고 기도합니다. 성령님
은 노사(勞使) 양측의 구성원 중에 먼저 아랫사람들이던 '종'들에 대한 말씀
을 주시되 "두려워하고 떨며 성실한 마음으로 육체의 상전에게 순종하기
를 그리스도께 하듯 하라!"며 진심으로 일하라고 하셨습니다.

더구나 "눈가림만 하여 사람을 기쁘게 하는 자처럼 하지 말고 그리스도의
종들처럼 마음으로 하나님의 뜻을 행하고 기쁜 마음으로 섬기기를 주께

하듯 하고 사람에게 하듯 하지 말라. 각 사람이 무슨 선을 행하든지 종이나 자유인이나 주께로부터 그대로 받을 줄을 앎이라."(에베 6:6-8)며 상전을 주님 대하듯 하라고 하신 다음, 이제 상전들에게 말씀합니다.

"상전들아 너희도 그들에게 이와 같이 하고 위협을 그치라. 이는 그들과 너희의 상전이 하늘에 계시고 그에게는 사람을 외모로 취하는 일이 없는 줄 너희가 앎이라."(에베 6:9)는 말씀은 자다 들어도 잠이 확 깰 말씀입니다. "네가 사장이냐? 대표냐? 아랫사람에게 함부로 하지 마라. 해고한다고 위협하지 마라. 너의 상전이 저 위에 계신다." 는 말씀입니다.

하나님! 이 땅에서 힘 좀 쓰는 이들이, 저 위에 더 힘쓰는 분이 계심을 알고, 지금 이 땅에서 잠시 맡겨준 일터에서 얼마 되지 않는 작은 힘을 폭력 쓰듯 쓰지 말라는 것입니다. 네가 이 땅에서 종들, 하인들, 직원들, 종업원들, 노동자들 이름이 뭐든 '생사여탈권'을 가지고 있는 것으로 생각하는 이들을 함부로 하면 진짜 상전이 결코 그냥 두지 않을 것입니다.

사랑의 하나님! 하나님은 언제나 고아나 혼자 사는 여인이나 나그네 같은 사회적 약자를 불쌍히 여기시는 분이십니다. 가난한 자, 천한 신분의 사람들과 죄의 가책에 사로잡혀 사는 이들을 불쌍히 여기십니다. 병들고, 갇히고, 헐벗고, 주린 이들을 불쌍히 여기시는 하나님께서 힘을 가진 이들이 횡포를 부리지 않도록 특히 신앙인 사장들을 깨닫게 하여 주옵소서!

가난하고 약한 자를 도우시는 예수님의 이름으로 기도드립니다. 아멘!

골방기도 / 자신의 삶

예수님처럼 살고 싶을 때 드리는 기도! (361)

이 땅의 자녀들을 위하여 드리는 기도!

"자녀들아 주 안에서 너희 부모에게 순종하라 이것이 옳으니라 네 아버지와 어머니를 공경하라 이것은 약속이 있는 첫 계명이니 이로써 네가 잘되고 땅에서 장수하리라." (에베 6:1-3)

사랑하시는 하나님! 지금은 이 땅에 사는 자녀들을 위해 기도드립니다. '자녀'란 갓 태어난 아이부터 90 넘은 부모님을 모시는 70대 자녀까지 있겠지만, 특히 아직 어린 나이라 부모의 품 안에 있는 어린 초, 중등생부터 공부는 마쳤으나 아직 결혼 및 출가의 경험은 없는 정도의 연령대들이며 성경에서 말하는 자녀는 이들보다 어린이지만 기도합니다.

하나님! 자녀들은 아주 오래전부터 부모들에게 불만이 있었습니다. 부모들의 마음을 이해하기도 불가능하고, 부모들과 공감할 만한 기회도 충분하지 않고, 자식들의 바람을 이루어 줄 수 있는 부모들도 많지 않기 때문입니다. 그런데 언제나 세상은 어린 자녀들은 늘 부모에게 순종하고 섬기도록 요청해왔고, 그들은 그런 말씀에 마음이 닫힌 채 살아왔습니다.

그러나 이제 성경이 그들에게 "자녀들아 주 안에서 너희 부모에게 순종하라! 이것이 옳으니라."(에베 6:1)고 하시니 부모에게 순종하게 하시되 기꺼이 순종할 마음을 주옵소서! 또 "아버지와 어머니를 공경하라. 이것은 약속이 있는 첫 계명이니 이로써 네가 잘되고 땅에서 장수하리라." (에베 6:2-3)했으니 순종하는 이들에 '잘 되고 장수하는' 복을 주옵소서!

"자녀들아 모든 일에 부모에게 순종하라. 이는 주 안에서 기쁘게 하는 것이니라."고 했습니다. 부모에게 순종하는 것이 주님을 기쁘시게 하는 일이라니, 주님이 기뻐하시는 일을 위해서 부모에게 순종할 수 있게 하옵소서! 부모에게 순종함으로 무엇보다 하나님을 기쁘게 해드리고, 부모님은 행복과 보람을 느끼고 자녀는 하나님 약속대로 잘되고 장수하게 하옵소서!

이 땅에서 자라는 자녀 된 이들이 속히 부모들의 심정을 이해하고 부모의 생각을 이해하고, 하나님의 경륜에 눈을 뜨는 은총을 허락하여 주옵소서! 언제나 하나님의 마음에 드는 삶을 살게 하시되, 땅에 사는 동안 그들도 훌륭한 자녀들을 낳아 순종하는 자녀들에게 효도를 받게 하옵소서! 언제나 하나님께서 바라시는 아름다운 모습으로 자라게 하옵소서!

사랑하는 하나님! 자라나는 모든 자녀 중에 영유아 어린이들에게는 건강을 주옵소서! 유소년 어린이들에게는 공부하는 지혜와 총명을 주시고, 중고등부 학생들에게는 상급학교 진학에 대한 부담을 없애고 청년대학생 자녀들에게는 진로, 취업, 배우자, 결혼의 모든 고민을 하나님께서 해결해 주옵소서! 이 땅의 모든 자녀가 순종함으로 복을 받게 하여 주옵소서!

일생을 복 받기 원하시는 예수님의 이름으로 기도드립니다. 아멘!

골방기도 / 자신의 삶

예수님처럼 살고 싶을 때 드리는 기도! (362)

이 땅의 아내들을 위하여 드리는 기도!

"아내들아 이와 같이 자기 남편에게 순종하라 이는 혹 말씀을 순종하지 않는 자라 도 말로 말미암지 않고 그 아내의 행실로 말미암아 구원을 받게 하려 함이니 너희 의 두려워하며 정결한 행실을 봄이라." (벧전 3:1-2)

사랑의 하나님! 세상에서 '아내'로 살아가는 이들을 위하여 기도드립니다. 여인으로 태어나 부모의 이쁨을 받다가 결혼하여 아내로 살아가고, 거기 서 임신하고 출산의 아픔을 통해 엄마가 되어 딸로 아내로 엄마로 한 생애 를 힘들게 살아가는 이 땅의 아내들을 위하여 기도합니다. 저희의 힘들고 고단한 삶을 위로하여 주옵소서! 하나님께서 기억하여 주옵소서!

아내가 더 연약한 그릇임을 아시는 주님! 남편을 위해 돕는 자로 아내를 지으신 하나님! "아내들이여 남편에게 복종하기를 주께 하듯 하라! 이는 남편이 아내의 머리 됨이 그리스도께서 교회의 머리 됨과 같음이니, 그가 바로 몸의 구주시니라. 그러므로 교회가 그리스도에게 하듯 아내들도 범 사에 자기 남편에게 복종할지니라." (에베 5:22-24)고 하셨습니다.

특히 아내들이 여인이라는 이름으로 "너희의 단장은 머리를 꾸미고 금을 차고 아름다운 옷을 입는 외모로 하지 말고 오직 마음에 숨은 사람을 온유하고 안정한 심령의 썩지 아니할 것으로 하라. 이는 하나님 앞에 값진 것이니라.”(벧전 3:3-4) 했는데 아내들의 단장이 외모를 가꾸는 일에만 치장하지 말고 내면을 가꾸는 아름답고 귀한 아내들이 되게 하옵소서!

이 땅의 아내들이 ‘롯’의 처만 있고, ‘이세벨’왕후만 있는 게 아니라, 아브라함의 부인 ‘사라’도 있고 왕후 ‘에스더’도 있음을 알고, 연약한 여인으로 역사의 운명을 지고 책임지고 가는 남편을 도와 하나님께 쓰임 받는 이들을 기억하여 주옵소서! 특히 우리나라의 아내들이 겪는 임신, 출산, 육아, 가사 등 많은 불평등과 차별에서 자유하고 평안하게 하여 주옵소서!

남편들보다 기도 많이 하는 아내들이 많고, 교회를 열심으로 섬기는 이들도 많은데, 저들이 세상이나 교회에서 차별받지 않게 하시며 평등한 대우와 삶을 보장해 주옵소서! 언제나 저희의 형편과 상황을 저희보다 더 잘 아시는 하나님! 아내의 신분으로 힘들고 어려운 상황을 꾸려가는 그들을 위로하시고, 세상의 편견을 극복하고 하나님 사랑을 입게 하옵소서!

때로는 힘에 겹고, 상황이 뒷받침되지 않더라도 아내의 신분이 주는 한계를 극복하고, 좋은 아내로 남편을 훌륭히 내조할 수 있게 하시고, 좋은 어머니가 될 수 있도록 지켜 주옵소서! 복음이 들어오던 초기, 일제의 강점기, 6.25 전쟁 등 굴곡진 역사마다 아이를 등에 업고 안고 혹은 젖을 물리며 기도하던 이 땅 어머니들의 기도에 응답하시고 도와주옵소서!

여인들의 좋은 친구가 되어주신 예수님의 이름으로 기도합니다. 아멘!

골방기도 / 자신의 삶

예수님처럼 살고 싶을 때 드리는 기도! (363)

이 땅의 남편들을 위하여 드리는 기도!

"남편들아 이와 같이 지식을 따라 너희 아내와 동거하고 그를 더 연약한 그릇이요 또 생명의 은혜를 함께 이어받을 자로 알아 귀히 여기라 이는 너희 기도가 막히지 아니하게 하려 함이라."

(벧전 3:7)

사랑하는 하나님! 이 땅에서 가장 신비한 공동체는 '가족공동체'이며 이는 하나님께서 '결혼'이라는 제도를 통해서 생면부지의 남녀를 부부로 맺으시고 남자가 부모를 떠나 새로운 가정의 가장이 되게 하시고, 두 사람의 몸을 통해 후손을 주시니 신비할 따름입니다. 세상의 어떤 혈육 부모, 형제, 자매를 초월해서 부부로 맺어진 남녀는 무촌(無寸)의 관계입니다.

그런데 성경은 남편들에게 중요한 책임을 주셨는데, "이와 같이 남편들도 자기 아내 사랑하기를 자기 자신과 같이할지니, 자기 아내를 사랑하는 자는 자기를 사랑하는 것이라."(에베 5:28)며 우리는 모두 주님의 몸이신 교회의 지체라고 하십니다. 남편 된 이들은 주님께서 교회를 사랑하여 자기 몸을 주심 같이 자신도 아내를 위하여 자기를 주라고 하십니다

"너희도 각각 자기의 아내 사랑하기를 자신같이 하고 아내도 자기 남편을 존경하라!"고 하셨는데 먼저 남편 된 이들이 자기 자신을 사랑하듯 아내

된 이를 사랑하게 하옵소서! "남편들아 아내를 사랑하며 괴롭게 하지 말라."(골로 3:19)고 했는데 물리적인 힘이 강한 남편들이 귀담아듣게 하옵소서! 남편들은 일생을 아내를 사랑할 책무를 감당하게 하옵소서!

또 사도 '베드로'는 "남편들아 이와 같이 지식을 따라 너희 아내와 동거하고 그를 더 연약한 그릇이요 또 생명의 은혜를 함께 이어받을 자로 알아 귀히 여기라. 이는 너희 기도가 막히지 아니하게 하려 함이라."(벧전 5:7) 아내는 실제로 남편보다 깨지기 쉬운 연약한 그릇이라고 했습니다. 그러기에 소중한 보석처럼 조심해서 다루도록 권면하고 있음을 믿습니다.

하나님! 두려운 말씀은 "이는 너희 기도가 막히지 아니하게 하려 함이라"고 했으니 저희가 아내를 사랑하지 아니하고, 더 연약한 그릇으로 생각하여 세심히 보살피거나 소중히 다루지 않고 함부로 대하면, 그래서 아내가 상처받고 힘들어지면 남편의 기도가 막힌다는 것입니다. 저희를 불쌍히 여기셔서 생명의 은혜를 함께 이어받을 자로 대하게 하옵소서!

세상에서 남녀가 만나 혼인을 통해 서약하고 부부가 되고 백년해로를 다짐하는 순간은 단순히 의례적인 일도 아니고, 책임이 따르지 않는 일상이 아니라, 그곳에서 무한 책임과 의무가 동반되는 거룩한 행위이고 이는 하나님께서 현장의 증인으로 우리에게 끝까지 책임을 추궁하실 것입니다. 엄중히 관계 맺어진 아내에 대한 남편의 도리를 다하게 하옵소서!

저희를 남편과 아내로 정하신 예수님의 이름으로 기도드립니다. 아멘!

골방기도 / 자신의 삶

예수님처럼 살고 싶을 때 드리는 기도! (364)

영원토록 동일하신 하나님! 고맙습니다.

"예수 그리스도는 어제나 오늘이나 영원토록 동일하시니라."

(히브 13:8)

사랑의 하나님! 하나님의 사랑의 무게가 얼마나 무겁고, 크기는 얼마나 큰지, 저희가 측량할 수도 짐작할 수도 없음을 압니다. 지난날 저희를 사랑하여 부르신 하나님, 이제까지 같은 사랑으로 함께 하신 하나님, 앞으로 붙잡아 주실 줄 믿습니다. 처음 저희 죄를 용서해 주시고, 그동안 순간순간 지었던 죄를 용서하셨고, 앞으로의 죄도 용서해 주심을 믿습니다.

저희는 죄성(罪性)이 가득한 육체로 죄를 물 마시듯 마시며, 언제나 죄의 갈증 때문에 하나님을 갈망하기보다 죄를 더 갈망하며 죄에 더 간절합니다. 그래도 저희를 기다리고 참으시고 인내해 주심이 고맙습니다. 저희의 지은 죄의 대가 대로 형벌을 내리시기로 하면, 진즉에 지옥행일 터인데 그 사랑 영원히 변함없이 저희에게 계속 베풀어주시니 고맙습니다.

그동안 저희가 하나님을 거역하고 떠나고, 약속을 파기하고, 떠난 것을 생각하면, 저희는 진즉 버림받았을 터인데, 하나님과의 약속과 언약을 파기하고 배신했음에도 여전히 벌하지 않으시고, 지금도 사랑의 자리에 서 계심이 고맙습니다. 순간순간 하나님을 버릴 때도 하나님은 버리지 않으시고, 저희는 잊고 있을 때도, 한 번도 잊지 않고 계심이 고맙습니다.

하나님의 말씀에 불순종하고 살아온 과거를 생각하면, 하나님은 저희를 진즉에 포기하셨을 터인데, '바보 아버지'같이 기다리고 또 기다리며 언젠가는 돌아올 둘째 아들을 기다리시는 마음으로 서 계심이 고맙습니다. 미련한 인생들의 연약함을 모두 아시고 받아 주신 하나님! 오늘도 연약한 저희에게 새 힘을 주시어 피곤하고 죄 된 삶을 지키심이 고맙습니다

하나님의 언약은 백 년이 가도 변함이 없고, 천년이 가도 흔들림 없으시며 영원의 세월이 흘러도 변함없이 그 자리에 계심을 생각하며, 저희의 꿈이 아무리 긴 세월이 흘러도 반드시 이루어질 줄 믿고 '아브라함'처럼 기다리게 하옵소서! 아무리 모진 고난이 와도 약속을 이행하실 신실하신 하나님을 기억하며 '요셉'처럼 견디게 하시고 끝까지 기다리게 하옵소서!

하나님은 크신 분입니다. 우주의 크기를 아는 사람이 없는데 우주를 지으신 분이요, 누구도 천년을 산 인생이 없는데 천 년이 하루 같은 하나님의 시간을 영원까지 함께하시는 분입니다. 영원하신 하나님은 그때부터 지금까지 동일한 은혜를 주셔서 저희와 동행하십니다. 그래서 한없이 감동하고, 한없이 고마워합니다. 한해, 한해 그 은혜를 덧입게 하옵소서!

영원부터 영원까지 동일하신 예수님의 이름으로 기도합니다. 아멘!

골방기도 / 자신의 삶

예수님처럼 살고 싶을 때 드리는 기도! (365)

쉬지 말고 기도하며 살게 하여 주옵소서!

"항상 기뻐하라. 쉬지 말고 기도하라. 범사에 감사하라 이것이 그리스도 예수 안에서 너희를 향하신 하나님의 뜻이니라." (살전 5:16–18) / "기도를 계속하고 기도에 감사함으로 깨어 있으라." (골로 4:2)

사랑하시는 하나님! 오늘 하나님의 사랑으로 기도하게 하심이 감동입니다. 하나님을 '아버지'라고 부를 수 있음도 은총이거니와, 그 하나님과 핫라인을 개설하고 수시로 기도를 드리며 기도로 대화를 하게 하시니 고맙습니다. 하나님께서 저희를 사랑하여 이런 우주의 창조자요 주관자이며 왕이신 하나님과 특권을 누리게 하심을 늘 감격하며 살게 하옵소서!

그러므로 이 영광스러운 특권을 소홀히 하지 말고 기도하는 소중한 기회를 빼앗기지 않게 하옵소서! 전능하신 하나님께 항상 기도하고자 하는 열정을 놓치지 않게 하옵소서! 항상 기도하는 일은, 오랫동안 기도를 '영혼의 호흡'이라고 생각해 왔던 전통처럼, 호흡이 멎으면 죽듯이 영혼의 호흡이 멎으면 죽는다는 생각으로 기도의 숨을 멈추지 않게 하옵소서!

무슨 일이 있으면 먼저 기도하게 하시고, 무슨 일이 지나면 감사하게 하시고, 무슨 일을 진행하며 늘 고마운 마음을 갖게 하옵소서! 시간 나면 기도하게 하옵소서! 잠시 틈나면 기도하게 하옵소서! 묵상할 시간에도 기도하며 묵상하게 하시고, 운동하는 시간에도 기도하면서 운동하게 하옵소서! 세상에 거의 모든 시간에 기도하면서 무엇이든 하게 하옵소서!

틈나면 기도하게 하시어서 죄악 된 생각이나 불의한 마음이 틈 못 타게 하옵소서! 험하고 악한 세상에서 잠시 한눈을 파는 순간, 어떤 불행한 일이 생길지 모릅니다. 조금만 여유가 있어도 죄지을 생각하고, 조금만 틈이 있으면 영혼을 파멸로 이끌 죄가 틈타려 하오니, '틈'만 나면 기도로 틈을 막게 하옵소서! 종이 한 장도 들어갈 틈이 없이 기도하게 하옵소서!

저희가 기도의 군병(軍兵)이 되고, 기도의 파수병이 되어 이 나라와 민족을 총칼로 무장한 군인들만 아니라, 기도로 무장한 그리스도의 정병들이 지키게 하옵소서! 수많은 국가적 난관과 위기를 겪어야 할 폭풍전야의 한반도에 나라와 민족을 위하여 기도해야 하고, 이 땅의 교회들을 위하여도 기도해야 합니다. 지금 이 땅은 기도 없이는 돌아갈 곳이 없습니다.

어른, 아이 할 것 없이 모두 기도가 필요한 시대이고, 정치권도 기도 없으면 큰일 나고, 입법, 사법, 행정 기도 밖에는 답이 없습니다. 나라의 안녕부터 청소년의 미래까지, 사회, 국방, 외교, 교육, 의료 어느 분야고 전문가도 손을 못 대는 중증(重症)에 있습니다. 기도하는 사람 중에 쉬지 않고 틈만 나면 기도하는 이들을 많이 세워 이 나라를 지켜 주옵소서!

이 땅 대한민국을 사랑하시는 예수님의 이름으로 기도드립니다. 아멘!

12. 자신의 삶을 위한 기도

부록.
신앙 절기를 위한 기도
(35편)

골방기도 - 부록 / 절기

새해 첫 주일 (신년 주일) 기도!

한 해를 활짝 열어주옵소서!

"내가 볼 때에 그의 발 앞에 엎드러져 죽은 자 같이 되매 그가 오른손을 내게 얹고
이르시되 두려워하지 말라 나는 처음이요 마지막이니."

(요계 1:7)

사랑하시는 하나님! 힘든 일도 속상한 일도, 또 아프고 고통스러운 일도 지난해에 모두 담아 보내고, 희망찬 새해를 맞았습니다. 아직은 열리지 않은 미개봉의 시간이지만 이제 올해는 하나님의 선하심과 인도하심이 가득한 빛나는 한 해가 될 것을 확신합니다. 이때까지 함께 하셨고, 지난해도 함께 하셨듯이, 올해는 특별한 한 해로 함께해 주실 것을 믿습니다.

저희는 여전히 죄 중에 살고 있으나 하나님께서는 저희에게 새로운 희망의 미래를 준비시켜 주시고, 저희가 미처 생각도, 꿈도 꾸지 못한 영광의 미래로 이끌어가실 것을 믿습니다. 하나님께서 저희를 보실 때 답답하실 때도 있고 속상하실 때도 있으시겠지만. 저희를 길이 참으시어 올해는 저희 생애에 하나님께서 가장 강력하게 임하시는 시간이 되게 하옵소서!

성경 창세기 1장에 태초에 하나님께서 세상을 창조하시던 바로 그 시점의 설렘이 있게 하옵소서! 땅이 혼돈하고 공허하며 흑암이 깊음의 위에 있고,

하나님의 신은 수면에 운행하시던 창조 이전의 흥분과 기대가 저희 가슴에 가득하게 하시고, 주님의 은혜로 새 역사의 지평을 열기 위한 힘찬 기지개를 켜게 하옵소서! 그래서 올해는 시작부터 큰 기적을 주옵소서!

하나님! 올해는 천지창조에 버금가는 대역사가 저희 위에 임하여 저희의 개인사, 가정사, 교회사에 새로운 변곡점이 되기를 소망하며, 천지를 지으시고 "보시기에 좋았다."(창세 1:31) 고 하신 하나님의 만족이 저희를 보시면서 그대로 응하게 하옵소서! 창조주와 피조물의 만남이 비로소 이루어지듯 저희의 생애에 하나님과 뜨거운 만남을 허락해 주옵소서!

하나님! 올해는 새해 첫날부터 하나님의 은혜가 폭포수처럼 쏟아지게 하옵소서! 새해 첫 주일부터 하나님의 신령한 은혜가 밀물처럼 몰려오기를 소망합니다. 저희로 이 땅에서 새 창조의 역사를 일구어가게 하옵소서! 하나님을 행복하게 해드리고 기쁘게 해드리는 역사가 있기를 소망합니다. 이제 저희가 하나님의 창조 목적에 맞는 종들이 되게 하시옵소서!

하나님! 태양이 우주의 중심이 되어 온 세상에 빛과 생명의 에너지를 공급해 주듯이, 땅에 있는 저희는 주변 사람들에게 빛을 전하고 생명을 공급하는 하나님의 자녀들이 되게 하시고, 오늘부터 하나님의 생명을 공급받고 그 생명을 세상에 공급하는 빛이 되게 하옵소서! 첫 달 첫날을 여는 저희에게 하나님의 넘치는 영광스러운 새해의 은혜가 있으시기를 빕니다.

처음이요 창조의 주인이신 예수님의 이름으로 기도드립니다. 아멘!

부록. 신앙 절기를 위한 기도

골방기도 - 부록 / 절기

교역자 은급 주일 기도!

백발이 될 때도 버리지 마옵소서!

"하나님이여 내가 늙어 백발이 될 때에도 나를 버리지 마시며 내가 주의 힘을 후대에 전하고 주의 능력을 장래의 모든 사람에게 전하기까지 나를 버리지 마소서."

(시편 71:18)

사랑하시는 하나님! 이번 주일은 '교역자 은급 주일'로 지키는 주일입니다. 평생을 어떤 분은 40년 이상, 더러 30년 이상 교회를 섬기며 충성스럽게 일하시다가 교단이 정한 정년을 맞아 혹은 자원은퇴를 하며 안식에 들어가신 하나님의 종들을 기억하여 주옵소서! 그들이 이제껏 주님을 위해서 헌신했는데 하나님께서 저들의 노후를 전방위로 책임져 주시옵소서!

지금껏 교회를 섬겨 목회하는 동안 실수가 있었으면 하나님께서 덮어 주시고, 가슴에 부담으로 남아있는 일이 있다면 그 마음에 평안을 주옵소서! 성도들에게 섭섭한 것 있으면 다 떨어버리게 하시고, 특별히 사랑받은 이들이 있다면 또한 놓고 가게 하옵소서! 성령님께서 저희를 사랑하여 목회하면서 힘들었던 것 내려놓고 베풀어주신 것 감사하게 하옵소서!

아직도 힘든 일이 그냥 남아있다면 하나님께서 자녀들이나 후손들을 통해서 갚아주시리라고 믿고, 목회하다가 못 이룬 게 있으면 후임자가 목회를 잘 해서 교회가 빛을 보게 하옵소서! 끊임없이 그동안 시무했던 교회들을 위하여 기도하게 하시되, 특별히 퇴임한 교회를 위하여 기도하고 후임자의 사역을 위하여 기도하므로 하나님의 큰 응답이 있게 하옵소서!

하나님께서 노년에 교단에서 나오는 은급비나 국민연금 비록 적은 돈이지만 그것 가지고 어떻게든 살아갈 지혜를 허락하시고 믿음으로 살아가게 하옵소서! 아직도 세상에 대한 혹은 목회나 교회에 대한 욕심이 남아있다면 모든 것들은 내려놓게 하시고 하나님이 주시는 평화를 누리며 살되 마지막까지 자신을 통해서 하시려는 일이 무엇인지 깨닫게 하시옵소서!

그동안 종들이 사역하는 동안에 힘이 되었던 부목사님들이나 전도사님들, 평신도 지도자로 목회를 도왔던 장로님들과 중직들을 위해 은밀히 기도하게 하시고, 당시에 소홀히 하여 미처 잘 돌보지 못한 이들이 있으면 그들을 위해 기도하며 하나님의 복을 구하게 하옵소서! 자신의 형편에 불만족하여 의기소침하지 말고, 여유 있다고 오만하지 않게 하시옵소서!

하나님! 이제 사역을 내려놓았다고 해서 신앙생활을 게을리하지 않게 하시고, 어린아이처럼 주일을 구별하고 적은 금액도 십일조 봉헌하게 하시고, 현직에 있을 때보다 시간이 있으면 더 많이 기도하고, 더 많이 성경 읽게 하옵소서! 사역은 끝났어도 목회자의 품위는 버리지 않게 하시고, 세상에서 마지막 숨을 쉴 때까지 하나님의 손을 놓지 않게 하옵소서!

저희 영원하신 주님으로 오신 예수님의 이름으로 기도드립니다. 아멘!

부록. 신앙 절기를 위한 기도

골방기도 - 부록 / 절기

사순절 재의 수요일 기도!

전심으로 참회(懺悔)하게 하옵소서!

"그 일이 니느웨 왕에게 들리매 왕이 보좌에서 일어나 왕복을 벗고 굵은 베 옷을 입고 재 위에 앉으니라." (요나 3:6)

사랑의 주 하나님! 저희가 해마다 다른 모든 절기보다 이 사순절 기간, 특히 오늘 '재의 수요일'에 하나님의 큰 역사가 일어나게 하옵소서! 오늘 '재의 수요일'인데 회개의 사순절을 시작하게 하옵소서! 특히 재의 수요일 저녁에 하나님을 향하여 나아갑니다. 저희의 발걸음이 고귀하게 하시고, 저희가 재를 뒤집어쓰고 앉아 가슴을 치는 처절한 회개를 주시옵소서!

먼저 자신을 하나님 앞에 숨김없이 드러내고 도려내고 자르는 수술을 통해 치유와 회복을 얻게 하옵소서! 인간의 본성을 잃어버린 채 짐승처럼 살아가는 저희입니다. 하나님을 알지도 못하고 가까이하지도 않는 저희입니다. 하나님! 하나님의 말씀을 거스르고 순종하지도 않고 사랑하지도 않는 저희를 받아 주옵소서!

오늘도 저희를 사랑하신 하나님의 깊은 사랑을 따라 믿음의 길을 따라가게 하옵소서! 하나님 사랑의 형상이 저희 가슴에 새겨지게 하시고, 크신 은혜와 능력으로 함께 하옵소서! 전능하신 하나님! 진실한 마음으로 하나님께 나아가게 하옵소서! 정직한 영으로 주님을 뵈옵게 하옵소서! 온갖 거짓과 술수는 사라지게 하시되 하나님의 진실하심을 알게 하옵소서!

성령님께서 이 시간 말할 수 없는 탄식으로 저희를 위하여 빌어 주옵소서! 위선의 옷을 벗기고 겉치레와 술수와 거짓의 저희를 받으시고 진실로 하나님 앞에 달려와서 주님의 사랑과 위로로 받아 주옵소서! 저희를 외면하지 마시고 따뜻하고 넓은 하나님 품에 저희를 안아 주옵소서! 저희를 안으신 하나님의 뜨거운 사랑의 눈물이 저희에게 떨어지게 하옵소서!

하나님! 저희가 세상에서 구원을 만끽할 수 있는 곳은 하나님 보좌 앞입니다. 죄를 자백할 수 있는 곳도 하나님의 보좌 앞이요, 용서를 선언 받을 수 있는 곳도 하나님의 보좌요, 기쁨의 춤을 출 수 있는 곳도 그 보좌 앞입니다. 이곳에서 하나님의 깊은 사랑을 힘입게 하시고, 늘 감사의 찬송을 드리게 하옵소서! 오늘 '재의 수요일'에 마음껏 울게 하옵소서!

죄를 안고 사는 것은 화약을 짊어진 채 불 가운데로 들어가는 것입니다. 저희 속에 언제 심판의 불이 떨어질지 모르는 위험한 걸음을 걷는 저희를 기억하시어, 이제야 죄를 내려놓고 하나님 앞에 자유를 얻게 하옵소서! 하나님의 성소에서 고백하고 용서받아 행복하고 자유로운 영혼으로 돌아가게 하옵소서! 재의 수요일이 의미 있는 하루가 되게 하옵소서!

우리를 죄악에서 건지신 예수님의 이름으로 기도드립니다. 아멘!

골방기도 - 부록/절기

고난받으신 주님을 따라가게 하옵소서!

"이를 위하여 너희가 부르심을 받았으니 그리스도도 너희를 위하여 고난을 받으
사 너희에게 본을 끼쳐 그 자취를 따라오게 하려 하셨느니라."

(벧전 2:21)

자비하신 하나님! 오늘도 주님의 은혜를 따라 사순절 첫 주일을 맞습니다.
이제 앞으로 사십일, 날짜로 50여 일을 보내는 동안 주님을 깊이 묵상하게
하시고, 주님의 고난과 아픔을 묵상하고 주님의 사랑과 자비가 저희 안에
가득하게 하옵소서! 이번 사순절에 저를 위해 이 땅에 오사 고난받으신 주
님을 생각하게 하시고, 주님으로 행복한 날들이 되게 하옵소서!

먼저는 주님의 고난의 크기가 얼마나 큰지, 더 기억할 것은 저희를 지으
신 아버지 하나님, 믿음의 부모인 목회자에게 얼마나 불효하는지도 알게
하시고, 주님 때문에 구원받은 행복, 주님 때문에 사는 즐거움을 맛보게
하옵소서! 하나님의 집에서 기도하는 행복을 느끼며, 행복한 마음으로 돌
아가게 하옵소서! 사순절 기간에는 믿음이 계속 자라게 하옵소서!

이 기간에 금식하며 금식을 통해 저희 육체의 탐욕을 잠재우게 하고, 말씀
을 묵상하며 저희를 온전히 지키게 하옵소서! 하나님의 말씀을 깊이 묵상

하며, 기도를 통해서 주님의 심정을 헤아리게 하옵소서! 진실한 몸과 마음, 정직한 영혼으로 하나님께 나아가게 하옵소서! 전능하신 하나님의 따뜻한 사랑과 무서운 채찍을 동시에 경험하는 절기가 되게 하옵소서!

하나님 사랑합니다. 하나님께 가까이 나아갈 수 있게 하옵소서! 하나님께 저희 자신을 숨김없이 드러내게 하옵소서! 하나님을 신뢰합니다. 하나님을 사랑합니다. 하나님을 향하여 모든 죄를 고하게 하시되 사랑과 용서의 하나님을 뵙고 돌아가게 하옵소서! 자신을 더욱 경건에 이르도록 연습하게 하시고, 하나님을 생각하므로 근신하고 절제하게 하여 주옵소서.

하나님의 이름을 부르며 하나님께 나아올 때, 하나님께서 저희의 허물과 죄를 씻으시고 맞아주옵소서! 저희가 죄를 고할 때 죄를 용서하여 주옵소서! 저희가 주님을 신뢰하므로 주님을 찬양할 때 저희 찬양을 들으소서! 저희 주님을 신뢰함으로 세상에 나아갈 때, 저희를 지켜주옵소서! 저희가 주님의 이름으로 세상과 싸울 때 저희에게 승리할 힘을 주옵소서!

승리를 쟁취하고 하나님께 영광을 돌릴 때 받아 주옵소서! 하나님은 늘 저희 편이심을 믿습니다. 하나님은 늘 저희를 사랑하심을 믿습니다. 하나님은 늘 저희와 동행하심을 믿습니다. 하나님은 늘 저희의 위로가 되어주심을 믿습니다. 하나님은 저희를 위해 아름답고 행복한 미래를 주셨음을 믿습니다.

우리 앞에서 고난을 받으신 예수님의 이름으로 기도드립니다. 아멘!

부록. 신앙 절기를 위한 기도

골방기도 - 부록 / 절기

주님을 생각하는 절기가 되게 하옵소서!

"이때로부터 예수 그리스도께서 자기가 예루살렘에 올라가 장로들과 대제사장들과 서기관들에게 많은 고난을 받고 죽임을 당하고 제삼 일에 살아나야 할 것을 제자들에게 비로소 나타내시니." (마태 16:21)

사랑하는 하나님! 저희가 하나님을 사랑하는 마음으로, 이 땅에 고난받으러 오신 주님을 생각하고, 주님과 함께 그 아픔과 슬픔과 고난에 함께 하고픈 작은 마음으로 사순절 둘째 주간을 맞습니다. 강퍅한 저희 마음에 하나님 사랑에 감동하는 마음을 주시고 이번 주간 주님의 고난에 동참하고자 하는 마음을 주옵소서! 주님의 심정을 깊이 공감하게 하옵소서!

완전한 하나님이신 주님께서 완전한 인간으로 오셔서, 인간이 가지는 고난을 비켜 가고 싶은 마음, 고난에 대한 두려움, 고난받고 버림받을 때 겪는 외로움, 슬픔 같은 인간적인 고민을 공감하게 하시고, 이런 상황을 극복하며 주님께서 당신의 죽음을 감당하셨다면 이 일로 충분히 저희의 주님이십니다. 그래서 사랑하는 주님과 한 주간을 함께하게 하옵소서!

저희 때문에 오신 주님을, '저희'라는 인류를 위해 오신 것이 아니라, '나'라는 개인을 위해 오신 것을 알고, 주님은 저를 위해 오셔서 온몸을 찢고 돌아가셨으니, 그 주님과 함께 한 주간 기도와 묵상으로 보낼 수 없는지 돌아보고, 감사하는 마음으로 기도에 참여하게 하옵소서! 주님에 대한 사랑이 더욱 넘쳐 십자가 앞에 서기만 하면 가슴이 먹먹하게 하옵소서!

결국은 오늘날 저희가 마치 떳떳한 사람처럼 당당하고, 의인처럼 거룩한 척 행세하고, 무죄한 자처럼 떳떳이 고개를 들고 다니는 이것은 온전히 주님의 십자가 덕분임을 알게 하옵소서! 언제나 주님을 생각하고 십자가 고난을 생각하고, 십자가의 외로움을 생각하게 하옵소서! 제자들에게 배신과 버림당함을 겪고, 적들에게 조롱과 고통받으신 주님을 생각합니다.

더구나 십자가 위에서 돌아가신 주님은 그때 "엘리, 엘리 라마 사박다니!", 즉 "나의 하나님! 나의 하나님! 어찌하여 나를 버리셨나이까? 하고 절규하실 때 하나님은 끝내 아무 말씀이 없으셨습니다. 아버지에게 마저 "넌 거기서 죽어야 한다."는 버림받으신 주님의 슬픔을 생각합니다. 그 무너지는 마음을 움켜잡고 끝내 십자가를 지신 주님을 생각하게 하옵소서!

사랑의 하나님! '사순절'은 인생들이 주님의 고난과 부활을 묵상하되, 특히 '부활의 영광'보다 '고난의 아프심'을 묵상하기 위하여 제정한 절기입니다. 절기를 지키는 동안에 주님의 고난과 함께 고난을 겪으며 철저히 외면당하신 주님의 아픔을 묵상하게 하시고, 지금이라도 주님 곁에 저희가 설 수 있게 하옵소서! 이번 사순절은 주님께서 덜 외롭게 하여 주옵소서!

저희를 위해 십자가에 돌아가신 예수님의 이름으로 기도드립니다. 아멘!

골방기도 - 부록/절기

사순절 셋째 주일 기도!

저희를 돌아보는 기회가 되게 하옵소서!

"예수께서 대답하여 이르시되 인자가 영광을 얻을 때가 왔도다. 내가 진실로 진실로 너희에게 이르노니 한 알의 밀이 땅에 떨어져 죽지 아니하면 한 알 그대로 있고 죽으면 많은 열매를 맺느니라."
(요한 12:23-24)

사랑의 하나님! 도대체 저희가 지은 죄가 얼마나 무서운 죄 인지, 하나님께서 그 아들을 죄인의 몸으로 보내시고 죄인들이 겪어야 하는 죽음의 길로 내모시고, 거기에서 중죄인이 달려 죽는 십자가의 한 가운데 달려 죽게 하신 그 사랑을 생각합니다. 실제보다 저희를 더 존귀하게 여기시고, 더 사랑하시어, 존귀한 하나님의 자녀로 삼아 주심이 진정 고맙습니다.

주님께서 한 사람 아담이 죄를 범하여 온 인류에게 미친 죽음의 형벌이 하나님의 아들의 죽음의 값으로라야 상계가 되는 것을 아시고 그 아들에게 죄의 값을 정하시고 저주를 받은 상징으로 나무에 달려 죽게 하시니 은혜가 말할 수 없이 큽니다. 오늘 그 은혜를 생각하고 하나님의 사랑에 감격하여 얼굴을 파묻고 마음껏 우는 감격의 사순절이 되게 하옵소서!

하나님! "한번 죽는 것은 사람에게 정해진 것이요, 그 후에는 심판이 있으리라."(히브 9:27)라고 하셨는데, 땅에서 잠시 하나님께서 지으신 세상을 관리하다가 하나님께로 돌아갈 때는 무서운 형벌이 기다리고 있을 때, 그 형벌의 책임을 지우기 위해 십자가 위에서 죽게 하신 하나님의 아들이십니다. 이 주간 저희가 그 주님을 더 깊이 묵상하게 하여 주옵소서!

사순절 기간에 흐트러진 믿음을 바로잡게 하시고, 이 기간 희미해진 주님에 대한 사랑을 다시 한번 다잡게 하옵소서! 그렇게 죽음으로 세워주고 가신 주님의 몸 된 교회를 더욱 사랑하게 하시고, 그렇게 구원해 주신 독립된 하나의 교회인 성도들을 뜨겁게 사랑하게 하옵소서! 오늘 사순절에 십자가 고통의 만분 일도 안되는 작은 아픔을 경험하게 하옵소서!

'보리 떡'과 '생선'을 먹은 이들부터 각종 질병을 고치고 귀신이 쫓겨간 이들까지 온갖 은총은 베풀어주실 때, 그렇게 인산인해를 이루며 서로 밟힐 만큼 되어 수만 명의 인파가 모였는데, 정작 주님께서 십자가에 달리실 때는 열두 제자들조차 모두 도망가버리고 말았습니다. 그런 이별과 배신의 자리를 묵묵히 견디며 영광의 부활을 하신 주님을 기다립니다.

사순절에 잃어버린 사랑을 회복하고, 식어버린 열정을 회복하게 하옵소서! 주님을 깊이 생각하지 못하고, 고난과 사랑, 은혜를 잊고 있었지만, 이번 사순절에 깨달음의 은혜를 주셔서 능히 감당하게 하옵소서! 늘 하나님의 사랑에 목이 메어 살게 하시고, 주님의 고통에 눈이 부어 살게 하옵소서! 값없이 고백하는 은혜가 아니라 가슴 먹먹한 절기가 되게 하옵소서!

저보다 먼저 저를 사랑하신 예수님의 이름으로 기도드립니다. 아멘!

부록. 신앙 절기를 위한 기도

골방기도 - 부록/절기

고난에 동참하는 계기가 되게 하옵소서!

"베드로와 세베대의 두 아들을 데리고 가실새 고민하고 슬퍼하사 이에 말씀하시되 내 마음이 매우 고민하여 죽게 되었으니 너희는 여기 머물러 나와 함께 깨어 있으라 하시고." (마태 26:37-38)

하나님의 사랑을 생각하면 늘 가슴이 뭉클합니다. 어떻게 짐승 같은 인생들을 이렇게 사랑하실까 하는 것입니다. "의인을 위하여 죽는 자가 쉽지 않고, 선인을 위하여 용감히 죽는 자가 혹 있거니와 우리가 아직 죄인 되었을 때 그리스도께서 우리를 위하여 돌아가심으로 하나님께서 우리에 대한 자기 사랑을 확증하셨느니라." (로마 5:7-8) 하심이 감동입니다.

맞습니다. 하나님! 배우자를 위하여 혹은 부모 자식을 위하여 장기 하나를 이식시켜 주는 것만 해도 엄청난 일이라고 하는데 의인(義人)도 선인(善人)도 아닌 저희 인생들, 죄로 범벅이 되어 소망 없던 저희를 위하여 온 몸을 던져 십자가 죽음의 길을 가셨다는 것이 이해가 어렵습니다. 죄를 짓고 사형선고를 받아 집행을 기다리는 흉악범을 위해 죽어 주셨습니다.

그 주님의 죽음을 생각하며 묵상과 기도로, 금식과 비움을 통해 하나님 사랑을 확인하는 사순절 넷째 주간에 주님의 죽음이 저희 가슴에 파도처럼 밀려오게 하옵소서! 입술로 고백하는 사랑이 아니고, 느낌도 없는 은혜가 아니라, 비명을 지를 만큼의 은혜, 밤을 새우며 통곡할 만큼의 사랑이 있게 하옵소서! 뜬눈으로 밤을 새울 만큼 사랑을 느끼게 하옵소서!

하나님! 수년, 혹은 수십 년을 말씀을 듣고 읽고 기도를 드려도 아직도 저 멀리서 들리는 메아리처럼 희미한 사랑의 울림이, 이제는 심장으로 파고들어올 만큼 강하게 하옵소서! 먼 옛날 전설의 고향 이야기가 아니라, 지금 저희에게 일어나는 현실이 되게 하옵소서! 다른 이들의 구주, 인류의 구주가 아니라 한 사람의 개인적인 체험과 고백이 되게 하옵소서!

하나님의 사랑은 먼 옛날의 이야기가 아니라 오늘 아침이나 엊저녁에 임한 사랑 이야기인 것을 알게 하옵소서! 지금도 매 순간 죄를 지을 때마다 찾아오사 못 자국과 핏자국을 보이시면서, 율법을 들이대는 마귀와 피 터지는 싸움을 하여 저희를 살리시는 하나님의 무서운 사랑 전쟁을 몸으로 깨닫게 하옵소서! 하나님의 사랑이 얼마나 크신지 알게 하옵소서!

사순절을 지나는 동안 녹슨 사랑이 다시 불붙게 하옵소서! 능력이 사라진 믿음에 불을 붙여주옵소서! 주님을 향한 열정에 힘을 더하여 주옵소서! 저희의 연약하고 미지근한 믿음으로 결코 하나님의 사랑을 헤아릴 수 없는 그 큰 사랑을 가슴에 절절히 느끼는 한 주간이 되게 하옵소서! 아들을 주신 하나님 사랑, 자신을 내주신 주님의 사랑을 알게 하옵소서!

저희를 위해 십자가에 달리신 예수님의 이름으로 기도드립니다. 아멘!

부록. 신앙 절기를 위한 기도

골방기도 - 부록/절기

사순절 다섯째 주일 기도!

주님과 함께 십자가를 생각하게 하옵소서!

"또 무리에게 이르시되 아무든지 나를 따라오려거든 자기를 부인하고 날마다 제 십자가를 지고 나를 따를 것이니라."   (누가 9:23)

사랑하는 하나님! 사순절 다섯째 주간을 보냅니다. 50일 가까이 되는 사순절 기간에 저희가 주님을 생각하고 묵상과 기도와 금식을 하고, 십자가를 생각하며 회개와 결심도 했습니다. 하나님께서 저희에게 베푸신 사랑과 은혜가 너무나 커서 저희에게 베푸신 사랑의 크기가 짐작도 되지 않을 뿐 아니라, 그 사랑이 저희의 마음을 헤집고 돌아올 틈도 없습니다.

그래도 말씀을 깊이 묵상하고, 성경을 더 읽고, 더 깊이 기도하며 하나님의 사랑을 구하고, 시간만 나면 십자가 앞에 나아가고, 시간만 나면 말씀 앞에 나아가 이천 년 전에 우리를 위해 오셔서 수치와 모욕을 당하시고, 비방과 조롱을 받으시며 배신과 버림받으신 주님을 묵상했습니다. 여전히 저희가 주님을 다 헤아리지 못했지만 그렇게 5주를 살았습니다.

역사를 회고하며 하나님 은혜를 추억하는 동안, 이천 년 전에 아들의 십자가를 직접 보시며 간절한 기도를 외면하고 끝내 십자가에 못 박으신 하나님의 마음은 어땠을까 생각합니다. 그것이 "하나님이 세상을 이처럼 사랑하사 독생자를 주셨으니 이는 그를 믿는 자마다 멸망하지 않고 영생을 얻게 하려 하심이라."(요한 3:16)는 말씀의 의미라는 것도 알았습니다.

이제 다음 주일은 '종려 주일'인데 철없는 무리의 환영을 받으며 '예루살렘'에 들어오신 주님께서는 결국 환영하던 이들에 의해 고소 고발을 당하고, 그들의 함성에 떠밀려 못 박힌 고난을 경험할 터인데, 저희의 믿음이 더욱 강건하게 하옵소서! 예수님 때문에 구원받은 저희가 구원의 소망을 위하여 죽임을 당하신 주님을 더욱 사랑하고 또 사랑하게 하옵소서!

하나님! 평생 하나님을 믿고, 사랑의 말씀을 듣고, 기도드리고 감사 찬송을 드리지만 결국 마음은 하나님에게 멀리 있음을 고백합니다. 맨날 "믿습니다."며 믿음을 고백하지만, 그 믿음은 저희에게 주실 기도 응답에 대한 믿음이고, 질병에 신음하는 육체의 치유에 대한 믿음이지, 하나님의 아버지 되심과 예수님의 구주 되심에 대한 진실한 믿음은 아니었습니다.

이제 사순절은 이번 주로 끝나지만, 더욱 주님의 은혜에 대한 갈망은 넘치게 하시고. 주님에 대한 사랑은 깊어지게 하옵소서! 저희를 위해 돌아가신 주님을 생각하며 어떻게 하는 것이 주님께 진실한 사랑인지, 어떻게 사는 것이 주님의 뜻대로 살 수 있는 길인지 알 수 있게 하옵소서! 언제나 하나님 사랑이 그립고, 언제나 하나님 은혜에 감사하게 하시옵소서!

우리를 위해 온몸을 버리신 예수님의 이름으로 기도드립니다. 아멘!

부록. 신앙 절기를 위한 기도

골방기도 - 부록 / 절기

종려 주일 기도!

주 예수님! 어서 오시옵소서!

"그 이튿날에는 명절에 온 큰 무리가 예수께서 예루살렘으로 오신다는 것을 듣고 종려나무 가지를 가지고 맞으러 나가 외치되 호산나 찬송하리로다 주의 이름으로 오시는 이 곧 이스라엘의 왕이시여 하더라." (요한 12:12-13)

사랑의 하나님! 예수님께서 그동안 절기를 맞이하여 '예루살렘'에 더러 오셨지만, 생애 마지막으로 공적인 입성을 하시는 날입니다. 세상 사람들이라면 가장 위엄 있고 영광스러운 대관식을 위하여 말이나 수레를 타고 군인들이 참여한 열병식을 하는 예식이겠지만, 주님은 한 마리 나귀를 타시고 아이들과 주민들의 환영을 받으면서 '예루살렘'에 들어오십니다.

사람들이 종려나무 가지를 들고 소리 지르며 환영했기에 저희는 지금 그 날을 '종려 주일'로 부르고 기념합니다. 예수님께서 환영받으신 것은 그때가 처음이고, 예수님은 '예루살렘'에 오셔서 불과 사흘을 지내시며 마지막으로 성전을 정결케 하시고, 제자들과 마지막 식사를 하고 마지막 '겟세마네' 동산에서 기도를 드리시다가 붙잡혀 그 길로 심문받으러 가십니다.

그 주간은 예수님의 생애 마지막 주간이고, 그 주간에 있었던 모든 일은 생애 마지막 사건들입니다. 그렇게 세상을 떠날 준비를 마치시고 기도하시던 자리에서 밀고를 당해 붙잡히시고, 잡힌 후에는 한 번도 묶인 줄에서 자유를 얻지 못하고 재판을 받고 처형을 당하여 십자가에 돌아가셨고, 돌아가신 후에는 공회원 '아리마대' 사람 '요셉'의 무덤에 묻히셨습니다.

예수님은 종려 주일에 당신의 죽음을 미리 아시고 피할 수 없는 운명을 향하여 뚜벅뚜벅 걸으셨고, 그렇게 걸어서 십자가 앞에 서셨고, 십자가에서 저항 없이 달려 돌아가셨습니다. 예수님께서 돌아가신 십자가는 이후 수치와 굴욕의 형틀에서 영광스러운 구원의 상징으로 온 인류의 가슴에 깊이 뿌리를 내렸습니다. 한 분의 죽음이 상징성을 바꾼 기적입니다.

예배당에 구름처럼 몰려왔다가 썰물처럼 빠져나가는 사람들은 왜 거기에 모이는지, 어떤 마음으로 왔는지, 왜 주님을 환영하는지 모른 채로 몰려오고 몰려갑니다. 그때도 그들은 병을 고쳐달라고, 혹은 먹을 것을 달라고 호소하다가, 어느 순간에 예수님을 십자가에 못 박으라고 소리치는 폭도로 변하듯이, 지금도 사람들은 그렇게 주님을 배신할 수 있습니다.

사랑의 주님! 그날 예수님께서 '예루살렘'에 들어와서 로마의 압제에서 이스라엘을 해방할 지도자로 알고 있던 군중들이, 주님께서 십자가에서 돌아가신 다음 얼마나 마음이 허탈했을지 상상해 봅니다. 아직도 미련한 저희는 주님께서 인간의 욕망이나 채워주시는 분으로 알고 주님을 환영하고 따라다니는 어리석고 무지한 자는 아닌지 저희를 살피게 하옵소서!

무지한 이들을 불쌍히 여기신 예수님의 이름으로 기도드립니다. 아멘!

골방기도 - 부록/절기

고난 주간 첫날(월요일) 기도!

주님의 고난에 동참하게 하옵소서!

"대제사장들과 서기관들이 듣고 예수를 어떻게 죽일까 하고 꾀하니 이는 무리가 다 그의 교훈을 놀랍게 여기므로 그를 두려워함일러라."

(마가 11:18)

사랑의 하나님! 고난 주간 첫날입니다. 저희가 세상에서 일주일 후에 생명이 끝난다면 어떤 마음이 들까 생각합니다. 저희는 지금 수난 주간을 기념하니 상관이 없지만, 그때 주님의 심정이 되면 가슴이 터질 것 같았을 것입니다. 그것도 잠자듯 운명하는 게 아니라 사지(四肢)에 못이 박혀 십자가에 매달려 참혹한 죽음으로 삶을 마감한다면 어떨까 생각합니다.

성전에 가셔서 시장바닥이 된 성전과 그 시장바닥보다 더러운 종교지도자들의 마음을 보면서 3년 동안 지켜본 세상이 여전히 염려도 되고 분노하셨을 것입니다. 그러나 이런 분노는 주님의 운명을 재촉했고, 주님은 그 일들로 앞으로 당할 고난을 한 켜 한 켜 차곡차곡 쌓고 계셨습니다. 그렇게 의로운 분노가 죽음을 서둘러 재촉하게 되신 주님을 묵상합니다.

이제 한 주간 동안 주님의 고난을 묵상하며 지내게 하옵소서! 더러 금식하며, 혹은 하루에 한 번이라도 주님을 묵상하며, 주님만 생각하며 살게 하옵소서! 오늘도 주님의 발자취를 따라 하루를 지나게 하시되, 숨 가쁘게 지나가는 한 주간을 저희가 기도하며 순례하게 하옵소서! 예수님께서는 이미 이천 년 전에 이천 년 후의 저희를 위하여 길을 내셨습니다.

주님! 여전히 세상에는 주님께서 돌보셔야 할 불쌍한 환자들, 귀신들린 자들, 또 온갖 장애에 시달리는 자들이 부지기수였습니다. 그들이 주님의 눈에 밟혔을 것입니다. 귀신들려 고통받는 이들도 많이 있었습니다. 여전히 세상에는 주님께서 돌보셔야 할 무지한 이들이 많이 있었습니다. 불쌍한 군중들은 말할 것도 없고, 철없는 제자들도 눈에 밟혔을 것입니다.

세상에는 주님께서 가르쳐 주어야 할 사람들이 많이 있었고, 가르쳐 줄 내용도 많이 있었습니다. 사랑하고 돌보아 주어야 할 사람들도 많이 있었습니다. 답답한 심정으로 주님께서는 불과 며칠 남지 않은 동안 혼신(渾身)을 모아 다양한 사람들과 다양한 주제의 말씀을 전하시면서 보내십니다. 그리고도 남은 것들은 제자들에게 능력을 주시고 일임해 주셨습니다.

이제 한 주간 시작되는 '고난 주간'에, 이천년에 오신 주님의 마지막 '예루살렘'의 동선을 따라 기도하고 묵상하며 주님께 사랑을 고백하는 저희가 되게 하옵소서! 저희를 위하여 십자가에 못 박혀 돌아가신 주님에 대한 거룩한 동참이 되게 하시고 하나님 은혜를 따라 날마다 기도하는 저희 되게 하옵소서! 진실한 마음으로 주님 사랑하는 주간 되게 하옵소서!

지금도 저희를 사랑하시는 예수님의 이름으로 기도드립니다. 아멘!

부록. 신앙 절기를 위한 기도

골방기도 - 부록 / 절기

고난 주간 둘째 날 (화요일)기도!

무슨 권위로 이런 일을 하나이까?

"이에 예수께 대답하여 이르되 우리가 알지 못하노라 하니 예수께서 이르시되 나
도 무슨 권위로 이런 일을 하는지 너희에게 이르지 아니하리라 하시니라."

(마가 11:33)

사랑하시는 하나님! 고난 주간 둘째 날인 화요일입니다. 예수님께서 고난
주간 첫날에 성전을 정결케 하신 것은 예수님께는 체증이 확 내려갈 만큼
속이 시원한 일이시지만, 대적자들, 특히 성전관리를 맡은 제사장들에게
는 여간 불쾌하고 마음 상하는 일이 아니었습니다. 분한 마음이 사그라지
지 않은 그들은 이튿날 예수님을 만나자마자 예수님께 따져 묻습니다.

"무슨 권위로 이런 일을 행하느냐?"는 것입니다. 당연한 질문입니다. 그러
자 예수님은 "나도 너희에게 물을 테니 대답하라. 그럼 나도 대답해 주리
라. 요한'의 세례는 하늘로부터 온 것이냐 사람에게 난 것이냐?" 그들이 하
늘로부터라 하면 왜 그를 안 믿느냐고 할 것이고, 사람에게서 난 것이라고
하면 사람들이 요한을 선지자로 여기므로 입장이 곤란했습니다.

그래자 그들의 대답이 "우리는 모르겠다."고 했고, 그러자 주님께서도 "그
럼 나도 알려주지 않겠다."고 하셨습니다. 대제사장과 서기관, 장로들은

'모르는 것'이고 예수님은 '이르지 아니하는 것'입니다. 그 후에 바리새인들이 예수님을 말에 올무에 걸리게 하려고, "가이사에게 세를 바치는 것이 옳습니까? 옳지 않습니까?"하고 묻습니다. 이건 진퇴양난의 문제입니다.

예수님은 "세금 낼 돈을 좀 가져와 봐라."고 하자 그들이 '데나리온'을 하나 가져왔는데, 당연히 황제의 형상과 글이 있었지요. "이 형상과 글이 누구의 것이냐?"고 물으니 "가이사의 것입니다."고 대답하자, "그럼 가이사의 것은 가이사에게, 하나님의 것은 하나님께 바치라!"고 답하십니다. 놀라운 반전입니다. 이들이 그 이상은 묻지 못하고 도망치듯 떠나갑니다.

부활을 믿지 않는 '사두개인'들이 묻습니다. "선생님! 모세가 사람이 만일 자식이 없이 죽으면 동생이 그 아내에게 장가들어 형을 위하여 상속자를 세우라!"고 하였는데, 우리 중에 칠 형제가 있었는데 맏이가 장가들었다가 죽어 상속자가 없으므로 아내를 동생에게 주고 둘째와 셋째도 그렇게 하고 일곱째까지 그렇게 했는데 부활 때는 누구의 부인이 됩니까?

"처음 산 장남의 부인이냐?, 마지막에 산 막내의 부인이냐? 아니면 같이 살았으니 공동의 부인이냐?"는 질문은 주님께서 "너희가 성경도, 하나님의 능력도 알지 못하는 고로 오해하였도다. 부활 때에는 장가도 아니 가고 시집도 아니 가고 하늘에 있는 천사들과 같다."고 답하십니다. 둘째 날은 지도자들의 죄를 많이 책망했는데 저희도 책망받지 않게 하옵소서!

저희에게 영원하신 구주이신 예수님의 이름으로 기도합니다. 아멘!

골방기도 - 부록 / 절기

고난 주간 셋째 날(수요일) 기도!

너희가 나의 잔을 마실 수 있느냐?

"예수께서 이르시되 너희는 너희가 구하는 것을 알지 못하는도다 내가 마시는 잔을 너희가 마실 수 있으며 내가 받는 세례를 너희가 받을 수 있느냐."

(마가 10:38)

사랑의 하나님! 고난 주간 셋째 날입니다. 수요일의 기록은 저희가 정확하게 알 수 없어서 '침묵의 수요일'로 부릅니다. 주님의 행적을 확인할 수 없기에, 주님은 침묵하며 46년 동안 지은 '예루살렘' 성의 웅장한 성벽을 돌아보며 지난 3년 세월을 회상하셨는지도 모릅니다. '베데스다' 연못에도 가시고 '맹인'을 처음 만난 곳이나, 실로암에도 가셨는지 모릅니다.

성전 마당에서 엊그제 일어났던 정화사건을 회상하며 하나님 생각을 하셨는지도 모릅니다. 사람에게 무슨 일이 일어나지 않았다고 해서 아무 일 없었던 것이 아니고, 아무 말을 안 했다고 아무 일 없었던 게 아니라, 그 숨은 행적 속에도 뜻있는 일이 있을 것이고, 침묵 속에도 하신 말씀이 있었을 것이라 믿습니다. 기록이 없으나 가만히 계셨던 것은 아닙니다.

비록 성경에서는 예수님의 동선을 확인할 수 없고, 성경에는 주님의 동선이 전혀 등장하지 않아도, 예수님께서 아무 말씀도 행동도 안 하시고 하루

동안 어느 조용한 곳에 잠적해 계셨던 것도 아니고, 어느 길모퉁이에 가만히 서 계셨던 것이 아니라 온종일 이제 곧 멸망 당할 '예루살렘'을 바라보시며 그날도 이튿날 하신 말씀을 하시면서 우셨는지 모르겠습니다.

"예루살렘아, 예루살렘아 선지자들을 죽이고 네게 파송된 자들을 돌로 치는 자여! 암탉이 그 새끼를 날개 아래에 모음 같이 내가 네 자녀를 모으려 한 일이 몇 번이더냐? 그러나 너희가 원하지 아니하였도다. 보라 너희 집이 황폐하여 버려진 바 되리라." (마태 23:37-38)고 하시면서 그날도 예루살렘을 끌어안고 어디선가 가슴을 치며 통곡하셨는지 모릅니다.

하나님! 저희도 지금 잠시 고난 주간 행진을 멈추고 주님의 심정이 되어, 저희가 살아가는 이 나라, 이 도시를 향하여 끓어오르는 슬픔을 안고 울어보는 하루가 되게 하시고, 일생을 두고 주님의 생애 동안 가슴에 있던 아픈 마음으로 하나님을 향하여 눈물의 절규를 할 수 있게 하옵소서! 이제 오늘은 지난날 저희의 신앙생활을 반성하고 돌아보게 하옵소서!

이제 남은 3일 동안 저희도 잠시 호흡을 멈추고 살아온 삶을 반추하고, 앞으로 저희에게 다가올 미래를 묵상하게 하옵소서! 이제 이튿날은 마지막 만찬을 하시고 잡히시고 끌려가시는 일을 생각하시던 주님처럼, 저희가 앞에 놓인 많은 아픔과 고난들을 대비하고, 고난 주간에 베푸실 은혜를 갈망하게 하옵소서! 다가올 미래를 준비하는 하루가 되게 하옵소서!

우리를 언제나 사랑하시는 예수님의 이름으로 기도드립니다. 아멘!

골방기도 - 부록 / 절기

고난 주간 넷째 날(목요일) 기도!

아들로 아버지를 영화롭게 하옵소서!

> "유월절 전에 예수께서 자기가 세상을 떠나 아버지께로 돌아가실 때가 이른 줄 아시고 세상에 있는 자기 사람들을 사랑하시되 끝까지 사랑하시니라. 마귀가 벌써 시몬의 아들 가룟 유다의 마음에 예수를 팔려는 생각을 넣었더라."
>
> (요한 13:1-2)

사랑하는 하나님! 예수님의 생애 33년 중에 가장 소중한 공생애 3년 중에 가장 중요한 마지막 한 주간, 그 한 주간 중에 가장 아름다운 하루인 목요일입니다. 이제는 주님께 시간이 없으십니다. 마지막 날 우선 제자들과 나누는 마지막 식사를 하시고 제자들의 발을 씻기셨습니다. 주님, 성경에 기록되지는 않았지만, 제자들의 발을 씻기면서 많이 우셨지요?

한 사람 한 사람 제자들의 발을 씻기시며 그들을 처음 만나셨던 때가 생각나셨을 것이고, 그들과 지나온 지난 3년 동안의 추억이 생각났을 것이고, 이제 이들을 두고 떠나실 주님의 애잔한 마음이 있으셨을 것입니다. 그날 하루 행하신 일들을 기록으로만 보면 3년 중에 제일 많습니다. 13장에서 시작된 예수님과 제자들의 이별 시간은 17장까지 계속됩니다.

마지막 만찬을 드신 주님은 저자들과 작별 인사를 나누면서 당신에게 일어날 일, 이후에 할 일, 당신의 정체성을 말씀하시고, 제자들에게 당신이

가신 후에 제자들과 더불어 계실 성령님에 대해 말씀하시고, 역사의 기록 중 가장 긴 기도를 드리셨습니다. 기도에는 주님의 마음은 아직도 연약한 제자들을 두고 떠나야 할 스승의 애잔한 마음이 담겨 있습니다.

17장 전체 1절부터 마지막 26절까지 이어지는 긴 기도는 두고두고 제자들의 가슴에도 남아있을 것입니다. 그렇지만 아직도 기도드릴 것이 남아있으신 주님은 기도를 마치고 제자들과 함께 '기드론' 시내를 건너 늘 기도하시던 '겟세마네' 동산에 가셔서 먼저 여덟 명의 제자를 그곳에 머물게 하시고 '베드로', '야고보', '요한'을 따로 데리고 안쪽으로 가십니다.

나머지 세 제자를 가까이 머물며 기도를 요청하신 주님은 처음으로 "내 마음이 심히 고민하여 죽게 되었으니 너희는 여기 머물러 깨어있으라." (마가 14:34)고 하시고, 조금 떨어진 곳에서 피를 토하는 기도를 드리십니다. "아버지! 만일 아버지의 뜻이거든 이 잔을 내게서 옮기시옵소서! 그러나 내 원대로 마시고 아버지 원대로 되기를 원합니다." (누가 22:42)

잠든 제자들을 깨우러 세 번을 오셨지만, 마지막 세 번째 오셔서는 그들의 인간적인 연약함을 아시는 주님께서 그들을 깨워 내려오시다가 그때 붙잡히셨습니다. 그렇게 한 생애를 사랑으로 전한 복음의 결과는 사랑하는 제자의 배신 때문에 결국은 잡히시고, 심문당하고 재판을 거쳐 십자가에 돌아가시는 것입니다. 오늘 저희의 길과 같은지 비교하게 하옵소서!

저희를 위해 세상에 오신 예수님의 이름으로 기도드립니다. 아멘!

골방기도 - 부록/절기

고난 주간 다섯째 날 (금요일) 기도!

"엘리 엘리 라마 사박다니!"

> "거기 신 포도주가 가득히 담긴 그릇이 있는지라 사람들이 신 포도주를 적신 해면을 우슬초에 매어 예수의 입에 대니 예수께서 신 포도주를 받으신 후에 이르시되 다 이루었다 하시고 머리를 숙이니 영혼이 떠나가시니라."
>
> (요한 19:29-30)

사랑하시는 하나님! 아무 죄도 없으신 예수님이 기도하시던 '겟세마네' 동산에서 붙잡히신 다음, 그길로 바로 대제사장 '안나스'에게로 끌려가서 심문을 받으셨습니다. '안나스'에게로 끌려갔던 주님은 다시 사위였던 '가야바'에게로 이리저리 끌려다니며, 서로 무죄한 자를 심판하려고 합니다. 재판을 떠넘기던 이들은 결국 총독 '빌라도'에게' 예수님을 넘겼습니다.

'빌라도'는 주님에게서 죄를 찾지 못하겠다고 하자, 백성들은 예수님을 없애달라며 "만약 예수님을 살려두면 당신은 '가이사'의 충신이 아니라."(요한 19:12)며 그를 겁박했고, 결국 압력을 견디지 못한 총독 '빌라도'는 주님을 십자가에 못 박도록 판결하여 넘겨주었습니다. 그의 부인도 총독이 재판석에 있을 때 사람을 보내어 그에게 손대지 말라고 간청을 합니다.

"저 옳은 사람에게 아무 상관도 하지 마옵소서! 오늘 꿈에 내가 그 사람 때문에 애를 많이 태웠나이다." (마태 27:19)고 했지만, '빌라도'는 대야에 물을 가져다 무리 앞에서 자기의 손을 씻으며 "이 사람의 피에 대하여 나는 무죄하니, 너희가 당하라!"하고 사형을 판결했습니다. 결국은 밤새 대제사장들과 총독에게 심문당하신 예수님은 사형판결을 받고 맙니다.

예수님은 '빌라도' 법정을 떠나 '골고다' 언덕까지 도착하여 오전 9시쯤 십자가에 못 박히셨습니다. 오는 길에 '구레네' 사람 '시몬'이 주님의 십자가를 대신 지기도 했었지만, 예수님 주변에 둘러선 이들은 거의 예수님을 적대시하고 죽이라고 아우성이었으며, 거리를 두고 멀리 떨어진 이들은 예수님이 돌아가시거나 사시는 일에 관심이 없는 구경꾼들이었습니다.

정오부터 오후 세시까지 온 땅에 어두움이 임하여 그들을 공포로 몰아넣기도 했고, 그때 한 편 강도는 예수님이 하나님의 아들이심을 믿고 "당신의 나라가 임할 때 나를 기억해 달라!"(누가 23:42)고 했고, 주님은 "네가 오늘 나와 함께 낙원에 있으리라." (누가 23:43)고 하셨습니다. 주님은 "엘리, 엘리 라마 사박다니!"하고 기도드렸으나 응답은 없으셨습니다.

주님은 십자가 위에서 "다 이루었다."(요한 19:30)며 돌아가셨습니다. 많은 증인과 목격자, 병 고침을 받고 귀신을 쫓아내 주신 자, 심지어 제자들도 있었지만, 예수님의 부당한 재판과 처형에 대하여 항의하는 이는 없었습니다. 다만 '아리마대' 사람 관원 부자 '요셉'이 예수님의 시신을 받아 자기의 새 무덤에 장사지냈을 뿐입니다. 저희를 위로하여 주옵소서!

저희를 위하여 고난받으신 예수님의 이름으로 기도드립니다. 아멘!

골방기도 - 부록 / 절기

고난 주간 다섯째 날 (토요일) 기도

어둠의 땅에 선포하게 하옵소서!

"그리스도께서도 단번에 죄를 위하여 죽으사 의인으로서 불의한 자를 대신하셨으
니 이는 우리를 하나님 앞으로 인도하려 하심이라 육체로는 죽임을 당하시고 영으
로는 살리심을 받으셨으니 그가 또한 영으로 가서 옥에 있는 영들에게 선포하시니
라."

(벧전 3:18-19)

사랑의 하나님! 부족한 저희를 고난 주간 한 주간을 은혜로 보내게 하시
고, 이제 마지막 날에 이르렀습니다. 주님께서도 십자가에서 돌아가신 금
요일 오후에 '요셉'의 새로 판 돌무덤에 장사지내 지낸 바 되어 안식에 들
어가십니다. 무덤에서 평안히 안식하신 후 안식 후 첫날 이른 새벽에 부활
하신 줄 알았던 주님은 그 안식일에도 쉬지 않으시고 일하셨습니다.

사도 '베드로'의 증언에 의하면 "그리스도께서도 단번에 죄를 위하여 죽으
사 의인으로서 불의한 자를 대신하셨으니, 이는 우리를 하나님 앞으로 인
도하려 하심이라."고 하시고, 죽임당하신 예수님께서는 육체로는 죽임을
당하시고 영으로는 살리심을 받으셨으니 그가 또한 영으로 옥에 있는 영
들에게 선포하셨다." (벧전 3:18-19)고 주님의 행적을 말씀하셨습니다.

오늘도 저희가 복음을 모르는 채, 지옥 같은 이 땅, 깊은 죽음의 땅에 있는
이들에게 가서 전하게 하옵소서! 때로는 '요나'처럼 가기 싫은 '니느웨', 때

로는 만나고 싶지 않은 백성들에게 하나님의 사랑을 전할 수 있는 저희가 되게 하옵소서! 그래서 그들이 살아나 부활의 새 아침을 맞이할 수 있다면, 이보다 더 아름다운 일이 어디 있겠습니까? 힘을 주옵소서!

이제 오늘 하루가 지나면 부활의 새 아침이 다가올 터인데 주님께서 할 수 있는 대로 더 많은 이들과 함께 고난받으신 주님이 아니라, 부활의 주님을 예배할 수 있게 하옵소서! 진실하신 하나님! 주님을 섬기는 저희가 주님처럼 되게 하옵소서! 오늘도 한 주간을 되돌아보며 주님을 생각하고 더 진실한 마음은 주님의 삶을 저희 생애 안에 녹여내게 하옵소서!

주님께서 오직 세상을 위해 인간을 입고 오시고, 세상에 있는 이들을 가르치고, 그들이 앓고 있는 질병을 고치시고, 그들이 갖고 태어난 장애들을 고치시고, 그들의 삶을 괴롭히는 귀신들을 쫓아 주시면서 온갖 비난과 수모를 당하셨습니다. 그러나 늘 침묵으로 견디신 배경은 고난의 끝에 기다리는 부활의 영광이었습니다. 저희도 부활을 소망하게 하시옵소서!

사랑의 하나님! 고난 주간동안 금식과 기도와 절제와 묵상을 한다고 하지만, 그래도 그 삶은 주님을 묵상하고 주님의 삶을 배우려는 작은 몸짓에 불과할 뿐입니다. 더 철저히 경건을 연습하고 자신을 훈련하여 주님의 성품에 이르게 하시고, 이런 영적인 훈련이 고난 주간의 행사가 아니라 일생을 두고 꾸준히 이어가는 저희의 삶이자 담금질이 되게 하여 주옵소서!

저희를 위하여 고난받으신 예수님의 이름으로 기도드립니다. 아멘!

골방기도 - 부록/절기

부활의 날에 드리는 기도!

부활의 주님을 기다립니다.

"청년이 이르되 놀라지 말라 너희가 십자가에 못 박히신 나사렛 예수를 찾는구나. 그가 살아나셨고 여기 계시지 아니하니라. 보라 그를 두었던 곳이니라."

(마가 16:6)

고통받으시고 다시 사신 주님! 십자가의 고난을 통해 수치와 고통을 온몸에 짊어지시고 '골고다' 언덕에서 돌아가신 주님! "아버지, 이 잔을 내게서 옮겨 주옵소서! 그러나 제 뜻대로 마시고, 아버지의 뜻대로 하옵소서!"하고 기도하신 주님께서 "내 아버지, 내 아버지! 이렇게 저를 버리십니까?" 울부짖을 때 십자가의 주님을 차마 보실 수 없어서 외면하신 하나님!

그렇게 십자가 위에 사랑하는 독생자를 못 박고 아픈 가슴을 억제할 수 없어 십자가를 외면하시자, 온 땅에 캄캄함이 임하던 때를 기억합니다. 그러나 사흘째 되는 주일 새벽에 무덤을 깨고 다시 일어나신 주님을 봅니다. 사망에 묶여 있으실 수 없는 주님께서 부활하신 부활절에, 주님이 그립습니다. 지금 온 세상이 예수님께서 처형당하시던 날처럼 소란스럽습니다.

입에 게거품을 물고 서로를 잡아먹을 듯이 소리치는 군상들 사이에는, 주님도 안 보이고 제자들의 얼굴도 보이지 않습니다. 성난 채 미쳐 돌아가는 이 민족을 하나님께서 기억하시어, 마음에 분노의 짐을 내려놓고 피차 대화와 타협을 통해 서로를 배려하고 존중하게 하시옵소서! 지금은 이웃도, 친구도 아무도 없습니다. 주님의 공의를 저희에게 보여주옵소서!

이제 십자가의 고난과 수치를 당하신 후, 흑암 권세의 사슬을 끊고 생명의 부활을 보이신 주님께서도, 이 시대 저희가 섬기는 교회 위에 부활의 능력을 주옵소서! 불의와 흑암의 권세가 잠시 기승을 부리고 승리한 것 같아도, 의의 왕이신 하나님의 무서운 심판을 기다리게 하옵소서! 주님! 저희에게 부활을 믿게 하시고, 부활을 사모하며 부활을 기다리게 하옵소서!

슬픔 당한 이들에게 기쁨과 감격의 부활을 주옵소서! 고통을 당한 이들에게 평안의 부활을 주옵소서! 억울한 죽임을 당한 이들이 부활의 능력을 경험하게 하옵소서! 예수님을 사랑하여 주님과 함께 못 박힌 하나님의 사도들에게 영원한 부활의 능력을 옷 입혀주옵소서! 대적 앞에서 승리의 영광을 얻게 하시고, 영원한 부활의 능력으로 다시 일어나게 하옵소서!

부활의 주님을 사랑합니다. 부활의 주님을 기다립니다. 부활의 주님! 이 시대에 호령과 천사 장의 소리와 하나님의 나팔 소리로 불법한 자들을 향하여 함성으로 나타나 주시옵소서! 희망도 꿈도 다 묻혀버린 절망의 땅에 주님께서 부활하심으로 세상이 발칵 뒤집힌 것처럼, 발칵 뒤집히게 하옵소서! 죄와 불의를 심판하시고, 사랑과 공의의 세상이 되게 하옵소서!

돌무덤을 깨고 부활하신 주 예수님의 이름으로 기도드립니다. 아멘!

부록. 신앙 절기를 위한 기도

골방기도 - 부록 / 절기

어린이날 / 어린이 주일 기도!

어린아이들을 용납하고 금하지 말라!

"그 때에 사람들이 예수께서 안수하고 기도해 주심을 바라고 어린아이들을 데리고 오매 제자들이 꾸짖거늘 예수께서 이르시되 어린아이들을 용납하고 내게 오는 것을 금하지 말라 천국이 이런 사람의 것이니라 하시고."

(마태 19:13-14)

사랑하는 하나님! 이 땅에서 가장 소중하고 빛나는 금강석 같은 어린이들의 날과 '어린이 주일'을 맞아 이들을 위하여 하나님께 기도드립니다. 세상에 많은 연령대가 있지만, 그중에 가장 빛나는 세대는 건강한 청년층이나 활동적인 장년층, 많은 돈을 가지고 있는 장년층이나 노년층이 아니라 아직 아무것도 없지만 무궁한 미래가 기다리는 어린이 세대입니다.

교회 안에도 많은 부서가 있습니다. '유치부'나 '유년부' 같은 '아동부', '중/고등부', '청년부', '장년부', '노년부'가 있습니다. 활동적이고 왕성하고 열심 있는 여선교회(여전도회)나 남선교회(남전도회)가 있습니다. 그런데 그중에 소중한 이들은 유치, 유년, 초등, 소년을 통틀어 말하는 어린이들이 있는 아동부입니다. 비록 어려도 저희의 미래요 꿈이기 때문입니다.

사람들은 늘 어린이를 무시해왔습니다. 숫자에도 안 넣고 의사를 반영하지도 않았습니다. 어른들이 생각하고, 어른들이 결정하고, 어린이들은 근처에 오지도 못하게 합니다. 예수님 시절에도 그랬습니다. 다른 집 어린이를 무시해도 자기 자식들은 귀하기 때문에 자녀들을 안수해 주시도록 데리고 왔는데, 제자들이 어린아이들이 오는 걸 못 오도록 차단했습니다.

그때 예수님께서 "어린아이들을 용납하고 내게 오는 것을 금하지 말라 천국이 이런 사람의 것이니라."(마태 19:14)하시고 그들에게 안수하시고 거기를 떠나셨습니다. 지금도 어린이는 무시되고, 소외되고, 배척받습니다. 그런데 주님께서는 오히려 어린이를 막는 어른들을 책망하시고 그들에게 안수하시고 그곳을 떠나셨습니다. 주님의 마음을 배우게 하옵소서!

제자들이 예수님께 나와서 "천국에서는 누가 크니이까?"(마태 18:1) 여쭈었을 때 예수님께서 한 어린아이를 불러 그들 가운데 세우시고 "진실로 너희에게 이르노니 너희가 돌이켜 어린아이들과 같이 되지 아니하면 결단코 천국에 들어가지 못하리라. 누구든지 이 어린아이와 같이 자기를 낮추는 사람이 천국에서 큰 자니라." (마태 18:3-4)고 말씀해 주셨습니다.

사랑하는 하나님! 이처럼 어린아이는 주님께서 사랑하시는 대상이고, 기존의 세대에 주는 교훈이 너무 많습니다. 하나님께서 사회나 교회의 어린이들이 가정에서 사랑받고 보호받는 만큼 하나님의 교회에서도 존귀하게 대우받게 하옵소서! 그리하여 이 땅에 있는 하나님의 사람들이 모두 겸손해지고 온유해지며 어린아이 같은 아름다운 성품을 갖게 하옵소서!

어린아이들을 사랑하시는 예수님의 이름으로 기도드립니다. 아멘!

부록. 신앙 절기를 위한 기도

골방기도 - 부록/절기

어버이날 / 어버이 주일 기도!

보라, 네 어머니라!

"자녀들아 주 안에서 너희 부모에게 순종하라 이것이 옳으니라 네 아버지와 어머
니를 공경하라 이것은 약속이 있는 첫 계명이니 이로써 네가 잘되고 땅에서 장수
하리라." (에베 6:1-3)

사랑하시는 하나님! 오늘은 저희를 이 땅에 태어나게 하시고 오늘까지 갓
난아이, 젖 먹이 때부터 유소년을 지나 청소년을 거쳐 이만큼 자라도록 길
러주신 부모님을 생각하는 주일입니다. 자녀 된 도리로 마땅히 부모 존중,
부모 공경, 부모 순종의 마음을 가지고 하나님처럼 사랑하고 섬기는 저희
가 되게 하옵소서! 가장 아름다운 이는 효자, 효녀임을 알게 하옵소서!

예수님께서 열두 살 되던 해 '예루살렘'에 갔다가 홀로 뒤처진 다음 부모
님들이 돌아와서 찾아 만나 함께 고향으로 가셨습니다. 그때 성경에 보면
"예수께서 함께 내려가사 '나사렛'에 이르러 순종하여 받드시더라. 그 어머
니는 이 모든 말을 마음에 두니라. 예수는 지혜와 키가 자라가며 하나님과
사람에게 더욱 사랑스러워 가시더라."(누가 2:51-52)고 했습니다.

고향 '나사렛'에 가신 예수님은 그때 부모님을 순종하여 받드셨다고 했으
니, 아버지 목수 '요셉'을 도와 순종하며 목수 일을 배우셨을 것이고, 이때

부모님의 사랑을 받으셨을 것입니다. 예수님께서 마지막 숨을 거두실 때 십자가 위에서 온몸이 찢기는 아픔 중에도 어머니 '마리아'에게 "여자여 보소서! 아들입니다." (요한 19:26)하고 마지막 인사를 드리셨습니다.

주님!, 어쩌면 그 순간 그동안 복음을 전하고 가르치고 병 고치시느라 어머니 곁에서 제대로 모시지 못한 죄송함과 사람들이 귀신 들렸다고 비난하고 형제들이 찾아오게 만드는 소란을 안겨드린 것 때문에 마음이 아프셨을 것 같습니다. 어쩌면 인간적인 표현으로는 "여자여 보소서! 그동안 기대처럼 효도하지 못한 불효한 아들입니다."라고 하시는 것 같습니다.

곧이어 사랑하는 제자 '요한'에게 "보라 네 어머니라."(요한 19:27)고 하셨는데 그때부터 그 사도 '요한'은 어머니 '마리아'를 자기 집에 모셨다고 했습니다. 주님! 그때 '요한'에게도 "보라, 네 어머니라!"고 하실 때 "이제 너는 내가 못한 몫의 효도, 어머니보다 먼저 세상을 떠나는 아픔을 드리는 불효를 네가 모시면서 대신 갚아 드려라."고 말씀하는 것 같습니다.

오늘 우리에게는 짧은 생애를 살다 가신 주님께서 육신의 어머니 '마리아'에게 보인 마음을 생각합니다. 순종하며 받드시고 사시던 '나사렛'의 아들, 예수님처럼 부모님을 기쁘게 해드리는 저희가 되게 하옵소서! 부모공경은 "약속이 있는 첫 계명이니, 이로써 잘되고 땅에서 장수하리라."(에베 6:2-3)는 말씀처럼 땅에서 잘 되고 장수하는 복을 누리게 하옵소서!

우리에게 효도를 가르치신 예수님의 이름으로 기도드립니다. 아멘!

부록. 신앙 절기를 위한 기도

골방기도 - 부록 / 절기

스승의 날 / 스승의 주일 기도!

너희도 행하게 하려 본을 보였노라!

"내가 주와 또는 선생이 되어 너희 발을 씻었으니 너희도 서로 발을 씻어 주는 것이 옳으니라 내가 너희에게 행한 것 같이 너희도 행하게 하려 하여 본을 보였노라." (요한 13:14-15)

사랑하는 하나님! 교회의 미래를 위해 제일 수고 많이 하는 선생님을 위해 '스승의 날' 겸 '스승의 주일'에 이들을 위하여 기도드립니다. 이들은 제일 이른 시간에 예배당에 와서 기도하고, 제일 나중에 떠날 때까지 교회의 미래를 이끌고 갈 어린이들과 중고등부 혹은 대학부를 위해 자신의 모든 에너지를 쏟아내고, 자신의 열정을 다해 오직 가르치고 있습니다.

세상의 학교에 있는 선생님들처럼 대접도 못 받고 보수도 없는 교회학교 (주일학교) 교사들은 그 일을 하는 자체를 영광으로 알고, 그 일을 사명으로 알고 있습니다. 사랑하는 하나님께서 귀한 마음을 받으시고 넘치는 사랑과 복으로 함께하여 주옵소서! 선생님들이 뿌린 복음의 씨앗이 열매를 맺어 많은 결실이 있게 하옵소서! 백배의 결실을 얻게 하시옵소서!

예수님께서 "내가 진실로 진실로 너희에게 이르노니 한 알의 밀이 땅에 떨어져 죽지 아니하면 한 알 그대로 있고, 죽으면 많은 열매를 맺느니라."(요한 12:24)고 하셨으니, 모두 한 알의 밀알로 세상에서 죽어 많은 열매를 맺게 하옵소서! 예수님께서 '둘째 아담'이 되어 십자가에서 돌아가셔서 인류가 구원을 받듯이, 그들의 희생이 많은 열매를 맺게 하옵소서!

하나님! 선생님들을 사랑하셔서 그들이 땅에서 주님을 본받아 사람들에게 본이 되는 생활을 하게 하옵소서! 선생님들이 무슨 일이든 본이 되고 모범이 되어 많은 어린아이나 학생들에게 잊을 수 없는 추억의 인물이 되게 하옵소서! 언제나 제자들의 인생이 위기에 있을 때마다 그리운 선생님으로 남아있게 하옵소서! 언제나 가슴에 사랑으로 있게 하옵소서!

세월이 지난 후에, 그 선생님에게서 배운 '요셉'의 이야기, 그 선생님이 가르쳐주신 '디모데'의 이야기가 그들의 머릿속에 남아있게 하시고, 10년, 20년을 지나도 그때의 가르침이 기억에 생생하게 하옵소서! 그리고 선생님들은 그가 만난 모든 제자를 사랑하시되 끝까지 사랑하신 주님처럼 끝까지 사랑하게 하옵소서! 영원한 사제간의 사랑이 이어지게 하옵소서!

선생님께 받은 영향 때문에 자라나는 다음 세대의 제자들이 모두 장성하여 시대를 견인해가는 귀한 인물이 되게 하시고, 선생님의 사랑과 보살핌을 받고 자란 어린이나 학생 중에 장차 선생님이 되려는 이들이 많이 일어나게 하옵소서! 아이들을 가르치는 보람 하나로 평생을 살아가는 선생님들을 하나님께서 복 주시고, 저희도 기억하고 기도하게 하옵소서!

인생들의 영원한 스승이신 예수님의 이름으로 기도드립니다. 아멘!

골방기도 - 부록/절기

존 웨슬리 회심 기념 주일 기도!

세계는 나의 교구(敎區)이다!

"땅에 엎드러져 들으매 소리가 있어 이르시되 사울아, 사울아 네가 어찌하여 나를 박해하느냐 하시거늘 대답하되 주여 누구시니이까 이르시되 나는 네가 박해하는 예수라." (사도 9:4-5)

사랑하시는 하나님! 오늘은 '감리교회'의 창설자인 '존 웨슬리'의 '회심 기념 주일'입니다. 모든 교회는 설립자를 기억하고, 모든 교단은 창설자를 기억하며 그분들의 신앙과 열정, 헌신을 본받으려고 합니다. 그리고 우리에게 귀한 교회를 세워 주시고, 귀한 믿음을 전수해 준 은혜를 되돌아보며, 그분들에게 누가 되지 않으려 부단히 애를 쓰게 하시니 고맙습니다.

저는 감리교회의 목사로, 18세기 영국에서 감리교회를 세워 지금은 전 세계에 세계적 감리교회를 일구어 가게 한 '존 웨슬리'를 기억합니다. 그가 '올더스게이트'에서 성령님의 감동을 경험하고 새로운 인생 2막을 열어가게 된 1738년 5월 24일을 기념하는 회심 기념 주일을 매해 지킵니다. 이날을 기념만 하지 말고 그때의 감격을 공유할 수 있게 하시옵소서!

사랑하는 하나님! 그해 5월 24일 수요일 저녁에 별 기대 없이 교회에 도착해서 앉아있던 '웨슬리'에게 뜨거운 성령님의 감동이 임하여, 그를 세계적인 복음 전도자가 되게 하신 하나님! 이 땅에도 하나님께서 눈여겨 보아두신 하나님의 종들이 있으시면 예배하는 동안에 부르심을 듣게 하시고, 그 부르심을 따라 길을 떠나면 그에게 사명을 확인시켜 주옵소서!

사도 바울이 '사울'이란 이름으로 있을 때 예수님을 믿는 이들을 잡아 '예루살렘'으로 가기로 작정하고 '다메섹'에 거의 왔을 때 하늘에서 큰 음성이 들리며 그를 불러 세웠는데, 그때 비친 빛에 눈이 멀어버려 좌우를 분간하지 못하고 길을 안내할 이의 도움을 받게 되는 일생 잊을 수 없는 충격적인 경험을 했습니다. 그 한 번의 경험이 운명을 바꾸었습니다.

하나님! 저희에게 '웨슬리'가 경험했던 일생일대의 경험을 주옵소서! 이제껏 의미 없이 살고, 성령님 임재의 경험 없이 살던 저희를 성령님께서 강하게 임하여 새로운 전환점을 맞게 하옵소서! 막연한 사명, 미지근한 믿음, 불분명한 미래를 뒤엎고 이제 하나님의 손길에 붙잡히게 하옵소서! 이제 지금부터 제2의 인생, 제2의 사역으로 새역사를 쓰게 하옵소서!

이제 '웨슬리' 목사님께서 성령님의 감동에 새로운 미래를 열어가게 된 중생의 경험이 있은 지 300년이 가까이 오고 있습니다. 저희에게도 성령님께서 오셔서 우둔한 영성을 흔들어 깨우시고, 저희의 고집으로 살아가던 삶을 꺾고 주님께서 계시하시고 주님께서 이끄시는 새로운 복음의 길을 가게 하옵소서! 새로운 역사의 지평을 여는 기념일이 되게 하옵소서!

저희와 함께하기 원하시는 예수님의 이름으로 기도드립니다. 아멘!

골방기도 - 부록/절기

성령강림절 기도!

성령님이여! 지금 이곳에 오시옵소서!

"오순절 날이 이미 이르매 그들이 다같이 한 곳에 모였더니 홀연히 하늘로부터 급하고 강한 바람 같은 소리가 있어 그들이 앉은 온 집에 가득하며 마치 불의 혀처럼 갈라지는 것들이 그들에게 보여 각 사람 위에 하나씩 임하여 있더니."

(사도 2:1-3)

사랑의 하나님! 이천 년 전 오순절에 성령님을 사모하는 120명의 제자가 한 다락에 모여 열심히 기도하고 있던 때입니다. 그들이 다같이 한 곳에 모였는데 홀연히 하늘로부터 급하고 강한 바람 같은 소리가 있어 그들이 앉은 온 집에 가득하며, 마치 불의 혀처럼 갈라지는 것들이 그들에게 보여 각 사람 위에 하나씩 임하여 있었다."(사도 2:1-3)고 했습니다.

분명히 불은 아닌데 불의 혀가 갈라지는 것 같은 것과 바람은 아니지만 바람 같은 소리가 그들이 모여 기도하는 다락에 가득히 임했습니다. 그리고 불의 혀가 각 사람 위에 머물러 있는 채로 그들의 언어가 변하여 각 나라 사람들의 말로 말하게 되어 열댓 나라 가까이에서 모인 이들이 언어 장벽이 사라졌습니다. 이렇게 강력한 성령강림 역사가 나타났습니다.

이제 성령님은 모여 있던 120명의 기도자에게 모든 이들이 서로 이해할 수 있는 언어로 말하는 방언(方言)을 시작으로, 그들에게 세상에 나가 복음을 전할 수 있는 담력을 주셨고, 이들이 복음을 전하면서 그들 중에 회개하고 복음을 믿으며 공동체로 모여드는 역사가 이어졌습니다. 사도의 설교 이후에는 수천 명의 무리가 세례를 받고 공동체에 합류했습니다.

공동체는 폭발적으로 늘어났고 때를 같이 해 박해도 이어졌습니다. 사도들은 연일 체포되고 심문을 받고 석방되기를 반복하면서 복음은 점점 '예루살렘'에 열병처럼 번져갔습니다. 사랑하는 하나님! 이 땅에 성령님의 강력한 역사가 있기를 소망합니다. 교회가 깜짝 놀랄 만큼 강력한 성령님의 역사가 있기 원합니다. 침체 된 이 땅에 부흥이 일어나게 하옵소서!

말씀을 전할 때 능력이 나타나고, 말씀을 전하는 동안 회개가 일어나고 역사가 나타나게 하옵소서! 하나님의 사랑이 저희 위에 임하게 하옵소서! 날마다 하나님의 역사가 있게 하시고, 자비하신 하나님 능력으로 나타나게 하옵소서! 이제 다시 하나님의 성령이 임하여 주옵소서! 교회가 모두 무너지고 모두 메마르고 강팍해진 이때 하나님의 임재를 갈망합니다.

하나님! 사모하는 저희의 마음에 긍휼을 더하셔서 사모하는 영혼을 만족하게 하시는 성령님의 역사로 온 교회가 초대교회의 열정과 영성으로 일어나게 하옵소서! '성령강림절'로 지키는 기념 절기가 아니라, 성령님의 임재를 경험하는 현장이 되게 하옵소서! 옛적의 역사를 기억하고 과거를 기념하는 예배가 아니라, 지금 임하시는 성령님 역사가 있게 하옵소서!

지금도 능력으로 역사하시는 예수님의 이름으로 기도드립니다. 아멘!

골방기도 - 부록/절기

평신도 주일 기도!

저희를 주님의 도구로 사용하여 주옵소서!

"고넬료가 주목하여 보고 두려워 이르되 주여 무슨 일이니이까 천사가 이르되 네 기도와 구제가 하나님 앞에 상달되어 기억하신 바가 되었으니 네가 지금 사람들을 욥바에 보내어 베드로라 하는 시몬을 청하라." (사도 10:4-5)

사랑하시는 하나님! 오늘 '평신도 주일'로 지킵니다. 교회 안에 보면 목회자들보다 평균 100배는 많은 평신도의 신앙을 격려하고, 그들의 역량을 활용하여 하나님의 교회가 성장하고 사회를 건강하게 하는 일에 쓰임 받게 지도력을 일으키고 사랑과 봉사의 능력을 증진 시키기 위해 기도하는 주일입니다. 하나님께서 교회의 모든 평신도에게 복을 주옵소서!

하나님의 사랑과 복음의 능력을 입어 구원받은 이들 중에 어떤 이는 전문적인 신학 공부를 하고 훈련 과정을 통해 목회자가 되고, 어떤 이들은 세상의 직장에서 직장인으로 혹은 기업인으로, 주부로 일하면서 하나님의 교회를 섬기는 평신도가 되었습니다. 신분을 '평신도'와 '성직자'로 달리 구분하지만, 이는 똑같이 예수님을 구주로 고백하고 믿는 신자들입니다.

평신도들은 믿음이 적고 목회자는 믿음이 더 큰 것이 아니라, 믿는 자리에서 맡은 사역이 다를 뿐입니다. 사랑하는 장로님들이나 권사님, 집사님,

그 외에 교단에 따라 달리 불리는 어떤 평신도라도 그분들의 믿음이 매일 성장과 성숙을 거듭하며 그리스도의 완전에 이르도록 붙잡아 주옵소서! 이들은 모두 하나님의 교회를 섬김으로 봉사하는 존귀한 이들입니다.

교회에서 사례를 받거나 경제적인 뒷받침이 없어도 주일을 지키고 새벽기도를 하고, 헌금을 드리며 몸과 마음과 시간과 재물을 드리며 교회를 섬기고, 하나님의 사자들을 섬기고, 미신자들에게 복음을 전하는 이들을 기억하셔서 따뜻한 사랑과 위로를 부으시고 이들이 교회를 섬기는 일에 소홀함이 생기지 않도록 하나님께서 매일 사랑과 위로를 부어주옵소서!

평신도들은 자신의 일터인 직장이나 사업장을 돌아보며 생산이나 유통, 영업 등 맡은 분야에서 일하여 가족을 부양하고, 틈나는 시간에 하나님을 섬기는 귀한 이들입니다. 쉬는 시간에 기도하고, 여유시간에 하나님의 교회를 섬기는 아름다운 마음을 기억하여 주옵소서! 없는 중에서 쪼개어 드리며, 틈틈이 복음을 전하는 이들의 사랑과 헌신을 기억해 주옵소서!

오늘 우리의 교회는 복음이 들어온 이후 지금까지, 목회자는 말씀을 전하고 기도하는 일을 하고, 실제 교회를 섬기고 전도하고 봉사하는 거의 모든 일을 평신도들이 감당해 왔습니다. 하늘에서도 이들의 상이 클 줄 믿습니다. 기억하여 주시고 교회를 섬기며 사회생활과 가정을 돌보는 이중삼중의 일을 감당하는 이 땅의 모든 평신도를 마음껏 축복하여 주옵소서!

우리의 영광과 상급이 되시는 예수님의 이름으로 기도드립니다. 아멘!

골방기도 - 부록/절기

맥추 감사절 기도!

첫 열매를 받아 주옵소서!

"너는 엿새 동안 일하고 일곱째 날에는 쉴지니 밭 갈 때에나 거둘 때에도 쉴지며 칠칠절 곧 맥추의 초실절을 지키고 세말에는 수장절을 지키라."

(출애 34:21-22)

사랑하는 하나님! 한해 여름에 접어들기 전에, 계절 따라 열매를 주시는 하나님께서 여름 첫 열매를 주신 것이 고마워서 드리는 '초실절' 절기입니다. '밀'이나 '보리' 같은 곡물도 일찍 주셔서 식량으로 삼게 하시고, 감자처럼 땅에서 캐어 식용으로 할 수 있는 것도 주셔서 고맙습니다. 오늘 하나님께서 늘 저희를 지키고 돌보아 주시는 은혜가 새롭게 느껴집니다.

지난 절반의 시간을 함께하시고, 먹고 마시며 입고 쓸 것을 공급해 주시니 고맙고, 많은 질병과 사고 중에서 저희를 안전하게 지켜 주시니 고맙습니다. 이제 이 놀라운 은혜를 기리며 예배하는 저희에게 감사의 영을 부어주옵소서! 오늘까지 함께하신 하나님! 장래에도 함께하여 주시어, 가을 '추수 감사절' 예배에는 더 풍성한 감사가 세상에 가득하게 하옵소서!

하나님! 저희에게 허락하신 귀한 추수의 기쁨을 올 한해 두루두루 거두게 하옵소서! 농사하는 이들은 들판에서 추수의 기쁨을 거두게 하시고, 장사하는 사람들은 가게에서 소득이 넘치게 하시고, 사업하는 이, 공장을 하는 이들은 각각 현장에서 하나님께서 함께하시는 축복을 경험하게 하옵소서! 언제나 저희를 풍요롭게 하시는 하나님을 경험하게 하옵소서!

사랑의 하나님! 언제나 저희에게 백배나, 육십 배나, 삼십 배의 복을 주시는 하나님께서 올해 땅에서 농사하는 이들이 씨를 뿌리고 가꾸고 거름 주고 김을 매며 병충해 피해가 없게 하시고 깜부기나 쭉정이 추수를 하지 않도록 지켜 주옵소서! 온갖 전염병에서 지켜 주시며, 기껏 거두어 농산물 가격 하락이나 상품의 변질 등으로 손해를 입지 않게 도와주시옵소서!

사업하는 이들은 저들이 기대하고 땀 흘리며 생산한 제품들이 재고가 나지 않게 하시며, 유통과정에 파손되고 상하여 낭패 보지 않게 하시고, 거래처를 잘못 만나 손해를 입는 일이 없게 하옵소서! 생각하고 기대했던 것보다 좋은 반응을 얻어 많은 이들에게 기쁨을 주고, 생산당사자는 이익을 창출할 수 있게 하옵소서! 늘 하나님의 사랑이 함께 하옵소서!

사랑하는 하나님! 이제 전반기 6개월이 지났습니다. 남은 반년도 저희와 동행하여 주옵소서! 저희도 전반기보다 더 기도하고 전반기보다 더 사랑하겠습니다. 하나님께서 부어주신 복은 배나 더 부어주시고, 하나님의 도우심으로 하반기도 승리하게 하옵소서! 올가을 '추수 감사절'은 큰 복으로 함께 하여 주옵소서! 믿음으로 살고자 하는 저희를 지켜 주옵소서!

항상 풍성한 열매를 주시는 예수님의 이름으로 기도드립니다. 아멘!

골방기도 - 부록 / 절기

어린이 여름 성경학교 기도!

어린이들에게 복을 주옵소서!

"그 때에 사람들이 예수께서 안수하고 기도해 주심을 바라고 어린아이들을 데리고 오매 제자들이 꾸짖거늘 예수께서 이르시되 어린아이들을 용납하고 내게 오는 것을 금하지 말라 천국이 이런 사람의 것이니라 하시고."

(마태 19:13-14)

사랑의 하나님! 하나님께서 사랑하시는 어린이들에게 가장 큰 기쁨의 축제요, 어린이들이 제일 좋아하는 '어린이 여름 성경학교'입니다. 새해를 시작하고 7개월 동안 기다려온 여름 어린이 성경학교를 기억하여 주시어서, 모든 어린이의 꿈과 희망이 되게 하옵소서! '어린이 여름 성경학교'를 통해 그들의 믿음이 자라고 희망이 자라고 행복이 자라게 하시옵소서!

교회학교를 위해 수고하신 선생님들, 함께 말씀을 배운 모든 어린이가 하나가 되어 뒹구는 동안 천국의 백성 된 자긍심과 소속감이 충만하게 하시고, '여름 어린이 성경학교' 전반이 천국의 잔치가 되게 하옵소서! 교회 성도들이 이 잔치에 함께 참여하고 함께 찬조하고 협력하여, 어린이뿐만 아니라 온 교회가 어른까지 함께 기뻐하는 복된 잔치가 되게 하옵소서!

'어린이 성경학교'이니 어린이들이 주인공이 되게 하시고, 어린이들이 온 교회의 관심과 사랑을 받은 주인공이 되게 하옵소서! 어린이들은 교인들의 자신들을 향한 관심과 사랑에 감사하게 하시고, 그들 자신이 교회의 중심에 있는 주역인 것을 알게 하옵소서! 깨어 기도하며 성경학교가 잘되기를 바라는 모든 교사에게 하나님의 넘치는 복을 허락해 주옵소서!

어린이들이 성경학교를 통하여 믿음이 한 단계 성장하게 하시고, 선생님들은 사명감이 더 고취되고 교사의 보람은 한층 제고(提高)되게 하옵소서! 여름 성경학교이니 성경을 배우되 재미있게 배우고, 즐겁게 배우고 평생 잊을 수 없는 성경학교가 되게 하옵소서! 예수님의 사랑을 알고, 십자가의 의미를 알고, 성경의 가치를 아는 성경학교가 되게 하시옵소서!

성경학교를 진행하는 동안에 기도의 입술도 열리고, 성경을 보는 눈도 열리고, 찬양을 드리는 기쁨도 깨닫게 하옵소서! 성경학교를 마치고 나서 교회 오는 즐거움, 성경을 읽는 기쁨, 기도하는 행복이 충만하게 하시고, 해마다 이 성경학교를 기다리게 하시고, 성경학교가 어린이 부흥의 계기가 되고, 성경학교가 교회에 활력을 불어넣는 행사가 되게 하시옵소서!

2박 3일 성경학교를 진행하는 동안에 조금도 불미스러운 일이 생기지 않게 하시고, 안전사고, 식중독 같은 불의의 사고가 생기지 않게 하옵소서! 선생님들이나 학부모들이나 어린이들 모두 보람 있고 즐겁고 행복한 성경학교가 되어 모든 참석한 어린이가 나이가 들어 중고등학생이나 청년들이 되고, 어른이 되어도 잊지 못할 추억의 성경학교가 되게 하옵소서!

특히 어린이를 사랑하시는 예수님의 이름으로 기도드립니다. 아멘!

골방기도 - 부록 / 절기

학생 여름 수련회 기도!

인생의 미래가 열리게 하옵소서!

"모든 성경은 하나님의 감동으로 된 것으로 교훈과 책망과 바르게 함과 의로 교육하기에 유익하니 이는 하나님의 사람으로 온전하게 하며 모든 선한 일을 행할 능력을 갖추게 하려 함이라."   (딤후 3:16-17)

사랑하시는 하나님! 이제 중·고등부 학생회 연합 수련회를 위하여 기도합니다. 한여름에 교회가 시간을 내서 수련회를 개설하고 강사님을 세우셨으니, 하나님은 저희를 기억하시고 이번 수련회가 은혜받는 수련회가 되고, 하나님의 사랑받는 집회가 되게 하여 주옵소서! 학교에서 쫓기듯 공부하느라 힘들고 지친 중고등부 학생들에게 큰 위로가 되게 하옵소서!

하나님께서 인생에서 가장 중요한 시기인 중고등부 청소년 시기에 학교에서 받은 중압감, 부모들로부터 받은 짓눌림, 친구들 사이에서 생기는 경쟁심 때문에 내면에서 끓어오르는 분노를 삭이며 오직 하나님께서 내미는 손을 잡게 하옵소서! 내 곁에는 내 친구가 아무도 없다고 믿었던 외로운 시기에 친구 되신 주님을 영접하고 공감하는 기회가 되게 하옵소서!

아직 인생의 원대한 꿈을 꾸기에는 먼 청소년들입니다. 대입 수능의 높은 담이 가로 놓여있어서 인생을 사고(思考)하고 꿈을 디자인하며 미래를 이야기하기에는 너무 자신을 옥죄어 오는 입시의 담이나 사회의 벽을 뚫고 나갈 방법이 없습니다. 하나님께서 저희를 긍휼히 여기시고 부조리한 세상의 여러 제약을 믿음으로 극복하고 마침내 승리하게 하옵소서!

이번 수련회에 세우신 강사님을 통하여 인생의 지평을 열어줄 말씀을 주시고, 세상의 파도를 능히 이기고 남는 넉넉한 은혜를 주옵소서! 공부하는 학생들이니 지혜의 샘을 열어주시고, 앞으로 미래가 무궁무진 펼쳐져야 하니 희망을 품고 꿈을 설계할 공간도 주시고, 자신의 미래를 위해 기도할 믿음도 주옵소서! 조금도 주저앉지 않고 달려가게 하시옵소서!

저들의 일생은 지금 꿈꾸고 설계해야 하는 중요한 시기입니다. 이때 하늘에서 주시는 은혜를 받고 눈을 열어 하나님의 미래를 보게 하옵소서! 조금도 주저하지 않고 하늘을 향해 달리는 하나님의 군사가 되게 하옵소서! 지혜와 총명뿐 아니라 믿음과 열정도 주시고, 건강한 몸도 주사 하나님의 사람으로 우뚝 세워 주옵소서! 최후의 승리자가 되게 하옵소서!

가정이나 사회에서 좌절하고 상심하기 쉬운 중고등학생 시절에, 세상에 실망하지 않고 믿음과 용기를 잃지 않게 하시고 '요셉'처럼 꿈꾸는 소년으로, 꿈을 위하여 자신의 인생을 불태우는 청년으로, 마침내 꿈을 이룬 승리의 사람으로 우뚝 세워 주옵소서! 이번 수련회에서 은혜받은 이들 중에 몇십 년 후 수련회를 통해 승리한 이들이 많이 나오게 하시옵소서!

인생의 아름다운 희망이신 예수님의 이름으로 기도드립니다. 아멘!

골방기도 - 부록/절기

청년 여름 수련회 기도!

청년들에게 꿈을 주옵소서!

> "또한 너는 청년의 정욕을 피하고 주를 깨끗한 마음으로 부르는 자들과 함께 의와 믿음과 사랑과 화평을 따르라 어리석고 무식한 변론을 버리라 이에서 다툼이 나는 줄 앎이라."
>
> (딤후 2:22-23)

사랑하는 하나님! '새벽이슬' 같은 이 시대 청년들의 '여름 수련회'를 위하여 기도드립니다. 흔히들 "청년이 살면 교회가 산다."고 하고 "청년이 살면 나라가 산다."고 합니다. 청년들이 '교회의 희망'이라 하고 청년들이 '나라의 희망'이라고 합니다. 그런데 그 '희망'이라는 청년들이 교회에서 정작 희망을 찾지 못하고, 나라에서도 그들에게 희망을 주지 못합니다

이런 암담한 상황에서 교회가 이들에게 희망이 되게 하시고, 이들을 위하여 집중해서 기도하게 하옵소서! 이 시대에 교회가 청년들의 둥지가 되게 하옵소서! 이 땅에서 마음 놓고 청년들이 기지개를 켜고 마음 놓고 미래를 이야기할 수 있는 따뜻한 공간이 되게 하옵소서! 청년들이 은혜받을 수 있는 마지막 기회인 줄 알고 은혜받는 일에 힘쓰게 하옵소서!

사도 '바울'이 믿음의 아들인 청년 목회자 '디모데'에게 편지를 쓰면서 "집에는 금 그릇과 은그릇뿐 아니라 나무 그릇과 질그릇도 있어 귀하게 쓰는

것도 있고 천하게 쓰는 것도 있나니, 그러므로 누구든지 이런 것에서 자기를 깨끗하게 하면 귀히 쓰는 그릇이 되어 거룩하고 주인의 쓰심에 합당하며 모든 선한 일에 준비함이 되리라.”(딤후 2:20-21)고 했습니다.

“너는 청년의 정욕을 피하고 주를 깨끗한 마음으로 부르는 자들과 함께 의와 믿음과 사랑과 화평을 따르라. 어리석고 무식한 변론을 버리라. 이에서 다툼이 나는 줄 앎이라.” (딤후 2:22-23)고 했습니다. 이처럼 청년들이 자신의 욕망을 분출하는 어리석은 곳에서, 청년의 정욕을 피하고 깨끗한 마음으로 주를 부르는 이들과 수련회에서 주님을 뵙게 하옵소서!

이번 수련회 기간에, 이곳에서 말씀을 들은 이들 중에 위대한 사도 '바울' 같은 이, '디모데'같은 이도 나오고, 이곳에서 '요셉'같은 이도, '다니엘' 같은 이도 나오게 하옵소서! '기드온'같은 이도 나오게 하시고, 예수님의 제자들 같은 이도 나오게 하옵소서! 교회를 통해서 하나님의 사람들이 무수히 배출되는 은혜와 함께, 하나님의 역사가 나타나게 하옵소서!

사랑의 하나님! 청년 '요셉'이 꿈을 꾸고 그 꿈이 이루어지니 흉년에 '애굽'의 수많은 백성을 살려냈습니다. 청년 '웨슬리'가 성령님의 감동에 취하니 세계에 복음이 전파되었습니다. 이번 수련회에 그런 은혜가 임하게 하시고, 하나님의 사람들이 세워지는 은혜가 있게 하옵소서! 하나님! 이 세대에 청년들을 세우셔서 그들로 하나님 나라를 든든히 세우게 하옵소서!

젊은 청년들을 사랑하시는 예수님의 이름으로 기도드립니다. 아멘!

골방기도 - 부록 / 절기

교회를 새롭게 하여 주옵소서!

"노끈으로 채찍을 만드사 양이나 소를 다 성전에서 내쫓으시고 돈 바꾸는 사람들의 돈을 쏟으시며 상을 엎으시고 비둘기 파는 사람들에게 이르시되 이것을 여기서 가져가라 내 아버지의 집으로 장사하는 집을 만들지 말라 하시니."

(요한 2:15-16)

교회를 사랑하시는 하나님! 교회가 세속화되고 타락해 갈 무렵 하나님께서 사랑하는 종을 통하여 교회를 갱신하고 개혁하게 해주신 것을 고맙게 생각합니다. 1517년 10월 31일 '마르틴 루터(Martin Luther)'가 '비텐베르크(Wittenberg)' 성당에 부패한 교회의 죄악상을 써 붙이고 시작된 개혁의 운동이 교회를 새롭게 하고 개신교회를 탄생시켜 오늘에 이르렀습니다.

'종교 개혁'이라는 역사의 획을 긋는 이 사건은 하나의 '이벤트'나 '운동'이 아니라 이를 주도하는 이들의 목숨을 건 혁명이었습니다. 여차하면 처형될 수 있는 위험한 일이었으나, 하나님을 사랑하고 교회와 복음을 사랑하는 하나의 마음으로 목숨을 걸고 개혁의 기치를 들어 결국 교회를 지키고 복음을 지켰습니다. 이 일에 헌신한 이들의 후손을 복 주옵소서!

그러므로 교회는 건강성을 회복하고 타락의 길에서 돌이킬 수 있었으며, 차단되었던 하나님의 말씀이 개방되고, 모든 기도의 권리도 우리에게 돌아오는 등 종교 개혁이 하나님의 교회에 선물한 순기능은 말할 수 없이 많습니다. 하나님의 복음이 세계에 편만하게 된 배경에는 개혁자들의 목숨을 건 개혁이 가져 다 준 하나님의 특별하신 선물임을 고백합니다.

그러나 종교 개혁 이후 500년의 세월이 흐른 지금, 교회는 개혁의 기치를 들고 일어섰던 때보다 타락하고 세속화되었음을 고백합니다. 하나님께서 그때 개혁을 일으켰던 지도자들과 교회 앞에 부끄럽지 않도록 저희의 신앙에 개혁이 일어나게 하옵소서! 믿음의 길을 가는 저희가 믿음보다 돈을 사랑하고 천국에 대한 소망보다 세상을 향한 집착이 더 강해졌습니다.

교회가 세상을 책망하고 바르게 인도하는 기능을 상실한 지 오래고, 오히려 세상이 교회를 염려합니다. 교회는 세상으로부터의 존경과 신망, 또 신뢰와 애정을 모두 상실하고 오히려 세상에서 배척당하여, 이제는 '종교 개혁 기념 주일'을 지키기도 부끄럽고, 교회가 세상을 향해 내는 소리에 귀를 기울이는 이는 아무도 없습니다. 저희를 불쌍히 여겨 주옵소서!

사람들이 모인 교회는 다시 이천 년 전 '예루살렘' 성전보다도 더 추하고, 500년 전의 종교 개혁 당시보다 참담하고 암울합니다. 저희를 긍휼히 여기시고, 그 시절의 종들을 보내주시기를 기도하되, 먼저 저희 한 사람 한 사람이 작은 '루터'가 되어, 큰 개혁이 아니라 작은 실천부터 하게 하옵소서! 목회자 평신도 할 것 없이 무너진 자신을 회개하게 하옵소서!

저희를 죄악에서 건지신 예수님의 이름으로 기도드립니다. 아멘!

부록. 신앙 절기를 위한 기도

골방기도 - 부록 / 절기

추수 감사절 기도!

추수할 것을 주셔서 감사합니다.

"맥추절을 지키라 이는 네가 수고하여 밭에 뿌린 것의 첫 열매를 거둠이니라 수장
절을 지키라 이는 네가 수고하여 이룬 것을 연말에 밭에서부터 거두어 저장함이니
라 네 모든 남자는 매년 세 번씩 주 여호와께 보일지니라."

(출애 23:16-17)

은혜가 풍성하신 하나님! 이제 봄에 씨를 뿌리기 시작해서 싹이 나고 자라
는 동안에 논과 밭에서 김매기, 풀 뽑기, 농약 치기, 가지치기 등 수십 수
백 가지의 농사일에 힘들었던 이들이 농작물을 수확하여 풍년을 주심이
고마워 하나님께 예배합니다. 하나님께서 저희 예배를 받아 주옵소서! 일
년 동안 수고한 농부들을 기억하시어 위로하시고 복을 주옵소서!

그렇게 힘들고 어렵게 한해(旱害)와 폭우와 폭염을 견디면서 가꾸어 온 농
작물은 이제까지 자연과 싸운 것보다 더 큰 싸움을 만납니다. 기쁨으로 수
확은 했으나 수확의 기쁨은 잠시, 이미 농산물 가격은 바닥이고 주곡인 벼
농사를 지어 가마니에 담아 공판장에 가면 수매가격이 인건비는 물론, 농
약대, 비료대 등 생산 원가에도 못 미치는 현실을 만납니다.

이제는 국민의 3분의 2가 농업에 종사하는 농업 국가가 아니라 '추수 감사
절'이라고 부르기도 민망합니다. 수산업에 종사하는 이들, 공산품을 생산

하는 이들, 서비스업이나 건설업에 종사하는 이들, 각 분야에서 한 해의 마감을 앞둔 이들의 한 해를 복 주시고 전 분야에서 헌신한 하나님의 사람들이 허탈하지 않도록 풍성히 수확하고 제대로 판매하게 하옵소서!

오늘도 '추수절' 예배를 드리며 감사한 일도 있지만, 저희의 내면에는 걱정과 근심도 있고, 마음에 쌓인 불평과 불만도 있습니다. 아픈 마음도 있고 불편하고 어두운 마음도 있습니다. 하나님께서 저희 어두운 마음에 빛을 주시고 힘든 이들의 짐을 가볍게 하옵소서! 감사가 풍성하게 하시고 기쁨이 충만한 하루 되게 하시고 넘치는 행복으로 살게 하시옵소서!

하나님께서 행여 오늘 예배하는 이들 중에 감사드리는 내용이 다르고, 또 드리는 물질이 작아서 마음이 어두운 이가 있다면 그들을 위로하여 주옵소서! 저희가 아무리 속으로 "하나님은 우리의 물질을 원하시는 것이 아니라."면서도 실제 강단에 드리는 것이 작고 초라하면 마음 가운데 죄송한 마음이 들고 부끄러움에 눈물이 흐릅니다. 여기서 자유를 주옵소서!

오늘 추수절에 하나님께 무엇을 얼마나 드렸을지라도 하나님께서 기쁨으로 받아 주셨을 줄 믿는 마음으로 돌아가게 하옵소서! 다시 내년을 기약하고, 또 다른 내일을 꿈꾸는 이들에게 아름다운 약속을 주옵소서! 그래도 어렵고 쫓기는 중에 절기를 기억하며 주님께 예배하는 이들을 위로하여 평안케 하옵소서! 오늘 하나님께 받으시는 예배가 되게 하옵소서!

해마다 풍성한 가을을 주시는 예수님의 이름으로 기도합니다. 아멘!

부록. 신앙 절기를 위한 기도

골방기도 - 부록/절기

대림절 첫째 주일 기도!

주 예수님, 어서 오시옵소서!

"이 동네에서 너희를 박해하거든 저 동네로 피하라 내가 진실로 너희에게 이르노니 이스라엘의 모든 동네를 다 다니지 못하여서 인자가 오리라."

(마태 10:23)

사랑하시고 그리운 하나님! 이제 대림절 첫 주일입니다. 성탄절 네 주 전부터 주님의 오심을 기다리는 대림절(待臨節) 첫 주일입니다. 성탄절에 주님을 예배하기를 꿈꾸며 기다리는 대림절 절기가 주님을 갈망하는 마음으로 가득하게 하옵소서! 들판에서 양을 치며 아기 예수님을 기다리던 목자들처럼 언제나 사모하는 신실한 하나님의 백성들이 되게 하옵소서!

오랜 세월 예언된 '메시아'를 기다리는 심정으로 매 주일과 매일매일에 주님을 사모함으로 '베들레헴'을 바라보는 저희 되게 하시고, 이제는 다시 오실 주님을 기다리는 마음으로 예배를 사모하며 예배에 갈급하는 저희가 되게 하옵소서! 지금처럼 주님이 그립고 지금처럼 주님을 사모한 적이 없이 간절함으로 대림절 한 주간 한 주간을 보낼 수 있게 하옵소서!

사랑하는 하나님! 지금도 옛적 '메시아' 계시 이후 침묵하시던 하나님을 기다리는 침묵의 시간처럼 답답하고 안타깝게 주님을 기다립니다. 언제나 기억하시고 저희에게 오시옵소서! 저희는 새벽마다 밤마다 "아멘 주 예수여 오시옵소서!"하고 다시 오실 주님에 대한 그리움으로 예배하게 하옵소서! 사람들이 뭐라고 하든 주님에 대한 갈망으로 살게 하옵소서!

지금 주님께서 얼른 오시라고 기도하는 것은 교회가 너무 죄악에 깊이 묻혀가고 있습니다. 주님께서 얼른 오셔야 하는 이유는 세상이 너무 악해져 있습니다. 불의한 이들이 권력을 쥐면 백성들은 희망이 사라집니다. 암담한 하루하루가 언제 희망의 날로 바뀔지 모릅니다. 절망하는 세상에 희망의 주님이 필요하고, 사랑이 식은 곳에 사랑이신 주님이 필요합니다.

교회는 복음을 전하는 것보다는 세상에서 교인 쟁탈전을 벌이고 있고, 하나님의 종들은 섬기는 교회의 규모에 따라 서열이 정해지기에 교회마다 크기를 자랑하며, 평생 작은 교회를 섬기던 이들은 은퇴하고 나면 생계유지도 어려운 상황입니다. 하나님께서 아들 예수님을 통해 공평하게 심판하실 때 어쩌다 작은 교회 구성원 된 종들을 위로하여 주옵소서!

사랑의 하나님! 오늘부터 시작된 대림절의 네 주간 기도에 응답하시고 매주일 기도의 무릎을 꿇고 하나님을 부를 때, 저희의 눈에 흐르는 눈물을 닦아 주옵소서! 오죽하면 이 화려하고 아름답고 부족함이 없는 듯한 세상에서 주님의 오심을 기다리겠습니까? 저희의 마음에 오셔서 위로하여 주옵소서! 언젠가 다시 오실 주님을 기다리오니 응답해 주옵소서!

언젠가 저희에게 다시 오실 예수님의 이름으로 기도합니다. 아멘!

골방기도 - 부록 / 절기

대림절 둘째 주일 기도!

주님을 갈망합니다.

"영으로나 또는 말로나 또는 우리에게서 받았다 하는 편지로나 주의 날이 이르렀다고 해서 쉽게 마음이 흔들리거나 두려워하거나 하지 말아야 한다는 것이라."

(살후 2:2)

온 마음으로 주님을 갈망하게 하시는 하나님! '대림절' 둘째 주일 아침에 주님을 사모함으로 찬양을 드리고, 사모함으로 말씀을 듣습니다. 자나 깨나 앉으나 서나 주님만 생각하게 하옵소서! 지금은 하나님께서 묵시도 없이 침묵하시던 그 시절만큼이나 답답하고 안타깝고 울분이 끓어오르는 시간입니다. 하나님께서 저희에게 주님을 보내심으로 위로하여 주옵소서!

이 시대는 정치적으로는 암울하고, 경제는 불확실하고, 군사적으로는 이제껏 없던 핵 위협까지 받고 있고, 민심은 흉흉합니다. 하루하루를 살아가는 저희 서민들은 희망도 꿈도 사라졌고 대한민국의 국민으로 사는 자긍심마저 잃어버린 암담함을 겪고 있습니다. 무슨 힘으로, 무슨 희망으로 살아야 하는지 모르는 때 주님께서 오셔서 민족을 위로하여 주옵소서!

정치 권력은 로마의 황제에 의해 임명된 총독이 다스리고 있고, 조그만 땅덩어리는 포악한 네 명의 왕이 통치하는 나라, 종교지도자로 일컬어지는 종교인들은 부와 명예에 취해 앞뒤도 가리지 못하는 시대적 상황에 예수님께서 오셨습니다. 떡을 만들어 주시고, 병을 고치시고 귀신을 쫓아내시면서 세리와 죄인들의 친구가 되시면서 그들의 희망이 되셨습니다.

물론 예수님께서는 그들이 소망하는 궁극적 희망은 아니고 십자가를 지고 돌아가셨습니다. 그러나 뒤이어 오순절에 다른 보혜사로 오신 성령님은 성자 예수님 이후의 암울한 시대의 백성들에게 위로가 되셨고, 그들은 성령님과 함께 복음을 전하며 하나님의 나라를 이어갔습니다. 무기력하고 무능한 유대 사회는 하나님께서 새로운 문명을 시작하게 하셨습니다.

이 시대 저희가 성전에 나가 무릎 꿇는 마음으로 주님을 기다리는 대림절 기도를 드릴 때, 하나님께서 저희에게 응답해 주옵소서! 어두운 시대에 저희가 희망의 끈을 놓지 않고 갈 수 있게 하여 주옵소서! 주님을 갈망하던 '가나안' 여자나, '여리고'의 세리장 '삭개오'나, 여섯 번째 남편과 살고 있던 '수가'성 여인처럼 소망 없이 사는 저희 구주로 오시옵소서!

사랑하는 하나님! 저희는 대림절을 지나고 성탄절에 주님 오심을 축하하고 한 해를 마감하지만, 교회력은 대림절 네 주를 지나고 성탄절 축하를 드린 다음 새해를 맞습니다. 새해가 시작되면서 사랑하는 주님과 출발하게 하옵소서! 새해에는 주님께서 저희 인생의 주가 되시고 생애 주인이 되어 주옵소서! 이제부터 영원토록 주님으로 고백하며 살게 하옵소서!

저희의 영원한 주가 되시는 예수님의 이름으로 기도드립니다. 아멘!

부록. 신앙 절기를 위한 기도

골방기도 - 부록/절기

대림절 셋째 주일 기도!

주님을 사모하고, 사모하며 기다립니다.

> "그의 남편 요셉은 의로운 사람이라 그를 드러내지 아니하고 가만히 끊고자 하여 이 일을 생각할 때에 주의 사자가 현몽하여 이르되 다윗의 자손 요셉아 네 아내 마리아 데려오기를 무서워하지 말라 그에게 잉태된 자는 성령으로 된 것이라."
>
> (마태 1:19-20)

사랑의 하나님! 사람을 기다리는 일은 때로는 힘들고 지치는데, 주님을 기다리는 일을 세 주간째 이어왔습니다. 얼른 성탄 예배를 드리고 싶습니다. 옛적에 메시아를 기다리던 유대인들의 답답함이 어떤지 이해합니다. 더구나 요즘처럼 세상이 어수선할 때는 더욱 주님이 그리운 계절입니다. 한해를 마감하는 때라 세상은 시끄럽고 저희 마음도 더욱 착잡합니다.

주님께서 저희를 사랑하여 구원해 주셨고, 구원받은 몸으로 이 땅에 살면서, 지난 절기를 기념하는 '대림절'은 여러 가지 많은 생각을 하게 됩니다. 저희의 믿음은 온전한 믿음인지, 저희의 삶은 하나님 보시기에 바로 산 것인지, 저희 신앙의 자세는 바른 것인지 매사가 두렵고 떨립니다. 아버지께서 지금 저희를 보실 때 어떤 마음이실까도 많이 생각했습니다.

사랑하는 하나님! 때로는 조급하고 때로는 게으릅니다. 이런 저희 성품을 기억하시고 하나님 앞에서 바로 살게 하옵소서! 신약 유대인들이 메시아를 기다리던 마음으로 간절히 소망하다가 '세례요한'이 왔을 때 메시아인가 하고, 얼마나 답답했을까 생각합니다. 하나님은 하루가 천 년 같고 천 년이 하루 같은 것을 알지 못하는 이들은 늘 조급하기만 합니다.

사랑하는 하나님! 주님을 기다리되 조급하지 않게 하시고, 주님을 기다리되 게으르지 않게 하옵소서! 주님께서 명하신 일, 맡기신 사명을 성실히 감당하면서 지혜로운 열 처녀처럼 등과 가름을 준비하게 하시고 금을 맡은 종들처럼 열심히 장사하여 이를 남기면서 기다리게 하옵소서! 하나님은 우리의 왕이십니다. 왕의 명령을 따라 일하는 저희가 되게 하옵소서!

주님이 그리울 때면 성경을 읽고, 그래도 그리울 때는 기도하고, 그래도 그리울 때는 하나님이 지으신 산과 강이며 하늘과 바다를 보면서 주님을 기다립니다. 얼핏 신비하게 보일 수 있는 믿음을 가지고 늘 두려움으로 주님을 기다리게 하옵소서! 하나님에 대한 진실한 믿음이 저희에게 있게 하시고 하나님을 기다리며 약속이 이루어지는 것을 보게 하옵소서!

사랑하는 하나님! 하나님께서 오실 때 아주 작은 상이라도 받게 하옵소서! 그러나 상이 없을지라도 하나님 나라의 가족으로 살고 있다는 것만도 큰 상이기에 감사합니다. 그것만 해도 영광입니다. 저희를 기억하여 주옵소서! 이제 주님을 기다리며 깨어있게 하시고, 주님을 위해 준비하게 하시고, 정신을 바짝 차리게 하옵소서! 우리를 늘 지켜보심을 믿습니다.

지금 우리를 위해 준비하시는 예수님의 이름으로 기도드립니다. 아멘!

골방기도 - 부록/절기

대림절 넷째 주일 기도!

보라 신랑이로다!

"신랑이 더디 오므로 다 졸며 잘새 밤중에 소리가 나되 보라 신랑이로다 맞으러 나오라 하매 이에 그 처녀들이 다 일어나 등을 준비할새"

(마태 25:5-7)

사랑의 하나님! 오늘 대림절 마지막 주일입니다. 이제 다음 주일에는 그동안 기다린 주님의 오심을 축하드리는 '성탄 예배'를 드리게 됩니다. 그동안 저희의 조급한 마음을 받아 주시고 오늘까지 참아주신 하나님! 이제 마지막 주일에 더욱 경건하게 주님의 오심을 사모하며 아름다운 신부의 모습으로 주님을 기다리게 하옵소서! 주님 앞에 신실하게 하옵소서!

주님은 옛적에 저희에게 언약하셨고, 언약을 지키기 위하여 지금도 준비하시고 저희를 만나기 위하여 다시 세상에 오실 것을 믿습니다. 이런 하나님의 깊은 사랑을 가슴에 새기며 기다리는 저희가 주님의 음성을 듣고 즉시 반응할 수 있도록 준비하게 하옵소서! 하나님은 신실하신 분이라 언제 하신 약속이든 기어이 성취하시는 분이심을 확실히 믿습니다.

주님을 세상에 보낸다고 말씀하신 대로 보내셨고, 십자가에 돌아가신다고 하신 대로 돌아가셨고, 돌아가시고 다시 사신다고 하신 대로 다시 사셨고,

이제 승천하시고 다시 오실 언약을 하나 남겨 두고 계십니다. 인생들을 향해 주신 마지막 약속이 이루어지기를 대림절 마지막 주간에 간절히 기도합니다. 저희를 사랑하신 사랑이 느껴지고 생각나게 하시옵소서!

사랑하는 하나님! 저희는 하나님 한 분으로 족합니다. 하나님 한 분이면 충분합니다. 하나님 한 분이면 더 이상의 소원이 없습니다. 이제 땅에 살아있는 동안에 다시 오시는 주님을 만나는 경험을 하고 싶습니다. 그러나 그것도 하나님의 뜻에 따르는 일이오니 하나님의 뜻대로 인도하옵소서! 다만, 저희가 하나님의 나라에서 책망받을 일이 없게 하여 주옵소서!

하나님 이제 가슴이 설렙니다. 올 성탄절에는 어떤 은혜를 주실지, 올 성탄 예배는 어떤 말씀을 저희에게 주실지 기대가 됩니다. 어떤 은혜를 주시든지 저희에게 늘 과분합니다. 어떤 은혜를 주시든지 저희에게 늘 넘치십니다. 항상 풍족하고 항상 부요하신 주님께서, 오실 성탄절에도 귀한 은혜를 준비해 주신 줄 믿고 사모함으로 기다리며 영광을 올려 드립니다.

한 주간 후에 다가올 성탄을 위하여 주님께 예물을 준비하게 하시되 먼저 정결한 신부의 몸과 마음으로 주님을 영접하게 하시고, 하나님께서 기뻐하시는 예물을 드리게 하옵소서! 주님께서 언제 어느 때 어떤 모습으로 오시든지 원하시는 자리에서 바라시는 그것을 드릴 수 있도록 기도로 준비하게 하옵소서! 예물을 준비하여 드리며 무한 행복하게 하옵소서!

지금 우리를 향해 출발하신 예수님의 이름으로 기도드립니다. 아멘!

부록. 신앙 절기를 위한 기도

골방기도 - 부록/절기

성탄절 기도!

큰 기쁨의 좋은 소식을 전하노라!

"천사가 이르되 무서워하지 말라 보라 내가 온 백성에게 미칠 큰 기쁨의 좋은 소식을 너희에게 전하노라. 오늘 다윗의 동네에 너희를 위하여 구주가 나셨으니 곧 그리스도 주시니라."

(누가 2:10-11)

사랑의 하나님! 저희를 위하여 이 땅에 인간을 입고 오신 아기 예수님의 탄생을 기념하는 '성탄절' 아침입니다. 하나님께서 인간을 입고 오시는 일도 귀하지만 인간을 입으실 때 죄를 입어 죄인이 되시고, 죄인으로 오심이 십자가에 죽으려고 오셨다는 것이 저희에게는 가슴 아픈 신비입니다. 그럼에도 불구하고, 예수님의 탄생에 저희가 많은 은혜를 입었습니다.

예수님의 탄생이기에, 사람만 기쁨을 당연히 축하하고 기뻐해야 하지만, 주님의 생애에 일어날 일을 알고는 감히 축하할 수 없고 기뻐할 수가 없습니다. 사랑의 주님! 고맙습니다. 고마움의 기도를 드리나 저희 가슴으로는 울고 있습니다. 탄생의 기쁨보다 다가올 수난의 그림자, 돌아가시는 십자가의 고통을 너무 잘 알아 저희 입술로 찬양을 할 수가 없습니다.

사랑하는 하나님! 세상은 여전히 미움과 갈등이 가득하고, 여전히 슬픔과 아픔이 가득히 머무는 곳이라, 저희도 순간순간 육신의 옷을 벗고 새로운 옷을 입고 하나님 앞에 서고 싶습니다. 그러나 정한 때까지 땅에 살도록 명을 받았으니 이곳에서 주신 사명 감당할 때까지 살게 하옵소서! 그리고 최선을 다해 기쁨으로 하나님의 뜻을 이루며 살게 하시옵소서!

사랑의 하나님! 예수님께서 오셔서 저희를 사랑하여 당신을 이 땅에 버리셨듯이, 저희도 우리를 사랑하신 주님께 모든 것을 드릴 수 있게 하옵소서! 동방의 박사들이 '황금'과 '유향'과 '몰약'을 예물로 드리셨는데 박사들과는 비교할 수 없는 은혜를 입은 저희가 그들과는 비교할 수 없는 저희 인생을 드리게 하옵소서! 성령님의 함께 하심을 간절히 기도합니다.

복음을 모르는 불의한 세상은 예수님의 성탄절이 죄를 짓는 기념일처럼 죄를 더욱 무섭게 짓고, 더 마시는 날로 알고 있습니다. 믿음을 가진 저희만이라도 하나님 앞에 정결한 신부로 나아가게 하옵소서! 주님은 하늘의 보좌와 권세를 버리고 오셔서 저희를 위해 돌아가셨는데, 저희가 그렇게까지는 못해도 주신 몸과 마음 정결하게 관리하여 살게 하여 주옵소서!

사랑하는 하나님! 그럼에도 아기 예수님께서 이 땅에 탄생하신 것을 축하드립니다. 그 운명이 어떻게 슬픔으로 끝나실지라도, 저희를 위해 오심을 축하드리고, 저희를 위해서도 기뻐하겠습니다. 성탄절에 저희에게도 기쁜 일이 많게 하시고 행복하게 하옵소서! 성령님 때문에 제가 살고, 주님 때문에 제가 행복한 것처럼 저 때문에 하나님께서도 행복하시옵소서!

우리를 위해 세상에 오신 예수님의 이름으로 기도드립니다. 아멘!

부록. 신앙 절기를 위한 기도

골방기도 - 부록/절기

송년 주일 기도!

하나님께 보고 드릴 게 있게 하옵소서!

"오랜 후에 그 종들의 주인이 돌아와 그들과 결산할새 다섯 달란트 받았던 자는 다섯 달란트를 더 가지고 와서 이르되 주인이여 내게 다섯 달란트를 주셨는데 보소서 내가 또 다섯 달란트를 남겼나이다." (마태 25:19-20)

사랑하시는 하나님! 일 년 열두 달 365일을 보내는 동안 쉰두 번째 주일을 맞습니다. 신년 첫 주일을 맞아 새해를 주신 하나님께 감사예배를 드린 지 몇 주 안 되는 것처럼 생각되는데 어느새 마지막 주일을 맞아 하나님께 감사드립니다. 쉰두 주를 보내면서 하나님의 마음을 아프게 한 적도 많고 섭섭하게 해드린 적도 많았을 텐데 용서하셨으니 고맙습니다.

오늘 마지막 주일 예배를 드리고 얼마 남은 시간마저 미련 없이 구별하여 하나님께 드리게 하시고, 다가오는 새해에는 주님께서 기뻐하실 만큼 멋진 한 해가 되게 하옵소서! 제 몸이 하얗게 타도록 주님을 위해서 모두 불살라드려 하나님 사랑을 전하게 하옵소서! 육신을 피 한 방울 남김없이 다 드리셨는데 주님을 위해 저희가 시간이라도 드리게 하옵소서!

하나님! 올해도 저희에게 주신 시간을 아낌없이 드렸는지 돌아보게 하시고, 인색함으로 살지 않았는지, 하나님의 뜻에 어긋나는 일에 쓰지는 않았는지 돌아보게 하옵소서! "세월을 아끼라!" 하신 말씀을 돌아볼 때 시간을 아껴 하나님의 일을 감당할 때 주님의 뜻을 이루는 도구가 되게 하옵소서! 내일은 다시 오지 않음을 알고 매일매일 최선을 다하게 하옵소서!

주님! 저에게 지금까지 물 붓듯 넉넉하게 쏟아부어 주셨는데, 끝까지 믿음으로 주신 사명 감당하게 하옵소서! 진실하신 하나님! 때를 얻든지 못 얻든지 기도하고 성경 읽고 전도하고 매 순간 하나님께 모두 드리게 하옵소서! 주님께 기도하는 행복으로 살고, 하나님의 말씀을 읽는 행복으로 살게 하옵소서! 하나님을 생각하는 것만으로 행복하게 살게 하옵소서!

한 해를 보내는 마지막 주일에 지난 시간을 돌아보며 부끄러움이 많습니다. 지난날을 돌아보며 죄송함도 많습니다. 하나님께 불충한 것도 많고 성도들에게 불충함도 많고, 이웃들에게도 불충함이 많습니다. 그래도 하나님께서 용서와 사랑을 베풀어주셨으니 고맙습니다. 이제부터는 후회 없는 인생을 살게 하시고, 새로 시작하는 첫 주부터 승리하게 하옵소서!

사랑의 하나님! 한 해 동안 탈 없이 살게 하신 것 고맙습니다. 여전히 건강을 주신 것이 고맙고, 여전히 지켜 주신 것 감사합니다. 믿음을 붙잡아 주신 것이 고맙고, 믿음 안에 살게 된 것이 고맙습니다. 이날까지 한해를 지키셨으니 이처럼 내년에도 지켜 주심을 믿습니다. 바라기는 하나님께서 저희에게 임마누엘 하셔서 지치거나 상하지 않고 강건하게 하옵소서!

한 해 동안 저희와 동행하신 예수님의 이름으로 기도드립니다. 아멘!

부록. 신앙 절기를 위한 기도

골방기도 - 부록/절기

송구영신 예배 주일 기도!

이전 것은 지나갔으니 보라 새것이 되었도다!

"그런즉 누구든지 그리스도 안에 있으면 새로운 피조물이라 이전 것은 지나갔으니 보라 새것이 되었도다."
(고후 5:17)

사랑의 하나님! 한 해를 보내고 새해를 맞는 저희가 한 해를 보내고 맞는 '송구영신 예배'를 드리려 서니 가슴이 뭉클합니다. 죄 많은 인생인데 한 해를 무탈하게 보내게 하시니 감사하고, 또 흠 많은 인생인데도 또 한 해를 맞이할 기회를 주시니 고맙습니다. 오늘 떠나 보내는 해와 새로 맞이하는 해 모두에 부끄러움이 없는 예배가 되게 인도하여 주시옵소서!

한 해를 보내고 맞는 저희 마음에 지난해에 대한 미안함, 죄스러움, 후회나 아쉬움은 다 묻어버리고, 이제 다가오는 새해에 거는 무한 희망과 기대를 증폭시켜 올해 못 이룬 일을 내년에는 꼭 이루어보려는 간절한 소원을 담아 드리게 하옵소서! 아직 다가오지 않은 미래는 저희에게 기회의 시간인 줄 알고 최선을 다해 성실하게 빈틈없이 활용하게 하옵소서!

오래 참으시는 좋으신 하나님! 저희의 실수를 덮으시고 부족한 부분은 받아주시니 고맙습니다. 믿음으로 하나님 앞에서 우리의 함량을 달아볼 때는 한없이 부족함을 고백합니다. 저희를 받으시고 용납하심이 은혜요 참으심이 사랑인 줄 믿습니다. 하나님의 사랑이 아니면 버틸 길이 없으니, 하나님께서 저희에게 긍휼을 베풀어 어떤 난관도 이기게 하시옵소서!

하나님 다가오는 새해에는 교회가 꿈꾸고 있는 하나님의 사역들을 일으키어 복을 주옵소서! 새해에는 교회가 더욱 건강하기 원합니다. 부서마다 새로운 활력이 넘치고 성도들이 영적 성장이 넘치게 하시고, 가정마다 행복하게 하시고, 기업마다 매출이 신장 되고 경제적 힘이 생기게 하시고 육체를 가지고 있는 이들이니 건강하여 모든 질병을 이기게 하옵소서!

새해에는 믿음도 배가(倍加)되게 하시고, 새해에는 영력(靈力)도 배가 되게 하시고, 기도의 능력도 배가되게 하옵소서! 언제나 저희와 동행하시는 하나님 덕분에 지치는 일도 상하는 일도 없이 무슨 일이든 승리하게 하옵소서! 언제나 승리하도록 인도하여 주옵소서! 언제나 앞서가게 하시고, 어떤 일이든지 담력을 가지고 도전하여 쟁취할 수 있게 하시옵소서!

하나님! 한 해 동안 지나면서 후회한 일을 반복하지 않게 하옵소서! 새해에는 계획했다가 미루거나 시행했다가 실패하지 않게 지켜주옵소서! 두 번 다시 가슴 치면서 안타까워하거나 억울할 일이 없게 하옵소서! 언제나 하나님께서 함께하심으로 이기게 하옵소서! 언제나 힘주시기를 구합니다. 늘 넘치도록 도와주옵소서! 새해는 승리의 해가 되게 하옵소서!

때마다 일마다 참 좋으신 예수님의 이름으로 기도드립니다. 아멘!

부록. 신앙 절기를 위한 기도

후기.
'골방 기도'의 뒷이야기

골방 기도 (1)

기도문을 쓰는 행복!

제가 글을 쓰는 것은 다른 분들과는 퍽 다릅니다. 보통의 필자, 혹은 저자들은 자신의 깊은 학문적 성과물로 책을 내거나, 그렇게까지는 아니라도 각기 전공 분야에서의 탁월한 업적을 기반으로 후학들에게 도움을 주기 위해 책을 냅니다. 아니면 그 분야에 있는 여느 사람들보다는 앞서가는 위치에서 더 많은 정보 혹은 식견을 통해 무언가의 도움을 줄 수 있습니다. 그래서 대개 저자들은 그 학문적 연구에 대한 신뢰와, 이를 집대성해 정리한 일로 사람들의 존경을 받습니다.

저도 책을 몇 권 낸 사람이니까 때로는 '저술가'일 수도 있고 때로는 '작가'일 수도 있습니다. 또 앞의 전제로 본다면 신뢰와 존경도 받을 수 있습니다. 그러나 저는 그런 위치에서 책을 써 본 적도 없고, 그렇게 저술함으로 신뢰나 존경받을만한 위치에 있지도 않습니다. 제가 글을 쓰고, 이 글들을 책으로 묶는 것은 사실이지만, 제가 가진 엄청난 지적 연구 결과물이나 고급 정보 혹은, 나름대로 사명을 가진 출판물이 아니고, 인내와 끈기로 이어진 한 편의 '자기 행전'일 뿐입니다.

오늘 마침 저는 '골방 기도' 중에서 "주님께서 저희에게 손을 댄 경험을 주옵소서!"라는 기도문을 쓰고 있었습니다. 그런데 그 주님의 경험을 구하는 저의 마음에, 나면서부터 맹인이었던 '예루살렘'의 맹인 이야기를 쓰고 있었습니다. 아시는 대로 맹인은 앞을 못 보는 이입니다. 전에는 '소경'이라고 부르기도 했고, '봉사'라는 이름으로도 불렸습니다. 요즘 장애 있는 이들의 인권 침해를 막기 위해서 '시각장애인'으로 부르고 있지만, 저는 '맹인'이라고 부르는 것이 그분들께 좋다고 봅니다.

그의 이야기를 쓰는데 성령님께서 저에게 아주 깊은 감동을 주셨습니다. 그렇습니다. 저는 맹인의 눈에 처음 주님께서 땅에 있는 흙을 그의 눈에 붙일 때를 생각해 보았습니다. 그는 그때 나면서부터 맹인 된 신분이었습니다. 그의 눈은 아무것도 볼 수 없는 맹인이었습니다. 가뜩이나 안 보이는 눈에 진흙을 덧발랐으니 얼마나 안 보이겠습니까? 긍휼을 입지 못한 채 주님께서 그에게 더 이상하게 침으로 진흙을 반죽해서 발라주시면서 "실로암에 가서 씻으라!"라고 명령하셨습니다.

아직도 그는 눈에 주님께서 덧칠해 주신 주님의 침으로 반죽하신 진흙 덩어리가 덕지덕지 묻어있습니다. 날 때부터 맹인이던 그 눈에 덧씌워진 진흙은 그를 더 꼴불견으로 만들어 주셨습니다. 그는 땅을 밟을 때마다 늘 사람들에게 수군거림을 당하곤 했습니다. 특히나 '실로암'처럼 한참 비탈진 길을 내려가야 할 때는 발걸음을 옮길 때마다 길바닥에 깔린 자갈들이 일어나면서 수없이 자빠지며 엉덩방아를 찧어야 했습니다. 그러나 늘 그렇듯이 다시 일어나 툭툭 털고 갔습니다.

그래도 이번에 '실로암'으로 가는 길은 여느 때와는 다릅니다. 지금은 희망이 있고, 꿈이 있습니다. 내려가서 자신의 눈에 덧씌워 그곳에 오는 동안

후기. '골방 기도'의 뒷이야기

말라버린 진흙 덩어리 때문에 지금은 눈두덩이 당겨지는 것처럼 고통스럽지만, 조금만 견디면 눈이 밝아질 수 있기 때문입니다. 그동안 그를 향한 주변의 시선은 측은히 여기는 마음들과 멸시하거나 무시하는 마음이었습니다. 아니면 무관심이었습니다. 간혹 냉대하는 이들도 있었습니다. 거기다 가끔은 저주하는 이들까지 있었습니다.

그러나 이번은 달랐습니다. 처음 특별한 주의를 기울이지 않고 나눈 그들의 대화를 들을 때, 그가 누구의 죄로 인해 이렇게 맹인이 되었는지 질문을 하신 다음, 예수님은 "이 사람이나 그 부모의 죄로 인한 것이 아니라 그에게서 하나님이 하시는 일을 나타내고자 하심이라."(요한 9:3)라는 말씀을 들었습니다. 절제 없이 나눈 대화 덕분입니다. 그런데 그의 마음속에 "어쩌면 이런 하나님의 비밀을 통달하신 분이라면 나의 눈을 뜨게 해줄 수도 있을 것이다."라는 믿음이 생겼습니다.

곧이어, 침을 뱉어 흙을 이기시더니 그의 앞으로 다가와 미처 피할 시간도 없이 눈 위에 덧바르시고 나서 대뜸 "실로암에 가서 씻으라!"(요한 9:7)라는 것입니다. 거역할 시간도 없이, 한순간 피할 수 없는 운명처럼 그에게 다가온 일이었고, 그는 그 길로 우스꽝스러운 모습을 한 맹인이 되어 '실로암'을 향해 갔습니다. 실로암에 이르는 길은 몹시 거칠었지만, 그는 그 길을 믿음으로 갔고, 순종으로 실로암에 자신의 눈에 묻은 흙을 씻어냈습니다. 그의 눈에서 모든 것들이 씻겼습니다.

눈두덩에 말라버린 진흙 덩어리들을 씻어낼 때 느낌이 신기했습니다. '실로암' 못의 물이 보이는 것입니다. 이 큰 감격은 말이나 글로 설명은 불가능한 것들이었습니다. 그 순간의 감동이란 바로 믿고 일어서기에는 너무 엄청난 것이었습니다. '악!' 소리를 지르고 싶었습니다. 이날까지 한 번 본 적이 없는 하늘을 보았습니다. 하늘은 늘 그랬듯이 파란빛을 지니고 있었지만 더는 눈이 부셔서 쳐다볼 수가 없었습니다. 다시 눈을 감았습니다. 그러나 이제는 눈을 감을 수가 없습니다.

주변의 몇몇 사람들이 흘깃흘깃 자신을 바라보며 고개를 갸우뚱거리고는 다시 쳐다봅니다. 그에 대한 다양한 순간들이 생각나는 듯했습니다. 그는 자리에 계속 머물러 있을 수가 없었습니다. 이제 일어서서 회중들과 함께 역사 속으로 들어가고 싶었습니다. 돌아와서 내 눈을 뜨게 해준 분을 찾고 싶었습니다. '예루살렘' 시내는 그가 생각했던 것보다 훨씬 반응이 놀라웠고, 평생을 예루살렘에서 구걸하던 그가 눈을 뜨고 밝은 눈이 되었다는 소문은 시내를 발칵 뒤집어 놓았습니다.

이제 이런 충격의 역사가 있고 난지 이천 년 후에, 지금 저는 '예루살렘'에서 구걸하며 하루하루를 살다가 주님께서 제 눈에 침을 뱉어 반죽하신 진흙으로 덧발라주신 우스꽝스러운 모습으로 '실로암'을 향해 가고 있습니다. 그 길은 동정의 길이고 야유와 비난의 길이기도 합니다. 가뜩이나 보이지 않던 맹인의 눈에 잔뜩 바른 진흙은 보기에도 안 어울리고, 제 발걸음을 더욱 우스꽝스럽게 만들어 주고 있습니다. 제가 왜 그 모습을 하고 그곳을 가는지 아는 사람은 아무도 없습니다.

다만 저의 눈에 진흙을 발라주신 주님은 곧 보게 될 제 모습을 그리고 계셨고, 실로암을 향해 믿음으로 출발한 저는 이제 일어날 제 인생의 아름다운 미래를 눈을 떠 보고 있을 뿐입니다. 지금 제가 가는 이 길은 진흙을 씻어내는 일만 아니라 제 인생의 여정에서 묻은 온갖 더러운 이물질들과 비신앙적인 요소들을 모두 씻어내 주실 것입니다. 그날 '실로암'에서 이름을 알 수 없는 맹인의 눈을 깨끗이 씻어 주셨지만, 이 시대에는 관습으로 덧씌워진 모든 것들을 씻어주실 것입니다.

저는 오늘도 새벽에 일어나 지금까지 줄곧 글을 쓰고 있습니다. 글이라야 반향 없는 낙서에 불과한 촌스러운 글이지만, 이 글을 쓰는 동안 주님께서 아시고, 신앙의 눈도 열리지 않고 신학에도 여전히 어두운 저의 눈에 당신의 침을 뱉어 진흙을 이겨 덧발라 주시고는 "실로암에 가서 씻으라!"라고 하십니다. 가서 씻게 되면 밝아진다는 말씀도 없습니다. 그러나 그렇게 하신 말씀에 보이지 않는 약속이 있음을 믿고 오늘도 '실로암'을 향해 내려갑니다. 그 길은 참 험한 길이었습니다.

이 길은 정상적인 시력을 가진 이들에게도 어려운 길이고, 주변의 지형지물에 익숙한 이들에게도 불편한 길입니다. 태어나면서 한 번도 걸어온 적이 없는 저는, 보이지 않는 눈 위에 주술적 처방처럼 진흙을 이겨 붙인 우스꽝스러운 모습으로 그 길을 갑니다. 본인이 불편한 것은 물론 보는 사람들이 보기도 불편한 모습으로 그곳을 지나가는 동안 많은 주변 사람들이 의아한 눈으로, 혹은 의심스러운 눈으로 바라보고 있습니다. 그러나 제가 눈을 뜨리라고 생각한 사람은 없습니다.

골방 기도

그러나 저는 그 길을 가고 있습니다. 한 편의 작은 글을 쓰기 위해 기도하고, 이 일을 떠올리며 단어와 어휘들을 이어 글로 써서 교정을 보고, 근거 성경 구절을 달고 제 컴퓨터 안에 저장한 다음 다시 '페이스북'에 올립니다. 저의 게으름을 막아보려는 뜻입니다. 어쩌면 여느 사람들의 글쓰기에 비하면 처절하리만치 고난의 길을 지나서야 실로암에 이르는 것입니다. 그러나 어느 날, 저의 눈이 활짝 열리고 새로운 세상을 보는 날이 올 것입니다. 그래서 오늘도 내려가고 있습니다.

골방 기도 (2)
기도문을 쓰는 이유!

제가 매주 기도문을 쓰기 시작한 것은 4, 5년 전쯤 됩니다. 그런데 기도문을 쓰면서 가장 큰 은혜를 받은 것은 저 자신입니다. 저도 기도를 글로 쓰는 것에 대한 일반적 거부감이 아예 없었던 것은 아닙니다. 또 기도문이 생각처럼 쓰기 쉬운 것도 아니고 가성비가 좋은 편도 아니었습니다. 그러나 기도문을 쓰면서 무릎을 치며 깨달은 세 가지가 있습니다. 물론 기도와 관련된 책을 쓰고, 기도문을 책으로 엮는 과정에 얻은 소득이 한두 개는 아니나 이 몇 가지는 잊을 수 없습니다.

하나는 기도문이 '무한절제의 언어 집대성'이라는 사실입니다. 어떻게 전능하신 하나님 앞에 기도를 중언부언하겠느냐는 것에서 얻은 힌트는 지금도 제 기도문의 근간에 묻어있는 정신입니다. 그렇습니다. 우리가 세상 지도자, 권력자, 높은 자리에 있는 이들 앞에 서려면 왠지 떨릴 수밖에 없습니다. 그래서 미리 브리핑 자료를 만들고 연습을 하고 수차례에 걸쳐 자료를 수정 보완을 합니다. 예상 질문에 대한 답변도 여러 개 만들어 숙지합니다. 그때 문장, 단어, 어휘도 엄선합니다.

하나님 앞에 드리는 기도를 세상의 높은 사람들에게 보고하는 정도의 성의도 없이, 앞에 나설 때의 두려움이나 떨림도 없이 선다면 이는 불경죄이고 기도자의 직무 유기입니다. 따라서 한 편의 기도문을 쓰기 위해서는 더 많이 기도하고 배경이 되는 성경을 묵상하고 이를 인용하는 데 신중을 구할 수밖에 없습니다. 더러 종이에 볼펜으로 기도문을 써서 돼지 꼬리를 숱하게 붙여 수정하여, 들고 올라오는 이가 있습니다. 집에서는 기억될지 몰라도 강단에 올라오면 모두 날아갑니다.

그리고 또 하나는 '무한 정제된 언어의 집대성'이라는 것입니다. 그것은 기도의 언어가 일상에서 쓰는 대화용 언어나 SNS에 올리는 일상의 언어가 아니라 하나님께 올리는 고급언어요, 정제된 언어라는 것입니다. 우리가 무심히 쓰는 기도의 언어 중에는 '개역판 성경 본문'에서 인용해서 쓰는 '궁중 용어'가 많이 쓰이고 있습니다. 전체가 다 그렇게 쓰이는 것은 아니지만, 문장의 어미에 '하옵고', '하옵소서!', '주옵소서!' 등은 정중한 요청문의 대표적 예입니다. 물론 그게 전부입니다.

기도문에서 사용하는 모든 언어는 천박한 언어, 상스러운 언어, 상업적 언어를 사용하지 않습니다. 기도문을 그렇게 쓰는 이는 없겠지만, 단순히 정제(精製)하는 정도가 아니라, 고품격 언어로 정제된 기도문을 써야 합니다. 어려운 단어나 궁중 언어를 써야만 된다는 것은 아닙니다. 단어나 어휘 하나도 쓰는 이나 듣는 이가 상당히 심혈을 기울여 쓰였음을 공감할 수 있어야 합니다. 아무 말, 시장에서 쓰는 말이 아닌 품격 있는 용어의 선택은 만왕의 왕이신 하나님께 마땅한 것입니다.

그리고 중요한 것은 '무한 충전된 언어의 집대성'이라는 것입니다. 기도문은 영적인 관계를 이어주는 영적 언어입니다. 그렇기에 언어에 영감을 주

후기. '골방 기도'의 뒷이야기

시는 분은 성령님이십니다. 여기서 기도를 '절대 영감의 언어'라고 할 수 있습니다. 하나님께서 이 단어와 문장을 기뻐하실까, 기도문을 점검할 때, 기도문 쓰는 이가 3분짜리 기도문 하나를 완성하기 위하여, 두세 시간을 드려야 온전한 기도문 한 편이 나올 수 있다는 말입니다. 성령님이 OK 하실 때까지 적어도 몇 시간은 필요합니다.

저는 지금도 기도문을 쓸 때 어느 날은 하루 한 편을 못 쓴 채로 며칠을 보내기도 하고 어떤 날은 하루에 예닐곱 편씩 씁니다. 바빠서 그런 것이 아닙니다. 책상에 앉아 기도하면서 기도문 쓰기를 구해 보지만 며칠씩 단 한 편의 기도문도 주시지 않을 때도 있습니다. 그러다 어느 날은 새벽 두 시에 잠을 깨 그때부터 자정이 될 때까지 기도문을 씁니다. 때로는 운동 중에 기도문을 주시기도 하는데, 그러면 운동하던 걸음을 멈추고 메모하고 들어와서 기도문을 쓰기도 합니다.

'기도'는 신비한 하나님의 선물입니다. '기도문'은 더 신비한 성령님의 선물입니다. '기도문'을 쓰면서 한여름을 보내고 다시 오는 가을을 기다리는 마음은 시원한 바닷물에 발을 담그거나 멱을 감는 것보다도 행복한 일이고, 그래서 원로 목사인 저는 기도문을 쓰면서 게을렀던 지난날을 돌아보고, 남은 시간에 제 몸이 하얗게 타버릴 때까지 최선을 다해 하나님께 기도문을 써서 바치고 싶습니다. 하나님은, 제가 산이나 바다, 강이나 계곡에서 누리는 행복보다 더 큰 행복을 주실 것입니다.

골방 기도 (3)
기도문을 쓰는 과정!

제가 오래전 페이스북에 올린 칼럼에 이런 글이 실려 있습니다. "틈만 나면 기도하게 하옵소서! 틈만 나면 운동하게 하옵소서! 틈만 나면 집필하게 하옵소서! 틈만 나면 정리하게 하옵소서! 틈만 나면 집회하게 하옵소서!" 은퇴하고 나서 매일 기도하는 큰 줄기의 기도 제목입니다. 단거리, 중거리, 장거리 모든 기도에 같이 적용되는데 사실은 변함없이 진행되는 원로목사의 일과입니다. 오늘은 그런 저의 기도와 일과를 잠시 소개하고 독자들의 이해를 구하기 위해 씁니다.

저의 육체(몸)가 노동하는 데 쓰는 시간은 하루 20시간쯤 됩니다. 여기서 '노동'이란 표현은 잠자는 시간 이외의 시간이라는 뜻으로 새벽에 일어나 다시 잠자리에 들 때까지의 전 일정을 말합니다. 아울러 제가 오늘 쓰는 글은 '페이스북'에 비친 제 글의 배경을 중심으로 말씀드립니다. 해명의 성격도 있고, 이해를 구하는 취지도 있습니다. 우선 매일 평균 5편 정도 '땅의 기도'가 실립니다. 기도 내용은 주제에 따라 다른데, 그 하나가 '예수님처럼 살고 싶을 때 드리는 기도!'입니다.

이것이 무슨 기도냐 하면 "주님처럼 살고 싶어요!"라며 고백하는 이들이 많습니다. 목회자는 말할 것도 없고. 평신도들도 "어떻게 하면 주님처럼 살 수 있을까?", "주님의 마음에 들게 사는 길은 과연 무엇일까?" 하는 거록한 고민을 많이 하고 있습니다. 그런데 '주님처럼 사는 길'은 무척 추상적인 명제라, 당연히 처방이 모호할 수밖에 없습니다. 왜냐하면, 그분의 3년 공생애 기록을 다 섭렵해도 "이렇게 사는 것이 예수님처럼 사는 것이다."라고 정의하기는 무척 힘들기 때문입니다.

그런데 예수님의 생애를 기록한 네 복음서를 묵상해보면, 그분이 바라시는 삶의 윤곽은 드러납니다. 그렇게 살기 원하는 이들이 드려야 할 기도를 드리고, 그렇게 기도로 주님의 삶을 재현하고 싶고, 그 기도를 함께 드리며 그 길을 함께 가려는 이들에게 가능한 처방을 해드리고 싶었습니다. 적어도 이번 '골방 기도'의 전체적인 주제는 '주님을 닮기 원하는 이들의 기도'와 '주님처럼 살고 싶은 이들의 기도'가 될 것은 분명합니다. 요즘은 주님의 마음에 초점을 맞추는 데만 집중합니다.

주님의 심정, 주님의 소원, 주님의 바람 같은 주관적인 주님의 마음을 읽어내기 위해 적어도 이틀에 한 번꼴로 복음서를 듣습니다. 읽는 것이 더 빠를 수 있겠으나 1.75배속의 빠르기로 복음서 두 개씩은 하루에 들으며 이틀이면 사복음을 한 번씩 듣습니다. 읽으면서 느끼는 감동과의 차이가 있지만, 듣는 성경은 나름대로 깊은 감동과 함께 때로는 저를 전율하게 하는 주님의 감동이 있기도 하고, 어떤 때는 본문에서 주님께서 저를 통해 주시는 말씀이 구체적으로 들리기도 합니다.

그 무언가 잡힐듯한데 잡히지 않을 때는 몇 번씩 듣는데 오늘 아침에는 4번을 반복해서 들었던 경우도 있습니다. 성경은 주로 두어 시간 걸으며 운동하는 시간에 듣습니다. 따라서 육체의 운동만 하는 것으로 끝나는 게 아니라 하나님의 말씀을 듣는 행복으로 채우는 즐거움도 있습니다. 시간에 쫓기는 분들에게 추천하고 싶은 방법입니다. 그러면 그때마다 기도해야 할 제목을 보통 대여섯 편씩 주시는데, 그 순간은 마치 심마니가 심보는 순간만큼이나 짜릿한 영적 쾌감이 있습니다.

그럼 또 그 일을 위하여 기도하고 걷기 운동이 끝나고 수도원으로 돌아오면, 받은 감동을 따라 기도드리고 기도문을 정리하여 글 저장소인 '페이스북'에 올립니다. 이때는 주로 저녁 시간인데 저는 여느 분들보다 글 쓰는 시간이 훨씬 많이 걸립니다. 왜냐하면, 아시는 대로 제 글의 문장은 모두 정형화되어 있습니다. 그러다 보니 문장의 기승전결도 단락마다 조금 신경을 써야 하는 데다 저는 컴맹입니다. 컴맹보다 더한 건 독수리 타자수입니다. 얼마나 힘들지 상상이 가시지요!

아예 키보드는 안 쓰고 모든 원고는 터치펜으로 씁니다. 터치펜으로만 쓴 책이 30권쯤 되니 제 손도 수고를 많이 했습니다. 그걸 한글 프로그램으로 옮겨 그때 교정을 보고, 다시 그곳에서 맞춤법을 봅니다. 그렇게 정해진 기도문을 올리면 후에 주제별, 내용별로 정리해서 '기도문'으로 내게 됩니다. 글 쓰는 시간은 저에게 가장 행복한 시간이자 보람 있는 시간입니다. 책으로 낼 것까지 생각하지 않고, 매일 쓰는 시간이 행복하기에 쓰고, 다 쓰면 책으로 묶곤 하는 것이 제 삶입니다.

골방 기도 (4)
기도문을 끝내면서!

하나님을 향한 신앙고백은 믿음의 경륜과 체험의 내용에 따라 각기 다릅니다. 같은 하나님이시지만 모든 이들이 경험하고 고백하는 하나님은 각각 다릅니다. 저에게도 하나님은 특별하십니다. 만약 누가 저에게 "목사님의 하나님은 어떤 분입니까?" 하고 물으신다면 저는 서슴없이 "하나님은 마르지 않는 샘물입니다."고 고백할 것입니다. 그것은 제가 기도를 드리고 기도문을 집필하면서 경험한 하나님이시기 때문입니다. 하나님은 특별히 저에게 영원히 마르지 않는 샘물이십니다.

제가 기도문을 쓰면서, 특히 '땅의 기도'를 쓰면서 경험한 하나님은 저에게 기도를 가르쳐 주신 하나님이셨습니다. 제가 무슨 기도를 어떻게 드려야 할지 모르고 있을 때, 이런저런 일과 사람들을 위하여 기도하라고 하셨습니다. 그리고 그 기도의 대부분은 매일 운동을 하면서 운동 중에 감동하셨고 계시하셨습니다. 저는 그때마다 기도의 내용을 메모했다가 기도하고는 했습니다. 그렇게 책을 집필하는 동안 나중에는 성경을 들었습니다. 그것은 저에게 읽는 성경보다 좋았습니다.

성경을 듣는 일, 즉 성경을 들으면서 운동하는 일이 처음에는 성경의 권위를 실추시키는 것처럼 반감이 있었는데, 직접 체험하고 난 다음 '듣는 성경'의 예찬론자가 되었습니다. 성경 듣기는 '만 보 걷기'의 중요한 동반자가 되었으며, 기도의 광맥을 발견하게 해준 계기가 되었습니다. 매일 두 시간 가까이 만 보를 걸으며 시간이 아까워 기도하고, 시간이 아까워 듣던 성경은 저에게 폭넓은 성경 이해와 성경의 행간에 숨어 있던 기도 제목을 발견하는 예상치 못한 기쁨을 주었습니다.

'성경 듣기'는 분명히 영적인 영역의 일입니다. 그런데 결과적으로 제 '만 보 걷기'의 즐거움을 배가시켜 주었으며, 이 '만보 걷기'의 초보자인 저에게 '성경 듣기'는 또 다른 걷기의 즐거움이 되었습니다. 그 사이, 예측하지 못한 하나님의 인도하심이 있었습니다. 그것은 기도문 집필이 탄력을 받기 시작한 것입니다. 제가 스스로 정해놓은 원고 마감은 사실 강제력이 없었으나, 저는 시간을 지키려 부단히 노력했고, 그때 하나님은 또 마르지 않은 샘이 되셔서 저를 이끌어 가셨습니다.

본디 이번 기도집은 '땅의 기도'(2집)라고 불렀고, 모든 원고에는 '땅의 기도'라고 표기했는데, 애초 이 책에서 크게 두 가지 주제로 기도하려고 했습니다. 하나는 "왜 목회자도 자기를 위해 기도해야 하는가?"이고, 또 하나는 "어떻게 하면 예수님처럼 살 것인가?" 염려하는 이들을 위해 기도하기 시작했는데, 약 180편 정도씩을 예상한 이 영역의 기도는 아예 365편을 모두 같은 주제로 마감했습니다. 마지막 20일 정도는 하나님께서 저보다 더 급하신 듯이 저를 몰아가셨습니다.

그 바람에 저는 하루 24시간 중 20시간을 의자에 앉아 있었습니다. 장시간 침대에 누워있는 환자들이 추가로 얻는 질병이 '욕창'이란 말을 들었는데,

제 엉덩이가 욕창 직전의 통증처럼 아파서 2, 3일은 서서 쓰기도 했습니다. 그렇게 해서 내년에나 내려던 '땅의 기도' 2집은 6개월 만에 세상에 나오게 되었습니다. 다음은 더 신비한 말씀인데, 부록까지 집어넣어 400편의 기도문을 '골방 기도'라는 이름의 책으로 내고, 다음 주부터는 '강단 기도'를 드릴 것입니다. 놀라운 일이지요.

그 기도의 콘셉트는 "이 시대 목회자들이 드려야 하는 기도!"입니다. 이는 제가 못한 '기도의 한'을 담은 기도입니다. 목회하면서 제일 속상했던 것이 기도 시간이 적다는 것입니다. 성실하게 목회했다고 생각하면서도, 실제 기도 시간은 하루 한 시간이 안 되었습니다. 그런데 그 시간에 드리는 기도는 거의 섬기는 교회의 부흥, 성장, 교인들의 평안 같은 이기적이고 자기중심적인 기도이지, 정작 목사가 해야 하는 모든 기도는 비켜 갔습니다. 그 죄를 이 기도에서 회개하려는 것입니다.

이 책의 제목이 '골방 기도'가 된 것은 지난 10월 1일 말씀도 듣고 기도도 드리며 '향촌 식당' 쪽 길로 만 보를 걷는데 갑자기 "땅의 기도" 2집보다는 기도의 대명사처럼 알려진 '골방 기도'가 좋겠다는 마음을 주셨습니다. 그리고, "이 시대 목회자들이 드려야 하는 기도!"는 '강단 기도'로 정하게 되고, 내년에 쓰려는 "다양한 사회적 약자들을 위하여 드리는 기도!"는 '걷는 기도'로 책의 제목, 표지의 색깔까지 적, 청, 녹색으로 정했습니다. 제가 결정했는데 제가 한 것 같지 않습니다.

그렇게 '땅의 기도(2집) 부제 : 예수님처럼 살기 원하는 이들이 드리는 기도!' 두 번째 기도집은 결국 '골방 기도'라는 새로운 이름으로 끝이 났고, 저는 이런 일련의 결정을 하면서 제 안에서 저를 움직이는 또 다는 존재로서의 성령님을 강력하게 경험하게 되었습니다. 그리고 그 하나님의 속성은 '마르지 않는 샘'이었습니다. 왜냐하면, 이건 제가 쓰려던 순서도 제가 쓰려던 방향도 아니었습니다. 그런데 하나님의 강력한 감동과 인도하심이 저를 그 길로 인도해 주셨기 때문입니다.

이제 저는 "기도가 가장 중요하다."고 대답하면서도 "기도가 가장 어렵다."며 가까이하지 못하게 하는 '기도의 암초'를 향하여 '기도 쇄빙선'이 되어 나아갑니다. 그래서 '기도 개척자'가 되고 '기도 설계사'가 될 것입니다. 14일부터는 세상에서 가장 귀하게 생각하는 목회자들을 위해 새로운 기도를 시작합니다. 그 기도는 '강단 기도' (부제:이 시대 목회자가 드려야 하는 기도!)입니다. 누구든지 새벽마다 이 기도를 드리는 동안 그는 이 시대 가장 아름다운 목회자가 될 것입니다.